Münchner Studien zur Kultur- und Sozialpsychologie
herausgegeben von Heiner Keupp

BAND 12

»Anders als normal«

Illegale Drogen als Medium der biographischen und psychosozialen Entwicklung junger Frauen

Alexandra Holzer

Centaurus Verlag & Media UG 2001

Die Autorin, geb. 1971, Dr. phil, studierte an der Universität München Psychologie, Pädagogik und Psycholinguistik, 2001 Promotion.

Der Druck erfolgte mit freundlicher Unterstützung der Hans-Böckler-Stiftung.

Die Deutsche Bibliothek – CIP-Einheitsaufnahme

Holzer, Alexandra:
Anders als normal : Illegale Drogen als Medium der
biographischen und psychosozialen Entwicklung junger
Frauen / Alexandra Holzer. - Herbolzheim : Centaurus-Verl., 2001
  (Müchner Studien zur Kultur- und Sozialpsychologie ; Bd. 12)
  Zugl.: München, Univ., Diss., 2001
  ISBN 978-3-8255-0357-4   ISBN 978-3-86226-286-1 (eBook)
  DOI 10.1007/978-3-86226-286-1

ISSN 0942-9549

Alle Rechte, insbesondere das Recht der Vervielfältigung und Verbreitung sowie der Übersetzung, vorbehalten. Kein Teil des Werkes darf in irgendeiner Form (durch Fotokopie, Mikrofilm oder ein anderes Verfahren) ohne schriftliche Genehmigung des Verlages reproduziert oder unter Verwendung elektronischer Systeme verarbeitet, vervielfältigt oder verbreitet werden.

© CENTAURUS Verlags-GmbH & Co. KG, Herbolzheim 2001

Umschlaggestaltung: DTP-Studio, Antje Walter, Lenzkirch
Umschlagabbildung: Pablo Picasso, Le Cycliste (1970). © Succession Picasso VG Bild-Kunst,
                  Bonn 2001.
Satz: Vorlage der Autorin

Vorwort
des Reihenherausgebers

Nutzungsmuster von Drogen können erst verstanden werden, wenn sie auf dem Hintergrund der jeweiligen soziokulturellen Lebensbedingungen gedeutet werden und wenn sie als Lösungsversuche für spezifische Lebensansprüche und Handlungsaufgaben begriffen werden. Sie lassen immer die Frage entstehen, warum keine anderen Lösungen gefunden wurden. Das Aufspüren des eigenen Platzes in der Welt und die Formulierung von unverwechselbaren Antworten auf die Identitätsfrage, „Wer bin ich eigentlich?", erfordern vielfältige experimentelle Suchbewegungen und in dieses Spektrum gehören auch die ersten Erfahrungen mit Drogen. Auf der Suche nach eigenen Möglichkeitsräumen für ein gutes und intensives Leben und bei dem Versuch, normierte Grenzzäune zu überspringen, um seine eigenen Grenzen herauszufinden, werden von einem wachsenden Teil der Jugendlichen auch illegale Drogen getestet. Von England wird berichtet, dass bei der Altersgruppe der 14- bis 25-jährigen fast jeder zweite Mann und jede dritte Frau mit Drogen (meist Cannabis) experimentiert hat. In einer eigenen Studie, die repräsentative Daten für die Stadt München erhoben hat, zeigt sich, dass für eine vergleichbare Altersgruppe (von 12 bis 24 Jahre) die Werte etwas niedriger liegen, aber auch hier wird deutlich, dass der Umgang mit illegalen Drogen kein Randgruppenproblem ist: Etwa jede vierte junge Frau und jeder dritte junge Mann geben an, mit illegalen Drogen Erfahrungen gesammelt zu haben.

Diese Befunde bestätigen internationale Trends, die der englische Gesundheitsforscher Patrick Heaven so zusammengefasst hat: „Es ist wichtig, sich klar zu machen, dass Drogengebrauch einen normalen Teil adoleszenter Entwicklung bildet. Das bedeutet, dass viele Heranwachsende, die sich um den Erwerb eines Gefühls persönlicher Identität bemühen, zu irgendeiner Zeit ihres Jugendalters mit Drogen wie Alkohol und Zigaretten experimentieren. Teil der Suche nach Identität beinhaltet das Erproben neuer Verhaltensweisen und Ideen." Sein Kollege Brunswik spricht davon, dass die adoleszente Identitätssuche beinhaltet, „die Grenzen auszudehnen, um Kompetenz und Kontrolle auszuüben."

Allerdings erschweren es die kulturellen Konditionierungen rund um illegale Drogen ungemein, einen solchen Blick auf Drogen-Handlungen zu werfen. Alexandra Holzer hat es sich zum Anliegen gemacht, diesen Blick einzunehmen und durchzuhalten und dabei insbesondere die Identitätspolitik junger Frauen und Mädchen zu untersuchen. Es ging ihr nicht darum, die pathogenetisch ansetzende Suchtliteratur noch zu vermehren. Sie hat damit einen verdienstvollen Beitrag zu einem differenzierten Verständnis jugendlicher Drogen-Handlungen in einer nach wie vor patriarchal geprägten Gesellschaft geleistet.

In der adoleszenten Phase steht als „Entwicklungsaufgabe" die Klärung der eigenen Position im sozialen Raum an und das ist nicht nur die Frage nach der geeigneten „sozialen Nische" (Erikson), sondern es ist zugleich die Frage nach der Passung von den „inneren" Vorstellungen der persönlichen Eigenart, den eigenen Ressourcen und dem sozialen Feld, in dem man sich bewegt. Sucht kommt im Wortstamm von „suchen" und es sind vor allem die individuellen Suchbewegungen von Mädchen und jungen Frauen, die in dem vorliegenden Buch ins Zentrum gerückt werden. Es geht vor allem um die Entfaltung der zentralen Strukturdimensionen des sozialen Feldes, in denen sich die Lebensperspektiven der Subjekte entfalten. Die soziale Ordnung, in der sich Subjekte positionieren müssen, beinhaltet soziale Ungleichheiten, hierarchische Geschlechterverhältnisse und kulturelle Unterschiede. Es ist Alexandra Holzer besonders wichtig, dem Subjekt keinen Opferstatus gegenüber diesen gesellschaftlichen Strukturtatsachen zuzuweisen, sondern ihre eigenproduzierten Positionierungen in diesem Ordnungsfeld zu rekonstruieren.

Im empirischen Teil bekommen acht junge Frauen die Chance, sich in ihren ganz eigenen Selbst- und Weltinterpretationen vorzustellen. Jede wird für sich vorgestellt und ernst genommen und dabei wird vor allem deutlich, dass Drogenkonsum oder Drogenabhängigkeit nicht einem allgemeinen Ablaufschema entsprechen, sondern aus der Subjektperspektive jeweils höchst unterschiedlich gestaltet ist und sich auswirkt.

Alexandra Holzer hat ein eindrucksvolles Werk vorgelegt. Es wurden große Literaturbestände gesichtet und – im ersten Teil – zu einer theoriegeleiteten Übersicht verdichtet. Sucht wird mit dem Blick auf das Geschlechterverhältnis, auf den Zugang zu Ressourcen und auf die adoleszente Identitätsbildung aus einer klinisch verengten Sicht herausgeführt und insbesondere durch die Nutzung von Bourdieus Theorie, des Feminismus und der Identitätsforschung eigenständig reflektiert und präsentiert. Der empirische Teil besticht durch eine gekonnte Methodenkombinatorik, seinen sensiblen Personenbezug und durch eine „gewaltfreie" Interpretationen. Man hat nie den Eindruck den jungen Frauen würde ein Theoriegehäuse übergestülpt.

Ich denke, dass Alexandra Holzer eine innovative Sicht auf die Identitätssuche von jungen Frauen entwickelt hat, die sie auch den Drogensektor erkunden lässt und den sie risikolos wieder verlassen können.

München, im Oktober 2001   Heiner Keupp

Inhalt

VORWORT 1

DANKE 7

EINLEITUNG 8

I. **THEORIE: DIE ABHÄNGIGKEIT VON STRUKTUR, HANDLUNG UND SUBJEKT IN WISSENSCHAFTLICHEN DISKURSEN** 11

    1. LEBENSWELTLICHE ERDUNG VON SUBJEKTEN 12
    1.1 Ausloten verschiedener Strukturebenen.. 14
    1.2 Geschlechterverhältnis und Geschlechterdifferenz 15
    1.3 Soziale Ungleichheit und identitätsstiftende Ressourcen................................... 16

    2. SUBJEKTE HABEN ENTWEDER FRAU ODER MANN ZU SEIN 20
    2.1 Handeln, um das Geschlecht zu sein 21
    2.2 Sprechen, um das Geschlecht zu sein... 25
    2.3 Spüren, um das Geschlecht zu sein.. 29

    3. ZUSAMMENFASSUNG... 34

    4. SOZIOKULTURELL PRÄSENTE WEGE WEIBLICHER SUCHT 36
    4.1 Sozial integrierte Formen weiblicher Sucht 38
        4.1.1 Das Verhältnis von Aussehen und Selbstwert 38
        4.1.2 Eßstörungen 43
        4.1.3 Selbstverletzungen 53
    4.2 Soziale Diskriminierung weiblicher Sucht und ihre Effekte 62
        4.2.1 Soziale Ordnung und Drogen(-Kultur) 62
        4.2.2 Interaktive Herstellung psychosozial relevanter Kontrollkategorien 77
        4.2.3 Das Wirkverhältnis von Geschlecht und Drogen 90
        4.2.4 Unterschiedliche Diskurse der Suchtpräventions-Praxis 101

    5. ZUSAMMENFASSUNG... 114

II. **EMPIRIE: DIE SUCH(T)-BEWEGUNGEN IN DEN DISKURSEN DER INTERVIEWPARTNERINNEN** 118

    EXKURS I ZUR METAPHER.. 120

    6. BERUHIGENDER DROGENKONSUM ALS RÜCKZUG 125
    6.1 Dina: Die Suche nach entlastendem Anschluß 125
        6.1.1 Tabuisierte Beziehungskonflikte bewirken belastende Trennungen 126
        6.1.2 Sich binden, um Belastungen "wegzukriegen" 129
        6.1.3 Abhängigkeitsverhältnisse machen ohnmächtig 135

6.2 *Jasmin: Die Suche nach unmittelbarem Selbstausdruck* *140*
    6.2.1 Strenge Beziehungserfahrungen verunsichern das Selbstempfinden 141
    6.2.2 Psychotrope Hilfsmittel als abdichtende Selbstsicherung 146
    6.2.3 Angst vor Kontrollverlust ermöglicht den Ausstieg 152

7. BIPOLARER DROGENKONSUM ALS (ZU-)FLUCHT 158
7.1 *Maja: Die Suche nach wertgebenden Impulsen* *158*
    7.1.1 Extreme Nähe-Distanz-Erfahrungen schwächen den Selbstwert 159
    7.1.2 Such(t)-Kreisläufe als paradoxe Lösungswege 163
    7.1.3 Süchtig nach einem selbstbereichernden "Kick" 170
7.2 *Arsen: Die Suche nach Übereinstimmung von Innen und Außen* *174*
    7.2.1 Paradoxe Beziehungen überfordern, enttäuschen und verwirren 175
    7.2.2 Extreme Handlungen als orientierender Selbstkontakt 181
    7.2.3 Zusammenhalt als Motiv und Ersatz für Such(t)-Handlungen 186

8. PARTYDROGENKONSUM ALS (TEMPORÄRE) VERWANDLUNG 193
8.1 *Chris: Die Suche nach haltgebender Zugehörigkeit* *193*
    8.1.1 Zuviel Offenheit erschwert sichere Selbstabgrenzungen 194
    8.1.2 Bewußtseinsoptimierung im wertfreien, aber verbindlichen Kontext 199
    8.1.3 Grenzgänge als eine Form der Grenzsicherung 206
8.2. *Bunny: Die Suche nach definierter und definierender Resonanz* *212*
    8.2.1 Maßlose Wünsche werden durch äußere Ordnungen rationalisiert 213
    8.2.2 Verlassen und Bewahren von Normalität als "Fun-Faktor" 218
    8.2.3 Kontrollierte Berauschung als soziale Strategie 223
8.3 *Kitty: Die Suche nach ergiebigen Beziehungen* *231*
    8.3.1 Behütende Beziehungserfahrungen halten und beengen 231
    8.3.2 Gesteigerte Suche nach maximal aufwertenden Effekten 237
    8.3.3 Normorientierte Wünsche verabschieden das Drogenleben 242
8.4 *Cleo: Die Suche nach Materie mit Bewegungspotential* *249*
    8.4.1 Unergiebige soziale Resonanzen entwerten und binden 250
    8.4.2 Ankommen an Idealformen über Materie mit Bewegungspotential 256
    8.4.3 Nicht mehr erträgliche Ideale als Chance zur Neuorientierung 262

III. PRAXIS: TRIANGULATION VON STRUKTURELLEN UND INDIVIDUELLEN DYNAMIKEN **269**

EXKURS II ZUR METAPHER 272

9. TYPOLOGISIERUNG VON DROGEN-HANDLUNGEN IM PROZEß 276
9.1 *Der Funktionslust-Typ und die Hilfsmittel* *277*
9.2 *Der Angstlust-Typ und die Tauschkontakte* *288*
9.3 *Der Sensationslust-Typ und die Aktionen* *301*

10. DIE TYPENSPEZIFISCHEN KONTAKTBEDÜRFNISSE 316
10.1 Der Funktionslust-Typ und das Sich-Anbinden: *318*
10.2 Der Angstlust-Typ und das Kontakt-Schließen *322*
10.3 Der Sensationslust-Typ und das Sich-Einlassen *326*

AUSBLICK **332**

LITERATUR **334**

Danke

Dieses Buch ist die gekürzte Version meiner im März 2001 an der Ludwig-Maximilians-Universität München (Institut für Psychologie) eingereichten Dissertationsschrift. Mit der Promotion erfüllen sich für mich einige sehr alte Wünsche: Zum einen wollte ich immer schon mal ein Buch schreiben und zum anderen meinen sozialen Status verbessern – möglichst ohne dafür heiraten zu müssen. Darüber hinaus suche ich gerne nach Möglichkeiten der (Selbst-)Bildung, die mir den geistigen Freiraum lassen, um intellektuelle und emotionale Erkenntnisprozesse erfahren, aushandeln und miteinander in Einklang bringen zu können. Bis ich jedoch so etwas wie Glück und Erfüllung spüren konnte, mußte ich Hindernisse überwinden, Ablenkungen widerstehen und immer wieder den Sinn meines Tuns beweisen. Dabei ist mir klar geworden, daß die Promotion nicht nur eine Bewegung in Richtung einer Positionsverbesserung ist, sondern auch eine krisenhafte Gratwanderung sein kann. Daß ich dabei nicht an Halt, Witz und Freude verloren habe, verdanke ich dem glücklichen Umstand, stets zur richtigen Zeit den richtigen Menschen begegnet zu sein. Deshalb möchte ich mich an dieser Stelle gerne herzlich bedanken bei: meinen Interviewpartnerinnen, deren so großzügig mitgeteilter Erfahrungsschatz richtungsweisend für Form und Inhalt der Arbeit war, meinem Doktorvater Heiner Keupp für Verständnis, treffsichere Kritik und die Ermutigung, für die persönliche Eigenart geradezustehen, dem gesamten Doktorand/innen-Kolloquium für Austausch und Interesse, besonderen Dank an Mike Seckinger, Peter Nick und Markus Fellner, der Hans-Böckler-Stiftung für die materielle Förderung in Form eines Promotionsstipendiums und Druckkostenzuschusses, der eine Veröffentlichung in dieser Form ermöglicht hat, besonderen Dank an Werner Fiedler und Iris Henkel, meinen Eltern für ihr großzügiges Geben von bedeutsamen Ressourcen, die ich in dieser Form nirgends hätte finden können, meiner Schwester für (kulinarische) Ausflüge und meinem Bruder für seinen Un-Ernst, Solveigh Schumacher, meiner Begleiterin seit Tölzer-Gymnasium-Zeiten, für eine immer wieder gute Verbindung von Vergangenheit und Gegenwart, Silvia Volkmann für aufmunternde Glücksbringer sowie Café-Glück-Besuche, Judith Joß für magische Unterstützung, Ralf Quindel für Interesse und 'Tanzbeine', Sabine Pankofer für Perspektiven und Solidarität, Tonia Schachl, meiner Begleiterin seit Uni-Zeiten, durch die ich den Weg zur Promotion erkennen, für mich wählen und durchhalten konnte: Danke für die intellektuell-emotionale Großzügigkeit sowie die kreative, humor- und verständnisvolle Begleitung, die mich immer wieder im Handeln bestärkt haben!

Einleitung

> "Eine Zeichen-Kette ist die geschichtliche Abfolge 'immer neuer Interpretationen und Zurechtmachungen' [...] von Bedeutungen eines Wortes oder eines Begriffes – eine Kette ohne Anfang, ohne wahren Ursprung oder letzte Wahrheit. Ein zentraler Aspekt bei der Beantwortung der Frage, welche Sprechakte Realität erzeugen und wie sie dies tun, ist also die Zitierförmigkeit von performativen Äußerungen. [...] Folglich müssen sich Sprechakte im Feld bereits gegebener Interpretationen bewegen, um überhaupt Sinn zu machen." (Villa 2000:128f.)

Die vorliegende qualitative Untersuchung zum illegalen Drogengebrauch junger Frauen ist ein Ergebnis meines Interesses an Phänomenen mit einer bereits feststehenden *negativen* Semantisierung (z.B. Heroinkonsum *ist* und *macht* kriminell), die – sofern sie von Individuen aufgegriffen und am eigenen Leib umgesetzt wird (z.B. ein *Junkie* wird aufgrund seines *sichtbaren* Heroinkonsums kriminell bzw. kriminalisiert) – alle Menschen an die Grenzen allgemeiner Akzeptanz bis hin zum gesellschaftlichen Ausschluß bringen kann.

Dabei gehe ich davon aus, daß von uns wahrnehm- und mitteilbare Phänomene in einem permanenten Prozeß des bewertenden Benennens zu Wirklichkeiten und deren Herstellungsmechanismen im Laufe der Zeit unsichtbar werden. Auf diese Weise ist spezifischen Seins- und Handlungsformen (z.B. in Form des illegalen Drogengebrauchs) immer auch eine sozial konstruierte Bedeutung inhärent, die mit der Zeit mehr oder weniger normalisiert wird. Dies führt dazu, daß Individuen (die normative Bedeutungszuschreibungen substantiell definierter Phänomene allgemein verständlich zitieren) die entsprechenden sozialen Bewertungen verinnerlichen, diese verkörpern und schließlich an und durch sich kontrollierbar machen.

Konsumiert beispielsweise eine Person in sozial auffälliger Weise verbotene Substanzen, so wird sie automatisch mit einem bestimmten Spektrum an gesellschaftlichen, soziokulturellen und individuellen Wahrnehmungs- und Handlungsmustern in Berührung kommen, das sich wiederum – je nach psychosozialer und gesellschaftlicher Position – unterschiedlich gestaltet und bewältigen läßt. Demnach macht es also einen Unterschied,

- wer
- wann
- wo und
- auf welche Weise

illegale Drogen konsumiert. Denn aus Unterschieden des Wer, Wann, Wo und Wie ergeben sich unterschiedliche Ressourcenquantitäten sowie -qualitäten, die letztendlich den individuellen Handlungsspielraum und Zugriff auf mehr oder weniger effektive Strategien bestimmen, um die jeweiligen Bedingungen und Konsequenzen eines mehrheitlich problematisierten bis kriminalisierten Selbst- und Lebensentwurfes verhandeln zu können.

Vor diesem Hintergrund gehe ich mit meiner Untersuchung weniger der Frage nach, ab wann junge Frauen als suchtgefährdet bzw. süchtig definiert und entsprechend behandelt werden sollten; vielmehr liegt mir daran nachzuzeichnen, wie sie selbst ihren Weg zum illegalen Drogenkonsum oder zur Sucht in Beziehung mit ihren inneren und äußeren Realitäten setzen, und was sich daraus für Möglichkeiten einer zielgruppenorientierten Behandlungspraxis ergeben.

Mit dieser Perspektive wird klar, daß alle befragten Frauen die subjektive Logik und Sinnhaftigkeit ihrer Such(t)-Bewegungen hervorheben, die sie zunächst hauptsächlich als eigenmächtige Kontrollstrategien ihrer Selbst- und Fremdwahrnehmungen einsetzen. Erst mit nachlassender Wirksamkeit der bewußtseinsverändernden Drogen und zunehmender Eigendynamik der Drogen-Handlungen entsteht ein verändertes Spektrum an Möglichkeiten und Erfahrungen, die eine Neuverhandlung des (einengenden bis destruktiven) Drogenkonsums initiieren können. Genau an diesen sogenannten Wendepunkten ist es für eine ansprechende zielgruppenorientierte Behandlungspraxis von Bedeutung, die entscheidende Dynamik und Bedeutung der jeweiligen subjektiven Such(t)-Bewegungen zu kennen. Denn nur mit diesem Vorwissen können die eine Unterstützungsbedürftigkeit unterschiedlich zum Ausdruck bringenden Frauen dort abgeholt werden, wo sie sich gerade befinden.

Entsprechend der individuellen Metaphorisierungen von illegalen Drogen-Handlungen als *Rückzug*, *Ausweg* oder (freizeitliche) *Abwechslung* durch die befragten Frauen, die unterschiedliche Szene-Anbindungen sowie Konsumgewohnheiten haben, definiere ich das der Arbeit zugrunde liegende Verständnis von Drogen-Handlungen mit Sucht- oder Abhängigkeitspotential[1] als eine Form der *Ressourcengewinnung*. Das heißt, daß sich die jungen Frauen in einem bestimmten Lebenszusammenhang mehr oder weniger bewußt für einen Konsum illegaler Drogen entscheiden, um dadurch einen Zugang zu einem im *normalen* Leben eher schwer erreichbaren *weiteren* Handlungsspielraum zu erlangen. In diesem Zusammenhang ermöglichen die soziokulturellen Bedeutungszuschreibungen an die *verbotenen*

---

[1] Im Rahmen der vorliegenden Untersuchung werden die in der Fachliteratur oft voneinander unterschiedenen Begriffe 'Sucht' und 'Abhängigkeit' synonym verwendet, da die Interviewpartnerinnen ebenfalls – je nach Kontext – sowohl von ihrer 'Sucht' als auch von ihrer 'Abhängigkeit' sprechen. Erst bei der Typen-Bildung (vgl. III) ergibt sich, resultierend aus der Metaphernanalyse, ein such(t)dynamischer Unterschied zwischen der passiven und/oder aktiven Erfahrung von Binden/Ablösen (Abhängigkeit) und Anschließen/Ausschließen (Sucht).

psychotropen Substanzen überhaupt erst einen eigenmächtigen Eingriff in das Wirkverhältnis innerer sowie äußerer Realitäten durch die jungen Frauen. Denn erst innerhalb eines sozial verbindlichen Wert- und Kommunikationszusammenhanges bekommen die individuellen Zitierweisen von gesellschaftlich bewerteten Zeichen (als Beispiel für eine besonders negative Bewertung: aus dem Bereich des Heroinkonsums) einen allgemein verständlichen Sinn – und damit ihre psychosoziale Aussagekraft. Demzufolge werden illegale Drogen auch deswegen interessant, weil sie sich immer auf allgemein verbindliche Normen beziehen und sich damit als Projektionsfläche für individuelle Zugehörigkeits- bzw. Ausstiegswünsche bezüglich spezifisch bewerteter sozialer Milieus funktionalisieren lassen. Daraus resultiert letztendlich die soziale Bedeutungs(re)produktion von Drogenwirkungen.

An dieser Stelle ist es mir wichtig, daß meine *akzeptierende* – im Sinne von die einzelnen Konsummotive *verstehende* – Haltung nicht als Idealisierung von illegalen Drogen und somit als eine naive Form des Protests gegen ein repressives Gesellschaftssystem interpretiert wird. Denn mein Anliegen ist nicht, pauschal und undifferenziert für eine liberalere Bewertung illegaler Drogen zu plädieren. Viel eher möchte ich unsere überwiegend auf *das Normale* ausgerichteten und damit wenig vorurteilsfreien Wahrnehmungsgewohnheiten für ein Erkennen der mit jeweils ungleich verteilten Handlungsmöglichkeiten (re)produzierten Bedeutungen sensibilisieren. Denn ein Subjekt oder ein Phänomen *ist nicht von Natur* aus, sondern *entsteht* erst durch das, *was es zu(m) SEIN hat.*

Da es meiner Meinung nach bereits eine Fülle von drogenbezogenen Diskursen gibt, die mehr mit Blick auf eine bestimmte theoretische Richtung argumentieren und damit weniger den Aussagen der konkret betroffenen Individuen hin zu einer Theorie folgen, entschloß ich mich, *zuerst* auf das zu hören, was die Interviewpartnerinnen zu sagen haben, und *dann* erst einen entsprechenden Theorierahmen zu entwerfen, der die individuellen Seins- und Handlungsformen gesellschaftstheoretisch einbettet. Entsprechend dazu wird eine allgemeine Betrachtung des Abhängigkeitsverhältnisses von Struktur, Handlung und Subjektkonstitution, das über die subjektiven Konstruktionsprozesse hinaus Bestand hat, den Erzählungen der jungen Frauen vorangestellt. Diese Reihenfolge bildet zwar nicht die Chronologie meines empirischen Vorgehens ab, dafür aber die in den gesellschaftlichen Strukturen angelegten Möglichkeiten und Grenzen, die wiederum die Selbst- und Lebensentwürfe der Individuen richtungsweisend beeinflussen (können).

I. Theorie: Die Abhängigkeit von Struktur, Handlung und Subjekt in wissenschaftlichen Diskursen

> "An der Produktion der Geschlechter-Ordnung sind Frauen wie Männer als 'intelligente' Akteure beteiligt. Über einen Plan der Darstellung und über die Fähigkeit, gemäß diesem Plan zu handeln, verfügen beide Geschlechter. Darin unterscheiden sie sich nicht, wohl aber in den Inhalten der jeweiligen Darstellungen und damit in den Konsequenzen, die unterschiedliche Pläne für die soziale Positionierung der Akteure haben." (Meuser 1998:72)

In der vorliegenden Arbeit werden (illegale) Drogen-Handlungen mit dem Potential zur Sucht- oder Abhängigkeitsentwicklung als ein Spektrum von Verhaltensweisen verstanden, auf das junge Frauen zurückgreifen, um Ohnmachtsgefühlen im Rahmen der sozialen Ordnung sowohl symbolisch als auch konkret entkommen zu können. Persönliche Ohnmacht oder der Wunsch nach einem weiteren Handlungsspielraum entstehen, sobald ein Individuum nicht genügend *passende* Ressourcen zur Verfügung hat, um zu einem bestimmten Zeitpunkt *reale* Lebensbedingungen verhandeln zu können. Dabei wird davon ausgegangen, daß Realitäten aus komplexen Konstruktionsprozessen hervorgehen, die jedoch mit der Zeit in alltäglichen Situationen als *natürliche Tatsachen* wahrgenommen werden. Die hier in den Blick genommene, strukturell verankerte, soziale Ordnung als verbindlicher Maßstab zur (Wieder-)Herstellung von sozial anerkannten Realitäten beinhaltet:

- soziale Ungleichheit,
- ungleiche Geschlechterverhältnisse und
- kulturelle Unterschiede.

Die ungleichheitsstiftenden Parameter werden allerdings nicht einseitig von mächtigen Individuen definiert und den ohnmächtigeren als Gegebenheiten übergeordnet, sondern von allen Personen mehr oder weniger bewußt selbst (re)produziert – vor allem auf der Ebene des alltäglichen Handelns.

Während der adoleszenten Lebensphase bekommen die heranwachsenden Frauen den gültigen sozialen Rahmen besonders deutlich zu spüren und geben der gesellschaftlichen Aufforderung, sich sozial, sexuell und gesellschaftlich (re)produktiv und eindeutig zu positionieren, einen individuellen Ausdruck: alte Lebensraum-Geschichten wie die Geschlechterdifferenz werden am eigenen Leib mehr oder weniger sozial erwünscht verhandelt und dadurch belebt. Denn sobald sie sich für eine Variante einer (Nicht-)Verkörperung ihres geschlechtlichen Selbst-Seins entscheiden, tun sie dies in Beziehung mit dem Symbolsystem der Zweigeschlechtlichkeit und benutzen dadurch – auf individuelle Weise – dessen Zeichenrepertoire. Die Werkzeuge repräsentieren in diesem Positionierungsgeschehen sozial relevante Ressourcen, die vor dem Hintergrund eines sozial ungleich strukturierten Kulturraumes immer unterschiedlich verteilt sind. Davon ausgehend verkörpern illegale Drogen sowie Sucht- und Abhängigkeitspositionen im Rahmen dieser Arbeit eine Form von strategischen Ressourcen, indem sie aufgrund verschiedener individueller Funktionen, soziokultureller Bedeutungszuschreibungen sowie gesellschaftlicher Kontroll- und Interventionsstrategien *psychosozial* wirksam werden können (z.B. in Form von Fluchtwelten, Besonders-Sein, sozialer Zugehörigkeit).

1. Lebensweltliche Erdung von Subjekten

> "Frau-Sein ist – wie jede Subjektivität – die *Erfahrung*, in spezifischen Verhältnissen zu leben und in diesen vergesellschaftet zu sein und nicht, mit bestimmten Eigenschaften auf die Welt zu kommen. Subjektivität ist die jeweils momentane Verdichtung 'positionierter Erfahrungen' [...], denn Erfahrungen sind per se prozeßhaft und dauernd im Fluß." (Villa 2000:39, Hervorh. i.O.)

Bei einer Betrachtung der sozialen Ordnung (als soziale Ungleichheit) interessieren vor allem die kapitalgebundenen Handlungsspielräume sowie deren Bedingungen, die bei einer Annäherung an das Phänomen 'weibliche Sucht' sowohl hinsichtlich der sexuellen Positionierung als auch der illegalen Drogen-Handlung doppelt interessant werden. Bevor jedoch dieser Themenkontinent (vgl. 4.) erreichbar und zugänglich wird, soll eine kurze allgemeine Beschreibung des der Arbeit zugrunde liegenden Subjekt-Verständnisses erfolgen.

Zielten frühere Identitätstheorien auf eine möglichst lineare und kohärente Ich-Entwicklung, die dann als *normal* angesehen wurde, sobald ein subjektives Gefühl von Kontinuität und Einheitlichkeit hergestellt war, so kann mittlerweile eine stetige (theoretische) Normalisierung eines diffusen und ambivalenten Identitätsprozesses in aktuellen Identitätskonzeptionen beobachtet werden. Dabei beziehen sich die Identitätstheorien der fortgeschrittenen Moderne überwiegend auf gesellschaftliche Modernisierungsprozesse, die in erster Linie mit der Individualisierungsthese von Ulrich Beck (1986) verknüpft werden: In der westlichen Hemisphäre verbesserten sich seit der Nachkriegszeit die materiellen Verhältnisse und darüber die Lebensstandarde, die zur Begünstigung eines Individualisierungsschubes und einer Pluralisierung von Lebensstilen (z.B. Konsum- und Freizeitverhalten) beigetragen haben. Eine dazu parallel erhöhte soziale und geographische Mobilität der Bevölkerung eröffnet den Subjekten einen weiten Aktivitäts- und Flexibilitätsradius und darüber hinaus vielfältige Beziehungs- und Kommunikationsoptionen, was einerseits Wahlfreiheiten stiftet und andererseits Entscheidungsfreudigkeit bzw. Ambiguitätstoleranz fordert. Weiterhin verändert eine höhere Rate an Frauen-Erwerbsarbeit die Machtverhältnisse zwischen den Geschlechtern, indem dadurch die geschlechtstypisch verteilten Bereiche der Berufs- und Familienwelt flexibler handhabbar werden. Daraus erwachsen neue Formen von Geschlechterbeziehungen, die anschließend ausgehandelt und erprobt werden müssen. Schließlich bezieht sich die Individualisierungsthese auf einen Zuwachs an Bildungschancen, die "Selbstfindungs- und Reflexionsprozesse" sowie "individuelle Aufstiegsorientierungen" beschleunigen (ebd.:129). Zusammenfassend betrachtet wird Individualisierung als ein widersprüchlicher Prozeß verstanden, da die Möglichkeiten eigenständig gebastelter Identitätsprojekte aufgrund einer Auflösung vorgegebener Lebensformen zwar zunehmen, neue institutionelle Anforderungen, Zwänge und Kontrollen diese Verselbständigung jedoch relativieren können.

Konsequenzen, die sich aus den oben genannten Individualisierungsschüben ergeben, formulieren letztendlich die Bedingungen für postmoderne Identitätsprojekte, die Heiner Keupp (1994) mit dem Begriff der "Patchwork-Identität" und Helga Bilden (1997) über ein "dynamisches System vielfältiger Teil-Selbste" beschreiben. Interessant werden diese Selbst-Konzeptionen hinsichtlich des zu untersuchenden Phänomens deswegen, weil sie Prozeß, Vielfalt und Reflexivität zwischen Struktur- und Subjektebene betonen und damit den Blick für vielfältige und gleichzeitig mögliche Seins- und Handlungsoptionen sensibilisieren. Aus dieser Vergrößerung des Erfahrungs- und Lebensraumes ergeben sich Chancen, aber auch spezifische Gefahren – beispielsweise wenn das Subjekt keine für sich sinnvolle, sozial vermittelbare und somit resonanzreiche Verknüpfung multipler Realitäten erkennen und herstellen kann. Vor diesem Hintergrund sind für eine erfolgreiche (im Sinne einer die individuellen Potentiale ausschöpfenden und sozial anerkannten) Identitätsarbeit bestimmte Voraussetzungen hilfreich:

- Verfügbarkeit von sozialen Ressourcen (tragfähige Beziehungsnetzwerke), von psychosozialen Ressourcen (emotionale Unterstützung, Selbstwertgefühl) sowie von materiellen Ressourcen;
- Besitz spezifischer Kompetenzen, besonders in Form von Konfliktfähigkeit und Ambiguitätstoleranz (vgl. Keupp 1994:226ff.).

Ob und inwieweit nun ein Individuum Zugang zu diesen identitätsrelevanten Ressourcen hat, interagiert letztendlich mit seiner psychosozialen Position, da sich aus dieser erst eine durch die individuelle Ressourcenlage bedingte Umgangsform mit den jeweiligen realen Lebensbedingungen ergibt.

1.1 Ausloten verschiedener Strukturebenen

Individuen interagieren unter bestimmten psychosozialen Bedingungen mit strukturellen Gegebenheiten, die sie in sich aufnehmen und anschließend verkörpern können. Gleichzeitig setzen sie durch individuelle Merkmale wieder Impulse, die sich auf die sozialen Strukturen auswirken können. Demzufolge werden hier strukturelle Gegebenheiten interessant, die in einem gesellschaftstheoretischen Blickwinkel auf das Geschlechterverhältnis ausgelotet werden sollen, um zu verdeutlichen, wie Macht[1]- und Herrschafts[2]-Dynamiken zwischen den zwei sozialen Geschlechtern eine bestimmte Form von Subjektpositionen und Beziehungsverhältnissen erzeugen. Letztere bergen und kreieren mit Blick auf die Geschlechterdifferenz (Einteilung in zwei Genus-Gruppen) geschlechts*normierte* Bewegungs- und Handlungsmuster, worüber das Symbolsystem der Zweigeschlechtlichkeit als *natürliche Tatsache* auf allen Ebenen des sozialen Lebens (re)produzierbar wird.

Um weiterhin differenzierter von patriarchalen und kapitalistischen Phänomenen sprechen zu können, wird an dieser Stelle das metatheoretische Modell von Gudrun-Axeli Knapp (1992) vorgestellt, in dem die zur Erklärung bestehender Geschlechterungleichheiten relevanten Kategorien wie folgt definiert werden:

1. "*Herrschaftssystem* [als] objektive Verflechtung der differenten 'Sphären' bzw. gesellschaftlichen Subsysteme. Darin insbesondere: Vergesellschaftungsformen von Arbeit, Generativität/ Sexualität;
2. *Symbolische Ordnung* (Sprache), Legitimationssysteme, Ideologien, kulturelle Repräsentation des Geschlechterverhältnisses und der Geschlechterdifferenz;
3. *Institutionen,* klassen- und geschlechtsdifferenzierte Trägergruppen ökonomischer und politischer Macht, Regelungsmechanismen der Machtdistribution (z.B. rechtliche und andere Normierungen sowie Zugangsregelungen);
4. *Interaktionen* zwischen Frauen und Männern in ihrer mehrfachen Bestimmtheit durch subjektive Motive, Interessen sowie verobjektivierte Handlungs- und Deutungskontexte;
5. *Sozialpsychologie* des Geschlechterverhältnisses, Geschlechtersozialisation (verstanden als widersprüchlicher Prozeß von Individuation und Vergesellschaftung), innerpsychische Repräsentanzen des Geschlechterverhältnisses und der Geschlechterdifferenz, Psychodynamik von Motiven/Begehren." (Ebd.:295f., Hervorh. d.V.)

---

[1] Bei einer Bezugnahme auf das Phänomen der Macht wird folgende Definition zugrunde gelegt: Die Kategorie 'Macht' "will have to include power-over, power-to, and power-with. To satisfy these desiderata, our definition of power will have to be quite broad. Thus, I will define power simply as the ability or capacity of an actor or set of actors to act. This rather broad definition has two benefits. First, it easily includes all three of senses of power that I have delineated. [...] The second benefit [...] is that it accords nicely with the etymology of the term: *Power* is derived from the Latin *potere* and the French *pouvoir*, both of which mean *to be able*." (Allen 1999:127, Hervorh. i.O.)

[2] Der Begriff der Herrschaft (*domination*) kann nicht mit dem der Macht (*power*) gleichgesetzt werden, da grundsätzlich benachteiligende machtvolle Handlungen (z.B. Unterdrückung) von kommunikativen machtvollen Handlungen (z.B. 'Coaching') zu unterscheiden sind.

1.2 Geschlechterverhältnis und Geschlechterdifferenz

Das Geschlechterverhältnis umfaßt gesellschaftliche Organisationsformen, die Männer und Frauen strukturell zueinander in Beziehung setzen. Demzufolge ist das Geschlechterverhältnis von der Geschlechterdifferenz zu unterscheiden, da ersteres die gesellschaftlichen Organisationsprinzipien und letztere die biologisch legitimierte Trennung in zwei Geschlechter meint. Dennoch stehen die theoretisch voneinander getrennten Ebenen praktisch miteinander in Verbindung, weil die Geschlechterdifferenz "immer im Kontext (ungleicher) Geschlechterverhältnisse verortet [...] und in der Alltagserfahrung von Männern und Frauen als Gleichzeitigkeit erlebt" wird (Villa 2000:28). In kapitalistischen Gesellschaftssystemen ist beispielsweise die hierarchische Trennung von Produktions- und Reproduktionssphäre strukturell verankert, auf deren Basis wiederum geschlechtstypische Vergesellschaftungsformen zur gesellschaftlichen Norm erhoben werden. Letztere gibt für Männer und Frauen dann je unterschiedliche Individuationsmuster vor, die schließlich mit der biologischen Verschiedenartigkeit der Geschlechter gerechtfertigt werden. Genau an dieser Stelle beginnt die zunächst klar getroffene Unterscheidung zwischen biologischer Geschlechterdifferenz und sozialem Geschlechterverhältnis zu verschwimmen: "Aus Individuen werden nämlich, zugespitzt formuliert, 'liebende Hausfrauen und Mütter' oder 'Familienernährer'. Auch Sexualität, Umgang mit und Wahrnehmung des Körpers, Gesundheit, Nahrung etc. sind vergesellschaftete Sphären; auch diese sind eingebunden in die Klassen- und Geschlechterverhältnisse zu einem spezifischen historischen Zeitpunkt. Gerade Generativität und Sexualität sind von Ideologien und politischen Interessen durchzogene, z.T. sogar durch diese Interessen selbst konstituierte Dimensionen der Vergesellschaftung – historisch oft zu Ungunsten von Frauen. Individuen werden in solchen Kontexten zu Männern und Frauen." (Ebd.:27)

Aufgrund einer Zuweisung der privaten Reproduktionssphäre an Frauen und einer bevorzugten Öffnung der gesellschaftlichen Produktionssphäre für Männer wird das Organisationsprinzip kapitalistischer Gesellschaften mit dem Geschlechterverhältnis verknüpft und krisensicher gemacht: Mit dem "Doppelstrategem" (Becker-Schmidt 1998:85) von Separieren und Kultivieren von verdeckten wechselseitigen Abhängigkeiten zwischen den getrennten Tätigkeitsfeldern werden diese in Double-bind-Manier wirkungsvoll zusammengeschweißt. Dabei stellen diese Zweiheiten zum einen Resultate aus historischen Prozessen und zum anderen Irrlichter dar, indem sie durch Klischeebildungen Extreme bilden und anschließend das "Polarisierte falsch verknüpfen" (ebd.:90). Erst eine historische Genese von bestehenden Geschlechterbeziehungen kann jene Verschleierungen subtil wirksamer Herrschaftsverhältnisse aufdecken, die ungleiche soziale Positionen als natürliche Tatsachen tarnen³. Diese Tarnung wirkt nun deshalb so effektiv, weil sich strukturell verankerte sowie biologisch legitimierte Ungleichheiten (entlang von scheinbar natürlichen Definitionsgrundlagen für Männer und Frauen) sowohl *zwischen* den Genus-Gruppen zu etablieren als auch *in* den Individuen als Wahrnehmungs- und Handlungskategorien zu naturalisieren beginnen. Dieser Prozeß der Vergesellschaftung *passiert* Frauen und Männern allerdings nicht einfach so. Vielmehr sind sie aktiv daran beteiligt – allerdings mit sozial ungleich verteilten Ressourcen bzw. mit individuell unterschiedlichen Wahrnehmungs- und Handlungsoptionen.

1.3 Soziale Ungleichheit und identitätsstiftende Ressourcen

Der soziale Kulturraum stellt ebenso wie die darin geltende soziale Ordnung weniger ein raum-zeitliches Vakuum, als vielmehr einen komplexen Prozeß der Wandlung und Verfestigung der jeweils Gültigkeit besitzenden Phänomene dar, die im Rahmen von dialektischen Identitätsprojekten an Bedeutung gewinnen. Inwieweit allerdings gesamtgesellschaftliche Veränderungen (z.B. in Form von individualisierten und pluralisierten Lebenszusammenhängen) von jungen Erwachsenen als neue Möglichkeitsräume und Handlungsoptionen wahrgenommen und genutzt werden können, wird von den Erfahrungen und den daraus resultierenden Wahrnehmungs- und Handlungskategorien auf einer bestimmten psychosozialen Position bestimmt.

Davon ausgehend sollten im Rahmen von Forschungsprojekten zu adoleszentären Identitätsprozessen stets die individuelle Ressourcenlage sowie die jeweiligen sozialen Kontextverhältnisse berücksichtigt werden. Denn: "Die Jugendlichen desselben Milieus haben mit großer Wahrscheinlichkeit die gleiche Ressourcenlage und eine sich ähnelnde Wertestruktur. Ressourcen und Werte wiederum bestimmen Reichweite und Richtung der jeweiligen Identitätsbildungsprozesse. Was den Jugendlichen bei ihrem Übergang zum jungen Erwachsenen *subjektiv* als (Aus-)Bruch erscheinen mag, ist häufig nur die Ausschöpfung der durch die Modernisierung modifizierten, gedehnten, milieutypischen Varianz. Die bekannte Postmoderne-Diagnose, nach der die entscheidungsoffenen Lebensmöglichkeiten zunehmen und nach der die Jugendlichen ihr eigener 'Promotor', 'Identitätsarchitekt' oder 'Identitätsmanager' sein müssen, stimmt nur im Rahmen des Möglichkeitsfeldes, das durch den milieuüblichen Ressourcen- und Werte-Mix gegeben ist." (Ahbe

---

[3] Regina Becker-Schmidt (1998) beschreibt ein methodisches Vorgehen, das die "Dichotomien als Deckbilder sozialer Ungleichheit im Geschlechterverhältnis" (ebd.:99) decouvrieren soll. Das Aufdecken von Mechanismen, die sowohl soziale Ungleichheit stützen als auch deren Arrangements naturalisieren, meint dabei immer auch, das benutzte Werkzeug zur Herstellung ungleicher (Geschlechter-)Verhältnisse zu eruieren – und genau darauf zielen die Analyseschritte ihrer historischen Genese (vgl. ebd.:99ff.).

1997:218, Hervorh. i.O.) Dementsprechend werden diese Einschätzung und die Annahme einer milieu- und ressourcenabhängigen Handlungsstrukturierung zur empirischen Voraussetzung dafür, daß identitätstheoretische Schlußfolgerungen die aus verschiedenen Soziallagen resultierenden individuellen Unterschiede adäquat abbilden können. Dies wird von folgender Erkenntnis gestützt, die besagt, "daß die je verschiedene Soziallage wesentliche Unterschiede der Identitätsarbeit nicht nur hinsichtlich der objektiv zur Verfügung stehenden Ressourcen, sondern auch hinsichtlich der Wahrnehmung und kognitiven Verarbeitung der gesellschaftlichen Realitäten im Blick auf die eigene Person bedingt." (Pörnbacher 1999:191)

Auf der Basis von Pierre Bourdieus Kapital-Begriff, der auf sämtliche Bereiche des sozialen Gesellschaftslebens abhebt, "in denen Subjekte agieren, etwas einzubringen haben, gewinnen oder verlieren können" (Ahbe 1997:211), werden Kategorien wie das Aussehen, die Gesundheit, aktuelle Medieninformationen und ein verbindlicher sozialer Kontakt zu strategischen Ressourcen. Dabei repräsentiert weniger eine statische Besitzform, als vielmehr die Möglichkeit zur Transformation der einzelnen Kapitalsorten in eine individuell als sinnhaft erlebte und kollektiv anerkannte psychosoziale Position deren soziale Relevanz. Beispielsweise kann mit der Zeit kulturelles Kapital in Form von Bildung(sabschlüssen) angehäuft werden, was eine Umwandlung in ökonomisches Kapital (z.B. materieller Besitz) aufgrund einer entsprechenden beruflichen Position erlaubt oder zumindest erleichtert. Auf diese Weise können die an der soziokulturellen Herkunft bemessenen, ursprünglichen Freiheitsgrade erweitert und die subjektive Lebensqualität erhöht werden. Dieser Zusammenhang ist damit erklärbar, daß "die soziale Welt [...] kein Raum der Chancengleichheit, des 'Glücksspiels' [...], der 'freien Wahl' oder des 'selbstbestimmten Identitäts-Entwurfes', sondern [...] eine Welt der Beharrung, der Akkumulation und der 'Vererbung von erworbenen Besitztümern und Eigenschaften'" ist (ebd.:211).

Aufgrund eines Verständnisses von Ressourcen als "ungleichheitskonstituierende Handlungsbedingungen" (Kreckel 1997:78) bietet eine am Kapitaltransfer angelehnte Interpretation der Identitätsarbeit junger Erwachsener nun insofern eine ergiebige Analysevertiefung, als das Jugendalter (im Sinne einer sozialen Aufforderung zur Suche nach einem anerkannten Status) vielfältige Investitionen und Umwandlungen der mitgebrachten Ressourcen abverlangt: "In diesem Übergang geht es unter anderem darum, die in der Herkunftsfamilie akkumulierten Ressourcen oder Kapitalien in einem größeren gesellschaftlichen Bezugsfeld umzusetzen, zu realisieren – aber genau dafür bietet dieses neue Bezugsfeld meist weniger Garantien als das alte, familiäre." (Ahbe 1997:216f.) Vor diesem Hintergrund schreibt Keupp (1997a) vor allem dem Sozialkapital besondere Bedeutung im Rahmen dialektischer Selbstbildungs-Prozesse zu: Mit einer sozialpsychologischen Perspektive sind soziale Ressourcen mit tragfähigen und (emotional) ergiebigen sozialen Netzwerken[4] assoziiert, in denen die nach sozialer Anerkennung suchenden Subjekte die unbedingt notwendige Resonanz für einen persönlich als sinnvoll empfundenen Selbstbildungs-Prozeß finden können. Fehlen hingegen adäquate soziale Zustimmung und Unterstützung, so wird dies als Einschränkung des individuellen Potentials empfunden, was mit belastenden Symptomen einhergehen kann (vgl. ebd.:27). Dieser Zusammenhang macht zum einen die unbedingte Verknüpfung von Identität und Umwelt deutlich und zum anderen die nicht (mehr) selbstverständliche Einbindung in weite Beziehungsnetze mit relativ vielen Möglichkeiten zur sozialen (Selbst-)Versicherung: "Diese Selbstverständlichkeit ist im Zuge der Individualisierungsprozesse, durch die die Moderne die Lebenswelten der Menschen veränderte und teilweise auflöste, in Frage gestellt worden. Anerkennung muß auf der persönlichen und gesellschaftlichen Ebene erworben werden, insofern ist sie prekär geworden" (ebd.:27). Wie effektiv letztendlich das Erkennen und Beschaffen von sozial relevanten und persönlich als brauchbar bewerteten Ressourcen im Rahmen des persönlichen Selbstbildungs-Prozesses funktioniert, korrespondiert nach Bourdieu (1998) mit den subjektiven ressourcenbezogenen Wahrnehmungs- und Handlungskategorien, die wiederum von (primären) sozialen Erfahrungen strukturiert werden (wie sehr weiß beispielsweise ein Kind mit Büchern etwas anzufangen, wenn die Eltern selbst nicht gerne lesen?).

Das Kulturkapital, in Form von

- Fertigkeiten und Haltungen (inkorporiertes Kulturkapital),
- Medien-, Informations- und Kunstobjekten (objektiviertes Kulturkapital),
- Bildungsabschlüssen und Titeln (institutionalisiertes Kulturkapital),

kann mit dem innerhalb der Identitätsforschung gebräuchlichen Begriff der individuellen Ressourcen gleichgesetzt, aber auch um die Dimension psychisch-physischer Qualitäten eines Subjekts erweitert werden: "Das sind zum einen die als physisches oder Körperkapital bezeichneten Güter [...] wie Gesundheit, Kraft oder Aussehen. Zum anderen Charakter, Temperament und jene Fähigkeiten, die für die Identitätsentwicklung eines Subjektes besonders wichtig sind – also vor allem Rollendistanz, Empathie und Ambiguitätstoleranz. Diese Fähigkeiten sind deshalb so relevant, weil im Zuge der Modernisierung die Ausformung, Konstruktion und Anerkennung der verschiedenen individuellen Identitäten nicht mehr mit Selbstverständlichkeit erfolgen [...] und weil dem Subjekt ein hohes Maß an Gestaltungskompetenz und individueller 'Fähigkeit zum Aushandeln' [...] abverlangt wird." (Ahbe 1997:214)

---

[4] "Wenn wir die sozialen Baumeister unserer eigenen sozialen Lebenswelten und Netze sind, dann ist eine spezifische Beziehungs- und Verknüpfungsfähigkeit erforderlich, nennen wir sie *soziale Ressourcen*. Der Bestand immer schon vorhandener sozialer Bezüge wird geringer, und der Teil unseres sozialen Beziehungsnetzes, den wir uns selbst schaffen und den wir durch Eigenaktivität aufrechterhalten (müssen), wird größer." (Keupp 1997a:19, Hervorh. i.O.)

In diesem Sinne beeinflussen sowohl die quantitative und qualitative Zusammensetzung als auch das jeweilige Transferpotential des ökonomischen, sozialen, kulturellen und individuellen Kapitals die subjektiven Auswahlprozesse von soziokulturellen Milieus – womit auch immer entsprechende Lebensstile, die wiederum auf sozial relevanten Ressourcen (z.B. Bildung) basieren, verknüpft sind.

Zusammenfassend betrachtet zeigt sich die Brisanz eines ergiebigen bzw. verlustreichen Ressourcentransfers besonders deutlich an der sozial definierten Schwelle vom Jugend- zum Erwachsenenstatus. Denn dort werden, angesichts (normativer) Vergesellschaftungsbedingungen (z.B. Ausbildung einer eindeutigen sexuellen Identität), vermehrt gestaltgebende und verortende Investitionen bisher akkumulierter Ressourcen notwendig, indem sich die jungen Erwachsenen langsam eindeutig als Frau oder Mann zu erkennen geben, sich für hetero- oder homosexuelle Beziehungsarrangements entscheiden und einen beruflichen Ausbildungsweg einschlagen müssen. Während dieser brisanten Orientierungsphase erhalten die jugendlichen Status-Suchenden allerdings keine Gewähr dafür, daß sich ihre Investitionen in Form einer sozialen Anerkennung ihres aktuell realisierten Identitätskonzepts auszahlen werden – was dieses Unterfangen riskant macht. Insofern setzt dieser Drahtseilakt jeweils auf soziokulturelle und gesellschaftliche Bedingungen abgestimmte Balancestrategien der sich positionierenden Individuen voraus.

Inwieweit ihnen dabei passende Ressourcen zur Wahrnehmung und Nutzung von objektiv vorhandenen Möglichkeitsräumen und Handlungsoptionen zugänglich werden, korrespondiert mit ihren subjektiven Wahrnehmungs- und Handlungsstrategien, die wiederum beeinflußt werden von ihren bisherigen Erfahrungen auf einer bestimmten psychosozialen Position. Denn: "Was existiert, ist ein sozialer Raum, ein Raum von Unterschieden, in denen die Klassen gewissermaßen virtuell existieren, unterschwellig, nicht als gegebene, sondern als *herzustellende*. Derartige Konstruktionen aber, mag die soziale Welt mit ihren Gliederungen auch etwas sein, das die sozialen Akteure individuell und vor allem *kollektiv*, in Kooperation und Konflikt, herzustellen und zu konstruieren haben, vollziehen sich dennoch nicht in einem sozialen Vakuum [...]: Die Position, die jemand im sozialen Raum einnimmt, das heißt in der Distributionsstruktur der verschiedenen Kapitalsorten, die auch Waffen sind, bestimmt auch seine Vorstellungen von diesem Raum und die Positionen, die er in den Kämpfen um dessen Erhalt oder Veränderung bezieht." (Bourdieu 1998:26, Hervorh. i.O.)

2. Subjekte haben entweder Frau oder Mann zu sein

> "Weiß ist nicht-schwarz, homosexuell ist nicht-heterosexuell, Ausländer ist Nicht-Inländer, Frau ist Nicht-Mann. Die Pointe ist, daß auch umgekehrt gilt: Schwarz ist nicht-weiß, heterosexuell ist nicht-homosexuell, Inländer ist Nicht-Ausländer, Mann ist Nicht-Frau. [...] Die Definition dessen, was eine Frau oder ein Mann ist, ist demnach konstitutiv mit dem verbunden, was es nicht ist." (Villa 2000:229)

Hinsichtlich der mit 'postmodern' betitelten Lebenszusammenhänge (z.B. Pluralisierung, Individualisierung) und vor dem Hintergrund eines dialektischen Subjekt-Verständnisses schiene es geradezu paradox, für eine einheitliche und zeitlich begrenzte Identitätsarbeit zu plädieren. Insofern verlieren all jene Theorien an Relevanz, die Selbstbildungs-Prozesse sowohl als einen Verlauf mit einem Ursprung und Ziel (und weniger als lebenslanges, prozeßhaftes Unternehmen mit Chancen und Gefahren) als auch als einen einseitigen Anpassungsprozeß an Realitäten (vor allem als Geschlechterrollen-Übernahme) verstehen. Demzufolge spielen sie für die vorliegende Untersuchung keine Rolle mehr, da der Forschungsblickwinkel auf interaktiven sexuellen Positionierungsprozessen liegt – die vor allem während der Adoleszenz an psychosozialer Brisanz gewinnen. Davon ausgehend sollen im Folgenden drei theoretische Zugangsweisen zum sozial hergestellten Geschlechtskörper nachgezeichnet werden:

- Ethnomethodologische Aspekte (vgl. Garfinkel 1967) betonen das individuelle und soziale Spannungsfeld, in dem geschlechtsbezogene Individuationsmuster sozial (re)produziert werden;
- diskurstheoretische Elemente (vgl. Butler 1997) sensibilisieren für ein Erkennen der in Sprechakten verwendeten, sozial anerkannten und somit handlungsleitenden Kategorien (z.B. die Kategorie 'Frau') sowie für ein Nachvollziehen ihrer naturhaften Verkörperung durch die Subjekte. Auf diesem Wege wird die performative Kraft[5] von Sprache sichtbar gemacht;
- leibphänomenologische Momente (vgl. Lindemann 1994) ergänzen die beiden Zugänge zum sozial konstruierten Geschlechtskörper, indem sie erklären, auf welche Weise sozial gültige Normen (z.B. die Geschlechterdifferenz) sowohl zum *realen* Geschlechtsempfinden als auch zur *normalen* Lebensform werden (z.B. *entweder* als heterosexueller Mann *oder* als heterosexuelle Frau zu leben und zu lieben).

---

[5] Die performative Kraft von Sprache meint zunächst einmal, daß benannte Wirklichkeiten nicht von sich aus *wirklich sind*, sondern erst während des Sprechens dazu *gemacht* werden. Diese realitätserzeugende Kraft von Sprechakten bemißt sich weiterhin nach dem Recht und der Überzeugungskraft einer Person, *legitimerweise* und *authentisch* etwas mitteilen zu können, auf das dann auch gehört wird. Es kann also nicht jeder, überall und mit derselben Autorität etwas aussagen (vgl. Bourdieu 1990).

2.1 Handeln, um das Geschlecht zu sein

> Die Dimensionen des Geschlechtskörpers sowie der Prozeß seiner Entstehung sollen hier auf der handlungstheoretischen und alltagsweltlichen Mikroebene betrachtet werden. Deshalb stehen all jene Zeichen und Handlungen im Zentrum, die in alltäglichen sozialen Interaktionen spontane und allgemein verständliche Darstellungen von Geschlechtlichkeit ergeben. Die ethnomethodologische[6] Theorie des 'doing gender' setzt genau an diesem Punkt an, indem sie nach den sichtlich so reibungslos und stabil ablaufenden Handlungsweisen fragt, mittels derer Subjekte ihr Geschlecht zum Ausdruck bringen – ohne dies jedesmal aufs neue durchdenken oder erklären zu müssen. In diesem Sinne beschäftigen sich ethnomethodologische Untersuchungen mehr mit *Wie* einer Herstellung der Geschlechterdifferenz und weniger mit dem *Warum* bzw. *Woher* der unhinterfragt gültigen Normen als Interaktionsgrundlage. Diese "Ausklammerung gesellschaftstheoretischer Bezüge führt allerdings zu einem Dilemma, das darin besteht, die normative Dimension der Konstruktion der Geschlechterdifferenz auf die interaktive Konstruktion von Normen zirkulär zurückzuführen: Normen bestehen, weil sie in der Interaktion produziert werden. Diese Sichtweise übersieht m.E., daß normative Strukturen (ebenso wie ökonomische und institutionelle Strukturen) eine Eigenlogik[7] jenseits der konkreten Interaktionen im Alltag haben und daß diese Strukturen das Handeln sowohl ermöglichen wie einschränken." (Villa 2000:117)

Aus der ethnomethodologischen Perspektive wird das Geschlecht als soziales Phänomen begriffen, das beständig über Alltagspraxen hergestellt und belebt wird: Individuen *machen* sich gegenseitig auf eine selbstverständliche Art und Weise zu Männern und Frauen, lassen sich dazu machen und (re)produzieren darüber permanent und ganz unbewußt gesellschaftlich verankerte Strukturen wie die Geschlechterdifferenz. Um diese Selbstverständlichkeit erkennen und erklären zu können, mit der Menschen alltäglich interagieren und kommunizieren, bedarf es Erschütterungen des 'common sense': Harold Garfinkel et al. (1967) erarbeiteten in Untersuchungen zu sozialen Grenzphänomenen (vor allem in Form der Transsexualität) eine Reihe von Richtlinien und Eigenschaften, die ein Wissen von Tatsachen kreieren, durch das ein Raster für *normale* geschlechtsbezogene Darstellungen sowie Interpretationen geschaffen wird, was letztendlich ein (An-)Erkennen der wahrgenommenen Geschlechter(-Dualität) als *natürlich* ermöglicht. Jene diesen Wahrnehmungen zugrunde liegenden Deutungsmuster, die strukturierend und hand-

---

[6] Das Vorgehen der Ethnomethodologie kann allgemein als Versuch angesehen werden, über kontrafaktische Handlungen (Krisenexperimente bei Harold Garfinkel) natürliche Tatsachen als komplexe soziale Konstruktionsleistungen zu enttarnen.

[7] "Individuen verfügen nicht über ihr eigenes Geschlecht, sie konstruieren nicht beliebig und nicht alleine und die Geschlechterdifferenz ist eine sozial bzw. institutionell viel zu wichtige Sache, um sie den Individuen selbst zu überlassen. Vielmehr greift die Gesellschaft in Form von Mediziner/innen, Gutachter/innen, Juristen/innen, Psychiater/innen usw. massiv in das Leben von Menschen ein, die nicht der 'normalen' Übereinstimmung von Körpergeschlecht, Geschlechtsidentität und Sexualität folgen. Dies gilt nicht nur für Transsexuelle, sondern ist ebenso sichtbar in der Unmöglichkeit der homosexuellen Ehe in den meisten Ländern, am gesetzlichen Verbot homosexueller Beziehungen in vielen Ländern überhaupt (unter Strafandrohung), aber auch an der Pathologisierung bestimmter sexueller Praktiken." (Villa 2000:107)

lungsleitend wirken, dienen den Akteur/innen als Folie ihrer Doing-gender-Prozesse[8]. "Ergebnis der Garfinkel'schen Studie ist, daß das Geschlecht bzw. die Geschlechtlichkeit eine soziale Konstruktion ist, die einer andauernden Darstellungsarbeit bedarf. Denn wichtiger als Vagina und Busen oder Menstruation sind Gesten, Mimik, Kleidung, Berufswahl, Paarbeziehungen usw., an denen sich Personen im Alltag als Frauen oder Männer erkennen und zu erkennen geben. Was Garfinkel und die an seinen Arbeiten anknüpfenden Ansätze[9] analysieren ist, daß dieses 'Erkennen' immer eine interaktive Konstruktionsleistung ist und wie diese jeweils vollzogen wird. In interaktiven Konstruktionsprozessen erkennen Individuen nicht etwas, das objektiverweise da ist (die Geschlechterdifferenz), sondern es wird andauernd etwas gemacht, was da sein muß. Geschlecht ist demnach 'doing gender'." (Villa 2000:72) Aus der Sicht einer handlungszentrierten Mikrosoziologie entpuppt sich demnach die (Zwei-)Geschlechtlichkeit als eine zutiefst soziale Angelegenheit: Individuen werden nicht als Frau oder Mann geboren, sondern sie realisieren im Laufe ihres Lebens mehr oder weniger normkonform die Forderungen der sozialen Kategorie 'Geschlecht' als *Vollzugswirklichkeit* in Form einer eigenverantwortlichen Verlebendigung der sozial erwarteten, *eindeutigen* Geschlechtszugehörigkeit am eigenen Leib. Dabei setzt die jeder Person (vor allem ab der Pubertät) zugedachte Verantwortlichkeit für eine natürliche Verkörperung einer lebenslangen, eindeutigen und biologisch legitimierten Geschlechtsidentität zwei soziale Kompetenzen voraus: zum einen die 'Geschlechtsdarstellung' und zum anderen die 'Geschlechtsattribution' (Hirschauer 1989:112).

Um *Geschlechtsdarstellungen* angemessen verwirklichen zu können, müssen die Akteur/innen auf bekannte Darstellungsressourcen (z.B. Nagellack) zurückgreifen: Ist "der Nagellack ein traditionellerweise von Frauen benutzter Körperschmuck, wird der Nagellack zu einem weiblichen Objekt, woraufhin die Personen, die ihn benutzen weiblich bzw. verweiblicht werden." (Villa 2000:76) Aufgrund der interaktiv hergestellten Geschlechtskörperlichkeit sind Individuen allerdings nicht nur für ihren eigenen Gender-Prozeß verantwortlich, sondern ebenfalls für den ihrer Beziehungspartner/innen. Diese Zuständigkeit kreiert zwischen den interagierenden Individuen ein mehr oder weniger bewußtes Kooperationsverhältnis, da geschlechtliche Darstellungen erst durch den Blick des Gegenübers als gültig wahr-

---

[8] Das Deutungsmuster umfaßt folgende Prämissen: 1. Es gibt nur zwei Geschlechter: entweder männlich oder weiblich; 2. das Geschlecht einer Person ist unveränderbar; 3. die Genitalien sind grundlegende Indizien der Geschlechtlichkeit; 4. Abweichungen von der Regelstruktur der Zweigeschlechtlichkeit werden nicht ernstgenommen; 5. es gibt keine Möglichkeit einer Geschlechtertransformation, außer in ritualisierten bzw. zeremoniellen Inszenierungen; 6. es existiert ein individueller Zuordnungszwang zu einem Geschlecht (eine geschlechtslose Existenz gilt nicht); 7. die Polarisierung in entweder männlich oder weiblich wird als natürlich angenommen; 8. die Zugehörigkeit zu einem der beiden Geschlechter wird ebenfalls als naturgegeben verstanden (vgl. Garfinkel 1967:122ff.).

[9] Vgl. z.B. die Arbeiten von Stefan Hirschauer.

genommen werden. Auf der Basis dieser sozialen Beziehung zwischen Darsteller/in und Betrachter/in findet nun der jeweils von der sehenden Position ausgehende Akt der *Geschlechtsattribution* statt: Die Geschlechtszuweisung erfolgt unmittelbar auf die Geschlechtsdarstellung, wobei das bewertende Auge durch die Regelstrukturen der Zweigeschlechtlichkeit (vgl. Fußnote 8) voreingenommen ist. An dieser Stelle wird sowohl die direkte Verknüpfung zwischen handelndem und sehendem Individuum als auch die daraus resultierende soziale Kontrollmöglichkeit deutlich: "Wenn ich meinem Gegenüber ein falsches Geschlecht zuweise, fällt das auf mich zurück, weil es mein eigenes Urteilsvermögen in Frage stellt. Peinlichkeit, Scham, Aggressionen usw. sind mögliche Folgen. Droht eine Geschlechtsattribution fehlzuschlagen, wird dies durch die Suche nach Fixpunkten in der Wahrnehmung zu vermeiden versucht [...]. Das heißt, ein – je nach Situation passendes – Merkmal (Busen, Beruf, Beckenbreite, Kleidung, Make-up, Stimme usw.) wird von dem/der Betrachter/in als eindeutig vergeschlechtlicht identifiziert, woraufhin alle weiteren Merkmale der Person daraufhin gelesen werden." (Villa 2000:78)

Geschlechtsbezogene Darstellungen und Wahrnehmungen können somit als ein präreflexiver und sozial verbindlicher Umgang mit kulturell codierten Darstellungsressourcen im Spannungsfeld von Geschlechtlich-Sein und Geschlechtlich-zu-sein-Haben verstanden werden. Dabei besitzen diese Ressourcen kein natürliches Geschlecht; vielmehr werden sie zu sexuierten Zeichen *gemacht*, indem sie in Interaktionen eine entsprechende soziale Verwendung und Bedeutung erhalten: "Sozial relevant ist das, was intersubjektiv *gesehen* wird. Das Soziale ist bildförmig, Individuen sehen die Codes, mit denen sie die Welt ordnen und mit deren Hilfe sie Sinn in die Welt bringen. Individuen sehen, sie 'lesen' die sozialen Differenzen und Positionen [...]. Das, was gesehen wird (Hautfarbe, Größe, Kleidung, Räume, Gegenstände usw.), wird – und zwar auf spontane, präreflexive Weise – zum Zeichen oder Symbol. [...] Sehen, Zeichen und Symbol [fallen] zusammen. Es gibt demnach kein 'reines' Sehen, denn das Sehen ist immer schon ein Interpretationsprozeß." (Ebd.:82, Hervorh. i.O.) Geschlechtsbezogene Interaktionen korrespondieren demnach mit der Bildförmigkeit des Sozialen und darüber unmittelbar mit sozialer Ungleichheit: Indem das in Fleisch und Blut übergegangene Geschlecht sowie seine Darstellungen als soziale Konstruktionen verstanden werden, schließt der Prozeß des 'doing gender' notwendigerweise auch alle asymmetrischen Beziehungen und Ungleichheiten innerhalb sozialer Strukturen mit ein, da letztere als Kostruktionsrahmen fungieren. An dieser Stelle eröffnet sich die Dimension von "doing inequality" (ebd.:110ff.) und zeigt darüber die Verknüpfung von Geschlechterdifferenz und Geschlechterverhältnis an, deren ungleichheitsstiftende Bedeutungen über routinisiertes Alltagshandeln interaktiv und unter spezifischen lebensweltlichen Gegebenheiten (re)produziert werden: "Dadurch, daß die Konstruktion der Geschlechterdifferenz immer nur innerhalb sozialer Orte stattfindet,

sind sowohl die einzusetzenden Ressourcen wie die sozialen Beziehungen auch von sozialer Ungleichheit betroffen. [...] Räume sind nicht nur Bühnen und Settings für geschlechtlich relevante Körper-Inszenierungen, sie sind auch Räume von Asymmetrien und strukturell verankerter Ungleichheit. Anthropologische bzw. ethnologische Arbeiten kommen zu dem Schluß, daß die Wohn- und Lebensräume verschiedenster Kulturen soziale Ordnung 'nachbauen'. [...] Räume sind nicht nur vergeschlechtlicht, sie sind es auf eine jeweils kulturspezifische Weise und dies schließt strukturierte soziale Ungleichheit mit ein." (Ebd.:116ff.) Davon ausgehend wird der Körper zum Scharnier von strukturellen Bedingungen (Sprache, Kultur, Diskurse, Normen) und individuellen Eigenschaften (Geschlecht, Alter, Herkunft, Aussehen, Gesundheit). Aufgrund dieses Zusammenhangs können individuelle Eigenschaften auf der Grundlage eines als gemeinsam vorausgesetzten Wert- und Kommunikationshorizontes sowohl zu einem Mittel als auch zu einem Ausdruck im Rahmen sozialer Positionierungs- und Bewertungsprozesse werden. In diesem Sinne enthalten vormals *neutrale* individuelle Besonderheiten immer das Potential zur (Re-)Produktion und Legitimation von sozialer Ungleichheit oder Diskriminierung und darüber hinaus zur Mitteilung oder Wahrnehmung individueller Potentiale entlang allgemeingültiger Werte. Denn sobald Individuen ihren *Eigensinn* sozial aussagekräftig mitteilen (und das tun sie aufgrund ihres existentiellen Bedürfnisses nach sozialer Anerkennung zwangsläufig), müssen sie auf die ihnen verfügbaren, gruppenspezifisch unterschiedlich codierten, Mittel (z.B. Symbole) zurückgreifen, woraufhin die daraus resultierenden psychosozial bewerteten Darstellungen das Nähe- und Distanzverhältnis zu spezifischen sozialen Milieus regulieren.
Indem nun aber aus einer ethnomethodologischen Perspektive lediglich die an bestimmten Normen orientierten Alltagspraxen zugänglich, die jeweiligen gesellschaftstheoretischen Bezüge und die Eigenlogik bestimmter Normen als Bewertungsinstrumentarium für individuelle Seins- und Handlungsweisen jedoch vernachlässigt werden, gestaltet sich im Folgenden die Betrachtung der symbolischen Ebene als ergiebig. Denn dort werden spezifische Darstellungsmittel zur (Wieder-)Herstellung einer bestimmten *Normalität* mit Bedeutung aufgeladen, worüber sie zu potentiell sozial relevanten bzw. strukturierenden Symbolen werden. Auf diese Weise können sie auf der alltäglichen Handlungsebene als effektives Werkzeug im Positionierungsgeschehen benutzt werden. Demnach müssen Ressourcen von sogenannten Wahrheitsdiskursen und -instanzen mit bedeutsamen Zeichenpotentialen ausgestattet werden, um allgemein verstehbar und damit wirksam in der jeweiligen Lebenswelt einsetzbar zu sein. Beispielsweise ermöglichen biologische und medizinische Diskurse erst ein Erkennen und Benutzen von Hormonen als "luxuriöse Droge" bzw. als "kostspieliges, abhängig machendes Genußmittel, das den Körper verschönert und das Selbsterleben erhöht" (Hirschauer 1993:229).

2.2 Sprechen, um das Geschlecht zu sein

> Die Dimensionen des Geschlechtskörpers sowie der Prozeß seiner Entstehung sollen hier auf der symbolischen Ebene beleuchtet werden. Dabei wird die Sprache interessant, indem sie einen Bedeutungsrahmen für (Re-)Formulierungsprozesse von Geschlechterdifferenz liefert. Denn darin klingen die als geschlechtsrelevant definierten Kategorien (Normen) am eigenen Leib an, gehen durch kontinuierlichen Wiederhall (Zitate) in Fleisch und Blut über (performative Logik der Sprache), worüber sie zu scheinbar natürlicher Materie werden (Somatisierung von Normen). Der diskurstheoretische Blick rückt also den Realisierungsprozeß von sozial relevanten Diskursen am Subjekt ins Zentrum. Dabei entfernt er sich allerdings zu weit von konkreten Zusammenhängen im Subjekt, um noch erfassen zu können, wie spezifische Normen in den Geschlechtskörper gelangen und warum diese subjektiv gespürt werden. "Die Wirklichkeit des Geschlechtskörpers umfaßt unmittelbare Empfindungen wie Menstruationsschmerzen, sexuelle Lüste und körperliche 'Vorgänge' wie z.B. Sinneswahrnehmungen. Ausgehend von der Realität individueller [...] Empfindungen, die geschlechtlich relevant sind, hat sich folgerichtig eine der Hauptkritiklinien an der diskurstheoretischen Analyse des Körpers entwickelt." (Villa 2000:162)

Im Rahmen poststrukturalistisch orientierter[10] Theorien spannt sich zwischen Diskurs, Macht und Subjekt ein Machtverhältnis, in dem Wissensproduktion und -verwaltung stattfindet, woraus soziale Realitäten und Subjektpositionen erst hervorgehen. "Soziale Wirklichkeit wird also nicht in Diskursen *repräsentiert*, sondern Diskurse *konstituieren*, eingebunden in ein komplexes Kräftediagramm, gesellschaftliche Sinn-Ordnungen und -Unordnungen, deren Effekt – nicht Ausgangspunkt – ein sinnhaft handelndes Subjekt ist." (Bublitz et al. 1999:13, Hervorh. i.O.) Ihre darin zum Vorschein kommende konstitutive Macht erhalten Diskurse über die (wissenschaftliche) Erforschung und Benennung von Phänomenen, die es vorher in dieser Form nicht gegeben hat, da eine bestimmte Bezeichnungspraxis (z.B. 'homosexuell', 'süchtig') die entsprechende Subjektposition ('Schwuler', 'Junkie') sowie die darauf abgestimmten Kontrollstrategien erst hervorbringt. Gleichzeitig eröffnet sich mit der Konstruktion bestimmter Subjektpositionen immer auch die Möglichkeit für Subjekte, Gegenpositionen zu schaffen, die sich aus folgendem subjektiven Handlungsspielraum ergibt: Die Freiheit des Menschen liegt genau an der Stelle zwischen einem (An-)Erkennen eines *Sein als Effekt wahrer Diskurse* und einem

---

[10] Die Linguistik wird allgemein als die Basis von Strukturalismus und Poststrukturalismus angesehen, wobei wiederum als Ausgangspunkt der beiden zuletzt genannten Denkrichtungen die Strukturanalyse von Ferdinand de Saussure (1857-1913) gilt: Für ihn stellt Sprache ein Zeichensystem dar, in dem das Verhältnis von Ausdruck und Inhalt nicht gegeben ist, sondern hergestellt wird. "Das die Beziehung zwischen Ausdruck und Inhalt willkürlich ist, bedeutet, daß das Zeichen selbst eine gesellschaftliche und geschichtliche Größe ist. Sie ist eine Frage der gesellschaftlichen Konvention. Dies darf aber nicht als bewußte Übereinkunft oder Wahl verstanden werden, sondern als unbewußte, kollektive Bildung und Annahme. Die Willkürlichkeit des Zeichens beinhaltet, daß es als Zeichen in der Sprache nicht 'von außen her' bestimmt ist, denn Bedeutung ist nichts den Dingen eigenes, immanentes." (Raab 1998:11)

Verwerfen eines *Sein als Naturtatsache*[11]. Denn selbst sozial dominante Diskurse besitzen Schwachstellen, da sie aus Sprachketten gebildet werden, die wiederum aufgrund ihres nicht-fixierbaren semantischen Gehalts instabile Größen repräsentieren. Auf diese Weise werden Bedeutungsverschiebungen parallel zur raumzeitlichen Bewegung möglich – und so hat ein Individuum die Chance, seine mehr oder weniger freiwillig eingenommene Subjektposition als Artikulationsraum für *Gegendiskurse* zu nutzen[12]. Ausgehend von dem poststrukturalistischen Verständnis einer diskursiven Herstellung von Subjektpositionen, die es Individuen ermöglicht, innerhalb eines heterogenen diskursiven Raumes mehrere verschiedene Stimmen zu ergreifen, bildet sich nun genau jenes Spannungsverhältnis von widersprüchlichen, um Hegemonie ringenden Diskursen und Machtbeziehungen, durch welches das Subjekt hervortritt, sobald es seine Position benennt. Ein für das Individuum sozial bedeutsames Sprechen und Handeln kann also immer nur im Spannungsdreieck von Diskurs, Macht und Subjekt stattfinden. In diesem Sinne ist auch widerständiges Handeln immer nur innerhalb von bestehenden Machtverhältnissen möglich, da Macht von überall herkommt (vgl. Foucault 1998:114). Dieses Nichtexistieren-Können außerhalb von Machtverhältnissen veranlaßt nun einzelne feministische Wissenschaftlerinnen zu der skeptischen Frage bezüglich Judith Butlers Konzept des 'gender trouble'[13], von wo aus widerständiges Handeln des Individuums (*agency*) dann überhaupt möglich sei (vgl. Allen 1999)?

---

[11] "Ich habe mir vorgenommen [...], den Menschen zu zeigen, daß sie weit freier sind, als sie meinen; daß sie Dinge als wahr und evident akzeptieren, die zu einem bestimmten Zeitpunkt in der Geschichte hervorgebracht worden sind und daß man diese sogenannte Evidenz kritisieren und zerstören kann. Etwas in den Köpfen der Menschen zu verändern – das ist die Aufgabe des Intellektuellen. [...] Ich möchte zeigen, daß viele Dinge, die Teil unserer Landschaft sind – und für universell gehalten werden –, das Ergebnis ganz bestimmter geschichtlicher Veränderungen sind. Alle meine Untersuchungen richten sich gegen den Gedanken universeller Notwendigkeiten im menschlichen Dasein. Sie helfen entdecken, wie willkürlich Institutionen sind, welche Freiheit wir immer noch haben und wieviel Wandel immer noch möglich ist." (Foucault 1993:16f.)

[12] Foucault (1998) verdeutlicht die subversive Gegenrede am Beispiel der diskursiven Herstellung von Homosexualität im 19. Jahrhundert, die einerseits Diskriminierung, andererseits aber auch Raum für die Konstitution einer eigenen Subjektposition geschaffen hat: "Als dann in der Psychiatrie, in der Jurisprudenz, auch in der Literatur des 19. Jahrhunderts eine ganze Reihe von Diskursen über die Arten und Unterarten der Homosexualität, der Widernatürlichkeit, der Päderastie, des 'psychischen Hermaphrodismus' aus dem Boden schossen, hat das gewiß zu einem starken Vormarsch der sozialen Kontrollen auf jenem Gebiet der 'Perversitäten' geführt; es hat aber auch die Konstitution eines Gegen-Diskurses ermöglicht: die Homosexualität hat begonnen, von sich selber zu sprechen, auf ihre Rechtmäßigkeit oder auf ihre 'Natürlichkeit' zu pochen – und dies häufig in dem Vokabular und in den Kategorien, mit denen sie medizinisch disqualifiziert wurde." (Ebd.:123)

[13] "Wie sehr ein Sprechen und Schreiben mit dem Körper jedoch unwillkürlich und unausweichlich wieder auf die kulturelle Codierung zurückfällt, gegen die sie gerichtet ist, zeigt auch das Verfahren ['gender trouble'], welches Judith Butler als Antwort auf die kulturelle Konstruktion des Körpers anbietet. Wenn der Körper in seiner Geschlechtsspezifik diskursiv festgelegt ist –

Mit einer poststrukturalistischen Perspektive, die auf eine Entnaturalisierung von als essentialistisch wahrgenommenen, gedachten und mitgeteilten Phänomenen abhebt, bewegt sich der zentral mit Wissen und Subjekt(-Positionen) verknüpfte Macht-Begriff auf einer sprachlich-symbolischen Ebene und wird daher als "*epistemologische* Macht" bezeichnet (Villa 2000:129, Hervorh. i.O.). Eine ausschließliche wissenschaftliche Beschäftigung mit der realitätsstiftenden Kraft des Wortes auf symbolischer Ebene (wie bei Butler) vernachlässigt allerdings den Aspekt der *sozialen Macht*[14] von Sprache und damit die ressourcenabhängige Definitions- und Handlungsmöglichkeit von Individuen – was eine gesellschaftstheoretische Verkürzung bedeutet. "Denn der parodistische Umgang mit Begriffen als subversive Resignifikation ist – auch – eine Frage sozialer Definitionsmacht, bei der eine wesentliche Rolle spielt, wer in welcher Situation und z.B. unter welchen institutionellen Settings Sprache verwendet." (Ebd.:137) Die subjektiven Freiheitsgrade und Möglichkeiten bezüglich eines spielerischen oder subversiven Umgangs mit sozial (als negativ) bewerteten Kategorien (wie 'queer' oder 'transsexuell') korrespondieren also immer auch mit der psychosozialen Position eines Individuums sowie mit den gesellschaftlichen und soziokulturellen Zusammenhängen. Demzufolge relativiert sich die diskurstheoretische Behauptung, es existierten keine erkennbaren Gegenstände und Realitäten *außerhalb* diskursiver Räume (vgl. Foucault 1992:32), mit folgender sozialkonstruktivistischen Erkenntnis: "Es *gibt* ein Außen der Diskurse, nämlich die Effekte, die diese bewirken und die Bedingungen, unter denen sie zustande kommen." (Villa 2000:137, Hervorh. i.O.) Auf diese Weise gelingt eine Verknüpfung der epistemologischen und sozialen Macht von Sprache, wodurch ein Zusammendenken von Sprechakten und deren Kontextbedingungen stattfinden kann. Ebenfalls differenziert und weniger abstrakt gestalten sich daraufhin die performativen Prozesse, indem (ausgehend von einer sozialen Dimension der realitätsstiftenden Sprachgewalt) soziale Bedingungen und potentielle Formenvielfalt von Sprachanwendungen mitbedacht werden können. Welche Normen also letztendlich in den Geschlechtskörper gelangen und von diesem somatisiert werden, korrespondiert mit den jeweiligen Kontextbedingungen und Interaktionspartner/innen: "Die Magie der Worte, d.h. ihre Kraft, Realitäten hervorzubringen, ist nicht nur ein Frage der Performativität an sich, sondern auch eine der Anerkennung der Geltungsan-

---

so ihr Plädoyer –, bleibt als subversive Kraft eine Parodie, in der diese symbolische Verdinglichung selbstbewusst als Inszenierung durchgespielt wird. In dieser spielerischen Reiteration von *gender*, für die die *drag queens* das griffigste Beispiel darstellen, werden Identitäten bestätigt, indem sie abhängig von den momentanen Bedürfnissen zugelegt und dann wieder aufgegeben werden. Der Körper wird in dieser schillernden Transformation zum Ort einer offenen Montage verschiedener Selbstbilder, zu dem Ort, an dem ganz unterschiedliche Selbstentwürfe zusammenlaufen und wieder divergieren, ohne jedoch auf ein klares und endgültiges Ziel ausgerichtet zu sein." (Bronfen 1998:21, Hervorh. i.O.)

[14] Soziale Macht umfaßt die subjektive Definitions- und Handlungsmacht, bemessen an der sozialen Bedeutung der Subjektposition sowie ihrer Verkörperung durch das Subjekt.

sprüche, die mit der Verwendung eines Performativs einhergehen" (ebd.:169). Durch die Einbettung von Diskursen in gesellschaftstheoretische Zusammenhänge wird Sprache als strategische Ressource erkennbar, über die sich Individuen unterschiedlich bewertete soziale Optionen eröffnen (können). In diesem Sinne repräsentieren Diskurse *Kommunikationsbeziehungen*, die Kompetenz und soziale Anerkennung voraussetzen. Denn: "Eine performative Aussage ist immer dann zum Scheitern verurteilt, wenn sie nicht von einer Person kommt, die auch die 'Macht' hat, sie auszusprechen oder wenn, ganz allgemein, die jeweiligen Personen oder Umstände nicht 'die richtigen' sind, 'um den betreffenden Vorgang einzuleiten', kurz, wenn der Sprecher für die Worte, die er spricht, keine Autorität hat." (Bourdieu 1990:77) Davon ausgehend stellt ein allgemein Gehör findender Diskurs (verstanden als sprachliche Kommunikationsbeziehung) eine ungleich verteilte Ressource dar, die wiederum zum Ergreifen von wirksamen Handlungsoptionen legitimieren kann: Sprache *ist* damit Handeln.

Der Gender-Prozeß und die Einschreibung von Normen in den Geschlechtskörper können an dieser Stelle als ein *ressourcenabhängiger* Realisierungsprozeß von sozialen Kategorien beschrieben werden: Diskursive Sinnproduktion setzt einen akzeptierten Wert- und Kommunikationshorizont voraus, vor dem von bestimmten sozialen Positionen aus Mitteilungen gemacht werden können, die sozial anerkannte Wahrheiten (re)formulieren und legitimieren. Erst die Akzeptanz von Wissen verleiht Diskursen ihre Magie, die als symbolische Macht soziale Raumstrukturierung organisieren und darüber Subjektpositionen *von vornherein* privilegieren oder benachteiligen können. Von dort aus handeln dann gesellschaftlich, soziokulturell und sexuell (selbst)positionierte Individuen aufgrund der Möglichkeiten, die sie dort, wo sie momentan *sind*, zur Verfügung *haben* – womit die diskurstheoretische Vernachlässigung der individuellen Handlungs- und Definitionsmacht aufgrund einer bestimmten sozialen Position eingeholt wäre. "Butlers Perspektive ist vielfach dafür kritisiert worden, daß sie den Aspekt der 'agency' übersieht, denn Subjekte werden bei ihr tendenziell zu Resultaten und 'Werkzeugen' der Diskurse, die eigentlich nichts anderes tun, als diskursive Strategien zu reproduzieren oder zu variieren. Nimmt man hingegen einen sprachsoziologischen Standpunkt ein, der Sprache auch als Rede und damit als Form intersubjektiver Kommunikation betrachtet, dann handeln Menschen mit Sprache. Sie drücken damit nicht nur Sinn und Bedeutung aus, sondern auch ihre jeweilige Definitionsmacht, ihre Handlungsspielräume und ihre soziale Position." (Villa 2000:176f.) Darüber hinaus erweist sich die bei Butler aufgehobene Gefühls- und Erfahrungsverankerung der Geschlechtskörperlichkeit im Subjekt als eine weitere Schwierigkeit ihrer Theorie, indem dadurch ein aktuelles Selbsterleben undenkbar wird. Diese Leerstelle kann jedoch mit der leibphänomenologischen Perspektive gefüllt werden.

2.3 Spüren, um das Geschlecht zu sein

> Die Dimensionen des Geschlechtskörpers sowie der Prozeß seiner Entstehung sollen hier mit einer leibphänomenologischen Perspektive beleuchtet werden. Damit wird nachvollziehbar, wie äußere Normen, zusammen mit individuellen Erfahrungen und Handlungen, zu einem inneren Empfinden der eigenen sexuellen Position werden. Dieser Fokus auf ein alltagsweltliches Geschlechtsgefühl ergänzt nun insofern die diskurstheoretische Perspektive, als er die subjektive sinnliche Sicherheit, eine Frau oder ein Mann zu sein, zugänglich macht. Menschen wissen also nicht nur um ihre Geschlechtszugehörigkeit, sie fühlen sie auch mehr oder weniger kontinuierlich und real. Indem hier allerdings geschlechtlich relevante Zeichen, Normen und Werte lediglich auf einer mikrosoziologischen Ebene in ihrer unmittelbaren Bedeutung für individuelle Interaktionen betrachtet werden, gelingt keine kritische Distanz zu sozialen Kategorien, die wiederum auf diskurstheoretischer Ebene möglich ist. Auf diese Weise ergibt sich die Gefahr einer ungewollten Affirmation von Stereotypien: "Die Grenze der phänomenologischen Perspektive besteht darin, die jeweils unterschiedlichen, asymmetrischen Oppositionsbeziehungen in der Geschlechterdifferenz gesellschaftstheoretisch nicht verorten zu können" (Villa 2000:222).

Im Rahmen der Theorie Helmuth Pleßners (1965), auf welche die in der Tradition der phänomenologischen Leibphilosophie verortete Sozialkonstruktivistin Gesa Lindemann ihre Untersuchungen stützt, findet zunächst eine kategoriale Unterscheidung zwischen 'Leib' und 'Körper' statt. Dabei steht der "Begriff des Leibes für die Dimension des Binnenerlebens, für das subjektive Fühlen und Spüren, wohingegen der Begriff des Körpers auf die soziale Prägung und Vermitteltheit des Leibes abzielt." (Villa 2000:182) Subjekt-Sein wird demnach zu einem persönlich spürbaren In-Beziehung-Sein mit dem sozialen Raum. Pleßners Konstrukt der Positionalität beschreibt nun genau die von ihm als These vorausgesetzte gegenseitige Verbindung von Menschen und Lebenszusammenhängen: Individuen streben Interaktionen mit ihrer Umwelt an, wobei diese wieder auf sie *zurück*wirkt. Mit der Differenzierung zwischen einer exzentrischen und zentrischen Positionsform (ebd.:288ff.) wird dieses Verhältnis zwischen leiblichem Selbst und Kontext weiter in Richtung der Frage aufgeschlüsselt, warum die Geschlechterdifferenz persönlich (beispielsweise als weibliche Ohnmacht) gefühlt werden kann?

Anhand eines Interviewausschnitts mit einer transsexuellen Frau verdeutlicht Lindemann (1994) den Gender-Prozeß über Empfindungen und Erfahrungen, indem letztere vor dem Hintergrund eines ungleichen Geschlechterverhältnisses *verweiblichend* wirken können. Die befragte Karin erzählt von einem Erlebnis, das ihr auf einem ihrer alltäglichen Wege *passiert* ist: junge Männer beginnen hinter ihr zu rennen, holen sie ein und bleiben abrupt vor ihr stehen, lachen und gehen weiter. Eigentlich bedeutet diese Szene nichts – die Männer greifen sie nicht an –, aber dennoch verändert die Tatsache, daß Karin dieses Erlebnis als eine 'durch sie durchgehende Kraft' spürt, sich erschrickt und "hilflos" fühlt (ebd.:116f.), ihr zukünftiges Sich-Bewegen auf offener Straße. Auf der Folie von Pleßners Theorie einer leiblichen Subjektivität kann die zunächst als Metapher verstandene 'durchge-

hende Kraft' als eine Erfahrung eigener Art interpretiert werden, da Karin sie an ihrem Körper spürt und am Solarplexus verorten kann. In diesem Sinne fühlt sie das sozial konstruierte und vermittelte Wissen einer ungleichen Kräfteverteilung zwischen den Geschlechtern in Form einer weiblichen Verletzungsoffenheit und männlichen Verletzungsmächtigkeit (vgl. ebd. 1993b:249) ganz unmittelbar als ihre persönliche Angst – was letztendlich empfindens- und handlungsleitende Konsequenzen produziert. An dieser Stelle zeigt sich die Wirklichkeit der Geschlechter-Ordnung, jedoch nicht aufgrund einer natürlichen oder biologischen Ursache, sondern weil sie als "Leib-Feld-Beziehung" (ebd. 1994:141) kontinuierlich und interaktiv in den Subjekten wirksam werden kann – womit das Symbolsystem der Zweigeschlechtlichkeit mehr als nur ein äußeres Kulturgut ist. "Damit ist auch die Richtung angegeben, in der das Problem der Erfahrung der unhintergehbaren Wirklichkeit der Konstruktion zu denken ist. Wirklich ist das, was von leiblichen Individuen in ihrer Beziehung zum Feld je situativ als das erfahren wird, was sie hinnehmen müssen, dem sie sich nicht entziehen können. Mehr läßt sich darüber nicht sagen. Dies gilt in gleicher Weise für die physischen Gegenstände, denn auch die sind nur im Rahmen der Leib-Feld-Beziehung gegeben, wie für soziale Sachverhalte, wie etwa den, daß es für Frauen nachts in einem Park gefährlich ist." (Ebd.:140)
Im Folgenden kann nun der Begriff der zentrischen und exzentrischen Positionsform geklärt werden: Mit dem Konstrukt der Positionalität wird das Subjekt kontinuierlich in Beziehung zum sozialen Feld gesetzt, wobei die zentrische Positionsform ein unmittelbar auf seine Umwelt bezogenes leibliches Selbst in Form einer "sphärische[n] Einheit von Subjekt und Gegenwelt" (Pleßner 1965:67) und die exzentrische Positionsform ein diese Einheit aufbrechendes, reflektiertes Erleben der Umwelt bezeichnet. Diese Möglichkeit zur Distanz kreiert nachhaltige Konsequenzen für die menschliche Fähigkeit zur zentrischen Positionierung, die mit dem instinktgeleiteten Verhalten von Tieren verglichen werden kann: Aufgrund der menschlichen Distanzierungsmöglichkeit zur Umwelt wird die Fähigkeit zur (Selbst-)Reflexivität gewonnen, gleichzeitig aber auch die Sicherheit und Unmittelbarkeit aufgrund eines direkten Umweltbezugs verloren – was eine haltgebende kulturelle Ordnung notwendig macht: kulturell verbindliche Strukturen gewähren dem leiblichen Selbst einen sicheren Umweltbezug, indem sie die verlorengegangene Spontaneität mit ihren ordnenden und einheitsstiftenden Auswirkungen einholen. "Die Sprache ist eines dieser Ordnungssysteme, sie bildet ein 'milieu externe', dem eine 'stabilisierende und sozialisierende Funktion zukommt' [...]. Ob sprachlich oder anders strukturiert, in jedem Fall gilt, daß die kulturelle Ordnung 'zwischen mir und mir und mir und [ihr]' liegt. Damit sind sowohl die selbstbezüglichen Strukturen der leiblichen Subjektivität als auch die leibliche Umweltbeziehung, die beide als unmittelbar erlebt werden, immer schon kulturell vermittelt –

Menschen leben in einer vermittelten Unmittelbarkeit." (Lindemann 1994:135) Wieder zurückkehrend zu dem Interviewbeispiel kann Karins leibliches Selbst im Moment der Begegnung mit den Männern als eingebunden in ein Feld mit übermächtig erlebten Elementen (ebd.:136) rekonstruiert werden, das aufgrund einer *real* empfundenen Ohnmacht – mit Schrecken – als von anderen beherrschbar wahrgenommen wird. Durch die damit ausgelöste Angst vor Kontrollverlust wird die sensible Leib-Feld-Beziehung transparent, die Individuen aufgrund ihres leiblichen Selbst an das Hier und Jetzt ihrer jeweiligen Lebenswelt bindet. Indem also Karin durch ihr unmittelbares persönliches Empfinden gezwungen ist, in der jeweiligen Realität physisch präsent zu sein, bleibt ihr keine andere Wahl, als sich leiblich-affektiv in die sie umgebenden lebensweltlichen Bedingungen zu involvieren. Oder aber sich davon zu isolieren wie in Form eines ohnmächtigen Rückzugs – eine Reaktion, die aber ebenfalls aus der Wahrnehmung von sie unmittelbar (be)treffenden strukturellen Gegebenheiten resultiert.

Auf dieser Erdung der Konstrukteure im eigenen Gefühl beruht letztendlich die subjektiv empfundene Wirklichkeit der Geschlechter-Ordnung: Das Geschlecht als soziale Handlung muß nicht jedesmal neu – je nach Situation – hergestellt und begründet werden, weil Individuen durch die affektive Verinnerlichung von Normen angehalten sind, auf eine ganz spezifische Art sozial kompatibel zu handeln. Dabei wirkt dieses *verpersönlichte* soziale Wissen wiederum als tiefgreifende emotionale Verankerung der Individuen in die sie umgebende Lebenswelt. Das (Geschlechts-)Empfinden bindet also die "frei-flottierenden Konstrukteure" (ebd. 1993b:27) aus den ethnomethodologischen Theorien an soziale Realitäten zurück, da ihnen aus leibphänomenlogischer Sicht die sozial als binär konstruierte Geschlechter-Ordnung als affektiv-leibliche Wirklichkeit unter die Haut geht. "Der Körper wird so zum Programm, wie der körperliche Leib zu spüren ist, und insofern er Programm ist, orientiert er das eigenleibliche Spüren auf einen Lebensstil und die damit verbundene Geschlechtsposition." (Ebd.:60)

Hier begegnet wieder die kategoriale Differenzierung von Leib und Körper, die für die transsexuelle Karin nun Folgendes bedeutet: Aufgrund der Positionierung in Beziehung mit dem auf allen Ebenen des Sozialen wirksamen Symbolsystem der Zweigeschlechtlichkeit, das Eindeutigkeit als naturgegebene Norm (re)formulierbar macht, wird Karin eine Veränderung des eigenen Geschlechtsempfindens vornehmen müssen, wenn sie sich als Frau wahr- und ernstgenommen spüren will: "Durch die Verleiblichung des Körpers, der in einem binären Gegensatz steht, formt dieser die subjektive Evidenz dessen, was ich bin. Von dieser Position ausgehend, werden nicht nur Frauen und Männer wahrgenommen, sondern solche, die mir geschlechtlich gleichen und solche, die von mir verschieden sind, d.h., die Subjektivierung der Geschlechterbinarität macht aus dieser das leibliche Interaktionssystem von Gleich- und Verschiedengeschlechtlichkeit. Diese Struktur leiblicher Begegnung überkreuzt sich mit den Grundkategorien des Begehrens [...]. Die Überschneidung von Wahrnehmen und Begehren führt zu der These, daß Geschlecht und Begehren einander wechselseitig voraussetzen, d.h., das eigene Geschlecht ist konstitutiv für das eigene Begehren, und umgekehrt ist dieses konstitutiv für die Geschlechtswahrnehmung und das eigene geschlechtliche Selbstverständnis." (Ebd. 1993a:51) Entscheidend ist an dieser Stelle, daß der Körper von einem binär codierten Begehren durchwoben wird. Dieses gleich- oder verschiedengeschlechtlich strukturierte Begehren schafft wiederum ein soziokulturell beeinflußtes Körperwissen, welches das persönliche Geschlechtserleben orientiert: Die Herkunft des (historisch bedingten) Körperwissens aus sozialen Interaktionen eröffnet dem Begehren die Definitionsmacht, spezifische Regionen des Körpers als (in)signifikante Körperformen (z.B. Busen, Männerbrust) zu benennen und damit lustvolle 'Leibesinseln' (persönlich gefühlte Körperformen) zu bilden. Vor dem Hintergrund dieser Interaktionsstrukturierung, in der geschlechtsbezogene Realitäten sowohl aufgrund von Wahrnehmungen als auch durch Erfahrungen der immer sozial eingefärbten Körper-Leib-Verknüpfung (re)produziert werden, bekommen subjektive Geschlechtsempfindungen normative Dimensionen verliehen.

Davon ausgehend bescheinigt Lindemann (1993b) dem Penis eine besonders signifikante Körperform, die männlichen Individuen zu einem sicheren geschlechtsbezogenen Selbstverständnis verhelfe[15]. Im Gegensatz dazu seien Frauen diesbezüglich indifferenter, unsicherer und deshalb auch mehr angewiesen auf äußere Anerkennung: "Die deutliche Akzentuierung des männlichen Geschlechts, die dieses zum weiblichen in eine kontradiktorische Opposition bringt, besteht [...] in der Möglichkeit einer offensiven Selbstbehauptung, die die Definitionsmacht über das eigene Geschlecht einschließt. [...] Eine hervorgehobene Form der Selbstbehauptung ist die körperliche, aggressive Durchsetzung des eigenen Geschlechts. Gewaltbereitschaft bildet einen essentiellen Bestandteil der Konstruktion 'Mann'." (Ebd.:264) Indem jedoch die Autorin weder die benannten normativen Dimensionen von Geschlechtskörperlichkeit noch die hierarchische Oppositionsbeziehung zwischen Männern und Frauen auf der Folie gesellschaftstheoretischer Zusammenhänge analysiert, sondern lediglich als geschlechtsbezogene Effekte (resultierend aus einem interaktiv erworbenen und leiblich gefühlten Körperwissen) benennt,

---

[15] "Männliche Geschlechtskörper, die [über einen Penis verfügen], sitzen in der Verschränkung mit dem Leib den Beteiligten geschlechtlich deutlicher unter der Haut und strukturieren die leibliche Erfahrung auf eine nachhaltigere Weise als weibliche Geschlechtskörper. Männliche Körper-Leiber sind so umfassender in eine kontradiktorische Opposition eingeordnet, während weibliche Körper-Leiber eine ausgeprägte Tendenz zur polaren Opposition haben. Die Geschlechterbinarität ist also von den beiden Geschlechtern her unterschiedlich strukturiert. Von der männlichen Position aus kontradiktorisch und von der weiblichen Position aus polar. Überspitzt könnte man den Geschlechtergegensatz daher als einen Gegensatz von Oppositionen beschreiben." (Lindemann 1993b:261)

wirken ihre Aussagen affirmativ gegenüber bestehenden Normen und Klischees[16]. Hinsichtlich des Interviewbeispiels zieht die Autorin infolgedessen den Schluß, daß Karin aufgrund ihrer Involvierung in die herrschenden Dominanzverhältnisse zwischen den Geschlechtern ein spezifisches leibliches Erfahrungsspektrum des weiblichen Geschlechts in Form eines sozialen Körperwissens erwirbt, das innerhalb (aktueller) Erlebenszusammenhänge ihr persönliches Geschlechtsempfinden erfahrbar macht (ebd. 1994:136). Indem also Karin seit der angstvollen Begegnung mit den Männern aufgrund ihres Sich-dabei-Erschreckens (leibliche Erfahrung) sowohl um die 'Verletzungsmacht' der Männer als auch und um ihre 'Verletzungsoffenheit' weiß (soziales Körperwissen), nimmt sie sich als Frau innerhalb normativer Bedeutungszusammenhänge wahr, die wiederum konstitutiv für das Frau-Sein schlechthin sind[17].

Mit der leibphänomenologischen Perspektive wird allerdings nicht klar, woher die allgemeinen Kategorien kommen, die das persönliche Geschlechtsempfinden strukturieren, und warum jene spezifische Körperformen als verletzungsmächtig bzw. schmerzempfänglich konstruieren – was als Hauptkritikpunkt von Paula-Irene Villa (2000) aufgegriffen wird. Ihrer Meinung nach reicht eine alleinige Beschreibung von leiblichen Somatisierungsprozessen in Form einer (Re-)Produktion signifikanter Körperformen (v.a. durch erotisches Begehren) sowie der spärliche Verweis auf die historischen Wurzeln des Körperwissens (das als kultureller Faden in das leibliche Empfinden eingeflochten wird und letzteres damit binär strukturiert) nicht aus, um eine ungleiche Geschlechterdifferenz zu erklären: "Wenn das (normativ hegemoniale heterosexuelle) Begehren nicht als Teil des symbolischen Systems bürgerlich-kapitalistischer Geschlechterverhältnisse thematisiert wird, bleiben zentrale Fragen der sozialen Konstruktion des Geschlechtskörpers im Kontext des Geschlechterverhältnisses verborgen." (Ebd.:222)

---

[16] "Schmerzen sind 'verweiblichend', Gewalt ist 'vermännlichend'. Solche Aussagen sind, solange sie nicht als historische und sozial konstruierte, kulturell spezifische geschlechtliche Stereotype ausgewiesen werden, affirmativ. Sie versperren auch den Blick für subversive, weil nicht hegemoniale Aneignungen bestimmter Körperformen und die damit einhergehenden leiblichen Erlebnisse wie z.B. Penetration durch Frauen." (Villa 2000:221)

[17] Frau-Sein "ist konstitutiv verknüpft mit der Abhängigkeit von der Anerkennung durch andere sowie der – körperlichen – Verletzungsoffenheit durch die Vagina bzw. dem signifikanten körperlichen Innenraum. Frauen können vergewaltigt werden und daß sich die Vagina als Köperöffnung dazu 'eignet', ist unbestritten. Ebenso unbestritten ist auch, daß sexuelle Gewalt ein Strukturmerkmal des Geschlechterverhältnisses ist. Auch daß Aggressionen und Gewalt männlich assoziiert sind, während es wohl eher auf Frauen zutrifft, eine individuelle Identität durch die Anerkennung anderer zu bekommen. Aber dies sind alles soziale Konstruktionen, die, wenn sie im Zuge ihrer wissenschaftlichen Thematisierung, nicht als solche ausgewiesen werden, schlicht reproduziert werden. Dies ist genau das, was auf alltagsweltlicher Ebene passiert, wenn Konstruktionen essentialisiert werden. Nach dem Motto: 'Frauen sind die, die fürsorglich sind. Männer sind diejenigen, die triebhaft gesteuert, Frauen vergewaltigen." (Ebd.:235)

Gleichzeitig gelingt mit der leibphänomenologischen Perspektive die Berücksichtigung einer subjektiv-affektiven Dimension des Geschlechtskörpers, indem sie das auf diskurstheoretischer Ebene aus den Augen verlorene persönliche Selbst- und Geschlechtsempfinden als realen Grund einer psychosozial sinnvollen Konstruktionsbeziehung zwischen Subjekt und sozialem Kulturraum wieder greifbar macht. Denn nirgends wird die Kraft von Normen und damit die Verschränkung von Körper, Gefühl und sozialen Strukturen deutlicher spürbar, als dort, wo diese verletzt werden: "Wer sich als Mann die Mühe macht, einen Tag lang im Rock und geschminkt durch unsere Innenstädte zu laufen oder wer sich mal als Frau auf die Männertoilette begibt, dürfte schnell spüren, wie tief die Normen der Geschlechterdifferenz unter der Haut sitzen. Nicht nur die Reaktionen anderer auf solche Normübertritte sind deutliche Indizien hierfür, auch die eigenen Gefühle (Angst, Unsicherheit, Spaß an der Verkleidung, Neuartigkeit der Bewegung usw.) zeigen, wie sehr wir mit Haut und Haaren ein Geschlecht sind." (Ebd.:232)

3. Zusammenfassung

Mit den vorangegangenen Ausführungen wurde deutlich, daß eine Annäherung an so komplexe Phänomene wie die Geschlechtskörperlichkeit vielfältige theoretische Zugänge braucht, um die Verknüpfung von Struktur, Handlung und Subjekt angemessen erfassen zu können. Denn welche Ausdrucks- und Handlungsmöglichkeiten zugänglich sind, welcher Art die soziale Resonanz auf Selbstmitteilungen ist und welche psychosozialen Verarbeitungsmodi von Realitäten (z.B. Abwehrmechanismen) sich für das Individuum ergeben, hängt von den gesellschaftlichen Strukturen, soziokulturellen Normen sowie den persönlichen Erfahrungen damit ab.
Sowohl auf die bis jetzt zurückgelegten Kapitel blickend als auch auf die kommenden vorausschauend sollen an dieser Stelle die wesentlichen Grundpfeiler auf theoretischer Ebene zusammengefaßt werden, da sie als Interpretationsrahmen für die vorliegenden empirischen Einsichten fungieren:

- Die Geschlechterdifferenz wird als eine durch Interaktionen (ethnomethodologische Perspektive), durch epistemologische Macht von Diskursen (diskurstheoretische Perspektive) und durch leibliches Binnenerleben (leibphänomenologische Perspektive) hergestellte und kontinuierlich verlebendigte Realität verstanden. *Differenz* wird dabei als eine sich über zuvor konstruierte und anschließend bewertete Unterschiede vollziehende Definitionsgrundlage angesehen, im Sinne folgender Gleichung: Damit etwas *ist*, muß es immer etwas *nicht sein*.
- Der Körper wird zu einem Geschlechtskörper, sobald die entsprechenden Normen mehr oder weniger bewußt somatisiert werden, wobei letztere als relevante Wissensbestände in sozialen Kulturräumen vorhanden sind und damit beständig am eigenen Leib realisiert bzw. verändert werden können.

- Der als soziale Konstruktion gedachte Geschlechtskörper und seine geschlechtsrelevanten Inszenierungen erlangen erst mittels sozialer Praktiken Bedeutung und Verstehbarkeit. Der Körper als "Scharnier von Struktur und Subjekt" (Villa 2000:51) sowie das persönliche Empfinden als Brücke zwischen sozialem Körperwissen und subjektivem Binnenerleben verweisen auf die unvermeidbare (theoretische) Beziehung von verkörperten Subjekten und gesellschaftstheoretischen Rahmenbedingungen.
- Dieser relativ dynamische gesellschaftstheoretische Rahmen beinhaltet historisch sedimentierte und durch eine symbolische Ordnung strukturell organisierte Positionierungsoptionen für Männer und Frauen. Damit entpuppt sich das Geschlechterverhältnis als ungleichheitsstiftender sozialisierender Kontext, weil es von Macht- und Herrschaftsstrukturen durchwoben ist, die wiederum "eng mit der zweiten Struktur bürgerlich-kapitalistischer Gesellschaften verknüpft sind, der sozialen Ungleichheit." (Ebd.:226) In diesem Sinne beinhaltet 'doing gender' immer auch 'doing inequality': Das soziale Geschlechterverhältnis fungiert als Matrix für die sich sozial, kulturell und sexuell positionierenden Subjekte und repräsentiert damit einen für Männer und Frauen je unterschiedlichen Erwartungs- und Bewertungshorizont. Davon ausgehend stehen *normalerweise* beiden Genus-Gruppen je verschiedene Ausdrucks- und Handlungswerkzeuge im Rahmen ihrer (Selbst-)Positionierungen zur Verfügung.
- Strategische Ressourcen bestimmen wesentlich über die individuellen Realisierungschancen von Ausdrucks- oder Handlungsmöglichkeiten sowie von Lebensstilen. Denn der Besitz von bzw. der Mangel an sozial relevanten und subjektiv als brauchbar bewerteten Kapitalsorten nimmt großen Einfluß auf die Verfügbarkeit und die Qualität psychosozialer Optionen und Spielräume der sowohl erfahrenden als auch handelnden Individuen.
- Vor diesem Hintergrund wird Subjekt-Sein als ein dialektischer Prozeß zwischen Individuen und sozialen Zusammenhängen gedacht, deren Selbstbildungs-Prozesse somit weit über eine Übernahme oder Inkorporation von Rollen hinausgeht: Aufgrund einer stabilen und sich stabilisierenden Austauschbeziehung zwischen konstruierenden Individuen und bereits verobjektivierten Strukturen (als eigenlogische soziale Bedingungen) wird ein gegenseitiger Gestaltungsprozeß in Gang gesetzt. Damit tragen sichtbare Phänomene wie die Geschlechtskörperlichkeit immer auch die Spuren einer Interaktionsbeziehung mit den jeweiligen Lebensbedingungen.
- Subjektive Positionierungsprozesse vollziehen sich grundsätzlich in raum-zeitlichen Zusammenhängen und wandeln damit beständig – als Nicht-Essenzen – ihre begreifbaren Formen. Subjekt-Sein verkörpert demnach ein (aktuelles) Erfahrungsspektrum, resultierend aus der jeweiligen psychosozialen Position[18].

Insgesamt betrachtet repräsentieren subjektive Seins- und Handlungsformen einen raum-zeitlich bedingten Ausdruck individueller Auseinandersetzungen mit biographischen, psychisch-physischen, soziokulturellen, ökonomischen und gesellschaft-

---

[18] Ein Beispiel aus der sozialkonstruktivistischen Männlichkeitsforschung soll die Zugänglichkeit von Erfahrungen am eigenen Leib qua sozialer Position verdeutlichen: "Diejenigen jungen Männer, deren habituelle Sicherheit in hohem Maße prekär ist, erwerben qua Studium die Bildungstitel, die ihnen die Mitgliedschaft im bürgerlichen Milieu garantieren bzw. den Zutritt zu diesem gewähren sollen. In der Universität haben sie Gelegenheit, die feministische Kritik der Geschlechterverhältnisse und des Mannes gleichsam 'hautnah am eigenen Leib' zu erfahren. Sie müssen sich nicht nur theoretisch mit dem Geschlechterdiskurs auseinandersetzen, sie sehen sich Vorwürfen an die eigene Person konfrontiert. Ihren gleichaltrigen Geschlechtsgenossen aus dem Arbeitermilieu fehlen solche Erfahrungen." (Meuser 1998:291)

lichen Zusammenhängen, die aus jeweils unterschiedlichen Perspektiven verschieden wahrgenommen, bewertet und ausgehandelt werden (können). Um nun zu verdeutlichen, daß Identität vor allem heißt, ein sozial als sinnvoll vermittelbares und darüber ein psychosozial als bedeutsam wahrnehmbares Selbstverständnis herzustellen, werden im Folgenden die Bezeichnungen 'Selbstverständnis' und 'Subjektprofil' das dynamische Verhältnis eines in die sozialen Kulturwelten eingebundenen und sich einbindenden Individuums darstellen. Auf diese Weise spielt in den weiteren Ausführungen der nicht ganz einfache Begriff der Identität (vgl. Bilden 1997:229) zwar eine grundsätzliche, aber keine differenzierende Rolle mehr.

4. Soziokulturell präsente Wege weiblicher Sucht

> "Das Wesentliche aber ist, daß [die] unterschiedlichen Praktiken, Besitztümer, Meinungsäußerungen, sobald sie mit Hilfe der entsprechenden sozialen Wahrnehmungskategorien, Wahrnehmungs- und Gliederungsprinzipien wahrgenommen werden, zu symbolischen Unterschieden werden und eine regelrechte Sprache bilden. In jeder Gesellschaft funktionieren die mit den unterschiedlichen Positionen verknüpften Unterschiede, das heißt die Praktiken und vor allem die *Stile*, auf die gleiche Weise wie die Unterschiede, aus denen die symbolischen Systeme bestehen, etwa die Gesamtheit der Phoneme einer Sprache oder die Gesamtheit der Unterscheidungsmerkmale und differentiellen Abstände, die ein Mythensystem bilden, das heißt als *Unterscheidungsmerkmale*." (Bourdieu 1998:21f., Hervorh. i.O.)

Nach einer Annäherung an die komplexen Interaktionsformen zwischen sinnlich erfahrenden sowie sozial handelnden Individuen und konkreten sowie symbolischen sozialen Räumen (Normen, Sprache, Kultur, Diskurse) wird im Folgenden einigen möglichen Handlungswegen nachgegangen: In der sozial hergestellten Kultur eröffnen sich grundsätzlich unterschiedlich bewertete und wirksame Handlungs- bzw. Konsumoptionen mit dem Bewegungspotential in Richtung einer Sucht- oder Abhängigkeitsposition als mögliche Wege der *Ressourcengewinnung*. Dabei erklärt sich die unterschiedliche Bewertung wie folgt: Sobald bestimmte Kapitalsorten mit den entsprechenden sozialen Wahrnehmungs- und Differenzierungskriterien gesehen und begriffen werden, fungieren sie als symbolische Unterschiede – sozusagen als eigene Sprache. Davon ausgehend ergibt sich für die vergesellschafteten und sich vergesellschaftenden Subjekte die Möglichkeit, ausgewählte Zeichen aus dem Bereich 'Sucht' zu zitieren und als Mittel zur Selbst- und Lebensstilbildung einzusetzen. Gleichzeitig haben dadurch *normale* Subjekte mit einem definierenden Blick auf soziale Abweichung die Möglichkeit, soziale Kontrolle auszuüben. Der Themenbereich 'weibliche Sucht' verkörpert nun ein Spektrum von Seins- und Handlungsformen, deren Extreme ein normkonformes bzw. ein nicht-normkonformes Handeln mit Suchtpotential darstellen – und genau um die Frage, welche Suchtformen für Frauen als *(un)normal* angesehen werden, soll es im Folgenden gehen. Mit dieser Perspektive zeigt sich, daß sich der Themenbereich 'weibliche Sucht' in zwei Hemisphären spaltet: zum einen in ein sozial integriertes und zum anderen in ein sozial problematisiertes bis kriminalisiertes Handlungs- und Positionierungsspektrum:

- Die sozial integrierte Hemisphäre weiblicher Sucht umfaßt die Praktiken der Eßstörungen, der Selbstverletzungen sowie das Abhängigkeitsverhältnis zwischen Aussehen und Selbstbewußtsein, das zugleich auch als Deutungsrahmen für körperbezogene (Sucht-)Handlungen fungiert. Für die sozial integrierte Such(t)-Bewegung ergibt sich daraus ein aus verschiedenen sozial produzierten und praktizierten Wissenselementen geebneter Weg, der jeweils unterschiedliche Verläufe, Einflüsse und Normierungen als mögliche Blickrichtungen auf den weiblichen Körper, mit seinem Spektrum an verweiblichten Seins- und Handlungsformen, erkennen läßt. Dieser interaktive Herstellungsprozeß wird z.B. am Phänomen der Magersucht deutlich, die erst als Frauenkrankheit erfunden werden mußte, um von Frauen am eigenen Leib angewendet und von anderen Personen als *normale* Krankheit von Frauen auf einer bestimmten psychosozialen Position verstanden werden zu können. Hier setzte sich also eine effektive Interaktion zwischen Subjekten und sozialen Strukturen in Gang, woraus wieder kulturelle Zeichen, Diskurse, Gegenpositionen (Anorexie wird zur Metapher für weiblichen Widerstand), neue Suchtformen (wie Bulimie) sowie vielfältige therapeutische Strategien entstanden sind bzw. entstehen.
- Die sozial auffällige Hemisphäre weiblicher Sucht wird von den sozial negativ etikettierten bis diskriminierten Drogen-Handlungen repräsentiert, für die demzufolge auch wesentlich weitreichendere Kontroll- und Interventionsstrategien im Gegensatz zu den oben genannten Handlungsformen etabliert sind. Denn vor allem illegale psychotrope Substanzen haben in der westlichen Welt einen historischen Prozeß der sukzessiven kulturellen Ausgrenzung, Tabuisierung und des Verbots hinter sich, was wiederum großen Einfluß auf die verbotenerweise illegale Drogen konsumierenden Subjekte und ihre psychosozialen Möglichkeiten für Selbst- und Lebensstilbildungen nimmt. Dieser interaktive Herstellungsprozeß von negativ sanktionierten Seins- und Handlungsformen zeigt sich z.B. am Phänomen des 'Heroinismus'. Denn dieses mußte als Definitions- und Bewertungsgrundlage für einen gesellschaftlich problematisierten Heroinkonsum erst erfunden werden, um sowohl als Indiz für einen Mißbrauch einer zuvor legal als Medikament verwendeten psychotropen Substanz als auch als Grund für sozial relevante Zuschreibungen (z.B. *Junkies* sind krank oder kriminell) geltend gemacht werden zu können.

Insgesamt repräsentieren beide Hemisphären einen Weg, der verschiedene Phasen mit jeweils ganz spezifischen Handlungs- und Positionierungsformen birgt – je nach der Qualität der persönlich wahrgenommenen und verfügbaren Ressourcen zu einem bestimmten psychosozialen Moment.

4.1 Sozial integrierte Formen weiblicher Sucht

Die folgenden Ausführungen zur Struktur der geschlechtsbezogenen Wechselwirkung von soziokulturell unterschiedlich bewertetem Aussehen und individuell variierendem Selbstwertempfinden stellen einmal die *Grundlage* für die (sozialpsychologische) Deutung von sozial integrierten weiblichen Suchtformen wie Eßstörungen, Selbstverletzungen und sadomasochistischen Beziehungsstrukturierungen dar, indem sie individuelle körperbezogene Handlungen und das Selbstwertempfinden in Beziehung setzen zu gesellschaftstheoretischen Gegebenheiten wie dem Geschlechterverhältnis. Zum anderen exemplifizieren sie aber auch das für Individuen relevante *Interaktionsfeld* von gesellschaftlichen Normen und individuellen Seins- und Handlungsformen mit sozialer Aussagekraft, indem sie verdeutlichen, daß letztere ihre Bedeutung und damit ihre Benenn- und Sichtbarkeit innerhalb dieses Feldes bekommen: Durch die dort verfüg- und wahrnehmbaren Zeichen können körper- und gesundheitsrelevante Handlungen in einer bestimmten Form (von spielerisch bis pathologisch, von normkonform bis normverwerfend) am eigenen Leib realisiert werden. Darüber nehmen sie eine bestimmte äußere wie innere Gestalt an, deren interaktiv interpretierte Wirkung sowohl die handelnde Person als auch ihre Umwelt beeindrucken kann.

4.1.1 Das Verhältnis von Aussehen und Selbstwert

Der Körper als Kommunikationsfläche zwischen Struktur und Subjekt:
- *Strukturelle Ebene*: Hier ist das Herrschaftsverständnis einer Gesellschaft und dessen Realisationsmöglichkeiten in gesellschaftlich relevanten Bereichen durch die Subjekte (z.B. Arbeit, Sexualität) verortet. Weiterhin sind dort Schönheitsnormen und die damit verknüpften geschlechtsbezogenen Möglichkeiten der Selbstbestätigung situiert, woraus spezifische körperbezogene Wahrnehmungs- und Handlungsmuster resultieren: Indem z.B. der Bereich der Ernährung eine verweiblichte Sphäre ist, ist eine Eßstörung eine typisch weibliche Suchtform.
- *Symbolische Ebene*: Hier entstehen im Rahmen der allgemein anerkannten sozialen Ordnung Zeichen, die von den Individuen (nach Maßgabe ihrer sozial strukturierten Kompetenz im Umgang mit Symbolen) aufgegriffen, verworfen oder verändert werden (können). Bezüglich des Verhältnisses von Schönheit und Selbstwert meint dies, daß z.B. Medien kulturell dominante Aussagen und Bilder von weiblichen Darstellungsmöglichkeiten (re)produzieren, die den Konsumentinnen bei deren Verwirklichung am eigenen Leib soziale Anerkennung versprechen.
- *Individuelle Ebene*: Hier machen sich Individuen innerhalb der Grenzen ihrer gesellschaftlich, sozial und kulturell strukturierten Handlungsmöglichkeiten zu Subjekten, die über eine entsprechende Verkörperung von allgemein verständlichen Zeichen soziale Anerkennung erlangen wollen. Auf dieser Ebene spielen demnach individuelle Körper-Handlungen eine Rolle, die beständig auf gesellschaftliche Normen rekurrieren, selbst wenn diese verworfen werden sollen. Dieses Paradoxon verdeutlichen z.B. weibliche Eßstörungen, die einmal als übertriebene Anpassung an weibliche Schönheitsnormen und zum anderen als Widerstand gegen sie gedeutet werden können.

Das soziale Feld, in dem sich die Subjekte positionieren, konstituiert sich über die Kategorien 'Interesse', 'Kapital' und 'soziale Position' (Bourdieu 1998), wobei die Kategorie der (Bio-)Macht (Foucault 1998) kontinuierlich auf der Oberfläche des sozialen Feldes wirkt: "Das, was durch Machtverhältnisse entsteht, unter anderem durch diskursive Praktiken, sind Körper. Machtverhältnisse unterdrücken nicht eine Wahrheit, eine Wesenheit, eine eigentliche Identität. Sie sind nicht juridisch. Machtverhältnisse bringen wahre Körper, authentische Selbste usw. erst hervor. Sie sind produktiv und sitzen im Fleisch. Macht kommt nicht von außen, sie ist 'ein Teil unserer Erfahrung'. Es ist das, was uns lebensfähig macht, weil wir gezwungen sind, uns entlang dessen zu verhalten, zu handeln, was als normal, als vernünftig, als wahr gilt." (Lorey 1999:95) An dieser Stelle wird das mehr oder weniger unmittelbar gefühlte Verhältnis von einflußreichen Normen und subjektiver Normalität besonders deutlich, das wiederum als spezifische Ausdrucks- und Darstellungsform am und durch den Körper greifbar wird. "Der Körper als Visitenkarte, als Medium der Inszenierung des sozialen Status. Denn: Selbstinszenierung meint nie nur das einzelne Individuum, sondern immer auch die Präsentation eines sozialen Habitus – und dieser manifestiert sich im Körper. Nirgends vollzieht sich soziale Distinktion effektiver als über den Körper, und nirgends äußert sich Geschmack unmittelbarer als am eigenen Körper. Die Art und Weise, wie er gestaltet ist, wie er sich bewegt und wie er spricht, bewirkt soziale Ein- und Ausgrenzung, schafft Distanz und Nähe. Habitus und Körper verschmelzen im Blick des anderen." (Klein 2000:41)

Indem der Körper in einer Informations- und Mediengesellschaft zunehmend aus der gesellschaftlichen Verantwortung als Produktivkraft freigesetzt wird, steht er – als verbindliche Kommunikationsfläche zwischen Innen und Außen – immer mehr für eine individuelle Selbst- und Lebenstil-Bildung zur Verfügung. Mit dieser Bedeutungsverschiebung wird die sichtbare physische Präsenz eines Individuums zur naheliegenden Möglichkeit, sich über das Aussehen Selbstvergewisserung von außen zu organisieren. Damit einhergehend entwickelt sich ein hoher ästhetischer Anspruch an das individuelle Erscheinungsbild sowie ein Überangebot an kultivierenden Gütern. Beide Strömungen speisen sich dabei aus der soziokulturell vermittelten Zuständigkeit jedes einzelnen gegenüber der Realisation von dominanten Schönheitsnormen am eigenen Körper, die letztendlich individuellen Erfolg verspricht. "Denn in der individualisierten Gesellschaft muß jeder und jede sich auf dem Markt der sozialen Beziehungen darstellen, um Job, Freunde und Freundinnen, Partner und Partnerinnen zu erlangen [...]: Soziale Identität vermittelt sich mehr denn je über den Körper." (Bilden 1994:166) In diesem Sinne wird der Körper zu einer wichtigen Darstellungsfläche der jeweiligen (Wunsch-)Identitäten, was wiederum begleitet wird von einer enormen Ausdifferenzierung der Körper-Handlungen und entsprechenden Kultur- bzw. Konsumangebote: die Palette geht von Extremsportarten über chirurgische Korrekturen bis hin zu 'neuen' körperbezogenen Suchtformen[19]. Im Hinblick auf den individuellen Handlungsspielraum und das Interesse für bestimmte körperbezogene Praktiken (z.B. Diäten) gewinnen gesamtgesellschaftliche Organisationsprinzipien der westlichen Industrienationen (z.B. Geschlechterverhältnis, Kapitalismus) nun insofern an Relevanz, als die individuelle Handlungsgestaltung und ihre psychosozialen Effekte maßgeblich von den daraus abgeleiteten Normen beeinflußt werden. Das heißt, daß der bewertende allgemeine Blick auf den Körper und die damit verknüpften persönlich gefühlten Körperbilder immer mit den strukturierenden Ressourcen in Form von Geschlecht, Generation, sozialer Stellung, sozialer Herkunft und ethnischer Zugehörigkeit in Wechselwirkung treten: "A person's body image is not determined by the actual shape and size of that body, but by that person's subjective evaluation of what it means to have that kind of body within their particular culture." (Grogan 1999:166) Das Körperbild, das die Wahrnehmungen, Gefühle und Gedanken einer Person zu ihrem Aussehen enthält, bestimmt letztendlich die eigene Körperzufriedenheit und somit das Interesse für (optimierende) körperbezogene Handlungsformen (vgl. ebd.:2). Die eigenen Vorstellungen vom Körper und die daraus resultierenden Handlungsimpulse sind dabei aber nie statischer Art, sondern immer wieder veränderbar durch Einflüsse. Damit erklärt sich die empirisch nachgewiesene hohe Bedeutsamkeit von Medien und sozialen Rückmeldungen bezüglich körperbezogener Phänomene, für die wiederum besonders Mädchen und junge Frauen empfänglich sein sollen: Sarah Grogan (1999) beobachtet in ihrer Untersuchung[20], daß Mädchen und Frauen in den westlichen Kulturen mit ungefähr neun Jahren beginnen, ihr Aussehen zu problematisieren. Dieses Ergebnis interpretiert sie als psychosoziale

---

[19] Vgl. hierzu folgende Medienbeispiele: "Der Wunsch nach einem Muskel bepackten Körper könnte nach Befürchtungen britischer Mediziner bei Jungen ähnlich krankhafte Formen annehmen wie die Magersucht bei Mädchen. 'Das ist ein solches Problem bei jungen Männern, daß wir es 'Bigger-Exie' nennen, weil es der Anorexie bei jungen Frauen gleicht', sagte der Experte Robert Dawson bei einem Sport- und Drogen-Symposium in London. Wie die *Daily Mail* berichtete, kommen Anabolika zum Muskelaufbau auf der Liste illegaler Drogen an dritter Stelle." (Süddeutsche Zeitung 07.09.2000:*Vermischtes*) "Überall Bilder scheinbar makelloser Modelkörper. Billboards. Magazine. Fernsehen. Internet. 'You don't like it, change it' – so lautet die Botschaft aus Amerika. Also piercen sich die Teenies weltweit, färben Strähnchen, lassen sich tätowieren. Da ist der Schritt zum Fettabsaugen oder Implantat nicht mehr groß. Mein Körper gehört schließlich mir. [...] 'Manche kommen ständig wieder und wollen jedesmal andere Implantate', sagt ein Chirurg aus Hannover, 'die sind richtig süchtig'." (*Max* Nr. 3 2000:50f.)

[20] Die Untersuchung von Grogan (1999) zum "Body Image" basiert auf "some fresh data from interviews, questionnaires and experimental studies carried out recently in Britain and the United States. [...] This book aims to produce a fresh summary of research on body image that addresses disparate perspectives within body image research, and that looks at body satisfaction and body size estimation. In particular, it presents data from qualitative and quantitative studies within psychology, sociology, cultural studies, women's studies and media studies, to demonstrate how they can complement each other, and how they can lead to a better understanding of body image in men and women." (Ebd.:ix)

Verunsicherung und Überforderung der heranwachsenden Frauen angesichts der wahrgenommenen soziokulturellen Aufforderung zur eindeutigen sozialen und sexuellen (Selbst-)Positionierung: "Adolescent women and girls may find it particularly difficult to challenge dominant cultural representations of feminity at a time when they are still learning about what it means to be a woman in society, and when they are experiencing changes in body shape and size as they move into womanhood." (Ebd.:124f.) Während ihrer sexuellen Positionierungsprozesse orientieren sich weibliche Jugendliche an den jeweiligen soziokulturell präsenten Schönheitsidealen, die immer allumfassender werden und somit weniger an bestimmte soziale Milieus gebunden sind: Studien belegen, "that pressures to be thin are spreading beyond the upper and middle classes, producing increased levels of body concern amongst working-class girls, and that body concern is no longer associated with socio-economic status in women." (Ebd.:138) Entsprechend dazu wünschen sich die von Grogan befragten jungen Frauen aus unterschiedlichen sozialen Milieus fast einheitlich einen schlanken, hochgewachsenen, zarten Körper mit großen Brüsten, straffen Oberschenkeln und einem flachen Bauch. Junge Männer formulieren dagegen lediglich einen schlanken und muskulösen Körper als ihr Ideal (ebd.:127).

Als Risikogruppe für Körperunzufriedenheit als Katalysator – nicht als Ursache – für optimierende bis destruktive Körper-Handlungen (Diäten, Eßstörungen, ästhetische Chirurgie) gelten insbesondere westliche, heterosexuelle Frauen. Diese empirisch nachgewiesene hohe Körperunzufriedenheit von heterosexuellen Frauen, bei einer relativ hohen Körperzufriedenheit von lesbischen Frauen (vgl. ebd.:152f.), wird von Grogan anhand eines komplexen Abhängigkeitsverhältnisses zwischen Körperbild, sexueller Attraktivität und Selbstwert erklärt: Körperunzufriedenheit als Diskrepanz zwischen einem wahrgenommenen Schönheits*ideal* und dem eigenen *tatsächlichen* Körper ergibt sich vor allem aufgrund einer realen oder befürchteten Konfrontation mit der persönlichen Verfehlung des Ideals, was in individualisierten Gesellschaften als persönliches Versagen empfunden wird. Denn optisch nicht perfekt zu sein, bedeutet dort, die damit verknüpfte soziale Wertschätzung bzw. das Begehren des anderen Geschlechts nicht zu *verdienen*.

Dieses strukturell angelegte und individuell unterschiedlich interpretierte Phänomen einer stark auf das Aussehen bezogenen erotischen Beziehungsgestaltung findet die Psychologin in ihrer Studie nun insofern als gemeinsame Eigenschaft von heterosexuellen, westlichen Frauen bestätigt, als sie allesamt ihre erotische Anziehungskraft und die daraus gewonnene Selbstsicherheit unmittelbar mit dem eigenen Körper sowie den (phantasierten) gegengeschlechtlichen Resonanzen darauf in Relation setzen: "some women reported that they felt their sexual relationships had suffered because they were self-conscious about their bodies, usually feeling too fat. They were clear that they had more desire to be sexually active when they felt good about themselves (including good about their bodies). Ironically, many women reported that their sexual partners thought they were attractive, and had not commented negatively on their bodies, yet they still felt fat[21]". (Ebd.:143) Dieses Paradoxon erklärt sich vor dem Hintergrund einer traditionellen Vorstellung von heterosexuellen Beziehungskonstellationen – metaphorisiert und damit wirksam auf das erotische Begehren – als komplementäre Ungleichheit (z.B. als *zarte* Frau in den Armen eines *starken* Mannes liegen). Denn aufgrund des daraus resultierenden hierarchisch-komplementär organisierten Körperempfindens bleibt wenig Spielraum zur unkonventionellen 'Rollenverteilung', weil das geschlechtsbezogene Selbstverständnis immer dann verunsichert wird, sobald das eigene Körperbild (z.B. bei einer Gewichtszunahme) als unpassend zum Körper des Partners – der *stärker* sein soll – wahrgenommen wird.

Wird nun das Abhängigkeitsverhältnis von normativ bewerteter weiblicher Attraktivität und den daraus resultierenden subjektiven Wahrnehmungs- und Handlungskategorien nicht als ein psychosoziales Phänomen verstanden, das seine Bedeutung und Verstehbarkeit erst im Kontext der jeweiligen sozialen Bedingungsfaktoren erhält, so können dadurch Beschränkungen von individuellen Möglichkeiten bestätigt werden. Denn ohne differenzierenden Blick auf das betroffene Individuum bleibt dieses sowohl bei der Analyse von körperbezogenen (Sucht-)Handlungen als auch bei der Erarbeitung einer Behandlungspraxis abstrakt – und damit *praktisch* nur schwer zu erreichen: Es zeigt sich, "daß sich Interessen, Optionen, subjektiv als wichtig erachtete Kompetenzen, Ansprüche an Freundschaften und Bedarf an Unterstützung von Mädchen aus unterschiedlichen Sozialgruppen unterscheiden. [...] Und jetzt schon gibt es Anzeichen, daß Probleme und Problemverhalten bei sozial Benachteiligten kumulieren. Der Trend kann dahin gehen, daß die, die wenig Probleme haben, eher Zugang zu Angeboten haben, und die, die am dringendsten [Unterstützung] brauchen, am stärksten davon abgeschnitten sind." (Helfferich 1996:164f.)

Weiterhin geben auch spezifische Tabus in wissenschaftlichen Studien zum Körper Auskunft über bestehende strukturierende Strategien: "There is a notable lack of research evidence on body satisfaction in boys. Where boys have been studied, they have usually been included as a reference group for a comparison group of girls who are the main focus for the study." (Grogan 1999:120) In diesem Sinne verwundern die im Zusammenhang mit körperbezogenen Themen eher sprachlosen Jungen und ihre – im Vergleich zu gleichaltrigen Mädchen – eher unauffälligen Mitteilungen ihres körperlichen Befindens wenig. Als Effekt davon betonen sie als

---

[21] "For instance, one 23-year-old woman said: I'm off (on vacation) for a week, and I want to wear little sexy things and all that, and my sex life is suffering because of my body image. There are a lot of times that I would like to and he would like to, but I just can't bring myself to undress. I don't want him to see how fat I am." (Grogan 1999:143)

neutrale Kontrastgruppe zu den *besonders* mit ihrem Körper beschäftigten Mädchen die weibliche Anfälligkeit für Körperunzufriedenheit, für korrigierende Körper-Handlungen und für Selbstwertunsicherheiten. Indem nun aber jeder körperbezogene Diskurs immer auch ein Diskurs der Geschlechterdifferenz ist, sollten zur Erhellung der subtilen Herrschaftsverhältnisse zwischen den verkörperten Subjekten – und damit zur Vermeidung einer Affirmation sozialer Ungleichheit – stets beide Genus-Gruppen mit ihren je nach Ressourcen und Milieu verschiedenen Soziallagen untersucht werden: "It seems that generally when low self-esteem is discussed in relationship to men, it is discussed as a 'human' problem, rather than as men's unique problem. In contrast, when low self-esteem is discussed in relationship to women, the assumption is the problem is unique to women. Women and men may benefit from documenting certain men's motives and vulnerabilities. It would reveal men's relative privilege to act out in violent ways – as ego defensive." (DeFrancisco et al. 1998:244)

4.1.2 *Eßstörungen*

Eßstörungen werden entweder als eine Form von Sucht oder als psychosomatische Erkrankung verstanden, wobei folgende Formen unterschieden werden: Anorexia nervosa (fehlendes Verlangen), Bulimia nervosa (Stier-Hunger) und Adipositas[22] (Fettsucht). Dabei ist allen Erscheinungsformen eine Transformation des lebensnotwendigen Bedürfnisses 'Essen' in ein Problem mit erheblichen somatischen, psychischen und sozialen Folgen gemein. Nach der DSM-IV-Klassifikation steht Anorexie für eine stetige Abmagerung und Bulimie für wiederholte Episoden von Eß-Brechanfällen, wobei häufig beide Formen mit Abführmittelgebrauch, Fasten, extremen körperlichen Anstrengungen sowie mit Selbstwertschwankungen einhergehen (Sevecke 1999:25). Das diagnostische System unterscheidet für die jeweils aktuelle Krankheitsepisode der Anorexie zwei Subtypen: zum einen den 'Binge-Eating'- oder 'Purging-Typus' mit Eßanfällen, Erbrechen, Abführmittel- oder Appetitzüglergebrauch und zum anderen den 'restriktiven Typus' ohne die genannten Verhaltensweisen, wodurch sich eine Unterscheidung von Anorexie mit und ohne bulimische Anteile ergibt. Bulimie[23] wird entweder unter den 'Purging-Typus' subsumiert (Essen und Erbrechen mit Abführmittel- und Appetitzügler-Gebrauch) oder unter den 'Non-purging-Typus' (Essen und Hungern mit übermäßigem Sporttreiben). In diesem Sinne stellen Anorexie und Bulimie keine streng voneinander abgrenzbaren Formen von Eßstörungen dar, da die Übergänge der jeweiligen Handlungsweisen fließend sein können. Insgesamt betrachtet wird eine stetige Zunahme des Symptoms konstatiert: "Fachleute sprechen davon, daß die Verbreitung von Eßstörungen in den letzten Jahrzehnten stark zugenommen, ja geradezu epidemische Ausmaße angenommen habe. Betroffen sind vor allem Mädchen und junge Frauen, während unter den Erkrankten nur etwa 5 bis 10% junge Männer zu finden sind [...]. Allein in Europa ist inzwischen fast jede 50. Frau von Bulimie und eine von 500 Frauen von Anorexie betroffen." (Stahr 1999:89)

---

[22] Adipositas wird im Rahmen der vorliegenden Arbeit vernachlässigt, da keine der befragten jungen Frauen diese Form der Eßstörung angegeben hat.
[23] Laut der DSM-IV-Klassifikation sind bulimische Personen besonders gefährdet hinsichtlich eines legalen oder illegalen Substanzgebrauchs (vgl. Sevecke 1999:26).

Historisch-kulturelle Zusammenhänge:

Im Laufe des 19. Jahrhunderts ereignet sich ein grundlegender Wandel der Vorstellung von der *Andersartigkeit*. Als eine Folge davon wird die traditionelle Dichotomie von männlich assoziierter Geistigkeit und weiblich assoziierter Fleischlichkeit innerhalb christlich-abendländischer Gesellschaftsstrukturen aufgebrochen. Mit diesem Transformationsprozeß ist ebenfalls eine Veränderung der Bildvermittlung eines "kollektiven Imaginären" – verstanden als "historisch veränderbare Leitbilder oder Idealentwürfe, die die verschiedenen Epochen hervorbringen und die ihrerseits das Gesicht dieser Epoche prägen" – verknüpft (von Braun 1994b:25). Dabei können in den unterschiedlichen Idealvorstellungen zwei Charakteristika ausgemacht werden, die allen Herstellungsprozessen eines kollektiven Imaginären in Form einer Heilsbotschaft gemein sind:

- Eine Heilsbotschaft verkündet die Aufhebung menschlichen Mangels durch eine meist in die Zukunft projizierte Erfüllung der menschlichen Sehnsucht nach Unvergänglichkeit;
- die damit erzeugte Hoffnung läßt ein kollektiv imaginäres Selbstverständnis entstehen, das erst auf der Folie eines *Anderen* (Fremdbild) begreifbar wird, weil es von sich aus keine konkreten Grenzen besitzt. Darüber hinaus bieten die "Bilder des kollektiven Imaginären" die Möglichkeit, "das eigene (als sterblich erfahrene) Ich in ein anderes, imaginäres (und eben deshalb als unsterbliches) Ich einzubinden." (Ebd.:26)

Im Zuge der Entwicklung einer aufgebrochenen Dichotomie zwischen männlicher Geistigkeit und weiblicher Körperlichkeit vollzieht sich eine Aufspaltung der Kategorie 'Frau' in zwei widersprüchliche Frauenbilder: "Das eine bezieht sich auf die traditionelle weibliche Körperlichkeit, die mit Sünde und Verderben gleichgesetzt wird; das andere aber auf ein neues Bild von Weiblichkeit, dem 'Blutleere', 'Sterilität', 'Unnatürlichkeit' und 'Gefühlsarmut' unterstellt wird: ein Frauenbild, das gegen Ende des 19. Jahrhunderts sowohl in neuen 'wissenschaftlichen Theorien' über einen defizienten Geschlechtstrieb der 'normalen Frau' wie auch in der Entstehung einer neuen 'Frauenkrankheit' seinen sichtbaren und paradoxen Ausdruck finden sollte: den 'weiblichen Eßstörungen'." (Ebd.:36) Daß letztere in Form der Magersucht zeitgleich mit der Erfindung des Photoapparates aufgetreten sind, erachtet Christina von Braun weniger als Zufall, sondern vielmehr als Reaktion auf einen definierenden Blick[24], dem sich magersüchtige Frauen über eine "Desinkarnation"

---

[24] "Dank des mechanischen Auges erfährt die Vorstellung des 'universellen Subjekts', das der abendländischen Philosophie eigen ist, eine neue Dimension: Das Subjekt setzt sein eigenes 'Du' (oder Nicht-ich, wie es bei Fichte heißt) durch den Blick, der nicht erwidert werden kann. Dabei entzieht sich das 'universelle Subjekt' freilich noch mehr als bisher jeglicher Definitionsmöglichkeit. [...] *'Wer ist 'er'? Die Identität des herrschenden weißen männlichen Subjekts ist das Enigma der zeitgenössischen Kulturpolitik.'* Eben dieses Enigma ist aber auch die Basis der Macht des 'universellen Subjekts'. Die einzige Möglichkeit, das 'Subjekt' zu definieren, besteht in der Definition seiner Stellung zum 'Objekt', besteht also in der Definition des Objekts, das es – gemäß dieser Definition – zugleich tötet und erzeugt. In gewisser Weise könnte man sagen,

(ebd. 1994c:460) entziehen wollen. Anorexie stellt also mit dieser Perspektive eine weibliche Widerstandsform gegen den verschlingenden und reproduzierenden Blick des sehenden Subjekts dar, indem das körperliche Verschwinden der Frau als Rebellion gegen die Definitionsmacht des "mechanischen Auges" in Form der Photographie interpretiert wird (ebd. 1994a:83). Damit wird das Symptom der Anorexie zur Metapher für Widerstand gegen jegliche Form von Entfremdung und Objektivierung des Frauenkörpers, die sich aus der oben genannten Polarisierung des Frauenbildes ergeben kann:

In der christlich-abendländischen Kultur steht Frau-Sein synonym für Materie und damit für Sterblichkeit, worüber Frauen zu Trägerinnen des vom Menschen abgespaltenen Todes werden. Auf diese Weise bekommt das kollektive Imaginäre in Form eines unsterblichen Geistes Raum. Aus dieser Dichotomie[25] ergibt sich sowohl eine Berührungsangst mit Frauen als auch eine Idealisierung der Keuschheit, da Frauen auf einer körperlich-sexuellen Ebene einen Mangel symbolisieren und damit einen unsterblichen Geist widerlegen. Gleichzeitig aber werden (defizitär konstruierte) weibliche Individuen zur Reproduktion gebraucht, wodurch ihre physische Existenz erneut zum Indiz menschlicher Mangelhaftigkeit wird (ebd. 1994b:38). Davon ausgehend sowie hinsichtlich der religiösen Heilsbotschaft, die Unsterblichkeit durch Vergeistigung verkündet, wird Sprache zunehmend vom konkreten Körper getrennt – was zu einer ausgereiften Schriftkultur im Abendland führt: "Durch die Schrift, die den Gedanken in Stein gehauen der Ewigkeit anvertraut, war die Vorstellung entstanden, daß auch der Mensch die Ewigkeit erringt, wenn es ihm gelingt, seinen Geist – seine Worte, seine Sprache, seine Gedanken – aus dem Körper herauszulösen; wenn er also gleichsam einen geschriebenen, vergeistigten Körper annimmt." (Ebd.:39) Durch diese Schriftwerdung des Körpers wird einerseits die Überwindung menschlichen Mangels denkbar, andererseits aber unterwirft sie den Menschen "unter das Gesetz rationaler, menschlicher Planbarkeit" – kurz: dem Logos (ebd.:39f.). Vor diesem Hintergrund wird die Anorexie zur Waffe im Kampf gegen soziokulturelle Normen, die als eine dem Menschen über-

---

daß die Differenz zwischen dem Sehen und Gesehen-Werden die Geschlechterdifferenz überlagert, vielleicht sogar usurpiert hat. Männlichkeit wird durch Sehen, Weiblichkeit durch Betrachtetwerden definiert." (Von Braun 1994a:83, Hervorh. i.O.) Dabei tritt jedoch die Defintionsmacht des Blicks nicht ausschließlich und notwendigerweise in heterosexuell strukturierten Beziehungen auf.

[25] Diese Spaltung nennt Knapp (1995) "*geschlechtsimmanente* Polarisierung", die ihrer These nach eine Doppelfunktion hinsichtlich Diskursformationen und der darin angebotenen Deutungsmuster von Geschlechterdifferenz innehat: Sie "stützt – nehmen wir das auf Frauen bezogene Feld – das normative Ideal des Weiblichen als Legitimationsgrundlage männlicher Dominanz, indem ein davon abweichendes 'anderes' konstruiert und negativ konnotiert wird". Darüber hinaus erlaubt sie es, "vorfindliche Abweichungen vom normativen Weiblichkeitsideal zur Kenntnis zu nehmen, sie aber zugleich im Rahmen des binären Schemas als Negation des Ideals differenzverstärkend zu vereinnahmen. Damit stützt diese Konstruktion [z.B. Heilige/Hure, rein/unrein etc.] bestimmte Normalitätsvorstellungen." (Ebd.:178, Hervorh. i.O.)

geordnete Gestaltungsmacht interpretiert werden: "Die Magersucht kämpft gegen die Auferstehung des Fleisches, zu der jeder – aber insbesondere die Frau – gezwungen werden soll. Sie wehrt sich dagegen, den 'Phallus' oder die Kunst-Frau zu verkörpern. Statt dem Ruf nach Inkarnation des Symbols zu folgen, vollzieht die Magersüchtige eine Rückverwandlung von Materie in reine, körperlose 'Idee'. 'Ich esse nicht', sagt sie, 'aber ich denke unentwegt daran.' [...] Das *ich* abstrahiert sich selbst vom Körper, um nicht mit ihm Kunstprodukt zu werden." (Ebd. 1994c:461, Hervorh. i.O.)

Das Symptom der Bulimie, auf das von Braun nur am Rande eingeht[26], wird von ihr ebenfalls als Verachtung gegenüber dem Essen und damit als ein am eigenem Leib vollzogener, im Gegensatz zur Anorexie jedoch unsichtbarer Widerstand gegen die Verlebendigung eines Kunst-Körpers angesehen. Dabei weist die Autorin aber jegliche idealisierende Ambition gegenüber der "Krankheit des Gegenwillens" weit von sich, da sie den Eßstörungen nicht das Potential zutraue, "Phänomene und Prozesse der Destruktion – insbesondere der Destruktion der Frau, aber auch der des Mannes – aufzuheben oder gar rückgängig zu machen." (Ebd.:483)

Der individualpsychologische Blick:

Psychoanalytisch orientierte Autor/innen fokussieren bei einer Auseinandersetzung mit dem Phänomen der weiblichen Eßstörungen vor allem die frühkindliche, orale Entwicklung des Mädchens und die Mutter-Tochter-Beziehung[27]: Die bulimische Frau, der allgemein eine mangelnde Impulskontrolle bescheinigt wird, entwickelt aufgrund psychischer Leeregefühle, die aus (emotional) entbehrungsreichen bis

---

[26] Diese Gewichtung repräsentiert eine generelle Vorliebe von Expert*innen* für eine Auseinandersetzung mit der Anorexie: "Mit der Anorexie können Feministinnen sich am leichtesten identifizieren [...], haftet ihrer Strategie doch etwas Widerständisches und Kämpferisches an." (Helfferich 1994:155)

[27] Triebdynamische Erklärungsansätze dieser 'Frauenkrankheit' (90 bis 95% der Erkrankten sind weiblich) stellen ein matriarchalisches Familienbild ins Zentrum ihrer Interpretationen, "wo strenge, rigide Mütter oder asketische Großmütter [...] die Familien und vor allem die erkrankten Töchter dominieren. Auch bei psychoanalytischen Falldarstellungen oder psychodynamischen Überlegungen wurde die Bedeutung der 'Magersuchtsmütter' [...] beschrieben. Wir sehen ebenfalls, daß die Mütter meist selbst narzißtisch gestört sind, da ihre oralen Bedürfnisse von den Großmüttern nicht ausreichend befriedigt werden und sie so die später eßgestörten Patientinnen in deren oraler Phase nicht hinreichend gut bemuttern konnten [...], um den Patientinnen eine Differenzierung ihres Körperschemas und die Integration eines konstanten Körperbildes zu ermöglichen [...], so daß es zu einem Basiskonflikt mit mangelhaft integrierten guten und bösen Objekt- und Selbstanteilen bei den Patientinnen kommt. Die resultierenden narzißtischen bis Borderline-Störungen erklären auch die häufige Vergesellschaftung der Eßstörungen mit (schweren) Depressionen, Alkohol- und Medikamentensucht [...] und Suizid- bzw. Selbstbeschädigungstendenzen. Oft wird die Entwicklung des anorektischen bzw. bulimischen Symptoms als Abwehr gegen diese Störungen gesehen" (Woidera et al. 1993:177).

vernachlässigenden primären Beziehungserfahrungen[28] resultieren, eine bipolare Handlungsdynamik: Enttäuschungen durch ein Liebesobjekt, "mit oft nur phantasiertem oder aktiv herbeigeführtem Objektverlust" (Woidera et al. 1993:177), finden vor dem Hintergrund des oralen Defizits keinen differenzierten Ausdruck, sondern werden lediglich als schales Gefühl der Ernüchterung erlebt. Das libidinös besetzte Essen soll daraufhin diese diffus empfundene Leere kompensieren, was anfänglich auch gelingt: das Verschlingen von Nahrung ist von guten bis euphorischen Empfindungen begleitet, die Allmachtsgefühle und Realitätsdistanz durch "verschwindende Objekt-Subjektgrenzen" (ebd.:177) erzeugen. Dabei verbinden sich Ich und Ich-Ideal, wodurch sich ein Größen-Selbst herausbildet, das als Abwehr von globalen Trennungsängsten eingesetzt wird. "Noch im Eßvorgang stellt sich jedoch durch die weitgehend erhaltene Realitätsprüfung der Betroffenen eine Frustration ein, die sich in einem Umkippen in 'Fressen' äußert, um das innere 'Loch' zu stopfen. Dieses Verschlingen der Nahrung ist dann schließlich von einem Ekel begleitet, der sich aus der unbewußten Scham vor der eigenen oralen Gier und den unbewußten Schuldgefühlen gegenüber dem aggressiv einverleibten Objekt zusammensetzt. Dieser Ekel führt zu dem Erbrechen, bei dem das aggressiv kontaminierte bzw. böse Objekt wieder exkorporiert bzw. externalisiert wird, mit dem Ergebnis der wieder entstehenden inneren Leere" (ebd.:178), womit der Teufelskreis benannt wäre.

Bei der Anorexie steht vor allem die 'grandiose Einsamkeit' des magersüchtigen Mädchens und die ambivalente Dynamik der Mutter-Tochter-Beziehung im Zentrum der Analyse: Die Mutter wird als distanzlos und übergriffig beschrieben, die darüber hinaus oft ehrgeizige Pläne für ihre Tochter hat – als Kompensation ihrer eigenen Leere und Unzufriedenheit, die sich aufgrund der Mutter- und Hausfrauenrolle noch potenzieren (vgl. Gast 1994:74). Jene eigene Geschichte der Mutter bildet schließlich die "emotionale Grundmatrix" (ebd.:74), in welche die Tochter hineingeboren und durch die ihre frühe Objekterfahrung gestaltet wird: "Die Ambivalenz der Mütter zwischen Ressentiment und 'narzißtischer Bedürftigkeit' angesichts ihres Verlusts an Selbstrealisation wird sich [...] insbesondere an die Tochter heften, ist sie doch als Zielobjekt sowohl für Bedürfnisse der Identifikation als auch für Gefühle der Verachtung, die als Selbstverachtung zu lesen wären, prädestiniert." (Ebd.:74) Diese widersprüchliche Beziehungsdynamik zwischen Mutter und Tochter führt letztendlich zu einer engen Verstrickung beider, die noch verstärkt wird durch die traditionelle Vaterabwesenheit in westlichen Kleinfamilien. Ausgehend von dieser frühen, überwiegend als unlustvoll empfundenen Beziehungserfah-

---

[28] Im Rahmen psychoanalytisch orientierter Erklärungsansätze von Eßstörung wird vor allem ein 'orales Defizit' als ausschlaggebend für die Symptombildung angesehen, welches aufgrund 'ungenügender Bemutterung' entsteht. Daraus resultiert die Setzung der Nahrung als Übergangsobjekt und später als Ersatzobjekt (vgl. ebd.:179f.).

rung mißlingt der Aufbau einer stabilen inneren Struktur, da durch Spaltungsleistungen (als Abwehr der Unlust) böse und gute Objektqualitäten rigide voneinander getrennt bleiben, was eine Verbindung der Teilobjekte verhindert. "Die Folge ist, daß die für das Frühstadium der Ich-Entwicklung charakteristischen narzißtischen Spaltungsvorgänge im Dienste der Abwehr dominant bleiben und die Entwicklung qualitativ anderer Abwehrmechanismen höheren Niveaus konterkariert wird." (Ebd.:72) Für die Autorin ergibt sich daraus die "Konstituierung eines kompensatorisch grandiosen Größenselbst", das der "Einsamkeit" von anorektischen Frauen ihre Spezifik verleiht (ebd.:73). Denn der einsame Rückzug auf ein narzißtisch-grandioses Selbsterleben gestattet die Phantasie von Kontrolle und Unabhängigkeit, da eine (imaginäre) Überwindung menschlicher Bedürfnisse wie Hunger und Lustgefühle Überlegenheits- und Allmachtsgefühle produziert.

Zur Klärung der Jugendanorexie wird schließlich der sich verändernde Körper in der Pubertät als Ausgangspunkt genommen: "Der eigene Körper, dessen Gestalt und psychosoziale Funktion in der Pubertät solch drastische Wandlungen erfährt, sich mehr und mehr der Kontrolle entzieht, *Fremd-Körper* wird, in seinem Eigenleben Reaktionen und Erwartungen evoziert, die keinerlei Entsprechung im Selbstgefühl des Mädchens finden und der darüber hinaus auch Gegenstand diskreditierender und demütigender Erfahrungen geworden ist, wird nun zum Austragungsfeld, ja zum Faustpfand in der Auseinandersetzung mit und Abgrenzung gegen eben diese 'böse' Objektwelt resp. deren Introjekte." (Ebd.:77, Hervorh. i.O.)

Der sozialpsychologische Blick:

Mit dieser Perspektive werden subjektiv biographische Erfahrungen noch weiter in den Kontext soziokultureller Bedingungsfaktoren gestellt, um damit das Phänomen der Eßstörungen als interaktives Geschehen zwischen Individuum und Lebenswelt erklären zu können: Komplexe gesellschaftliche Individualisierungs- und Modernisierungsprozesse gehen mit einer Betonung und Verlängerung der Ausbildungszeit einher, die es sowohl Mädchen als auch Jungen erlaubt, ein hohes Qualifikationsniveau zu erreichen. Gleichzeitig wird eine Anwendung der erworbenen Kompetenzen im Rahmen einer entsprechenden Berufstätigkeit durch das zunehmende Arbeitsmarktrisiko erschwert. An dieser Stelle eröffnet sich für Frauen wie für Männer dasselbe Chancen- bzw. Gefahrenpotential. Geht man jedoch einen Schritt weiter, so ergibt sich für Frauen, aufgrund einer zunehmenden Konkurrenzsituation auf der gesellschaftlichen Ebene, ein zusätzliches Dilemma. Denn sie müssen zu ihrer beruflichen Karriere ein individuelles Gleichgewicht zwischen einer extremen Anpassung an und einer radikalen Ablehnung von verweiblichenden Normen[29] finden, um die

---

[29] Geschlechtsbezogen charakterisierende Seins- und Handlungsformen sind als verweiblichte oder vermännlichte Seins- und Handlungsformen soziokulturell etabliert und können somit auf der alltagsweltlichen Ebene als verweiblichende oder vermännlichende Darstellungsressourcen

strukturell etablierte Trennung von einem männlich assoziierten Öffentlich-Sein und einem weiblich assoziierten privaten In-Beziehung-Sein verbinden und somit einen Mittelweg zwischen sozialer Abwertung und individueller Verleugnung gehen zu können. "Macht eine Frau beispielsweise beruflich Karriere und besetzt eine Führungsposition, die ein gewisses Durchsetzungsvermögen impliziert, so gilt sie schnell als machtgierig und unweiblich, ihre Kompetenzen werden angezweifelt. Ihr Verhalten wird anders bewertet als das eines Mannes in ähnlicher Position." (Teuber 1999:23f.)

Angesichts der omnipräsenten neuen Normen wie Flexibilität und Unabhängigkeit, die zu individuellen Orientierungspunkten im Fühlen, Denken und Handeln werden, kann eine persönliche Realisierungsohnmacht von spätmodernen Lebensideen aufgrund mangelnder Ressourcen (z.B. Durchsetzungsvermögen) schnell als persönliches Scheitern erlebt werden. Besonders gefährdet sind nach Stahr (1999) weibliche Jugendliche, da vor allem sie konfrontiert sind mit der Widersprüchlichkeit zwischen neuen und traditionellen Normen: einerseits haben Mädchen und Frauen vermehrt Zugang zu öffentlichen (Macht-)Räumen, in denen sie auch von einer zunehmenden Unabhängigkeit profitieren können, anderseits wird ihnen dabei aber kein entsprechender sozialer Status zuteil (ebd.:101). Dazu kommt auf der Beziehungsebene eine weitere Doppelbotschaft: "Frauen sollen unabhängig wirken, aber abhängig von der Akzeptierung durch Männer bleiben" (Bilden 1994:171).

Eine Möglichkeit, diese Widersprüche zu verarbeiten, stellt eine Eßstörung dar. Im Rahmen derer betäuben junge Frauen eigene Wünsche, Bedürfnisse und Empfindungen, um die Leistungsnormen ihrer sozialen Realitäten ungehindert erfüllen und somit sozial erwünscht funktionieren zu können. Der daraus resultierende Kontaktabbruch mit sich selbst wird durch die Eßstörung als Rückzug auf sich selbst temporär wiederhergestellt. Ins Zentrum dieser absurden Dynamik rückt sowohl das überbetonte Bedürfnis nach Körperkontrolle als auch "die Gewohnheit des falschen Echos", welches begleitet wird von dem "Gefühl innerer Leere" (ebd.:175). Besonders am Phänomen der Bulimie – die häufig an Statusübergängen auftritt – zeigt sich die Doppelbotschaft pluraler Lebenszusammenhänge als innerer Konflikt, der von den betroffenen Frauen mit individuellen Lösungsversuchen verhandelt wird. Letztere zeichnen sich vor allem dadurch aus, daß sie die subjektiv interpretierten – für niemanden erreichbaren – kollektiven Ideale *total* autonom erfüllen wollen. "Daraus folgen notwendig Scham, Schuldgefühle, Selbstabwertung, weil sie sie nicht erreichen. Sie müssen immer mehr Anstrengungen unternehmen, um die Fassade, die sie sein wollen, aufrechtzuerhalten. Sie sind immer mehr damit beschäftigt, ein Als-ob

---

im interaktiven Subjekt-Geschehen verwendet werden. Dies stellt einen Aspekt dar, durch den die soziale (Geschlechter-)Ordnung (re)produziert bzw. (re)produzierbar wird. Am Beispiel: Indem *Sanftmut* Frauen zugeschrieben und sozial positiv bewertet wird, kann sich eine Frau, die sich offensichtlich aggressiv verhält, als *unweiblich* und *falsch* fühlen, was durch soziale Zuschreibungen oder Abwertungen (z.B. 'Furie') noch bekräftigt werden kann.

darzustellen, und bekommen nur Reaktionen auf diese perfekte Fassade." (Ebd.:175) Darüber hinaus spielt die Objektivierung des weiblichen Körpers durch den als männlich gedachten (*penetrierenden*) Blick spätestens ab der Pubertät eine entscheidende Rolle im Zusammenhang mit der Metaphorisierung des Körpers als *Kampffeld*, die häufig bei Eßstörungen vorkommt: Der öffentliche weibliche Kunst-Körper normalisiert (s)eine äußere Domestizierung und Empfänglichkeit für Bewertungsprozesse durch andere, wobei gleichzeitig normierende Standarde (re)produziert werden. Dabei fungiert die Orientierung an einem allgemeinen Schönheitsideal nur oberflächlich als Motiv für Eßstörungen. Denn tatsächlich "geht es der Anorektikerin um die totale Verleugnung der eigenen Bedürfnisse. Sie symbolisiert die Unterdrückung der [eigenen] Bedürfnisse [...] zugunsten der Sorge für die Bedürfnisse anderer – und drückt gleichzeitig in der aktiven Selbstunterdrückung beharrlich ihr Streben nach Unabhängigkeit und Beachtung aus." (Ebd.:178) Die bulimische Frau protestiert weniger offensichtlich, dafür aber genauso ambivalent: Ihr Symptom in Form einer *Hypernormalisierung* symbolisiert den Versuch, alles uneingeschränkt auf und in sich zu nehmen, um es zu perfektionieren. Der Überdruß gegenüber den wahllos einverleibten, fremden und überfordernden Botschaften, die als Leistungsnormen zunächst akzeptiert werden, bekommt erst durch die Metaphorik des *Auskotzens* einen (heimlichen) Ausdruck.

Das Verständnis von jugendlichen Eßstörungen als 'imaginäre Lösung' (Helfferich 1994) kollektiver Probleme (z.B. sich als *Frau* zu positionieren) betont nochmals den soziokulturell etablierten Bedeutungsgehalt von Eßstörungen (v.a. in Form der Anorexie), den Individuen zur Umsetzung ihrer psychosozialen Position *am Körper* aufgreifen können. In diesem Sinne führt nicht die tatsächliche Verbreitung von Eßstörungen, sondern deren metaphorische Bedeutung zur gesellschaftlichen Etablierung und Normalisierung des Phänomens[30]: "In der Metapher ist etwas geronnen, das als Thematisierung von Macht und Ohnmacht, Kontrolle und Selbstverlust kollektive Phantasien und kollektive Ängste einer bestimmten zeithistorischen Form weiblicher Jugend ausdrückt." (Ebd.:156) Diese Verdichtung einer interaktiven Auseinandersetzung zwischen Subjekten und sozialen Raumbedingungen am eigenen Leib überschreibt Cornelia Helfferich (1994) mit dem Begriff der "somatischen Kulturen", den sie geschlechtsspezifisch differenziert verwendet und als 'soziale Verwendung des Körpers' – die vor allem während der Adoleszenz bedeutsam wird – interpretiert: "Der Körper ist schließlich für Jugendliche beiderlei Geschlecht das wichtigste Ausdrucksmittel, aber nicht nur als 'gesunder Körper' [...], sondern als das ein-

---

[30] "Neuere Untersuchungen über 'normales' weibliches Verhalten in der Adoleszenz legen [...] nahe, daß das kulturelle Idealbild von körperlicher und geistiger Gesundheit bei weiblichen Jugendlichen dem psychopathologischen Erscheinungsbild der Eßstörungen sehr nahe kommt. So gilt es inzwischen bei weiblichen Jugendlichen als normal, wenn Mädchen sich exzessiv mit dem eigenen Körper beschäftigen und Schwierigkeiten bei Ablösungs- und Individuationsprozessen haben" (Stahr 1999:93).

zige, worüber sie direkte Gestaltungsmacht haben." (Ebd.:58) Ihrer Ansicht nach schließen sich Jugendliche und junge Erwachsene – je nach Geschlecht und kultureller, ethnischer sowie sozialer Herkunft – zu unterschiedlichen Gruppierungen zusammen. Darin bekommen dann ausgewählte Handlungsformen, Objekte und Beziehungsverhältnisse Bedeutung, indem ihnen in der Auseinandersetzung mit zentral betroffen machenden Realitäten symbolischer Wert zugeschrieben wird – was sie schließlich zu verbindlichen Kommunikationswerkzeugen macht. Dabei besitzt aber nicht nur eine soziale Gruppe das Potential zur Ausbildung imaginärer Lösungen für jugendtypische Aufgaben; denn auch – oder gerade – Jugendliche ohne Gruppenzugehörigkeit entwickeln individuell lebbare Ausdrucksformen soziokulturell bedeutsamer Zeichen: "Der interaktive Zusammenhang, in dem sich [eine] imaginäre Lösung herausbildet, ist nicht der Zusammenhang der Clique, Gang oder Bande, sondern zum Beispiel die Begegnung mit Jungen, die Kommunikation unter Freundinnen – die spezifische Form dieser imaginären Lösung könnte eventuell gerade durch das Fehlen einer Verarbeitung im Kollektiv Gleichaltriger mitbestimmt sein. Und doch ist diese imaginäre Lösung auch als 'Lösung' auf einen gesellschaftlichen, strukturellen Konflikt [...] bezogen." (Ebd.:106)

Als zusammenfassende Wertung sollen exemplarisch zwei Autorinnen zum Thema Eßstörungen genannt werden, die das Phänomen zwar auch im Kontext struktureller Bedingungen erklären, dabei aber normalisierende Diskurse[31] kreieren, indem sie undifferenziert ein substantiell definiertes weibliches Subjekt voraussetzen, das ausschließlich Opfer soziokultureller Normen und patriarchaler Strukturen ist: Catherine Steiner-Adair (1995) führt in ihrer Untersuchung zur weiblichen Adoleszenz und Entwicklung von Eßstörungen die Zunahme von eßgestörten Frauen in westlichen Industrienationen daraufhin zurück, daß dort "Frauen in gesundheitsschädlicher und unangemessener Weise zu Autonomie gedrängt werden." (Ebd.:245) Denn Individualisierungsprozesse, die einerseits mehr Selbstbestimmung ermöglichen, tragen andererseits dazu bei, daß weibliche Jugendliche Schwierigkeiten haben, "Bezie-

---

[31] Ein normalisierender Diskurs kann insofern erkannt werden, als er Phänomene wie Eßstörungen oder Selbstverletzungen nicht als Zeichen mit einer historisch und soziokulturell entstandenen Bedeutung versteht (welche Individuen wiederum als Ausdrucksmittel ihrer psychosozialen Position in sozialen Interaktionen aufgreifen können), sondern als einseitige Deformationen aufgrund bestimmter Lebensbedingungen. Dabei werden die Auswirkungen ebenso wie die soziokulturellen Zusammenhänge einem entweder männlichen oder weiblichen Pol zugeordnet. Anschließend findet eine Analyse, Bewertung und Erarbeitung von Kontrollstrategien bezüglich des Phänomens statt, wobei als Ausgangspunkt entweder das passiv-leidende oder das aktiv-aggressive Subjekt genommen wird. "Zwischen der Normalität [...] und der Krankheit, zwischen der allgemeinen Erziehung zur Frau und der Sozialisation einer Kranken gibt es keinen grundsätzlichen Unterschied; die üblichen Vorstellungen von weiblicher Körperlichkeit drücken sich in der Krankheit aus – die Kranke ist nur besonders normal. Die Normalität der Krankheit bestätigt die Krankhaftigkeit des Normalen: Quod erat demonstrandum." (Helfferich 1994:23)

hungen in ihren Lebensentwurf zu integrieren und sie ernstzunehmen." (Ebd.:245) Indem nun die Autorin die befragten Frauen aufgrund ihrer Fähigkeit zur Normreflexion entweder der Kategorie der "Superfrauen" (ebd.:264) oder der "klugen Frauen" (ebd.:246) zuordnet, und das Risiko für die Ausbildung einer Eßstörung den weniger normkritischen Superfrauen zuschreibt, wird diese Unterstellung in Form einer *unnatürlichen* Anpassung an kulturelle Normen der *normal* anders funktionierenden Frauen zu einer affirmativen Aussage: "'Superfrauen' identifizieren sich nämlich mit dem kulturellen Ideal der autonomen, unabhängigen Frau und können keine Vision von der Zukunft bilden, die sie als Menschen in Beziehungen zeigen." (Ebd.:247) Bewertungen und Zuschreibungen dieser Art versperren jedoch nicht nur den Blick auf andere Deutungsmuster, sondern reproduzieren auch bestehende Stereotypien weiblicher Subjekthaftigkeit insofern, als deren Inhalte nicht als historische und soziale Konstrukte ausgemacht werden. Ähnlich einseitige Konstruktionen einer Vereinsamung eßgestörter Frauen in nachmodernen Gesellschaftsstrukturen finden sich in den Ausführungen von Barbara Krebs (1994), die Eßstörungen als eine weibliche Verarbeitungsform von lebensweltlichen Widersprüchen versteht: Aufgrund geschlechtstypischer Sozialisationsbedingungen werde *die* weibliche Identität mehr von "Bindung, Kontinuität, Mischungen, Wechselseitigkeit und Grenzwanderungen" (ebd.:169) bestimmt. Diese Eigenschaften, die neben "Einfühlsamkeit, Passivität, Grenzenlosigkeit und Aufopferung" (ebd.:170) den weiblichen Sozialcharakter ausmachen, seien jedoch in der nach männlichen Werten (wie Initiative, Macht und Individuation) geordneten Welt nicht präsent und geachtet, sondern ausgeschlossen und verbannt in einen privaten Bereich. Dieser Ausschluß kreiere schließlich den Widerspruch zwischen weiblichen Bedürfnissen und sozialen Kulturräumen (z.B. die Arbeitswelt), der von eßgestörten Frauen symptomatisch thematisiert werde. Obwohl die genannten Autorinnen das Phänomen der weiblichen Eßstörungen nicht allein individualpsychologisch erklären, sondern auch dessen sozialpolitische Zusammenhänge transparent machen, gelingt ihnen kein Heraustreten aus einer einseitigen und statischen Perspektive. Denn dazu müßten sie ihre wesenhafte Definition einer weiblichen Identität und ihren undifferenzierten, da ausschließlich männlich assoziierten Macht- und Kultur-Begriff reflektieren.

4.1.3 Selbstverletzungen

Selbstverletzendes oder autoaggressives Verhalten wird in der Fachliteratur aufgrund einer eigenen Charakteristik von Suizidversuchen abgegrenzt. Bezogen auf die Art und Weise der Durchführung von selbstverletzenden Handlungen werden folgende Unterscheidungen getroffen:
- der 'kompulsive Typus' als wiederholte, ritualisierte, nicht bewußt wahrgenommene oder automatisierte Form von Selbstverletzung wie Nägelkauen und Haareausreißen;
- der 'episodische Typus' als temporäre, situationsbedingte Art der Selbstverletzung wie Schneiden, Verbrennen oder Verätzen der Haut, besonders in Streßsituationen;
- der 'repitive Typus' als habitualisierter Bewältigungsversuch von psychosozialen Belastungen über Selbstverletzungen (Sevecke 1999:52f.).

Darüber hinaus ist eine 'offene' Selbstverletzung ohne Krankheitsvortäuschung (bei der die konkrete Selbstverletzung ohne Tötungsabsicht im Zentrum steht) zum einen von einer unbewußten Suche nach äußeren Leidensquellen (z.B. in Form einer Beziehung mit einer gewaltbereiten Person) und zum anderen von einer 'heimlichen' Durchführung der selbstverletzenden Handlung zu differenzieren. Letztere wird folgendermaßen klassifiziert:
1. die 'artifizielle Krankheit': Vortäuschung von körperlichen oder seelischen Symptomen;
2. das 'Münchhausen-Syndrom': Verführung der Ärzt/innen zu Diagnosen oder Operationen aufgrund authentischer Symptom-Inszenierungen;
3. das eher seltene 'erweiterte Münchhausen-Syndrom': Vortäuschung von Symptomen bei Kindern durch deren Mütter (Eckhardt 1994:41ff.).

Das vom medizinisch-psychiatrischen Diskurs überwiegend mit 'neurotischer Depression' und 'psychischem Masochismus' in Verbindung gebrachte Phänomen der offenen, unbewußten sowie verdeckten Autoaggression betrifft laut Untersuchungen etwa 750 von 100.000 Personen im Jahr, wobei es sich in ca. 80% der Fälle um adolszente Frauen handelt, die häufig von einem 'suchtartigen' Verlangen nach der Selbstverletzung sprechen (ebd.:44).

Historisch-kulturelle Zusammenhänge:

Diese Perspektive erfaßt all jene Formen von selbstverletzenden Handlungen, die in spezifischen religiösen und kulturellen Zusammenhängen eine für soziale Gemeinschaften identitätsstiftende Funktion besitzen und darüber als *normal* gelten. "Selbstbeschädigende Verhaltensweisen im Rahmen von religiösen Riten dienen der Buße, der Sühne, der Entlastung von Schuld und der Befreiung des Geistes (der Seele) von 'niederen weltlichen' körperlichen Bedürfnissen und Begehren" (Eckhardt 1994:14). Sie basieren demnach auf einer Spaltung zwischen einem willigen Geist und einem schwachen Körper, der gegeißelt werden muß: In der christlichen Religion nimmt Jesus durch sein Leiden die Sünden aller Menschen auf sich und erlöst sie damit von Schuld und Verderben (Favazza 1987:12ff.). Christliche Märtyrer/innen setzen diese Leidens- und Schuldtradition fort, indem sie sich durch Selbstkasteiungen von körperlichen Bedürfnissen und Begierden reinigen, was sie schließlich zu einem höheren Dasein und damit in die Nähe Gottes bringen soll. Selbstverletzendes Verhalten besitzt aber auch in nicht-christlichen Religionen eine

Tradition: Im Hinduismus, der unter anderem von der Idee eines ewigen Kreislaufs von Kreation und Destruktion bestimmt wird, "dient das aktive Teilnehmen an diesem Kreislauf durch Selbstbeschädigung und anschließende Heilung dem Versuch, aktiv in dieses Geschehen einzugreifen und so ein gewisses Maß an Kontrolle darüber zu erlangen." (Eckhardt 1994:16) Vor allem in Indien streben Yogis über selbstkasteiende Meditationspraktiken nach einer höheren Seinsform, indem sie durch das Ertragen von Schmerzen ihre körperliche Existenz überwinden wollen. Im Sufismus, einer religiösen Richtung des Islams, existiert die Vorstellung einer über Selbstkasteiung und Askese erreichbaren Vereinigung mit Gott. Die Hamadscha, eine Bruderschaft in Marokko, führt "heilende Rituale durch, die mit teilweise schweren selbstbeschädigenden Handlungen einhergehen. Sie trinken im Rahmen von Tanzritualen kochendes Wasser, essen stachelige Kakteen, lassen sich Schnitte und Wunden am Kopf und Rücken zufügen, und die Frauen versuchen sich manchmal auch die Brüste abzuschneiden." (Ebd.:17) Diese Selbstgeißelungen sollen von bösen Geistern befreien, die als Ursache von Unglück und Krankheit angesehen werden. Im Schamanismus hat selbstverletzendes Verhalten die Funktion einer Initiation. Denn um Schamane zu werden, muß die auserwählte Person zunächst eine Schwächung in Form einer Krise oder Krankheit erleiden, wobei dieser tranceartige Zustand nur über das Erfahren verschiedener mystischer Ereignisse und einer anschließenden Neudefinition der Persönlichkeit aufgelöst werden kann. Schamanen wiederholen später rituell Selbstbeschädigungen, um ihre Heilkraft zu erhalten und eine höhere Daseinsform zu erlangen. Viele kulturelle Tanzrituale (z.B. der Sonnentanz nordamerikanischer Prärie-Indianer) enthalten ebenfalls selbstverletzende Elemente, die in Trance durchgeführt werden. Darüber hinaus sind Initiationsriten oft unmittelbar mit schmerzhaften Praktiken verknüpft (z.B. das Durchbohren der Nase bei den Dani, einem Volksstamm in Indonesien). Weiterhin können kulturelle Praktiken im Rahmen körperlicher Ästhetik genannt werden, die auf schmerzhafte Weise die jeweils soziokulturell als bedeutsam definierten Körperteile an geltende Schönheitsnormen anpassen soll(t)en: Die Verformung des Säuglingskopfes nach dem Aussehen des gerade herrschenden Königs galt in den Adels- und Herrscherklassen im alten Ägypten und Griechenland als selbstverständlich und blieb bis ins 19. Jahrhundert in Europa bestehen. Dabei sind Nase (Brechen und Weiten der Nase in Polynesien und bei den Aborigines in Australien), Ohren, Zähne (Anfeilen der Zähne ohne Betäubung in Indonesien) und Füße ('Lotusfüße' in China) teilweise auch heute noch Zielobjekte schmerzhafter, normorientierter Verschönerungen (z.B. Zahnkorrekturen mit Zahnspangen, Nasen- und Ohrenoperationen).
Zusammengenommen dient(e) die rituell eingebundene und kulturell verankerte Selbstverletzung als Befreiung des Geistes von körperlichen Bedürfnissen und Begierden (religiöse Idee), als Kontrollmechanismus von sozial bedrohlichen Gefüh-

len wie Aggressionen (soziale Idee: ein Blutopfer bewahrt eine Gruppe vor ihrer eigenen Gewalt) und schließlich als Umsetzung sozial anerkannter Schönheitsnormen (ästhetisch-körperliche Idee). Letztere Idee findet sich in selbstverletzenden Praktiken spätmoderner Industrienationen (z.B. in Form von Schönheitsoperationen, Piercings, Diäten, Bodybuilding und Extremsportarten), die – relativ – sozial akzeptiert[32] sind und damit als *normal* angesehen werden können.

Der individualpsychologische Blick:

Im Rahmen der psychoanalytisch orientierten Untersuchung zum 'Haut-Ich' von Didier Anzieu (1996) kommt dem Leiden aufgrund folgender Zusammenhänge eine identitätsstiftende Bedeutung zu: Der Körper wird durch Schmerzen zum realen Objekt, indem er über autoaggressive Bearbeitungsformen spürbar wird. Diese Handlung kann dabei von dem mehr oder weniger bewußt wahrgenommenen Motiv geleitet sein, die eigene, durch ungenügende primäre Beziehungserfahrungen schutzlos gewordene Hauthülle heilen zu wollen: "Sich selbst mit einer realen Schmerzhülle zu umgeben stellt im Extremfall einen Versuch dar, die umschließende Funktion der Haut, die von der Mutter oder der Umwelt nicht übernommen wurde, wiederherzustellen" (ebd.:260). Die Ausbildung einer "Schmerzhülle" (ebd.:264) wird dabei von zwei wesentlichen Erfahrungen initiiert:

- einmal in Form eines Mangels an adäquaten Identifikationsmöglichkeiten, die innerhalb der Mutter-Kind-Interaktion schmerzhafte Unlustgefühle in die Haut des Säuglings einschreiben,
- und zum anderen in Form einer "Unzulänglichkeit der gemeinsamen Haut", woraus schließlich ein unbezogenes bis fremdes Körpererleben resultiert, da das Kind eine angemessene Spiegelung und Versprachlichung seiner unmittelbaren Empfindungen vermißt (ebd.:264).

Dieser schmerzende Körper, bei dem Wahrnehmungen und Ausdrucksformen von Gefühlen eine widersprüchliche Beziehung eingehen, wird von Anzieu vor allem im Zusammenhang mit der Borderline-Persönlichkeit gebracht. Denn mit dieser Persönlichkeitsstruktur werden Gefühle überwiegend *ausagiert*, aber nicht (reflexiv) *besessen*. Neben dieser Verknüpfung von Selbstverletzungen und einer als psychotisch klassifizierten Psychodynamik mit psychoseähnlicher "Ich-Verzerrung" (Hoffmann et al. 1995:147) besteht ein theoretischer Zusammenhang zwischen autoaggressiven Handlungen und narzißtischen (nicht-psychotischen) Möglichkeiten der Konfliktverarbeitung zum einen in Form der neurotischen Depression und zum anderen in Form des psychischen Masochismus': Eine Depression kann mit neurotischer Angst parallel gesetzt werden (vgl. Mentzos 1996:183), indem sie Orientierung in Richtung früh erfahrener emotionaler Verletzungen in

---

[32] "In deutschen OP-Sälen herrschen noch keine 'amerikanischen Verhältnisse', der Trend geht aber deutlich in die Richtung. Eine repräsentative Umfrage [...] zeigt: Immer mehr junge Menschen bis 35 würden das Skalpell an sich heranlassen, wenn es der Optik dient. Und immer mehr würden später auch dazu stehen." (*Max* Nr. 3 2000:44)

aktuellen Lebenszusammenhängen bietet und damit von vornherein Trauerimpulse liefert. Aus dem depressiven Syndrom ergibt sich mit der Zeit eine "extreme Ich-Hemmung" (ebd.:184), die mehr behindert als schützt. Auf diese Weise kommt eine kontinuierliche *"Herabsetzung der Selbstachtung"* (ebd.:184) in Gang, die letztendlich einen Teufelskreis von Autoaggression-Aggression-Autoaggression kreiert: Bei real erlebten Verlust- oder Kränkungserfahrungen werden angemessene Wut- oder Aggressionsempfindungen aus Angst vor weiteren Bedrohungen des Selbsterlebens abgewehrt bzw. in Autoaggression umgewandelt. Dabei kann der destruktive Kreislauf nicht nur in Form einer "Wendung der Frustrationsaggression nach innen" (ebd.:186) bestehen, sondern auch in Form einer kompensatorischen Verinnerlichung eines ambivalent besetzten Objekts nach dessen Verlust (z.B. als Übernahme einer Krankheit einer ambivalent geliebten, verstorbenen Person). Das wesentliche Merkmal der depressiv-autoaggressiven Verarbeitungsform von Konflikten stellt jedoch der überbetonte Hang zum narzißtischen Rückzug dar (vgl. ebd.:186).

Der psychische oder moralische Masochismus zeichnet sich durch unbewußte Schuldgefühle aus (unter denen neurotisch Depressive bewußt leiden): Das Ich geht ein Bündnis mit dem rigiden Über-Ich ein, indem es scheinbar zufällig Schicksalsschläge (z.B. in Form einer Beziehung mit einem gewalttätigen Partner) anzieht, um über das konkrete Leiden von den Qualen bewußter Schuldgefühle verschont zu bleiben. "Ein klassisches Beispiel für psychischen Masochismus [...] stellen oft Frauen von Alkoholikern dar. Hier fiel es immer wieder auf, daß solche Frauen, wenn es – meist fremdem Engagement – gelingt, sie aus der zerrütteten Ehe zu befreien, sich rasch wieder einen Alkoholiker als Partner suchen. Die Einsicht in die unausweichliche neue Qual stellt offenbar keinerlei Schutz vor dem Zwang dar, das eigene Gewissen durch ein autoaggressives Lebensarrangement zu beschwichtigen." (Hoffmann et al. 1995:133) Vom psychischen Masochismus führt nun eine direkte Verbindung zu den heimlichen Selbstverletzungen in Form der Artefakterkrankungen, die vor allem eine narzißtische Versorgung im Rahmen eines Arzt-Patienten-Verhältnisses gewährleisten sollen (Eckhardt1994:70f.).

Bedeutsam ist an dieser Stelle, daß sowohl die offene als auch heimliche Selbstverletzung als frauentypische Symptome verstanden werden (ebd.:137ff.), die in der individualpsychologischen Literatur häufig im Kontext emotionaler und körperlicher Grenzverletzungen einen Erklärungsversuch erfahren: Aufgrund früher traumatischer Erlebnisse (wie in Form des sexuellen Mißbrauchs) und/oder konfliktreicher Dynamiken innerhalb der Mutter-Tochter-Beziehung (z.B. wenn die Mutter die Autonomiewünsche der heranwachsenden Tochter nicht akzeptiert) kann es während der weiblichen psychosexuellen Entwicklung zu 'Störungen' kommen, die wiederum besonders häufig bei autoaggressiven, therapieerfahrenen Frauen festgestellt werden (ebd.:137ff.): "Frauen, die sich selbst beschädigen, leiden sehr oft an einer gestörten Entwicklung ihrer weiblichen Identität. Die ersten Episoden selbstverletzenden Verhaltens beginnen in vielen Fällen bei Eintritt der Menstruation, in der Pubertät. Durch die vielfältigen Veränderungen in dieser Zeit, u.a. auch die Veränderung der Beziehung zu den Eltern, werden frühe traumatische Erlebnisse wiederbelebt. Die gestörte weibliche Identität drückt sich u.a. in Störungen des Körpererlebens und der Sexualität aus. Der Körper wird als schuldbeladen, beschmutzt empfunden. Er wird bekriegt, und indem er beschädigt und verstümmelt wird, glaubt die selbstbeschädigende Frau, sie könnte sich all der negativen, verhaßten Selbstanteile entledigen." (Ebd.:159)

Der sozialpsychologische Blick:

Mit dieser Perspektive werden individualpsychologische, soziokulturelle und gesellschaftliche Aspekte relevant. Demzufolge ist die individuelle Lebensgeschichte nicht allein von Kindheitserfahrungen bzw. -traumata geprägt, sondern ebenfalls von den direkt und indirekt betroffen machenden strukturellen Bedingungen, unter denen biographische Ereignisse erlebt und verarbeitet werden. In diesem erweiterten Blickfeld können nun auch die kontinuierlich (re)produzierten Effekte einer ungleichen, auf Spaltung beruhenden Geschlechter-Ordnung erfaßt werden: Ausgehend von der empirisch nachgewiesenen Tatsache eines frauentypischen Symptoms in Form der Selbstverletzung wird hier weiterführend angenommen, daß bestimmte soziokulturelle Mechanismen die Tatsache einer weiblichen Verletzungsoffenheit sowie einer Körperaneignung über Schmerzen erst hervortreten lassen bzw. im sozialen Handlungsgeschehen (re)produzierbar machen: Das sozial omnipräsente Geschlechterverhältnis bildet sich als soziale Ungleichheit besonders deutlich an sozialen Interaktionen ab, da es von vornherein den Zugang zu sozial relevanten Ressourcen und Positionen für Männer und Frauen unterschiedlich regelt. Indem sich nun Individuen gegenseitig und in Abgrenzung voneinander in ihrem alltäglichen Leben als Mann oder Frau zu erkennen geben (müssen), beleben sie ganz unbewußt und natürlich die Geschlechterdifferenz bzw. legitimieren dadurch das gesamtgesellschaftliche Organisationsprinzip in Form ungleicher Geschlechterverhältnisse. Aufgrund einer Berücksichtigung dieser Lebenszusammenhänge tritt die individualpsychologische Zuschreibung einer 'gestörten weiblichen Identität' an selbstbeschädigende Frauen hinter eine passiv-aggressive Vergesellschaftungsform für Frauen zurück und erlaubt darüber eine andere Lesart von weiblich assoziierten Leidensformen (z.B. in Form der Co-Abhängigkeit).

Davon ausgehend wird eine Trennung zwischen einem psychischen und sexuellen Masochismus[33] irrelevant. Denn das binär strukturierte sexuelle Begehren über-

---

[33] Sigmund Freud ging es um eine Trennung zwischen psychischem bzw. moralischem und sexuellem Masochismus ('masochistische Perversion'), im Rahmen dessen Strafe und Leid in sexuelle Lust umgewandelt werden (vgl. Hoffmann et al. 1995:132).

formt sowohl sexuelle Interaktionen als auch individuelle (Selbst-)Empfindungen und kreiert darüber ein persönlich empfindbares Kulturwissen, das als verobjektivierte Struktur gesellschaftlich etabliert ist und geschlechtlich bedeutsame Konzepte interaktiv (re)produzierbar macht. Davon ausgehend und vor dem Hintergrund soziokulturell etablierter Deutungsmuster werden Gefühle und Handlungsformen wie Aggressionen, Selbstwertempfinden und Durchsetzungsvermögen bzw. Initiative zu geschlechtsrelevanten Größen. Auf diese Weise wird erklärbar, warum Gefühle, Eigenschaften und Handlungen innerhalb sozialer Interaktionen automatisch in Beziehung zu Geschlecht und Differenz gesetzt und davon ausgehend wahrgenommen und interpretiert werden. In diesem Sinne kann das sowohl verweiblichte als auch verweiblichende Lust-, Aggressions- und Autonomieverbot (vgl. Rommelspacher 1989a:13ff.) als strukturell angelegte Möglichkeit für Frauen interpretiert werden, (heterosexuelle) Beziehungsungleichgewichte am eigenen Leib zu kompensieren.

Der Frage, auf welche Weise das soziale Konstrukt 'Geschlecht' die sexuelle Sozialisation von Heranwachsenden beeinflußt, geht Renate-Berenike Schmidt (1997) in ihrer qualitativen Untersuchung[34] "Sexualkonzepte weiblicher und männlicher Jugendlicher" nach. Im Folgenden sollen nun ihre Ergebnisse mit den Thesen von Birgit Rommelspacher (1989a,b) verknüpft werden mit dem Ziel, sozial normalisierenden Negativabgrenzungen (z.B. *starker* Mann/*schwache* Frau) auf die Spur zu kommen: Nach Rommelspacher macht sich eine grundlegende komplementäre Asymmetrie zwischen den Geschlechtern bereits während frühkindlicher Beziehungserfahrungen bemerkbar, indem sich das Mädchen – ausgehend von ihrer Identifikation mit der Mutter als *Gleiche* – dieser gegenüber verpflichtet fühlt und früh (moralische) Verantwortung übernimmt. Dabei erlebt sie jedoch ihre eigene Machtlosigkeit als Kind. Der Junge hingegen behält aufgrund einer differenten Beziehungsgestaltung zur Mutter als *Andere* den vollen Anspruch auf elterliche Unterstützung und Verzeihung und kommt so in den Genuß der elterlichen Macht (ebd. 1989a:16). Diese früh angelegte asymmetrische Komplementarität kann sich später innerhalb von heterosexuellen Beziehungsverhältnissen als ungleiche Verteilung von Lust, Aggression und Initiative fortsetzen: Vor dem Hintergrund traditioneller Geschlechtskonstruktionen werden Frauen weniger mit aktiver sexueller Lust, als vielmehr mit selbstloser Hingabe assoziiert, was das Phänomen einer verweiblichenden sekundären Lust kreiert. Letztere sieht für die weibliche sexuelle Position eine versorgende, selbstlose Haltung vor, woraufhin sich eine über das männliche Bedürfnis vermittelte Triebbefriedigung der Frau ergibt.

---

[34] Die Studie von Schmidt (1997) basiert auf problemzentrierten Interviews mit 30 weiblichen und 27 männlichen Jugendlichen der 10. Klasse einer Bremer Schule, wobei die Daten in zwei Befragungswellen gewonnen wurden. Zum Zeitpunkt des ersten Interviews waren die Interviewten zwischen 16 und 18 Jahre, im zweiten jeweils eineinhalb Jahre älter. Befragt wurden die Jugendlichen zum Thema 'schulische Sexualerziehung' und 'Aids-Prävention' (vgl. ebd.:129).

"Je mehr er nun den starken Mann spielt, desto unschuldiger kann sie bleiben. Unschuldig durch Übertragung ihrer Triebhaftigkeit auf ihn und durch Abspaltung ihrer eigenen Lust." (Ebd.:17) Ähnlich unschuldig und weiblich können Frauen bei der Verhandlung von Aggressionen bleiben, sofern sie diese als Schuldgefühle an den anderen zurückgeben und damit das weibliche Aggressionsverbot befolgen – woraus das Phänomen einer verweiblichenden sekundären Macht entsteht: Aus einer heimlichen Entlarvung des Mannes als Täter resultiert eine moralische Aufwertungmöglichkeit für Frauen, die mit ihrer offensichtlich schwachen und harmlosen Haltung sowohl die Männlichkeit ihrer Partner als auch ihre Weiblichkeit schützen: "Liebesobjekt im weiblichen Sinn sein, heißt eben nicht nur Verzicht auf quasi normale Aggressivität, sondern erfordert auch noch den ständigen Beweis der eigenen Harmlosigkeit." Dieses "symbiotische Arrangement" wäre aber sofort gefährdet, "wenn die Frau die Allmacht der Mutter ausspielt, Erinnerungen an das hilflose Ausgeliefertsein im Mann wachruft oder gar ausnützt." (Ebd.:20) Hinsichtlich dieser subtilen Abhängigkeitsstrukturen kann die *schwache* Frau als Quelle männlicher Lust und der *starke* Mann, der in binär codierten Strukturen im Besitz von Macht und Ressourcen ist oder damit assoziiert wird, als Quelle weiblicher Macht fungieren. Ausgehend vom Konstrukt weiblicher Harmlosigkeit wird die Lust von der Sexualität abgezogen und "auf die Ritualisierung des Verbots verlagert. Bewundert zu werden und den anderen zu gefallen wird zum Triebziel." (Ebd.:17) Letztere Aussage führt schließlich zum weiblichen 'Autonomieverbot' (ebd.:20), das darauf beruht, daß Frauen soziale Anerkennung weniger über Initiative, als vielmehr über Hingabe an den anderen gewährt wird: Indem in patriarchalen Strukturen verbindliche Eigenschaften von Individualität abgespalten und dem jeweils entgegengesetzten Pol zugeordnet werden, kann Frau-Sein mit Bindung und Nähe, Mann-Sein dagegen mit Selbstbehauptung und Aktivität assoziiert werden. Ausgehend von dieser dichotomen Vergesellschaftungsmatrix entwickelt sich das Phänomen einer verweiblichenden Suche nach Anerkennung durch andere, das sich beispielsweise in einer grenzenlosen Erfüllungs(sehn)sucht der Wünsche und Bedürfnisse anderer manifestieren kann. "Diese Entmachtung ist jedoch keine vollständige, kann sie doch durch ihre Hingabe die anderen von sich und ihrer Zuwendung abhängig machen. [...] Das eigene Selbst in der Hingabe zu suchen, bedeutet, sein Tun nicht durch selbstgesetzte Ansprüche und eigene Zielsetzungen bestimmen zu lassen, sondern durch die Ansprüche der anderen." (Ebd.:22)
Die bisher dargestellte geschlechtstypisierende Wirkung von ehemals neutralen Eigenschaften und Handlungsformen, die jedoch im Zuge struktureller und soziokultureller Entwicklungen ihre Unschuld verloren haben, produziert letztendlich die Geschlechterdifferenz bzw. macht diese in alltäglichen Situationen, in denen sich Individuen als Frauen oder Männer zu erkennen geben (müssen), reproduzierbar. Auf diesem Wege wird der Prozeß einer geschlechtsbezogenen Selbst- und

Fremddefinition entlang von Negativabgrenzungen (z.B. die eigene Stärke durch die Schwäche des anderen spüren wollen) als *normal* empfunden, was sich vor allem während der verunsichernden Phase der Adoleszenz als eine Suche nach Sicherheit in Form von *doing normality* zeigen kann: Die jeweiligen geschlechtstypischen Unterschiede in den Sexualkonzepten von Jugendlichen zeigen sich nach Schmidt (1997) besonders deutlich an den Themenbereichen 'Initiative', 'Bewertung von Sexualität' und 'Beziehungswünschen'. Denn nahezu die Mehrzahl der befragten jungen Frauen erwartet von männlichen Interaktionspartnern eine überzeugende Verkörperung der aktiven Position innerhalb erotischer Beziehungsgestaltungen. Davon ausgehend stellen sie bei einem passiven männlichen Gegenüber sofort ihre Attraktivität in Frage, wohingegen junge Männer wiederum irritiert auf weibliche Initiative reagieren (ebd.:131). Parallel dazu räumen männliche Jugendliche ihrem aktiven Begehren einen hohen und zum Teil von Beziehungen unabhängigen Stellenwert ein. Entsprechend dazu geben ausschließlich weibliche Jugendliche an, sich von dem männlichen Wunsch nach Sexualität "bedrängt" zu fühlen (ebd.:131). Obwohl generell alle befragten Jugendlichen großen Wert auf Liebe und Treue in ihren sexuellen Beziehungen legen (ebd.:131), repräsentiert sowohl der Wunsch nach einer festen Beziehung als auch die hohe Bereitschaft, sexuelle Kontakte als verbindlich anzusehen, ein "typisches 'weibliches Muster'" (ebd.:131)[35].

Zusammengenommen ergeben die Beobachtungen ein eher konservatives Bild junger Erwachsener auf der Suche nach sexueller (Selbst-)Positionierung – was als Wunsch nach Sicherheit interpretiert werden kann. "Und so zeigt sich insgesamt ein Festhalten an alten Mustern. Allmählich – und mit zunehmender Sexualerfahrung – werden diese von einem Teil der Befragten zwar in Frage gestellt, doch die Mehrheit hält es für durchaus erstrebenswert einmal so zu leben, wie sie es von den Eltern her gewohnt sind – oder wie sie wünschten, daß es sein sollte. Ein radikaler Bruch mit den gesellschaftlichen Normen hat nicht stattgefunden – und so bleiben auch trotz aller Angleichungen im Sexualverhalten geschlechtstypische Unterschiede – und auch Geschlechtsstereotype – erhalten." (Ebd.:143)

Als zusammenfassende Wertung soll eine Erklärung dieser Normbeständigkeit erfolgen: Indem das subjektive Geschlechtsgefühl unmittelbar mit sozialer Anerkennung und alltäglichen Interaktionen verknüpft ist, wird verständlich, warum sich das Symbolsystem der Zweigeschlechtlichkeit – auch innerhalb von sich enttraditionalisierenden Gesellschaftsstrukturen – als so stabil erweist. Denn die binär co-

---

[35] "Junge Frauen – im Zweitinterview zeigte sich, daß diese Tendenz bei Schulabgängerinnen besonders groß ist – interpretieren eine sexuelle Beziehung rascher als verbindlich und sie formulieren konkretere Zukunftspläne. Trotz einer 'festen' Partnerschaft und dem ehrlichen Gefühl von Liebe halten die jungen Männer dagegen selbst im zweiten Interview daran fest, daß sie noch in der Phase des 'Ausprobierens' sind" (Schmidt 1997:131).

dierte Geschlechter-Ordnung geht unter die Haut, wodurch sie als inkorporierte Wahrnehmungs- und Handlungsstruktur sexuelle (Selbst-)Positionierungen entlang von Unterschieden sozial relevant und persönlich erfahrbar macht. Ausgehend von einer sozial anerkannten weiblichen Selbstdefinition über Hingabe und Bindung strukturieren sich demnach frauentypische Handlungsformen nicht primär durch eigene Wünsche und Bedürfnisse, sondern durch die Erwartungen anderer. Eine verweiblichende Selbstdefinition bildet sich somit auf der Basis psychisch-physischer Grenzgänge aus, was in der weiblichen Affinität für (psychosomatische) Leiden einen Ausdruck finden kann.

Krankheit und Schmerz als individuelle Umgangsformen mit realen Gegebenheiten gewinnen aber erst aufgrund der Abhängigkeit zwischen (sozial anerkannter) Individualität und individuell verkörperten (normativen) Subjektpositionen an allgemeiner Bedeutung. Das heißt, daß eine Frau nur deshalb ihren Körper als Somatisierungsfläche von Konflikten einsetzen kann, weil dieser strukturell bereits als verletzungsoffen und damit als gefährdet definiert ist – woraufhin Krankheit und Schmerz für einen legitimen sozialen Rückzug genutzt werden können. Inwiefern nun den Frauen weniger indirekte und selbstbezogene Abwehrmechanismen gegenüber Grenzüberschreitungen und Überforderungen zur Verfügung stehen, korrespondiert letztendlich mit ihrer psychosozialen Position. "Insofern ist nicht nur die Frage nach der Traumatisierung von Bedeutung, sondern ebenso die nach den Ressourcen zu ihrer Bewältigung. Und wenn es den Frauen in unserer Gesellschaft eigen ist, hauptsächlich über private Beziehungen Anerkennung und Zuwendung zu bekommen, andere Wege ihnen im wesentlichen jedoch verschlossen sind, so werden sie auf diese Ebene zur Ausagierung ihrer Problematik fixiert." (Rommelspacher 1989b:95)

4.2 Soziale Diskriminierung weiblicher Sucht und ihre Effekte

Die folgenden Ausführungen verdeutlichen die interaktive Herstellung von Normalität und Andersartigkeit sowie das daraus resultierende Abhängigkeitsverhältnis: Normalität als dominante Definitionsgrundlage macht Andersartigkeit erst sichtbar, wohingegen Andersartigkeit als Negativfolie zur Normalität diese erst zum Privileg erhebt. Bezüglich weiblicher Suchtformen bedeutet dies, daß es ein soziokulturell präsentes Wissen gibt, das von den handelnden Subjekten als spezifisch bewertete Zeichenpraxis genutzt werden kann. Auf diese Weise können sie selbst zu sozial relevanten Zeichen (gemacht) werden, die – je nach Bedeutungskontext und Sichtbarkeit – als sozial anerkannt oder sozial abweichend gelten. In der *normalen* Alltagswelt kann z.B. eine illegale Drogen konsumierende und damit nicht-normkonform handelnde (aussehende) Person aufgrund ihrer Handlungs- und Lebensform soziale Diskriminierung erfahren und diese wiederum als eingeschränkte Lebensqualität zu spüren bekommen. Sowohl auf Struktur- als auch auf Subjektebene fungiert dabei folgende Logik als Richtlinie für (Kontroll-)Handlungen und Positionierungen: Um etwas handhaben und verorten zu können, muß das, was bereits *ist*, immer auch etwas *nicht sein* (z.B. illegal ist nicht-legal). Gleichzeitig bietet sich vor diesem Hintergrund wiederum die Möglichkeit zur Herstellung einer mehr oder weniger souveränen Außenseiterposition, die mit einer Integration in sozial diskriminierte Gruppen einhergehen kann.

4.2.1 *Soziale Ordnung und Drogen(-Kultur)*

> **Das Betäubungsmittelgesetz (BtMG):**
> "Das Gesetz über den Verkehr mit Betäubungsmitteln wurde 1994 neu gefaßt und 1996 zuletzt geändert. Die Bundesrepublik Deutschland ist mit der Unterzeichnung internationaler Suchtstoff-Übereinkommen (wie der Single-Convention, dem Einheits-Übereinkommen über Suchtstoffe von 1991) Verpflichtungen eingegangen, die die Schaffung eines eigenen Betäubungsmittelrechts notwendig machten. In den §§ 1 und 2 wird bestimmt, welche Stoffe (Betäubungsmittel) unter das Gesetz fallen bei gleichzeitiger Ermächtigung, durch Rechtsverordnungen neue Stoffe den gesetzlichen Bestimmungen hinzuzufügen. In den §§ 3-28 wird der legale Verkehr mit Betäubungsmitteln geregelt. Die §§ 29, 29a, 30a und 30b legen Ordnungswidrigkeiten und Straftaten bei illegalem Handel und unerlaubtem Umgang mit Betäubungsmitteln fest. In § 31 wird Strafmilderung oder Absehen von der Strafverfolgung bei freiwilliger Offenbarung des Wissens zur Tataufdeckung, in § 31a das Absehen von der Strafverfolgung bei geringer Schuld des Täters (geringe Mengen zum Eigenverbrauch) ermöglicht, und schließlich mit den §§ 35 bis 37 wird betäubungsmittelabhängigen Straftätern die notwendige therapeutische Behandlung ermöglicht." (Stimmer 2000:65) Die Besonderheiten des Jugendstrafrechts zeichnen sich dadurch aus, daß sich die jeweiligen strafrechtlichen Konsequenzen mehr am Täter als an der Tat orientieren: "Erziehungsmaßregeln und Zuchtmittel ersetzen in weitem Umfang die Strafe und auch diese selbst ist stärker an einer erzieherischen Resozialisierung des Täters ausgerichtet als im 'Erwachsenenstrafrecht'." (Holzinger 1998:220) Dabei

entscheidet das Jugendgerichtsgesetz, wenn ein Jugendlicher ab 14, aber unter 18 Jahren bzw. ein Heranwachsender ab 18, aber unter 21 Jahren eine Straftat begangen hat. Im Falle einer Verurteilung wird dann zunächst die strafrechtliche Verantwortlichkeit der betreffenden Person geprüft. Diese besteht bei Einsicht in die eigenen devianten Handlungsweisen und einer potentiellen Widerstandsfähigkeit gegenüber der eigenen kriminellen Energie (Ostendorf 1998:1). Die gerichtlich verordneten Sanktionsmöglichkeiten gegenüber drogenkonsumierenden oder -abhängigen Jugendlichen bewegen sich von erzieherischen Maßnahmen (Verpflichtung zur Inanspruchnahme professioneller Erziehungshilfen, Heimeinweisungen) über stationäre Entgiftungsaufenthalte (nach Vollendung des 16. Lebensjahres soll diese Weisung nur mit dem Einverständnis des/der Jugendlichen erfolgen) bis zur Jugendstrafe (Holzinger 1997:220ff.).

In Deutschland wird 1929 ein eigenes Opium-Gesetz formuliert, das Freiheitsstrafen bis zu drei Jahren vorsieht bei Zubereitung, Handel, Erwerb und Konsum von psychotropen Substanzen. Dieser gerichtliche Beschluß wird 1971 durch das Gesetz über den Verkehr mit Betäubungsmitteln (BTM-Gesetz) ersetzt, das bis heute in aktualisierter und erweiterter Fassung als rechtlich verbindliche Sanktionspraxis fungiert. Auf diese Weise ist der Handel und Gebrauch von verbotenen Rauschmitteln mit Kriminalität (z.B. durch Dealen auf dem Schwarzmarkt) und Kriminalisierung der Konsument/innen (z.B. durch Beschaffungskriminalität) verknüpft. Parallel dazu wird der vormals im Alltag neutral verwendete Begriff 'Droge'[36] zu einem Synonym für illegale psychotrope Substanzen. Drogen sind daraufhin mit rechtswidrigen Handlungsweisen und sozialer Auffälligkeit assoziiert, worüber sich eine ambivalente Aura von Abwehr und Interesse um das nun reizvoll Verbotene zu bilden beginnt.

Betäubungsmittel:
"ist der Sammelbegriff für die in den regelmäßig aktualisierten Anlagen I, II und III des Betäubungsmittelgesetzes (BtMG) aufgenommenen Wirksubstanzen mit psychotropen, bewußtseins- und stimmungsverändernden Wirkungen, die zu einer psychischen und körperlichen Abhängigkeit führen können und daher Anwendungseinschränkungen und -verboten unterliegen. Die Anlage I führt alle nicht verkehrsfähigen Betäubungsmittel auf, dazu gehören Cannabis, Heroin, LSD, Mescalin, Ecstasy usw. Die Anlage II enthält die Betäubungsmittel, die zwar verkehrsfähig, aber nicht verschreibungsfähig sind (z.B. Cocablätter) und die Anlage III legt die Betäubungsmittel fest, die verkehrsfähig und verschreibungsfähig sind (Sonderrezeptpflichtigkeit, z.B. Polamidon, Kokain, Opium, Diazepam)." (Stimmer 2000:64f.)

---

[36] "Droge im engeren Sinn ist eine Sammelbezeichnung für pflanzliche, tierische und mineralische Präparate, die getrocknet und anderweitig konserviert in den Handel kommen und als Heilmittel, Stimulantien oder Gewürze Verwendung finden. Im Sinne dieser etymologischen Herleitung sind auch die gesellschaftlich völlig geläufigen und wertfreien Begriffe Drogerie und Drogist zu verstehen. [...] Umgangssprachlich werden unter Drogen dagegen meistens nur die illegalen Drogen verstanden und den sogenannten legalen Drogen oder – noch positiver ausgedrückt – den Genußmitteln wie Alkohol, Kaffee und Tabak gegenübergestellt. Der Drogenbegriff wird damit auf die illegalen Drogen reduziert. Mit dieser Beschränkung geht eine starke und eindeutig negative moralische Wertung des Begriffs einher." (Baumgart 1994:7f.)

Im Rahmen der vorliegenden Untersuchung werden illegale psychotrope Substanzen als sozial relevante Ressourcen definiert, da sowohl der Handel mit als auch der Erwerb, Besitz und Konsum von diesen Stoffen den sozialen Raum strukturieren und in spezifische soziale Milieus teilen: Bestimmte Gruppierungen bilden verbindliche Normen, Geschmacksrichtungen und Lebensstile aus, was sich im Laufe der Zeit als Ausdruck einer *anderen* psychosozialen Position im Vergleich zur ehemals *normalen* Position zeigen kann. Am Beispiel: Illegaler Drogenkonsum kann eine positiv bewertete temporäre Verwandlung des *normalen* Selbst- und Fremderlebens initiieren, was eine Veränderung des Selbstverständnisses bewirken kann, indem neue, drogenbezogene Erfahrungen real empfunden und damit Teil des Wahrnehmungs- und Handlungsmusters werden.

Gleichzeitig bleibt der mehrheitliche Bewertungshorizont von subjektiven Seins- und Handlungsweisen als Wissen einer sozialen Ordnung mehr oder weniger präsent: Die Existenz einer sozialen Ordnung wird immer dann als real empfunden, sobald subjektive Seins- und Handlungsformen sozial auffallen (sollen) bzw. als sozial abweichend etikettiert werden, woraufhin sie auf der Folie einer allgemeinen strukturell verankerten Legitimationsgrundlage negativ bewertet und sanktioniert werden können. Parallel zur sozialen (Selbst-)Positionierung und den sich damit eröffnenden oder verschließenden Handlungschancen, die mit der persönlichen Verfügbarkeit von Ressourcen korrespondieren, bilden sich spezifische Wahrnehmungs- und Handlungskategorien aus. Auf der Basis dieser in der Folge empfindens- und handlungsleitenden Konzepte entscheidet sich eine (drogenkonsumierende) Person dann (aufgrund kontinuierlicher emotionaler Bewertungen von Erfahrungen) mehr oder weniger bewußt und freiwillig für zukünftige Positionierungen. Am Beispiel: Eine junge Drogenkonsumentin, die Drogen aufgrund ihrer sozial aufwertenden Wirkung schätzt, kann mit Aussicht auf einen angesehenen Ausbildungsplatz beginnen, die Effekte beider Bereiche auf der Folie eigener und allgemeiner Ansprüche abzuwägen und daraufhin ihr Handlungs- bzw. Konsummuster zu verändern.

An dieser Stelle soll ein Modell vorgeschlagen werden, das die unterschiedlichen Interaktionsebenen im Rahmen von Drogen-Handlungen differenziert erfaßt hinsichtlich der individuellen, soziokulturellen und gesellschaftlichen Konstruktionsprozesse von Drogenwirkungen, Kontrollstrategien und Subjektprofilen:

Zirkuläre (Re-)Produktionsprozesse von Phänomenen und Effekten:
- *Strukturelle Macht:* Verobjektivierte Strukturen sozialer Normalität treten als reale Ordnungs- und Normalisierungsinstanzen (verkörpert als Gericht, Polizei, Psychiatrie, Medizin etc.) in das Handlungsgeschehen ein und verlebendigen dabei auf legitime Weise (drogen)politische Beschlüsse;
- *Legitimationsprozeß:* Symbolische Repräsentanz von sich vollziehender struktureller Handlungsmacht auf der Basis von Gesetzen, Normen, Diskursen, Kultur und Sprache gibt Normali-

sierungspraktiken Bedeutung oder stellt diese in Frage und ermöglicht somit soziale Kontrolle oder Widerstand;
- *Effekte*: Subjektive Wahrnehmungs-, Bewertungs- und Handhabungsformen der im sozialen Kulturraum vorhandenen und bereits interpretierten Ressourcen und Subjektprofile können nach Maßgabe psychosozialer Bedürfnisse bewertet, benutzt und verlebendigt werden. Damit gehen potentiell unterschiedliche Kontroll- und Interventionsstrategien gegenüber dem mehr oder weniger sozial auffällig handelnden Subjekt einher. Diese strukturell organisierten Strategien können auf der Legitimationsebene symbolische Resonanz finden (z.B. durch Medienberichte). Daraus ergibt sich ein sozial präsentes Wissen von illegalen Drogen-Handlungen, das eine (Re-)Produktion von subjektiven Seins- und Handlungsformen sowie von strukturellen Definitions- und Normalisierungsstrategien ermöglicht.

Die meisten der heute legalen wie illegalen Drogen besitzen eine lange Tradition vielfältiger Anwendungs- und Wirkungsweisen, die im Laufe der Zeit von mannigfaltigen Bedeutungszuschreibungen überformt worden sind. Demnach stellen Drogeneffekte persönlich erlebte Bewußtseinsveränderungen dar, die aber erst im Kontext soziokulturell etablierter Deutungsmuster und Begrifflichkeiten ihre psychosoziale Aussagekraft erhalten. In diesem Sinne existiert "keine Drogenerfahrung 'an sich' als eine quasi-automatische Folge der Drogenwirkung, sondern nur Erfahrung in ihrer kulturellen Überformung und Ausdeutung. Diese Ausdeutungen reichen über das gesamte Spektrum möglicher Zuschreibungen: Was die eine Kultur als 'heilige Ekstase' wahrnimmt, gilt der anderen als 'wahnhaft'. Eine vergleichbare Drogenwirkung und -erfahrung kann entweder als eine höhere Wirklichkeit oder als völlig unwirklich interpretiert werden. Auf welche Weise eine Kultur dies bewertet, hängt wesentlich ab von ihrem Grad der Ausprägung einer Ich-Konzeption und dem Wert, den sie persönlicher Selbstkontrolle beimißt: Beides kann in den 'künstlichen Paradiesen' [...] der Drogenerfahrung gefährdet oder gar aufgehoben werden, und gerade dies bedeutet Lockung und Bedrohung gleichermaßen. Ausgeprägte Ich-Kulturen, zu denen die [westlichen Kulturen zählen], stehen vielen Formen der Drogenerfahrung deswegen eher ablehnend gegenüber. Sie beurteilen solche Erfahrungen auch dann, wenn sie situativ sozial legitimiert sind, mit einer Ambivalenz, die von den Individuen noch im Umgang mit dem Rausch Aufrechterhaltung der Kontrolle verlangt." (Legnaro 2000:9)
Um die verschiedenen Drogen(wirkungen), beeinflußt von soziokulturellen Definitionsprozessen, mit ihren spezifischen Effekten zurückverfolgen zu können, sind unterschiedliche Diskurse zu beachten, die an der Kommunikationsschnittstelle von Individuum und struktureller Handlungsmacht bedeutsam werden (können). Denn dort entstehen erneut Bedingungen für Legitimationsprozesse, die wiederum Effekte auf die strukturelle Macht, die Behandlungspraxis sowie die subjektiven Erlebens- und Handlungsformen ausüben können. Am Beispiel: Ecstasy wird im Mediendiskurs als gefährliche Droge präsentiert, die deshalb gefährlich ist, weil sie körperliche Grenzen überwindbar macht. Dadurch kann sie für viele 'sensationslu-

stige' Jugendliche im Rahmen ihres Discobesuches interessant werden, was die Polizei zu vermehrten Razzien und die akzeptierende Suchtpräventions-Praxis zur Aufklärung vor Ort motiviert. Als entscheidende strukturelle Dimension kommt die Ökonomie der legalen wie illegalen Drogenproduktion und des -handels hinzu, da mit legalen und illegalen psychotropen Substanzen immer auch ökonomische Interessen und Macht aufgrund von materiellem Kapital verknüpft ist, das in der Folge als ungleich verteilte Ressource (Beschaffungs–)Kriminalität sowie soziale Verelendung erst ermöglicht. Davon ausgehend ergibt sich folgende dynamische Struktur der interaktiv hergestellten Drogen(-Kultur):

Die zirkuläre (Re-)Produktion von Drogen(-Kulturen):
- politische, justitielle und ökonomische Rahmenbedingungen;
- soziale Handlungsmacht verobjektivierter Strukturen, die als konkrete Präsenz relevanter Rahmenbedingungen fungiert (z.B. Polizei als Ordnungshüter);
- kulturell codierte Definitions- und Legitimationsprozesse, die auf Gesetze, Normen, Diskurse, Bilder und Sprache beruhen. Dadurch werden spezifische drogenbezogene Subjektprofile aufgrund soziokulturell definierter Ressourcen (z.B. Drogen) reproduzierbar und veränderbar – was erneut bedingungsstiftende Effekte auf allen genannten Ebenen produziert.

Die im Rahmen der vorliegenden Arbeit relevanten Drogen sollen mit ihren spezifischen Wirkungsweisen kurz skizziert werden. Dabei wird davon ausgegangen, daß individuell verkörperbare und sozial relevante (positionierende) Subjekt- und Konsumprofile (z.B. *Junkie*) erst aufgrund eines interaktiven Herstellungsprozesses von Drogenwirkungen und -konsequenzen entstehen. Ferner wird eine Klassifizierung in *legale* oder *illegale* sowie in *weiche* oder *harte* Drogen nur insofern als relevant angesehen, als diese Zuschreibungen bedeutsame Auswirkungen auf die Konsum- und Lebensbedingungen der Konsument/innen haben können. Darüber hinaus sind sozial etablierte Interpretationsmuster und Definitionen in der Lage, als empfindens- und handlungsleitende Größen im Rahmen von Drogen-Handlungen zu fungieren – auch lange vor deren Realisierung. Weiterhin wird angenommen, daß dem Konsum von sowohl legalen als auch illegalen Drogen ein *weiches* (sozial unauffälliges) oder *hartes* (sozial auffälliges) Konsummuster zugrunde liegen kann.

Sedativa:

Unter diese Substanzgruppe fallen alle dämpfenden, narkotisierenden und beruhigenden Stoffe (z.B. Heroin, Kodein, Methadon, Diazepam). Heroin kann geraucht, gesnieft oder intravenös gespritzt werden, wobei Methadon (früher auch Kodein) überwiegend im Rahmen eines Substitutionsprogramms kontrolliert eingesetzt wird. Dabei können alle genannten Stoffe bei einem regelmäßigen Konsum eine rasche Toleranzentwicklung bewirken, die mit psychischen und physischen Abhängigkeitssymptomen einhergehen kann. Bei Medikamenten handelt es sich häufig um verschreibungspflichtige Substanzen, die von Ärzt/innen bevorzugt an Mädchen und Frauen abgegeben und von diesen konsumiert werden (Kolip 2000). Darüber hinaus sind Pharmadrogen ebenfalls mit einem hohen psychisch-physischen Abhängigkeitspotential assoziiert: die geschätzte Rate für medikamentenabhängige Frauen liegt in Deutschland bei etwa 2%, wobei die Abhängigkeit mit zunehmendem Lebensalter der Frauen steigt (Franke 1997/98:91ff.). Der Opiatkonsum unter deutschen Jugendlichen und jungen Erwachsenen ist im Vergleich zum Cannabis- und Ecstasykonsum als eher gering anzusehen (vgl. DHS 1999), was sich auch in der Suchtforschung als Trendwende von Opiaten zu Partydrogen widerspiegelt: In den letzten Jahren wird vermehrt der Ecstasy- und Amphetaminkonsum im Zusammenhang mit der Techno- und Rave-Kultur fokussiert, um auf der Basis der Ergebnisse eine effektive Suchtpräventions-Praxis entwickeln zu können.

Wie die meisten psychotropen, heute illegalisierten Substanzen beginnt Heroin seine Karriere als Suchtmittel ganz legal als Medikament: 1897 mischt der Chemiker Felix Hoffmann für den Pharmakonzern *Bayer* im Labor Diacetylmorphin, das zunächst als Ersatz für das abhängigmachende Morphin angesehen wird. Nach Tierversuchen und Tests an den Angestellten und deren Angehörigen gilt das neue Produkt, nachdem es keine Sucht- und Todesfälle verursacht hat, auch ohne weitere klinische Untersuchungen als seriöses Medikament, das bis 1930 weltweit vom Pharmakonzern mit großem Erfolg verkauft wird (Evers 2000:184ff.). Indem reines Heroin über Apotheken ganz legal als Hustenmittel bezogen werden kann und gleichzeitig ein gesellschaftlicher Diskurs eines Heroinmißbrauchs[37] fehlt, wird keine Sucht erwartet oder beobachtet – erst mit einem Wissen um veränderte Dosierungs- und Applikationsmöglichkeiten eröffnet sich das Gefahren- und Suchtpotential von Heroin: es wird nicht mehr nur oral und in geringen Dosen als Medikament eingenommen, sondern auch intravenös appliziert und als Genußmittel verwendet. Denn das darüber erreichte plötzlich anstürmende Wohlgefühl (*rush* oder *flash*) löst Euphorie aus, die jedoch bei einer regelmäßig gesteigerten Dosierung in einen Dämmerzustand umschlagen kann. Ab 1931 wird das nun nicht mehr harmlose Heroin als legales Medikament aus deutschen Apotheken entfernt und in das Opium-Gesetz aufgenommen. Daraufhin etabliert sich sowohl ein Schwarzmarkt als auch eine Szene um Heroin, das nun als illegale, meist gestreckte, Droge teuer gehandelt und in den entsprechenden Subkulturen, häufig riskant, konsumiert wird. Diese Entwicklung trägt wesentlich zur Verschlechterung der psychosozialen Lebensqualität von *Junkies* bei[38]. Denn seither gilt Heroin als eine *harte* illegale Droge, die sozial sehr stark abgewertet wird aufgrund ihres hohen Suchtpotentials und der daraus resultierenden psychosozialen Begleiterscheinungen in Form von Arbeitsunfähigkeit, Desinteresse, Verelendung und gesundheitlichem wie moralischem Verfall.

---

[37] Der Begriff 'Heroinismus' war der deutschen Medizinalbehörde bis 1920 unbekannt (vgl. Evers 2000:186).

[38] Der Berliner Mediziner Michael de Ridder (2000) hat die Geschichte von Heroin untersucht und kommt zu dem Schluß, daß die Droge im Vergleich zu ihren Konsumbedingungen eher ungefährlich sei: "Dass viele Junkies wie Zombies aussehen [...] habe nichts mit der Substanz zu tun. Teures Straßen-Heroin ist vielfach gestreckt und bakteriell verseucht, die oft obdachlosen Fixer handeln sich mit unsterilen Nadeln Abzesse und Infektionen ein." (Evers 2000:186)

Vor diesem Hintergrund wird der Verkauf, Erwerb, Besitz und Konsum dieser Droge mit gesetzlichen Bestimmungen kontrolliert und bestraft, was angesichts der (deutschen) Verfassungslage eine Kriminalisierung der Heroinkonsument/innen begünstigt (vgl. Zurhold 1998). Mit einer Änderung des Betäubungsmittelgesetzes ab dem 01.01.1982 werden Therapievorschriften in den Gesetzestext aufgenommen. Somit können ab diesem Zeitpunkt den heroinabhängigen, straffälligen Personen Hilfsangebote unterbreitet werden, worüber letztendlich "das Strafrecht zur Förderung der Behandlungsmotivation eingesetzt" wird (Baumgart 1994:36). Diese Zwangsnormalisierung durch den Therapieparagraphen §35-38 ist in der Praxis jedoch nicht unproblematisch. Vor allem die akzeptierende Drogenarbeit übt Kritik[39], da sie sich nun nicht mehr auf die freiwillige Entscheidung ihrer Klientel für eine Therapie berufen kann.

Medizinische, biochemische und pharmakologische Untersuchungen erforschen und beschreiben eingehend die beruhigende Wirkungsweise der Opioide, die sich an die Opioidrezeptoren des Zentralnervensystems (ZNS) binden und das mesolimbische dopaminerge Belohnungssytem beeinflussen, was zu einer unmittelbaren Entspannung und einem warmen Wohlgefühl führt. Diese Informationen werden im Rahmen eines (lerntheoretisch orientierten) Therapieprogramms für abhängige Personen genutzt, da diese sich hauptsächlich aufgrund der euphorisierenden Wirkung an die Droge binden: Die kontrollierte Abgabe von Ersatzdrogen (Methadon) an Heroinabhängige soll diese wieder in ein *normales* Leben zurückbringen, indem sie nicht bewußtseinsverändernd bis euphorisierend, sondern lediglich gegen die Entzugserscheinungen wirken. Gleichzeitig sind Substitutionsprogramme vor allem in Deutschland umstritten, da sie zwar die Begierde (*Craving*) nach der Droge und die Entzugserscheinungen reduzieren, dabei aber die psychosozialen Zusammenhänge einer Drogenabhängigkeit vernachlässigen. Darüber hinaus können sich gesundheitliche Risiken potenzieren, wenn zusätzlich zu den Ersatzdrogen weiterhin Heroin oder andere psychotrope Substanzen konsumiert werden, um die nachhaltig im Gedächtnis gespeicherten positiven Drogeneffekte wiederzuerlangen.

Mit der politischen Diskussion um adäquate Maßnahmen im Rahmen einer gesundheitlichen und sozialen Schadensbegrenzung bei sogenannten 'Schwerstabhängigen' wird in den letzten Jahren zunehmend das Legalisierungstabu des in Deutschland nach wie vor als die "harte Droge Nr. 1" (DHS 1999:76) gehandelten Heroins aufgebrochen: In einigen deutschen Großstädten werden Konsumräume (*Fixerstuben*) eingerichtet, in denen (reines) Heroin an Schwerstabhängige staatlich kontrolliert und mit professioneller Begleitung verabreicht wird. Dieses Projekt

---

[39] "Die Einführung der Therapieregelungen geschah mit der Absicht, durch den Grundsatz 'Therapie statt Strafe' mehr Abhängige zu einer Langzeittherapie zu 'motivieren'. Doch die Integration von Therapiemaßnahmen in die Strafvollstreckung erweist sich in der Praxis nicht nur als höchst problematisch, sondern erfüllt zudem kaum die gesetzgeberischen Erwartungen" (Zurhold 1998:45).

will in erster Linie die schlechten Lebensbedingungen und gesundheitlichen Risiken seiner Zielgruppe eindämmen. Gleichzeitig entsteht darüber auch die Chance, bisher erfolglos therapierten und durch Hilfsprogramme noch nicht erreichten Heroinkonsument/innen Alternativen zugänglich zu machen. Vor diesem Hintergrund beginnen beispielsweise im Frühjahr 2001 sechs deutsche Großstädte versuchsweise mit dem Projekt 'Heroin auf Rezept', ermutigt von den positiven Ergebnissen der schweizerischen heroingestützten Behandlung[40].

Auffällig ist, daß in Mediendiskursen vor allem das Subjektprofil eines am Ende seiner Drogenkarriere angekommenen *Junkies* präsent ist, das anschließend entweder Mitleid, Angst oder Abscheu hervorruft[41]. Ein nachhaltig wirksames *Junkie*profil hat die Biographie der Christiane F. "Wir Kinder vom Bahnhof-Zoo" etabliert, die mit Photographien die einzelnen Phasen der überwiegend Heroin konsumierenden Freund/innen der Erzählerin dokumentiert, womit die Zeitlichkeit des Stoffes[42]

---

[40] "Stellt sich bloß die Frage: Warum versuchshalber? Schließlich verteilen die Schweizer seit sechs Jahren 'Zucker'. Letztes Jahr wurden 148 Kilogramm an 1065 Abhängige verabreicht. Den Junkies ist das Zeug gut bekommen. Denn Heroin, sauber verabreicht, schadet dem Körper kaum, sieht man von der Suchtgefahr ab. 'Es ist nicht erwiesen, dass Heroin in kleineren Mengen schädlicher ist als drei Deziliter Wein pro Tag', sagt der Tessiner Onkologieprofessor und Nationalrat Franco Cavalli. Der Mediziner Ambros Uchtenhagen, Leiter des Instituts für Suchtforschung in Zürich, sagt sogar: 'Richtig dosiert, unter ärztlicher Kontrolle verabreicht, birgt Heroin keine medizinischen Risiken.' Was die Süchtigen 'kaputtmacht', sind Infektionen (HIV, Hepatitis) durch schmutzige Spritzen, Vergiftungen durch Streckmittel (Querschnittslähmung, Hirnembolie als extreme Folgen) und der Verlust des sozialen Umfelds (Arbeitslosigkeit, Kriminalität). Die Bilanz, die das schweizerische Bundesamt für Gesundheitswesen kürzlich im Bericht zur 'heroingestützten Behandlung im Jahre 1999' zieht, könnte positiver kaum sein. Dank sauberer Droge haben viele endlich den Weg aus der Gosse gefunden, ihren Gesundheitszustand verbessert, Wohnung und Job gefunden. Deutlich sank die Kriminalität. Hatten sich beim Start 70 Prozent der Versuchsteilnehmer Geld aus illegalen oder halb legalen Quellen beschafft, waren es nach 18 Therapiemonaten gerade noch 10 Prozent. Strafuntersuchungen und Gefängnisaufenthalte reduzieren sich deutlich. Täglich sparte die Schweiz pro Patient 45 Franken." (*Die Zeit* Nr. 45 2000:49)

[41] Mitleid rufen vor allem Medienberichte hervor, die *Junkies* generell als Opfer ihrer Lebensumstände darstellen. Demnach erwecken Meldungen über das "versteckte Elend" von weiblichen Heroinabhängigen Mitgefühl, das jedoch ambivalent wird, sobald die Überschrift wie folgt lautet: "Mutter ist Junkie – das Baby süchtig geboren" (*Süddeutsche Zeitung* 06.06.2000:L2). Oder: "Mutter vergiftet ihr Kleinkind mit Ersatzdrogen" (*Süddeutsche Zeitung* 01.08.2000:L2). Ambivalente Bewertungen treten vor allem dann auf, wenn soziale Konstrukte wie die *Mutterliebe* durch Meldungen solcherart in Frage gestellt werden. Wie sehr sich jedoch soziale Konstrukte wiederum zur Tarnung für kriminelle Akte eignen, spiegeln folgende Meldungen wieder: "Dealer stopft totes Kind mit Drogen aus", um die illegale Ware unentdeckt über die Grenze zu transportieren (*Süddeutsche Zeitung* 10.05.2000:12). Und: "Frauen liefern Kokain. Meist brächten schwangere Frauen das Rauschgift vorbei, weil sie so harmlos aussähen." (*Süddeutsche Zeitung* 13./14.05.2000:14)

[42] Nach dem zufälligen Einstieg von Christiane folgt eine Periode des Glücks, die erst mit einem regelmäßigen Konsum ihren Tribut fordert, womit die *typischen* Stationen einer *Junkie*-Karriere eingeleitet werden: soziale, finanzielle und schulische Probleme, Prostitution, Kontakt mit der Polizei und Justiz, Therapieversuche und -abbrüche, Ortswechsel und schließlich ein offenes Ende mit der Hoffnung, irgendwann ein *normales* Leben führen zu können.

und die am Subjekt sichtbar werdenden Erfahrungen und Lebensbedingungen in einem bestimmten sozialen Milieu hervorgehoben werden. Mitte bis Ende der 90er Jahre wird dieses Subjektprofil innerhalb der Modeszene als sogenannter 'Heroin-Chic' zitiert, der einhergeht mit einem tatsächlich stattfindenden Drogenkonsum in seiner Funktion als Diätmittel: Die Modeindustrie "wanted models that looked like junkies. The more skinny and fed up you look, the more everyone thinks you're fabulous. [...] More recently, model Emma Balfour has publicly condemned the fashion industry for encouraging young models to take stimulants to stay thin, and for ignoring signs of heroin addiction [...]. This is yet another fashion trend that glamorises extreme thinness, and may give cause for concern because of the potential negative effects on young women's body image." (Grogan 1999:16)

Psychostimulantien:

> Unter diese Substanzgruppe fallen alle euphorisierenden, aktivierenden und die Wahrnehmung intensivierenden Stoffe wie Kokain, Crack, Amphetamine und Ecstasy. Die genannten Drogen werden meist geraucht, oral eingenommen oder gesnieft, Kokain und Amphetamine können aber auch intravenös gespritzt werden. Bei regelmäßigem Konsum setzt eine Toleranzentwicklung gegenüber den Wirkstoffen ein, die eine Dosiserhöhung derselben Droge und/oder einen Mischkonsum (Einnahme anderer, meist beruhigender Substanzen) motivieren kann, um die ehemals positiven Drogeneffekte (z.B. Euphorie) wiederzuerlangen und die negativen Drogeneffekte (z.B. Angst) zu dämpfen. Amphetamine können – laut Untersuchungen – eine sowohl körperliche als auch psychische Abhängigkeitsentwicklung initiieren, Kokain und Ecstasy hingegen bewirken in erster Linie eine psychische Gebundenheit an die bipolare Drogenwirkung zwischen Euphorie und Depression. Dabei gilt Ecstasy in Deutschland – nach Cannabisprodukten – als die von Jugendlichen und jungen Erwachsenen am häufigsten konsumierte illegale Droge (DHS 1999:151).

Der Göttinger Chemiker Albert Niemann bezeichnet 1859 ein bereits seit 1855 bekanntes Alkaloid der Coca-Pflanze als Kokain. Bald darauf beginnt der deutsche Pharmakonzern *Merck* die kommerzielle Produktion von Kokain als Medikament gegen Keuchhusten, Neuralgie, Asthma, Tripper und Syphilis. Darüber hinaus spielt Kokain in der Medizin als Anästhetikum und Analgetikum eine wichtige Rolle. Anfang des 20. Jahrhunderts rufen jedoch zahlreiche Fälle von Kokainismus in Deutschland Bestürzung hervor, woraufhin sich bald Wissenschaft und Medizin gegen den Einsatz von Kokain als Betäubungs- bzw. Schmerzmittel wenden. Als Kokain 1914 in den USA rechtlich zu einer illegalen Droge erklärt wird, verlagert sich der Konsum und Handel des sogenannten Müdigkeitskillers (der zuvor auch der Limonade *Coca-Cola* beigemischt worden ist) auf den Schwarzmarkt, mit dem Effekt einer enormen Preis- und Prestigesteigerung: Kokain wird die Droge der Reichen, Intellektuellen und Künstler (Kupfer 2000:49ff.). Dieser Nimbus eines hohen ökonomischen und soziokulturellen Status haftet dem immer noch relativ teuren Stoff bis heute an, was ihn gleichzeitig zu einem begehrten normalisierenden Objekt für westliche Industrienationen macht, in denen sich das Ideal eines unabhängigen, erfolgreichen und intensiv (er)lebenden Subjekts milieuübergreifend[43] etabliert hat. Sowohl die 1887 erstmalig synthetisierten Amphetamine als auch die 1913 von der Pharmafirma *Merck* patentierten Entactogene (Ecstasy und seine Derivate) sind anfänglich ebenfalls als Substanzen für einen guten und damit legitimen Zweck im Umlauf: Während des zweiten Weltkriegs finden Amphetamine als leistungssteigernde Drogen für Soldaten Anwendung, und Entactogene etablieren sich aufgrund psychologischer Experimente als sogenannte 'Wahrheitsdrogen'. Letztere sind dementsprechend bis 1985 als psychotherapeutisches Hilfsmittel (*Heartopener*) legal anwendbar. Mittlerweile stehen beide Substanzgruppen, ähnlich wie Kokain und Crack, im BtMG in Deutschland bzw. im Schedule I in den USA – was sie zu verbotenen, da gesundheitsgefährdenden psychotropen Substanzen macht.

Kokain wird geschnupft, (mit Heroin vermischt) gespritzt und als Crack[44] geraucht. Dabei wirkt sowohl Kokain als auch Crack aktivierend, indem sie die Wirkung von Dopamin, Noradrenalin und Serotonin im ZNS, aufgrund einer Hemmung der Wiederaufnahme der genannten Transmitterstoffe in die Synapse, intensivieren. Auf diese Weise entsteht für ungefähr eine halbe Stunde eine Hochspannung, die anschließend mit einem rapiden Stimmungsabfall endet. An dieser bipolaren Dynamik wird das der Droge zugeschriebene hohe psychische Suchtpotential festgemacht, weil häufig mit der Ankunft am Stimmungstief sofort eine neue Dosis oder eine beruhigende Droge (z.B. Cannabis, Heroin) zur Linderung ersehnt wird. Parallel dazu sind bisher keine physischen Abhängigkeitssymptome beobachtet worden. Die auch als Designerdrogen bezeichneten Amphetamine ähneln körpereigenen Katecholaminen und beeinflussen – je nach Dosis, Einnahmedauer und Verabreichungsform – die Transmission von Dopamin, Noradrenalin und Adrenalin (Katecholamine genannt). Als Effekt davon entstehen physiologische und psychische Veränderungen, die einer permanenten Leistungs- und Aktionsbereitschaft gleichen. Amphetaminen wird ein hohes psychisch-physisches Suchtpotential zu-

---

[43] Im aktuellen Mediendiskurs wird Kokain zusammen mit anderen beschleunigenden Drogen (z.B. Ecstasy) zunehmend als Alltags-, Arbeits- oder Freizeitdroge beschrieben: "Früher nahmen es vor allem Filmstars, Musiker und Halbweltler. Heute puschen sich damit auch Abiturienten, Taxifahrer oder Bäcker. Schätzungsweise eine Million Deutsche haben schon Erfahrung mit Kokain." (*Stern* Nr. 12 1998:20ff.) "Heute ist Kokain der Treibstoff der New Economy". Aber auch Jugendliche interessieren sich für den "Treibstoff" in einen *anderen* Zustand – so erzählt eine 24jährige Frau beispielsweise: "Die meisten Leute denken: Wer harte Drogen nimmt, ist kaputt. Das stimmt nicht. Ich hatte eine tolle Kindheit und tolle Eltern. Alles war in Ordnung. Es ist ja nicht so, dass nur Asoziale Drogen nehmen. Bei uns fing es mit 16 an: In der Clique haben wir Alkohol getrunken. Aber Bier und Sekt haben mich irgendwann gelangweilt. Und so kam es dann, in einer Silvesternacht: Meine beste Freundin und ich haben Ecstasy genommen. [...] Mein erstes Mal war mittelmäßig. Nicht gut – aber anders als das, was ich kannte." (*Max* Nr. 11 2000:66)

[44] Crack ist ein Restprodukt aus dem Prozeß der chemischen Rückführung von Kokain in seine basische Form, das anschließend geraucht werden kann. Kokain selbst kann man nicht rauchen.

geschrieben, da bei regelmäßigem Konsum schnell eine Toleranzentwicklung einsetzt, die wiederum das Risiko für eine Dosissteigerung und/oder einen Mischkonsum erhöht. Aufgrund der Aktivierung aller Energiereserven, bei einer gleichzeitigen Minderung des Eßbedürfnisses, werden Amphetaminprodukte auch als Doping- oder Schlankheitsmittel von Leistungssportler/innen und jungen Frauen eingesetzt (vgl. Kähnert 1999:34f.). Die Substanzgruppe der Entactogene (wörtlich: *das eigene Selbst berührend*) zeichnet sich durch eine ambivalente Wirkungsweise aus: "Einerseits weisen diese Drogen anregende/stimulierende sowie leicht halluzinogene Wirkungen auf, und andererseits wird eine große Entspannung und Empathie sich selbst wie auch anderen Personen gegenüber empfunden. Konsumenten sprechen von einem Gefühl der Einigkeit mit anderen Personen, einem Wir-Gefühl [...]. Welche dieser Wirkungen verstärkt in Erscheinung treten, hängt neben der eingenommenen Drogenart und deren Konzentration im Wesentlichen von der inneren Einstellung und den Vorstellungen des Konsumenten (dem 'set') und von den äußeren Gegebenheiten (dem 'setting') ab." (Ebd.:35) Biochemisch bewirken Entactogene eine Entleerung der Serotonin- und teilweise der Dopaminreserven im präsynaptischen Spalt des ZNS, was eine schnelle Toleranzentwicklung gegenüber der Droge begünstigt, die erst binnen zwei bis sechs Wochen nach Absetzen der Substanz wieder abklingt. Dabei hemmen sie, ähnlich wie Amphetamine, die serotonergen Re-Uptake-Mechanismen, indem die Droge anstatt des Transmitterstoffes über den Re-Uptake-Mechanismus in die Präsynapse aufgenommen wird. Damit erniedrigt sich bei einem regelmäßigen Konsum der Serotoninspiegel, was zur Annahme einer substanzinduzierten Vulnerabilität für Depressionen führt (Schmoldt 1999:36). Der Psychiater Rainer Thomasius veröffentlicht im Sommer 2000 erste Ergebnisse seiner interdisziplinär angelegten Untersuchung[45] zu den negativen Auswirkungen von Partydrogenkonsum: bei 60% der Dauerkonsumenten werden "Kurzzeitgedächtnisstörungen" festgestellt, darüber hinaus "drastische weitere Leistungsminderungen". Über ein Viertel der Konsument/innen zeigt schwere psychische Störungen wie "Halluzinationen, Personenverkennung und Wahn" (*Stern* Nr. 27 2000:33).

Im Mediendiskurs werden Amphetamine und Ecstasy ambivalent verhandelt, wobei vor allem jugendnahe Medien differenziert über das Thema berichten. Liberale

---

[45] Die vom Bundesgesundheitsministerium in Auftrag gegebene dreijährige Untersuchung wurde an 107 Ecstasykonsumenten und 52 Vergleichspersonen unter der Leitung von Thomasius am Hamburger Universitätskrankenhaus Eppendorf durchgeführt. Die an der Untersuchung beteiligten Neuropsychologen, Nuklearmediziner, Gerichtsmediziner, Neurologen, Biochemiker, Psychiater und Internisten kommen zu dem Ergebnis, daß Ecstasy – auch in geringen Dosen – neurotoxisch wirkt. Denn durch die Droge bilden sich die Nervenenden im serotonergen Transmittersystem des Gehirns zurück. Dadurch verändert sich die Gehirnaktivität, was zu Sprachstörungen, Halluzinationen und Wahnvorstellungen führt. Vor allem aber befürchten die Neuropsychologen eine frühzeitige Demenz der Ecstasykonsumenten (*Der Spiegel* Nr. 27 2000:207).

bis konservative Medien hingegen heben die gesundheitlichen Gefahren durch den Drogenkonsum besonders hervor, was die linksliberale Presse wiederum vermeidet. Diese äußern dafür strengere Bewertungen gegenüber den Konsument/innen: "In einem Umfang zwischen 5% und 20% innerhalb der unterschiedlichen Medienzielgruppen[46] werden den Konsumenten von Ecstasy bestimmte Werthaltungen zugeschrieben. Kritische Vorurteile herrschen hierbei vor. Am differenziertesten wird das Profil der Konsumenten innerhalb der Szenepresse beschrieben. Medien, die eher einem konservativ/liberalen Standard zuzuordnen sind, weisen Ecstasykonsumenten nur in geringem Umfang (4%) Attribute zu, während linke/linksliberale Medien mit 15% dagegen recht häufig darauf eingehen. Deren Urteil über die Beweggründe für den Konsum der Droge fällt jedoch härter aus, als das der als konservativ/liberal einzuschätzenden Presse." (Wilhelm 1998:139)

Indem Partydrogen häufig – aber nicht zwangsläufig – in den Kontext der Techno- und Rave-Kultur eingebettet sind und damit eine Facette aktueller jugendtypischer Lebensstile repräsentieren[47], erfahren sie, als saubere Pillen, eine generell positivere soziale Bewertung als das erlebenshemmende Heroin. Davon ausgehend entsteht eine Polarisierung der jeweiligen Subjekt- und Konsumprofile: auf der einen Seite der sich passiv einem Objekt überlassende *Junkie*, der äußerlich wie innerlich von der Droge aufgezehrt wird, und auf der anderen Seite der aktiv-expansive Freizeit- und Spaßkosument, der weder Opfer einer Sucht[48] noch asozial ist, sondern einfach nur *trendy*. Einige Romane der deutschsprachigen Gegenwartsliteratur thematisieren den Konsum synthetischer Drogen im Zusammenhang mit der Techno-Kultur und zeichnen dabei ein schnellebiges und erlebnishungriges Subjekt- und Konsum-

---

[46] Jens Wilhelm untersucht im Zeitraum von Oktober 1994 bis April 1997 ausgewählte Medien, um die "Berichterstattung zu Ecstasy in der Jugendpresse und überregionalen Tagespresse unter quantitativen und qualitativen Aspekten" (ebd.:136) zu analysieren. Unter anderem wurden von ihm analysiert: die tageszeitung, Bravo, Frontpage, Berliner Morgenpost, Frankenpost, Hamburger Abendblatt, Süddeutsche Zeitung, Bildwoche, Der Spiegel, Die Woche, Die Zeit, Psychologie heute, Stern, Tango, Männer aktuell, Coupé.

[47] "Allein schon an [den] bunten Reaktionen der Medien läßt sich ersehen, daß das Phänomen der synthetischen Drogen besonders soziale und kulturelle Merkmale aufweist. Wie andere historische Drogentrends sind synthetische Drogen mit einer bestimmten Musikrichtung verbunden. Bisher einzigartig ist jedoch die enge Verquickung von Marktinteressen der Werbeindustrie, Modemarken und Plattenlabels mit der Techno-Kultur und der Symbolik synthetischer Drogen. Weiterhin ist die Herstellung dieser Drogen gänzlich unabhängig von pflanzlichen Basissubstanzen, die importiert und raffiniert werden müssen. Ihre Herstellung – und das in großen Mengen – ist weitaus einfacher, marktnäher und billiger." (Nilson 1998:127f.)

[48] "Es handelt sich [...] bei den synthetischen Drogen um ein kulturelles Phänomen der besonderen Art. Wie bei anderen Drogentrends auch, haben Behörden und andere Organisationen als Reaktion darauf Präventionsmaßnahmen entwickelt. Aber es hat sich auch – und das ist ein neues Phänomen – eine Bottom-up-Bewegung entwickelt, die von der Szene selbst ausgeht und deren Besonderheiten widerspiegelt: Denn im Gegensatz zur bisherigen Sichtweise von Drogenkonsumenten (von außen und ihrer selbst!), nehmen Ecstasykonsumenten sich selbst nicht als Drogenopfer wahr oder als jemanden, der ein Drogenproblem hätte; oft sehen sie sich nicht einmal als Konsumenten von Drogen." (Ebd.:129)

profil, welches die diese Lebensform wählenden Individuen von einer (konsumierbaren) Sensationsbeute zur nächsten jagen läßt[49].

Psychedelische Substanzen:

> Unter diese Substanzgruppe fallen halluzinogene und bewußtseinsverändernde Stoffe wie Cannabinoide (eher dämpfende Wirkung), LSD (starke psychische Wirkung) und Mescalin[50] (halluzinogene, aber auch anregende Wirkung). Die genannten Stoffe werden geraucht oder oral eingenommen und bewirken bei regelmäßigem Gebrauch eine Toleranzentwicklung, wobei mehr von einer psychischen als von einer physischen Abhängigkeit ausgegangen wird. Die Konsumhäufigkeiten von illegalen Drogen sind in Deutschland vor allem einem relativ hohen Cannabisgebrauch geschuldet: "Cannabis ist und bleibt die am häufigsten konsumierte Droge. Während der Amphetaminkonsum auf weitaus geringerem Niveau einen relativ konstanten Verlauf aufweist, hat Ecstasy in einem vergleichsweise kurzen Zeitraum von etwa zehn Jahren eine weite Verbreitung erfahren und steht an zweiter Stelle der am häufigsten konsumierten Substanzen." (DHS 1999:129) Die in den letzten Jahren allgemein festgestellte Zunahme von Drogenerfahrungen bei Jugendlichen wird unter anderem "auf einen überproportionalen Prävalenzanstieg des Cannabis- und Ecstasykonsums bei Mädchen und Frauen" zurückgeführt (ebd.:151).

Im jungen Amerika findet ein umfangreicher Anbau der Hanfpflanze statt, aus deren Fasern Tuche und Seile produziert werden. Und auch heute noch gilt Hanf in Kalifornien als eine bedeutsame Handelspflanze. Bis 1920 wird in den Vereinigten Staaten um Marihuana und ihre Produkte kaum ein öffentlicher Diskurs geführt; erst als der Verkauf von Alkohol gesetzlich verboten und der Marihuanatransport über die mexikanische Grenze aufgenommen wird, etabliert sich eine allgemeine Zuschreibungs- und Sanktionspraxis gegenüber den überwiegend sozial niedrig positionierten Marihuanakonsument/innen: "Aufgrund von Presseberichten, die Verbrechen auf den Konsum von Marihuana zurückführten, wurde der Verkauf der Droge 1937 per Bundesgesetz verboten." (Davison et al. 1988:358) Heute gilt Marihuana (getrocknete Hanfblätter und -blüten) und Haschisch (Harz aus den Blütenspitzen) in den meisten Ländern als illegale Droge.
Die aktuelle drogenpolitische Ambivalenz bezüglich einer Legalisierung von Cannabisprodukten (die als weiche Drogen gelten) speist sich aus der Befürchtung einer damit demonstrierten generellen Verharmlosung von verbotenen Substanzen sowie eines Verlusts der politischen und justitiellen Glaubwürdigkeit, da gesetzlich meist kein Unterschied zwischen dem Konsum von weichen oder harten illegalen Drogen gemacht wird. Wie sehr jedoch die Angst vor einem unkontrollierbaren Gebrauch von bewußtseinsverändernden Drogen überwiegt, macht die in Deutschland rigide und wenig flexibel gehandhabte drogenpolitische Kontrolle deutlich. Letztere zeigt sich beispielsweise an den Komplikationen, mit denen sowohl die

---

[49] Vgl. z.B. Alexa Hennig von Lange 1997; Andrea Brown 1999; Sibylle Berg 2000.
[50] Mescalin wird im Rahmen der vorliegenden Untersuchung nicht weiter behandelt, da diese Drogenart nicht explizit von den Interviewpartnerinnen genannt wurde.

Hersteller legaler Cannabis-Arznei als auch deren Abnehmer/innen (z.B. Personen mit Querschnittslähmung und Multipler Sklerose, Aids- und Krebspatient/innen) konfrontiert sind[51].
Cannabisprodukte werden geraucht (*Joint*) oder einem Getränk bzw. Gebäck beigemischt eingenommen. Die chemische Struktur des wichtigsten psychotropen Wirkstoffes der Hanfpflanze, das Delta-9-Tetrahydrocannabinol (THC), gleicht keinem bekannten Neurotransmitter, wobei sein Wirkmechanismus erst in den letzten Jahren näher erforscht worden ist: Anfang der 90er Jahre wird im Körper ein natürlicher Stoff, das Anandamid, isoliert, das wie das THC an der Außenseite des Transmembranproteins (Rezeptor) verschiedener Nervenzellen andocken und dadurch biochemische Vorgänge im Inneren der Zelle modifizieren kann – und somit ähnlich wie das THC wirkt. "Seitdem werden diese Rezeptoren als Cannabinoid/Anandamidrezeptoren bezeichnet. Das neuroanatomische Verteilungsmuster dieser Rezeptoren gestaltet sich wie folgt: eine hohe Rezeptordichte konnte in den Basalganglien, im Kleinhirn (zuständig u.a. für die Bewegungskoordination), im Großhirn, besonders im Stirnhirn (vermutete Zuständigkeit u.a. für Hochstimmung, verändertes Zeitgefühl, Konzentrationsfähigkeit und traumatische Zustände), sowie im Hippocampus (vermutete Zuständigkeit u.a. für Gedächtnisstörungen, sensorische Eindrücke) identifiziert werden. Im Hirnstamm hingegen wurden keine Rezeptoren gefunden, so daß essentielle Körperfunktionen wie z.B. die Atmung kaum beeinflußt werden. Eine Atemdepression, die eine Todesursache nach dem Konsum hoher Mengen Heroin sein kann, tritt somit nach dem Gebrauch von Cannabis nicht ein." (Kähnert 1999:27f.) Ferner belegen sowohl Tier- als auch In-vitro-Versuche eine Beeinflussung der Immunreaktionen durch Cannabinoide, wobei unklar ist, inwieweit diese Befunde für den Menschen relevant sind. Dennoch ist ein synthetisches THC-Derivat für die Behandlung von Aids-Patient/innen zugelassen worden.

---

[51] "Obwohl die THC-Pharmazeuten mit offenen Karten spielten, blieb manchen Behörden die Produktion suspekt. Das Telefon wurde abgehört, der Zoll schlich um das Gebäude. [...] Erst im April [2000] erhielt die Firma THC-Pharm [in Frankfurt] für das Qualitätsprodukt die Handelsgenehmigung für Europa. Seither darf [sie] Dronabinol auch bundesweit über Apotheken vertreiben. Dort wird der Stoff in Kapseln gepresst oder als Tropfen aufbereitet und gegen Betäubungsmittelrezept vom Hausarzt an Patienten abgegeben: 25 Kapseln zu 5 Milligramm für 354,10 Mark. Das Cannabis-Dilemma schien sanft gelöst, die Versorgung der Kranken gesichert. Aber Pillen, die potenziell euphorisierend sind, müssen in Deutschland offenbar besonders bitter schmecken. Im Fall der Cannabis-Arznei verhindern hohe Kosten zuverlässig die Verbreitung. Bis zu 3000 Mark im Monat bezahlen Patienten aus eigener Tasche für das Hanfprodukt." Der Preis bringt nun einige Menschen mit chronischen Schmerzen dazu, sich auf illegale Weise die effektive Pflanze zu besorgen: "Vor die Wahl gestellt, 50-mal mehr für ein synthetisches Präparat zu bezahlen als für die Rauchware vom Dealer, entscheiden sich viele für den illegalen Weg. Dietmar B. [ein MS-Patient] machte bei einem Kuraufenthalt die Erfahrung, dass er nicht allein ist. Noch immer hat sich der ehemalige Energietechniker nicht ganz daran gewöhnt, eine im Prinzip strafbare Handlung zu begehen. Als er einen anderen Patienten fragte, was er gegen die Muskelkrämpfe einnehme, zog dieser nur eine Dose mit Marihuana aus der Tasche. Inzwischen weiß B., dass viele sich mit Joints behelfen." (*Die Zeit* 16.11.2000:49f.)

Der Schweizer Chemiker Albert Hofmann synthetisiert 1938 erstmals Lysergsäure-Diäthylamid (LSD-25) auf der Basis von Mutterkorn (eine Pilzart) und entdeckt 1943 dessen psychedelische Wirkung. Einige Jahre später wird LSD unter dem Handelsnamen *Delysid* von dem Pharmakonzern *Sandoz* vermarktet und aufgrund seiner hohen psychischen Wirksamkeit für ein wertvolles psychotherapeutisches Instrument gehalten. Darüber hinaus wird LSD in den 60er Jahren im Rahmen von Experimenten am Menschen zur Erweiterung des Wissens um biochemische und psychologische Waffen unter der Leitung des amerikanischen Geheimdienstes CIA und der US-Army ohne vorherige Aufklärung der Testpersonen angewendet (Schmidbauer et al. 1997:223ff.). Als jedoch der Psychologiedozent Timothy Leary an der Harvard-Universität "LSD in den Mittelpunkt einer neuen Religion stellte, geriet die Droge in den Strudel einer Kontroverse, die heute noch nicht abgeschlossen ist. Je weiter sein *wilder* Gebrauch um sich griff, um so einschränkender wurde die Gesetzgebung, bis 1966 die Hersteller-Firma Sandoz die Produktion einstellte und viele Staaten LSD gesetzlich als gefährliches Rauschgift charakterisierten" (ebd.:211, Hervorh. i.O.).

LSD ist seitdem auf dem Schwarzmarkt als Tablette oder Kapsel, meist jedoch flüssig auf eine Trägersubstanz (Zucker, Gelatine, Löschpapier) geträufelt, erhältlich und wird damit oral eingenommen. Die Substanz weist eine hohe strukturelle Ähnlichkeit zum Serotonin auf und wirkt wahrscheinlich sowohl als "partieller Agonist an den Serotonin-Rezeptoren" als auch als beeinflussender Faktor des noradrenergen und des dopaminergen Transmittersystems (Kähnert 1999:30), was die extremen sensorischen Reaktionen erklärbar macht: Schwindel- und Benommenheitsgefühle können mit Hitze- und Kälteempfindungen einhergehen, wobei die Wahrnehmungen häufig losgelöst sind von aktuellen Sinneseindrücken. Es kann zu Depersonalisierung, Depressionen und psychotischen Zuständen kommen (*Horrortrips*), die sich unvermittelt – auch ohne fortgesetzten Konsum – im Laufe der Zeit wiederholen können (*Flashbacks*). Die damit einhergehende Angst vor Kontrollverlust und bleibenden Schäden ist vermutlich für die Tendenz unter jungen Konsument/innen verantwortlich, den LSD-Konsum nach einer Probierphase von selbst wieder aufzugeben (vgl. ebd.:31).

Während der Hippie- und Studentenbewegung stehen psychedelische Drogen für Friede, Freiheit und politischen Widerstand. Heute repräsentieren hingegen besonders beschleunigende und synthetische Drogen ein Zeitphänomen westlicher Kulturen, indem sie mit der dort etablierten rigiden Spaltung von Freizeit- und Leistungswelt, bzw. von Ausgelassenheit und Kontrolle, korrespondieren. Eine Folge davon mag sein, daß die mit dem Lebensstil der 68er-Generation[52] assoziierten

---

[52] "Die 68er-Bewegung verbindet Gesellschaftskritik mit einem Kulturkampf gegen die dem Alkohol frönenden Bürger. Die halluzinogenen, als bewußtseinserweiternd bzw. *psychedelisch* bezeichneten Drogen spielen eine wichtige Rolle für diese Subkultur, die sich selbst als *Under-*

psychedelischen Drogen (vor allem LSD) ihre einst hohe Präsenz und Brisanz im Drogen- und Jugenddiskurs zunehmend an Amphetamine und Ecstasy verlieren.

4.2.2 Interaktive Herstellung psychosozial relevanter Kontrollkategorien

> Im Folgenden werden verschiedene, auf unterschiedlichen Ebenen miteinander interagierende Aspekte sozialer Begegnungsweisen mit Drogenkonsum skizziert, die für die Entwicklung jeweils zeitgemäßer Kontrollansätze eine wichtige Rolle spielen: Eine historisch entwickelte Konsum- und Suchtdefinition bildet die Basis zur Etablierung eines Diagnose- und Krankheitsinstrumentariums, das wiederum begleitet wird von interdisziplinären Erklärungsversuchen einer Sucht- oder Abhängigkeitsentwicklung. Daraus ergeben sich Definitionen für eine momentan gültige soziale Praxis.

Historisch-kulturelle Zusammenhänge:

Die als Mittelalter definierte Zeitspanne vom 9. bis zum 15. Jahrhundert weist eine kulturelle Struktur vieler verschiedener Traditionen auf, die Europa regional zwar unterschiedlich geprägt, aber insgesamt gesehen doch zu einer recht einheitlichen Lebenswelt geformt hat. Mit diesem Prozeß geht ebenfalls die Entwicklung von typischen Merkmalen der dort beheimateten Menschen einher: Die mittelalterliche, ständisch geschlossene Gesellschaft (in der weniger die Individualität, als vielmehr die Allgemeinheit eine Rolle spielt) bildet einen Persönlichkeitstyp aus, dessen Seins- und Handlungsformen kaum von einer verinnerlichten Selbstkontrolle bestimmt werden (vgl. Legnaro 2000:9). Die daraus resultierende ungezwungene Mentalität äußert sich unter anderem in dem damaligen Verständnis von Berauschung: Exzesse im Trinkverhalten, aber auch der berauschende Gebrauch von anderen psychotropen Substanzen wie Haschisch und Opium, "ist noch nicht mit verinnerlichter Scheu belegt und der Rausch stellt einen selbstverständlichen Bewußtseinszustand dar." (Ebd.:11) Dieser selbstverständliche Gebrauch[53] von bewußtseinsverändernden Stoffen sowie der lockere Umgang damit gründen dabei

---

ground und als Gegenspieler zum spießigen *Establishment* versteht. Es wird nach einem neuen individuellen und kollektiven Selbstverständnis gesucht, bei dem die Halluzinogene wichtige Einstiegs- und Entwicklungshilfe leisten sollen ('Morgens ein *joint* und der Tag ist dein Freund...'). Von da ausgehend entsteht jedoch international eine Drogenszene neuer Art, die sich durch (pseudo-)wissenschaftliche und ideologische Schriften selbst rechtfertigt. Entsprechend drastisch schlägt das Establishment mit Gesetzen gegen immer neue Substanzen und mit drakonischen Strafen zurück (Leary wird in den USA wegen Marihuana-Rauchens zu 30 Jahren Gefängnis verurteilt)." (Schmidbauer et al. 1997:643f.)

[53] Das mittelalterliche Verständnis von Alkohol als *aqua vitae* und sein daraus resultierender Verwendungszweck als Medikament "korrespondiert, strukturell gesehen, mit der Unbefangenheit mancher heutiger Allgemeinpraktiker bei der Verschreibung von Schlaf- und Beruhigungsmitteln, und schon daran lassen sich die Unterschiede der gesellschaftlichen Affektverfassung ablesen: Im Mittelalter gilt das extravertierte Agieren nicht als ein problematisches Verhalten, während heute eher die Dämpfung solch unerwünscht extravertierten Verhaltens programmatisch ist." (Legnaro 2000:10)

zum einen in der Nicht-Problematisierung von extravertierten Seins- und Handlungsweisen und zum anderen in einer direkten Verknüpfung von Gesundheit und Berauschung. Erst mit einer wachsenden Bedeutungszunahme der Geldwirtschaft und Betonung einer rationalen Lebensführung steigt der Anspruch an jeden einzelnen, seine Affekte unter Verschluß zu halten. Aus dieser Entwicklung resultiert schließlich das Subjektprofil des frühkapitalistischen Bürgertums.
"Mit dem 15. Jahrhundert beginnt die Epoche der ersten Kolonialisierung; es beschleunigt sich ein Prozeß von Kapitalakkumulation, der die moderne Unterscheidung nach Metropolen und Peripherie begründet. Naturwissenschaftliche Empirie setzt die Ablösung einer theologisch definierten universalen Heilsordnung in Gang, und die Reformation verleiht dem Gewissen des Einzelnen einen bisher unbekannten Stellenwert und formuliert – vor allem in ihrer calvinistischen Ausprägung – mit der Konzeption des innerweltlichen Berufsmenschen eine Lebenseinstellung, deren Ethik mit dem 'Geist des Kapitalismus' korrespondiert." (Ebd.:12, Hervorh. i.O.) Hier wird in Aspekten ein gesellschaftlicher Prozeß der westlichen Hemisphäre skizziert, der schließlich als Ideal ein selbstbeherrscht und sinnvoll handelndes Subjektprofil in einer rational konzipierten Welt hervorbringt. Eine Folge davon ist, daß der Konsum von bewußtseinsverändernden Drogen als eine nichtnormkonforme Handlung angesehen wird. Dementsprechend gilt der Rausch nicht mehr als ein in der Gemeinschaft ausgelebter *reiner* Genuß, sondern als ein individueller Ausdruck einer scheiternden Kontrolle über die rationale Welt. Insgesamt betrachtet findet hier "in Ansätzen eine Delegitimierung des Rausches statt, die in einem engen Zusammenhang mit den wachsenden Anforderungen an Selbstkontrolle, an einen Zwang zum Selbstzwang und dem reformatorischen Anspruch asketischer Nüchternheit zu sehen ist." (Ebd.:13)
Im Zuge der Kolonialisierung im 17. und 18. Jahrhundert werden bisher unbekannte Drogen in die westliche Kultur importiert: Tee, Kaffee und Tabak erlangen – trotz vorherrschender Vorbehalte, die sich zuweilen in Import- und Genußverbote manifestieren – großen soziokulturellen Wert, indem ihre Wirkungsweisen besonders gut mit der gesellschaftlichen Forderung nach nüchterner Planbarkeit und einer rentablen Investition der Zeit zu harmonieren scheinen. Vor allem Kaffee avanciert zu einer soziokulturell bedeutsamen Droge des sich gegen Ende des Feudalzeitalters herausbildenden Bildungs- und Besitzbürgertums, was sich an den im 17. und 18. Jahrhundert in allen europäischen Städten erbauten öffentlichen Konsumorten in Form von Kaffeehäusern wiederspiegelt. Mit "dieser Institution schuf sich das Bildungs- und noch junge Besitzbürgertum sein kommunikatives Zentrum: Nachrichtenbörse, Kontor, Studierstube, Spielsalon" (ebd.:13). Zu Beginn der Moderne zeichnet sich dann der Umgang mit den neuen und alten Drogen, die keineswegs an Bedeutung verloren haben, durch eine um so widersprüchlichere Bewertung und Handhabung aus, je mehr der Konsum individualisiert und damit auch

außerhalb sozialer Gemeinschaften als Erfahrung möglich wird. Davon ausgehend entwickelt sich die individuelle Fähigkeit zur Ausbalancierung der sozial ambivalent bewerteten Berauschung zum "Klassenmerkmal" (ebd.:15). Denn kollektive Normen können nun als spezifisch bewertete Charaktereigenschaften dem einzelnen zugeschrieben und von diesem verkörpert werden, wodurch vormals neutrale Eigenschaften zum Anhaltspunkt für soziale Kontrolle werden. Dementsprechend gilt eine Berauschung nur noch so lange als sozial akzeptiert, so lange sie kontrolliert (also sozial unauffällig) stattfindet.

Im 19. Jahrhundert bekommt der Prozeß der Selbstdisziplinierung mit der Industrialisierung eine neue Dimension verliehen: Die Entwicklung des Begriffs 'Sucht' ermöglicht fortan Selbst- und Fremdetikettierungen und damit eine verbindliche gesellschaftliche Haltung gegenüber sozial auffälligen Ausprägungen individueller Konsumformen, die es vorher zwar auch schon, jedoch ohne soziale Bedeutung gegeben hat. "In diesem Sinne ist Sucht eine soziale Konstruktion; erst wenn eine Gesellschaft über diese Konstruktion verfügt, 'erkennt' sie den Süchtigen und reagiert (moralisch/punitiv/therapeutisch oder in spezifischen Reaktionsmischungen)." (Ebd.:17) Auf der Folie der mit dem Beginn des industriellen Zeitalters formulierten Werte und Normen (z.B. die Aufforderung zur Produktivität und materiellen Bereicherung) fungiert das Konstrukt 'Sucht' nun als absoluter Gegensatz zur allgemeinen Vernunft, der anschließend klassenspezifisch aufgelöst wird:

- Innerhalb der Lebenszusammenhänge der Bourgeoisie ermöglicht eine Berauschung eine temporäre Entledigung des Affektkorsetts;
- dem Adel und Bürgertum geht es dagegen in erster Linie um eine Fluchtmöglichkeit aus dem verinnerlichten Komplex einer zwanghaften Selbstkontrolle;
- das Proletariat nutzt den Rausch hingegen als "ein Anästhetikum gegen die Gefühle des Hungers, der Minderwertigkeit [und] der Aussichtslosigkeit" (ebd.:17).

Für die zuletzt genannte Gruppe hört der Drogenkonsum somit auf ein Laster zu sein, für welches das handelnde Subjekt zur Verantwortung gezogen werden könnte. Der (alkohol)süchtige Arbeiter wird dementsprechend von Friedrich Engels zum Opfer kapitalistischer Lebenszusammenhänge erklärt, womit eine Basis für sowohl paternalistische als auch emanzipative Strategien zur Beherrschung eines exzessiven Drogenkonsums im Proletariat gelegt worden ist. Diese Maßnahmen bewegen sich von kollektiven Zuschreibungen einer *Wildheit* an die untere soziale Schicht bis hin zu einer Verallgemeinerung des Drogenproblems aufgrund eines "Rationalisierungssog[es]" (ebd.:18), der klassenübergreifend eine Suchtentwicklung begünstige. Demnach gilt die mit der Ratio verknüpfte Autonomie einerseits als höchstes Gut und andererseits als größte Suchtgefährdung aller Menschen in der westlichen industrialisierten Welt. An dieser Stelle bilden sich die teilweise auch heute noch gültigen Bewertungen gegenüber dem Drogenkonsum heraus, der zunehmend als Phänomen zwischen Genuß und Funktionalität gehandhabt wird.

Im 20. Jahrhundert beginnt sich mit dem Internationalen Opiumabkommen von Den Haag (1912) und der damit einhergehenden Trennung von legalen und illegalen Drogen eine administrativ-punitive Drogenpolitik zu etablieren, die seitdem die Entwicklung vielfältiger Drogendiskurse sowie die Konstruktion von damit verknüpften Wahrnehmungs- und Bewertungskategorien hinsichtlich spezifischer Subjekt- und Konsumprofile initiiert hat. Vor diesem Hintergrund kann die sowohl individuell als auch sozial motivierte Suche nach Berauschung zu einer mehr oder weniger ausgeglichenen Pendelbewegung zwischen Vermeidung und Übertreibung werden: "Wer den Rausch sucht, der wandelt auf einem schmalen Grat, und sowohl diejenigen, die ihn ganz vermeiden, die Abstinenten, wie diejenigen, die von diesem Grat abstürzen, die Süchtigen, fallen der sozialen Verachtung anheim. Beide verfehlen das vornehmste Ziel des neuzeitlichen Menschen: die Aufrechterhaltung von Selbstkontrolle und gleichzeitig die Fähigkeit, diese Kontrolle unter bestimmten sozialen Umständen kontrolliert außer Kraft zu setzen." (Ebd.:19f.)

Klinisch-(individual)psychologische Aspekte:

Die Entwicklung einer Substanzabhängigkeit wird in den meisten Diskursen als ein Phänomen verstanden, das sich im Spannungsdreieck von biologischen, psychologischen und sozialen Faktoren herausbildet:
- Neurobiologische Erklärungsansätze interpretieren den Drogenkonsum als "biosoziale Störung" (Sevecke 1999:14), wobei deren Entstehung und Manifestation in einer Abhängigkeit auf spezifische Stoffwechselvorgänge im Gehirn zurückgeführt werden, bei einer gleichzeitig vermuteten genetischen[54] Veranlagung für süchtige Verhaltensweisen (vgl. ebd.:14). Diese Theorie, bei dem die Sucht *ins Blut* gelegt wird, ermöglicht in der Folge den Diskurs einer *inneren* Drogenbekämpfung

---

[54] Wissenschaftler/innen auf dem Gebiet der Neurobiochemie fanden heraus, daß Drogensüchtige im Vergleich zu nicht-abhängigen Personen weniger Dopamin D2-Rezeptoren im Gehirn besitzen, was die Reaktion auf Drogen positiv beeinflusse. Denn alltägliche Reize reichen bei ihnen nicht aus, um das Belohnungssytem im Gehirn zu aktivieren, deshalb wird über Drogen versucht, diesen Gefühlsmangel – der keine Folge der Sucht, sondern genetische *Tatsache* sei – auszugleichen. Genau an dieser Stelle verorten die Expert/innen einen auf D2-Rezeptoren basierenden Suchtkreislauf: "Denn sobald ein Süchtiger Drogen nimmt, fängt ein Teil seiner Gehirnzellen an, den Botenstoff Dopamin auszuschütten. Dieser gelangt durch einen schmalen Spalt zu Nachbarzellen mit D2-Rezeptoren. Dort dockt das Dopamin an und aktiviert das Belohnungszentrum im Gehirn, das dem Süchtigen einen 'Kick' beschert. Aber die Natur hat sich den Mechanismus nicht für Drogenabhängige ausgedacht [...]. Vielmehr handelt es sich um eine wichtige biochemische Kaskade, die Menschen mit Lustgefühlen belohnen soll, wenn es um lebenswichtige Dinge geht: Essen, Trinken oder Sex. Normalerweise ist dabei gegen Übertreibung vorgesorgt. Spätestens nach dem fünften Stückchen Sahnetorte löst das nächste Übelkeit statt Begierde aus. Bei Süchtigen scheinen diese Kontrollmechanismen nicht zu funktionieren. Außerdem wird das Dopamin bei ihnen nach seinem Einsatz nicht ordnungsgemäß eingefangen und bleibt zu lange aktiv." Die Forschungsgruppe sucht nun nach einem Medikament, welches das Dopamin-System der abhängigen Person so beeinflußt, daß ihr maßloses Verlangen nach Drogen erlischt (*Süddeutsche Zeitung* 20.07.2000:13).

in Form von Impfungen[55], die das unkontrollierbare Verlangen nach psychotropen Substanzen verhindern sollen – wobei das Verlangen auf biochemische Reaktionen zurückgeführt wird: Ausgehend vom sogenannten Belohnungssystem im ZNS, das sowohl in mesolimbischen Strukturen vermutet als auch in Beziehung zu den Neurotransmittern Dopamin und ß-Endorphin gesetzt wird, tritt – in Wechselwirkung mit psychotropen Substanzen – eine zunächst positiv bewertete psychische und physische Veränderung ein (Entspannung, Euphorie), die zur Fortsetzung des Drogengebrauchs motiviert. Bei kontinuierlicher psychotroper Substanzverabreichung schlagen jedoch die positiven Empfindungen in psychisch-physische Qualen (Entzugserscheinungen) um – resultierend aus einer substanzinduzierten Verminderung der Rezeptorendichte. An dieser Stelle kann ein Abhängigkeitssyndrom aufgrund des Drogenkonsums als Linderung der Entzugserscheinungen entstehen.

- Psychologische Erklärungsansätze beleuchten das Phänomen der Substanzabhängigkeit in einer lerntheoretischen, systemischen und psychodynamischen Dimension: Die *soziale Lerntheorie* (vgl. Bandura 1979) basiert auf der Annahme, daß Fähigkeiten über soziale Lernprozesse erworben werden. Das heißt, daß über die Erfahrung von Belohnung bzw. Bestrafung und eine anschließende Imitation von sozialen Modellen Verhaltensweisen erlernt, beibehalten oder gelöscht werden können. In diesem Sinne repräsentiert der Substanzgebrauch eine Fähigkeit, die im sozialen Kontakt erworben werden kann: "Zigaretten- und Alkoholkonsum läßt sich oftmals bereits durch die Imitation des elterlichen Verhaltens aneignen, die Kompetenzen im Umgang mit illegalen Drogen werden vermutlich eher durch ältere Geschwister oder Freunde vermittelt. Die beobachtbare und erlebte positive Verstärkung des Substanzgebrauchs bzw. der substanzgebrauchenden Person, z.B.

---

[55] 1970 mischt Charles Schuster an der Universität in Chicago erstmals mit Erfolg einen Impfstoff gegen die Opiatabhängigkeit, den er Rhesusaffen injiziert, die zuvor süchtig gemacht worden sind. Daraufhin verlieren die Tiere jegliches Interesse an den Substanzen. Die rauschhemmende Wirkung des Impfstoffes basiert dabei auf einer Antikörperbildung: Antikörper absorbieren und binden freie Opiatmoleküle im Organismus, können aber anschließend – aufgrund ihrer Größe – nicht die Blut-Gehirn-Schranke überwinden und unterbinden so jegliches Wonnegefühl. Die Forschung auf diesem Gebiet wird aber schließlich wegen zu großer Nachteile aufgegeben; erst in letzter Zeit, angesichts einer akuten Drogenproblematik, wird sie erneut aufgenommen: Neuropharmakologen aus Berlin entwickeln eine Methode zur Umpolung des auf Drogenwirkungen konditionierten Gehirns: "Die Berliner Forscher wollen das Gehirn ihrer Patienten zunächst durch hohe Dosen Cortisol [ein Hormon, das verstärkt bei Lernprozessen ausgeschüttet wird] prägungsbereit machen. Dann werden die Süchtigen zusätzlich mit Opiaten vollgepumpt. Die unangenehme Erfahrung, einen starken Rausch nicht freiwillig zu durchleben, soll den Probanden die Lust auf ihre Droge ein für alle Mal nehmen. Das im Gehirn programmierte 'Belohnungssystem' wäre damit gelöscht." (*Die Woche* 14.07.2000:23) Insgesamt wird das Projekt der *Anti-Drogen-Impfung* sehr kontrovers diskutiert, da das Hormon viele Nebenwirkungen besitze und darüber hinaus die Wirkung der Drogen verstärke, was zu Todesfällen führen könnte. Die Ethik-Kommision stimmte dennoch der klinischen Studie nach einem Test an acht Ratten zu, obwohl die Ausmaße der Wechselwirkungen zwischen Cortisol und Opiaten am Menschen noch völlig unbekannt sind (ebd.:23).

sichtbare Stimmungsaufhellung oder vermehrte Anerkennung im Freundeskreis, erhöht die Auftretenswahrscheinlichkeit und führt so zu einer Stabilisierung des gezeigten Verhaltens" (Schmidt 1999:75). Darüber hinaus gelten sowohl die Konsumfähigkeit als auch die Kompetenz zum Konsumverzicht als sozial erlernt, wobei letztere, zusammen mit einer niedrigen Selbstwirksamkeitserwartung[56], eine erlernte Abhängigkeit initiieren kann (vgl. ebd.:75). *Systemische Theorieansätze* (vgl. Stierlin 1988) konzentrieren sich auf familiäre Interaktionsformen, die ein spezifisches Familienklima sowie bestimmte Rollen und Aufträge im Beziehungsnetz kreieren, welche im Zusammenhang mit der Entwicklung einer Substanzabhängigkeit eine Rolle spielen können. Mit dieser Perspektive wird das Phänomen 'Sucht' als ein adäquates Verhalten im Rahmen eines spezifischen Familienkontextes verstanden. Demzufolge werden die Familienmitglieder der abhängigen Person zur Klärung der Symptomatik in die Therapie einbezogen. Ein großer Teil der Untersuchungen zu 'Suchtfamilien' sind in den USA gegen Ende der 70er Jahre durchgeführt worden. Dabei sind aus den Ergebnissen eine Vielzahl von Theorien und Behandlungsmethoden abgeleitet worden (vgl. Cirillo et al. 1998). *Individualpsychologische Theorien* (vgl. Kernberg 1992) verstehen den Drogenkonsum als eine Form der mehr oder weniger bewußt ablaufenden Selbstmedikation, wobei die psychotropen Substanzen eine kompensatorische Funktion innerhalb der als defizitär charakterisierten psychischen Prozesse[57] übernehmen. Ausgehend von den "strukturellen Störungen" (Kraus 1999:102) der internalisierten Objektbeziehungen bei einem Großteil der als süchtig diagnostizierten Personen benennt Daniel Kraus (1999) folgende Funktionszuschreibungen an Drogen:

- "Das Rauschmittel als Übergangsobjekt" (ebd.:102) basiert auf einer fehlenden Selbst-Objekt-Differenzierung: "Hilfreich ist der Drogenkonsum in solchen Fällen nicht. 'Der Süchtige verfällt schicksalhaft seiner oral-sadistischen Lust, das Übergangsobjekt zu verschlingen. Somit kann dieses seine hilfreiche Funktion nicht erfüllen'" (ebd.:102).
- "Das Rauschmittel als Partialobjekt" (ebd.:102) funktioniert auf der Basis einer Borderline-Persönlichkeitsstruktur, die über eine rigide Spaltung von Selbst- und Objektrepräsentanzen entsteht: Diese bleibt nach ihrem notwendigen Entwicklungsstadium als Abwehrmechanismus bestehen, wobei sich letzterer als Entweder-oder-Prinzip manifestiert. So entwickelt sich eine bi-

---

[56] Als Selbstwirksamkeitserwartung wird die subjektive Einschätzung verstanden, bestehende oder zukünftige Ereignisse (relativ) selbstbestimmt handhaben zu können.

[57] Individualpsychologische Erklärungsansätze von Substanzabhängigkeit gehen von einer Funktionalisierung psychotroper Substanzen im Rahmen einer mangelhaften Ich-Organisation aus und beschreiben theorieübergreifend folgenden Suchtkreislauf: frühkindliche Traumatisierung, adoleszente Wiederbelebung, basale Verstimmung (Burian 1994) oder rigide Über-Ich-Bildung (Wurmser 1997), Bindung an ein unbelebtes Objekt (Voigtel 1996) als Kompensation früher ungenügender Beziehungserfahrungen und daraus resultierender Beziehungsängste (die in aktuellen Beziehungen über symbiotisches Anklammern und bedingungsloses Anpassen an den anderen besänftigt werden) und schließlich eine bipolare psychische Dynamik zwischen Grandiosität und Depression, bzw. zwischen Beruhigung und Aggression, die in einer Art *Haßliebe* zur Droge das frühe, widersprüchliche Beziehungsschicksal abbildet.

polare Dynamik zwischen *guten* (euphorisierenden) und *bösen* (ernüchternden) Partialobjekten: mit Abklingen der substanzinduzierten Euphorie werden Drogen zu einem *bösen* Partialobjekt, das oral-sadistisch mit einem erneuten Konsum bekämpft werden soll – was letztendlich einen Suchtkreislauf initiiert.

- "Das Rauschmittel als Zerstörer des sog. 'falschen Selbst'" (ebd.:103) basiert auf einer Idealisierung der Droge, die erlebte narzißtische Kränkungen in ihr Gegenteil verkehren und darüber eine Wiederverschmelzung von Selbst und Objekt erlebbar machen soll (ebd.:105). Auf dieser Ebene bleiben archaische Selbst- und Objektrepräsentanzen diffus und werden vorsichtshalber nicht mit *guten* Repräsentanzen in das (bewußte) Selbsterleben integriert, wodurch das sogenannte 'falsche Selbst' entsteht: Die dissoziierten *bösen* Repräsentanzen begleiten das Subjekt wie ein Schatten und bedrohen sein Selbstwertgefühl in Form von Zweifeln und Abwertungen. Indem nun durch die Droge die Selbstwertregulation mühelos und unbeschwert funktioniert, kann das falsche Selbst als strategische Anpassung an soziale Erwartungen zugunsten eines Befreiungsgefühls aufgegeben werden. Jedoch setzt mit dem Ausklingen des Rausches ein Teufelskreis ein: "Die wieder in bedrohliche Nähe zur 'bösen', undifferenzierten Selbst-Objekt-Einheit geratenen idealen Repräsentanzen werden wieder projiziert usw." (Ebd:105)

Um nun die Funktionalität des Drogengebrauchs sowie die sich daraus ergebenden Wendepunkte von einem sporadischen zu einem abhängigen Konsumverhalten differenziert betrachten zu können, wird in individualpsychologischen Erklärungsansätzen die Konsumform (Intensität, Dauer) und die jeweilig applizierte Substanzart (Drogensorte) zur Deutung der Qualität des darunterliegenden Störungsbildes herangezogen. Davon ausgehend überträgt Kraus die psychoanalytische Suchttheorie auf den Konsum von Ecstasy, der nur unter bestimmten Bedingungen zu einer Sucht führt: Entweder mündet er in eine Opiatabhängigkeit, da sich Ecstasy (angesichts der angenommenen defizitären Objektbeziehungsstruktur) nicht als Selbstmedikation eignet und deshalb lediglich die "Hemmschwelle zum Erstkonsum von Heroin" (ebd.:106) senkt. Oder aber der Konsum stützt die narzißtische Abwehrstruktur und zieht damit eine Ecstasy- oder Amphetaminsucht nach sich. Vor diesem Hintergrund zeichnen sich drei unterschiedliche Konsumformen ab:

- Der *Probierkonsum*, der mit entwicklungsspezifischen Themen korrespondiert, muß von einem süchtigen Konsum insofern unterschieden werden, als er nicht zur Problembewältigung dient, sondern von jugendtypischer Neugier und sozialen Einflüssen motiviert ist (vgl. ebd.:107).
- Der *Gelegenheitskonsum* ist die geläufigste Gebrauchsform unter Partydrogenkonsument/innen, die Drogen lediglich temporär und im Zusammenhang mit alterstypischen sozialen Ereignissen als Problembewältigung einsetzen (vgl. ebd.:9).
- Der *Dauerkonsum* basiert auf einer "schweren psychostrukturellen Störung" (ebd.:111) und Partydrogen sind hier meist Vorläufer einer Opiatabhängigkeit, da aufgrund der psychischen Not eine Selbstnarkotisierung erwünscht wird: In diesem Falle ersetzen die Drogen als Übergangsobjekte die vermißte Erfahrung von Beruhigung und emotionaler Sicherheit (ebd.:111).

In der Gegenüberstellung eines idealtypisch skizzierten opiatfixierten und eines amphetamingebundenen Subjektprofils entsteht unschwer erkennbar eine Polarisierung, die mit dem allgemeinen Klischee eines verzweifelten *Junkies* versus eines egogestylten *Techno-Freaks* übereinstimmt bzw. dieses bestätigt: "Die Ecstasy-Konsumenten, die eine Sucht nach 'Partydrogen' entwickeln, weisen typischerweise eine andere Persönlichkeitsstruktur auf und liegen auf einem deutlich höheren psychosozialen Funktionsniveau. Den 'Partydrogen' kommt bei ihnen nicht primär die Funktion zu, unerträgliche psychische Spannungen zu beseitigen. Vielmehr konnten die Betroffenen bereits vor der ersten Einnahme von 'Partydrogen' eine mehr oder weniger funktionsfähige 'narzißtische' (persönlichkeitsstrukturelle) Abwehr entwickeln." (Ebd.:112)

Sozialpsychologische Aspekte:

- Soziologische Erklärungsansätze verstehen das Phänomen des psychotropen Substanzgebrauchs als eine individuelle "Auseinandersetzung mit der Sozialstruktur und den soziokulturellen Gegebenheiten einer Gesellschaft" (Schmidt et al. 1999:50). Demzufolge wird hier eine Drogenabhängigkeit nur im Kontext struktureller und sozialer Bedingungsfaktoren als adäquat erklärbar angesehen. Greift man zur Klärung der strukturellen Zusammenhänge auf die Einsichten der *Anomie*[58]-*Theorie* (vgl. Merton 1968) zurück, so kann 'Sucht' als ein abweichendes Verhalten interpretiert werden, das sich im Kontext widersprüchlicher gesellschaftlicher Bedingungen herausbildet: "Aus anomietheoretischer Sichtweise ist Sucht eine gesellschaftlich bedingte Verhaltensstrategie, eine Antwort auf den Anomiedruck innerhalb einer Gesellschaft. Kulturelle Ziele werden von Drogenabhängigen nicht (mehr) angestrebt, mit Passivität und Apathie reagieren sie auf Wettbewerb um gesellschaftlich anerkannte Werte. Drogenabhängige werden zu Außenseitern der Gesellschaft, deren Rückzugsmittel der Konsum von Drogen ist. Der vermeintliche Ausweg in die Drogenabhängigkeit gilt unter anomietheoretischer Annahme als Reaktion auf gescheiterte Versuche der Teilhabe an gesellschaftlichem Erfolg" (Schmidt et al. 1999:53). Mit der *Chancen-Struktur-Theorie* (vgl. Cloward et al. 1966), die ebenfalls makrosoziologische Zusammenhänge erhellen will, wird der Anomie-Ansatz um die These erweitert, daß nicht nur sozial akzeptierte, sondern ebenfalls sozial nicht-akzeptierte Ressourcen ungleich verteilt sind: "Analog zur Anomie-Theorie gilt apathischer Rückzug, etwa in Form von Drogenkonsum, als eine mögliche Reaktion auf die erlebten anomischen Spannungen. Personen, denen der Zugang zu gesellschaftlich anerkannten Zielen sowohl durch legitime als auch durch illegitime Wege versperrt ist, konsumieren Drogen als Mittel zur Anpassung an erlebte Anomie." (Schmidt 1999:78) Die überwiegend mikrosoziologisch orientierte *Theorie der differenziellen Assoziation* (vgl. Sutherland 1968) analysiert abweichendes Verhalten unter sozialpsychologischen und lerntheoretischen Gesichts-

---

[58] "Anomie bezeichnet den Zusammenbruch der soziokulturellen Ordnung durch das Auseinanderklaffen von gesellschaftlich vorgegebenen Lebenszielen und den sozial akzeptierten Möglichkeiten, diese Ziele zu erreichen." (Schmidt 1999:77)

punkten. Dementsprechend werden Handlungsformen wie der illegale Drogenkonsum als sozial erlernt angesehen, wobei in erster Linie die sozialen Reaktionen über den Lernerfolg entscheiden: "Personen erlernen abweichendes Verhalten vor allem dann, wenn positive Konsequenzen (z.B. Wertschätzung, Anerkennung oder Zugehörigkeit) die negativen Konsequenzen (wie z.B. mögliche Sanktionen oder Gefährdung der eigenen Person oder anderer) des abweichenden Verhaltens überwiegen." (Schmidt et al. 1999:55) Der sowohl makro- als auch mikrosoziologisch argumentierende *Subkultur-Ansatz* (vgl. Cohen 1955) integriert zur Erklärung von devianten Verhaltensweisen sowohl Aspekte der Anomie- und Chancen-Struktur-Theorie als auch Facetten der Theorie der differenziellen Assoziation. Von daher werden sozial abweichende Verhaltensweisen, die in einer Subkultur praktiziert, kultiviert und sozial erlernt werden, als Ausdruck eines kollektiven Bewältigungsversuchs unauflösbarer Spannungen (resultierend aus sozialer Ungleichheit) angesehen: "Durch Interaktion und Kommunikation werden sowohl die aus der Gesamtgesellschaft übernommenen als auch die abweichenden Einstellungen und Verhaltensweisen internalisiert. Innerhalb einer Subkultur ist deviantes Verhalten mit sozialer Anerkennung verbunden und dient den Mitgliedern zum Statuserwerb oder zur Statussicherung." (Schmidt et al. 1999:55f.) Auf das Phänomen des Substanzgebrauchs und der -abhängigkeit angewendet, erlaubt dieser Ansatz eine differenzierte Betrachtung von sozialer Integration bzw. von sozialem Ausschluß. Denn soziale Zugehörigkeit basiert auf sozial relevanten Ressourcen, die – je nach Milieu und darin geltenden Normen – variieren können. Beispielsweise fungiert in einem drogenbezogenen Milieu der (illegale) Substanzkonsum als eine bedeutsame Ressource mit Ein- oder Ausschlußfunktion: "Häufiger Kontakt zur Drogenszene oder intensive emotionale Verbundenheit mit einem oder mehreren Mitgliedern lassen den Einstieg in den Drogenmißbrauch wahrscheinlich werden, da die Zugehörigkeit zur Drogenszene nahezu ausschließlich über den Drogenkonsum ausgedrückt wird. Personen, die über längere Zeit hinweg keine Drogen (mehr) konsumieren, werden nicht als vollwertige Mitglieder auf- bzw. wahrgenommen. Daraus ergibt sich umgekehrt der Rückkehrschluß, daß der Ausstieg aus dem Drogenkonsum in den meisten Fällen nur dann möglich ist, wenn kein Kontakt mehr zur Drogenszene besteht." (Ebd.:56) Der in den 70er Jahren von Sozialwissenschaftler/innen entwickelte *Labeling-Ansatz* (vgl. Becker 1973) verdeutlicht auf einer mikrosoziologischen Ebene die Interaktionsdynamik von Etikettierungsprozessen und daraus resultierenden Effekten. Dementsprechend wird das Phänomen der abweichenden Verhaltensweisen zum empirischen Gegenstand, wobei davon ausgegangen wird, daß sozial nicht-akzeptierte Handlungsformen Ergebnis einer negativen sozialen Zuschreibung sind: "The deviant is one to whom that label has successfully been applied: Deviant behaviour is behaviour that people so label." (Ebd.:9) Vor diesem Hintergrund korrespondieren gesellschaftliche Etikettierungsprozesse sowohl mit den jeweils geltenden Normen und Werten als auch mit der individuellen psychosozialen Position. Demzufolge repräsentieren Labeling-Prozesse immer auch Aspekte sozialer (Definitions-)Macht, die soziale (Selbst-)Positionierungen beeinflussen. Die Labeling-Theorie erfährt mit dem *Ansatz der primären und sekundären Devianz* (vgl. Lemert 1951) eine Erweiterung, indem nun zwischen der ursprünglich erfahrenen Etikettierung als 'deviant' und der zukünftig akzeptierten (Selbst-)Positionierung als 'deviante Person' differenziert wird. Diese Unterscheidung weist auf die weitläufigen Effekte vorgenommener und sich etablierender sozialer Zuschreibungsprozesse hin, indem diese alle weiteren Chancen auf ein *normales* Leben verringern können. Denn mit der Häufigkeit von negativen Zuschreibungserfahrungen steigt die Wahrscheinlichkeit einer negativen Selbstzuschreibung und damit das Risiko einer Stabilisierung von sozial abgewerteten Subjektprofilen, die wiederum (Selbst-)Stigmatisierungen legitimieren. In dieser Hinsicht bietet das Konzept der primären und sekundären Devianz eine Erklärungsmöglichkeit für eine Aufrechterhaltung von abweichenden Verhaltensformen, obwohl die daraus resultierenden Probleme und Einbußen von den Konsument/innen bewußt wahrgenommen werden: "Die Stigmatisierung, die durch die negativen Zuschreibungen für Drogenkonsum entsteht, beeinflußt die Handlungsmöglichkeiten und die Lebensqualität der Konsumenten. Den Abhängigen illegaler Drogen ist es beispielsweise durch das Abgleiten in die Illegalität häufig nicht mehr möglich, am gesellschaftlichen Leben in dem Ausmaß teilzunehmen, wie es vor Beginn der Abhängigkeit üblich war. [...] Die Fortsetzung des Drogenmißbrauchs ergibt sich aus den gesellschaftlichen und auch aus den eigenen Verhaltenserwartungen. Die drogenmißbrauchenden Konsumenten befinden sich in der Situation, daß die Fortsetzung des Mißbrauchs zwar erwartet, aber gleichzeitig auch weiterhin abgelehnt wird. Auf die zum Scheitern verurteilten Versuche, dieses Dilemma zu bewältigen, wird häufig mit weiterem Drogenmißbrauch reagiert. Es besteht ein Teufelskreislauf, der die Fortführung des mißbräuchlichen Drogenkonsums festschreibt." (Schmidt et al. 1999:58)

- Sozialpsychologische Ansätze verknüpfen soziokulturelle Phänomene mit psychischen Phänomenen aufgrund der Annahme eines interaktiv zwischen Subjekt und Umwelt hergestellten Selbst-Begriffs. Damit repräsentiert der Drogenkonsum ein psychosoziales Phänomen, das seine Bedeutung in der Interaktion zwischen Individuum, Kultur und Gesellschaft bekommt. Folgende lebensweltlichen Veränderungen gelten dabei als besonders relevant für spätmoderne Identitätsprojekte, die – bei einer unzureichenden individuellen Ausbalancierung der neuen Chancen und Gefahren – Motive für Drogen-Handlungen liefern können:

  - Der Eintritt in das Beschäftigungssystem wird zugunsten längerer Ausbildungszeiten und höherer Qualifikationen hinausgezögert; parallel dazu steigen auch die Leistungsanforderungen.

Daraus können sich Belastungssituationen ergeben, die einen Risikofaktor[59] darstellen sowohl für (illegalen) Drogenkonsum als auch für Selbst- und Fremdverletzungen.
- Die sich parallel zu den sozialen, kulturellen und ökonomischen Veränderungen vollziehenden Transformationsprozesse der Familiensysteme gestalten die jugendlichen Ablösungsversuche von ihrer Herkunftsfamilie als komplex und ambivalent: Angesichts der zunehmend verlängerten Ausbildungszeiten bleiben junge Erwachsene länger als vorhergehende Generationen materiell an die Eltern gebunden, bei einer gleichzeitigen frühen selbständigen Lebensstil-Bildung im Bereich des Freizeit- und Konsumverhaltens (Keupp 1997b:53). Dieser Autonomiezuwachs bedeutet ebenfalls eine Begünstigung für einen mittlerweile als jugendtypisch angesehenen Experimentierprozeß mit (illegalen) Drogen während der Adoleszenz: "Der Erwerb eines Konsumverhaltens bei legalen und das Ausprobieren des Umgangs auch mit illegalen psychoaktiven Substanzen ist noch gut möglich, weil bisher keine beruflichen oder familiären Bindungen eingegangen wurden, die einem Konsum ansonsten entgegenstehen, weil sie ein hohes Maß an Verantwortung erfordern oder weil mit ihnen eine größere soziale Kontrolle des eigenen Verhaltens durch andere einhergeht" (Freitag et al. 1999:10f.).
- Im Gegensatz zur relativ unbedeutenden Rolle der Familie als lebensstilprägende Gemeinschaft verkörpern Gleichaltrigengruppen für junge Erwachsene eine identitätsrelevante Einflußgröße. Denn dort werden bedeutsame Maßstäbe und Orientierungen bezüglich des Freizeit- und Konsumverhaltens entwickelt, die nicht selten in der Ausbildung eines eigenen Kosmos', in Form einer jugendkulturell geprägten Gruppierung, mit verbindlichen empfindens- und handlungsleitenden Normen und Werten mündet.
- Im Zusammenhang mit komplexen Individualisierungs- und Modernisierungsprozessen eröffnen sich für junge Erwachsene objektiv gute Chancen zur persönlichen Selbstentfaltung, die jedoch subjektiv nicht von allen Jugendlichen gleich genutzt werden können[60]. Darüber hinaus erhöhen die im Zusammenhang mit einer Individualisierungsdynamik eher selbstzentrierten Entwicklungsmöglichkeiten die Wahrscheinlichkeit einer sozialen Konflikt- und Konkurrenzsituation, indem Kontaktpersonen immer auch als "Mitbewerber um erfolgreiche Selbstdarstellungen" (Fend 1988:299) erlebt werden (müssen). Vor diesem Hintergrund repräsentiert ein rigider, wettbewerbsorientierter Integrations- und Ausschlußmechanismus von sozialen Gruppierungen einen potentiellen Belastungsfaktor. Denn der Abbruch einer Freundschaft oder die Erfahrung einer Ausgrenzung aus einem als bedeutsam erachteten sozialen Netz wird als 'kritisches Lebensereignis' und damit als ein wichtiger Einflußfaktor auf die psychosomatische Gesundheit von jungen Erwachsenen gewertet (Kolip 1997:2116ff.).
- Der allgemeine Auflösungsprozeß von traditionellen Werten und verbindlichen sozialen (Kontroll-)Systemen gibt zunächst mehr Raum für Selbstbestimmung, der jedoch wieder geschmä-

---

[59] Der Bielefelder Jugendgesundheitssurvey von 1993 (Repräsentativbefragung von 2.400 12- bis 17jährigen Jugendlichen beiderlei Geschlechts zu ihrem aktuellen Gesundheitsstatus und -verhalten) zeigt ein relativ hohes gesundheitliches Belastungspotential in Form von psychischen, psychosomatischen Problemen und Verhaltensauffälligkeiten (Engel et al. 1998; vgl. auch Kolip 1997). Keupp et al. berichten im Rahmen der Public-Health-Forschung im Raum München (Repräsentativbefragung von 13- bis 25jährigen jungen Erwachsenen und Erstellung von quantitativ-qualitativen Profilen sogenannter 'institutionsauffälliger Jugendlicher') ebenfalls von vermehrten Streßsymptomen, die bei unzureichenden Bewältigungsmöglichkeiten über "Suchtverhaltensweisen" und "Gewaltbereitschaft" (Keupp 1997b:56f.) kompensiert werden (vgl. Höfer 2000).

[60] Materielle Deprivation, vor allem im Freizeitbereich, gilt als gesundheitsrelevanter Risikofaktor während der Adoleszenz (Kolip 1997:213).

lert wird durch den gleichzeitig gestiegenen Zwang zur Selbstkontrolle – woraus schließlich eine größere Über-Ich-Belastung erwächst. Diese Ambivalenz zwischen Freiheit und Kontrolle geht mit einer Polarisierung der individualisierten Lebenswelten in einen Freizeit- und Leistungsbereich einher, in denen jeweils auf unterschiedliche Weise Kosten und Nutzen der jeweils anderen Hemisphäre gegenseitig aufgewogen werden. Beispielsweise soll ein ausgiebiges Freizeit- und Konsumverhalten für die Anpassungskosten an einen normkonformen Arbeitsalltag entschädigen und diesen seelisch und körperlich (wieder) ermöglichen.

Insgesamt betrachtet lassen sich mit einer sozialpsychologischen Perspektive komplexe gesellschaftliche und soziokulturelle Lebenszusammenhänge im spätmodernen westlichen Kulturraum erfassen, die adoleszente Identitätsprojekte in ein ebenso widersprüchliches wie riskantes Spannungsverhältnis von objektiv weiten Möglichkeitsräumen, aber subjektiv nicht beliebig handhabbaren Freiheiten stellen. Denn die Realisierung von Identitätskonzepten korrespondiert immer mit der individuellen Ressourcenlage oder psychosozialen Position, die wiederum von biographischen, soziokulturellen und strukturellen Bedingungen beeinflußt wird.

Als zusammenfassende Wertung kann festgehalten werden, daß auf der Basis eines Verständnisses von Substanzkonsum als ein komplexes, prozeßhaftes Geschehen zwischen Subjekt und Umwelt eine Analyse von Drogen-Handlungen anhand *eines* Erklärungsansatzes widersinnig wäre. Demzufolge erweisen sich all jene theoretischen Konzepte als wenig hilfreich, die empfindens- und handlungsleitende Subjektprofile einseitig und undifferenziert konstruieren. Wissenschaftliche Diskurse solcherart können nämlich anhand bestimmter Kategorienbildungen ihre (Definitions-)Macht effektiv einsetzen, sobald aus ihnen Handlungsanleitungen abgeleitet werden, die als Kontroll- oder Interventionsstrategien professionelle Anwendung finden (z.B. im Rahmen einer Suchttherapie). Vor diesem Hintergrund werden vor allem neurobiologische und individualpsychologische Theorien als problematisch angesehen, da sie abhängiges Verhalten in erster Linie als eine genetisch-biologisch verursachte Krankheit bzw. als individuelles Störungsbild konzipieren. Auf diese Weise wird das sozial als abweichend definierte Verhalten im Individuum verortet, wobei die jeweiligen soziokulturellen Handlungsbedingungen weitgehend unberücksichtigt bleiben.

Die in letzter Zeit wiederbelebte wissenschaftliche Suche nach einem Impfstoff gegen die (illegale) Drogensucht kann als Phänomen der Biologisierung und Medikalisierung des Subjekt(-Körpers) interpretiert werden, was mit der neuzeitlichen "Kommerzialisierung des Körpers in der öffentlichen Diskussion" (Villa 2000:11) korrespondiert. Mit Blick auf dieses Phänomen können folgende Paradoxa ausgemacht werden, die sich auf lebensweltlicher Ebene als ungleichheitsstiftende Kategorien und somit als soziale Platzanweiser auswirken können:

- Parallel zur Etablierung einer (sozial)konstruktivistischen Perspektive auf scheinbar naturhafte Phänomene (z.B. Körper, Geschlecht), die daraufhin ihre Natürlichkeit an die soziokulturellen

Bedeutungsspender (Sprache, Normen, Kultur, Diskurse) als Konstruktionsmodi von Tatsachen verlieren, herrscht auf neurobiologischer und medizinischer Ebene eine fast besessene Anstrengung, komplexe Phänomene allein am Körper festzumachen. Vor diesem Hintergrund gewinnen neurobiologische und medizinische (Forschungs-)Strategien in Form einer Veränderungsmacht von *natürlichen* (genetischen oder biologischen) Gegebenheiten eine hohe sozial-ethische Präsenz und Brisanz, was ihnen den Status einer sozialen Kontrollinstanz einbringt (vgl. Diskurse um Genmanipulationen). Demzufolge verändern und verzerren sich sämtliche sozial anerkannten Norm- und Wertmaßstäbe aufgrund einer zuvor nie gekannten konkreten Machbarkeit von Individuen und Individualität, was sich letztendlich auch in der Handhabung und Bewertung von psychisch-physisch wirksamen Drogen niederschlägt.

- Im Zusammenhang mit den Lebensbedingungen des spätmodernen westlichen Kulturraumes, in dem der "Ausprägung einer Ich-Konzeption" und einer (unerwünschte) Affekte zensierenden "persönlichen Selbstkontrolle" (Legnaro 2000:9) eine hohe gesellschaftliche Bedeutung zukommen, gewinnen Leistungsfähigkeit und Autonomie (z.B. in Form von selbstbestimmt wähl- und veränderbaren Gefühlszuständen) sowohl an persönlicher Attraktivität als auch an sozialer Relevanz. Damit liegt der Nährboden bereit, aus dem beispielsweise Diskurse um Hormone als 'luxuriöse Droge' sprießen, die wiederum deren normalisierende Anwendung legitimieren[61]. Medizinische Praktiken mit Pharmadrogen sind dabei nicht nur ein Beispiel einer "Bio-Macht" (Foucault 1998:168), durch die Sexualität zum Schnittpunkt von Körper und Bevölkerung und damit zum Dreh- und Angelpunkt von gesellschaftlichen Machttechniken wird, sondern auf drogenpolitischer Ebene auch eine Basis zur Legitimierung von sozialer Ungleichheit: Legale pharmakologische Drogen (Schlaf-, Beruhigungs-, Diät- und Potenzmittel) optimieren das Subjekt entsprechend einer gesellschaftlich wertgeschätzten (Leistungs-)Norm. Illegale Drogen (vor allem beruhigende Substanzen wie Heroin) zerstören hingegen ein leistungsfähiges Subjekt, das daraufhin von sozialen Kontrollinstanzen verfolgt und kriminalisiert wird – in Abhängigkeit zur jeweiligen psychosozialen Position[62]. Aufgrund dieser soziokulturellen Herstellungsmechanismen von Drogenwirkungen und Subjektprofilen wird die Definition von erlaubten und verbotenen Drogen, von normalen und abweichenden Handlungsformen sowie von gesunden und kranken Subjektprofilen erst möglich.

---

[61] "Irwin Goldstein und Jennifer Berman zählen zu den prominentesten Verkündern einer jungen medizinischen Erkenntnis. Sexuelle Probleme von Frauen – wie mangelnde Libido oder die Unfähigkeit, einen Orgasmus zu erleben –, so die Botschaft der beiden Bostoner Urologen, sind weniger eine Frage der Psyche als vielmehr einer mangelnden Durchblutung der Genitalien. [...] 'Female Sexual Dysfunction' (FSD) nennen die Forscher das Leiden, das ihrer Meinung nach allein in den USA 47 Millionen Frauen trifft. Immerhin ist Hoffnung in Sicht. Denn die Ursachen sollen jenen von Männern mit Erektionsproblemen sehr ähnlich sein [...]. Was liegt da näher, als bewährte Potenzhilfen wie Viagra auch für Frauen einzusetzen?" (*Süddeutsche Zeitung* 18.07.2000:11)

[62] Dieser Zusammenhang wird z.B. von der Suche eines Journalisten nach Kokainresten in Reichtagstoiletten illustriert. Schenkt man seinen Enthüllungen Glauben, so bestätigt sich die Annahme, daß bestimmte illegale Drogen auf spezifischen sozialen Positionen und im Zusammenhang mit einer erfolgreichen Inszenierung sozialverträglich konsumiert werden können: "[Ein] Enthüllungsjournalist [legt sich] ins Zeug, wischt undercover und mit versteckter Kamera in 28 Reichtagstoiletten die Klodeckel ab, steckt die feuchten Tücher in versiegelte Röhrchen, schickt diese an ein Forschungsinstitut, welches dann Kokainspuren feststellt in Mengen, 'bei denen ein Drogenhund anschlagen würde'" (*Die Welt* 18.11.2000:l).

- Bezüglich einer individualpsychologischen Theoriebildung zum Phänomen des (illegalen) Drogenkonsums erweist sich die hierarchische Spaltung der Subjekt- und Konsumprofile in – salopp gesprochen – Junkies und Partydrogen-Freaks als kontraproduktiv. Dabei ist die Differenzierung von einzelnen Substanzvorlieben und Konsumausprägungen unbestritten eine notwendige Auffächerung des komplexen Phänomens; eine psychische Bewertung der Subjekt- und Konsumprofile anhand einer ungleichheitsstiftenden Metaphorik (*höher-tiefer*) stellt jedoch ein potentielles Diskriminierungswerkzeug zur Verfügung. Darüber hinaus kann schwerlich ein Gewinn für die betroffenen Subjekte hinsichtlich dieser klinischen Etikettierung erkannt werden – außer daß dadurch eine konkret beobachtbare Polarisierung zwischen Partydrogen- und Opiatkonsument/innen auf symbolischer Ebene bestätigt wird. Daraus können wiederum empfindens- und handlungsleitende Effekte resultieren, die soziale Interaktions- und Interventionsformen modifizieren und legitimieren: "Das gängige Bild des 'heruntergekommenen Junkies' bietet sich für Partydrogen-Konsumenten mit narzißtischer Persönlichkeitsstruktur zur Projektion dissoziierter Selbstanteile an. In der Drogensprechstunde betonen solche Konsumenten häufig, daß sie den Konsum von Heroin strikt ablehnen. Ihre Größenphantasien, in denen sie als aktiv-erobernde Personen vorkommen, scheinen in einem zu großen Gegensatz zu der passiven Überlassung zu stehen, die die Beziehung von heroinsüchtigen Menschen zu ihrer 'Leitdroge' in der Regel kennzeichnet." (Kraus 1999:113)
- Weiterhin erlauben die genannten Unterscheidungskategorien die (Re-)Produktion von Kontroll- und Interventionsstrategien zur Herstellung und Bewahrung der jeweiligen sozialen Ordnung mittels Sprache, Normen, Kultur, Gesetzen und Diskursen. Denn welche Subjektäußerungen wann, wo, unter welchen Bedingungen und mit welchen Effekten sozial relevant werden (können), ergibt sich letztendlich aus der jeweiligen psychosozialen Position. Davon ausgehend entwickelt sich wiederum eine spezifische Qualität subjektiver Abwehr- und Bewältigungsstrategien von realen Lebenszusammenhängen (ein *Junkie* dürfte also aufgrund seiner Konsumposition weniger psychosoziale Ressourcen zur Verfügung haben als ein *normal* aussehender Partydrogenkonsument).

4.2.3 Das Wirkverhältnis von Geschlecht und Drogen

Im Folgenden werden aus verschiedenen Blickwinkeln miteinander interagierende, sozial (wieder)hergestellte Konzepte von Weiblichkeit betrachtet, um darüber das Wirkverhältnis von Drogen- und Geschlechterdiskursen mit den jeweils daraus abgeleiteten Behandlungsmodellen aufzuzeigen:
- die *schwache*, defizitäre Frau,
- die *andere*, therapiebedürftige Frau und
- die *zeichensetzende*, soziokulturell eingebundene Frau.

Historisch-kulturelle Konzepte von Weiblichkeit:

Die Annahme, daß der Konsum psychotroper Substanzen eine soziale und damit eine geschlechtsrelevante Ressource repräsentiert, wird beispielsweise an der noch bis ins 19. Jahrhundert praktizierten sozialen Abwertung des Tabakkonsums bei Frauen aufgrund seiner sozial konstruierten vermännlichenden Bedeutung bestätigt. Vor diesem Hintergrund ist es Frauenrechtlerinnen des 19. Jahrhunderts erst möglich, das Zigarettenrauchen demonstrativ als Zeichen ihrer geforderten Gleichberechtigung einzusetzen. Dabei ist die soziale Zuschreibung an das Zigarre- und Pfeifenrauchen bei Frauen als exzentrisch teilweise bis heute bestehengeblieben, wohingegen das Zigarettenrauchen – vor allem in schmaler Form und mit weißem Filter – als feminin gilt.

Bestimmte Konsumverhaltensweisen sowie die Vorlieben für spezifische psychotrope Substanzen bilden sich dabei immer in Beziehung mit den jeweiligen Handlungsbedingungen des sozialen Kulturraumes sowie mit der jeweiligen sozialen Position des handelnden Individuums aus. Entsprechend der damit verknüpften Zugangschancen zu strukturierenden Ressourcen entwickelt sich ein subjektives empfindens- und handlungsleitendes Wahrnehmungs- und Handlungsmuster, aus dem wiederum ein entsprechender ressourcenabhängiger Lebensstil resultiert. Auf diese Weise gelingt eine soziale Differenzierung von Klassen aufgrund spezifischer Konsumvorlieben und -gewohnheiten. Gleichzeitig lassen sich aber auch auf der Basis einer frühkapitalistisch-bürgerlichen sozialen Ordnung hierarchische Spaltungen innerhalb der jeweiligen sozialen Milieus, in Form geschlechtstypisierender Zuschreibungen von Konsumformen in Übereinstimmung mit der Gender-Position, (re)produzieren und legitimieren: Im Zusammenhang mit komplexen politischen, sozialen und wissenschaftlichen Entwicklungen innerhalb der westlichen Welt des 19. Jahrhunderts wird das männliche Subjektprofil mit Macht(strategien) und das weibliche Subjektprofil mit (reproduktiver) Funktionalität assoziiert, was sich beispielsweise an der zu Beginn des 19. Jahrhunderts einsetzenden Medikalisierung weiblicher Umbruchsphasen (z.B. Geschlechtsreife, Schwangerschaft, Klimakterium) wiederspiegelt (vgl. Kolip 2000:12ff.). Diese verstärkte medizinische Versorgung von Frauen, die im Gegensatz zu Männern als empfindsamer und somit als krankheitsanfälliger definiert werden, resultiert

- zum einen aus der christlichen Heilsbotschaft in Form des (männlichen) Phantasmas von Unsterblichkeit, bei einer gleichzeitigen Projektion von Schwäche, Krankheit und Verderben auf die Frau (vgl. von Braun 1994a,b),
- und zum anderen aus den sogenannten "Professionalisierungsstrategien"[63] der Medizin: "Die Medikalisierung ist Teil der Professionalisierung, denn sie ist die Voraussetzung für die Ausweitung der Monopolstellung, indem 'normale' Körperprozesse als potentiell pathologisch angesehen und unter ärztliche Obhut gehörend definiert werden." (Kolip 2000:13)

Die mit der Ausweitung wissenschaftlicher Disziplinen und Techniken einhergehende medizinische Herstellung von Frauenkrankheiten (z.B. Hysterie) geschieht nicht zufällig, liefert die *kranke* Frau als Widerspruch zur *normalen* Frau (in Gestalt der Mutter) doch einen legitimen Grund für (selbstzweckorientierte) medizini-

---

[63] "Die Medizin gilt als Paradebeispiel für Professionalisierungsstrategien: Sie hat in langen Kämpfen eine umfassende Definitionsmacht erzielt und ein Behandlungsmonopol errungen. Hierzu gehört auch, daß sie die Arbeitsteilung im medizinischen Bereich bestimmt und das Expertenwissen beherrscht." (Kolip 2000:13)

sche Korrekturen. Dieses paradoxe Phänomen, das sich unter einer mehr oder weniger bewußten Kooperation der Frauen mit der Medizin als körperliche Enteignung manifestiert, ermöglicht in der Folge die Konstruktion eines geschlechtsspezifischen Krankheitsbildes. Letzteres konkretisiert sich beispielsweise als sekundärer Leidensgewinn, als Beziehung zwischen Arzt und Patientin mit sadomasochistischen Zügen und als Vulnerabilität für *normale* weibliche Abhängigkeiten (z.B. in Form eines Medikamentenmißbrauchs). Dieses vor allem auf Funktionalität ausgerichtete weibliche Krankheits- bzw. Abhängigkeitsverhalten in Form einer selbstbestimmten Normalisierung der Affektlage und die daraus resultierende verweiblichte/verweiblichende Affinität für autoaggressive Problemverhaltensweisen (vgl. Helfferich 1999b) arbeiten der lange praktizierten Gleichbehandlung von männlichem und weiblichem Suchtverhalten zu. "Erst im Verlaufe der 60er und 70er Jahre dieses Jahrhunderts, als im Zuge der Kritik an der Geschlechtertrennung durch die 68er Studentenbewegung gemischtgeschlechtliche Fachkliniken und Psychiatrien eingerichtet wurden, erkannten die Mitarbeiterinnen, daß Unterschiede im Suchtverhalten zwischen Männern und Frauen bestehen [...]. Mit der zunehmenden Thematisierung von frauenspezifischen Fragestellungen durch die ebenfalls entstandene neue Frauenbewegung wuchs auch das Interesse an einer Analyse weiblicher Abhängigkeit" (Zurhold 1993:16f.). Mit Beginn der 80er Jahre etablieren sich dann als Protest zum traditionellen abstinenzorientierten Drogendiskurs niedrigschwellige und feministische Diskurse. Obwohl beide Ansätze ihre Wurzeln in der Kritik des traditionellen repressiven Drogendiskurses haben, lassen sie darüber hinaus jedoch kaum Berührungspunkte erkennen:
"Bei einem Blick auf die wissenschaftlichen Fachdiskurse drängt sich der Eindruck auf, daß feministische und akzeptanzorientierte Diskussionszusammenhänge weitgehend nebeneinander her existieren, sich gegenseitig ignorieren oder gar voneinander abschotten. Überschneidungen in den diskursiven Räumen scheint es kaum zu geben." (Pfingsten 1997:7) Erst mit Beginn der 90er Jahre zeigt sich eine vorsichtige Auseinandersetzung mit dem jeweils anderen Modell, was jedoch bisher zu keiner Entwicklung eines sowohl akzeptanzorientierten als auch feministischen Konzepts geführt hat. Ein Grund dafür mag sein, daß der traditionelle feministische Drogendiskurs sehr einseitig und kontraproduktiv argumentiert (hat), indem er – in einer emanzipativen Absicht zwar – drogenkonsumierende Mädchen und Frauen ausschließlich zum Opfer des patriarchalen Systems erklärt und ihnen somit eine doppelte Abhängigkeit bescheinigt (hat). Davon ausgehend werden weibliche Subjekte zu unmündigen Symptomträgerinnen und das Phänomen des (illegalen) Drogenkonsums (oder der Eßstörungen) zur Metapher für ein pauschales Leiden am Frau-Sein: "Frauentypische Krankheiten wie Eßstörungen, Alkoholprobleme oder Depressionen werden als Teil der 'kollektiven Leiblichkeit' dargestellt, 'als im Leib eingegrabene individuelle und kollektive Geschichte' [...]. Sie gelten als In-

karnation des gesellschaftlichen Leidens an Weiblichkeit und an ihnen zeigt sich exemplarisch und in zugespitzter Form die Macht patriarchaler Destruktion des Weiblichen, die zumindest potentiell und latent *alle* Frauen betrifft/bedroht." (Helfferich 1994:23, Hervorh. i.O.)

Neben diesem Diskursstrang einer *besonders* problematischen, abhängigkeitsgefährdeten und verletzungsoffenen Weiblichkeit etabliert sich eine Angleichungsthese der Geschlechter, die vor allem in aktuellen – meist quantitativen – Untersuchungen Bestätigung findet. Das Phänomen einer Angleichung wird darin überwiegend als Annäherung des weiblichen Konsumverhaltens an das männliche verstanden und somit als Emanzipationseffekt interpretiert (z.B. wird angenommen, daß die gesellschaftlich gestiegenen Handlungsoptionen der Frauen auch an ihrem parallel dazu erhöhten Drogenkonsum ablesbar seien). Darüber hinaus dient die beobachtete Zunahme eines illegalen Substanzgebrauchs bei weiblichen Jugendlichen als Grund eines generellen Konsumanstiegs unter Jugendlichen[64]. Wittchen et al. (2000) spezifizieren diese Angleichungsthese mit dem Untersuchungsbefund, der einen signifikanten Unterschied zwischen den Geschlechtern hinsichtlich eines gesundheitsschädigenden oder abhängigen Drogengebrauchs zeigt. Denn ein destruktiver Konsum wird überwiegend von jungen Männern betrieben (vgl. ebd.:28).

Feministisch-individualpsychologische Konzepte von Weiblichkeit:

Der Eintritt in die weibliche Adoleszenz wird aus feministisch-psychoanalytischer Sicht aufgrund einer "Schnittstelle zwischen individueller und gesellschaftlicher Räume" (Düring 1993:9) interessant: Während dieser Zeit findet nicht nur eine Wiederbelebung der ödipalen Konstellation, sondern darüber hinaus auch eine (soziokulturell geforderte) eindeutige sexuelle Positionierung statt. Diese Anpassungsleistung an das Symbolsystem der Zweigeschlechtlichkeit wird über den Ödipuskomplex forciert und anhand einer Polarisierung spezifischer, vormals neutraler, Eigenschaften und Handlungsformen an einer in der Folge komplementär-erotischen Geschlechterspannung realisiert: Die traditionelle Ausgangsposition des Ödipuskomplexes wird durch die libidinöse Besetzung der Mutter als das erste sexuell interessante Objekt durch beide Geschlechter eröffnet. Zukünftig bedeutet das sowohl für das negativ-ödipale (homosexuelle) Mädchen als auch für den positiv-ödipalen (heterosexuellen) Jungen, daß sie eine sexuelle Beziehung zwischen den Eltern und den eigenen Ausschluß daraus wahrnehmen und ihr libidinöses Streben daraufhin neu orientieren müssen. Vor dem Hintergrund eines soziokulturell veran-

---

[64] Aus präventiver Sicht "ist der Zuwachs der Drogenerfahrung bei den 12- bis 17jährigen Kindern und Jugendlichen [zu beobachten], wobei sich gerade hier die traditionelle Dominanz männlicher Jugendlicher umzukehren scheint. Die über Jahrzehnte zu beobachtende Geschlechterdifferenz beim Cannabiskonsum ist Mitte der 90er Jahre annähernd aufgehoben, und Ecstasy wird von Jugendlichen beiderlei Geschlechts in gleichem Ausmaß konsumiert." (DHS 1999:152)

kerten Homosexualitätstabus kann jedoch die Verwirklichung eines gegengeschlechtlichen Begehrens beim Mädchen nur entgegen ihres ursprünglichen Verlangens durchgesetzt werden, was für sie letztendlich ein hohes Ambivalenzerleben gegenüber dem eigenen Geschlecht bedeutet – im Gegensatz zum Jungen, der die narzißtische Kränkung durch das entsagende begehrte Objekt (Mutter) über eine Identifikation mit dem Vater kompensieren kann: "Das Angebot zu einer identifikatorischen Liebesbeziehung, die das Mädchen mit der Zurückweisung als Liebesobjekt versöhnen könnte, muß unter den heutigen Bedingungen von der Tochter als sehr ambivalent empfunden werden. Denn das Mädchen bringt die untergeordnete Position der Mutter in einen Zusammenhang mit ihrem Geschlecht, d.h. sie realisiert die symbolische und kulturelle Entwertung von Weiblichkeit. Der Haß auf sie könnte aus dieser Perspektive – neben der Kränkung, im Begehren zurückgewiesen zu sein – seinen Ursprung in der Enttäuschung haben, die Mutter, die einst so mächtig schien, gegenüber dem Vater und der männlich dominierten Öffentlichkeit als ohnmächtig zu erleben. Für das Mädchen bedeutet dies: Sie kann die Mutter weder weiter begehren noch die geschlechtliche Identifikation mit ihr fortsetzen." (Ebd.:21f.)

Das Phänomen der matrilinear vererbten soziokulturellen Entwertung von Weiblichkeit wird schließlich von (traditionell argumentierenden) feministischen Autorinnen innerhalb ihrer Erklärungsversuche einer weiblichen Abhängigkeitsentwicklung zentral gesetzt: Unter den Bedingungen des soziokulturell bestehenden Homosexualitätstabus wird erst mit Beendigung des homoerotischen Begehrens, bei einer gleichzeitigen libidinösen Besetzung von gegengeschlechtlichen Liebesobjekten, die Geschlechter-Ordnung eingehalten – was für das Mädchen eine Akzeptanz einer passiven Position bedeutet. Dabei zeigt das jeweilige subjektive Profil an verkörpertem Frau-Sein die individuelle Auseinandersetzung mit dem Symbolsystem der Zweigeschlechtlichkeit insofern an, als es über die ausgebildeten Anpassungs- bzw. Widerstandsleistungen bezüglich normativer Richtlinien Auskunft gibt. Denn je mehr konventionelle Vorstellungen und Werte akzeptiert werden, desto mehr muß das Mädchen an Aktivität und Selbstbewußtsein opfern. "Die psychische und kulturelle Dynamik der Adoleszenz, die sich [...] aus der Freisetzung von Aggressionen und eigenen Omnipotenzphantasien ergibt, wird bei Frauen zum Stillstand gebracht." (Ebd.:50) Parallel zu den jeweils geleisteten Anpassungsschritten in Richtung einer normativ geforderten, eindeutigen sexuellen Identität entwickelt sich eine verweiblichende Bereitschaft, unpassende Gefühle (wie Aggressionen) zu verinnerlichen und eigene Omnipotenzgefühle auf andere zu projizieren. An dieser Stelle kann sich eine überwiegend regressiv ausgerichtete, *typisch* weibliche Konfliktbewältigung ausbilden, die wiederum mit einer inneren Leere korrespondiert. Letztere kann schließlich über narzißtische Zuwendung von außen einen Kompensationsversuch erfahren, wobei daraufhin die Differenzierung von eigenen und fremden Wünschen und Bedürfnissen immer mehr zu verwischen droht – was letztendlich eine Vulnerabilität für eine weibliche Suchtdynamik kreiert. Expertinnen gehen bei diesem Prozeß meist von einem patriarchalen Gesellschaftssystem als Auslöser aus, indem dort mit Einsetzen der Pubertät zunehmend die ursprünglichen Bedürfnisse und Sehnsüchte der jungen Frauen erstickt würden[65]. In der Folge davon werden Ausgleichshandlungen (wie in Form des illegalen Drogenkonsums) als Harmonisierung eines gespaltenen Selbst- und Körperempfindens[66] gebraucht.

Die von Cornelia Helfferich (1990) ironisch als "Suchtfeministinnen" (ebd.:97) bezeichneten Autorinnen sind sehr stark mit einer weiblichen Opferposition in patriarchalen Gesellschaften identifiziert und sehen infolgedessen den Drogenkonsum als

- einen resignativen und selbstzerstörerischen Beweis dafür, daß die Frauen ihre *wahren* Wünsche und Bedürfnisse in patriarchal-kapitalistisch ausgerichteten Lebenszusammenhängen weder umsetzen noch leben können. Indem dort die "Lebensalltäglichkeit der Frau" eine "Abhängigkeit" bereits in sich trägt, erscheint der Suchtmittelkonsum lediglich als "der sichtbare Ausdruck" davon (Soltau 1984:16). Drogenkonsum wird mit dieser Perspektive als 'typisch weibliche Form der Konfliktbewältigung' oder als 'Instrument zur Realitätsflucht' interpretiert;

---

[65] Die Thesen der feministischen Expertinnen sind plausibel und nachvollziehbar. Problematisch wird es nur, wenn ein Subjektprofil unhinterfragt als Tatsache gesetzt wird, die unter bestimmten Umständen (z.B. durch soziale Anerkennung) bereits bestehende Stereotypien bestätigt und diese somit *legitimerweise* reproduzierbar macht. An dieser Stelle unterdrücken dann Frauen *tatsächlich* in sozialen und sexuellen Interaktionen ihre Bedürfnisse zugunsten ihrer um so mehr fordernden Beziehungspartner/innen, von denen sie weiterhin begehrt und anerkannt werden wollen. Hier zeigt sich ein Aspekt eines Teufelskreises, der wiederum die interaktive (Wieder-)Herstellung der sozialen (Geschlechter-)Ordnung verdeutlicht: In konventionellen Kontexten herrscht ein Wissen von bestimmten sozial anerkannten Darstellungsformen vor, die – je nach Ressourcenlage – individuell unterschiedlich verinnerlicht werden (wie viel Norm-*Differenz* kann sich also eine junge Frau in ihrer Lebenswelt leisten, um weiterhin sozial anerkannt zu sein?). Um Stereotypien verändern zu können, müssen demzufolge Umdeutungsversuche des sozial präsenten Wissens auf struktureller und sozialer Ebene unternommen werden.

[66] Sonja Düring (1993) erläutert dieses von ihr anhand einer qualitativen Untersuchung belegte Konzept einer "*psychosomatische[n] Spaltung des Körpers*" (ebd.:71), resultierend aus Sexualisierungserfahrungen des weiblichen Körpers in patriarchalen Gesellschaftsstrukturen mit Einsetzen der Pubertät, folgendermaßen: "Der Körper, der zuvor spielerisch und sportlich, durch Kraft und Bewegung erlebt wurde, wird nun ein Körper, der angeschaut wird, der präsentiert werden muß [...]. Deutlich wird hieran, daß sich 'Weiblichkeit' eben nicht nur von innen heraus entfaltet. Im Gegenteil, das Mädchen muß lernen, ihren Körper still zu halten und als Objekt zu betrachten: Ihr Aussehen scheint von nun an über ihren Wert und über ihr Schicksal zu entscheiden. Sie macht sich selbst zur Ware, die sie von außen betrachtet, die Blicke von Männern antizipierend." Eine von Düring befragte (therapieerfahrene) Frau erzählt in der Retrospektive von ihren adoleszenten Transformationserfahrungen: "Zurückgenommen, nicht mehr ausgelebt. Es ging nur noch darum, was kann ich machen, um einen Jungen/Mann zu kriegen. Nicht mehr danach, was mir Spaß macht, was ich tun wollte" (ebd.:71f.).

- ein Widerstandspotential gegen die als Zwang interpretierte Geschlechterrolle, indem sich drogenkonsumierende weibliche Subjekte für eine nicht-normkonforme Subkultur entscheiden, in der sie sich Raum für ihre Autonomiewünsche erhoffen;
- eine Überlebensstrategie von Mädchen und jungen Frauen mit (sexualisierten) Gewalterfahrungen: Weibliche Suchtentwicklung wird mit dieser Sichtweise in ein direktes Verhältnis zu grenzverletzenden Traumatisierungen gesetzt, indem die Substanzwirkung als Ersatz für "ein fehlendes Lebensgefühl" oder als Kanalisation der "sexuellen Grenzverletzungen" interpretiert wird (Zurhold 1993:21).

"Zusammenfassend kann festgehalten werden, daß hier auf den ersten Blick schlüssige Thesen postuliert werden, wobei es aber zu hinterfragen wäre, welche lebensweltrelevanten Faktoren welche Entwicklungsverläufe bedingen. Anstelle dessen wird beharrlich an dem Sucht- und Krankheitsmodell festgehalten, d.h. die Problemlagen von Frauen werden weiterhin dramatisiert und pathologisiert. Somit haben sich die Fachfrauen bei ihren Interpretationen die patriarchale Ideologie vom schwachen und verwundbaren Geschlecht zu eigen gemacht." (Ebd:21)

Dialektische Konzepte von Weiblichkeit:

Hier wird das Phänomen des illegalen Drogenkonsums als 'imaginäre Lösung' für kollektive Entwicklungsaufgaben verstanden, die vor allem im Zusammenhang mit sexuellen Positionierungen während der Adoleszenz interessant werden kann: Ausgehend von einem sowohl erfahrenden als auch handelnden weiblichen Subjekt, das in Beziehung mit gesellschaftlichen, kulturellen und sozialen Gegebenheiten ein (sexuelles) Selbstverständnis entwickelt, wird mit dieser Perspektive der gemeinsame (Re-)Produktionsprozeß einer Geschlechterdifferenz zwischen männlichen und weiblichen Individuen betont.

Vor diesem Hintergrund spielt die soziale Kategorie 'Geschlecht' eine bedeutsame Rolle im Rahmen einer sozialwissenschaftlichen Betrachtung des (illegalen) Drogenkonsums während der Adoleszenz: Problemverhaltensweisen, zu denen der illegale psychotrope Substanzkonsum zählt, werden von Helfferich (1994) nicht in einem gesundheitsrelevanten Zusammenhang abgefragt, sondern entlang der Entwicklungsspuren von geschlechtsspezifischen 'somatischen Kulturen' (Boltanski 1976) analysiert. Denn der individuelle riskante Umgang mit dem Körper beinhaltet immer auch ein spezifisches soziokulturelles Verständnis von Körperwahrnehmungen und -definitionen, da Subjekte in einem interaktiven Kommunikationsprozeß mit ihrer Umwelt bestimmte normative Wahrnehmungs- und Handlungsmuster ausbilden. Letztere beinhalten unter anderem körperbezogene Kategorien, die im jeweiligen Kulturraum als somatische Kulturen kollektiv (re)produziert und individuell verkörpert werden. Jedoch sind die körperbezogenen Vorstellungen, Wahrnehmungen und Handlungen nicht einheitlich, sondern sehr heterogen, indem sie gesellschaftliche Unterschiede infolge von Sozialschicht, Alter, Geschlecht und ethnischer Zugehörigkeit abbilden. "In dieser erweiterten Form ist die somatische

Kultur ein Teilaspekt der Kultur der Zweigeschlechtlichkeit. Am Beispiel: Ein bestimmter Gestus der Härte oder Abhärtung dem eigenen Körper gegenüber [...] bestimmt einen für Männer angemessenen, ihnen nahegelegten Umgang mit dem eigenen Körper und reproduziert gleichzeitig den Ausschluß des Weiblichen/'Weichen' und die männliche Dominanz als Aspekte der Kultur der Zweigeschlechtlichkeit. [...] Die somatischen Kulturen von Mädchen sind durch ein 'weicheres' Verhältnis zum Körper gekennzeichnet. Die sozialen Regeln, wie Mädchen mit ihrem Körper umgehen, schließen symbolisch als 'hart' besetzte Verhaltensweisen weitgehend aus – und das gilt relativ sozialschichtunabhängig." (Helfferich 1994:58)

Illegaler Drogenkonsum repräsentiert nun ein altersbezogenes Problemverhalten, das neben individuellen Motiven immer auch eine soziale Aussagefunktion enthält. Davon ausgehend kann durch Drogen-Handlungen soziale Nähe und Distanz hergestellt werden, womit die Bildung einer jugendtypischen Subkultur verknüpft sein kann. Psychotroper Substanzkonsum kann demnach als eine Verhaltensvariante angesehen werden, die legiert ist mit soziokulturellen Bedeutungen – worüber dieser letztendlich seine psychosoziale Aussagekraft bezieht. Insofern sind Drogen-Handlungen imaginäre Lösungen für kollektive Anforderungen an Jugendliche, die meist innerhalb bestimmter sozialer Lebenswelten eine eigene Form bekommen: "Ebenso wie Gruppen 'Geschlechterstile' entwickeln, entwickeln sie auch 'Konsum'- oder 'Drogenstile'. Substanzkonsum kann mit Ritualen umgeben werden und eine symbolische Bedeutung haben, z.B. als in der Gruppe geteilte Erfahrung, als Zugehörigkeitsvoraussetzung, als Zeichen von Mut und Abgrenzung gegen die 'Normalen' [...]. Die Drogenstile und Geschlechterstile sind meist miteinander verknüpft, und es gibt für beide Geschlechter Gruppennormen, was den verlangten oder verbotenen Konsum angeht. In der Drogenszene, in 'harten' alkoholaffinen Subkulturen oder in der Techno-Szene herrschen z.B. jeweils andere Geschlechterbeziehungen. Drogen- wie Geschlechterstile bieten oder versprechen 'Lösungen' für die Aufgabe des sexuellen Heranwachsens." (Ebd. 1999a:6) Indem ein sozial akzeptiertes Heraustreten aus dem Symbolsystem der Zweigeschlechtlichkeit als unmöglich angesehen wird (vgl. Kolip 1997:274), fungiert der Erwerb eines sexuellen Selbstverständnisses während der Adoleszenz als eine zentrale Entwicklungsaufgabe, die von sowohl weiblichen als auch männlichen Jugendlichen in einer mehr oder weniger normkonformen Weise in Beziehung zum jeweils anderen Geschlecht ausgehandelt werden muß. An dieser Stelle wird mit einer soziologischen und (entwicklungs)psychologischen Perspektive besonders auf die soziale – und damit geschlechtliche – Funktion von den mittlerweile als normal geltenden Experimenten mit (illegalen) Drogen hingewiesen: "Substanzkonsum ist beim Einstieg fast immer sozial motiviert, d.h. getrunken, geraucht, illegale Drogen konsumiert – aber auch Abstinenz und Vernünftigkeit betont – wird beim ersten Mal in erster Linie für andere. Damit steht der Substanzkonsum so lange im Zeichen der Interaktion unter Jugendlichen, bis der soziale Konsum abgelöst wird durch die reine Gewöhnung oder Abhängigkeit, die nicht mehr des Motivs bedarf, jemandem etwas vorzuzeigen." (Helfferich 1999a:5) Davon ausgehend werden folgende Funktionalisierungsmöglichkeiten des (illegalen) Substanzkonsums benannt (ebd.:5):

- Drogenkonsum kann als Ressource im Rahmen des sexuellen Positionierungsprozesses eingesetzt werden, indem kulturelle Räume immer auch als Bühnen für geschlechtliche Inszenierungen fungieren, die über Drogen und Konsumformen assoziativ unterstrichen und symbolisch zur Verkörperung eines ausgewählten Typs benutzt werden können (z.B. 'koksende Diva').
- Weiterhin kann ein riskanter Drogengebrauch als Regulativ oder Anzeiger der Entwicklungsgeschwindigkeit dienen. Denn sowohl Sexualität als auch Substanzkonsum gelten als Erwachsenenprivilegien und darüber als verboten und gefährlich, was letztendlich den Einsatz von Drogen als sexuierte Ressourcen ermöglicht. "Daher kann der Umgang mit Substanzen etwas signalisieren über den Umgang mit Sexualität: ausgeflippt, extrem, solide, verantwortungsvoll, männlich, sexy etc. Diese Signale zeigen, wie bereit ein Junge, ein Mädchen ist, sich auf die Sexualisierungsprozesse einzulassen, und welche Spielräume sie selbst dafür haben, auf was sie sich einlassen bzw. was sie nicht mitmachen." (Ebd.:5)
- Schließlich kann Suchtverhalten als Kanalisation von Überforderungen und Grenzverletzungen im Zuge der sexuellen Entwicklung eingesetzt werden und damit als Hilferuf fungieren, der vor allem von Mädchen und jungen Frauen im Zusammenhang mit (sexualisierten) Gewalterfahrungen bzw. traumatisierenden Begebenheiten aufgegriffen wird.

Obwohl das Verständnis von jugendtypischen Problemverhaltensweisen erweitert wurde – unter anderem durch Einbezug von psychosomatischen Symptomen in das klassische Drogenquartett (Tabak, Alkohol, Medikamente und illegale Drogen) – blieb dennoch lange ungeklärt, wie die Kategorie 'Geschlecht' wirkt. Dieses Defizit einer adäquaten theoretischen Konzeption von Geschlecht und Gesundheit während der Adoleszenz aufgreifend, stellt Helfferich (1999b) ein "Muster der Geschlechterdifferenzen im Feld jugendlichen Problemverhaltens" vor, das als Interpretationsmatrix für empirische Daten zu diesem Themenkomplex genutzt werden kann. Im Rahmen dieses Modells verläuft, entsprechend der sozial konstruierten Zusammenhänge, eine erste Trennlinie zwischen den Genus-Gruppen und ihren jeweils spezifischen Problemverhaltensweisen, wodurch sich das verweiblichende Feld der innenorientierten und das vermännlichende Feld der außenorientierten Handlungsformen eröffnet: "In die [...] Kategorie der internalisierenden Verhaltensweisen fallen psychosomatische Beschwerden und Störungen, insbesondere Eßstörungen, Depressionen, Angst etc. Die epidemiologischen Befunde weisen übereinstimmend eine Überrepräsentanz der Mädchen und Frauen (ab der Pubertät) aus[67] [...]. In die Kategorie des externalisierenden Verhaltens werden (aggressive) Verhaltensstörungen, Substanzkonsum wie Rauchen, Trinken oder illegaler Drogenkonsum zu-

---

[67] Die Überrepräsentanz der Mädchen und Frauen reicht von 2 : 1 (Frauen : Männer; z.B. bei häufigen psychosomatischen Beschwerden) bis zu 9 : 1 (z.B. bei Anorexie) (Helfferich 1999b:28).

sammengefaßt. Hier sind Jungen bzw. Männer nur bereichsabhängig überrepräsentiert[68]" (ebd.:28f.). Innerhalb der letztgenannten Kategorie (externale Verhaltensformen) wird eine weitere Differenzierung vorgenommen – und zwar zwischen weichen und harten Verhaltensformen. Diese Attribuierungen, resultieren aus sozialen Konstruktionsprozessen, unterstehen damit raum-zeitlichen Bedingungen: Gemäß eines normativen Verständnisses wird weiblich mit *weich* (vorsichtig) und männlich mit *hart* (gefährlich) assoziiert, was auf der lebensweltlichen Ebene Orientierung bei der Auswahl von sozial relevanten Ressourcen und Inszenierungen bieten kann[69].

Die zweite Trennlinie differenziert nach der Konsum-Härte und verläuft entlang ressourcenabhängiger sozialer Positionierungen (sozial-ökonomischer Status, Bildungsniveau, Zukunftsperspektiven), wobei sich Unterschiede im Konsumverhalten sowohl zwischen als auch innerhalb der Genus-Gruppen zeigen: "Die Trennlinie nach der Konsum-'Härte' trennt Mädchen und Jungen, aber genauer noch: sie trennt männliche Angehörige der unteren Klassen bzw. der niedrigen Bildungsgruppen als eine Extremgruppe und weibliche Angehörige der oberen Klassen bzw. hohen Bildungsgruppen als entgegengesetzte Extremgruppe" (ebd.:29). Mit der Integration psychosomatischer Aspekte in das Geschehen jugendlicher Problemverhaltensweisen ergibt sich zwar einerseits die Gefahr einer Individualisierung und Medizinisierung konfliktreicher Handlungsformen während der Adoleszenz (ebd.:32), aber andererseits auch die Möglichkeit, körperbezogene Symptome als ein dynamisches Konfliktmanagement während der Adoleszenz interpretieren zu können. Vor diesem Hintergrund versucht Helfferich eine Synthese zwischen dem als funktional verstandenen Problemverhalten (theoretisch gefaßt als 'deviante externalisierende Handlungsweisen') und der ebenfalls als temporär hilfreich angenommenen körperbezogenen Konfliktbearbeitung (theoretisch gefaßt als 'psychosomatische internalisierende Handlungsweisen'). "Dies ermöglicht, eng bei dem Berührungspunkt beider Ansätze [der Psychosomatik und dem entwicklungspsychologischen Ansatz] zu bleiben und eine Brücke zu schlagen zwischen dem Begriff der Funktionalität von Problemverhalten innerhalb des Ansatzes von Entwicklungsbewältigung auf der einen Seite und den zentralen Begrifflichkeiten von Konflikt, Angst und Bedrohung, sowie von Konfliktlösung und Angstminderung auf der anderen Seite. [...] Das infragestehende, als Krankheit oder als neurotische Konfliktlösung klassifizierte Verhalten ist dann funktional im Sinne eines Weiter-

---

[68] Die Überrepräsentanz der Jungen und Männer innerhalb der Kategorie des externalisierenden Verhaltens "geht bis zu einer Größenordnung von 1 : 9 (Frauen : Männer) z.B. bei den Unfallbeteiligten unter Alkoholeinfluß bei Unfällen mit Personenschaden" (ebd.:29).

[69] "Das Muster läßt sich am deutlichsten im Bereich des Alkoholkonsums finden, aber z.B. auch bei der Präferenz von Sportarten – der 'harte' Sport ist nach wie vor Domäne der Jungen – oder für das Suizidverhalten: Mädchen versuchen häufiger Suizide, Jungen sterben häufiger daran; Jungen wählen 'härtere' Methoden etc." (Ebd.:29)

lebenkönnens mit dem zugrunde liegenden Konflikt – vielleicht metaphorisch als Überlebensstrategie – zu fassen. Die Gemeinsamkeit mit dem entwicklungspsychologischen Ansatz besteht in der Art der Beziehung zwischen Verhalten und zugrunde liegenden Konflikten und in der Beachtung dieser Konfliktlösung als produktive Leistung." (Ebd.:32) In diesem Sinne wird jugendtypisches Problemverhalten als ein Ausdruck einer dialektischen Realitäts- oder Konfliktverarbeitung des sowohl handelnden als auch erfahrenden geschlechtlichen Subjekts verstanden.

Jugendtypisches Problemverhalten	
Externalisierende Handlungsformen (vermännlichende Aspekte)	*Internalisierende Handlungsformen (verweiblichende Aspekte)*
Aggressive Verhaltensstörungen und Substanzgebrauch (Rauchen, Trinken, illegale Drogen), der hinsichtlich eines harten oder weichen Konsummusters unterschieden werden kann.	Psychosomatische Beschwerden und Störungen (Eßstörungen, Depressionen, Angst etc.)

Als zusammenfassende Wertung kann festgehalten werden, daß all jene suchttheoretischen Erklärungsansätze zur (Re-)Produktion von sozialer Ungleichheit beitragen können, die das Phänomen in einer polarisierenden Weise analysieren. Demzufolge erweisen sich traditionelle feministische und individualpsychologische Ansätze als problematisch, da diese ein Subjekt voraussetzen, das entweder in einen männlichen Täter-Patriarchen oder in ein weibliches Opfer des Patriarchats aufgespalten wird. Illegaler Drogenkonsum wird mit dieser Perspektive als Indiz eines individuell unterschiedlich empfundenen Unterdrückungsschmerzes *der* Frau interpretiert, womit neben einer Vereinheitlichung weiblicher Subjekte auch die Bewertung des Substanzkonsums als überflüssig bei gesünderen Lebenszusammenhängen ausgedrückt wird. Auf diese Weise erfährt das weibliche Opfer-Subjekt eine erneute Entmündigung, indem es einer eigenverantwortlichen Handlungsbestimmung beraubt wird. Vor dem Hintergrund dieses theoretischen Subjekt-Verständnisses, das anschließend empirisch belegt werden und in davon abgeleiteten Therapieansätzen Auswirkungen auf der alltäglichen Handlungsebene stiften kann, bleiben die jeweils nicht als historische und soziale Konstrukte ausgemachten geschlechtlichen Stereotype als scheinbar natürliche Tatsachen bestehen. Damit bringen auch kritisch gedachte wissenschaftliche Unternehmungen polarisierende Normen hervor und vollziehen so eine Festschreibung *normaler* Praktiken innerhalb sozialer Ungleichheitsstrukturen: "Das komplementär verbundene Paar ist Bezugspunkt auch der Frauenforschung, v.a. im Bereich der Forschung zu Gesundheit und Sucht – allerdings steht hier die *Kritik* an dieser Form und Norm des Geschlechterverhältnisses [...] im Vordergrund. Die Erziehung/Sozialisation dazu, den untergeordneten Part im Komplementär-Paar zu übernehmen, so die These, beschert Frauen systematisch Defizite: Konfliktlösungs- und Durchsetzungsstrategien

werden nicht eingeübt, Eigenschaften wie Passivität, Unauffälligkeit, Ängstlichkeit, Aufopferung, Duldsamkeit, Angepaßtheit und immer wieder: Abhängigkeit werden gefördert" (Helfferich 1994:19f., Hervorh. i.O.).
Als ebenso kontraproduktiv erweisen sich Konzepte, die eine geschlechtsneutrale Analyse praktizieren und damit das Phänomen der interaktiv hergestellten geschlechtsbezogenen Seins- und Handlungsformen ausblenden. Davon ausgehend schleicht sich mit weitreichenden Effekten die Geschlechterdifferenz wieder ein: "Es existieren zwei Themen nebeneinander: eine geschlechtsneutrale Betrachtung von Jugend, für die der männliche Jugendliche das allgemeine Modell abgibt, und die Betrachtung der besonderen Probleme von Mädchen, die mit ihrem Geschlecht zusammenhängen. Sexualität und Körper fehlen auf der männlichen Seite der Ungleichung. Der Ausschluß von Sexualität funktioniert nicht als Negierung [...], sondern als Delegation. Sexualität ist allein weibliches Thema. Und da Sexualität ausschließlich Problem der Frauen ist, läßt sie sich auch nicht als *Verhältnis* beschreiben" (ebd.:19, Hervorh. i.O.).

4.2.4 *Unterschiedliche Diskurse der Suchtpräventions-Praxis*

Im Folgenden werden miteinander interagierende Aspekte skizziert, die auf verschiedenen Ebenen geschlechtsspezifisch wirksame Impulse zur Entwicklung, Ausübung, Stabilisierung oder Veränderung einer aktuell dominierenden Behandlungspraxis von Drogen- oder Suchtphänomenen liefern:
- aus kulturellen Strömungen entstehen Modelle der Behandlung durch folgenden Zusammenhang: ein Phänomen bewirkt eine mehr oder weniger rigide Behandlungsweise, deren Veränderung vom jeweiligen (soziokulturell definierten) Erfolg abhängt;
- die jeweils momentane (klinische) Behandlungspraxis läßt naturgemäß eine zeitverzögerte Anpassung an den Bedarf erkennen;
- auf einer sozialwissenschaftlichen Ebene findet eine Interaktion von Phänomen und Behandlung statt, indem bestehende Behandlungsformen selbst Gegenstand der Untersuchung sind, deren Ergebnisse die aktuelle Behandlungspraxis modifizieren;
- auf politischer Ebene wird ein potentieller Mangel an institutionalisierten, bedarfsorientierten Angeboten diskutiert.

Die Dynamik dieser Aspekte stiftet fortwährend bestimmte Effekte auf die aktuell dominierende Behandlungspraxis[70].

---

[70] Als Beispiel hierfür kann das Resultat des interdisziplinären Kongresses für Suchtmedizin in München im Januar 2001 genannt werden: Bisher galt unter Mediziner/innen die Regel, Heroinabhängige mit Hepatitis-C-Infektion (an der nahezu alle Süchtigen mit intravenösem Drogengebrauch leiden) erst behandeln zu können, wenn sie mindestens ein halbes Jahr clean sind, "weil sie sonst bei der komplizierten Behandlung nicht bei der Stange blieben. Jetzt hat eine Untersuchung am Krankenhaus Schwabing das Gegenteil gezeigt: Drogenabhängige könnten von der chronischen Gelbsucht geheilt werden, wenn Ärzte sie behandelten, die gleichermaßen in Suchtmedizin und Hepatologie erfahren seien. [...] Bei 50 Abhängigen, die freiwillig in die Entzugsstation 'villa' des Schwabinger Krankenhauses gekommen waren, haben die Ärzte [...] die Hepatitis danach mit der gängigen Kombination von Interferon und Ribavirin behandelt –

Historisch-kulturelle Zusammenhänge:

"In der Risikoepidemiologie und präventiven Jugend-/Suchtforschung wurde 'Geschlecht' bis zum Ende der 80er Jahre mit wenigen Ausnahmen vorwiegend als eine nachgeordnete statistisch-demographische Variable behandelt. In konzeptionellen Interpretationen von Untersuchungsdaten und nachfolgenden präventiven Ableitungen wurden in diesem Zeitraum eher geschlechtsübergreifende soziologische und kulturwissenschaftliche Konstrukte wie die '(Sub-)Kultur, 'Lebenslage' und 'Lebenswelt' oder die entwicklungswissenschaftlich fundierte 'Funktionalität von Risikoverhalten im Entwicklungsverlauf' vorgezogen – jeweils versehen mit dem Geschlechtsdifferenzen zudeckenden Zusatz 'von Jugendlichen'." (Franzkowiak et al. 1998:18) Zu Beginn der 90er Jahre ist dann ein Wandel hinsichtlich der Interpretation von Untersuchungsdaten und der davon abgeleiteten Interventionsstrategien zu beobachten, wobei sich seitdem nahezu ein Trend zur Einnahme einer geschlechtsbezogenen Forschungsperspektive im Jugend- und Gesundheitsdiskurs entwickelt hat. Parallel dazu manifestiert sich allerdings ein Mangel an einer zielgruppenorientierten und geschlechtsbezogenen Suchtpräventions-Praxis (ebd.:19). Dieser Mißstand erklärt sich daraus, daß die aktuell dominierende mädchenspezifische Behandlungspraxis auf Ergebnisse der traditionellen feministischen Suchtforschung aufbaut, die davon ausgeht, daß Frauen aufgrund ihrer nachteiligen gesellschaftlichen Position prädestiniert seien für Abhängigkeitserkrankungen. Dementsprechend gilt in den 70er Jahren die Befreiung der Frau aus männlicher Vorherrschaft als ein vorrangiges Motiv für feministische Bewegungen – was sich in den Prämissen der sogenannten 'parteilichen Mädchenarbeit' (die sich Mitte bis Ende der 70er Jahre herausgebildet hat) wiederspiegelt: "Zentrales *Ziel* bei diesem Konzept ist die Entwicklung einer eigenständigen Identität und Selbstbestimmung. Dies setzt den gesellschaftlichen Abbau von Diskriminierungen gegen Mädchen und Frauen voraus, denn die Gesellschaft schränkt Mädchen bei der Verwirklichung ihrer Potentiale ein." (Ebd.:26, Hervorh. i.O.) Die mädchenspezifische Suchtprävention rechtfertigt ihren feministischen Ansatz anhand dieser Zielformulierung, wobei ein konkreter Bezug zum Thema 'Sucht' nur peripher hergestellt wird. "Insbesondere bei einem weitgehend substanzunspezifischen Präventionsverständnis zeigt sich eine gewisse konzeptionelle Unschärfe in der Abgrenzung zwischen geschlechtsspezifischer Suchtprävention und feministischer Mädchenarbeit, da beide allgemein bei der Förderung von Lebenskompetenzen ansetzen." (Ebd.:27) Davon ausgehend werden folgende Themenschwerpunkte im Rahmen einer traditionellen mädchenspezifischen Suchtprävention als handlungsleitend formuliert:

---

bei 18 Patienten erfolgreich. Die Heilungsrate sei so groß wie bei Nichtabhängigen." (*Süddeutsche Zeitung* 26.01.20001:L2)

- Weibliche Sucht wird auf sozialisatorisch bedingte Nachteile zurückgeführt. Demzufolge streben die professionellen Strategien in erster Linie eine Beseitigung "der Defizite auf individueller und gesellschaftlicher Ebene durch eine Stärkung von Selbstbewußtsein, Selbständigkeit und Selbstbestimmung" an (ebd.:27).
- Weiterhin wird eine Thematisierung des Körpers und der Sexualität betont, da vor allem körpermanipulative Handlungen (z.B. Selbstverletzungen, Eßstörungen, Medikamentenkonsum) als typisch weibliche Bewältigungsstrategien von Konfliktsituationen angesehen werden. "Entsprechend gilt es in der Prävention, eine Akzeptanz und einen positiven Bezug zum eigenen Körper sowie zur eigenen Sexualität zu fördern." (Ebd.:27)
- Typisch weibliche Suchtformen (z.B. Eßstörungen) werden als Indiz einer geschlechtsspezifischen Sozialisation und den damit verbundenen sozialen Erwartungen interpretiert. Vor diesem Hintergrund wird deutlich, "daß die emotionale und kognitive Auseinandersetzung mit der Geschlechtsidentität und den gesellschaftlichen Rollenerwartungen generell einen wesentlichen Aufgabenbereich im Rahmen der [traditionellen] mädchenspezifischen Suchtprävention darstellen muß" (ebd.:27).

Obwohl die geschlechtsbezogene Suchtpräventions-Praxis mittlerweile eine eigene Tradition besitzt, basieren ihre handlungsleitenden Konzepte dennoch weiterhin auf den Zielsetzungen der geschlechtshomogenen parteilichen Mädchenarbeit, anstatt auf aktuellen feministischen (Sucht-)Forschungsergebnissen:
"Begründet werden mädchenbezogene (Sucht-)Präventionsmaßnahmen maßgeblich aus einem Defizitmodell und/oder Unterdrückungskonzepten von Mädchensozialisation und weiblichem Lebens-, Arbeits- und Beziehungsalltag. Mädchenarbeit in der Suchtprävention ist vorrangig substanzunspezifisch angelegt. In Anspruch, Zielen und Methoden wird der Schwerpunkt von den Praktikerinnen und Multiplikatorinnen auf die generalpräventive Entwicklung und Förderung von 'life skills' in enger Verbindung mit weiblicher Selbstbehauptung und Selbstverteidigung gelegt" (ebd.:20).
Die Definition spezifischer Lebenskompetenzen beruht auf Untersuchungsergebnissen der Jugend- und Gesundheitsforschung, aus denen anschließend Risiko- und Schutzfaktoren bezüglich gesundheitsschädigender Handlungen während der Adoleszenz abgeleitet werden. Beispielsweise dokumentieren die Daten des Statistischen Bundesamtes, die aus repräsentativen Befragungen zur Krankheits- und Unfallhäufigkeit im Kindes- und frühen Erwachsenenalter hervorgehen, einen sich mit der Pubertät vollziehenden Wandel im gesundheitsbezogenen Geschlechterverhältnis zuungunsten von Mädchen und Frauen (vgl. Kolip 1997:24ff.). Dabei repräsentieren die Krankheits- und Unfallhäufigkeiten von sowohl männlichen als auch weiblichen Individuen ein geschlechtstypisches Muster, das eine weibliche Affinität für innenorientierte (selbstbezogene) gesundheitsrelevante Verhaltensweisen und eine männliche Bevorzugung von außenorientierten (fremdgerichteten) Handlungsformen nahelegt: "Zwangssyndrome, Angstsyndrome und Phobien sind bis zur Pubertät bei Jungen häufiger, erst danach zeigt sich eine Dominanz der Mädchen bei diesen Störungen. Während Jungen häufiger von Verhaltensstörungen be-

troffen sind, werden im Jugendalter einige Störungen virulent, die durch einen starken Mädchenanteil gekennzeichnet sind. Hierzu zählen vor allem depressive Erkrankungen und die Eßstörungen Anorexia nervosa und Bulimie. Die Prävalenzraten für Depression [...] liegen bei Mädchen deutlich höher als bei Jungen[71]" (ebd.:27f.). In diesem Sinne werden geschlechtsspezifische somatische Kulturen vor allem mit den Kategorien 'körperliche Krankheiten', 'psychosomatische Beschwerden' und 'emotionale Befindlichkeitsstörungen' empirisch nachweisbar (ebd.:237ff.), die wiederum geschlechtsbezogene Interventionsleistungen benennbar machen: Aufgrund des im Jugend- und Gesundheitsdiskurs vielfach vorausgesetzten Abhängigkeitsverhältnisses von gesundheitsrelevanten Verhaltensweisen und Selbstwertgefühlen wird ein als niedrig eingestuftes Selbstbewußtsein[72] bei Mädchen und jungen Frauen als Risikofaktor für Diäten, Eßstörungen und psychotropem Substanzkonsum angegeben (ebd.:232ff.). Davon ausgehend werden als "personale und soziale Schutzfaktoren" (ebd.:263) Interventionshandlungen empfohlen, die auf die geschlechtlich unterschiedlich ausgeprägten Variablen 'Selbstwertgefühl' und 'Selbstwirksamkeitserwartung' positiven Einfluß nehmen. "Für beide Variablen läßt sich festhalten, daß Mädchen auf den Skalen niedrigere Werte erlangen als Jungen, ein Befund, der sich mit Ergebnissen internationaler Studien deckt [...]. Die Ursachen für das niedrigere Selbstwertgefühl und die geringere Selbstwirksamkeitserwartung der Mädchen sind unklar, verweisen aber vermutlich auf unterschiedliche Sozialisationsbedingungen." (Ebd.:263)

Das Phänomen des psychotropen Substanzkonsums (abzüglich des Medikamentengebrauchs) wird hingegen als keine geeignete Fläche zur Hervorhebung geschlechtsspezifischer somatischer Kulturen angesehen, da sich geschlechtstypische Konsummuster erst ab 17 Jahren herausbilden (vgl. ebd.:198). Ferner gilt der illegale Drogenkonsum grundsätzlich als ein *hartes* Verhaltensmuster – und dementsprechend häufig wird in Untersuchungen davon ausgegangen, daß junge Frauen mit einem illegalen Drogengebrauch von ihren jeweiligen männlichen, illegale Substanzen konsumierenden Beziehungspartnern angefixt worden sind (vgl.

---

[71] Diese Erkenntnis repräsentiert ein Moment des sozialen Herstellungsprozesses von *Wahrheit*, die anschließend unendlich reproduziert werden kann: Die Tatsache, daß Männer seltener als Frauen an Depressionen erkranken, führt konsequenterweise dazu, daß dieses Symptom bei Männern seltener erwartet und damit nicht als solches benannt wird. Diese These wird von dem Befund der Wissenschaftler/innen des Max-Planck-Instituts für Psychiatrie in München und der TU Dresden in ihrer bundesweiten Studie gestützt: "Besonders oft blieb die Depression bei jüngeren Männern verborgen. Anders als es das Lehrbuch will, klagen depressive Patienten beim Hausarzt eher über 'Schlafstörungen' und 'Energieverlust' als 'Niedergeschlagenheit' und 'Interessenverlust'." (*Süddeutsche Zeitung* 10.11.2000:14)

[72] Wissenschaftler/innen "found that high self-esteem was correlated with high body satisfaction, and that women scored significantly lower on both variables compared to men. Self-esteem was more closely linked to body satisfaction in women than in men. They conclude that body image is more crucial to women's self-esteem than to men's, due to the higher importance placed on physical appearance for women in Western cultures." (Grogan 1999:180)

Schmidt 1999:69). Diese Zuschreibung einer Passivität und doppelten Abhängigkeit an drogenkonsumierende Mädchen und Frauen rechtfertigt wiederum die Zielsetzungen einer traditionellen feministischen Suchtpräventions-Praxis und Drogenhilfe, die zwar geschlechtlich differenzieren, aber genauso stark polarisieren – woraufhin die männliche Subjektposition als Täter und das weibliche Pendant dazu als sein Opfer[73] bestätigt und reproduziert werden (können).

Klinisch-therapeutische Aspekte:

Hier sollen vor allem allgemeine suchttherapeutische und rehabilitierende Interventionen sowie ihre diagnostischen Legitimationen im Vordergrund stehen: Bei einem Erstkontakt[74] mit klinischen Institutionen wird zunächst eine Diagnose im Rahmen eines Antrags auf medizinische Rehabilitation gestellt, die sich nach den Klassifikationssystemen der ICD-10 oder DSM-IV richtet. "Eine rehabilitationsspezifische Diagnostik ist [...] im Bereich der Abhängigkeitserkrankungen immer als Funktionsdiagnostik zu verstehen, indem das körperliche und soziale Funktionsniveau des Patienten zu erfassen ist. Es soll festgestellt werden, wie sich die körperlichen und psychischen Defizite und Störungen in ganz konkreten Lebenssituationen auswirken." (Irle 2000:30)

Im Rahmen eines ganzheitlichen Reha-Ansatzes auf der Ebene der Suchtkrankenhilfe kann dagegen eine individuelle Verteilung von psychosozialen, kulturellen und ökonomischen Ressourcen anhand des sogenannten 'Psychosozialen Ressourcenorientierten Diagnostiksystems' (PREDI) eruiert werden: Dieses bis Ende der 90er Jahre entwickelte Diagnostiksystem stellt sowohl eine Antwort auf eine differenziertere Arbeitsweise in der ambulanten und stationären Suchttherapie als auch einen Versuch dar, das Defizit an standardisierten und allgemein anerkannten Er-

---

[73] So schildert z.B. Roswitha Soltau vom Münchener Beratungszentrum 'extra' das *typische* Verhalten und Beziehungsverhältnis von drogenkonsumierenden Frauen: "Frauen konsumieren eher im verborgenen und sind als Kriminelle weniger auffällig. Die Drogenproblematik bei Männern hingegen ist offener und spektakulärer'. Männer übernehmen meist den aktiven, handelnden Part, sie organisieren, dealen, beschaffen. Frauen sind in der Regel passiver. Sie begeben sich meist in die Abhängigkeit von Männern, weil sie von ihnen Drogen bekommen, und übernehmen dann die Rolle der Zuarbeiterinnen, durch Vermittlungs- und Kurierdienste, häufig auch die der indirekten Beschafferin, durch Prostitution, zum Beispiel. Frauen bewegen sich somit häufig in einer Grauzone der Legalität und tauchen in der offiziellen Kriminalitätsstatistik erst gar nicht auf. Auch die Süchtigen in den Substitutionsprogrammen werden offiziell nicht registriert." (*Süddeutsche Zeitung* 13./14.09.1997:VI)

[74] Ein Kontakt mit psychiatrischen oder suchttherapeutischen Einrichtungen erfolgt häufig unfreiwillig aufgrund sozialer Auffälligkeit oder lebensbedrohlicher Vergiftungen infolge extremer Drogen-Handlungen. Ein stationärer Aufenthalt, bei dem eine Entgiftung vorgenommen wird, kann aber auch von Drogenberatungsstellen vermittelt und als Voraussetzung für eine (effektive) therapeutische Begleitung empfohlen werden (vgl. Gantner 1999). Dabei werden stationäre Entgiftungen dann für nötig befunden, sobald eine körperliche Abhängigkeit, aufgrund von Entzugssymptomen bei ausbleibendem Drogenkonsum, diagnostiziert wird.

hebungsinstrumenten im psychosozialen Bereich zur systematischen Erfassung vielfältiger diagnoserelevanter Lebensbereiche zu beheben: "Die übersichtliche und mit wenig Zeitaufwand verbundene Anwendung der Kurzdiagnose kann für den therapeutischen Alltag ebenso von Bedeutung sein, wie die individuelle Anwendung einzelner Module aus der Feindiagnose, wenn Lebensbereiche vertieft und differenziert betrachtet werden sollen. Die Ressourcenorientierung, aber auch die Erfassung der Veränderungsbereitschaft, kann für die therapeutische Praxis sehr wertvoll sein." (Indlekofer 2000:73)

Auf jugendpsychiatrischer Ebene unternimmt Helmut Remschmidt (1992) eine Typenbildung von Drogenkonsument/innen, deren jeweiliges klinisches Bild folgende Therapiemaßnahmen rechtfertigt:

- Eine "Abhängigkeit vom Morphintyp" besteht, wenn ein "chronische[r] Mißbrauch von Morphin und seinen Abkömmlingen" (Kodein, Heroin) diagnostiziert worden ist. Das klinische Bild fächert sich dabei auf in körperliche Symptome wie "Abmagerung" und "allgemeiner Kräfteverfall", in psychische Symptome in Form von "Willenlosigkeit und Haltlosigkeit" und einem "allmählichen Abbau ethischer Schranken" und schließlich in psychosomatische Entzugserscheinungen wie "Schwitzen", "Unruhe- und Angstzustände" sowie "Schlaflosigkeit" (ebd.:403f.). Die anschließenden therapeutischen Interventionsleistungen sollen mit einem Entzug auf einer geschlossenen Station beginnen, wobei die mitgebrachten Gepäckstücke "weggenommen" und nach versteckten Drogen durchsucht werden müssen (ebd.:404): "Während der Behandlung muß der Patient genau beobachtet werden, weil immer wieder Ampullen und Spritzen eingeschmuggelt werden. Urinkontrollen auf Morphinkörper sollten häufig durchgeführt werden." (Ebd.:404) Diese Behandlungsmaßnahmen sollen jedoch stets von psychotherapeutischen Schritten begleitet sein, die sich der "individuellen Problematik des Jugendlichen zuwenden. Dazu gehören auch Beschäftigungs- und Gruppentherapie zur Förderung des Gemeinschaftsgefühls, das bei Morphinabhängigen meist nur schwach ausgeprägt ist." (Ebd.:404) Ausgehend von der medizinischen Annahme einer nicht allein dadurch erreichbaren Abstinenz bei Morphinabhängigen wird eine Ersatztherapie mit Methadon (ebenfalls ein Morphinabkömmling, aber ohne euphorisierende Effekte) vorgeschlagen, die aber erst nach dem Jugendalter empfohlen wird (ebd.:404).
- Eine "Abhängigkeit vom Weckamintyp" besteht dann, wenn eine Fixierung auf antriebs- und leistungssteigernde psychotrope Substanzen wie Amphetamine bescheinigt wird. Dabei zeigt sich folgendes klinisches Bild: ungezielter Tätigkeitsdrang, vereinzelt psychotische Symptome (optische oder akustische Halluzinationen, paranoide Vorstellungen und Wahnerlebnisse), Pflichtvernachlässigung und Persönlichkeitsveränderungen (ebd.:406). Die therapeutischen Maßnahmen sollen inhaltlich folgendermaßen gestaltet werden: strikter Entzug, langfristige Rehabilitationsphase, "in der eine 'Umstrukturierung' der Lebenseinstellung der Betroffenen versucht werden muß." (Ebd.:405)
- Eine "Abhängigkeit vom Kokaintyp" läßt sich dagegen weniger anhand von körperlichen als vielmehr von psychischen Entzugserscheinungen nachweisen (ebd.:406). Das klinische Bild zeigt nach einer intravenösen Injektion der Substanz einen "euphorischen Zustand" mit "optischen Halluzinationen" und einem Gefühl "subjektiver Leistungsfähigkeit" sowie eine "maniforme Symptomatik (Redendrang, Ideenflucht, subjektives Kraftgefühl und Steigerung der sexuellen Triebhaftigkeit)." (Ebd.:406) Als medizinische Interventionsmaßnahme wird demzufolge

in der Akutphase des sogenannten "Kokain-Wahnsinn[s]" eine Sedierung und eine Herz-Kreislauf-Behandlung genannt. Anschließend sollen sich daran ähnliche therapeutische Schritte wie bei den oben genannten Abhängigkeitsprofilen anschließen (ebd.:407).

Als sich in den letzten Jahren ein Trend hin zu einem sozial eingebundenen Konsum beschleunigender Substanzen (Amphetamine, Ecstasy) als *Fun-Faktor* im Zusammenhang mit der Techno- und Rave-Kultur herausgebildet hat, konnte zunehmend eine Diskrepanz zwischen den therapeutischen Interventionsangeboten etablierter Einrichtungen und dem Erscheinungsbild einer neuen, meist jugendlichen Klientel beobachtet werden. Davon ausgehend starteten Mitte und Ende der 90er Jahre vielfältige (epidemiologische) Forschungsprojekte[75] zur Erklärung des neuen Phänomens, um so eine Basis für die Entwicklung adäquater Strategien auf der Ebene von Klinik, Diagnostik und Behandlung zu schaffen: Bei der klinischen Behandlung von sozial auffällig gewordenen Partydrogenkonsument/innen steht dabei – angesichts einer nicht so sehr körperlichen als vielmehr psychischen Wirkdimension der Substanzen – das psychiatrische Störungsbild im Vordergrund: "Hierzu gehören Paranoia, Angst, Panik, Konzentrationsstörungen, akute depressive Episoden, exogene psychotische Reaktionen, Suizidimpulse, Flash-back-Erlebnisse und maniforme Zustände." (Bilke 1999:119) Aufgrund des überwiegend tragfähigen sozialen Beziehungsnetzes der Klientel wird eine ambulante oder teilstationäre Therapie als ausreichend befunden (ebd.:124). Für Jugendliche mit einem komorbiden psychischen Erscheinungsbild (Doppeldiagnosen) existieren hingegen kaum zielgruppenorientierte Therapieansätze[76] (ebd.:124).

Als ein Beispiel für eine ambulante Beratungs- und Therapieeinrichtung, basierend auf einem systemischen und psychoanalytisch orientierten Erklärungsansatz von süchtigem Verhalten und psychischen Störungen, kann der ins Berliner Drogenhilfesystem eingebundene 'Therapieladen' (e.V.) genannt werden. 'Sucht' wird dort

---

[75] Vgl. z.B. Tossmann et al. 1997; Rakete et al. 1998; Schroers et al. 1998; Thomasius et al. 1999.
[76] Die Berliner 'Grunewald-Villa' kann als ein Beispiel einer suchttherapeutischen Einrichtung genannt werden, die sich bedarfsorientiert ausrichtet: "Mehr als fünfzig Prozent der Patienten in der von Daytop geführten Grunewald-Villa sind Partydrogen-User. Nur wenige Einrichtungen seien bisher flexibel genug, sich auf die neue Klientel einzustellen, meint Bernhard van Treeck, Leiter der feudalen Villa. Daß gerade eine Klinik von Daytop, die für eine rigorose und umstrittene Therapie einstehen, diese Flexibilität hat, liegt an dem jungen Klinikleiter, der sich seit längerem mit Partydrogen beschäftigt und einiges umgekrempelt hat im starren Daytop-Alltag. 'Für jugendliche Abhängige ist noch keiner zuständig. Wir haben in Deutschland unbelegte Betten in der Erwachsenentherapie, aber für die jugendlichen Abhängigen gibt es zu wenige', sagt van Treeck. Aber man dürfe das Problem auch nicht dramatisieren. Eigentlich sollten Drogen völlig aus der öffentlichen Diskussion herausgenommen werden, der Großteil der Raver habe gar keine Lust, Probleme zu bekommen. Mehr als die Hälfte nehme keine illegalen Drogen, die Mehrzahl seien Gelegenheitskonsumenten und hätten ihren Konsum im Griff. Das werde in der Presse oft völlig falsch dargestellt. Es bleibt eine Gruppe von Personen, die mit Drogen nicht umgehen könne, und denen bietet er Hilfe an." (*Süddeutsche Zeitung* 21./22.03.1998:III)

als ein Aspekt eines Gesamtbildes von psychischen Entwicklungen und sozialen Zusammenhängen verstanden, was eine Methodenvielfalt bei der praktischen Umsetzung fordert. Im Rahmen einer ambulanten Rehabilitation und Psychotherapie mit Jugendlichen kommt dementsprechend eine Mixtur aus klientenzentrierter Gesprächspsychotherapie, Verhaltenstherapie, systemischer Familientherapie und psychoanalytisch-interaktioneller Gruppentherapie zum Einsatz: Im Erstkontakt werden auf der Basis einer "störungsspezifischen und prozeßorientierten Diagnostik" (Gantner 1999:173) zunächst die Veränderungsmotivation des/der Klient/in überprüft und anschließend Therapieziele formuliert, die sowohl auf die Ressourcenlage als auch auf die bereits vorhandene Suchtstruktur der betroffenen Person abgestimmt sind. Ausgehend von einem psychoanalytischen Verständnis von 'Sucht' als "narzißtische Ersatzbefriedigung und als Kompensation eines strukturellen Mangels" (ebd.:170), sowie hinsichtlich der davon abgeleiteten Definition von Partydrogenkonsum als "pseudoprogressiv[e]" Verarbeitungsform der narzißtischen Problematik (ebd.:170), stehen folgende Themen im Zentrum der Behandlung: eine "Stabilisierung der Selbstwertregulation", eine bessere "Wahrnehmung und Differenzierung von Gefühlen und Bedürfnissen", eine "Verbesserung der Kontakt- und Beziehungsfähigkeit" und schließlich eine sukzessive Distanzierung von der Techno-Drogenszene (ebd.:178f.).

Sozialpsychologische Aspekte:

An dieser Stelle sollen vor allem suchtpräventive Interventionsvorschläge betrachtet werden, die in Übereinstimmung mit einem sozialpsychologischen Interesse sowohl psychodynamische als auch soziokulturelle Motive im Zusammenhang mit dem Phänomen des (illegalen) Drogenkonsums während der Adoleszenz berücksichtigen: Aufgrund epidemiologischer Befunde zu Konsumtrends während des Jugendalters kann illegaler Substanzgebrauch als ein *normales*, da entwicklungsbezogenes Phänomen angesehen werden: "Unerwartet sind [...] die Ergebnisse der Vergleiche zwischen abstinenten und experimentierenden Jugendlichen. Im Alter von 18 Jahren erscheinen abstinente Jugendliche stärker angespannt, überkontrolliert, sozial isolierter und weniger sozial kompetent als die Vergleichsgruppe der experimentierenden Jugendlichen." Als Erklärung dieses Befunds wird angegeben, daß ein "experimentierender Drogenkonsum normal und nicht deviant ist, und gerade das Nicht-Experimentieren mit Drogen im statistischen Sinne abweichendes Verhalten für Jugendliche darstellt." (Schmidt 1998:92)

Vor diesem Hintergrund lassen sich auch die Veränderungen der (soziologisch orientierten) Präventionsansätze erklären, die – auf Vorbeugung und Schadensbegrenzung ausgerichtet – zunehmend an individuellen, sozialen und gesellschaftlichen Risiko- bzw. Schutzfaktoren ansetzten, die wiederum zuvor empirisch eruiert worden sind: "Die Risikofaktorenforschung gibt Aufschluß über Merkmale biologischer, psychologischer und sozialer Art, die die Wahrscheinlichkeit für die Entwicklung einer Erkrankung erhöhen oder vermindern. Für den Drogenbereich lassen sich auf empirischer Basis zahlreiche Risiko- bzw. Schutzfaktoren identifizieren, die eine Abschätzung des Drogengefährdungsrisikos zulassen. [...] Risiko- bzw. Schutzfaktoren sind demnach solche Merkmale, die die Gefährdung für Drogenmißbrauch modifizieren. Sowohl die Qualität, aber vor allem die Quantität der vorhandenen Risiko- und Schutzfaktoren ist bedeutsam für die Entwicklung von Drogenabhängigkeit" (ebd. 1999:65). Im Folgenden sollen nun einige bedeutsame Risiko- und Schutzfaktoren skizziert werden (vgl. ebd. 1998:40ff.; 1999:65ff.):

- Personale Risiko- und Schutzfaktoren:

Das persönliche Maß an Selbstwirksamkeitserwartung und Selbstbewußtsein gilt als bedeutsame Einflußgröße hinsichtlich einer Aufnahme, Gestaltung und Beibehaltung von Drogen-Handlungen: "Die subjektive Einschätzung, das Leben meistern zu können, geht mit geringeren Streßraten, einer erhöhten Handlungs- und Bewältigungskompetenz bei Belastungen und einer verbesserten Widerstandsfähigkeit gegenüber sozialem Druck einher, was insgesamt den Bedarf nach psychoaktiven Substanzen reduziert" (ebd. 1999:67). Mädchen und junge Frauen werden dabei aufgrund einer empirisch nachgewiesenen Interdependenz von Selbstbewußtsein und Drogenkonsum als besonders gefährdet angesehen, da sie ab der Pubertät eine signifikant niedrigere Bewertung ihrer Person, ihres Aussehens und ihrer Fähigkeiten im Vergleich zu männlichen Gleichaltrigen erkennen lassen. Während dieser Zeitspanne wird ein sinkendes Selbstwertgefühl und eine abnehmende Selbstwirksamkeitserwartung[77] beobachtet, was mit einem zu Beginn der Pubertät erhöhten sozialen Anpassungsdruck an geschlechtstypische Muster begründet wird. Als protektiver Faktor hierfür wird die Fähigkeit zur Grenzziehung und Durchsetzung eigener Wünsche formuliert. Insgesamt betrachtet gelten Eigenschaften wie Selbstbewußtsein, soziale Aufgeschlossenheit, Kompromißbereitschaft, Gelassenheit, Verantwortungsbewußtsein, positive Fremdwahrnehmung und ein tragfähiges soziales Netz als Schutzfaktoren. Ferner ist empirisch nachgewiesen, daß Jungen und junge Männer Drogenkonsum positiver als Mädchen und junge Frauen einschätzen, wobei ein männlicher Substanzkonsum sozial ebenfalls positiver bewertet wird als ein weiblicher[78]. Vor diesem Hintergrund wirkt sich ein traditionelles Männlichkeitsverständnis für Jungen und junge Männer als Risikofaktor aus, Religiosität und Konventionalität können dagegen als Schutz fungieren.

- Soziale Risiko- und Schutzfaktoren:

Familiäre Ebene: Bedeutsamer als die Familienstruktur erweist sich für eine Aufnahme von und Gewöhnung an Drogen-Handlungen die emotionale Atmosphäre und der soziale Zusammenhalt im Familiensystem, wobei die genannten Größen geschlechtstypisch unterschiedlich stark als Risiko- oder Schutzfaktoren wirken: "Mädchen sind in der Regel weniger belastet durch Schwierigkeiten oder mangelnde Bindungen mit den Eltern, allerdings reagieren sie sensibler auf elterliche Konflikte, können jedoch anders als Jungen z.B. fehlende familiäre Unterstützung durch die Beziehungen mit Freundinnen kompensieren" (ebd. 1999:68).

---

[77] Dies gilt nicht im Zusammenhang mit Tabakkonsum: junge Frauen, die überdurchschnittlich viel rauchen, zeigen eine hohe Selbstwirksamkeitserwartung (Schmidt 1998:44).
[78] Ein Grund dafür mag sein, daß in traditionellen Zusammenhängen der Gebrauch von bewußtseinsverändernden Substanzen mit Kontrollverlust assoziiert wird, der für Frauen aufgrund einer sozial konstruierten, für sie aber ganz *real* spürbaren, 'Verletzungsoffenheit' durch 'verletzungsmächtige' Männer als gefährlicher gilt (vgl. Helfferich 1994).

Peerebene: Die Integration in eine Gleichaltrigengruppe gilt als besonders einflußreich hinsichtlich einer Aufnahme und Beibehaltung von Tabak- und illegalem Substanzkonsum – jedoch mit geschlechtsbezogenen Unterschieden: "Mehr als die Mädchen beeinflussen die Jungen in der Gleichaltrigengruppe die gängigen Konsummuster. Sowohl bei Mädchen als auch bei Jungen findet der Einstieg in den Substanzgebrauch eher über die männlichen als die weiblichen Gleichaltrigen statt [...]. Außerdem sind für Mädchen und Jungen unterschiedliche Bezugspersonen von Relevanz. [...] Mädchen werden vor allem durch ihren Partner, Jungen eher durch die gleichgeschlechtliche Gleichaltrigengruppe zum Konsum harter Drogen animiert" (ebd. 1999:69). Demzufolge wird ein intensives außerhäusliches Freizeitverhalten als Risikofaktor angesehen, da Drogen-Handlungen mit sozialer Integration und Beliebtheit assoziiert werden.

Schulische Ebene: Ein schwacher Kontakt zwischen Lehrer/innen und Schüler/innen, ein gespanntes Schulklima sowie individuelle Leistungsblockaden zählen zu den zentralen Risikofaktoren im Zusammenhang mit einem riskanten Konsummuster. Darüber hinaus können sich schulische Belastungen negativ auf die sozialen Beziehungen auswirken, wodurch sich der Drogenkonsum wiederum erhöhen kann. Diese Konfliktquellen betreffen vor allem Jungen, da sie stärker versetzungsgefährdet sind, wobei Mädchen sich vermehrt mit beruflichen und persönlichen Perspektiven beschäftigen, die – bei mangelnden Realisierungschancen – zu Risikofaktoren werden können. "Zu den besonders gefährdeten Risikogruppen unter den Jugendlichen gehören [jedoch] die Schulaussteiger. Beides, ein häufiges Schuleschwänzen wie auch ein Schulausstieg geht sehr oft mit einem überdurchschnittlichen Gebrauch psychoaktiver Substanzen einher. Schulaussteiger konsumieren häufiger und mit mehr drogenbegleitenden Schwierigkeiten, und sie können leichter illegale Drogen beschaffen" (ebd. 1999:70).

- Gesellschaftspolitische Risiko- und Schutzfaktoren:

Sozioökonomische Bedingungen: Das Fehlen eines festen Wohnsitzes und materielle Armut repräsentieren einen Risikofaktor für gesundheitsgefährdende Drogen-Handlungen, wobei eher Jungen als Mädchen von ökonomischen Defiziten belastet werden. Darüber hinaus wird ein Anstieg von illegalem Drogenkonsum vor allem bei unterprivilegierten Jugendlichen beobachtet.

Gesetzliche Regelungen: Preissteigerungen von legalen Substanzen (Alkohol, Zigaretten) können sich für materiell benachteiligte Jugendliche konsumsenkend auswirken, wobei sich dann wiederum das Risiko für einen Gebrauch von mittlerweile sehr billigen synthetischen Drogen erhöhen kann. Altersbezogene Verkaufsbeschränkungen von legalen Substanzen wirken sich hingegen insofern nicht konsumsenkend aus, als diese von älteren Freund/innen eingekauft werden können: "Die Erhöhung der Altersgrenzen zeigt nur wenig Erfolg, den Einstieg in den Konsum gänzlich zu verhindern, was ein Beleg dafür ist, daß das Experimentieren mit Drogen zum Jugendalter gehört und sich nur schwer verhindern läßt [...]. Trinkmengen, Trinkhäufigkeiten und alkoholinduzierte tödliche Straßenverkehrsunfälle lassen sich jedoch wirkungsvoll durch die Heraufsetzung der Altersgrenzen reduzieren" (ebd. 1999:71).

Sozialpsychologische Untersuchungen, deren Ergebnisse im Rahmen einer geschlechtsbezogenen Suchtpräventions-Praxis relevant werden können, legen den Fokus auf eine interaktiv hergestellte sexuelle Identität, die vor allem als Erfahrung und Handlung aufgefaßt wird: "Geschlechtstypisches Verhalten und Orientierungen werden als Produkt der Vermittlungsprozesse zwischen dem angeeigneten kulturellen System der 'Zweigeschlechtlichkeit' und der jeweiligen individuellen Lebensgeschichte begriffen [...]. Identitätsbildung findet in situationsspezifischen Interaktionsprozessen statt, die – mehr oder minder – reflexiv verarbeitet und in die eigene Biographie eingebettet werden." (Franzkowiak et al. 1997:39) Ausgehend von der strukturell verankerten Aufforderung zur eindeutigen Positionierung wird die Suche nach sexueller Identität zur Querschnittsaufgabe für Jugendliche – was sie zu einem zentralen Bezugspunkt für die Konzeption einer geschlechtsbezogenen Suchtpräventions-Praxis werden läßt. Davon ausgehend schlagen Franzkowiak et al. (1997) vor, "'die Geschlechtsrolle als theoretischen und praxisbegründenden Leitbegriff aufzugeben und durch das interaktionstheoretische Konzept der 'Herausbildung von Geschlechtsidentitäten' zu ersetzen." (Ebd.:42) In diesem Sinne wird geschlechtsbezogene Suchtprävention als ein für Mädchen *und* Jungen konzipiertes Projekt verstanden, das

- "Suchtmittelkonsum bzw. -missbrauch, d.h. gesundheitsbezogenes Risikoverhalten, im Kontext der Herausbildung von Geschlechtsidentitäten interpretiert/versteht;
- den Konsum und Missbrauch spezifischer Drogen in Zusammenhang stellt mit geschlechtstypischen Lebens- und Problemlagen (im Verhältnis zum eigenen Körper; im Zusammenhang mit familiärer Einbindung und Ablösung, mit der Identitätsbildung und den psychosozialen Neuorientierungen in der Adoleszenz; im Umgang von Mädchen und Jungen miteinander; bezogen auf das Erleben von Sexualität, die Verarbeitung sexueller Erfahrungen und die Gestaltung intimer Partnerschaften; in Hinblick auf schulische und berufliche Leistungsanforderungen und Übergänge);
- geschlechtstypische Unterschiede im allgemeinen Bewältigungsverhalten und beim Konsum/Missbrauch von Drogen wahrnimmt und bearbeitet;
- die aktive Herausbildung von Geschlechtsidentitäten über eine Auseinandersetzung mit Männlichkeits- und Weiblichkeitsbildern im gesellschaftlichen Raum sowie in der konkreten Interaktion von Mädchen und Jungen im Entwicklungsprozess fördert." (Ebd.:42)

Als Beispiel für eine geschlechtsbezogene Suchtprävention kann das Projekt 'Inside' (Condrobs e.V.) in München genannt werden, das seit 1996 von Anne Fromm geleitet wird. Ausgehend von einer akzeptierenden Haltung gegenüber dem Phänomen 'Sucht'[79] zeichnet sich das Projektprofil vor allem durch eine starke Orientierung an den spezifischen soziokulturellen Zusammenhängen und individuellen Bedürfnissen der sowohl männlichen als auch weiblichen Jugendlichen aus, die dort erreicht werden sollen, wo sie sich jeweils gerade aufhalten: "Wir starten Projekte in Schulen und in den Jugendzentren. Hier geht es auch darum, sachgerecht zu informieren, soweit uns das möglich ist. Im Sinne der *harmreduction* fragen wir, was Jugendlichen der Konsum von Drogen bringt. Dabei haben wir die Möglichkeit, allgemeine Themen, unabhängig von der Substanz, aufzugreifen. Es geht darum, die eigenen Genußwünsche und Kompensationsmuster zu erkennen – so daß einfach klarer wird: 'Was bedeutet für mich das Cool-Sein?' 'Wie gehe ich mit Lei-

---

[79] "Sucht ist eine Form, mit Belastungen und Schwierigkeiten umzugehen. Sie kann oft schädigen. Manche können damit auch eine sehr lange Zeit gut leben. Es ist wichtig zu akzeptieren, daß es Menschen gibt, die den Weg gewählt haben. Und ich kann versuchen, immer wieder Alternativen dazu anzubieten oder auch zu suchen. Aber grundsätzlich: Es kann ersteinmal eine Zeitlang helfen, zu überleben." (Fromm 1998:7)

stungsanforderungen in meinem Leben generell um?'" (Ebd. 1998:7, Hervorh. i.O.) Diese Themen werden von professioneller Seite wieder aufgegriffen und als handlungsleitende Konzepte im Rahmen einzelner Projekte sowie einer Multiplikator/innenausbildung eingesetzt. Damit eröffnet sich auf der Behandlungsebene ein Feld der kreativen Umsetzung von Interventionsmöglichkeiten, die jedoch häufig aufgrund struktureller Bedingungen Vision bleiben: "An der Basis gibt es ganz tolle Entwicklungen. Dort werden immer wieder neue Wege und neue Materialien entwickelt, neue Methoden entdeckt, ja auch neue Erkenntnisse gewonnen, wie man vorgehen kann. In der Praxis, glaube ich, passiert eine Menge. Aber auf der politischen Ebene, die letztendlich die Entscheidungen trifft, sehe ich eher ein Eindämmen der Prävention. Die Finanzierung ist weitgehend unklar: Mal Zusage, mal Absage – es ist ein Politikum, und es geht leider nicht um Inhalte. Das ist sehr schade, weil die Ideen an der Basis sehr kreativ und konstruktiv sind." (Ebd.:7)

Als zusammenfassende Wertung kann festgehalten werden, daß sich all jene Konzepte von Drogen-Handlungen als nicht konstruktiv erweisen, die von einer Angleichung der Geschlechter ausgehen. Denn innerhalb eines binär codierten Kulturraumes macht es einen entscheidenden Unterschied, welchem Geschlecht das handelnde und erfahrende Subjekt angehört. Parallel dazu werden aber auch traditionelle feministische Ansätze als kontraproduktiv bewertet, sofern sie weibliche Sozialisationsdefizite lediglich als Tatsachen hervorheben und anhand einer Gegenüberstellung von männlichem Täter und weiblichem Opfer (unbewußt) affirmieren. Darüber hinaus kann aber auch ein grundsätzlicher Mangel innerhalb der Suchtpräventions-Praxis benannt werden, der sich sowohl aus einer ungenügenden Anbindung der geschlechtsbezogenen Ansätze an Bildungseinrichtungen als auch aus einer austauschhemmenden Spaltung von Theorie und Praxis speist. Diesem Mißstand, der auf Kosten einer behandlungsbedürftigen Klientel geht, kann nur anhand einer effektiveren Kooperation sowohl zwischen Praxis und Zielgruppe als auch zwischen Praxis und Forschung entgegengewirkt werden. "Für die neuen Formen der Arbeit liegt [...] ein Theoriedefizit vor: die Theorie hinkt der ausdifferenzierten Praxis hinterher. Das Defizit bezieht sich in diesem Fall [...] sowohl darauf, daß die etablierten geschlechtsneutralen Modelle zu kurz greifen, aber auch die etablierte feministische Theorieentwicklung kein angemessenes Erklärungsmodell bietet. Es wird sich vielmehr erweisen, daß beide, die traditionellen Entwicklungskonzepte ebenso wie die traditionelle feministische Sozialisationstheorie, gemeinsame Verkürzungen aufweisen. Eine Weiterentwicklung, die das konzeptuell neue 'geschlechtsbezogene' Arbeiten begründen und vielleicht auch inspirieren kann, sollte auf neuere feministische Konzepte zur Bedeutung der Kategorie 'Geschlecht' zurückgreifen" (Franzkowiak et al. 1998:14).

Weiterhin erweist sich die bisher vernachlässigte Differenzierung von Drogen in der Suchtpräventions-Praxis und Drogenhilfe als problematisch, die überwiegend auf Opiatabhängige ausgerichtet ist. Denn bei einer Generalisierung *der* Drogen und *der* Abhängigkeitsformen werden die vielschichtigen Momente von Drogen-Handlungen verflacht, die jedoch sowohl für ein angemessenes Verständnis der dynamischen Interaktionsprozesse zwischen Individuum, Droge und Lebensraum als auch für eine Entwicklung von zielgruppenorientierten Angeboten unbedingt notwendig sind. Erst allmählich richtet die Drogenhilfe ihr Angebot nach den Bedürfnissen von Partydrogenkonsument/innen aus, wobei während dieser Neuorientierung oft eine unangemessene Versorgung der Klientel erfolgt: "Behandlungsbedürftige Partydrogenkonsumenten 'landen' in Krisensituationen zunächst eher im medizinisch-psychiatrischen Hilfssystem, als in der Drogenhilfe. Eine stärkere Vernetzung und Kooperation von Drogenhilfe und Psychiatrie wäre deshalb für diese Klienten von besonderer Relevanz. Für eine zukünftig bedarfsgerechte und klientenorientierte Behandlung dieser Zielgruppe ist eine Flexibilisierung und Differenzierung der suchttherapeutischen Behandlungskonzepte wichtig." (Gantner 1999:167) Vor diesem Hintergrund werden all jene theoretischen und praxisbezogenen Ansätze als kontraproduktiv angesehen, die linear ausgerichtete und einseitig bewertende Konzepte auf komplexe Phänomene anwenden und damit nur *eine* Seite davon betonen – diejenige nämlich, die Subjekte ausschließlich als behandlungsbedürftig *definiert* und sie damit doppelt abhängig *macht*. An dieser Stelle können innovative, interdisziplinär ausgerichtete (quantitative und qualitative) Forschungsprojekte zum illegalen Drogenkonsum ansetzen, der genauso wenig auf nur einer Ebene aufgenommen, etabliert und gesundheitsschädigend betrieben wird, wie er auf nur eine Substanz und die Ausprägung nur eines Symptoms beschränkt bleibt. Denn in den meisten Fällen werden Drogen-Handlungen von autoaggressiven Handlungen wie Selbstverletzungen und Eßstörungen (bevorzugt von weiblichen Konsumenten) und/oder fremdaggressiven Verhaltensweisen wie Gewaltanwendungen gegen andere (bevorzugt von männlichen Konsumenten) begleitet. In diesem Sinne sollten auf theoretischer Ebene die sozial konstruierten Kategorien 'Geschlecht', 'Körper' sowie die entsprechenden psychosozialen Somatisierungs- und Kommunikationsformen vermehrt Berücksichtigung finden.
Auf Praxisebene wäre es für die Zielgruppe von großem Gewinn, wenn die Kluft zwischen Theorie und Praxis verringert würde, weil dadurch handlungsrelevante empirische Einsichten unmittelbarer genutzt werden könnten. Gleichzeitig funktioniert dies nur, wenn auf struktureller Ebene eine kohärente Suchtpolitik und eine flexible Infrastruktur zwischen sozialen Institutionen (z.B. Jugendhilfe) und Forschungsprojekten etabliert wird.

5. Zusammenfassung

An dieser Stelle wird nochmals dargelegt, auf welche Weise die soziale Kategor[ie] 'Geschlecht' auf die Auswahl von Seins- und Handlungsformen während der Ad[o]leszenz wirkt. Denn im Rahmen dieser Untersuchung wird davon ausgegangen, da[ß] sowohl die zentralen Entwicklungsaufgaben (in Form einer Ablösung von den E[l]tern und Herstellung *einer* sexuellen Identität) als auch die damit verknüpften E[r]fahrungsbereiche (z.B. Trennung, Beziehung und Sexualität) mit geschlechts*diff[e]renten* Zuschreibungen und darüber mit geschlechts*differenzierenden* Ausdruck[s-] oder Handlungsformen einhergehen. Im Rahmen von Drogen-Handlungen wi[rd] dieser Zusammenhang insofern relevant, als das zwischen den Geschlechtern unte[r]schiedlich normierte Verhältnis von Nähe und Distanz (bzw. von außenorientierte[n] oder innenorientierten Seins- und Handlungsweisen) als Deutungsmuster von ind[i]viduellen Selbst-, Konsum- und Lebensstil-Bildungen dienlich sein kann:

- *Verunsicherung:* Adoleszenz als Übergangsraum zwischen Kindheit und Erwachsenenstat[us] bzw. als Transformationsphase von psychisch-physischen, soziokulturellen und gesellschaft[li]chen Zusammenhängen, wirkt auf die betroffenen (weiblichen) Subjekte verunsichernd und r[e]sourcenzehrend aufgrund der sozial geforderten sowie individuell verhandelten Kompromißb[il]dungen zwischen Norm und Eigensinn.
- *Sicherung:* In Abhängigkeit zur persönlichen Ressourcenlage und psychosozialen Position (d[ie] unter anderem aus der subjektiv biographischen Geschichte resultiert) entstehen unterschied[li]che Bedürfnisse nach normalisierenden Seins- und Handlungsstrategien. Deren normative V[er]ankerung findet häufig in ausgewählten Subkulturen statt, wodurch sie konträr zu allgemein[en] Normvorstellungen sein können.
- *Psychosoziale Beweglichkeit:* Ausgehend von einem bestimmten familiären Kontext, in de[m] erste Erfahrungen mit einem je nach Geschlecht unterschiedlich bewerteten Nähe-Distanz-V[er]hältnis gemacht werden, lernt das Mädchen eine mehr oder weniger direkte Veräußerlichu[ng] des eigenen Selbstverständnisses kennen und anzuwenden. Dieser Prozeß einer interaktiv h[er]gestellten Form der Selbstmitteilung begünstigt die Identifikation mit einem überwiegend i[n]nen- oder außenorientierten Verhaltensmuster. Letzteres korrespondiert wiederum direkt [mit] der daraufhin erfahrenen sozialen Resonanz und läßt darüber hinaus eine bestimmte Quali[tät] des Selbstbezugs entstehen. Indem sich dieser Sozialisierungsprozeß von Eigensinn in Intera[k]tion mit sozialpsychologischen (z.B. Beziehungsarrangements) als auch strukturellen Phän[o]menen (z.B. Medien) vollzieht, sind die subjektiven Wahrnehmungs- und Handlungskategori[en] immer auch von gesellschaftlichen Organisationsprinzipien (z.B. Geschlechterverhältn[is] strukturiert[80].

---

[80] Als Beispiel von je nach Geschlecht differierenden Flexibilitäts- und Aktivitätsoptionen ka[nn] die Studie von Melitta Walter (2000) "Lebenswelten von Mädchen und Buben in Kindertag[es]stätten. Pädagogisches Rahmenkonzept der geschlechterdifferenzierenden Pädagogik" genan[nt] werden, da diese die Effizienz einer Kultivierung und Verlebendigung von geschlechtsbezo[ge]nen Stereotypien sehr gut beschreibt: Eltern und Erzieher/innen behandeln – meist unbewußt[–] Jungen und Mädchen jeweils unterschiedlich, wobei sich diese Differenz als geschlechts*ty[pi]sche* Seins- und Handlungsformen manifestiert: "'In fast allen Einrichtungen, die ich besuch[t]

- *Geschlechtsspezifische Mobilitätsgrade:* Aufgrund der theoretischen Annahme eines sozial ungleich strukturierten sozialen Kulturraumes, infolge einer auf spezifische sozial konstruierte Unterscheidungskategorien (Alter, Geschlecht, Ethnie, sozial-ökonomische Herkunft, Gesundheit etc.) basierenden Ungleichverteilung von sozial relevanten Ressourcen, werden geschlechtsdifferente und -differenzierende Optionen der sozialen Raumerfahrung (re)produziert. Die ambivalente Mischung von bestehenden traditionellen Zuschreibungen und sich auflösenden eindeutigen geschlechtsbezogenen Seins- und Handlungsformen konstituiert einen Antagonismus zwischen Anpassungsdruck und Beliebigkeit, der aber spätestens bei konkreten Beziehungserfahrungen innerhalb einer heterosexuellen Matrix zur Entscheidung zwingt: Das binär codierte (sozial vermittelte) erotische Begehren ermöglicht aufgrund einer gesellschaftlichen Spaltung zwischen Selbst-Sein und In-Beziehung-Sein ein dialektisches Spannungsverhältnis zwischen den Geschlechtern, die traditionellerweise jeweils auf Initiative (männlich) und Hingabe (weiblich) gepolt sind. Eine radikale Auflösung dieser Geschlechterspannung gestaltet sich dabei als ein Ding der Unmöglichkeit – zumindest so lange, wie das subjektive Geschlechtsgefühl *normal* und die soziale Resonanz darauf *akzeptierend* sein sollen. "Die durch soziale Prozesse konstruierten Normen des Geschlechts, die das Körperwissen bilden, bewirken durch ihre Verschränkung mit dem Leib, daß wir uns so fühlen, wie es uns unser Körper 'bedeutet'. Insofern das Begehren ein sozial konstituiertes Körperwissen ist, macht es spezifische Regionen des Körpers zu signifikanten und andere zu insignifikanten Körper-Formen und schafft dabei geschlechtlich relevante Leibesinseln. In diesem Sinne stellt das dichotom verfaßte Begehren eine wesentliche *kulturelle* Konfiguration der Errichtung 'natürlicher Grenzen' der Geschlechtskonstruktion auf der Ebene des Leibes dar. Insofern bestimmte konkrete Formen des Körpers eindeutig ein und nur ein Geschlecht bedeuten, hört die – ansonsten im Sozialkonstruktivismus gern postulierte – Kontingenz des Geschlechts beim Busen, bei der Vagina und allerspätestens beim Penis auf. Diese Körperzeichen sind sicht- und spürbare Regionen des Körpers, die insbesondere im Zusammenhang mit dem sexuellen Begehren Menschen zu Frauen und Männern machen." (Villa 2000:217, Hervorh. i.O.)
- *Vergeschlechtlichende Seins- und Handlungsformen:* Das von Helfferich (1999b) vorgeschlagene Modell zur Erklärung der Geschlechterverteilung im Bereich jugend- und geschlechtstypischer Problemverhaltensweisen ermöglicht eine Ableitung von "geschlechtsabhängige[n] Präferenzen der allgemeinen und nicht nur der extremen Verhaltensweisen [...] aus den Unterschieden weiblicher und männlicher Identitätsbildung und sexueller Entwicklung [...]. Das Muster der Verteilung von internalisierendem versus externalisierendem Verhalten, von passivem Rückzug versus Außenorientierung, von Aggression versus Autoaggression, von kommunikativer Problembewältigung versus Ausagieren von Problemen, findet hier eine Erklärung." (Ebd.:33)
- *Vergeschlechtlichende Konsumeffekte:* Darüber hinaus ergibt sich auch eine Interpretationsgrundlage für *doppelt* sozial abweichende Handlungsformen: Ein überwiegend vermännlichendes (*hartes*) Konsumverhalten während der weiblichen Adoleszenz kann bei einer gleichzeitigen Ablehnung der Subjektposition 'Frau' soziale Konflikte außerhalb der jeweiligen Subkultur (mit unkonventionellen geschlechtlichen Definitionsprozessen) hervorrufen, die als innere

---

sah ich Mädchen weit häufiger bei stillen Beschäftigungen im Haus und Buben bei fast jedem Wetter hinausstürmen', berichtet Melitta Walter. 'Buben finden Schlupflöcher, wenn es um die Übernahme von Aufgaben geht. Die Mädchen dagegen sind greifbar, sie helfen, haben gerade nichts Wichtigeres vor. Praktisch für den Alltag in der Kindergruppe, praktisch für Erzieherinnen, denn diese Mädchen haben sie im Auge.'" (*Süddeutsche Zeitung* 04.07.2000:L3)

Spannungsgefühle oder Selbstwertunsicherheiten nach einer verweiblichenden Bearbeitungsform verlangen (z.B. über Eßstörungen und Selbstverletzungen). Ein überwiegend vermännlichendes Konsumverhalten kann bei einer gleichzeitigen Suche nach einer akzeptablen Form von Frau-Sein in einem normativen sozialen Kulturraum verweiblichende (schuldmindernde) Kompensationsstrategien hervorrufen (z.b. in Form einer übertriebenen Nettigkeit). Diese Wiedergutmachungen können auch im Falle einer sozialen Abwertung des eigenen Konsummusters in der entsprechenden (traditionell männlich dominierten) Subkultur auftreten (z.B. ausgedrückt über eine hohe Duldsamkeit seitens der unkonventionellen Konsumentin gegenüber dem sexistischen Verhalten ihres Freundeskreises). Ein überwiegend verweiblichendes Problemverhalten (z.B. Eßstörungen) während der weiblichen Entwicklung kann bei einer gleichzeitigen Ablehnung der Subjektposition 'Frau' im Rahmen normativer Beziehungskontexte (z.B. Familie) psychosoziale Konflikte hervorrufen, die anhand von widerständigen Seins- und Handlungsformen (z.B. in Form eines *harten* illegalen Drogenkonsums), zusammen mit einer hohen Anpassung an subkulturelle Werte und Normen (als Distanz zum Herkunftskontext), einen Lösungsversuch erfahren können.

Auf der Basis der bisherigen Betrachtungen sollen (illegale) Drogen-Handlungen als eine Form von psychosozialem Kapital verstanden werden mit dem Ziel, illegalen Drogenkonsum nicht von vornherein zu bewerten, sondern vielmehr als eine spezifische Handlungsmöglichkeit zu einem bestimmten Zeitpunkt anzusehen, die sowohl Chancen als auch Gefahren auf dem Drogen- bzw. (cleanen) Lebensweg eröffnet. Diese Sichtweise fußt auf einem zwischen theoretischen und empirischen Forschungsschritten wechselnden Arbeitsprozeß: Während der parallel zur Erstellung des theoretischen Rahmens durchgeführten Auswertung der narrativen Interviews ergaben sich erste Konzepte, die mit zunehmender Verknüpfung von Theorie und Praxis ein komplexes Raster zur Beschreibung charakteristischer Phasen von Drogen-Handlungen auf zwei Ebenen erkennen ließen: Die je nach subjektiv biographischen, individuellen und soziokulturellen Erfahrungen und Handlungen variierenden *Phasen* ermöglichen zusammengenommen den Blick auf die Bandbreite von Drogen*wegen*, die wiederum auf bestimmte Szenen und Konsummuster ausgerichtet sind. Dabei ist von Bedeutung, daß diese weder linear mit einem Anfangs- und Endpunkt, noch beliebig ohne bestimmte Absicht, noch fatalistisch mit nur einer bestimmten (nicht selbst gewählten) Zielrichtung vor Augen beschritten werden – wie oftmals in der Fachliteratur diskutiert wird. Vielmehr können charakteristische und verallgemeinerbare Aspekte und Determinanten ausgemacht werden, die individuell unterschiedlich zu dem Schritt, Drogen zu konsumieren bzw. damit aufzuhören, motivieren – je nach persönlichen Besonderheiten, Lebensumbrüchen und kontextuellen Zusammenhängen. In diesem Sinne repräsentieren Drogen-Handlungen ein komplexes psychosoziales Phänomen, dessen Manifestation in einen Drogenweg von ganz spezifischen Möglichkeiten der Ausrichtung abhängt – sowohl, was das subjektive Potential (Biographie, Selbstverständnis, Bewertung etc.) als auch, was die individuell bewältigten und noch ausstehenden Lebensereignisse (Traumata, Krisen, Statusänderungen etc.) betrifft.

Ausgehend von einer prozeßhaften Subjekthaftigkeit mit sich je nach psychosozialer Position und Ressourcenlage wandelnden Seins- und Handlungsbedingungen bedeutet dies, daß sich auf einem Drogenweg immer ganz bestimmte Konstellationen von Gefahren und Chancen ergeben. Wichtig ist hier, daß selbst in gefährlichen Situationen positiv empfundene Potentiale zur Selbst- und Lebensstilbildung enthalten sein können, da grundsätzlich eine relative Wandelbarkeit und Umkehrbarkeit von riskanten Konstellationen angenommen werden kann und sollte. Diese Umkehrpunkte sowie den persönlichen Weg dorthin erkennen zu können, birgt wiederum ein wertvolles Potential für die Entwicklung eines adäquaten professionellen Instrumentariums, das – differenziert und flexibel gebraucht – einen passenden kommunikativen Austausch mit den sich jeweils von unterschiedlichen Phasen ihrer Drogen-Handlungen aus mitteilenden Konsument/innen zu initiieren vermag. Zusammenfassend betrachtet können illegale Drogen-Handlungen aufgrund folgender Zusammenhänge für ein Individuum zum Kapital werden, das sich jeweils wieder auf den subjektiv biographischen Hintergrund bezieht: Ein Subjekt erfährt mit einer spezifischen Bandbreite von Ressourcen individuell unterschiedlich empfundene Lebensphasen (z.B. Pubertät, Trennung, Beziehung), deren Bewältigung wiederum an seinem Kapitalvermögen zehrt. An dieser Stelle kann das Subjekt auf den illegalen Drogenkonsum (mit dem Potential einer Sucht- oder Abhängigkeitsentwicklung) als eine temporär passende Ressource zurückgreifen, um aktuell weiterzukommen. Dabei können die mit den Drogen-Handlungen verknüpften Erfahrungen zum Kapital werden, indem sie imaginär, aber real spürbar die jeweilige psychosoziale Position veränderbar gestalten und damit *andere* Seins- und Handlungsoptionen sowie *neue* soziale Räume eröffnen helfen (z.B. kann durch den Drogenkonsum die Erfahrung von Entspannung, sozialer Zugehörigkeit und Abwechslung gemacht werden). Aus diesem Prozeß substanzinduzierter (sozialer, emotionaler) Initialzündungen resultieren wiederum bestimmte Erfahrungen, die sowohl Ressourcen erschließen als auch zusätzlichen Kapitalbedarf deutlich werden lassen. Genau in dieser (Begegnungs-)Anforderung an das Subjekt liegt das Risiko, dessen Verwandlungen – mit Kenntnis der entscheidenden Codes – in Form einer Unterstützungsaufforderung zur Chance werden können. Auf diese Weise ergibt sich letztendlich das Wechselspiel von Chancen und Gefahren auf dem Drogen- bzw. (cleanen) Lebensweg.

II. Empirie: Die Such(t)-Bewegungen in den Diskursen der Interviewpartnerinnen

> "Die doppelte Blickrichtung, von innen und von außen, ist [...] nicht damit vereinbar, die Personen im Forschungsfeld schlichtweg als 'Expertinnen' anzusehen, die uns auf Befragen mitteilen werden, 'wie es wirklich ist'. In der empirischen Forschung wird der [...] Doppelblick vielfach in verschiedenen Stufen des Arbeitsprozesses auseinandergezogen. Während der eigentlichen Feldphase lassen sich Interviewerinnen oder Beobachterinnen weitestgehend auf die Innenperspektive ein, dokumentieren dies aber nach zuvor festgelegten Verfahren [...]. Vor und nach der Erhebung dominiert hingegen der Blick von außen, dem die Selbstverständlichkeiten und Alltagsannahmen der Zielgruppe der Untersuchung nun gerade nicht mehr 'natürlich' und unhinterfragbar sein dürfen." (Hagemann-White 1993:75)

Zu Beginn meines Forschungsprojekts entschied ich mich, aufgrund meines Interesses für weibliche Sozialisationspfade zwischen Normalität und Diskriminierung, für eine Analyse des illegalen Drogengebrauchs bei jungen Frauen. Daraufhin entwickelte ich drei zentrale Themenbereiche, die während der Durchführung der narrativen Interviews[1] umkreist worden sind. Bis dies jedoch möglich war, mußte ich zuallererst 'geeignete' Interviewpartnerinnen finden. Bemerkenswert hierbei war die Schwierigkeit, überhaupt mit Betroffenen in Kontakt zu kommen und nicht – wie zunächst von mir vermutet –, sie im Kontakt zum Reden zu bringen.

Nachdem ich keinen Erfolg mit einer Annonce in einer Zeitschrift für lokale Anzeigen hatte, entschloß ich mich, eine Suchmeldung[2] direkt in der Frauentoilette eines House-Clubs anzubringen. Daraufhin meldeten sich zwei junge Frauen, die spontan ihr Mißtrauen gegenüber der Anzeige zum Ausdruck brachten: Sie berichteten mir während der telefonischen Kontaktaufnahme von ihrer Angst, es verberge sich dahinter eine "polizeiliche Fangschaltung". Denn zu diesem Zeitpunkt – so

---

[1] Die narrativen Interviews beginnen zunächst mit folgender biographisch-orientierten Frage: 'Wenn du dich zurückerinnerst, was waren die wichtigsten Punkte, bezogen auf Familie, Schule/Ausbildung und Szene/Freunde, die dich dahin gebracht haben, wo du jetzt bist?'; und bewegen sich dann um folgende Themen: 1. Beziehungserfahrungen und -gestaltungen; 2. Persönliche Konsumgestaltung und -motive; 3. Körperempfinden und Entwicklung zur Frau.

[2] Welche junge Frau zwischen 14 und 20 Jahren hat Lust, mit einer Doktorandin der Psychologie über ihren Drogenkonsum und ihre Erfahrungen damit zu reden? Deine Erzählungen werden anonymisiert und von mir streng vertraulich behandelt. Mich interessiert Deine persönliche Art, mit den Substanzen zu handeln, zu fühlen und zu kommunizieren. Dabei geht es mir nicht darum, *daß* Du eine illegale Droge konsumierst, sondern *warum* Du sie nimmst. Dein Mut, sich auf meine Anzeige zu melden und mir ein ca. einstündiges Interview zu geben, wird von mir natürlich honoriert. Ich freue mich auf Deinen Anruf!

rechtfertigten sie ihr Mißtrauen – gäbe es in dem Club vermehrt Razzien aufgrund illegalen Substanzkonsums, -besitzes und -verkaufs. Zwei der Interviewpartnerinnen (Chris 16 und Kitty 18 Jahre) hatte ich also über eine Suchmeldung in einer Diskothek erfolgreich angeworben, die 18jährige Gesprächspartnerin motivierte noch ihre Freundin (Bunny 17 Jahre) zu einem Interview, der Kontakt zur 21jährigen Frau (Cleo) kam über einen Bekannten zustande, zwei weitere Interviews (Jasmin 19 und Arsen 22 Jahre) gelangen über den Kontakt zu einer therapeutischen Einrichtung für junge Erwachsene mit psychosozialen Problemen. Die Interviews mit den beiden 15jährigen Frauen (Dina und Maja) vermittelte eine Sozialpädagogin einer Beratungsstelle für konsumierende Jugendliche.

Als Gesprächsmotivation nannten die jungen Frauen – neben ihrem Geldbedarf – Folgendes: die 15Jährigen gaben "Langeweile" und "Interesse" an, die 16Jährige fand es ebenfalls interessant und wollte die Möglichkeit nutzen, ihre persönliche Sichtweise eines Techno-Drogenlebens darzustellen, nachdem in den Medien "viel Falsches darüber berichtet wird." Die 17- und 18jährigen Frauen meinten, daß es für sie interessant sei, einer "außenstehenden" Person, die der "normalen Gesellschaft" angehöre, von ihrem Drogenleben zu erzählen und zu zeigen, daß sie kreativ und erfolgreich einen Weg gefunden hätten, dieses in ihren Alltag zu integrieren. Für die 18jährige Gesprächspartnerin war es außerdem noch wichtig, "einmal in einem Buch zu erscheinen", nachdem sie selbst schon viele Veröffentlichungen zu dem Thema gelesen hat. Die 19- und 22jährigen Frauen wollten Bilanz ziehen, da sie nach Absolvieren einer Therapie "clean" seien und gerne den Raum für eine Selbstreflexion nutzen würden. Die 21jährige Frau meinte schließlich, daß sie gerne einen "Gefallen" tue.

Alle Interviews, die durchschnittlich eineinhalb Stunden dauerten, wurden von mir mit 30 DM honoriert, auf Audiocassetten aufgezeichnet, anschließend vollständig transkribiert[3] und assoziativ geordnet: In einer ersten Auswertungsphase bündelte ich die wesentlichen Themenbereiche (vgl. Jaeggi et al. 1993:141ff.), wobei ich besonders auf die psychodynamischen Aspekte darin achtete. Mit einer daraufhin unternommenen ergebnisbezogenen Literaturrecherche erarbeitete ich einen vorläufigen Theorierahmen und verknüpfte damit erstmals Literatur und Datenmaterial. Nach einem Jahr eröffnete ich dann eine zweite Interviewphase, um dem bereits im ersten Interviewdurchlauf durchscheinenden Prozeßcharakter von Drogen-Handlungen gerecht zu werden: Sieben der acht bereits befragten Frauen erklärten sich noch einmal für ein ungefähr einstündiges, leitfadenorientiertes Gespräch mit mir bereit und nutzten gerne den Raum, um von ihren Veränderungen zu berichten. Dabei füllten die Frauen zunächst einen kurzen biographischen Fragebogen aus,

---

[3] An dieser Stelle ist es wichtig anzumerken, daß alle von den Interviewpartnerinnen mitgeteilten Daten wie Namen, Wohn- und Therapieorte von mir anonymisiert und streng vertraulich behandelt worden sind.

woran sich eine Klärung aller aus dem Erstgespräch offengebliebenen Fragen anschloß; danach begann ich mit den Leitfaden[4]-Interviews. Letztere honorierte ich wieder mit 30 DM, nahm sie auf Audiocassetten auf, transkribierte sie vollständig und integrierte sie in die zweite Auswertungsphase. Über die darin vorgenommenen Kodierungsschritte nach der 'Grounded Theory' (vgl. Strauss et al. 1996:43ff.) erreichte ich ein Abstraktionsniveau, das einen Bruch[5] zu den befragten Frauen markierte. Darüber gelang mir eine Bewegung *weg* von einer unmittelbaren Einfühlung meinerseits in die individuellen Lebenswelt-Geschichten *hin* zu den Subjekterzählungen, denen ich mich – von einer zu den befragten Frauen nun *differenten* Position aus – wieder analysierend näherte. Auf diesem Wege konnte ich einen verallgemeinernden Blick auf das Datenmaterial werfen. Nach einer Verdichtung und vergleichenden Analyse der subjektiven Logik, anhand der jeweils bevorzugt benutzten Sprachbilder, arbeitete ich schließlich mit Hilfe der Metaphernanalyse (vgl. Schmitt 1995) drei typische Subjekt- und Konsumprofile heraus (vgl. III).

Exkurs I Zur Metapher

Was ist eine Metapher?

Eine Metapher besteht aus einem bildgebenden (Vehikel) und einem bildempfangenden Teil (Thema). Beispielsweise stellt in dem Satz 'der Süchtige ist ein Faß ohne Boden' der 'Süchtige' das Thema und das 'Faß ohne Boden' das Vehikel dar. Damit wird ein komplexer Sachverhalt durch ein Bild ausgedrückt und gleichzeitig prägnant reduziert. Dennoch verstehen Mitglieder der gleichen Sprachkultur, was gemeint ist, wenn auch nicht alles gesagt wird. Denn die durch das Hören entstehenden Bilder ergänzen das Nicht-Gesagte. In diesem Moment verstehen wir, ohne alles zu wissen, weil wir von der Wucht der Bedeutungen getroffen werden, die in einem Sprachbild von vornherein eingelassen sind und im Dialog verlebendigt werden können. Lebendige Bilder führen uns dann vor Augen, was ohne unsere Imagination bedeutungslos bliebe: Indem wir eine bestimmte Sprachkultur

---

[4] Der Leitfaden enthält folgende Fragen: 1. Was beschäftigt dich gegenwärtig am meisten und wie gehst du damit um? 2. Wie sieht dein aktuelles Konsumverhalten aus (legale/illegale Substanzen)? 3. Wie würde dich dein Freund bzw. Feind beschreiben? 4. Wann hast du das Gefühl, das zu tun, was du wirklich tun willst? 5. Wie möchtest du einmal leben?

[5] Entgegen dem früheren Ideal der Frauenforschung in Form eines Bündnisses zwischen Forscherin und (weiblichem) Untersuchungssubjekt auf der Basis der gemeinsam erlebten gesellschaftlichen Unterdrückung, wird in der aktuellen feministischen Wissenschaft der Aspekt einer Akzeptanz von Unterschieden und Ambivalenzen sowohl hinsichtlich der Forschungsbeziehung als auch der Subjekterzählung betont: "Meine These ist hier, daß auch die 'offenen' Forschungsverfahren dann nichts nützen, wenn die mit ihrer Hilfe erhobenen Äußerungen anhand eines theoretischen Konzepts interpretiert werden, das keine Widersprüche und Ambivalenzen sucht, sondern die Vielschichtigkeit der Aussagen zugunsten des Interesses an einer eindimensionalschlüssigen Ergebnisaussage wieder reduziert. Hiermit werde ich nicht nur den Äußerungen der Frauen nicht gerecht, sondern ich leiste einen Beitrag zur Zementierung des Status quo, möglicherweise ohne dies zu beabsichtigen." (Müller 1984:43f.)

mit unseren Dialogpartner/innen teilen, fügt sich das Nicht-Gesagte mit dem Gesagten über die Vorstellungskraft zusammen und kreiert eine bestimmte Weise, etwas zu sehen. Und diese verrät wiederum unsere eigene Geschichte, denn die sprachlichen Bilder, die zur Veranschaulichung von überwiegend vagen Zusammenhängen herangezogen werden, entstammen aus einem mit persönlichen Erfahrungswerten gut abgedeckten Bereich: "Lakoff und Johnson gehen davon aus, daß die sprachlichen Bilder aus einem Bereich von Erfahrung stammen, der eine prägnante Gestalt hat und leicht benennbar ist, während der zu strukturierende Bereich unscharf ist. Das trifft auf abstraktere Bereiche wie Gefühle, Handlungen, Wertungen zu [...]. Je stärker eine bestimmte Metaphorik einen abstrakten Bereich dominiert, desto deutlicher sind ihre Folgen für Handlungen." (Schmitt 1995:96) Demzufolge beeinflussen die im tatsächlichen Sprechen vorkommenden Metaphern die Interaktion, das gegenseitige Verstehen und die Kommunikation als Ganzes, indem sie bestimmen, welcher Interpretationsmaßstab bei den ankommenden Metaphern angelegt werden kann. Denn die in der mitgeteilten Metapher enthaltenen Bilder geben vor, wie das Mitgeteilte verstanden werden kann. Am Beispiel: Wenn ich als Interviewerin mein Gegenüber etwas scherzhaft zum Sprechen motivieren will und dabei meine, er oder sie könne mir ruhig alles *gestehen*, so kann diese Aussage weitreichende beziehungsdynamische Auswirkungen haben, da ich über die konventionelle Metapher *gestehen* ein juristisches Szenario heraufbeschwöre, in dem die befragte Person zur Angeklagten und ich zur richtenden Instanz werde. Inwieweit nun mein Gegenüber daraufhin bereit ist, innerhalb des von mir hergestellten hierarchischen Beziehungsgefüges *offen* zu sprechen, wird von seiner oder ihrer Umgangsweise mit Autorität sowie von meiner Haltung abhängen.

Was ist ein Metaphernfeld?

Spezifische Metaphernfelder ebnen eine Fläche, auf der sich Wahrnehmungs- und Handlungsmuster ausbreiten können. Indem beispielsweise eine meiner Interviewpartnerinnen von sich das Konzept eines *Extrem-Typs* hat, ist es nur logisch, daß sie zeitweilig *über* ihre *Grenzen* geht, *über* sich *hinaus* will und nur schwer *im Mittel*maß zu Hause ist.

An dieser Stelle sollen nun die wichtigsten, weil am meist gebrauchten Metaphernfelder kurz genannt werden, da diese bei der Benennung von sowohl individuellen als auch typenspezifischen empfindens- und handlungsleitenden Konzepten eine zentrale Rolle gespielt haben:

- Die Metaphorik des Weges:

Diese Metaphorik bezieht seine Dominanz aus dem "Ursprung-Pfad-Ziel-Schema" (Schmitt 1995:104), das uns an unsere frühesten körperlichen Erfahrungen erinnert und sich fortlaufend in unserer Bewegung von einem Ort zum nächsten wiederholt. Dabei gibt es einen Ursprung, eine Richtung zum Ziel und das Ziel selbst als erstrebenswerten Ort. Logisch verknüpft ist mit diesem Schema die Zeitstruktur: je länger der Pfad, desto länger auch die benötigte Zeitdauer, um den Weg zurücklegen zu können (vgl. ebd. 1996:393). Die Metaphorik des schwierigen Weges (vgl. ebd.:392f.) erlaubt eine Versprachlichung von Bewertungen und Gefühlen, indem sich nun kein neutraler Weg eröffnet, sondern ein Weg, der das Handeln vor einen normativen Hintergrund stellt. Ein langer Weg kann manchmal aber auch deswegen als mühsam empfunden werden, weil zuviel auf dem Rücken lastet: Die Anschaulichkeit der Metaphorik der Last speist sich aus der Oben-Unten-Dichotomie, induziert von der sogenannten 'orientierenden Metapher', indem sich das Ungleichverhältnis über die präpositionalen Komposita *auf-*, *über-*, *nieder-* und *unter-* ausdrückt. Auf diese Weise werden Stimmungslagen, soziale Positionierungen und moralische Bewertungen zur Sprache gebracht. Darüber hinaus kann die *Last* auch noch andere Bedeutungen haben, die durch die Verben *stützen*, *tragen* und *halten* benannt werden: sie verlagern physische oder psychische Aktivität und

Erfahrungen in den Bereich des Bauwesens und veranschaulichen sie darüber. Am Beispiel: Dieser Mensch wirkt *überlastet*, ein Wunder, daß er das *aushält*.

- Die Bindungsmetaphorik:

Sowohl die Bindungsmetaphorik als auch die Metaphorik des Webens basieren auf dem sogenannten "Verbindungsschema" (Schmitt 1995:104), das sich aus einer sehr frühen, präverbalen Erfahrung speist – aus jenem Bereich nämlich, in dem wir noch durch die Nabelschnur verbunden und gebunden waren und über sie genährt wurden. Heute drücken wir damit unsere symbolische Verbundenheit mit Personen und Dingen aus, die je nach Qualität *lose, eng, verstrickt, verheddert, abgerissen* oder *abhängig*machend sein kann. Die logische Struktur innerhalb des Schemas bezeichnet zwei Ganzheiten, die durch ein Verbindungsglied miteinander verknüpft sind: wenn A an B gebunden ist, ist auch B an A gebunden, beide werden also voneinander beeinflußt und sind voneinander abhängig. Am Beispiel: Ein zu *enger* Kontakt und eine zu starke *Bindung* können leicht zu *Verwicklungen* und *Abhängigkeiten* führen.

- Die visuelle Metaphorik:

Die visuelle und die Klärungsmetaphorik sind unterlegt von dem "Hell-Dunkel-Schema" (Schmitt 1996:394) und werden in erster Linie zur Veranschaulichung rationaler, kognitiver und geistiger Aktivitäten und Zusammenhänge eingesetzt. Am Beispiel: Ein nach Erkenntnis suchender Mensch will *Licht* ins *Dunkel* bringen, verworrene Diskussionen sollen durch eine Struktur *aufgehellt* und *geklärt* werden und ein schlauer Mensch besitzt einen *hellen* Kopf. Wir sprechen von *Durchblick*, *Klarsicht*, aber auch von geistiger *Umnachtung*, *Blackouts* und *finsteren* Zuständen als ihr Gegenteil. Durch die visuelle Metaphorik werden Kontraste, Polaritäten und Abgrenzungen vom eigenen und fremden Standpunkt angezeigt und deutlich gemacht: anhand unserer *Klischees* läßt sich sehr gut eine nach einer bestimmten Vorstellung eingeprägte Wahrnehmung erkennen, die nunmehr unser Denken und Handeln vorbestimmt. Ferner stellt für einige meiner Interviewpartnerinnen das *Gesehen-* und *Wahrgenommen*-Werden eine entscheidende Richtschnur bezüglich ihrer Handlungen, Selbst- und Fremdwahrnehmungen sowie Bewegungen im sozialen Raum dar. An dieser Stelle wird die Nähe der visuellen zur räumlich-orientierenden Metaphorik deutlich, die auch entwicklungspsychologisch nachgezeichnet werden kann. Denn erst durch den Blick einer dritten Person kommen wir zu einem Begriff von uns selbst, indem wir dadurch unseren Mangel begreifen aufgrund der nun wahrgenommenen Trennung von Ich und Anderem, die einerseits den Verlust einer symbiotischen Einheit, aber andererseits auch den Gewinn einer Beziehungsgestaltung bedeutet. Von nun an müssen wir also in Kontakt treten, uns also in Bewegung setzen, um bei jemandem *ankommen* oder *landen* zu können. Demzufolge *schauen* wir als Beziehungspartner/innen, wie es mit unserer Beziehung *weitergeht*, wo wir *Fort-* oder *Rückschritte* an uns oder am anderen bemerken. Die Verknüpfung der visuellen und räumlichen Metaphorik ist aber auch außerhalb des Beziehungsbereichs an folgenden Wendungen zu beobachten: *Perspektiven sehen*, sich *schnell aufklären* oder *im Vordergrund* oder *Hintergrund stehen* (vgl. Schmitt 1996:395).

- Die ontologisierende Metaphorik:

Zu den ontologisierenden Metaphern zählt einmal die Behälter- oder Container-Metaphorik mit dem "Behälter-Schema" (Schmitt 1995:103) und zum anderen die Metaphorik von Geben und Nehmen (für das kein eigenes Schema existiert). Wir nehmen unseren Körper durch die Behälter-Metaphorik als einen *geschlossenen Raum* (Entität) mit einem Innen- und Außenbereich und einer Grenze dazwischen wahr. Darüber hinaus begeben wir uns selbst wieder in *geschlossene Behälter* in Form von Häusern, Zimmern und Fahrzeugen. Die Logik dieser Struktur verlangt, daß Dinge oder Menschen entweder *im* Behälter oder *außerhalb* dieses sind. Wenn also Behälter A im Behälter B ist und X im Behälter A, dann ist auch X in Behälter B. In der metaphorischen Übertragung kann das Bild

eines Behälters auf einen Menschen projiziert werden und ermöglicht damit folgende Formulierungen: sie *platzt* vor Wut, er geht *aus* sich *heraus* und muß einiges *einstecken*; weiterhin kann eine Person *offen* oder *verschlossen* sein und für ihren Gefühlsausdruck ein *Ventil* benötigen.
- Die Metaphorik von Geben und Nehmen:

Anhand dieser Beziehungsmetaphorik wird etwas Immaterielles auf den Bereich einer gegenständlichen Erfahrung übertragen und dadurch quantifizierbar gemacht. Besonders dominant ist diese Metaphorik im Bereich psychosozialer Hilfe: "Den Betroffenen 'fehlt' X, und die Helfer 'versorgen' sie mit diesen fehlenden X. Damit wird ein normierendes Ziel des Hilfeprozesses im 'Auffüllen des Defizits' durch das Bild vorgegeben." (Schmitt 1996:400) Das Auffüllen-Wollen eines (diagnostizierten) Mangels kann jedoch auch ins Uferlose ausarten, dann nämlich, wenn der/die Patient/in als ein *Faß ohne Boden* erlebt bzw. dazu gemacht wird: Die professionell helfende Person kann sich dann *ausgesaugt*, wie eine Weihnachtsgans *ausgenommen* und schließlich *leer* oder *ausgebrannt* fühlen.

Die nachfolgenden Ausführungen beschreiben nun anhand von ausführlichen Zitaten der Interviewpartnerinnen die jeweils sehr unterschiedlich motivierten, gehandhabten sowie funktionalisierten Drogen-Handlungen. Gleichzeitig bilden sie auf empirischer Ebene den entscheidenden Schritt zur Typenbildung ab.

Die zunächst dargestellte subjektive Perspektive beinhaltet folgende Dimensionen:
- das aktuelle Selbstkonzept sowie den subjektiv biographischen Wege dorthin,
- die psychosoziale Funktionalisierung des (illegalen) Drogenkonsums,
- das bereits geleistete oder hypothetisch ausgemalte *Clean-Werden*; außerdem kommt hier auch das jeweilige Selbstverständnis als Frau in einer heterosexuellen Gesellschaftsmatrix sowie die damit verknüpften Erfahrungen, Wünsche und zukünftigen Lebensvorstellungen zur Sprache.

Darüber hinaus führten die Einzelfall-Analysen zu einer für das Empfinden und Handeln bedeutsamen sprachlichen Gemeinsamkeit der befragten Frauen. Denn sie alle metaphorisierten ihr Selbstkonzept als *Behälter*. Diese Seinsform repräsentiert eine soziokulturell etablierte Norm für das Frau-Sein schlechthin, das seit jeher mehr mit *Ort-Sein* als mit *Ort-Haben* assoziiert wird: "Psychoanalyse und Philosophie beschrieben eine Welt, in der die Frau Ort ist, aber keinen Ort hat; Raum bildet, ohne Raum einzunehmen; in der sie keine Zukunft und keine Geschichte hat." (Liebsch 1997:13) Indem nun alle Frauen für sich diese Norm als gültig erklärt und sie in ihren Selbst- und Beziehungsgestaltungen mit individuellen Schwerpunkten belebt haben – unabhängig ihrer ansonsten sehr unterschiedlichen Lebens- und Drogenwelten –, wird daran eine geschlechtstypische psychosoziale *Ursache für* sowie eine *Folge von* Drogen-Handlungen deutlich:

Die Frauen begreifen sich als ein *Gefäß*, das unter bestimmten und individuell variierenden Bedingungen *offen*, *dicht*, *leer*, *prall* oder bis zum Explodieren mit *extremen* Emotionen *gefüllt* sein kann, für die sie anschließend zur *Entlastung* ein *Ventil* brauchen. Demzufolge wird das Thema von Austausch, Abgrenzung, Entlastung und Ausgleich (bzw. das Thema einer Balance zwischen Geben/Nehmen und Innen/Außen) zentral in den Untersuchungsblickwinkel gerückt. Mit diesem Fokus entsteht unter anderem das Konzept des *Selbst-Austauschs*, das die von den Frauen selbst wahrgenommenen und bewerteten Möglichkeiten beschreibt, ihr *Inneres* in einer ebenso angemessenen wie effektiven Form nach *außen* mitzuteilen. In diesem Kontext sind die für den gesamten Interpretationsverlauf entscheidenden Begriffe der 'Ungleichgewichts-Erzählung', 'Verunsicherung' oder 'unausbalancierten Konstellationen' zu verstehen. Denn an ihnen zeigt sich eine weitere individuell gefärbte Gemeinsamkeit der Interviewpartnerinnen, die darin besteht, daß sechs von acht befragten (sowohl therapieerfahrenen als auch -unerfahrenen) Frauen ihren persönlichen Drogenweg spontan mit einer als belastend empfundenen Lebenssituation (z.B. eine soziale Isolationserfahrung) in Verbindung bringen, die sie zu einem bestimmten Zeitpunkt allein auszugleichen nicht in der Lage waren.

Welche empfindens- und handlungsrelevanten Beweggründe und Konsequenzen jedoch die mit der Zeit entwickelte Dynamik des Selbst-Austausch-Konzepts beschreibt, ist von den subjektiv verfügbaren Freiheitsgraden zur sozial akzeptierten und individuell *entlastenden* Selbstmitteilung abhängig, die wiederum von den jeweiligen sozialen Beziehungen und Bedingungen strukturiert werden. Davon ausgehend kann sich die Ursache für einen illegalen Drogenkonsum in Form eines Bedürfnisses nach einem Rückzug, einer (Zu-)Flucht oder einer Abwechslung manifestieren. Anschließend wird die illegale Drogen-Handlung, die eine Trennung von *normalen* und *anderen* Seins- und Handlungsformen sowohl erlaubt als auch einfordert, in der Folge über eine erhöhte Bereitschaft zur Normkonformität *nach außen hin* verheimlicht, um auf diese Weise negative Sanktionen abzuwehren.

6. Beruhigender Drogenkonsum als Rückzug

6.1 Dina: Die Suche nach entlastendem Anschluß

Drogen-Handlungen werden von Dinas ambivalentem Wunsch nach Anbindung und Ablösung motiviert: In der Beziehung zu ihrem Freund findet sie durch Heroin "Erleichterung" von ihren aktuellen "Problemen" mit ihrer Mutter, da die betäubende Wirkung sie alles "vergessen" läßt. Mit einer zunehmenden Gewöhnung an ihren Heroinkonsum hat sie aber keine Wahl mehr, denn sie braucht die Droge, um Entzugserscheinungen "loswerden" zu können. Ihr *Selbstkonzept* metaphorisiert sie als Behälter, der in Verbindung mit vergegenständlichten Gefühlen und wenig hilfreichen Beziehungen zu einem Sammelbecken für "Probleme" wird – was sie als Belastung spürt.

Dina ist zum Zeitpunkt des Erstinterviews im November 1999 15 Jahre alt, wohnt bei ihrer Oma, die im selben Haus wie ihre Mutter eine Wohnung hat. Zu dieser Zeit wird sie seit ungefähr einenhalb Jahren von einer "Drogenberaterin" einer niedrigschwelligen Einrichtung betreut, nachdem sie sich dort nach einem Kontaktabbruch seitens der Mutter gemeldet hat.

Der Drogenweg beginnt für Dina mit der Heimeinweisung durch ihre alleinerziehende Mutter, als sie 12 Jahre alt ist: Zu dieser Zeit lernt sie erstmals ihre damals 20jährige Halbschwester kennen, die zuvor bei ihrem Vater gewohnt hat und nun das symbiotische Verhältnis zwischen Dina und ihrer Mutter stört. Daraufhin verweigert Dina zunehmend die Schulpflicht und wird schließlich von der Mutter ins Heim gebracht. Nach zwei Jahren bricht sie von dort aus und lernt auf der Flucht ihren damaligen 19jährigen Freund kennen, der *Junkie* ist (was sie jedoch noch nicht weiß). Für eine Woche wohnt sie bei ihm und seiner Mutter, die sie aber schließlich aufgrund ihrer Minderjährigkeit und ihres Vermißt-Seins nicht länger bei sich wohnen lassen will. Daraufhin zieht Dina für zwei Wochen zu ihrer Oma und anschließend, mit dem Einverständnis ihrer Mutter, ganz zu ihrem Freund. Dort snieft sie, noch völlig drogenunerfahren, nach zwei Wochen das erste Mal Heroin. Kurze Zeit später will sie es ihrem Freund gleichtun und die Substanz "spritzen". Mit der Zeit verändert sich Dinas Konsum- und Beziehungsmuster: aus dem anfänglichen Heroingebrauch, "um ein cooles Feeling zu haben", wird ein *Brauchen*, und das einstige Verliebt-Sein verläuft sich in eine lieblose "Drogenbeziehung". Darüber hinaus weist ihre Erzählung typische Merkmale einer weiblichen Konsumposition als Junkie auf: Prostitution, Gewalterfahrungen, häufige polizeiliche und justitielle Kontakte, (un)freiwillige Entgiftungsaufenthalte, ein gutes Suchtgedächtnis, das sie immer wieder das "gute Gefühl" am Anfang suchen läßt, gesundheitliche Belastungen sowie fehlende schulische und berufliche Qualifikationen.

Aktuell war Dina zu keinem Interview mehr bereit. Von ihrer Betreuerin weiß ich allerdings, daß sie eine einzelbetreute Wohnung bekommen hat und in ein Methadonprogramm aufgenommen worden ist. Da sie aber weiterhin bei ihrer Oma und Mutter gewohnt hat, macht ihre Betreuerin das Angebot rückgängig. Im Herbst 2000 beendet Dina dann den Kontakt zur Einrichtung.

Allgemein betrachtet hat Dina schon "sehr oft" polizeiliche und justitielle Konsequenzen aufgrund ihres illegalen Drogenkonsums zu spüren bekommen. Zum Interviewzeitpunkt wurde sie gerade zu "zehn Mal vier Arbeitsstunden" verurteilt. Darüber hinaus hat sie "keine Lust" auf Schule oder Therapie; bisher unternahm sie vier stationäre Entgiftungen.

6.1.1 Tabuisierte Beziehungskonflikte bewirken belastende Trennungen

Dina beginnt ihre Ungleichgewichts-Erzählung auf der Ebene der Mutter-Tochter-Beziehung, indem sie in der Retrospektive die Überfürsorge der Mutter und ihre daraus resultierende Entselbständigung als Konfliktursache definiert: Als Kind wird sie "verhätschelt" und "verzogen", was eine Hilflosigkeit in Form einer Handlungs- und Bewegungsblockade erzeugt. Letztere zeigt sich beispielsweise als Leistungsschwäche, als die Mutter Dina abrupt ihre Unterstützung entzieht: *D: "Das Problem war, glaub' ich, auch so wegen Schule. Weil sie halt- ich war halt immer das kleine Kind, und sie hat mir auch immer Hausaufgaben gemacht, so von der ersten Klasse an. Und ab der vierten hat sie gemeint, ich soll's selber machen, und ich konnt' halt auch nicht. ... Ja, halt, daß sie mich total verhätschelt hat und verzogen hat."* Auf der Folie dieser Erfahrung einer übermäßigen Versorgung mit der Wirkmacht der Mutter, die einerseits ein Vorankommen ermöglicht, aber andererseits eine Unselbständigkeit entstehen läßt und bei Entzug der geliehenen Potenz eine Blockade in Dinas Handlungsdynamik sichtbar macht, bildet sie die Selbstdefinition als "kleines Kind" aus. Diese aus der Mutter-Tochter-Beziehung resultierende Selbstzuschreibung einer Abhängigkeit und Hilfsbedürftigkeit macht Dina *klein* und ihre jeweiligen Beziehungspartner/innen *mächtig*. Die dadurch entstehende Hierarchie behält sie bis heute bei, was sich in ihrer Erzählung wiederspiegelt: Sie präsentiert sich ausschließlich in einer Opfer-Täter-Perspektive und konstruiert darüber eine Gefühls- und Handlungsdynamik eines passiven Mitgenommen-Werdens, was sie durch ihre primäre Bezugsperson kennengelernt hat. Denn die Beziehung zur Mutter "läuft" so lange "gut", bis "Probleme" auf dem gemeinsamen Weg auftauchen, die das Vorankommen erschweren bis unmöglich machen, so daß eine entlastende Handlung notwendig wird: Als Dinas Halbschwester "plötzlich" auftaucht, fühlt sie sich "benachteiligt" und deutet damit ein Ungleichgewicht im Geben-Nehmen-Verhältnis der Mutter-Tochter-Beziehung an. Diese Verunsicherung versucht sie, über ein Bündnis mit dem Eindringling auszugleichen: *D: "Also die hab' ich eben vor drei Jahren kennengelernt, und da bin ich mit ihr oft weggegangen, da bin ich in der Nacht um drei heimgekommen. Dann war ich auch natürlich nicht fähig in die Schule zu gehen und wollte auch gar nicht mehr, hatte auch Streß mit den Lehrern und so. ... Und dann war das eben mit meiner Schwester weggehen und so, und dann war ich halt auf einmal auch- und seit meine Schwester da war, wurde ich immer weiter zurückgedrängt, weil dann meine Schwester da war und was Neues. Und dann hab' ich mich auch irgendwie so benachteiligt gefühlt."* Dieser ausbalancierende Weg mit ihrer Halbschwester verstärkt jedoch Dinas leistungsbezogene Ohnmacht auf der schulischen Ebene, die wiederum die Mutter auszugleichen versucht – zunächst über eine Entlastung der Tochter mit einer Unterrichtsbefreiung und anschließend über die Organisation ei-

ner professionellen pädagogischen Unterstützung in Form einer Heimerziehung: *D: "Ja, und dann- es hat sich halt so rausgezogen, dann bin ich auch gar nicht mehr in die Schule gegangen, meine Mutter hat mich auch entschuldigt und so. Ja, und dann irgendwann hat sie halt gesagt, du gehst- kommst jetzt ins Heim."*
Die Erfahrung der Heimeinweisung wird von Dina, zusammen mit dem Kennenlernen ihrer Halbschwester[6], in ihrer Geschichte zentral plaziert, da diese von der Mutter ausgeführte Handlung in ihren Augen die Konsequenz aus dem Eintreffen der Schwester darstellt, die damit zum eigentlichen Täter wird. Diese ambivalente Schuldverhandlung (die im Endeffekt die Mutter und sie selbst vor einer radikalen Veränderung ihrer Beziehung schützen soll) spiegelt sich im nachfolgenden Zitat an der paradoxen Formulierung wieder, mit der Dina zum Ausdruck bringt, daß sowohl sie selbst als auch die Mutter und der Vater die Heimeinweisung als Grund für ihre schnelle Abhängigkeitsentwicklung ansehen. Paradox wird diese Einschätzung insofern, als dadurch die Mutter ein Schuldbekenntnis aussprechen (schließlich war sie es, die ihre Tochter ins Heim gebracht hat) und Dina plötzlich ihren Vater als Beistand anerkennen würde, mit dem sie eigentlich "nichts mehr zu tun" haben will: *D: "Ich bin halt mit zwölf Jahren ins Heim gekommen, also wegen meiner Schwester. ... Und so im nachhinein denk' ich mir vielleicht auch, das denken sich mehr Leute, also mein Vater und meine Mutter, also das denken sich eigentlich mehr, daß, wenn ich vielleicht nicht ins Heim gekommen wär', daß ich jetzt vielleicht jetzt auch noch gar nicht drauf wär'. Da wär' ich nicht abgehauen, da hätte ich den Oliver [meinen damaligen Freund] auch nicht kennengelernt."*
Diese Konstruktion ihres bisherigen Lebensweges, den sie als eine Aneinanderreihung von äußeren Umständen versteht, die wiederum die Bedingungen für bestimmte Handlungsabläufe gelegt haben, deren Konsequenzen sie zu spüren bekommen hat und immer noch spürt, repräsentiert letztendlich Dinas Empfindens- und Handlungslogik: Indem sie ihre empfindens- und handlungsleitenden Motive *außerhalb* ihres Einfluß- und Kontrollvermögens bei ihren Kontaktpersonen, oder generell bei anonymen Kräften, vermutet, schreibt sie sich selbst die Position einer *bewegten Unbewegten* zu: sie reagiert auf Impulse und wird darüber auf den Weg gebracht. Aufgrund dieses mehr oder weniger bewußt wahrgenommenen Mißverhältnisses zwischen dem eigenen Handlungs- und Kontrollpotential und dem ihrer Kontaktpersonen nimmt sie kaum Handlungs- und Bewegungschancen unabhängig äußerer Beweggründe wahr: *D: "Na ich weiß- also ich denk', daß es vielleicht irgendwie schon immer einem vorbestimmt ist, was mal passiert oder so."*
Die Erfahrung eines passiven Mitgenommen-Werdens und die daraus resultierenden empfindens- und handlungsleitenden Impulse bei einem Abgeschnitten-Werden von dem Bewegungspotential einer Kontaktperson dominieren Dinas Erzählung, die überwiegend Ungleichgewichte im *Sein* und *Haben* erkennen läßt:

---

[6] Dina bezeichnet ihre Halbschwester während des gesamten Interviews als ihre "Schwester".

Durch einen Entzug der Wirk- und Handlungsmacht bestimmter Kontaktpersonen fühlt sie sich sowohl orientierungslos als auch unterstützungsbedürftig, woraufhin sie ihre Suchbewegungen aufnimmt. Die damit einhergehende Gestalt ihres Selbst-Austausch-Konzepts in Form eines orientierungslosen Selbst-Behälters, der erneut eine tragfähige Anbindung sucht, beginnt sich auf der Ebene der Mutter-Tochter-Beziehung zum Zeitpunkt der Heimeinweisung auszubilden: *D: "Auf einmal komm' ich ins Heim, und ich hab' einfach gar nicht mehr gewußt, was jetzt los ist."* Die mit der Heimeinweisung wahrgenommene Gefühlsverwirrung versucht sie anschließend mit Vernunft und Verdrängung erträglich zu gestalten: *D: "Ja, daß ich mich abgeschoben gefühlt hab' und gedacht hab', jetzt liebt mich keiner mehr, jetzt ist die- also meine Schwester da, jetzt braucht mich keiner mehr, jetzt ist 'ne Neue da. Ja, einfach abgeschoben halt, hab' ich mich gefühlt."* I: *"Und wie bist du damit umgegangen?"* D: *"Ja. Das weiß ich gar nicht mehr so genau. Ich hab's halt immer irgendwie versucht, zurückzudrängen und so, und hab' halt gedacht, ja, vielleicht war's wirklich das Beste, was meine Mutter gemacht hat. Aber ich wußte halt ganz tief irgendwo, daß es nicht gut war, was sie gemacht hat."*
Dina vergegenständlicht ihre Gefühle und erlebt sie damit als Entitäten mit einer Eigendynamik, die sie durch eine Verdrängungsleistung zu handhaben versucht. Da sie über keinerlei Erfahrung einer gemeinsamen Gefühlsbearbeitung und Problembewältigung innerhalb von Beziehungen verfügt, sammelt sie extreme Emotionen und bringt sie als heimlichen Besitz in weit abgelegene Gebiete ihres Bewußtseins, woraufhin eine Diskrepanz zwischen Gefühl und Gefühlsausdruck entsteht. Auf diese Weise werden ihre Empfindungen nicht zur Bedingung für eine Beziehungsänderung, obwohl sie ganz genau spürt, daß etwas bisher Unauflösbares die Verbindung zu ihrer Mutter verstellt. Dieses Hindernis in Form von Dinas "Riesenhaß" auf die Mutter bleibt jedoch deshalb so lange bestehen, weil er nicht zum *gemeinsamen* Thema von Mutter und Tochter gemacht wird. Indem also die Mutter sich Dina gegenüber so verhält, als sei "alles in Ordnung", entzieht sie ihr den Bezugspunkt ihrer überdimensionalen Aggression, die damit keine Berechtigung erfährt und so keine Rolle für die Beziehung spielen kann. Diese Tabuisierung verbietet letztendlich einen direkten Austausch zwischen Mutter und Tochter sowie eine Beziehungstransformation entsprechend Dinas veränderter Gefühlslage: *D: "Und ich hatte natürlich einen Riesenhaß auf meine Mutter, weil sie mich ins Heim gesteckt hat. Und das ist eigentlich nicht mehr so wie früher. Ich verstehe mich mit meiner Mutter schon irgendwie, aber ich kann- ich mag sie oder ich liebe sie nicht mehr so wie früher. ... Na ja also, sie denkt für sich: Ja super läuft's wieder. Ja und ich- ich kann- ich mag sie einfach nicht mehr so wie ich sie früher gemocht hab'. Für sie ist wieder alles in Ordnung."* Das energieaufwändige Verstecken von gewaltigen und bisher in dieser Form unbekannten Gefühlen innerhalb der Mutter-Tochter-Beziehung ermöglicht Dina zunächst die Phantasie des persönlich Wieder-

in-Ordnung-Seins – einen Zustand, den sie an der Mutter wahrzunehmen glaubt, die damit zunächst als idealisierte Bezugsperson gewahrt bleibt. Als sich aber dann die Gefühlsverdrehung zu einer Gefühlsbelastung ausweitet, entsteht Handlungsdruck: Dadurch, daß es Dina nicht mehr gelingt, ihre extremen und wohl auch gefährlichen Emotionen "zurückzudrängen" bzw. zu rationalisieren, erreicht sie einen Belastungsgrad, der sie zum Handeln bringt. Entsprechend dazu versucht sie mit ihrer Flucht aus dem Heim, die aufgestaute Gefühlsmasse hinter sich zu lassen: *D: "Ja, und dann war ich bis November letzten Jahres [1998] im Heim und, ja, dann bin ich- dann hat's mir halt gereicht, ja, und dann bin ich abgehauen, und da hab' ich eben meinen damaligen Freund kennengelernt."*
Während ihrer gesamten Erzählung bezieht sich Dina immer wieder auf das für sie einschneidende Erlebnis der Heimeinweisung durch die Mutter, weil für sie ab diesem Zeitpunkt der Erfahrungsprozeß einer ungewohnten "Härte" beginnt, deren bewegungshemmende Wirkung sie fortan über ein Sich-Binden an Unterstützung zu entschärfen versucht: *D: "Und dann war es eben auf einmal so hart, weil es ist halt schon schwer, ich mein, weil ich's einfach gar nicht gewöhnt war. Auf einmal komm' ich ins Heim, und ich hab' einfach gar nicht mehr gewußt, was jetzt los ist. ... Und man braucht vielleicht eher die Hilfe von den Leuten, aber nicht das Mitleid, das bringt keinen weiter."* Durch diese Selbstzuschreibung der Hilfsbedürftigkeit bindet sich Dina an Versorgungsinstanzen, was – zusammen mit der Idealisierung einer absoluten Harmonie zwischen zwei Beziehungspartnern – eine rigide Anforderung an das Selbst-Austausch-Konzept generiert: bedrohliche Gefühle können entweder sofort entfernt werden, oder aber die Einheit muß über eine sofortige Ersatzanbindung verlassen werden. Mit dieser ambivalenten Gefühlsorganisation verschleppt sie jedoch lediglich ihre Gefühls- und Problemmassen und bleibt somit belastet. Als Folge davon gelingt ihr nur eine mühsame (*harte*) Bewegung auf ihrem aktuellen Lebensweg. Vor diesem Hintergrund würde sie gerne am Rad der Zeit drehen, um ihre "Drogenabhängigkeit", die ihr "passiert" ist, rückgängig machen zu können: *I: "Was wünschst du dir?" D: "Ach, weiß ich nicht." I: "Keinen Wunsch?" D: "Nee. Ja, vielleicht, daß das alles gar nicht, alles nicht passiert wär'. Ja, und so bei meinem Leben würd' ich halt alles zurückdrehen, daß ich halt nie drauf gekommen wär' und so."*

6.1.2 Sich binden, um Belastungen "wegzukriegen"

Dina verknüpft den Beginn ihres Drogenlebens unmittelbar mit ihrem Heimausbruch sowie mit dem anschließenden Kennenlernen ihres damaligen Freundes auf ihrer Flucht. Dabei macht sie ihn sowohl verantwortlich für ihre heutige Heroinabhängigkeit als auch für ihre "kaputten" Venen, die keinen intravenösen Drogengebrauch mehr zulassen: *D: "Dann hab' ich bei meinem Freund gewohnt, also wegen dem bin ich drauf gekommen. ... Weil meine Arme hat der Oliver das halbe Jahr, wo er's mir immer am Anfang gemacht hat, total kaputtgemacht. Also die Ärzte können nicht mal Blut abnehmen, weil meine Arme einfach- aus meinen Adern kommt kein Blut mehr."* Entsprechend dieser einseitigen Kausalkette, die Dinas Position als Opfer äußerer Wirk- und Handlungsmächte beleuchtet und gleichzeitig den Blick auf ihr eigenes Wollen versperrt, besitzt sie kein eindeutiges Drogenideal als empfindens- und handlungsleitendes Motiv für ihren Substanzkonsum. Vielmehr versteht sie ihre Drogen-Handlungen als ein spontan als passend erfahrenes Hilfsmittel, um *harten* Realitäten entfliehen zu können.

Im Zusammenhang mit ihrem zufälligen Einstieg in den Heroinkonsum erzählt sie von der Entstehung eines drogenbezogenen Machtgefälles, das auf ihrer mitgebrachten Problembelastung sowie auf ihrer daraus resultierenden Suche nach Entlastung basiert: *D: "Ja, am Anfang war es halt für mich irgendwie- ja nicht Genuß, halt Erleichterung oder ein schönes Gefühl eben, einfach weg zu sein und nicht mehr wissen- nichts mehr von meinen Problemen zu wissen. Das ist irgendwie schon ein schönes Gefühl gewesen. ... Ja, ich war halt einfach prall, ich weiß nicht, wie man das beschreiben kann. Mir ging's halt einfach gut und total abwesend und so. Ja, es hat mir halt irgendwie schon getaugt, das Gefühl, und drum hab' ich's dann immer wieder gemacht. Und dann wollte ich das eben mit dem Spritzen machen, das war eigentlich genauso, also so ungefähr halt, nur halt, daß ich da eher so müde geworden bin, und mir sind halt die Augen zugefallen."* Dina metaphorisiert ihren Heroinkonsum aufgrund der Wirksamkeit auf das Selbstempfinden als passendes Hilfsmittel zur Herstellung eines "prallen" Gefühlszustandes, der als "Erleichterung" wahrgenommen wird. Indem ihr dieses Gefühl "taugt" und sie dadurch ihrer Real-Präsenz[7] entfliehen kann, wiederholt sie ihn bis zur Gewöhnung und Abhängigkeit. In diesem Sinne strukturiert sie Drogen-Handlungen bezüglich ihrer zeitgebundenen Wirksamkeit als Weg (vgl. "am Anfang") und verdeutlicht darüber die Zeitlichkeit des ergiebigen Heroins, die letztendlich eine lineare Logik erzeugt: ausgehend von einem effektiven Ausgangspunkt über eine Strecke der neutralisierenden Gewöhnung hin zu einer nüchternen Abhängigkeit, wo sie sich zum Zeitpunkt des Interviews verortet.

Zu Beginn ihres Drogenweges besitzt Dina keinerlei Informationen zu psychotropen Substanzen und deren Wirkpotentialen; dennoch merkt sie in den paar Wochen des Zusammenwohnens mit ihrem Freund, daß er "irgendwas mit Drogen am Hut hat" – und wird neugierig. Als zentrales Motiv für den Konsum fungiert der Wunsch nach Übereinstimmung mit Oliver, den sie eines Tages beim gemeinsamen Heroingebrauch mit seinem Freund beobachtet hat. Auf diese Ausschlußsituation

---

[7] Real-Präsenz meint das *nüchterne* Präsent-Sein in den jeweiligen psychosozialen Seins- und Handlungsbedingungen, wohingegen die Imaginär-Präsenz die durch den psychotropen Substanzkonsum veränderte Selbst- und Fremdwahrnehmung beschreibt.

reagiert sie mit der Bitte an Oliver, er möge seine Droge mit ihr teilen, was dieser jedoch nur widerwillig erfüllt. Ihr Verlangen nach einer Injektion kurze Zeit darauf wird von demselben Wunsch motiviert: Indem Dina Nähe über *gleiches* Handeln herstellen will, fordert sie ihren Freund auf, ihr auch Heroin zu "spritzen" und überläßt sich daraufhin so lange seinen – im nachhinein als sadistisch bewerteten – Applikationstechniken, bis sie diese Handlung selbst ausführen kann: D: *"Und irgendwann nach drei Wochen hab' ich halt gemerkt, daß er spritzt. Und dann hab' ich halt gesagt 'Ja, wenn du spritzt, dann will ich auch spritzen, ich will wissen, wie das ist.' Na ja, und dann hat er's mir halt das erste Mal gemacht und hat gemeint 'Jetzt mach' ich's dir nicht mehr.' Ja, und dann wollte ich's halt wieder und wieder, und das hat er halt dann jeden Tag gemacht. Ein halbes Jahr ging das dann so, dann konnte ich's alleine. ... Ja, der hat wahrscheinlich irgendwie- also der hat, wenn er keine Adern gefunden hat und kein Blut gleich kam, hat er richtig rumgestochert. Da sind dann natürlich alle Adern kaputtgegangen."*

Für Dina eröffnen Drogen-Handlungen, die sie sowohl freiwillig als auch unfreiwillig aufgreift[8], eine Wahrnehmung der eigenen Wirk- und Handlungsmacht, was sie hauptsächlich als Motiv für ihren fortgesetzten Substanzkonsum angibt: Indem sie über das Wirkpotential von Heroin die Bewegungsdynamik belastender Gedanken eigenmächtig außer Kraft setzen kann und darüber eine "Erleichterung" erfährt, wertet sie den Heroinkonsum als ein zu ihrer damaligen Situation passendes Hilfsmittel: *"Und einfach, ich konnte halt alles vergessen was um mich rum war und so. Also da war ich halt einfach irgendwo anders."* I: *"Du warst woanders oder du warst wer anderes?"* D: *"Ich war woanders, also ich war halt nicht da."* I: *"Wo wolltest du hin?"* D: *"Das war halt einfach- das kam mir halt grad' recht so. Weil ich eben auch da Probleme hatte mit Mutter und überhaupt so. Und da war's halt gut, weil ich einfach abschalten konnte und einfach weg war. Also ich wußte halt nicht- ich hab' halt nicht mehr dran gedacht was jetzt los ist."*

> "An dem deutschen Wort *vergessen* ist als erstes die Wortbildung bemerkenswert. Das Element -gessen (vgl. engl. -get in *forget*) drückt wortgeschichtlich eine Bewegung aus, die her zu mir verläuft: ich 'kriege' etwas. Diese Bewegung wird aber nun – ebenso wie bei dem Wortpaar *kaufen/verkaufen* – durch die Vorsilbe -ver in die Gegenrichtung verkehrt. Jetzt drückt das Wort ein 'Wegkriegen' aus." (Weinrich 1997:11f., Hervorh. i.O.)

Dinas Handlungs- und Bewegungsformen können als impulsabhängige Schlaufen rekonstruiert werden: Über die Zuschreibung eines Kraftpotentials an Kontaktpersonen, Objekte oder Umstände bindet sie sich an diese im Außen wahrgenommene Handlungs- und Wirkmacht, die mit der Zeit eine bestimmte Dynamik ihres Selbst-Austausch-Konzepts kreiert. Aufgrund ihrer sowohl ambivalenten Beziehungsgestaltung (in Form eines *Sich-Bindens* an eine ergiebige Kontaktperson und eines

---

[8] Dina gibt an, den Drogenkonsum nur insofern freiwillig begonnen zu haben, als sie dessen Konsequenzen zu dem Zeitpunkt nicht absehen konnte.

Sich-Lösens von einer belastenden Beziehung) als auch ihres Wunsches, etwas *kriegen* bzw. *wegkriegen* ("vergessen") zu können, manifestiert sich zunächst der anschlußsuchende Selbst-Behälter. Unter belastenden Bedingungen kann sich letzterer allerdings zum Druck-Behälter wandeln: Durch Heroin, "auf" das sie ihr damaliger Freund "bringt", hat sie die Möglichkeit, selbständig ihr Bewußtsein "abzuschalten" und damit "Probleme" zu "vergessen". Diese erleichternde Erfahrung bringt sie schließlich dazu, den Konsum so lange zu wiederholen, bis sie nicht mehr anders kann, als sich an die tägliche Heroinzufuhr zu binden. Wieder nüchtern nimmt sie allerdings immer mehr Beschwerden wahr, die sie nicht "aushalten" kann. Als sich ihr sporadischer Drogenkonsums zu einem *Brauchen* und ihre Verliebtheit zu ihrem Freund zu einer "Drogenbeziehung" entwickeln, ist sie doppelt auf der Flucht – einmal vor ihrem "Affen" (Entzugserscheinungen) und zum anderen vor ihrem mittlerweile ebenfalls ernüchternden, da gewalttätigen Freund: *D: "Ja, und wir hatten halt auch immer mehr so eine Drogenbeziehung, wir wurden auch oft von den Bullen erwischt, so, wenn wir uns was gemacht haben oder beim Klauen oder so. Ja, und dann am Ende, da war's halt total kraß, da hatten wir beide kein Geld mehr, und da bin ich halt auf den Strich gegangen, weil- ja, weil ich einfach nicht affig sein konnte, weil es auch einfach wirklich zu schlimm für mich war. Und ich hab' halt zu meinem Freund gesagt, daß ich halt Photos mach' und so. Ja, und irgendwie ist das dann rausgekommen, weil mich die Bullen mal erwischt haben, und da hab' ich so einen Zettel gekriegt, daß ich zum Gesundheitsamt muß. Und, ja, dann hat mein Freund den halt gefunden, und dann hat er halt gewußt, daß ich auf den Strich geh'. Und dann hat er mich halt geschlagen, also. Da waren wir im Bad, da hat er mich gegen die Waschmaschine geschmissen und so. Ja, und dann bin ich abgehauen von meinem Freund und hab' halt auch vergessen, meiner Mutter Bescheid zu sagen, wo ich bin und alles. Ja, und dann haben sie mich drei Tage lang gesucht, dann hab' ich mich nach zwei Tagen gemeldet und hab' aber gesagt, ich will nicht mehr nach Hause kommen und zu meinem Freund auch nicht, ich hab' halt jetzt ein Mädchen gefunden, wo ich wohnen kann, weil ihr Freund im Knast ist."* Als anschlußsuchender Selbst-Behälter mit einer auf ergiebige Kontakte ausgerichteten Bindungsbereitschaft befindet sich Dina in einer kontinuierlichen Doppelbewegung zwischen *Binden* und *Lösen*, angetrieben von dem empfindens- und handlungsleitenden Motiv des Belastet-Seins und Entlastung-haben-Wollens: *I: "Und was ist mit deiner damaligen Freundin, bei der du mal gewohnt hast, passiert?" D: "Ja, mit der hab' ich halt auch gestritten und so. Und ich glaub', die ist auch im Kna- also die hab' ich auch schon länger nicht mehr gesehen."*

Von Dinas Druck-Behälter, der angefüllt ist mit belastenden, aber innerhalb einer Beziehung nicht auflösbaren Gefühlen, geht eine treibende Kraft aus, die sie auf den Weg und zum Handeln bringt. Denn im Laufe ihres regelmäßigen Heroinkonsums gelangt sie in einen absurden Kreislauf von *Haben-Wollen* und *Weg-kriegen-Wollen* mit folgender empfindens- und handlungsleitenden Dynamik: das Haben-Wollen verengt sich aufgrund der zunehmenden Eigendynamik der Drogen-Handlung zu einem *Brauchen*, woraus erneut eine Belastungserfahrung resultiert, die sie wieder "loshaben" möchte: D: *"Aber jetzt brauch' ich die Drogen ja nicht, daß ich ein schönes Gefühl hab', sondern- also ich meine, ich bin jetzt so wie ich bin, und wenn ich jetzt zum Beispiel keine Drogen, also ich hab' jetzt Drogen genommen, und wenn ich jetzt keine Droge in mir hätte, dann wäre ich jetzt vielleicht- ja, wie soll ich sagen, würde es mir schlecht gehen oder würde ich frieren und schwitzen und- ja mir würd's halt einfach total schlecht gehen. Ich brauch' die Drogen jetzt eigentlich nur, daß es mir gut geht. Und früher brauchte ich's- also hab' ich's nicht gebraucht, sondern da hab' ich sie einfach genommen, daß ich einfach ein cooles Feeling hatte. ... Ja, ich würd's [die Heroinabhängigkeit] schon gerne loshaben. Aber ich kann's nicht. Ich mein', wenn ich jetzt von der Entgiftung komm', dann hab' ich zwar keinen Affen mehr und so, aber ich weiß halt genau, wo es Heroin gibt und wie das ist, das Gefühl, und am Anfang von der Entgiftung, wenn man rauskommt und vielleicht, wenn ich Glück hab', die ersten Male hab' ich noch so 'n, ja, so 'n Gefühl wie ich vorhin gesagt hab', so daß ich halt noch was merk' von den Drogen, und dann geht's halt genauso weiter, daß ich's nur brauch', daß es mir wieder gut geht. Also ich denk' irgendwie, daß ich da gar nicht mehr rauskomm'."* I: *"War es bei dir keine freiwillige Entscheidung, Drogen zu nehmen?"* D: *"Ja, doch, irgendwie schon, Aber, ja, weil ich eben nicht gewußt hab', was es also für- wie heißt das jetzt? ja, was es halt nach sich bringt. Ich hab' nicht gewußt, daß es so schlimm ist und daß man so schwer wieder davon wegkommt. Weil am Anfang, wo ich's genommen hab', man wird ja nicht gleich abhängig, am Anfang hab' ich's halt nicht jeden Tag gebraucht, da hab' ich's dann einfach nur genommen, weil's mir Spaß gemacht hat. Und dann, wo ich gemerkt hab', daß ich's brauch', da war's halt schon Scheiße, aber da mußte ich's halt nehmen, weil ich's eben gebraucht hab'."* An diesem Zitat zeigt sich erneut Dinas Handlungslogik der impulsgerichteten Bewegungen, über die sie die Position einer *bewegten Unbewegten* einnimmt und sich – konsequent zu dieser Konstruktion – als belastet empfindet durch die eigendynamischen Drogen-Handlungen, die mehr und mehr zum Gefängnis werden. Hinsichtlich der sich verändernden Qualität des Heroingebrauchs, mit der auch die abnehmende Gefühlsbindung an Oliver korrespondiert, macht sich Dina erneut auf die Suche nach einem hilfreichen Beziehungsangebot. Im folgenden Zitat beschreibt sie die von ihr anfänglich als harmonisch und haltgebend empfundene Drogenszene als "Familie", aus der sie sich einen "Vaterersatz" gewählt hat: *D: "Das ist halt so, ich empfinde das halt so, ja, jetzt auch nicht mehr so sehr, aber ich empfand das früher so wie so 'ne große Familie eher, weil da haben echt alle zusammengehalten. Aber die meisten sind entweder gestorben oder im Knast. ... Und einer, der war halt wie mein Vaterersatz sozusagen. Der hat mir halt, ja das hört sich ein bißchen doof an, aber der hat mir halt immer geholfen. Auch wenn's mir schlecht ging, hat er mir was [Drogen] verschafft und auch wo ich nicht mehr wußte, wo ich hinballern [injizieren] soll, hat er mir halt in den Hals geballert. Weil meine Arme hat der Oliver das halbe Jahr, wo er's mir immer am Anfang gemacht hat, total kaputtgemacht ... Ja, und der war halt wie mein Vater so ungefähr. Und der ist halt vor fünf Monaten gestorben. Also es tut mir halt schon immer noch weh oder so, auch wenn ich drüber rede oder so, aber so die ersten drei Wochen oder so waren total schlimm, da hab' ich halt dann auch nichts mehr gegessen und nur noch geweint. Ja, es war schon schlimm, weil er einfach wie ein Vater war. Und der hat mir auch geholfen, auch wenn der Oliver mich geschlagen hat und er hat das gesehen, dann hat er ihn halt- also entweder auch eine runtergehauen oder mit ihm total viel reingeredet. Also der hat mir halt immer geholfen."* Indem Dina die Szene (jedenfalls bis zum Tod ihres Vaterersatzes an einer Überdosis Heroin) als "Familie" empfindet, macht sie deutlich, daß sie diese als eine "Gemeinschaft von Eltern und Kinder[n]" (Etym. Wörterbuch d. Deutschen 1995:322) begreift, die sich idealerweise durch einen zuverlässigen Zusammenhalt und eine permanente Unterstützung der Kinder auszeichnet. An dieser hierarchischen Strukturierung ihrer früheren Szeneposition als Tochter zeigt sich erneut Dinas zentrales Selbstverständnis als kleines Kind: Durch die kindlich idealisierte Bindung an ein (imaginäres) Elternteil (vgl. "der hat mir halt immer geholfen") kann sie zwar von der erwachsenen Wirk- und Handlungsmacht profitieren, verliert dabei aber an Vertrauen in ihre eigene Handlungsfähigkeit. Wird nämlich diese hilfreiche Kontaktanbindung durchtrennt (wie im Falle der Heimeinweisung durch die Mutter bzw. im Falle des Todes des Vaterersatzes), erfährt sie diesen Verlust als ungewohnte *Härte*, auf die sie mit Ohnmacht reagiert.

> "**hart** Adj. 'fest, keinem Druck nachgebend, streng, scharf, heftig, schwer erträglich', ahd. *hart* 'fest, rauh, unbiegsam' [...] 'grob, ausdauernd, hartnäckig, dicht, anstrengend, schwer'" (Etym. Wörterbuch d. Deutschen 1995:511).

Diese *Härte* manifestiert sich auf der Basis ihrer verdrängten Aggression gegenüber der Mutter als Belastungsdruck, der Dina zur erneuten Suche nach Entlastung treibt. Im Gegensatz zu der im nachhinein eher negativ bewerteten Überfürsorge der Mutter idealisiert sie die Erfahrung einer kontinuierlichen, auf ihre Bedürfnisse als *Junkie* abgestimmten Hilfeleistungen ihres Vaterersatzes, die ihr aber ebenfalls wieder genommen werden – diesmal allerdings ohne Wahlfreiheit des Bindungspartners. Der Effekt dieses plötzlich wahrgenommenen Defizits bleibt jedoch derselbe: D: *"Ich mein', für mich ist es jetzt halt irgendwie schon härter, weil früher eben, wo der- 49Jährige [Vaterersatz] noch da war, da war's halt viel leichter auch so mit Drogen und so. Und jetzt muß ich halt wieder mein Geld verdienen."*

Ausgehend von den augenblicklich härteren Bedingungen ihres Drogenlebens, die als Konsequenzen Belastungen kreieren, an denen Dina schwer zu tragen hat, wünscht sie sich dementsprechend "Erleichterung": In der männlich dominierten Drogenszene an öffentlichen Plätzen, die durch polizeiliche Maßnahmen und justitielle Verordnungen in Schach gehalten wird und in der drogenabhängige Frauen wenig Alternativen zur Prostitution als Geld- bzw. Drogenerwerbs-Quelle besitzen, nennt sie unterschiedliche Veränderungswünsche, die ihre ambivalente Positionierung als *Junkie* beleuchten: Einerseits würde sie die Bedingungen der Drogenszene durch eine Liberalisierung der Gesetze lockern und darüber hinaus eine Integration von drogenabhängigen Menschen in die *normale* Gesellschaft fördern. Andererseits würde sie aber auch das Rad der Zeit zurückdrehen wollen bis zu dem Punkt, an dem sie noch nicht abhängig war. Weil das nicht geht, wünscht sie sich persönliche Unterstützung von Menschen, um ihr Drogenproblem leichter ertragen zu können. Diese Ambivalenz führt schließlich zu einem einzigen Wollen, das sich als Suche nach einem leichteren Vorankommen manifestiert. D: *"Ja, ich denk', ich würd's [Heroin] schon freigeben. Weil ich mein', irgendwie in einer Hinsicht ist es blöd, wenn's freigegeben wär', weil dann würden noch mehr Leute oder noch mehr Kinder vielleicht drauf kommen. Aber für die Leute, die halt drogenabhängig sind, wär's halt schon leichter, wenn's frei wär', weil dann wär' das mit den Bullen und so auch nicht mehr so schlimm. Und dann könnten die auch gar nichts mehr sagen und so. ... Ja, daß sie [die normalen Leute] einfach lockerer sein sollten und nicht irgendwie eben auf das hören sollen, was halt viele über die Drogensüchtigen sagen, daß sie halt Abschaum sind oder eben, daß sie unbedingt Mitleid brauchen. Weil die Drogensüchtigen sind einfach auch Menschen, die halt einfach eine Sucht haben und damit eigentlich auch, meistens denk' ich, gut zurechtkommen und die einfach gerade das Gegenteil von Mitleid brauchen und daß vielleicht die Leute, die da Vorurteile haben, erst mal einen kennenlernen sollen, und dann können sie immer noch sagen was sie denken oder so, und nicht einfach über die Leute reden sollen. ... Ja, zum Beispiel, wenn ich jemanden kennenlerne oder mich jemand kennenlernt und dem das erzähl', weil irgendwann kommt man da [auf meine Drogenabhängigkeit] drauf auf das Gespräch, da fangen sie an mit dem Mitleid, oder 'Warum hörst du nicht auf, bist du nicht so stark?' oder 'Mei, du tust mir so leid', aber sie tun- also sie können- sie helfen dir nicht. Und man braucht vielleicht eher die Hilfe von den Leuten, aber nicht das Mitleid, das bringt keinen weiter."*

6.1.3 Abhängigkeitsverhältnisse machen ohnmächtig

Die Beendigung des Drogenkonsums wird von Dina als ein *harter* Weg metaphorisiert, auf dem sie das Ziel einer Abstinenz bisher noch nicht erreicht hat, weil sie ihr subjektives Leistungskonzept mit ihrem sich selbst zugeschriebenen "lockeren"

Selbstbezug verknüpft. Dieser basiert auf der Erfahrung einer überfordernden Überfürsorge: Indem sie auf keine selbständige oder interaktive Problembewältigung zurückblicken kann, sondern alles so lange auf sich genommen hat, bis sie überfordert war und sich losgerissen und neu angebunden hat an sie unterstützende Kontaktpersonen, verfügt sie über keine bewußte Erfahrung ihrer Eigeninitiative. Von daher braucht sie nach einem Kontaktabbruch sofortigen Ausgleich in Form einer hilfreichen, sie mittragenden Neuanbindung. Dieses Bedürfnis fungiert beispielsweise als handlungsleitendes Motiv, als sie sich bei der Einrichtung für drogenkonsumierende Jugendliche meldet: D: *"Ja, also ich hab' also- die Svenja, das ist die Frau in [der Einrichtung], die hat mich am Bahnhof getroffen, und dann hat sie mir so Prospekte gegeben und hat gemeint, wenn ich Probleme hab', kann ich mal anrufen oder so. Ja, und dann hat mir meine Mutter, ich glaub' drei Tage danach, so 'nen Zettel- Brief geschrieben, daß sie nichts mehr mit mir zu tun haben will, dann hab' ich bei meinem Freund gewohnt, also wegen dem bin ich auch drauf gekommen, daß sie nichts mehr mit mir zu tun haben will und daß ich für sie gestorben bin, und ich soll gar nicht mehr sie anrufen, also die drogensüchtig ist- weil sie kann keine Tochter haben, die drogensüchtig ist. Ja, und dann hab' ich bei ihr [Svenja] angerufen, dann hab' ich das halt erzählt, ja, und dann haben wir irgendwie halt ausgemacht, daß ich auf Entgiftung geh' mit meinem Freund oder so."* Bis zum Zeitpunkt des Interviews hat Dina vier Entgiftungen hinter sich, die sie aber nicht als Beendigungsversuche wertet, sondern als Möglichkeiten ansieht, erneut das im Gedächtnis gespeicherte "schöne Gefühl" vom anfänglichen Drogenkonsum wieder zu bekommen. Den Grund für ihren fortgesetzten Konsum, den sie meist direkt im Anschluß an eine cleane Phase aufnimmt, sieht sie in ihrem "lockeren" Selbstbezug:

"locker Adj. 'unfest, lose, wacklig, leichtfertig'." (Etym. Wörterbuch d. Deutschen 1995:808)

I: "Wie bist du selbst mit dir?" D: "Och, ja vielleicht- zu locker irgendwie, denk' ich. Also ich denk', daß ich schon zu locker bin mit mir. Vielleicht könnte ich's schon schaffen aufzuhören, aber ich weiß- ich glaub'- also ich denk', ich kann's nicht schaffen, und das ist vielleicht mein Problem. Und drum versuch ich's halt auch erst gar nicht." Aufgrund ihrer hohen Bindungsbereitschaft nach außen und ihres Wunsches, passiv mitgenommen zu werden (was sich in der Projektion ihres Handlungs- und Bewegungspotentials auf Kontaktpersonen, Objekte und Umstände bei einer gleichzeitigen Selbstwahrnehmung als "kleines Kind" zeigt), gestalten sich Dinas Empfindens- und Handlungsschlaufen impulsorientiert. Ihr Agieren wird dabei von dem Wunsch nach einem leichteren Lebensprojekt geleitet, das sie Bedingungen der sie unterstützenden Kontaktpersonen ertragen und erfüllen läßt – aber immer nur so lange, wie sie passiv mitgenommen wird. Wird statt dessen ein eigenständiges Engagement gefordert, löst sie ihre Verbindlichkeit und ersetzt diese durch passiven Widerstand: *D: "Na ja und Schule- also versuch' ich halt, das mit der Svenja, also meiner Drogenberaterin so- also ich hab' irgendwie auch gar kein richtiges- also ich will eigentlich auch gar nicht in die Schule gehen, und so auf Therapie und so hab' ich auch keine Lust. ... Und dann will die Svenja halt weiterschauen, was mit mir passiert wegen Schule und so."*

Mit Blick auf die bisher genannten Elemente von Dinas Konstrukt einer abhängigen Handlungsfähigkeit kann nun ihre subjektive Problemzuschreibung des Lokker-Seins, zusammen mit ihrem Wunsch, "die Leute" mögen "lockerer" mit den "Drogensüchtigen" umgehen, als Ausdruck ihres Belastet-Seins durch Zuschreibungen interpretiert werden: Innerhalb ihrer primären Beziehung hat sie aufgrund ihrer tatsächlichen Abhängigkeit und Hilflosigkeit als kleines Kind keine andere Wahl, als abhängig und hilflos zu sein – und schnell lernt sie, keine "Probleme zu machen", indem sie erfüllt, was von ihr erwartet wird. Durch diese hohe Anbindungsbereitschaft an die Zugrichtung im Außen, kann oder muß sie ihren Selbstbezug vernachlässigen und kommt darüber "gut" (*leicht*) bei ihrer ersten Kontaktperson (Mutter) an. Erst als äußere Umstände zu "Problemen" innerhalb der Beziehungsdynamik und somit zu Blockaden werden, nimmt sich Dina als Last wahr, von der sich die Mutter über eine abrupte Trennung befreit. Anschließend bleibt sie auf der Spur eines *harten* Weges und kommt nur mühsam aufgrund des mittlerweile verinnerlichten Problembesitzes voran. Diese Belastung treibt sie schließlich an zu einer kontinuierlichen Suche nach geeigneten Bindungen als Entlastungsmöglichkeit. Auf diese Weise gelangt sie auch auf ihre (un)freiwillig eingenommene drogenbezogene Abhängigkeitsposition: "wegen" ihrer Bindung an ihren damaligen Freund wird sie zum *Junkie*, da dieser sie "drauf" bringt auf das Drogen-Fahrzeug, das ihr zunächst ein Sich-Entfernen von ihren Bezugspersonen und den damit verknüpften "Problemen" ermöglicht. Erst mit einer zu engen Bindung an das Heroin, die mit der Abhängigkeitsposition einhergeht, spürt sie erneut ihren belastenden Besitz von nach wie vor ungelöster Gefühlsmaterie.

Auf der Ebene der heterosexuellen Beziehungsdynamik erfährt Dina eine ähnliche Festschreibung eines hierarchischen Gefälles in ihrem Selbst- und Beziehungsverständnis – dann nämlich, als sich parallel zum fortgesetzten und kontinuierlich gesteigerten Heroinkonsum die Gefühlsqualität ihrer Beziehung auf eine gegenseitige Funktionalisierung reduziert. Im folgenden Zitat beschreibt sie die Transformation ihrer anfänglichen Liebesbeziehung in eine "Drogenbeziehung" als einen Weg, auf dem sich im Zuge eines kontinuierlichen, gemeinsamen Heroinkonsums die entlastende Qualität eines Versorgt-Werdens immer mehr aufhebt, was schließlich das selbstbestimmte *Führen* einer Beziehung auf längere Sicht unmöglich macht: *D: "Ja, also ich denk', wenn man drauf ist, kann man keine Beziehung führen."* I: *"Warum geht das nicht?" D: "Ja, weil das immer wieder drauf hinausläuft auf eine kurze Zeit, daß man- daß es doch eine Drogenbeziehung ist. Und ich meine, es fängt schon an beim- na ja, vielleicht, wenn man sich jetzt zusammen irgendwie einen Druck machen will, dann fängt der Streit schon an, so: Du hast zwei Striche mehr als ich in der Nadel! Und das pack' ich einfach nicht, so 'ne Beziehung, wo dann dauernd Streit ist wegen den kleinsten Sachen. ... Das kam öfter vor eigentlich, [daß Oliver mich geschlagen hat]. So am Anfang nicht, aber dann eben, wie es langsam zu 'ner Drogenbeziehung wurde und keine Liebe mehr im Spiel war, dann schon. Auch wenn wir zusammen am Bahnhof waren und mich nur ein Junge gegrüßt hat oder so, hab' ich schon eine Watschn gekriegt, obwohl ich ja nichts dafür konnte, daß mich jetzt ein Junge grüßt."*

Dina besitzt ein über vergegenständlichende Metaphern strukturiertes Beziehungskonzept, in dem die Verbundenheit zweier Personen als Wesen mit einer eigenen Handlungsmacht begriffen wird, das sich auf einem raum-zeitlichen Kontinuum bewegt und – je nach Zustand der Beziehungspersonen – eine bestimmte Form annimmt: Unter den Bedingungen einer Anbindung an einen ermächtigenden Kontakt in Form des Drogenkonsums werden die Beziehungspersonen zu Rivalen in einem "Spiel", in dem die Spielregeln für Mann und Frau jedoch unterschiedlich definiert sind. An dieser Stelle verknüpft sich Dinas Opfer-Täter-Konstrukt auf fatale Weise mit den für sie geltenden, konventionellen Beziehungsbedingungen aufgrund ihrer psychosozialen Position sowohl als Frau als auch als Junkie: Mit ihrer hohen Bindungsbereitschaft an potente Bezugspersonen und -objekte, die sie wegen ihrer Opfer- und Ohnmachtsidentifikation braucht, um entlastet und bewegt zu werden, folgt sie den jeweiligen Bestimmungen, um die im Außen als verfügbar geglaubte Wirk- und Handlungsmacht als Gefühlsregulativ nutzen zu können. Das damit einhergehende Ungleichgewicht zeigt sich, sobald das Austauschverhältnis nur noch nach den Forderungen der (definitions)mächtigeren Bezugsperson gestaltet wird. Dies *passiert* beispielsweise bei der Projektion hilfreicher Energie auf ein drittes Element (Droge), wodurch die Beziehungspartner zu Rivalen mit "ungerecht" verteilten Rechten und Pflichten werden: *D: "Ja, ich hab' halt immer mehr gemerkt- weil auch eben da, wo ich angeblich Photos gemacht hab', also wo ich eigentlich auf den Strich gegangen bin, da war er [Oliver] halt irgendwie schon froh, wenn ich dann nach Hause gekomen bin und das Geld hatte. Oder auch, wenn wir so mal Geld hatten vielleicht von seiner Mutter oder von meiner Mutter, dann hat er halt gemeint, ja, ihm geht's nicht gut, und ich soll doch die Drogen holen, weil ihm geht's einfach nicht gut, obwohl's mir genauso schlecht ging. Und ja, und dann hat er halt noch gemeint, ich soll aber nichts nehmen von den Drogen, ich soll warten bis ich zu Hause bin bei ihm, dann können wir zusammen was nehmen. Aber ich sollte vorher heimkommen, bevor ich was nimm'. Obwohl's mir genauso schlecht ging wie er- ihm. Und das fand ich halt irgendwie schon ungerecht. Also er hätte wohl- ich dachte auch, daß er gemerkt hätte, wenn was gefehlt hätte. Und dann hätte ich also eh' Fotzn gekriegt. Und drum hab' ich lieber das gemacht, was er ge-*

sagt hat. Und da hab' ich eben gemerkt, daß es eigentlich nur noch die Drogen sind, was uns zusammenhält oder so." In diesem Zitat wird die interaktive Bestätigung von ungleich verteilten Besitz-, Handlungs- und (Selbst-)Entfaltungsoptionen sowohl auf der Paarbeziehungs- als auch auf der Gesellschaftsebene sehr gut deutlich: Der Freund kann seine Bestimmungsmacht in einer kontrollierenden und funktionalisierenden Weise (bis weit über ihre Schmerzgrenzen hinaus) so selbstverständlich auf Dina ausüben, weil sie ihm alleinige Macht zuschreibt und sich daraufhin unterordnet. Dieses ungleiche Verhältnis kann jedoch nur deshalb so wirkungsvoll werden, weil der Freund über seine Subjektposition als Mann einen soziokulturellen Machtvorsprung bezieht. Indem sich Dina und Oliver nun rigide nach dieser Norm richten, üben sie Normalität mit ungleichen Effekten aus und bestätigen darüber in extremer Weise die soziale Ordnung als Ungleichheit.

Dinas eingeschränkte Handlungs- und Bewegungsmöglichkeiten innerhalb der heterosexuell strukturierten Beziehung (die sie so lange akzeptiert, wie sie an die Wirkmacht des Partners hilfreich angeschlossen bleiben kann) werden allerdings weiter, sobald das ungleiche Austauschverhältnis genug an Belastungsmasse produziert hat – woraufhin sich ihr Druck-Behälter bildet, der sie zum Handeln bringt und darüber in Bewegung setzt: *D: "Und der [Oliver] hat mich dann eingesperrt bei sich, hat mich auch wieder geprügelt und so, und da bin ich abgehauen. Und da hab' ich auch gesagt, daß es mir jetzt langt und hab' Schluß gemacht, und drei Wochen später ist er dann in den Knast gekommen, und seitdem ist er halt im Knast jetzt."* Kurz darauf lernt sie ihren jetzigen Freund, Simon, kennen, der ebenfalls illegale Drogen konsumiert und deshalb zu einer Gefängnisstrafe verurteilt wird. Zufälligerweise treffen sich Simon und Oliver im Gefängnis, was Dinas indirekte Rachepläne gegenüber Oliver scheitern läßt: *D: "Und dem Oliver hab' ich halt jetzt so immer Hoffnungen noch gemacht, also weil ich irgendwie ihm heimzahlen wollte was er mit mir früher gemacht hat. Da hab' ich ihm halt so Hoffnungen gemacht, daß ich ihn noch liebe und daß jemand auf ihn wartet draußen, wenn er kommt. Ja, und dann ist der Simon in den Knast gekommen, und dann haben die sich irgendwie wohl kennengelernt, und jeder hat halt gesagt 'Ja, ich hab' 'ne Freundin. Wer ist deine?' Und dann haben sie halt auch beide Photos von mir gehabt und dann, na ja, dann war's eigentlich aus. ... Und seitdem haben- also die haben auch im Knast geschlägert und- also da ist halt jetzt total Streit wegen mir. Na ja, und dann hab' ich dem Oliver geschrieben, daß es aus ist, daß ich halt den Simon liebe. Aber ich weiß eigentlich nicht, was ich genau will."* Auf diese Weise ergibt sich eine indirekte Beziehungsklärung zwischen Dina und Oliver und eine direkte Auseinandersetzung der beiden Rivalen, die um das Objekt ihrer Begierde kämpfen. Durch diesen Verhandlungsprozeß erhält Dina zwar einen Beweis ihrer indirekten Macht – sie stiftet totalen "Streit" –, aber wieder kein Resultat einer bewußt getroffenen Entscheidung.

Dina äußert keine zukunftsweisenden Wünsche über ihre Drogenabhängigkeit hinaus; statt dessen will sie entweder ihren gesamten Drogenweg rückgängig machen oder die Bedingungen für ihr weiteres Drogenleben so verändern, daß es leichter zu ertragen ist. In diesem Sinne wünscht sie sich aufgrund ihres Verhaftet-Seins in einer interaktiv hergestellten Abhängigkeitsdynamik veränderte strukturelle und soziale Bedingungen, um ihre *harte* Position als Junkie *leichter* ertragen zu können.

> *"Also von den Gesetzen her würd' ich halt ändern, daß es nicht so streng ist, grad' mit Junkies. Ich mein', die können nichts dafür, daß sie drauf sind oder so. Und ich mein', die Bullen sollten einfach nicht so streng sein und die Szene lassen und nicht dauernd versuchen, sie auseinander zu bringen und dauernd die Junkies verhaften, die eigentlich gar nichts dafür können. ... Ja, daß sie [die normalen Menschen] einfach lockerer sein sollten und nicht irgendwie auf das hören sollen, was halt viele über die Drogensüchtigen sagen, daß sie Abschaum sind oder eben, daß sie unbedingt Mitleid brauchen. Weil die Drogensüchtigen sind einfach auch Menschen, die halt einfach eine Sucht haben und damit eigentlich auch, meistens denk' ich, gut klarkommen und die einfach gerade das Gegenteil von Mitleid brauchen und daß vielleicht die Leute, die da Vorurteile haben, erst mal einen kennenlernen sollen, und dann können sie immer noch sagen was sie denken oder so, und nicht einfach über die Leute reden sollen."*

6.2 Jasmin: Die Suche nach unmittelbarem Selbstausdruck

Drogen-Handlungen repräsentieren für Jasmin einen erholsamen Rückzug, aus dem sie Entspannung und Beruhigung bezieht. Nüchtern kann sie sich hingegen nur schwer ein "Ventil" verschaffen, um ihr als Behälter metaphorisiertes *Selbstkonzept* wieder von dem aufgestauten Leistungs- und Erfolgsdruck zu entlasten: Das strebsame Verfolgen eines hohen Ideals führt sie öfters zu Enttäuschungen, für die sie sich selbst mental "bestraft", indem sie sich noch mehr unter Druck setzt. In solchen Momenten hat sie auch heute noch, nach eineinhalb Jahren Clean-Sein, "Sehnsucht" nach der beruhigenden Drogenwirkung.

Jasmin ist zum Zeitpunkt des Erstinterviews im Juli 1999 19 Jahre alt und wohnt in einer betreuten Wohngemeinschaft, die sie im Rahmen der Nachsorge, nach Beendigung ihres Aufenthalts in einer therapeutischen Einrichtung für junge Erwachsene mit psychosozialen Problemen, bezogen hat. In der Zeit besteht sie ihr Fachabitur nach mehreren Schulwechseln und sucht anschließend im Bereich Touristik oder Journalistik einen Ausbildungsplatz. Jasmin hat einen zwei Jahre jüngeren Bruder, der bei der Mutter lebt, die sich nach dem Tod von Jasmins Vater an einer Überdosis Heroin[9] vor acht Jahren sehr auf ihn konzentriert. Ein weiteres problematisches Element der Familiendynamik bezeichnet sie als "Kulturkonflikt": Die Mutter kommt aus Asien und hat aufgrund ihrer eigenen Erziehungs- und Traditionserfahrungen Schwierigkeiten mit dem "westlichen Bild eines jungen Mädchens", woraufhin sie ihre Tochter sehr streng und mehr leistungs- als gefühlsorientiert erzieht.

Der Drogenweg von Jasmin beginnt mit ungefähr 13 Jahren, als sie nach der Auswanderung ihrer damals besten Freundin neue Kontakte sucht und sich "in diese Kreise" begibt: Sie beginnt mit Alkohol- und Haschischkonsum, ab 15 Jahren nimmt sie Speed, Ecstasy und Kokain, und mit 16 Jah-

---

[9] Jasmins Vater war ihren Schilderungen nach ein unauffälliger, das heißt ein sozial und gesellschaftlich integrierter Heroinkonsument – und "nicht voll der Asso". J: "Der war halt in meinem Alter drauf, war dann zwanzig Jahre clean, ja, und hat halt irgendwie– wir [die Familie] haben das gar nicht mitbekommen, hat dann anscheinend wieder ab und zu was genommen, ja, und irgendwann war's halt zuviel."

ren probiert sie das erste Mal Heroin (gesnieft und geraucht), das später zu ihrer Lieblingsdroge wird. "Am Ende" ihres Drogenweges konsumiert sie fast ausschließlich Heroin und zieht sich ganz aus der zuvor regelmäßig besuchten Drogenszene an öffentlichen Orten zurück. Als sie sich schließlich Heroin injizieren will, organisiert sie sich professionelle Hilfe und zieht kurz vor ihrem 18. Geburtstag in die oben bereits erwähnte therapeutische Einrichtung ein.
Zum Zeitpunkt des Zweitinterviews im Mai 2000 hat Jasmin ihre Therapie und Nachsorge erfolgreich abgeschlossen und wohnt nun mit ihrem Freund zusammen, den sie in der Einrichtung kennengelernt hat. Sie gibt an, ab und zu Alkohol zu trinken, bisher aber nichts "anderes angefaßt" zu haben. Im Moment befindet sie sich in Ausbildung zur Anwaltsgehilfin, worüber sie nicht sehr glücklich ist: J: "Ich meine, ich bin irgendwie so in die Ausbildung reingeschlittert, ich wollte eigentlich studieren, und ich hab' jetzt mir, für mich so das Ziel gesetzt, ich mach' die Ausbildung zwei Jahre, das ist ein guter Baustein, und dann möchte ich eigentlich noch studieren und auf alle Fälle noch weiterkommen, also da möchte ich nicht bleiben."
Allgemein betrachtet bekam Jasmin nie polizeiliche oder justitielle Konsequenzen während ihres Drogenlebens zu spüren. Auch war sie aufgrund ihrer Beziehung zu einem Dealer nie gezwungen, der Beschaffungsprostitution nachzugehen. Darüber hinaus absolvierte sie im Rahmen ihres Aufenthalts in der therapeutischen Einrichtung von Dezember 1998 bis März 2000 das Therapieprogramm mit Einzel- und Gruppengesprächen. In ihrer Freizeit tanzt sie gerne.

6.2.1 Strenge Beziehungserfahrungen verunsichern das Selbstempfinden

Jasmin eröffnet ihre Erzählung von Versunsicherungen und Ungleichgewichten auf der Ebene der Familiendynamik, die eine Spannung zwischen Polen beschreibt, an denen die jeweils beteiligten Familienmitglieder scheinbar unbewegliche Positionen einnehmen. Erst der unerwartete Tod des Vaters bringt das Gleichgewicht der dichotom strukturierten Familien-Ordnung ins Wanken: J: *"Was auch wichtig ist, ist daß mein Vater immer ein sehr ruhiger Pol in der Familie war. Meine Mutter war auch früher schon so, daß sie- sie hat mich auch geschlagen und ist teilweise sauer geworden wegen Sachen, die wirklich ein Schmarrn sind, ja. Also sie war damals auch so, wenn ich irgendwas fallengelassen hab', als Kind passiert das halt mal, da ist sie ausgeflippt, die hat mich geschlagen, und so: Du bist end dumm, wie kann das passieren und bla. Mein Vater war halt immer derjenige, der sie beruhigt hat und der mich dann immer danach in den Arm genommen hat und gemeint hat, es paßt schon wieder."* Vor dem Hintergrund dieser rigiden Positionsbestimmungen, die gehalten werden über einseitig verteilte Kommunikations- und Handlungsformen, nimmt Jasmin in der Retrospektive eine ausschließlich entwertende Sicht auf die Mutter ein, wohingegen sie den (verstorbenen) Vater idealisiert. In Übereinstimmung dazu bezeichnet sie sich als die "Prinzessin" des Vaters und den Bruder als den "Liebling" der Mutter: J: *"Ja, für mich war's so, mein Vater war schon immer mein Ein und Alles. Er hat mich nie geschlagen. Meine Mutter hat mich immer geschlagen. Und ich war meinem Vater auch schon immer ähnlicher als mein Bruder jetzt. Und, ähm, ja mein Vater war halt- ich hab' ihn unheimlich geliebt ja.*

... Also so wie ich meinen Vater in Erinnerung hab', war es, also er war ein unheimlich lieber Mensch, er war ein sehr fürsorglicher Mensch, ich war seine kleine Prinzessin ja, und solche Sachen einfach ja." Aufgrund der sich selbst zugeschriebenen Ähnlichkeit mit dem Vater gestaltet sich sein Tod an einer Überdosis Heroin zu einer mehr oder weniger bewußten Aufgabe und Suche für Jasmin. Denn sie will dieser Spur folgen, um sowohl den Grund für sein Weggehen verstehen als ihn auch symbolisch retten zu können, indem sie ihren Drogenkonsum "anders" – also ohne tödlichen Ausgang – handhabt[10]. An dieser Stelle beginnt sie ein weiteres Ungleichgewicht in ihr Selbst-Austausch-Konzept einzuflechten: Nach dem Tod des Vaters wertet die Mutter ihn sehr stark ab und läßt damit Jasmin in ihrer Trauer um den verlorengegangenen Ruhepol alleine. In dieser Zeit bildet sie im Zuge ihrer einsamen Trauerarbeit die Gewohnheit aus, ganz nach innen zu gehen. Dorthin zieht sie sich dann aus Rücksicht auf ihre Beziehungspartner/innen zurück – so ihre rationalisierte Begründung –, sobald sie im Außen keinen Austausch mit Aussicht auf Empathie und Verständnis erwarten kann: *J: "Es ist halt so, da fällt mir jetzt so das Ding ein, daß es halt, das hab' ich halt, glaub' ich, auch durch den Tod meines Vaters so drinnen. Da war es auch so mit der Trauer und dem Schmerz und so, ich hab' mich da zu der Zeit immer allein eingesperrt aufs Bad, wenn ich rumgeheult hab' oder wenn's mir Scheiße ging. Ich bin damit nicht zu meiner Mutter gegangen ja, weil's die selber schwer genug hatte. Ich versuch' halt selber mit mir dann klarzukommen oder damit zu kämpfen, sag' ich jetzt mal."*

Im Kontext von bedingungsgebundenen Beziehungsstrukturen konstruiert Jasmin ihr Selbstkonzept als einen Isolations- und Druck-Behälter, in dem sich starke Emotionen zu Entitäten mit Eigendynamik verdichten und sie in ihrer Wahrnehmungs- und Handlungsweise beeinflussen können. Dieser Gestaltung von unausgewogenen Beziehungsdynamiken und -konflikten als einsame und verinnerlichte Kämpfe liegen auf sich selbst verlagerte Selbstdefinitionen zugrunde, die zu ihrer zentralen Thematik führen: Ausgehend von ihren primären Beziehungserfahrungen lernt sie ein Verhaltensrepertoire anzuwenden, das ihr über eine Erfüllung äußerer Erwartungen eine selbstversichernde Bewertung verspricht. Bezüglich der Mutter-Tochter-Beziehung, die den größten Raum in Jasmins Erzählung sowohl im Erst- als auch im Zweitinterview einnimmt, bedeutet dies, daß sie sich von der Mutter nur dann wahrgenommen fühlt, wenn sie sich an deren Leistungsanforderungen hält – mit dem Effekt, daß sie sich nie wirklich von ihr "akzeptiert" fühlt: *J: "Sie möchte mich immer noch zu der Tochter formen, die ich nicht bin. Und das Pro-*

---

[10] Kurz bevor sie sich Heroin injizieren will, organisiert sich Jasmin professionelle Hilfe, da der intravenöse Drogengebrauch in ihren Augen einen Schritt ins absolute "Aus" und hin zu keinem "schönen Tod" repräsentiert. Dennoch "mußte" sie ihren Drogenweg bis zu diesem Endpunkt gehen: *J: "Ich wollte das so. Und das war für mich auch eben wegen dem Tod von meinem Vater, das war etwas, was mich nicht losgelassen hätte, glaub' ich. Ich hätt's irgendwann probieren müssen, weil ich das nicht verstehen konnte, ja."*

blem ist einfach, daß sie damals auch nie so akzeptiert, daß- wer ich bin. Sie hat nur immer Ihres gesehen, nicht Meines. ... Ja, die hat mich- das ist, mei, wie soll ich sagen? Man muß das halt auch mit ihrer Herkunft sehen, das ist halt dort normal, ja. Also, ich mein', ich war ja auch schon öfters unten in Asien, das ist normal dort, die Kinder werden geschlagen, wenn sie Zweier schreiben anstatt Einser, ja. Also das ist halt, Schule ist halt das, wo am meisten Priorität hat und das ist auch das, wo meine Mutter dann angefangen hat, so kraß zu werden. ... Für sie ist das so, du mußt mindestens Abitur haben, weil sonst bist du sowieso nichts wert, das ist auch das, was sie mir immer vermittelt hat ja. Also am besten irgendwie so Anwältin werden, Hauptsache Abi und studieren und solche Sachen, und dann paßt sich's ja und Lehre machen."*

Ausgehend von Jasmins ambivalenter Beziehungsgestaltung, die sich zwischen einem einfühlsamen Verstehen ihres Gegenübers und einem Erspüren sowie Befolgen eigener Wünsche und Bedürfnisse bewegt, beginnt sie einen basalen Abgrenzungs- und Machtkonflikt in ihrem Selbstkonzept in Resonanz mit sozialen Bindungen auszubilden. Diese Spannung entbindet sie anschließend aus sie unmittelbar involvierenden Beziehungsdynamiken, indem sie sich diese einverleibt und für sich behält. Als Folge davon manifestiert sich ihr Selbst-Behälter als Isolations- und Druck-Behälter. Was zunächst als Beziehungssicherung über permanente Leistungsbereitschaft zur Aufrechterhaltung eines ausreichend narzißtisch versorgenden Austauschverhältnisses kalkuliert ist, entwickelt sich – aufgrund ihres ungebremsten Gehorsams – jedoch bald zu einer Belastungserfahrung, die sie selbst direkt mit ihrem "Drogenproblem" verknüpft: *J: "Also das war halt auch so 'n Teil irgendwie, daß- Beziehungen können sehr anstrengend werden, ne, und mir sind viele sehr zu anstrengend geworden. ... Also, weil wenn mir Dinge zuviel werden oder Menschen zuviel werden, dann isolier' ich mich teilweise. Und, ähm, [Seufzen] wie soll ich sagen? Das ist eben das, wenn Beziehungen mir zu anstrengend werden, also was ich halt auch wirklich, wenn ich Suchtdruck habe jetzt so, dann ist es meistens so, daß ich nicht das Ding hab', irgendwie mit Leuten irgendwo zu sein und da was zu trinken oder mir da was einzufahren, sondern wirklich irgendwie, um jetzt mal so 'n ganz krasses Bild zu geben, so wirklich, was weiß ich, mir die Weinflasche zu holen, mich in den Park hocken, alleine meine Ruhe haben und die Weinflasche runtersaufen, ja, oder das H [Heroin] oder so. Für mich war das immer so 'n Ding, wo ich mich zurückziehen konnte, wo ich mich entspannen konnte, wo ich so meine Ruhe hatte von allem, von den Menschen, also irgendwie so halt."* Um nun aber sowohl in Kontakt mit den wahrgenommenen sozialen Wert- und Leistungsanforderungen bleiben als auch eine Verbindung mit ihren Wünschen und Bedürfnissen halten zu können, entwickelt Jasmin die *einende* Fähigkeit, im unmittelbaren Austausch mit dem Gegenüber nach dessen Vorstellung und Normen zu "funktionieren" und im darauffolgenden drogeninduzierten Rückzug auf sich selbst "die Sau raus[zu]lassen": *J: "Das war's vielleicht auch irgendwie, daß mir das Leben, wie ich's so geführt habe, so als brave Tochter oder als nettes Mädchen von nebenan, ich glaub', das war halt dann noch so ein Teil Ausbrechen-Können, das Leben war mir alleine zu anstrengend, und da bin ich halt ein Stück weit für mich auch ausgebrochen. Und in der anderen Zeit, also in der anderen Welt, hab' ich halt die Sau rausgelassen und hab' halt getan, was mir gefallen hat, sag' ich jetzt mal."* Zu Beginn ihres Drogenweges kann Jasmin anhand eines kontrollierten Ausbruchs und einer strikten Trennung von Funktions- und Lust-"Welt" ihre soziale Integration und Unauffälligkeit bewahren, indem sie sich einen eigenen Raum über das Einverleiben psychotroper Substanzen schafft – außerhalb dieser Auszeit aber wie gewohnt ihre Position als "brave Tochter" und "nettes Mädchen von nebenan" einnimmt: *J: "Meiner Meinung nach, oder es ist eigentlich auch so, hab' ich eigentlich immer ein gutes Doppelleben geführt. Für die Leute, wo- für die es wichtig war, für meine Mutter einigermaßen, so weit es ging für die Leute in der Schule, für, was weiß ich, sonst irgendwelche Bekannte, Verwandte sonstwas, ja, war ich immer das nette, brave Mädchen [lachend]. Und wenn ich dann alleine war oder meine Zeit hab' ich halt dann mit Drogen gestaltet. Also ich bin nie irgendwie verlottert rumgelaufen oder so, also nicht irgendwie so, daß ich mich irgendwann nicht mehr gewaschen hab' oder so, oder also ich war nie irgendwie einer von den wirklichen assligen Junkies, sag' ich jetzt mal. Also da gibt's für mich schon einen Unterschied. Es gibt halt Leute, die lassen sich da voll und ganz gehen. Das hab' ich nie gemacht."* So geht sie weiterhin zur Schule, schreibt "gute Noten" – und erst als sie beginnt, in diesem Bereich ihre Leistungsbereitschaft zu verweigern, nimmt die Dynamik innerhalb der Mutter-Tochter-Beziehung belastende Ausmaße an: *J: "Ich glaub', wenn ich in der Schule die ganze Zeit über super gewesen wär', ja, dann wär' das, glaub' ich, wurscht gewesen, also wurscht nicht, aber es wär' nicht so schlimm gewesen, schätz' ich jetzt mal. Das hat ja auch erst wirklich angefangen mit dem Streß, wo ich, wie gesagt, Schule geschwänzt hab' und sie's erfahren hatte, das war halt irgendwie so das Ding."* Ab diesem Zeitpunkt lernt Jasmin den "Psychoterror" der Mutter sowie ihre eigene Fähigkeit zur mentalen Selbstverletzung bei Nicht-Erreichen eines (normativen) Leistungsziels kennen: Mit Blick auf die dichotome Familien-Ordnung, in der die Mutter nach wie vor den leistungsbezogenen Pol regiert, der tote Vater jedoch die davon ausgehende Spannung nicht mehr abmildern kann, wird Jasmins konflikthafte Selbstwahrnehmung und -akzeptanz aufgrund einer einseitig leistungsbezogenen äußeren Resonanz nachvollziehbar: *J: "Und das Problem ist einfach, daß sie [die Mutter] damals auch nie so akzeptiert hat, daß– wer ich bin. Sie hat auch nie wirklich akzeptiert- mei, das mit den Drogen ist Scheiße gewesen von mir, ich hab' sie damit verletzt, ich hab' mich auch dafür entschuldigt und das hat mir wirklich leid getan, ja, aber es ist jetzt noch, und das ist halt ein Teil von mir. Das gehört halt zu mir, und sie muß mich halt so nehmen wie ich bin. Und das- und dadurch konnte ich mich auch selbst nicht so nehmen wie ich bin. Sie hat mich da wirklich kraß auch beeinflußt in meinem Selbstbild. Also das war wirklich ätzend, weil ich mich selbst auch dann aus den gleichen Gründen gehaßt habe wie sie. Ich hab' mich selbst fertiggemacht als ich die Schule nicht geschafft habe im Gymmi. Ich war fix und fertig, und bin froh, daß ich jetzt halt das Abi geschafft habe. Das war für mich- ich hab' halt diesen Druck übernommen, diesen Druck, so zu sein, sag' ich jetzt mal. ... Wegen ihr hab' ich auch das Ding, daß ich mir selbst halt bei vielen Dingen Druck mache. Das hat sie mir halt irgendwie anerzogen, keine Ahnung, also mit Leistungsdruck und solchen Sachen."*

"D R U C K m. 'das Drücken, Zwang, Belastung', [...] 'Druck, Einwirkung'" (Etym. Wörterbuch d. Deutschen 1995:247, Hervorh. i.O.).

Mit einem positiv bewerteten Ziel vor Augen definiert Jasmin den von der Mutter anerzogenen "Druck" als "Selbstdisziplin", der ihr in diesem Falle Stärke und Durchhaltevermögen gibt: *J: "Ich denk' mal, daß meine Mutter mich auch so erzogen hat, stark zu sein, daß ich halt nicht irgendwie gleich aufgebe, ja, oder, das ist wie mit dem Tod von meinem Vater, ich mußte stark sein. Also das waren alles Dinge, die mich stärker gemacht haben irgendwie, Dinge zu ertragen oder so, ja. Und mit der Selbstdisziplin ist es halt manchmal so das Ding, daß ich halt dann- das sind halt- da nehm' ich halt das, was ich irgendwo da auch mitgenommen habe und mach's mir halt selber irgendwie, wie man's nennen will. So das Ding, so: Hey, das mußt du jetzt schaffen, ansonsten ist es voll für 'n Arsch. Und ich geb' dann alles, setz' alles darauf, und, ich meine, wenn Dinge dann mal nicht so laufen, dann bin ich natürlich am Boden zerstört."* Bei Verfehlen eines angestrebten Ziels beginnt sich eine unkontrollierbare "Selbstkritik" in Gang zu setzen, die das Gleichgewicht in Jasmins Selbst-Behälter umstößt, Zweifel aufwirft und schließlich eine globale Selbstabwertung erzeugt: *J: "Ich hab' sowieso 'ne Tendenz dazu, mich für Dinge zu bestrafen. Jetzt nicht so, daß ich mir irgendwie Arme aufkratze oder aufschneide oder so, das nicht, aber halt so, ja, halt mich vom Kopf her oder von- innerlich halt bestrafe, sag' ich jetzt mal."* Angekommen an einem destruktiven Tiefpunkt des Selbstwertempfindens beginnt Jasmin, sich entlang ihrer idealen Normkonstruktion in den Isolations- und Druck-Behälter zu treiben, um sich durch ein Dicht-Machen "wieder runterzubringen von dem Ganzen."

An dieser extremen Gefühlslage können nun alle bisher genannten Elemente ihres Selbst-Austausch-Konzepts zusammengefaßt und durch weitere Selbstzuschreibungen ergänzt werden: Während des Zweitinterviews rekonstruiert Jasmin ihr zentrales Motiv für den damaligen illegalen Drogenkonsum, der am "Ende" ihres Drogenweges vor allem von Heroin und einem Rückzug aus der Szene bestimmt wird, und bringt damit das empfindens- und handlungsleitende Belastungspotential

von Beziehungen zur Sprache. Denn beruhigende Drogen ersehnt sie dann, wenn ihr "Dinge und Menschen zuviel werden" und sie sich von dem "Alltagsgezeter" eine "Aussetzung" nehmen will. Diese soziale Überforderung und der Wunsch nach einem Rückzug entstehen wiederum, sobald sie sich von dem eigenen sowie von dem im Außen wahrgenommenen Leistungs- und Erfolgsdruck nicht schützen bzw. nicht effektiv abgrenzen kann und dadurch in Bedrängnis gerät. Parallel zu dieser "Einengung" minimiert sich ihre emotionale Lebensqualität: *J: "Also früher, oder es ist momentan auch noch immer so, daß ich mich dann halt einfach- ich funktioniere da halt dann einfach, geh' halt hin [brummelt], und das ist es halt einfach nicht. Also ich find', man sollte sich nicht in irgendwas quälen oder irgendwas zwingen, was einen nicht glücklich macht, das bringt's halt einfach nicht. Nur um, was weiß ich, einen angesehenen Beruf, in Anführungsstrichen, oder aus welchen Gründen auch immer, das ist es halt einfach nicht. Und das ist das, was ich früher halt immer gemacht habe. Das was andere Leute von mir erwartet haben, hab' ich versucht zu machen, und das hat mich halt nicht glücklich gemacht."*
Indem sie also mit einem leistungsbezogenen Ziel vor Augen nicht "aufs Innere" hören und sich deshalb nicht nach ihrem dort verorteten Selbstempfinden orientieren kann, verliert sie diese Spur und folgt statt dessen einem äußeren Maßstab. So kann sich eine einseitige Beanspruchung ihrer persönlichen Ressourcen und Potentiale während ihrer Suche nach einem erfüllenden Selbst- und Lebensgefühl manifestieren, die anschließend einen Ausgleich fordert.

6.2.2 Psychotrope Hilfsmittel als abdichtende Selbstsicherung

Für Jasmin fungieren psychotrope Substanzen dann als Hilfsmittel, wenn keine anderen Handlungsoptionen zur Verfügung stehen. Der Weg zu den in dieser Form funktionalisierten Drogen ist in ihrer Erzählung mit Selbstzuschreibungen und Wünschen (jeweils in Resonanz mit spezifischen Beziehungsarrangements) gepflastert: Indem sie Beziehungen mit immer nur einer Bezugsperson hat, kann sie deren Verlust nicht so leicht ersetzen. Demzufolge fühlt sie sich nach dem Tod des Vaters und dem Umzug ihrer damaligen "beste[n] Freundin" verlassen und in ihrem Selbst(wert)-Empfinden geschwächt: *J: "Also bei mir war das schon immer so, daß ich immer eine gute oder einen guten Freund hatte also immer eine feste Bezugsperson, nicht besonders viele Leute. Dann war es eben zu dem Zeitpunkt, wo mein Vater gestorben ist, noch so, daß meine beste Freundin zu dem damaligen Zeitpunkt irgendwie nach Italien gezogen ist wegen ihrem Vater, und da stand ich dann halt irgendwie auf einmal ganz blöd da."* Mit dem handlungsleitenden Motiv vor Augen, sich durch die Integration in eine angesehene, elitäre Gruppe zu stärken und aufzuwerten, beginnt Jasmin ihren Drogenweg: *J: "Und ich hab' halt dann versucht, irgendwie neue Freunde zu gewinnen und hab' mich halt dadurch auch im-*

mer mehr in diese Kreise begeben. ... Also es war so, ich war schon immer ein, sag' ich jetzt mal, sehr ruhiger Mensch und auch teilweise sehr schüchterner Mensch, es war schon so, daß ich irgendwie zu den Leuten, die in meinen Augen irgendwo angesehen waren, dazugehören wollte, ja. Ich wollte jemand sein. Ich wollte- es hat mir auch Selbstbewußtsein gegeben, jetzt zu dem Thema noch mal, es war so, daß ich mich dadurch sicherer gefühlt habe, ja, auch so den Leuten gegenüberzutreten, sag' ich jetzt mal. Das war so das Hauptding."

Konsequent zu ihren vergegenständlichten Gefühlen, Beziehungen und Eigenschaften (vgl. "Selbstbewußtsein" geben) übernimmt die dadurch erzeugte Vorstellung einer außerhalb ihres Selbst-Behälters existierenden und beliebig dosierbaren Stoffmenge an Beziehungspartner/innen und Emotionen eine handlungsleitende Funktion. In diesem Sinne erscheint es nur logisch, wenn Jasmin die sich selbst zugeschriebenen Defizite durch bedeutsame soziale Kontakte aufheben und sich die fehlenden Teile außerhalb ihres Selbst-Behälters "holen" will: Als nach dem Tod des Vaters der ruhige Pol in der Familien unbesetzt und die anstrengende Mutter-Tochter-Beziehung dadurch unausgeglichen bleibt, macht sie sich auf die Suche nach Ersatz: *J: "Und der Teil hat halt dann gefehlt dann ja. Und den Teil mußt' ich mir halt irgendwo anders holen [Räuspern]." I: "Wo hast du ihn dir geholt?" J: "Ja, am Anfang noch mehr bei Freunden, am Schluß halt bei den Drogen, ja. Das ist auch das, ich weiß nicht, dieses Beruhigende irgendwo, so das Ding. Das ist auch das, was mir die Drogen einfach hauptsächlich gegeben haben so. Ich hab' auch manchmal das Ding, daß ich einfach, ähm, ähm, manchmal kann ich halt nicht akzeptieren, daß mein Leben so ist wie es ist. Also ich wünschte, ich hätte 'ne andere Mutter, ich wünschte, mein Vater wäre noch am Leben, und lauter so Sachen."* Hier beschreibt Jasmin die zentralen Inhalte ihrer Beziehung mit psychotropen Substanzen, die für sie nachhaltig das Potential einer magischen Handlung beinhalten: plötzlich gelingt ihr mühelos ein selbstbestimmtes *Loslassen* ihres Kontroll- und Leistungsstrebens, was sie als *Entspannung* empfindet. Dieser positive Effekt von Drogen ist auch heute noch als "Sehnsucht" präsent, was schließlich ihr Drogenideal erkennbar macht: *J: "Ja, die Sehnsucht, mal wieder dicht zu sein. Ich meine, da steckt natürlich was dahinter. Das ist halt- manchmal wünsch' ich es mir halt wieder, ja. Halt nicht so in dem Maß wie vorher, ja, aber das geht halt auch nicht, das ist ja das Schwierige dran. Ja, dieses Abschalten einfach. Ich tu' ja auch- ich hab' ein großes Problem damit, mich zu entspannen, ja, wirklich so mal zu sagen: Luft raus, jetzt nehm' ich mir mal 'ne Zeit nur für mich. Ich kann das sehr schwer, ja. Und für mich sind Drogen halt, haben halt was Entspannendes, also was, wie gesagt, Beruhigendes, eine Aussetzung so von dem ganzen Alltagsgezeter und bla. Und, äh, ja, ich weiß nicht, das ist was ganz Eigenes im Grunde, du kannst das mit nichts vergleichen. Mittlerweile ist es so, daß ich viele- jetzt auch durch die Therapie auch wieder gelernt habe, wie schön das cleane Leben sein kann, ja. Aber*

manchmal, das ist halt einfach noch so, das ist 'ne Sehnsucht nach dem gewissen Etwas. ... Das ist halt einfach- na ja, ich weiß zwar, die Drogen sind's nicht, also sind nicht das, wonach ich suche, aber ein Stück weit haben sie das für mich verkörpert, und ein Stück weit wird das immer so bleiben, daß ich mich manchmal danach sehnen werde."
Zwei zentrale Mechanismen führen Jasmin zu jener Blockade in ihrem Selbstempfinden, durch die sie sich als heteronom bestimmt und damit als ohnmächtig wahrnimmt – was schließlich die Sehnsucht nach einem Regulativ laut werden läßt: Aufgrund ihrer engen Bindung an normative Wert- und Leistungsvorgaben, die mit ihrem Selbstkonzept der *Verfügbarkeit* (vgl. "ich funktioniere", sobald Erwartungen gestellt werden) und *Härte* (vgl. "Druck übernehmen", "Selbstdisziplin") korrespondiert, fühlt sie sich Anforderungen "eisern" verpflichtet und scheint dabei – einmal eingespannt – pausenlos zu funktionieren. Führt nun dieser Zwang zu keinem die investierte Anstrengung aufwiegenden Erfolg, so beginnt sich die treibende Kraft der Selbstmotivation mit verkehrten Vorzeichen als Selbstbestrafung zu manifestieren, die anschließend unter den Augen einer mächtigen Instanz, in Form von Selbstkritik, als Belastungsfaktor wirkt: *J: "Oder daß, wenn ich was falsch mache, daß ich mich selbst viel krasser bestrafe als es jemand anders tun würde. Aber das ist einfach, das glaub' ich, werd' ich auch nicht loswerden, das ist halt einfach dieses, ich bin halt unheimlich selbstkritisch."* In beiden Fällen entsteht ein Klima der *Strenge* und *Dichte* im Selbst-Behälter, das Jasmin unter "Druck" setzt, sobald sie sich keinen Ausgleich in Form einer entsprechenden Mitteilung ihres Inneren schaffen kann: *J: "Ich meine, warum hab' ich Drogen genommen? Die hab' ich halt auch deswegen genommen, um, sag' ich jetzt mal, alles ein bißchen relaxter angehen zu können. Ich bin halt auch ein Mensch, ich kann mir stark selbst so, mir selbst viel innerlichen Druck geben, ja. Und, ähm, ja, das ist halt 'ne Pause, sag' ich mal. Und das ist jetzt noch so, daß ich da manchmal wirklich das Gefühl habe, zu explodieren, und ich möchte meine Ruhe haben, und dann sind dann hier [in der Wohngemeinschaft zum Zeitpunkt des Erstgesprächs] irgendwie zwei Leute, die end Radau machen, dann stehe ich im Zimmer und könnte explodieren und denke: Hey, geh' ich jetzt raus und besorg' mir irgendwo einen Alk oder sonstwas. Ja, das ist immer noch da, klar, ja. Also das ist halt irgendwie ein ganz eigenes Ding." I: "Und was würdest du sagen, was in dem Moment, also wenn du dich so fühlst zum Explodieren, was haben da die Drogen gemacht?" J: "Sie haben mich wieder, ähm, gelassener gemacht, ich konnt's dann wieder hinnehmen, ja. Also, ich weiß nicht, ich hatte das gestern Abend zum Beispiel das letzte Mal, also es war wirklich dann so, daß ich hier in dem Zimmer drin stand und mir gedacht hab: Hey, du schmeißt jetzt entweder den Tisch aus dem Fenster- [lachend] ja, also um das loszuwerden, das ist so, mir fehlt dann auch das Ventil. Ich will es loswerden, dieses Gefühl, und kann's nicht. Entweder ich mach' irgendwas kaputt oder ich be-*

ruhige mich halt, indem ich mir absolute Ruhe verschaffe. Und das geht halt durch die Drogen sehr gut."

> "**Ruhe** f. 'Stille, Untätigkeit, Entspannung' [...] 'das Aufhören, Ruhe, Rast'" (Etym. Wörterbuch d. Deutschen 1995:1145f., Hervorh. i.O.).

Beruhigende Drogen verkörpern Jasmins fehlende Handlungsoptionen während spannungsreicher und überfordernder Beziehungsmomente, die sie sich über ein Einverleiben hilfreicher Materie (Drogen) zuführt. Daraufhin kann sie sich in sich selbst zurückziehen und anschließend die temporär als konfliktreich und bedrohlich empfundene Austauschdynamik zwischen sich und anderen wieder entspannt "hinnehmen". Hier wird deutlich, unter welchen Bedingungen sie sich immer wieder selbst in den Such(t)-Kreislauf, und damit in den Isolations- und Druckbehälter, treibt: Vor dem Hintergrund ihrer einseitigen Erwartungen an soziale Auseinandersetzungen (vgl. diese lohnen sich erst, wenn sie die Bürde unerträglicher Gefühlszustände vollkommen "nehmen") sowie ihrer primären Beziehungserfahrungen, in denen sie sich nur über erwünschte und erzielte Erfolge wahrgenommen gefühlt hat, vermeidet sie zum Zeitpunkt des Erstinterviews eine konfrontative Beziehungsarbeit. Denn während eine Beziehungsdynamik "eskaliert", fühlt sich Jasmin zunehmend von nur mehr schwer kontrollierbaren Gefühlen bedroht. Daraufhin flüchtet sie in ihren Isolations-Behälter und alle Austauschporen schließen sich wie von selbst – sie wird "blockiert". In diesem Gefühlszustand nimmt sie sich dann als ohnmächtig wahr, da sie in ihren Augen lediglich auf eine wahrgenommene Außenmacht reagieren kann: *J: "Aber in dem Moment blockiert irgendwas bei mir total oder macht total zu. Ja, ich hab' halt dann das Gefühl, ich kann diese Person, um die es sich auch handeln würde, ich kann die in dem Moment nicht ertragen, weil ich mich dann auch nicht ertrage. Und ich will mir dann auch nicht zumuten, das ist so 'n Teil davon, ja, ich weiß dann in dem Moment auch nicht, ob- was mir das bringen soll, weil dieses Gefühl mir einfach keiner nehmen kann."*

Eine konflikthafte soziale Auseinandersetzung fürchtet Jasmin möglicherweise deswegen, weil dadurch die Versorgung mit (narzißtisch) bedeutsamen Gefühlsgütern gefährdet oder zeitweise blockiert würde. Um dies von vornherein auszuschließen, sammelt sie vorsorglich alle im Beziehungsraum angehäuften Emotionen ein, belastet sich damit selbst extrem und zieht sich mit dieser sie ganz in den Selbst-Behälter versenkenden Last zurück. Daraufhin hält sie dieses als "Tief" empfundene Selbsterleben mit der Hoffnung auf ein "Hoch" eisern aus. Diese Eigenart der Konfliktbearbeitung, in Form einer Selbstinhaftierung, definiert sie zum Zeitpunkt des Erstinterviews als Gefahr, von ihrem erreichten abstinenten Status erneut auf den nach wie vor als hilfreich bewerteten Drogenweg zurückzufallen. Denn in Momenten einer maximalen Gefühlsbelastung schneidet sie sich den Weg nach außen selbst ab, woraufhin sie sich von dort keine entlastende Unterstützung mehr "holen" kann: *J: "Das wär' halt das Ding, daß ich in dem Moment wirklich einfach zu irgend jemandem hingeh', also der mir auch nahesteht und- ich weiß, also das liegt nicht an den Leuten, ich weiß, ich müßte nichts sagen, der würde mich in den Arm nehmen und würde mich trösten, und es würde einigermaßen passen. Das wäre das, was ich mir wünschen würde, daß ich das dann kann, ja. Aber ich kann im Moment nichts annehmen von anderen. Das ist ja das Problem. Das ist dann auch teilweise echt so, daß mich dann jede Berührung so ein bißchen anekelt, sag' ich mal, ich pack' das dann einfach nicht. Und das macht's halt ein bißchen schwieriger. Und deswegen kann ich mir da auch nichts holen, weil ich's nicht kann, keine Ahnung. Ist halt dann Scheiße. Das ist ja auch eine Art der Isolation, und das ist auch mein größtes Rückfallrisiko, sag' ich jetzt mal."* Indem Jasmin ihr Handeln ins Verhältnis zur therapeutischen Norm setzt, die eine Verhandlung des "Suchtdrucks" über einen sozialen Austausch und ein Sich-Hilfe-Holen vermittelt, bewertet sie ihre Konfliktverhandlung in Form einer Abdichtung als den "falschen Weg": *J: "Also es ist kein angenehmes Gefühl [das 'Zumachen'], ja. Es ist schon so, daß ich merk', also daß ich mich dann auch einsam fühle, ja, und mich alleine fühle, aber- und irgendwo dann auch so Sehnsucht auch habe nach Kontakt, aber daß im gleichen Moment irgendwas in mir halt voll blockiert. Es ist halt irgendwie so, daß ich dann, selbst wenn ich mir in dem Moment sage: Hey, ich geh' jetzt irgendwo hin und sag', daß es mir jetzt gerade Scheiße geht und so, ich kann das in dem Moment nicht. Es ist halt irgendwie- wie soll ich sagen? Ich brauch' das, um mit mir zur Ruhe zu kommen. Und ich beruhige mich halt dann selbst. Ich weiß, daß es der falsche Weg ist, daß es für 'n Arsch ist, was ich mache und daß ich eigentlich wirklich erst recht irgendwo hin sollte. Aber in dem Moment blockiert irgendwas bei mir total oder macht total zu."*

Auf der Basis ihrer strengen Bewertung von Seins- und Handlungsformen und ihrer Aufgeschlossenheit gegenüber (defizitären) Zuschreibungen formuliert Jasmin zum Zeitpunkt des Zweitinterviews erneut ihr zentrales Thema eines sie in die Enge treibenden Gehorsams. Dort stellt sie einen aktuellen Konflikt mit ihrer Mutter in den Vordergrund, an dem sie die empfundene Kraft einer Beziehungsperson demonstriert, die den im Inneren versenkten Drogenhunger "hochbringt" und sie darüber in den Bannkreis ihres "Drogenproblems" geraten läßt: *J: "Weil irgendwie war ich da mit meiner Mutter über sechs Stunden unterwegs, und das war einfach zuviel für meine Nerven, ja [lachend]. Und wir saßen da irgendwie im Kino, und dieser Film hat ewigst gedauert, und meine Mutter, also ich kann bei meiner Mutter nicht so sein wie ich bin, und das engt mich total ein, und das ist dann der Grund, warum ich den Suchtdruck bekomme, weil ich diese Einengung nicht packe. Und ich kann dann auch nicht einfach aufstehen und gehen. Das hätte ich zwar am liebsten getan, und das wär' wahrscheinlich auch leichter gewesen, aber das kann ich nicht bringen, also meinem Bruder zuliebe allein schon nicht."*

Die von Jasmin besetzte Position einer opferbereiten Frau rechtfertigt immer wieder den sozialen "Druck", der ihr nur ein bedingungsgebundenes Handlungsspektrum eröffnet. In diesem Sinne unterdrückt sie leichter eigene Bedürfnisse, als durch diese die Möglichkeit einer konkreten Entfernung von einem sie beengenden Beziehungsnetz zu riskieren. Den daraus resultierenden inneren Belastungsdruck spürt sie anschließend an einer Überdehnung ihres psychisch-physischen Fassungsvermögens, wobei sie ihre Selbstgrenzen entlang ihrer "Nerven" definiert.

"Und dieser Versuch, das eigene Selbst durch die Grenzen seiner Belastbarkeit bestimmen zu lassen, sabotiert weitgehend die Möglichkeit, Macht durch Verweigerung von Zuwendung auszuüben. Denn sobald die Frau ihre Zuwendung verweigert, läuft sie nicht nur Gefahr, die anderen zu verlieren, sondern auch die Möglichkeit, sich in den anderen selbst zu bestätigen." (Rommelspacher 1989a:22f.)

An dem oben genannten Zitat von Jasmin wird ihr eingefleischtes Leistungsstreben im Zusammenhang mit ihrem Selbstempfinden deutlich: Ihre hohen Ideale, strengen Bewertungen und einverleibten Gefühle mit Belastungspotential gestalten eine Wahrnehmungs- und Handlungsdynamik zwischen ihrem Selbst-Behälter und ihren sozialen Beziehungen, an der sie als eine (gewohnte) Austauschmöglichkeit von psychosozial bedeutsamen und erfolgversprechenden Materialien auf einem anstrengenden Weg festhält. Erst die psychotrope Wirkung von Drogen haben ihr eine "Pause" von ihrem ansonsten rastlos verfolgten Projekt des Weiterkommens, Weitermachens und Weiterentwickelns gegönnt. Drogen erlaubten ihr demnach, aufgrund des drogeninduzierten (positiv empfundenen) Dicht-Machens ihres Selbst-Behälters, ein "Abschalten" ihrer permanent bewußt wahrgenommenen Leistungsbereitschaft, woraufhin sich ein Gleichgewicht in ihrem schwankenden Selbst(wert)-Empfindens einstellen konnte. Diese Erfahrung verdeutlicht sie an ihrem einst bevorzugten Heroinkonsum: *J: "Aber es war einfach genau das- sagen wir's mal so- wie soll ich sagen? Es hat nicht zu mir gepaßt, sondern es war von der Wirkung her das, was ich gebraucht habe. Also dieses Verspulte und auf Filme kommen, also wie bei LSD jetzt, das hat mich fix und fertig gemacht, da hab' ich das Gefühl gehabt, ich dreh' durch. Und bei Heroin war halt das im Kopf, da ging's halt nicht irgendwie so [malt ein Auf und Ab in die Luft], sondern du warst halt einfach, huiii [malt eine wegwischende Bewegung in die Luft]. Das war's ja eigentlich, dieses Nicht-mehr-so-viel-Mitkriegen, die Gefühle, daß die einfach weg sind, und du hockst nur da und bist total relaxt und fühlst dich gut. ... Aber ich glaub', in dem Moment passiert an Gefühlen auch nicht besonders viel. Deswegen gibt es auch nicht besonders viel zu erinnern. Das ist, glaub' ich auch das Angenehme, es ist halt irgendwie so total konstant dann, es geht da nicht so [malt ein Auf und Ab in die Luft], sondern es ist halt konstant. Und das ist, glaub' ich, das was für viele das Ding ist. Du kriegst halt diese Höhen und Tiefen nicht mit. Du kannst dich zurücklehnen, kein Streß mehr, du weißt, he, es juckt dich sowieso nichts mehr."*

6.2.3 Angst vor Kontrollverlust ermöglicht den Ausstieg

Auf der Folie von Jasmins drogeninduziertem Ruheraum (vgl. "konstant"), in dem es keinen Austausch zwischen Innen und Außen und damit keine das Selbst(wert)- Empfinden potentiell beeinträchtigenden Beziehungsdynamiken zu bewältigen gibt, werden alle sie an den Drogenkonsum bindenden Elemente deutlich:

> "**konstant** Adj. 'fest, beständig, beharrlich, gleichbleibend' [...]. K O N S T A N T E f. 'unveränderliche, feststehende Größe, fester Wert'" (Etym. Wörterbuch d. Deutschen 1995:709).

Auf der Basis eines verinnerlichten dichotomen Bewertungsmaßstabes kommt ihr Selbstempfinden dann aus dem Gleichgewicht, sobald die erbrachten und empfangenen Stoffmengen in keinem adäquaten Werteverhältnis mehr zueinander stehen. Hier beginnt die aufgenommene Materie (Gefühle, Drogen) ihre Eigendynamik zu entfalten, indem sie bedeutsame Erfahrungen, Zuschreibungen und Norm- oder Leistungsansprüche zu Beweggründen macht, die Jasmin in die Enge und darüber zum Handeln treiben. Unter diesen Bedingungen hat sie sich auf ihrem damaligen, beinahe bis zu einem definierten Endpunkt gegangenen Drogenweg entschieden, sich professionelle Hilfe zu organisieren, weil sie genau wußte, was sie *nicht* will:
J: *"Ich hab' gemerkt, daß ich wirklich innerlich voll kaputtgehe, hab' auch gemerkt, wenn ich jetzt nicht langsam was tu', dann- also weil ich da schon öfters in der Versuchung war, wirklich die Nadel zu nehmen, ja, und das war halt immer wegen meinem Vater so das Ding, immer so der Respekt davor, das nicht zu machen. Und ich hab' halt gemerkt, daß es jetzt echt bald darauf zusteuert, und für mich war es sowieso das Ding, wenn ich damit anfange, ist es echt aus, dann hab' ich überhaupt keine Grenzen mehr, sag' ich jetzt mal. Und das ist mir halt dann in- was weiß ich, wieviel das war, drei, vier Wochen ist mir das ziemlich klar geworden, und ich bin immer fertiger gewesen. Das war auch so, daß ich einfach nicht mehr wußte, wer ich bin. Ich hab' mich total verloren durch das ganze Zeug. Also es ist wirklich irgendwie ein- wie soll ich mal sagen? Du bist zwar dicht, und es kann dir im Grunde keiner was anhaben, aber ich bin mit mir selbst überhaupt nicht mehr klargekommen. Ich wußte nicht mehr, wer ich bin, wozu ich überhaupt da bin und sonstwas, also alles, total, ja, verschwommen, fertig einfach und so."*
Dieses Gefühl des mit sich und seinen Gefühlen oder Problemen Nicht-mehr-Klarkommens tritt in Jasmins Erzählungen immer an Sequenzen auf, an denen sie sowohl auf dem Leistungs- als auch auf dem Drogenweg Angst vor Kontrollverlust infolge eines *Rasens* ohne klar erkennbare Ziele entwickelt. Während ihres Drogenweges organisiert sie diesen belastenden und beängstigenden Gefühlszustand

mit psychotropen Substanzen. Als diese jedoch zunehmend kontraproduktive anstatt hilfreiche Wirkungen produzieren (und damit mehr verwirren als beruhigen), sucht sie nach einem Ausweg aus diesem desolaten Zustand. Aufgrund ihrer *klaren Entscheidungen*, kein "typischer Klischee-Junkie" zu sein, nicht so enden zu wollen wie ihr Vater sowie nicht vollständig aus gesellschaftlichen Rahmenbedingungen auszubrechen oder herauszufallen, kann die beängstigende Wahrnehmung des sich zunehmend verselbständigenden Drogenkonsums als handlungsleitendes Motiv für die Inanspruchnahme von professioneller Unterstützung fungieren.
Die Bereitschaft, sich sowohl für visuell faßbare Motive auf den Weg zu machen als auch auf der Basis eines verläßlichen (normorientierten) Maßstabes zu handeln, über den sie die Sicherheit eines lohnenswerten Agierens bezieht, erleichtern es Jasmin, ihr Clean-Werden mit einer eisernen "Selbstdisziplin" zu *erkämpfen*. Davon ausgehend entwickelt sie zu dieser Zeit ein neues Selbstverständnis, in dem sich die positiven Seiten ihres von der Mutter "übernommenen" Leistungsdrucks wiederspiegeln: *J: "Ich bin auch, ich bin auch, also für mich bin ich auch 'ne Kämpferin. Sonst hätte ich damals das nicht auf die Beine gestellt, daß ich auf Therapie gegangen wär', weil bei mir war's nicht so, daß mich irgend jemand vollgelabert hat, ja, sondern ich hab' wirklich halt alles in die Wege geleitet, die Kostensache geklärt und so. Ich wollte das, ich wollte für mich kämpfen, ich wollte nicht, sagen wir mal, kampflos untergehen. Dazu bin ich mir dann doch wieder zu schade. Das ist halt ein Stück weit so, so mit den Drogen, ich hab' mich halt irgendwie nie genug geliebt, ja, um es sein zu lassen, aber ich war mir dann am Schluß zu schade, um mich ganz aufzugeben. So war's halt irgendwie. ... Ich meine, ich hab' jetzt schon besser gelernt, mit solchen Situationen [belastenden Schwankungen im Selbstwertempfinden] umzugehen, hab' auch besser gelernt, mir Hilfe zu holen, hab' ich mir ja auch geholt durch die Therapie, und die hat wirklich 'ne Menge gebracht."* In diesem Zusammenhang nennt Jasmin zwei mentale Hilfsmittel, die sie sich von der Therapie "mitgenommen" hat: zum einen den Vorsatz, "nur das zu tun, was einen wirklich glücklich macht" und zum anderen das Vertrauen, daß "nach jedem Tief ein Hoch kommt". Wenn sie heute wieder an einem Tiefpunkt ihres Selbst(wert)-Empfindens angekommen ist, vergegenwärtigt sie sich ihre bisherigen Investitionen in ein cleanes Leben und kommt daraufhin zu dem Ergebnis, daß sie sich einen "Rückfall" nicht "leisten" kann. Denn für einen erneuten Drogenkonsum würde sie nichts von ihren bisher erzielten Erfolgen hergeben wollen: *J: "Es würd' einfach was- Dinge würden kaputtgehen, und vor allem das Verhältnis zu mir selbst, der Glaube an mich und das Selbstbewußtsein, was ich mir mühsam erarbeitet habe mehr oder weniger, das würde halt einfach einen Knacks geben überall. Und irgendwie brauch' ich- ich brauch' die Kraft halt auch zum Weitermachen. Ich bin halt ein Stück weit auch so, daß ich mir denke, ich kann mir das nicht leisten, ja. Und das kostet so viel Kraft, sich dann irgendwie da wieder- wieder so auf*

das Ding zu kommen und zu sagen: Hey, okay, jetzt kann ich wieder weitermachen, ja. Also ich führ' mir dann auch im Moment, wenn ich Suchtdruck habe- ist es dann auch meistens so, daß ich mir echt vor Augen führe, wieviel ich geschafft hab' und daß ich das nicht aufs Spiel setzen will. Und im Grunde bin ich auch recht zuversichtlich, daß ich's weiter so halten kann, ja."
Zum Zeitpunkt des Zweitinterviews hat Jasmin die Therapie und das Nachsorgeprogramm ohne Rückfälle abgeschlossen und wohnt nun mit ihrem Freund, den sie in der Einrichtung kennengelernt hat, in einer Zweizimmer-Wohnung. Im Zusammenhang mit ihrer mittlerweile "gefestigten Beziehung" nimmt sie einige Veränderungen in ihrem Selbstkonzept vor: so könne sie sich aktuell besser als zum Zeitpunkt des Erstinterviews während konflikthafter Auseinandersetzungen mitteilen, was ihr ein In-Beziehung-Bleiben mit dem Freund ermöglicht. Diese abgrenzende Verbindlichkeit ist der Unterstützung des Freundes geschuldet, da er sie positiv spiegelt und dadurch in ihrer subjektiven Sicherheit bestärkt. Daraufhin fällt es ihr leichter, sich selbst und ihren Gefühlen zu trauen und anschließend ihr Inneres auszudrücken, was eine einsame Einverleibung von sozialen Konflikten und damit eine individuelle Überforderung "stoppt". Als Folge davon reduziert sich ihr Unterworfen-Sein unter ihr strenges Bewertungsregime: *J: "Aber was mir da sehr hilft, ist mein Freund. Also wir reden wirklich sehr viel, und wenn ich dann wieder mal das Ding hab': Oh Gott, ich bin so Scheiße, dann stoppt er mich rechtzeitig. Und ich glaub', deswegen ist es auch mitunter weniger geworden, weil er mir halt dann sagt: He, Schmarrn und überhaupt, im Gegenteil, und so Dings. Und das hilft mir dann schon sehr. ... Ich weiß nicht, also so dieses zu zweit zusammen- es hilft mir halt einfach, weil wenn irgendwas ist, dann sag' ich's, und manchmal sag' ich's etwas später, aber ich sag's mehr als in der WG damals."* Die Zweisamkeit und Empathie für den anderen aufgrund ähnlicher Erfahrungen ist für Jasmin von großer Bedeutung, da sie über diese Qualitäten von Geben und Nehmen Stabilität und Ausgleich für ihr Selbst-Austausch-Konzept bekommt: Erst der Vorschuß an Vertrauen in die Fähigkeit des Beziehungspartners, sie in ihren Eigenheiten wahrnehmen, verstehen und (trotzdem) akzeptieren zu können, erlauben ihr einen unmittelbaren Austausch von Emotionen, die sich darüber relativieren und so von einer übermäßigen Bedeutungsschwere befreien lassen. Gleichzeitig hat sie aber auch die Gewißheit, daß ihre Wünsche respektiert und ihre Grenzen eingehalten werden: *J: "Wir helfen uns da im Grunde gegenseitig. Also wenn ich so ein Tief hab' wie die letzten Tage oder wie es gestern auch war, er weiß, wie es mir dann geht, ja, er ist auch dann sehr für mich da und läßt mir auch meine Ruhe, wenn ich sag', ich will meine Ruhe haben. Und so, ähm, ja, ich sag' mal, wir können uns sehr gut rantasten aneinander, ja."* In der metaphorischen Wendung des *Rantastens* spiegelt sich nochmals Jasmins zentrales Thema eines sie (potentiell) belastenden Gehorsams – diesmal in der Dimension einer heterosexuellen Beziehungsstrukturierung. In die-

sem Kontext gestaltet er sich als eine Auseinandersetzung mit (Selbst-)Grenzen und als eine Suche nach (mehr) Selbstbehauptung, die im Rahmen ihrer Therapie im Vordergrund steht: Ausgehend von ihrer Aufgeschlossenheit gegenüber äußeren Normen und Maßstäben versteht sie die Kategorie 'Frau-Sein' als ein sozial vermitteltes und persönlich einverleibtes *Kampffeld*, das sie in ihrer Therapie nach eigenen und als "frauentypisch" geltenden Ansprüchen auszuloten beginnt. Dabei initiiert dieser Lernprozeß in Form einer differenzierteren Selbstwahrnehmung ein positiveres Selbst- und Körperempfinden: *J: "Frau-Sein ist was sehr Schönes eigentlich, also jetzt denk' ich das. Ähm, ich weiß nicht, es ist allerdings auch sehr schwierig, ja. Also ich meine, ich hab' mit Problemen zu kämpfen wie wahrscheinlich neunzig Prozent aller Frauen, von Komplexen bis was weiß ich wo, mich nicht wert genug fühlen, und was ich auch hab', was glaub' ich sehr frauentypisch ist, ist dieses, es allen recht machen zu müssen und so. Keine Ahnung. Das hatte ich früher auch noch extremer als jetzt. Ich konnte früher zum Beispiel auch nie richtig 'Nein' sagen, konnte ich nicht. Ich hab' das auf Therapie gelernt. ... Und, ähm, ich spür' mich jetzt viel mehr, und ich lerne mich und meinen Körper jetzt mal lieben."* Dieser Aneignungsprozeß und das Spüren der eigenen (Körper-)Grenzen ist für Jasmin wesentlich mit ihrer Therapie verknüpft, indem sie dort über die unterstützende Resonanz der "Teamerinnen" einen Austausch von wichtigen Hilfsmitteln zum Ausbalancieren der Machtverhältnisse innerhalb heterosexuell strukturierter Beziehungen erfahren hat: *J: "Ich fand, es war auch wichtig, den Frauen das nötige Selbstbewußtsein zu geben. Ich meine, es haben sich auch Beziehungen entwickelt, zum Beispiel zwischen mir und meinem Freund. Und die Art und Weise, wie ich früher Beziehungen zu Männern geführt hab', waren nicht richtig irgendwo, also nicht immer, sag' ich jetzt mal. Ab und zu war's halt einfach nicht so gleichberechtigt. Und einfach den Frauen oder mir damals auch so 'n bißchen die Stärke zu geben, zu sagen: He, was du [betont] von ihm willst, und- weißt du, was ich meine? ... Und ich denk', das Geschlecht spielt halt einfach auch noch mal 'ne große Rolle, so zum Beispiel für Frauen einfach so dieses Nein-Sagen und so, da halt wirklich auch dahinter zu sein und Dings, das ist wirklich wichtig."* Die Artikulation eigener Grenzen setzt "Selbstbewußtsein" und "Stärke" voraus, um sich effektiv einem verausgabenden Befolgen der im Außen wahrgenommenen Ansprüche widersetzen zu können. Das heißt, eine sichere Selbstwahrnehmung schützt Jasmin vor einem wahllosen Erfüllen (realer oder vermuteter) *fremder* Wünsche – und somit vor einem Sich-Entfernen von ihren *eigenen* Wünschen: *J: "Ich hab' mich eigentlich an den Wünschen von allen orientiert, außer nach meinen. Und wenn ich einen Freund hatte, dann auch schon, ja. Und- ja, doch, es war schon immer- also es war schon so 'n bißchen dieses Weibchen irgendwie so, das es irgendwie versucht, es recht zu machen und irgendwie sich halt dann zurückstellt. Ich meine, in einem gewissen Maße kann man auch sagen, ist es okay, aber irgendwo hört's halt auf. Und ich hatte halt dieses Selbstbewußtsein gegenüber allen Leuten nicht, so wirklich das, was ich will und was ich mir wünsche usw. undsofort."* Früher hätte sich Jasmin sicher öfters Unterstützung von außen gewünscht, um nicht alleine mit Gefühlsmassen kämpfen und über den damit einhergehenden Rückzug lediglich die Erfahrung einer indirekten Machtausübung machen zu müssen. Inzwischen hat sie in der Beziehung zu ihrem Freund gelernt, daß sie sich nicht mehr ganz alleine durchkämpfen muß, sondern auch einige "Parts" an ihn abgeben kann, um sich damit Entlastung zu verschaffen: *I: "Würdest du immer noch von dir sagen, daß du 'ne Kämpferin bist?" J: "Ja doch, bin ich schon [holt Luft], doch, auf alle Fälle. Jetzt ist es irgendwie so mit meinem Freund, da verteilt sich's ein bißchen, er übernimmt so manche Parts für mich." I: "Ja?" J: "[lachend] Ja. Wobei es auch ganz angenehm ist so. Er sagt mir halt auch manchmal so und so- also ich weiß gar nicht, wie ich das jetzt sagen soll, es verteilt sich halt ein bißchen was auf ihn von dem, was ich alles alleine übernommen hatte. Und er schubst mich manchmal mehr so in die richtige Richtung, wo früher- ja, da waren's halt dann die Teamer [lachend], aber er übernimmt halt so 'n bißchen den Part, aber ich denk', das ist auch normal irgendwo."* Auf der Ebene ihres aktuellen Austauschverhältnisses findet also ein Aufteilen von zuvor allein bestrittenen Bereichen zwischen Jasmin und ihrem Freund statt. Dabei wirkt sie noch etwas unsicher bezüglich ihres Beziehungsspiels, in dem der Freund eine richtungsweisende und therapeutische Funktion übernimmt. Jedoch gibt ihr genau dieses Vertrauen auf eine sie entlastende Unterstützung die Zuversicht, auf dem "richtigen Weg" bleiben zu können, um letztendlich ihren Wunsch nach einem beständigen Selbst(wert)-Empfinden angesichts nachvollziehbarer Erfolge verwirklichen zu können: *J: "Ich wünsche mir, daß ich irgendwann, wenn ich alt bin, ja, möglichst richtig zufrieden auf mein Leben zurückschauen kann und sagen kann: Hey, cool, ich hab's geschafft, ich bin glücklich, ich hab' was erreicht, ich habe- keine Ahnung, einfach daß ich irgendwann wirklich so, weiß ich nicht, ja, wirklich zufrieden bin mit meinem Leben so richtig, ja, so, ja, daß ich halt auch stolz auf mich sein kann, stolz auf die Dinge sein kann, die ich geschafft habe. Ja, das ist eigentlich so das Hauptding. Und daß ich jemanden habe, mit dem ich alt und grau werden kann, und wo ich sagen kann: Hey, ich hab' zwar damals ein so paar Schwierigkeiten gehabt, und das hat sich jetzt."* Jasmin möchte einmal vollkommen glücklich sein und einen Begleiter auf ihrem Lebensweg *haben*, mit dem sie schließlich nach dem harten, aber gemeisterten Pfad an einem lohnenden Ziel ankommt: An diesem Endpunkt will sie auf ihre bis dahin erreichten Erfolge zurückblicken, ihr zeitweilig belastendes Rasen auf der Suche nach einem beständigen Selbstwert einstellen und sich auf diese Weise endlich entspannen können. Dabei heißt *entspannen* für sie zum einen das tun zu können, was sie gerne mag, und zum anderen eine "Pause" von einem ständigen Vergleich von *Haben* und *Sollen* nehmen zu können. Damit gelingt ihr ein (temporäres) Loslassen ihres rastlosen Gehorsams, der ansonsten befiehlt, noch mehr leisten zu müssen angesichts aller noch nicht erreichten Ziele. An dieser Stelle entsteht letztendlich Jasmins ehrgeizig betriebener Teufelskreis. Denn Ideale können nie *perfekt* realisiert werden, woraufhin sie nie *ganz* zufrieden ist und deshalb entweder mehr leisten oder kurzfristig aussteigen muß.

Als Ausweg aus dieser absurden Dynamik fungiert zum Zeitpunkt des Zweitinterviews Jasmins Kinderwunsch, indem ihr die Mutter- und Hausfrauenrolle als ein glücklicher Ausgang ihrer momentan mißmutig begonnenen Berufslaufbahn scheint. Denn darüber darf sie sich nach einem langen Aufschub ihrer emotionalen Bedürfnisse nach Hause zurückziehen: J: *"Ich möchte auf alle Fälle mal- also ich möchte für mich meine Ziele erreichen im Beruf, so daß ich wirklich das Gefühl hab', ich hab' was gemacht. Ich möchte studieren, auch wenn's nicht klappt, ich möcht's probieren. Ich möchte so 'n gewisses Ding für mich erreicht haben im Beruf, und dann möchte ich eigentlich Hausfrau werden und Kinder kriegen [lachend]."* I: *"Ehrlich?"* J: *"Ja, ja. Also das wird mir in letzter Zeit immer bewußter. Ich bin aber wirklich so 'ne typische Frau. ... Ich weiß nicht, ich krieg' auch in letzter Zeit mehr so 'n Muttergefühl usw. undsofort, das hatte ich früher überhaupt nicht, und das möchte ich schon mal. Zwar jetzt nicht so früh, also ich möchte schon erst mal so beruflich auch ein bißchen weiterkommen, aber das ist das, was ich möchte."* Jasmin scheint all ihre momentane Unzufriedenheit, resultierend aus ihrer Ausbildungssituation, in die Zukunft zu projizieren, in der das berufliche Ziel bereits erreicht ist und als Indiz einer emanzipierten Frau besessen wird. Erst *dann* darf sie ihren bereits in der Gegenwart feststehenden Familienwunsch und ihr Selbstverständnis einer "typischen Frau" verwirklichen: I: *"Was ist denn 'ne typische Frau?"* J: *"[lachend] Ja, 'ne typische Frau ist für mich wirklich so, die heult bei Schnulzenfilmen oder die gerne kocht oder die gerne Kinder hat und die auch gerne zu Hause bleibt als Hausfrau. ... Und ich freu' mich auf meine Kinder, also in Zukunft. Aber ich freu' mich einfach drauf. Das ist irgendwie was für mich total Wichtiges, also als Frau sozusagen. Und in dem Sinn bin ich 'ne typische Frau, find' ich. Also ich find', heutzutage ist es halt so einfach, ich mein', unsere Generation ist auch irgendwie so in diese Emanzipationszeit rein, so: Frauen müssen Karriere machen und Dingsbums, find' ich schon auch wichtig, aber ich weiß für mich, wenn ich wirklich so das Ding erreicht habe, dann möchte ich schon 'ne Zeit zu Hause bleiben. Ich möchte zwar dann nicht die ganze Zeit zu Hause bleiben, halbtags arbeiten vielleicht wieder, und wenn die Kinder groß genug sind, wieder voll berufstätig werden, keine Ahnung. Ich möchte Zeit zum Kochen und Rumexperimentieren haben beim Kochen und den ganzen Schmarrn, ja, das ist echt was, was ich schon gern möchte."*

Für die Zukunft wünscht sich Jasmin Erfolg auf der beruflichen Ebene, aber nur so weit, bis sie einen materiell abgesicherten Status erreicht hat, der ihr sowohl Unabhängigkeit von der Versorgung eines Ehemannes als auch die Möglichkeit gibt, als "Hausfrau" und "Mutter" erst einmal zu Hause bleiben zu können. Dieser Wunsch wird hinsichtlich der Bedeutung ihrer "vier Wände" als "Burg", in der sie ihren Wünschen nachgehen kann, verstehbar. Denn sie weiß aus eigener Erfahrung, daß ein ausschließliches Funktionieren nach äußeren Erwartungen beengt und eine Suche nach hilfreichen Ersatzhandlungen initiiert, die aus der "Einengung" befreien sollen.

"Ja, was ich halt total wichtig finde, und das liegt wahrscheinlich auch daran, weil ich das nicht so hatte, ich finde es verdammt wichtig, daß man Kindern oder Jugendlichen oder wie auch immer, eigentlich Freiraum läßt, daß sie sich so entfalten wie sie wollen oder wie sie sollen, wie auch immer. Das, finde ich, ist eines der wichtigsten Dinge, weil ich eben weiß, das mit der Einengung bringt halt einfach nicht viel. Und, ja, und daß ich immer noch finde, ich meine, das hört sich jetzt ein bißchen blöd an, aber wirklich aufs Innere hören und dem nachgehen und das tun, was einen glücklich macht. Das ist das Wichtigste. Dann kommt man auch gar nicht erst in die Situation, daß man irgendwie sich anders behelfen muß, wenn man wirklich das tut, was einen glücklich macht. Manche Menschen macht's glücklich, um die Welt zu ziehen und irgendwie nie was Richtiges zu lernen, und wenn sie das glücklich macht, dann ist es gut so. ... Ich meine, es [das Drogenleben] hat mich ja nicht richtig glücklich gemacht. Aber es war so, mei, ich wußte nicht, wie ich's anders machen sollte, glaub' ich. ... Aber das ist schon, also daß man das tut, was einen glücklich macht, das ist das, was ich so in meiner Therapie und so, was so das Wichtigste war, was ich mir da mitgenommen habe, und was auch das ist, wenn ich das weitermache, dann paßt sich's auch."

7. Bipolarer Drogenkonsum als (Zu-)Flucht

7.1 Maja: Die Suche nach wertgebenden Impulsen

Drogen-Handlungen repräsentieren für Maja potente Materie zur Maximierung der positiven Effekte während ihres Selbst- und In-Beziehung-Seins, über die sie anschließend eine vorteilhaftere Selbst- und Fremdwahrnehmung erzielen kann. Ihr *Selbstkonzept* metaphorisiert sie als Behälter, der entweder mit guten oder schlechten vergegenständlichten Gefühlen angefüllt ist. Im ersten Fall besitzt sie eine "prall" füllende Ausgleichsmaterie, im zweiten Fall will sie nur noch vor der Leere "davonlaufen" und nach einer sofortigen Umwandlung ihres "ätzenden" Daseins suchen.

Maja ist zum Zeitpunkt des Erstinterviews im September 1999 15 Jahre alt, wohnt alleine in einer einzelbetreuten Wohnung in der Nähe ihrer Eltern, bei denen sie als "verwöhntes Einzelkind" unter "hohem Leistungsdruck" aufgewachsen ist. Mit 12 Jahren wird sie magersüchtig und kommt in stationäre Behandlung. Dort beginnt sie mit ihren Eltern eine Familientherapie, die sie aber bald aufgrund der entstehenden "Streitigkeiten" abbrechen. Sowohl während des Erst- als auch Zweitgesprächs wird sie von der Drogenhilfe-Einrichtung, in der auch Dina Klientin ist, betreut.
Der Drogenweg von Maja kennt kein Phänomen der Einstiegsdrogen: mit ungefähr 14 Jahren beginnt sie ihren illegalen Substanzkonsum mit einer Überdosis Kodeinsaft. Vor ihrem Einstieg in die Drogenszene beschreibt sie sich als "depressiv", "allein" und voller "Suizidgedanken", da sie kaum soziale Kontakte zu Gleichaltrigen hat und sich als nicht dazugehörig fühlt. In dieser Zeit entwickelt

sie ein großes Interesse für die harte Drogenszene und eignet sich über Bücher ein enormes Drogenwissen an. Als ihre Eltern ihren einige Zeit darauf begonnenen Drogenkonsum entdecken – mittlerweile konsumiert sie Kodein, Heroin (gesnieft) und Kokain – stellen sie sie vor die Wahl: entweder Psychiatrie bis zur Volljährigkeit oder eine Therapie. Sie entscheidet sich für eine Therapie, die sie jedoch aufgrund der "Sektenartigkeit" nach zwei Tagen abbricht, in eine andere Stadt flüchtet, dort "angefixt" wird und das erste Mal Crack probiert, was sie, zusammen mit Kokain, dem Heroin vorzieht. Sie wird von der Polizei zurück zu den Eltern gebracht, absolviert unfreiwillig eine dreiwöchige Therapie in der Psychiatrie, flüchtet danach wieder in die andere Stadt und organisiert sich dort über das Jugendamt eine einzelbetreute Wohnung. Von dort fährt sie jedoch wieder zurück zu ihren Eltern, als sie spürt, daß "es körperlich" mit ihr "zu Ende geht". Ihre Eltern nehmen sie erst einmal auf, versprechen ihr zuvor, sie nicht in die Psychiatrie einzuweisen, woraufhin sie sich freiwillig einer Entgiftung unterzieht. Anschließend geht sie mit ihrem damaligen Freund in eine andere Stadt mit der Hoffnung, in einer "neuen Umgebung" clean bleiben zu können. Sie "stürzt" wieder "ab", geht nach einem Monat zurück nach Hause. Kurz darauf trifft sie auf die Einrichtung, von der sie heute betreut wird. Maja erzählt, wie auch Dina, von typischen Merkmalen einer weiblichen Konsumposition als Junkie: Prostitution, gesundheitliche Belastungen, Gewalterfahrungen, "Giftbeziehungen", mehrfache Therapieversuche und -abbrüche, ein gutes Suchtgedächtnis, häufige Polizeikontakte und fehlende schulische wie berufliche Qualifikationen. Zum Zeitpunkt des Erstinterviews will Maja den Realschulabschluß nachholen, nachdem sie als "Klassenbeste" die 9. Klasse Gymnasium "wegen den Drogen" verlassen hat. Sie wird jedoch aufgrund ihres fortgesetzten Drogenkonsums von der Schule verwiesen, woraufhin sie extern den "Quali" erreichen will.

Zum Zeitpunkt des Zweitinterviews im April 2000 ist Maja gerade neu "verliebt" in einen 24jährigen sozial und materiell erfolgreichen Mann, den sie im Methadonprogramm kennengelernt hat, an dem sie seit Anfang des Jahres 2000 teilnimmt. Zusätzlich zum Methadon konsumiert sie Alkohol, Cannabis, Psychopharmaka und selten Heroin. Insgesamt findet sie, daß sie "auf dem richtigen Weg" ist, weil sie gerade glücklich ist und deswegen die Drogen nicht mehr "so braucht".

Allgemein betrachtet hatte Maja "oft genug" polizeilichen und justitiellen Kontakt, da sie überwiegend an öffentlichen Orten konsumiert und sich zur Beschaffung der Drogen prostituiert hat. In ihrer Freizeit hat sie wieder begonnen, zu lesen und zu malen, weil ihr aufgrund des Methadonprogramms und der Unterstützung ihres Freundes wieder mehr Zeit für ihre Interessen bleibt, die sie zuvor in das "Gift-Nehmen" und "Anschaffen-Gehen" investieren mußte.

7.1.1 Extreme Nähe-Distanz-Erfahrungen schwächen den Selbstwert

Maja beginnt ihre Ungleichgewichts-Erzählung mit der Schilderung von unausbalancierten Austauschverhältnissen innerhalb ihrer primären Beziehung: Die Eltern verhandeln eigene Konflikte über ihre Tochter und machen sie so zum "bösen Kind", das anschließend vom Vater mit Kontaktabbruch und Unversöhnlichkeit bestraft wird: *M: "Also meine Eltern untereinander haben gar nicht gestritten miteinander, ich hab' die auch noch nie streiten sehen. Also wenn schon, gab's einen Streit, wo ich dann der Auslöser war, das böse Kind." I: "Und was haben sie dann mit dem 'bösen Kind' gemacht?" M: "Ach, eigentlich nicht viel. Mein Vater hat dann oft zwei Wochen kein Wort mehr mit mir geredet, und mit meiner Mutter hab' ich mich irgendwann wieder versöhnt, weil ich mich entschuldigt hab'. Bei meinem*

Vater hab' ich mich auch entschuldigt, aber er hat dann nicht mal drauf geantwortet." Diese Erfahrung eines *Abprallens* empfindet Maja als belastend und wertet ihr Empfinden gegenüber ihrem Vater als ambivalent: einerseits "bewundert" sie ihn und andererseits hat sie "Angst" vor ihm und seiner schneidenden Bestrafungstechnik, was schließlich in ihr eine bipolare Bewertungsskala von sozialen Kommunikationsmitteln (vgl. "böse" Blicke, "ein falsches Wort") entstehen läßt: *M: "Natürlich irgendwo hat der [Vater] mich auch gern, das weiß ich, aber er ist auch meistens recht distanziert, und ich hatte auch immer ein bißchen Angst vor ihm. Hab' ihn zwar irgendwo bewundert, aber die Angst war da, daß er wieder so beleidigt sein könnte und mich wieder wochenlang anschweigt, wenn ich ein falsches Wort sag'. ... Na ja, ja, es ist halt furchtbar, wenn man in der gleichen Wohnung wohnt und nur angeschwiegen und böse angeschaut wird, das kann ich absolut nicht haben."* Vor dem Hintergrund dieser extremen Strukturierung des Nähe-Distanz-Verhältnisses verinnerlicht Maja ein auf Leistung bezogenes Geben und Nehmen, das über folgende Logik organisiert sein könnte: Wenn sie sich *richtig* nach außen zeigt, wird sie als *gut* (passend) wahrgenommen und sozial *eingebunden*. Wenn sie hingegen den Erwartungen nicht entspricht, wird sie vom Kontakt abgeschnitten und ausgeschlossen – geht also leer aus: *M: "Ja, meine Eltern legen auch sehr viel Wert auf Leistung und- also besonders viel bin ich ihnen jetzt [als Drogenkonsumentin] nicht mehr wert, weil ich ja keine Leistung bring'. Belohnen auch großzügigst mit Geschenken, wenn ich mal irgendwas mach'. Aber ansonsten kommt halt gar nix."* In der Retrospektive betont Maja vor allen Dingen den ausschließlich leistungsgebundenen emotionalen und materiellen Austausch innerhalb der Beziehung zu ihren Eltern[11], die bei einem Erfüllen ihrer Wertmaßstäbe als erschreckend nah und bei einer Leistungsverweigerung als unbezogen und fern empfunden werden: *I: "Wie bist du aufgewachsen?" M: "Ziemlich behütet, ziemlich nett behandelt, ziemlich alles gekriegt, was ich haben wollte. Immer Geld gehabt. Die meisten Spielsachen von allen gehabt. Und Leistung bringen müssen. ... Wo ich noch bei meinen Eltern gewohnt hab', war es furchtbar, da sind sie mir die ganze Zeit hinterher. ... Wir haben schon ein relativ gutes Verhältnis jetzt, ziemlich entspannt, weil ich nicht mehr da wohne."*

In der Zeit vor ihrem Auszug von zu Hause manifestiert sich Majas Selbst-Austausch-Konzept als Behälter, der je nach Kontext unterschiedliche Gestalten und Funktionen an- und übernehmen kann. Die Entstehungs- und Wirkdynamik des Isolations-Behälters (vgl. "depressiv", "allein", "schweigend") kann folgendermaßen beschrieben werden: Unter den oben genannten Austauschbedingungen entwickelt sie ein leistungsbezogenes Kontaktverhältnis, das ihre Empfindens- und

---

[11] Über ihre Mutter-Tochter-Beziehung erzählt Maja keine charakteristischen Details: I: "Wie ist deine Beziehung zu deiner Mutter?" M: "Eigentlich ziemlich gut [Pause]." I: "Möchtest du nicht so gern darüber reden?" M: "Ich weiß nicht, was ich darüber sagen soll [lachend]."

Handlungsdynamik auf der Beziehungsebene abbildet. Mit dem in das eigene soziale Bewegungspotential eingelassenen bipolaren Bewertungssystem (entweder *gut* und *gebunden* oder *böse* und *abgeschnitten*) strukturiert sie soziale Räume und Gruppen ebenfalls als dichotom, worüber sich *passende* und *unpassende* Orte, bzw. Gruppen mit einem normorientierten Zugehörigkeitscode, formieren. Diese radikale Außenbewertung wirkt sich auf Majas soziale (Selbst-)Positionierung aus, die über Selbst- und Fremdetikettierungen zur Außenseiterposition wird: Während des Erstinterviews begründet Maja ihre Kontaktlosigkeit zu Gleichaltrigen mit ihrer sich selbst zugeschriebenen "Schüchternheit", die über soziale Resonanz bestätigt wird, ihre Kontaktwege nach außen beschränkt hält und gleichzeitig andere Personen veranlaßt, sich von ihr fernzuhalten. In der Retrospektive konstruiert sie ein ideales Selbstkonzept mit Eigenschaften, die eine zentralere und damit bessere Positionierung innerhalb der Klassengemeinde – vielleicht – ermöglicht oder erleichtert hätten: *M: "Wahrscheinlich aufgedrehter, selbstbewußter, witziger [hätte ich sein sollen]. Ich weiß auch nicht. Ich war halt auch immer viel zu schüchtern und, das ist klar, daß man nicht gut ankommt, wenn man in 'ner Ecke sitzt und schweigt."* Zum Zeitpunkt des Zweitgesprächs erweitert sie diesen selbstbezogenen Blickwinkel um die Dimension äußerer Bedingungen für ihre soziale Kontakthemmung: *M: "Aber ich war wirklich einfach in einer Klasse gewesen und auch auf 'ner Schule gewesen, wo ich einfach nicht hingepaßt hab', von den ganzen Leuten geschnitten worden, keiner wollte was mit mir zu tun haben, keine Ahnung warum, weil ich die falsche Art hab', die falschen Klamotten vielleicht. ... Irgendwo hab' ich da nie hingepaßt, weil ich nicht dauerfröhlich war und weil ich halt immer schon mehr intellektuell war und nicht so extravertiert, und von daher war ich sofort abgestempelt als schüchtern, mit der kann man keinen Spaß haben und fertig. Und das war, nachdem ich einmal abgestempelt war, ist das immer so geblieben, also meine ganze Schulzeit."*

Unter den oben genannten Bedingungen in Form einer starken Leistungsfixierung innerhalb der Eltern-Tochter-Beziehung und der schwierigen Wege nach außen, die schließlich in eine isolierende Kontaktlosigkeit münden, beginnt Maja, ihre soziale Position auf der Folie eines an ihrer Leistung bemessenen Selbstwertes ('Wert-Leistungs-Konzept') als persönlichen Mißerfolg zu werten. Dieser belastet sie schließlich und läßt ein Ungleichgewicht in ihrem Isolations-Behälters entstehen. An dieser Stelle manifestiert sich ihr Druck-Behälter, der sie letztendlich zu ausgleichenden Handlungen zwingt, um weiterhin in Bewegung bleiben zu können: Über Idealbildungen konstruiert sie sich, auf der Basis ihres Wert-Leistungs-Konzepts, einen imaginären Lösungsweg aus dem Isolations- und Druck-Behälter und setzt diesen am eigenen Leib als "Magersucht" um: *M: "Klar, ich war immer Klassenbeste, Einzelkind, viel Geld und riesen Leistungsdruck, bin damit irgendwie überhaupt nicht mehr klargekommen, ja, und dann hatte ich irgendeine Freundin, die eben wahnsinnig dünn war, und da hab' ich gedacht, wenn ich so werd', vielleicht bin ich dann auch erfolgreicher bei anderen."* Nachdem aber die körperbezogenen Manipulationstechniken nicht die erhoffte (selbst)wertsteigernde Materie einbringen, mit der sie ihre soziale Position hätte verbessern können, beginnt Maja den Spieß umzudrehen: Über eine Veräußerlichung der inneren bipolaren Bewertungsskala spaltet sie sich von ihrer Außenseiterposition ab, um sich anschließend am *richtigen* (idealen) und die anderen Personen am *falschen* (defizitären) Pol zu verorten. Darüber erreicht sie einen Überlegenheitsstatus, der sie vor dem Gefühl sozialer Wertlosigkeit schützen soll. Zusammen mit dieser veränderten Oben-Unten-Strukturierung ihres sozialen Nahraumes wandeln sich auch die konstitutiven Elemente ihres Selbst-Austausch-Konzepts: *M: "Es war höchstens immer wichtig für mich, daß ich immer total das Gefühl hab', ich werd' von allen abgelehnt, und keiner will mit mir was zu tun haben und so, ich bin uninteressant. ... Ich weiß nicht, ich hoff', das klingt jetzt nicht arrogant, daß ich für das Alter halt irgendwo schon relativ erwachsen war und daß ich dann echt nur noch intellektuelle Bücher gelesen hab' und irgendwo da ziemlich abgehoben bin und dann auch recht arrogant war, weil ich mir gesagt hab, die sind ja sowieso alle zu blöd."*

> "Die zu beobachtende Leistungsorientierung und der Ehrgeiz signalisieren zum einen – in Korrespondenz mit den entsprechenden Erwartungen der Eltern – die Rolle des braven Kindes. Zum anderen gibt es eine Reihe von Hinweisen, nach denen der Leistungsanspruch im intellektuellen Bereich als Intellektualisierung selbst ein Aspekt der Abwehrstruktur sein kann. Auch das Fasten ist eine Leistung, aus der Gefühle von Stolz und Überlegenheit oder die Überzeugung, etwas Besonderes zu sein, gewonnen werden können. Diese 'Überlegenheit' legitimiert die soziale Distanzierung von den Gleichaltrigen, die weit unterlegen sind, macht aber auch einsam; die Einsamkeit verstärkt das Streben nach Überlegenheit." (Helfferich 1994:152f.)

Über ihr arrogantes Abheben bearbeitet Maja unerfüllte soziale Wünsche und Bedürfnisse, indem sie einen Mangel an alterstypischen Möglichkeiten über altersuntypische Seins- und Handlungsweisen kompensiert: *M: "Ich wär' gern weggegangen auf irgendwelche Parties, ich hätte gern einen Freund gehabt, ich hätte gerne was mit irgendwelchen Leuten gemacht. Weil nur mit Büchern kann man auch schwer leben, da möchte man wenigstens über die Bücher mit irgend jemand reden können. ... Ich war total viel alleine, ... war irgendwo auch total depressiv."* Eingependelt in diesen elitären und einsamen Zustand verlangt der kurzfristig über Größenphantasien entlastete Druck-Behälter von Maja erneut nach einem Ausgleich, um die Unsicherheit aufgrund der sozialen Orientierungslosigkeit zu organisieren: Im Schnittpunkt ihrer Ambivalenz zwischen dem Wunsch, sich von den Eltern lösen und an Gleichaltrige binden zu wollen, entwickelt sie (angesichts ihrer Identifikation mit einem intellektuellen Erwachsenenstatus und ihrer daraus resultierenden Einsamkeit unter Gleichaltrigen) eine Sehnsucht nach einem idealen Ort als Lösungsweg, die von "Drogenbüchern" inspiriert ist: *M: "Da sind auch Photos in dem*

Buch [Christiane F. 'Wir Kinder vom Bahnhof Zoo'] und so, und da hab' ich sofort gemerkt, irgendwie bin ich der total ähnlich und, Wahnsinn, und möchte dahin, wo die ist." Entlang dieser empfundenen Affinität begibt sich Maja nach ihrer anorektischen Phase erneut auf einen Such-Weg mit der Hoffnung, eine ideale Balance innerhalb ihres Selbst- und Austausch-Behälters zur Erweiterung ihrer Empfindens- und Handlungsspielräume zu erreichen: *M: "Ich war total viel alleine, so mit vierzehn oder so mit dreizehn. Und war mit zwölf magersüchtig und bin halt die meiste Zeit in meinem Zimmer echt gesessen und hatte überhaupt keinen Kontakt zu anderen Leuten, war irgendwo auch total depressiv, Suizidgedanken und- ja, dann war's das, bevor ich mich umgebracht hab', hab' ich halt das [Drogen] probiert so ungefähr, das hab' ich mir gedacht."*

7.1.2 Such(t)-Kreisläufe als paradoxe Lösungswege

Maja verknüpft während des Erstgesprächs ihre Entscheidung für einen Drogenweg unmittelbar mit ihrem Selbstkonzept der *Schüchternheit*, indem sie darin eine Ursache für ihre soziale Blockade vermutet. Die logische Reihenfolge der einzelnen Schritte bis zum Einstieg in die Drogenszene rekonstruiert sie dabei folgendermaßen: Aufgrund ihrer sozialen Erfolglosigkeit erdenkt sie sich mit Hilfe von Literatur einen magischen Ort, der sie anzieht und an den sie die Hoffnung heftet, *anders* werden zu können:

"**faszinieren** Vb. 'äußerstes Interesse wecken, große Anziehungskraft ausüben, geht aus von *fascinare* 'behexen'" (Etym. Wörterbuch d. Deutschen 1995:327).

M: "Also vorher hat's [das Drogenleben] mich schon total fasziniert, ich hab' nur noch Bücher über Drogen gelesen, war schon total bestens informiert, hab' schon genau alles und die Wirkungen gekannt- ja, ich weiß auch nicht, ich war in der Zeit total viel alleine, wußte überhaupt nix mit mir anzufangen, hab' nur Bücher gelesen und gezeichnet und sonst gar nix. War total schüchtern auch anderen gegenüber, was ich jetzt überhaupt nicht mehr bin." I: "Woher glaubst du, daß das kam, also dein Allein-Sein?" M: "Ja, wenn ich das wüßte. Ich glaub', dann hätte ich keine Drogenprobleme. Also da hab' ich echt keine Ahnung." Im Zuge der Konstruktion ihres abgehobenen Isolations-Behälters bildet sie, vor dem Hintergrund der hierarchischen Dichotomisierung ihrer Person und Umwelt, eine Vorstellung eines idealen Ortes aus, auf den sie all ihre unerfüllten Wünsche projiziert. Gleichzeitig versucht sie, über die dort verfügbare *magische* Handlung in Form des Drogenkonsums der deprimierenden Isolation zu entfliehen. Ausgehend von ihrer Hoffnung auf eine Erlösung von vergangenen Enttäuschungen und Niederlagen (die dann eintreten soll, sobald sie eine drogeninduzierte ideale, im Sinne einer absolut unabhängigen, Seinsform hat) entwickelt sie ihr Drogenideal. Letzteres macht

den Ausgangspunkt ihrer Such(t)- Bewegung transparent und führt direkt zu ihrem zentralen Thema: der Suche nach bedingungslosem Anschluß: *I: "Was hat dich eigentlich damals so fasziniert am Drogenleben?" M: "Tja, was mich so fasziniert hat ist, daß man absolut nicht mehr von anderen Menschen abhängig ist, also beziehungsmäßig. Man braucht niemanden mehr. Wenn der Freund Schluß macht, scheißegal, gibt man sich einen Schuß. Und wenn keiner mit einem redet, scheißegal, Hauptsache man hat sein Zeug. Daß man nicht mehr gut ankommen muß bei irgend jemandem, daß man nicht mehr schön aussehen muß für irgend jemanden. Man muß nur noch Geld aufstellen und Zeug nehmen und ist trotzdem noch- ja momentan, zumindest am Anfang glücklich."*
Maja entwickelt lange vor ihrem tatsächlichen Einstieg in die Drogenszene eine hohe Affinität zu einem Leben als *Junkie*, worüber sie ihren Suizidphantasien eine Gestalt geben kann: Indem sie nichts mehr zu verlieren hat, beginnt sie ihren Drogenweg radikal mit einer Überdosis Kodeinsaft an einem öffentlichen Platz in der Stadt, in der für sie zum damaligen Zeitpunkt anonymen Szene. Die extremen drogeninduzierten Empfindungen und Reaktionen interpretiert sie anschließend auf der Folie ihrer zunächst über die Literatur erlangten – theoretischen – Selbstaufwertung via Wirkpotential illegaler Substanzen, mit dem Effekt einer realen Selbstaufwertung und Optimierung ihres Selbsterlebens: *I: "Und kannst du dich erinnern, was die Droge bewirkt hat, was du gefühlt hast?" M: "Ja, da kann ich mich schon erinnern, weil ich mir gleich 'ne Überdosis gegeben hab' beim ersten Mal und den ganzen Tag über der Toilette hing, gleich umgekippt bin und nur noch gekotzt hab'. Aber irgendwie war's auch ein total leichtes Gefühl, und so hab' ich's gleich noch mal probiert mit weniger." I: "Und dann war's gut?" M: "Ja. Ja, es war vorher irgendwie auch gut, auch wenn ich gedacht hab', ich sterb' dran, aber es war was anderes als normal." I: "Also wie 'anders als normal'?" M: "Ja, ich weiß auch nicht, mich hat das Ganze mit der Szene und Drogen alles so fasziniert, daß ich mir unheimlich toll vorgekommen bin, da dachte ich, ich hab' jetzt allen anderen was voraus, weil ich das probiert hab'."* Mit dem Einstieg in die Drogenszene, die für Maja einen magnetischen Pol mit Erfüllungspotential aller bisher offengebliebenen Wünsche repräsentiert, eröffnet sie sich einen (im Hinblick auf ihre *normale* Position im Alltagsleben) *anderen* Raum. Dort nehmen ihre realitätsgenerierenden Projektionen auf das Drogenleben eine Form an, die wiederum mit ihren Konstruktionen eines idealen Selbstkonzepts korrespondiert: *M: "Wo ich drauf gekommen bin irgendwie- da war ich ganz lockerer, ganz anders. ... Und, na ja, dann hab' ich halt ab und zu 'ne Nase genommen am Hauptbahnhof dann, und irgendwie ist es dann natürlich immer einfacher geworden. Plötzlich hab' ich total viele Leute gekannt und hab' gleich einen Freund gefunden, und dann hat auf einmal alles gepaßt."*

Indem sich für Maja mit dem Beginn ihres Drogenleben, das als ein nicht-leistungsorientierter Ort im Gegensatz zu ihren *normalen* Lebensbedingungen steht, ebenso schnell wie mühelos ein ganz *anderes* Seins- und Handlungspotential erschließt, gelingt ihr ein lohnenswerter Ausgleich zu ihren bisherigen psychosozialen Entbehrungen. Dementsprechend bezeichnet sie ihre Entscheidung für den illegalen Drogenkonsum als einen nach wie vor gültigen Lösungsweg, da dieser für sie ein Erkennen eines Lebenssinns und damit ein Überwinden eines sinnlosen Vegetierens versinnbildlicht: *M: "Ja, ich würd's schon noch mal so machen [mit dem Drogenkonsum anfangen]. Weil ich denk' mir, sonst wär's möglicherweise so weitergegangen wie vorher, daß ich so vor mich hin existiert hätte in Büchern und gar nicht richtig gelebt, die ganze Zeit unglücklich und allein gewesen. Also für mich war das der einzige Ausweg, und mir ist immer noch kein besserer eingefallen. Ich meine, mir haben schon ein paar Leute schlaue Tips gegeben wie ich's hätte machen können, aber- also ich glaub', das war in dem Moment die einzige Lösung. Es hat sich auch einiges geändert. Ich denk', wenn ich jetzt clean wär', wär' ich nicht mehr total schüchtern und so wenig selbstbewußt wie damals. Vielleicht noch ein bißchen, aber doch anders, na ja, und Erfahrungen hab' ich natürlich auch genügend gemacht, seit ich das Gift nehme. Ich möchte eigentlich nichts davon nicht erlebt haben, auch die negativen Sachen. ... Ja, irgendwie bringt's einen doch schon ein bißchen weiter."*

Nachdem die Eltern Bescheid wissen und das Drogenleben für Maja zu einem neuen Bindungs-Weg wird, entscheidet sie sich *ganz* dafür und verläßt dafür ihre *normale* Position: sie geht von der Schule ab, reißt von zu Hause aus, entflieht damit einem Therapiezwang und beginnt ihr Leben mit dem Wirkpotential psychotroper Substanzen zu strukturieren. Ihre Lieblingsdrogen Crack und Kokain werden für sie zu lebens- und lohnenswerten Tauschkontakten, über die sie – anfänglich noch ohne Tributforderungen – eine Optimierung ihrer Selbst- und Fremdwahrnehmung erhält. Die anschließende unsanfte Landung auf dem Boden der nüchternen Tatsachen nach einem Kokain-Höhenflug pendelt sie mit dem weniger idealisierten als vielmehr funktionalisierten Heroin wieder ein: *M: "Koks das ist halt echt fünf Minuten lang das genialste Gefühl was es gibt, und da ist alles andere weg, egal ob's einem total beschissen geht, egal was man so alles hinter sich oder vor sich hat, das ist alles mit einem Mal- Puff, für fünf Minuten total weg, ... da kann man alles ausblenden um einen rum. ... Ja, man fühlt sich [auf Kokain] als das Allergrößte, was es überhaupt gibt. Das ist so 'n geniales Gefühl. ... Wenn ich depressiv bin, dann geb' ich mir 'ne Schorre [Heroin], und dann ist der Trip vorbei."*

Im Gegensatz zu Partydrogenkonsument/innen verlangt Maja nach einer endlosen idealen Gefühlsversorgung. Von daher stellt ein temporärer Substanzgebrauch keine Alternative zu ihrem extremen Mischkonsum dar, der ihre Real-Präsenz radikal verändern, anstatt sie nur kurzzeitig unterbrechen soll: *M: "Aber mir reicht's halt*

einfach nicht, am Wochenende eine Nacht Spaß zu haben und dann die ganze Woche so weiterzumachen wie vorher. Ich brauch' auch über 'n Tag irgendwas. Und es ist auch so bei diesen ganzen Partydrogen, also jemand, der das nimmt und nicht von Opiaten abhängig ist, der kommt davon total schwer runter, hat dann am nächsten Tag den ganzen Tag einen depressiven Durchhänger usw. Ich kann das halt zumindest mit Opiaten steuern." Vor dem Hintergrund ihrer ausschließlichen Gegenwartsorientierung, bei einer gleichzeitigen Geringschätzung eines beständigen und gleichförmigen Lebensprojekts, werden nicht-manipulierte und wenig extreme Gefühle sowohl radikal abgewertet als auch zugunsten einer idealen Steuerung von Emotionen anhand eines regelmäßigen Drogenkonsums ersetzt. Für diesen nimmt Maja große Risiken in Kauf und macht darüber den Wert ihres Drogenlebens transparent, für das sie buchstäblich ihr physisches Leben geben würde: *M: "Ja natürlich finde ich sie [die Drogen] irgendwo gefährlich. Klar. Ich kenn' die Gefahren ganz genau. Ich weiß schon, was alles passieren kann, aber das schreckt einen nicht mehr ab, wenn man schon so weit ist wie ich." I: "Hat dich auch davor nicht abgeschreckt?" M: "Nee, eben nicht, weil ich ja da auch ziemliche Suizidgedanken hatte, und da wär's mir ziemlich egal gewesen, ob ich dabei draufgehe oder nicht. Ja, und das ist jetzt auch nicht wesentlich anders." ... I: "Hast du dich entschieden zu leben?" M: "Ja, auf jeden Fall." I: "Wann war das?" M: "Wo ich mit den Drogen angefangen hab' [lachend]. Ja. Das war irgendwie- ich wollte nur noch leben, damit ich mir noch mal 'nen Hit [Drogen-Kick] geben kann, sowas in der Art." I: "Warum wolltest du damals nicht leben?" M: "Mh, schwierig, das ist schon ziemlich lange her, kann ich jetzt nicht so genau sagen. Ja eben wegen dem ständigen Allein-Sein, nicht mehr wissen, wofür das alles. Ich hab' nichts gewußt, was mich richtig glücklich macht."* Angesichts dieses großen Speicherplatzes in Majas Gedächtnis haben die drogenbezogenen "Glücksgefühle" ein leichtes Spiel, sich konkurrenzlos als idealer Gefühlszustand festzusetzen. Dieses Wissen um ein im Außen verfügbares Mittel zur selbstbestimmten positiven Beeinflussung der Gemütslage wird fortan zum Ausgangs- und Zielpunkt ihrer Wahrnehmungs- und Handlungsdynamik: *M: "Ja, aber die meisten [normalen Leute] wissen halt nicht, was sie da konkret dagegen machen können, wenn sie gerade mal unglücklich sind. Die warten dann ab, bis es vorbeigeht, und das kann ich halt nicht mehr. ... Weil ich weiß, was ich machen muß, daß es mir besser geht. Und ich denk' halt auch nicht grad' so wahnsinnig viel an die Zukunft. Bei mir ist es immer am wichtigsten, daß es mir heute gut geht. Ich denk' nie dran, was morgen sein könnte."*
Für Maja repräsentieren psychotrope Substanzen (vor allem Kokain, Crack, Heroin) zuverlässige Tauschkontakte, um darüber vor allem *Trost* und *Belohnung* zu bekommen. Dabei knüpft die selbstwerthebende Wirkung der Substanz als *Trost* an ihre zentrale Thematik der Einsamkeit und Entbehrung von sozialer Integration an. Die *belohnende* Funktion der Droge basiert hingegen auf ihrem Wert-Leistungs-

Konzept, das heißt auf ihrer Überzeugung, *über* ein Erfüllen äußerer Leistungsmaßstäbe *zu* einem optimalen Selbst(wert)-Empfinden gelangen zu können: Befindet sie sich zuvor in einem leistungsgebundenen Nähe-Distanz-Verhältnis zu ihren Eltern, so begibt sie sich mit Eintritt in das Drogenleben in eine bedingungsgebundene Geben-Nehmen-Dynamik und erzielt darüber um den Preis eines hohen Selbsteinsatzes (Prostitution, Gewalterfahrungen, gesundheitliche Risiken etc.) maximale Effekte als *Entschädigung* für die in Kauf genommenen Gefahren und Zumutungen. Sobald sie also etwas "geschafft" (*überstanden*) hat, darf sie sich mit einer Dosis Glück als Ausgleich *belohnen*. Diese Logik repräsentiert einen wesentlichen Teil ihrer Such(t)-Dynamik, da sie genau darin den Auslöser für eine erneute Drogen-Handlung verortet. Denn Maja interpretiert alle *nüchternen* Emotionen und Handlungen auf der Folie ihres kennengelernten Glücks als Überdruß und Leere – und genau in dieser Gefühlslage *geht* die Suche nach einer Fluchtmöglichkeit aus einem global abgewerteten Dasein *los*: M: *"Ja, es kotzt einen irgendwie alles an, man hat keine Lust was zu machen, weder vorm Fernseher hängen, noch irgendwas unternehmen. Ist irgendwie alles ätzend."* I: *"Was ätzt dich an?"* M: *"Mh, ich kann das nicht konkret beschreiben. Mich kotzt's schon an, wenn ich nüchtern aufstehe und mir 'ne Zigarette anzünde, und die schmeckt nicht so, wie wenn ich mir grade 'nen Hit gemacht hätte. Da könnte ich schon wieder davonlaufen. Das ist schon ätzend genug. Wenn's einem schlecht geht, nix zu haben, was einen tröstet."* I: *"Geben die Drogen Trost?"* M: *"Ja klar. Damit wird erst mal alles egal, alles andere."* I: *"Wie fühlt sich das an?"* M: *"Wie fühlt sich das an- ja, es ist total schön. Man kann sich irgendwie freuen, nur weil man dasitzt und vor sich hindämmert. Da ist es vollkommen egal, ob man weiß, wo man in der Nacht schlafen soll, ob man zehn Freier oder fuchzehn Freier gemacht hat, ob einem einer eine auf die Nase gehauen hat oder ob einem die Beine weh tun oder sonst irgendwas, Hauptsache dicht. Und da sitzt man halt friedlich da und schaut vor sich hin und ist glücklich. Egal was passiert."* Hier scheint Maja an ihrem idealen Gefühlszustand angekommen zu sein, da sie etwas hat, was sie "richtig glücklich" macht. Indem sie also über das tröstende Wirkpotential der Droge zum positiven Gefühlspol gelangt, kann sie alle Relationen zu Raum und Zeit – und damit all ihre sie bedrückenden Lebensbedingungen – "ausblenden". Nur kann sie dort nicht ewig verweilen, denn nach einer bestimmten Zeit läßt die Drogenwirkung nach, woraufhin sie sich aus diesem "dichten" und wunschlos glücklichen Zustand ohne Leistungsziel vor Augen in das "nüchterne" Dasein begeben muß: I: *"Und dann, wenn das schöne Gefühl weggeht?"* M: *"Das kommt auf die Droge an. Also bei Heroin geht's relativ sanft weg, da merkt man das eigentlich gar nicht so sehr. Da braucht man auch nicht, wenn man nicht drauf ist und dann affig wird, gleich den nächsten Schuß, sondern da schläft man danach, wenn das Gefühl weggeht, erst mal noch ein paar Stunden und wacht dann auf und ist halt wieder nüchtern. Und bei Koks,*

nach den fünf Minuten ist alles ganz, ganz grauenhaft, dann wird man vollkommen depressiv, braucht sofort neues Koks oder man fängt an zu heulen, dreht total durch, wird paranoid, könnte jemandem eine reinhauen. Also das ist dann schlimmer als es vorher jemals gewesen sein könnte." Das Adjektiv "grauenhaft" verwendet Maja zur Illustration ihres emotionalen Befindens außerhalb eines "dichten" Selbst-Behälters – wenn sie die über ihre Lieblingsdroge Kokain erzeugte ideale Wahrnehmung wieder aufgeben muß. An diesem *ernüchternden* Tiefpunkt mit Kontrollverlust über Gefühle und Handlungen angekommen, versucht sie sich anschließend über ein Festhalten an verinnerlichte Strukturen zu stabilisieren: Der Drogenkonsum ist für Maja als ein "gewohnter Ablauf" definiert, der ihr sowohl einen Ausweg aus dem Isolations-Behälter während der Transformation zum Druck-Behälter eröffnet (*tröstende* Funktion) als auch einen verdienten Gefühlsausgleich gewährt (*belohnende* Funktion): *M: "Das ist halt der gewohnte Ablauf. Es fällt mir schwer, mich auf irgendwas anderes einzustellen. Ich weiß auch nicht, wohin mit dem Suchtdruck allein in der Wohnung." I: "Was passiert bei Suchtdruck?" M: "Ja, mein Gott, man hat halt das Gefühl, man braucht jetzt unbedingt was und alles ist Scheiße. Denkt stundenlang nur dran, wie man 'ne Ader sucht und wie man sich das Zeug reinjagt und ich mal' mir dann immer schon im Detail aus, wie ich in der U-Bahn sitz', wie ich aussteig', zu wem könnte ich gehen, wer hat denn grade was? Und irgendwann wird's halt so schlimm, daß man total zu schwitzen anfängt und es nicht mehr aushält und losrennt wie 'ne Wahnsinnige." I: "Und wann ist das so?" M: "Mein Gott. Ich weiß nicht, was da vorausgehen muß. Also es ist manchmal so, daß man einfach aus irgendeinem Grund deprimiert ist und dann denkt, das brauch' ich jetzt. Aber es kann genauso gut sein, daß es einem gerade supergut geht, daß man irgendwas geschafft hat und dann sagt, das jetzt zur Belohnung. Das ist eben so schwer sich anders zu belohnen, weil es gibt einfach nichts was so schön ist als Belohnung. ... Wenn ich die Entgiftung gemacht hab' oder sowas und viel Geld verdient hab', also sich für Geld ficken zu lassen, und da denkt man sich immer, jetzt muß ich irgendwas machen, was einem guttut. Dann praktisch mit Drogen belohnen."*
Sowohl die Zuschreibung an Drogen-Handlungen als eine Form der routinierten, und deshalb sicheren, Gefühlsversorgung als auch der darüber effektiv erzielte soziale Kontaktanschluß (vgl. "Personenkreis") erschweren Maja letztendlich den Ausstieg aus diesem stark bindenden Passungsverhältnis. Lediglich im Besitz sowie in der Obhut eines sofort greifbaren, kontinuierlichen Drogenersatzes in Form eines "netten Freundeskreis[es]" kann sie sich einen Ausstieg aus ihren ambivalenten Such(t)-Bewegungen vorstellen – und genau an dieser Stelle beginnt der Kreislauf: *M: "Ich hoffe, daß das jetzt nicht so rübergekommen ist, daß ich die totale unverbesserliche giftgeile Drogenkonsumentin wär' oder so, weil das stimmt im Grunde nicht, also ich würd' schon wirklich gern aufhören. Und ich versuch's ja*

auch ständig wieder. Ich bin nur so realistisch mittlerweile, daß ich weiß, daß ich dauernd wieder auf die Schnauze falle und daß noch einige Rückfälle kommen, daß ich bestimmt noch ein paar Runden zu drehen hab'." I: "Was glaubst du, bräuchtest du, um auszusteigen?" M: "Ja, am besten von heut' auf morgen einen netten Freundeskreis, die sich ständig um mich kümmern, wenn's mir schlecht geht, die mir hinterherlaufen und- aber sowas kriegt man halt nicht von heute auf morgen. Man kann nicht zu irgendwelchen Leuten sagen: Ich hab' jetzt mit Drogen aufgehört, bitte kümmert Euch ab sofort um mich. Ihr habt mich zwar noch nie gesehen, aber- sowas entwickelt sich ja normal langsam. Und wenn das drei, vier Wochen dauert, bis man genügend Leute kennengelernt hat, in den drei, vier Wochen bin ich schon wieder drauf meistens, weil mich der erste Tag alleine schon so ankotzt, daß ich zu meinen alten Freunden wieder hinlauf".
Mit Blick auf Majas Wahrnehmungs- und Handlungsstrukturierung ist es nur konsequent, daß sie (Drogen-)Effekte – aufgrund ihrer radikalen psychosozialen Pendelbewegung mit einer Affinität für ideale Emotionen (für die wiederum extreme Positionen in Kauf genommen werden) – nicht in einem Zwischenbereich sucht und erwartet, sondern direkt beim Eins-Sein mit dem *guten* Pol. Entsprechend dazu begreift sie soziale Prozesse nicht als eine schrittweise beeinflußbare Dynamik zwischen Nähe und Distanz, die je nach Qualität der Wünsche und Bedürfnisse eine spezifische Form von Geben und Nehmen entstehen läßt, sondern als einen sofortigen Anschluß an einen endlos versorgenden "Freundeskreis". Außerhalb ihres *dichten* Drogenlebens "vermißt" sie hingegen soziale Kontakte, die auf einer "gemeinsamen Ebene" liegen und ihr damit die Erfahrung eines gleichberechtigten und damit integrierenden sozialen Austauschs bieten. Den Grund dafür sieht sie in ihrer im nüchternen Zustand immer noch vorhandenen Schüchternheit sowie in ihren sozialen Defiziten, resultierend aus ihrem Drogenleben. Davon ausgehend erlebt sie sich im Kontakt mit "normalen Leuten" als sozial blockiert. Aufgrund dieser Vorstellung eines Mangels an Bewegungspotential im *normalen* Leben, außerhalb eines "gewohnten Ablaufs" und fern eines "gleichen Personenkreises", hält sie an ihrer idealisierten Junkie-Konstruktion in Form einer schlagartigen sozialen Übereinstimmung als Abwehr von unkontrollierbaren realen Bedingungen fest: *M: "Na, ich bin auch nüchtern immer noch schüchtern genug und kann auch total schwer auf normale Leute zugehen. ... Mir fehlen halt im Moment auch, durch meine ganze Geschichte, die Gesprächsthemen. Ich kann nicht einfach auf jemanden zugehen und mit ihm über die Schule reden, wenn ich an meine Kappe Kodeinsaft denke den ganzen Tag. Das wirkt dann total gestellt und aufgesetzt, und mich langweilt das Gespräch dann auch total. Aber ich kann auch nicht hingehen und mit ihm über Drogen reden. Das ist irgendwie schon schwierig. Ich weiß noch nicht genau, was ich ändern muß oder was ich machen soll, sonst hätte ich's schon längst gemacht. ... Aber es ist klar, daß ich jetzt irgendwo einen drogenfreien Freundeskreis ver-*

misse. Ich hab' zwar jetzt total viele Freunde, aber die sind alle drauf und- ja, ich vermisse auch, daß ich mit anderen Leuten überhaupt keine gemeinsame Ebene hab', ich sitz' dann da und weiß gar nicht, worüber ich mit denen reden soll. Sobald mir ein Junkie über 'n Weg läuft, paßt halt alles." I: *"Also was ist da anders?"* M: *"Also was da anders ist- erstens man hat sofort ein gemeinsames Gesprächsthema, und das ist ja, wenn man jemand anderes kennenlernt, eher schwierig. Und zwar ein Gesprächsthema, wo man sich stundenlang drüber unterhalten kann, weil auf Gift hat jeder soviel schon erlebt, daß man da echt wochenlang durchreden kann. Ja und zweitens, ich weiß auch nicht, das ist halt immer, ja, der gleiche Personenkreis irgendwo. Man hat mit denen immer schon unheimlich viel gemeinsam von Anfang an, die gleichen Probleme."*

7.1.3 Süchtig nach einem selbstbereichernden "Kick"

Maja verdeutlicht die Dynamik ihres Selbst-Austausch-Konzepts an ihrem häufigen Gebrauch von vergegenständlichenden Metaphern sowie dem Konzept von Geben und Nehmen. Daraus erklärt sich ihr Begriff von Emotionen, Drogen, Eigenschaften und Beziehungspartner/innen und -inhalten als *Substanzen*, woraufhin sie soziale sowie drogenbezogene Beziehungen als quantifizierbare und außerhalb ihres defizitären Selbst-Behälters situierte Materie wahrnimmt. Indem sie also *Haben*-Defizite in ihrem Selbst-Behälter verortet, die sie in Verbindung setzt mit ihrer unergiebigen Fähigkeit zur sozialen Kontaktaufnahme außerhalb der Drogenszene, und indem sie aufgrund ihrer kompromißlosen Dynamik des Selbst-Austausch-Konzepts eine kontinuierlich gute Gefühlsversorgung *haben* will, gerät sie in eine extreme Kreisbewegung, die von ihrem Hunger nach dem permanenten Glücks-Kick angetrieben wird: M: *"Weil die meisten [normalen Leute] tun echt so, als müßte man da nur ein bißchen die Zähne zusammenbeißen und dann wär' der Fall gegessen, und das ist irgendwo nicht so. Und das braucht auch keiner mir erzählen, der noch nie Drogen genommen hat, daß man so 'n gutes Gefühl irgendwo anders herkriegen könnte. Da haben mir schon Leute die aberwitzigsten Sachen erzählt von Bergwanderungen bis- [lachend] Venedig-Reise oder Fallschirmsprung, alles. Das war alles nichts. Ich meine, das ist- solche Erlebnisse, das ist schon schön, ich streite das nicht ab, daß das schön ist, aber wenn man zum Beispiel einen scheußlichen Alltag zu bewältigen hat, in der Früh um sieben aufstehen muß, dann kann man nicht sagen, ich mach' jetzt einen Fallschirmsprung, damit's mir gut geht. Aber man kann sehr wohl sich 'ne Kappe Kodeinsaft reinschütten, und dann ist der ganze Tag schön, egal was passiert. Das geht halt mit den ganzen anderen Sachen nicht."* Majas ideale *Einstellung* ihres bipolar ausgerichteten Selbst-Austausch-Konzepts liegt auf der Frequenz des positiven Pols, an den sie immer wieder über Materie mit Bewegungs- bzw. Erfüllungspotential gebracht werden will. Denn erst dort ist sie im Besitz einer gewünschten Schutz- oder Tarn-*Kappe*, die in idealer Weise vor unzumutbaren Realitäten abschirmt.

"kick [Fuß]tritt; Schuß; jmd. einen Tritt geben *od.* versetzen" (Duden Oxford 1990:400).

In diesem Sinne organisiert sich Maja "jedesmal", wenn sie sich mehr oder weniger freiwillig einem stationären Drogenentzug mit geschlossenen Rahmenbedingungen unterzieht, auf der Beziehungsebene den gewünschten Anstoß ("Kick"), um der unerträglichen Diskrepanz zwischen Real- und Imaginär-Präsenz im nüchternen Selbst-Behälter entfliehen zu können: *I: "Warst du schon mal verliebt?" M: "Na ja klar." I: "Und wie fühlt sich das für dich an?" M: "Ja, das war für mich immer der totale Kick, fast so gut wie Gift nehmen. Ist auch ein Grund, jedesmal, wenn ich auf Entgiftung war und praktisch zwangsweise clean, hab' ich mich in irgendwen verliebt und mit dem was angefangen. Ich hab' meinen jetzigen Freund auch auf Entgiftung kennengelernt."* Die Wahl des Beziehungspartners erfolgt demnach eher nach beliebigen Gesichtspunkten, denn im Vordergrund steht Majas Wunsch, *irgend etwas* anderes anzufangen, sobald sie "zwangsweise" ihre fatale Lieblingsbeziehung, das Gift-Nehmen, aufgeben muß. Indem für sie das Gefühl der Verliebtheit nahezu ähnlich positive Effekte wie der Drogenkonsum erzeugt, kann das eine das andere ersetzen – jedenfalls so lange, wie sie sich in einem "geschlossenen Rahmen" befindet. Sobald dieser jedoch verlassen werden muß, wird die Nüchternheit aufgrund eines unausgeglichenen psychosozialen Geben-Nehmen-Verhältnisses unerträglich: *M: "Ich hab's halt auch noch nie länger nüchtern mit jemandem probiert. Höchstens mal auf Entgiftung, und da war's schon total schön, nüchtern zu sein und mit jemandem zusammen. Ich war mit meinem Freund schon öfter zusammen auf Entgiftung. Aber das ist halt auch der geschlossene Rahmen. Der nimmt einem irgendwo den Suchtdruck schon ein bißchen. Aber draußen war's immer grauenhaft, mal einen Tag nüchtern."* Dort angekommen setzt eine Such(t)-Bewegung zur Relativierung aller wahrgenommenen Mißverhältnisse zwischen der erwünschten Sättigung und der tatsächlich empfundenen Leere ein, was Maja erneut zur gierigen Suche nach einem Regulativ extrem unangenehmer Gefühle antreibt. Denn in diesem schwer erträglichen Zustand der einstürmenden, bedrängenden Defizit-Wahrnehmungen wird ein sofortiger Ausgleich im Selbst-Behälter nötig, um den Entstehungsprozeß einer extremen Gefühlsbelastung selbstbestimmt aufhalten zu können. Bezüglich dieses Balanceaktes zwischen Kontrolle und Kontrollverlust nimmt sie im Rahmen ihrer Such(t)-Dynamik vielfältige Tauschkontakte wahr: Sie legiert Drogen mit einer Erfüllungspotenz, indem sie deren bereits soziokulturell etabliertes Macht- und Gefahrenpotential aufgreift, und definiert sie auf der Basis ihres Wert-Leistungs-Konzepts als Belohnung für ihren hohen Selbsteinsatz in benachteiligenden Geben-Nehmen-Verhältnissen. Auf diese Weise erlangen ihre Drogen-Handlungen und die daraus resultierenden Lebensbedingungen den Status von Instanzen, die wertvolle Materie *geben* und Defizite *nehmen*, woraufhin sie ihrer Selbstwahrnehmung Gewicht verleihen und damit die nüchternen Lebenszusammenhänge sowie kostspieligen Begleiterscheinungen ihres Drogenlebens (Prostitution, Krankheiten, Gewalt etc.) ertragen kann.

Auf der Ebene des Geschlechtskörpers und der heterosexuellen Matrix zeigt sich dieser Aspekt des Selbst-Austausch-Konzepts im Zusammenhang mit ihren Drogen-Handlungen in Form einer am eigenen Leib ausgetragenen Kosten-Nutzen-Abwägung. Am Beispiel der Beschaffungsprostitution verdeutlicht Maja ihren persönlichen Gewinn aus der anfänglich verabscheuten Tätigkeit, die jedoch mit einer zunehmenden Gewöhnung an das Drogenleben zur Bezugsquelle von selbstwertsteigernden Impulsen wird: M: *"Am Anfang war's grauenhaft [mich zu prostituieren], aber man stumpft mit der Zeit halt total ab und- na ja, es gibt auch ein gewisses Selbstbewußtsein. So häßlich und grauenhaft wie ich mich vorher gefühlt hab', das hat mir das irgendwie total genommen, daß ich jetzt weiß, ich bin was wert und wenn's nur hundertfünfzig Mark sind, aber immerhin. Also das gibt einem schon auch das Gefühl irgendwie was zu sein. So ungefähr: Typen müssen dafür zahlen, daß ich irgendwas mach'."* I: *"Würdest du sagen, du hast jetzt Selbstbewußtsein?"* M: *"[lachend] Ja, jetzt mittlerweile irgendwie schon. Aber wahrscheinlich ist das auch nicht besonders groß. Wenn mir jemand das Gift und das Anschaffen-Gehen und den Freund nehmen würde, dann würd' ich mich genauso mies und beschissen wie vorher fühlen."* Damit die Funktionalisierung des Körpers zur Drogenbeschaffung für Maja auch eine Sicherung ihres Selbstwertempfindens bedeuten kann, bedarf es eines strukturell etablierten Wissens um die machtvolle Verknüpfung von Geld und Sexualität. Denn nur vor dem Hintergrund von bereits voraussetzbaren geschlechtsbezogenen Spielregeln kann der *geldgebende* Freier zum Symbol direkter Macht und die *mit ihren Reizen spielende* Prostituierte zum Zeichen indirekter Machtausübung werden. Als Kontrast dazu beschreibt sie ihr Selbst- und Körperempfinden vor dem Drogenleben, als sie magersüchtig ist. Während dieser Zeit erklärt sie ihr Frau-Sein zum Tabu, das sie im Erstinterview erneut installiert. Daran wird deutlich, daß sie *nüchtern* und in einem *normalen* Kontext wieder zur "Magersüchtige[n]" wird, die ihre geschlechtliche Identität am Körper ausspielt – ohne dafür jedoch die ersehnte Aufwertung zu bekommen: M: *"Also, okay, also besonders viel möchte ich da nicht dazu erzählen [zum Thema Frau-Sein], weil ich meine, als Magersüchtige hat man da sowieso totale Probleme, das ist klar. Das ist mir erst mal total schwergefallen. Ja, und dann durch die Drogensucht ist es halt ganz anders geworden. Jetzt bin ich irgendwo froh, Frau zu sein, weil man dann mehr Geld verdient. Ich spiel' ganz gern damit, irgendwelche Männer zu reizen, aus ihnen was rauszuholen, also Geld von ihnen zu bekommen, Zeug von ihnen zu bekommen. Aber ich hatte da schon mal echt massive Probleme damit."*

Zum Zeitpunkt des Zweitinterviews befindet sich Maja gerade im Methadonprogramm, wo sie ihren derzeitigen Freund getroffen hat. Aufgrund ihrer aktuellen Verliebtheit gelingt ihr zum einen die Relativierung ihres Drogenideals, indem dieses Gefühl so "kickt wie Drogen", und zum anderen die Mäßigung ihres Drogenhungers, da sich der Freund als Drogenersatz – und damit als effektive Möglichkeit zur Selbstwerterhöhung – anbietet. Denn in ihren Augen besitzt dieser[12] attraktive soziale, kulturelle und ökonomische Ressourcen in Form eines sicheren Umfeldes, einer abgeschlossenen Schul- und Berufsausbildung sowie eines gut bezahlten Arbeitsplatzes: *M: "Aber im Moment ist das bei mir sowieso nicht mehr so [wichtig, mich mit Drogen zu belohnen], da hat sich echt viel geändert seit dem ersten Interview. ... Ja weil ich bin jetzt im Methadonprogramm, das heißt, Heroin bringt sowieso nicht mehr so viel. Das mach' ich jetzt nur noch alle zwei, drei Wochen, mir was spritzen wenn ich dann grade wirklich Lust dazu hab' und dann auch nur mit meinem Freund zusammen, mit dem bestimmten Ziel, daß es uns halt zusammen noch besser geht. Aber ich bin halt auch gerade in so 'ner Phase, wenn man total verliebt ist in jemand, dann braucht man das auch nicht dringend. ... Das [Verliebt-Sein] kickt für mich auch irgendwo wie Drogen eigentlich im Grunde. Vor allem, wenn man nach Ewigkeiten endlich mal jemanden trifft, der kein Geld von mir will und mich nicht auf den Strich schickt und mich nicht ausnutzt, sondern mir [betont] Geld gibt, mir [betont] alles kauft, was ich haben will - das ist einfach- also ich hab' nicht gedacht, daß mir das passieren könnte, daß ich so 'nen Typen finde! ... Ich hab' den halt durchs Methadonprogramm kennengelernt und er hat einen sehr guten Job als Abteilungsleiter und er unterstützt mich jetzt auch soweit, daß ich nicht mehr anschaffen gehen muß, geldmäßig ist überhaupt kein Problem, weil er genug verdient, daß er mich auch noch mit durchziehen kann."* Trotz ihres mehr oder weniger regelmäßigen Konsums von Alkohol, Tabletten und Heroin, zusätzlich zum Methadon, fühlt sich Maja "auf dem richtigen Weg". Dementsprechend bewertet sie ihre aktuelle Situation als eine "super Verbesserung" hinsichtlich ihres während des Zweitinterviews deutlich zum Ausdruck gebrachten Wunsches nach einer (passiven) Optimierungsbewegung auf einer normorientierten Weg-Ziel-Geraden: Indem sie nun im Besitz von potenter Materie (Freund) *ist* und darüber ihr *Haben*-Defizit bzw. ihren Drogenhunger stillen kann, eröffnet sich ihr eine neue Perspektive außerhalb ihrer zuvor exzessiv betriebenen Such(t)-Bewegung nach maximaler Gefühlsmaterie: *M: "Und deswegen hol' ich jetzt erst mal extern meinen Quali nach. Dafür bin ich schon angemeldet, und dann schau' ich halt, ob ich irgendwie weiterkomme. Ich weiß, daß ich eigentlich mehr schaffen könnte und intelligenter wär'. ... Na ja, ich bleib'- ich will auf gar keinen Fall mit 'm Quali stehenbleiben und mir dann irgendeinen Idiotenjob suchen, ich möchte dann schon weiterkommen. Aber das Problem war halt bisher immer, daß ich anschaffen gehen*

---

[12] Dieser bleibt während des gesamten Gesprächs anonym – wie alle erwähnten Kontaktpersonen.

mußte nebenbei, auch neben der Schule und neben allem, damit ich genügend Geld hab'. Jetzt, da mich mein Freund unterstützt, müßte das gut gehen ohne Anschaffen, daß ich einen Abschluß mache und ich genau so 'n guten Job krieg' wie er." Aufgrund ihrer aktuellen Beziehungs- und Konsumform fühlt sich Maja von den unvermeidlichen negativen Auswirkungen eines illegalen Drogenlebens entlastet, worüber ein Weiterkommen auf soziokultureller Ebene als neue Art der Ressourcengewinnung an Bedeutung gewinnt: nach der Erarbeitung eines Bildungskapitals will sie sich am gesellschaftlich anerkannten Tauschkontakt beteiligen, um über Leistung einen "guten" Arbeitsplatz bzw. eine sichere Geldquelle zu erhalten. Sobald sie dann auf dem "richtigen Weg" Fuß gefaßt und sich über soziokulturellen sowie ökonomischen Besitz "gefestigt" hat, möchte sie die Position als Mutter einnehmen: *M: "Ja, ich möchte am liebsten voll- relativ clean sein bis auf das Methadon, also vollkommen ohne Beikonsum, am liebsten mit meinem Freund zusammen, eine große schöne Wohnung, ein kleines Kind."*

Für die Zukunft wünscht sich Maja eine gute Schul- und Berufsausbildung, um ein gesichertes Leben führen zu können. Anschließend will sie sich in die Privatsphäre von Familie und Eigenheim zurückziehen. Hinsichtlich ihrer eigenen Erfahrungen findet sie eine Umdeutung etablierter Kriterien zur Bestimmung der sozialen Zugehörigkeit als bedeutsam. Drogenabhängige Personen sollten also nicht von vornherein nach einem bestimmten Bild bewertet, sondern als "Menschen" mit unterschiedlichen individuellen Anteilen respektiert werden.

> *"Also was mir besonders wichtig wär', ist halt, daß endlich mal dieser Effekt weg wär', daß Drogenabhängige total abgestempelt sind und, igitt, igitt, am Bahnhof, und da laufen sie [die normalen Leute] schnell vorbei, also ich meine, es sind auch nur Menschen, und das sind im Endeffekt Menschen, die unsere Gesellschaft hervorgebracht hat. Also zumindest mei mir war's so. Wäre einiges in meiner Kindheit nicht so verlaufen, dann würde ich vielleicht keine Drogen nehmen. Das sind alles ganz normale Menschen, meiner Ansicht nach, und ich find' das furchtbar, was einige Leute denken so von Drogenabhängigen, daß sie ihnen gleich an die Gurgel wollten oder ihr Geld klauen wollten oder sowas, daß sie keine Moral mehr hätten. Also ich kenn' sehr, sehr viele Drogenabhängige, die Moral haben und kein Geld klauen und die absolut korrekt sind. Das ist das Einzige, was mir wichtig ist, weil das keiner glaubt eigentlich. Aber es stimmt wirklich, es gibt da genauso viel gute Menschen und schlechte Menschen wie woanders auch."*

7.2 Arsen: Die Suche nach Übereinstimmung von Innen und Außen

Drogen-Handlungen setzen Arsen frei aus beengenden Alltags- und Beziehungsstrukturierungen. Letztere empfindet sie aufgrund der Forderung nach einer flexiblen Bewegung zwischen Nähe und Distanz als beengend, da es ihr hinsichtlich ihres ambivalenten *Selbstkonzepts*, das sie als Behälter metaphorisiert, schwerfällt, ein erträgliches Maß an Offenheit und Abgrenzung zu finden: Entweder befindet sie sich in einem sicher abgegrenzten Außenraum und kann damit zwischen einem Sich-Öffnen und Sich-Verschließen wechseln. Oder aber sie fühlt sich verunsichert angesichts eines unkontrollierbaren Geschehens, was ihre Selbst- und Austauschorganisation blockiert, sie anschließend belastet fühlen und nach einem Ausgleich suchen läßt.

Arsen, die sich das Pseudonym selbst gegeben hat, ist zum Zeitpunkt des Erstinterviews im Juli 1999 22 Jahre alt, befindet sich im Nachsorgeprogramm einer therapeutischen Einrichtung, in der auch Jasmin war, und wohnt in einer dort angegliederten betreuten Wohngemeinschaft. Bald will sie den Hauptschulabschluß nachholen; währenddessen arbeitet sie in einem Frauen-Café. Die ersten 13 Jahre wächst sie in einer Großstadt bei ihrer alleinerziehenden Mutter auf, die voll berufstätig und darüber hinaus "viel" mit ihren "Freunden unterwegs ist". In dieser Zeit wird sie von Pflegeeltern und wechselnden Bezugspersonen betreut. Als sie älter ist, schließt sie sich einer "Kinderclique" an und kompensiert darüber das abrupte Verlassen-Werden durch die Mutter, die ein "Drogenproblem" hat: Als Arsen 13 Jahre alt ist, bleibt ihre Mutter drei Monate ohne Mitteilung weg, woraufhin der Vermieter die Polizei verständigt. Arsen flüchtet zu Freund/innen und wohnt vorübergehend bei ihnen. Als 17Jährige zieht sie zusammen mit ihren Pflegeeltern – die eine zwei Jahre jüngere Tochter haben, mit der sie immer noch einen "sehr engen Kontakt hat" – in eine andere Stadt.
Der Drogenweg von Arsen beginnt mit 12 Jahren, als sie Psychopharmaka ihrer Mutter probiert. Anschließend konsumiert sie zusammen mit Freund/innen Haschisch und ab 14 Jahren LSD, Ecstasy und Speed. Im Alter von 15 bis 17 Jahren dehnt sich der Konsum auf Kokain und Heroin (geraucht) aus, bis sie mit 17 Jahren zusammen mit ihrer Pflegefamilie in eine andere Stadt zieht, dort "erst einmal clean" ist und sich "auf die Schule konzentriert". Mit der Zeit lernt sie jedoch wieder Leute kennen, die illegale Drogen konsumieren, und sie beginnt erneut mit dem Konsum der oben genannten Substanzen. Mit ungefähr 19 Jahren injiziert sie sich für ein halbes Jahr Heroin, das sie aus den zu der Zeit immer häufiger auftretenden "Horrortrips rausholen" soll. Ihre Pflegeeltern organisieren schließlich einen Entgiftungsaufenthalt, als sie entdecken, daß Arsen mit ihrer Pflegeschwester Drogen nimmt. Nach diesem Schritt absolviert sie eine Therapie und geht anschließend in die oben bereits erwähnte therapeutische Einrichtung. Dort hat sie drei "Rückfälle" und immer wieder anorektisch-bulimische Phasen. Schließlich "weiß" sie jedoch, daß sie "clean leben möchte".
Zum Zeitpunkt des Zweitinterviews im April 2000 arbeitet Arsen, wie bisher im Frauen-Café; darüber hinaus möchte sie nochmals versuchen, den qualifizierenden Hauptschulabschluß nachzuholen, nachdem sie beim letzten Mal durchgefallen ist, da zu dieser Zeit ihre beste Freundin Selbstmord begangen hat. Ferner erwähnt sie eine aktuelle Eßstörungs-Phase, die sie mit ihrer momentanen sozialen, beruflichen und wohnungsbezogenen Unzufriedenheit begründet.
Allgemein betrachtet hatte Arsen ungefähr dreimal polizeilichen und justitiellen Kontakt infolge ihres illegalen Drogenkonsums. Aufgrund von Ersparnissen und Beziehungen mit dealenden Männern war sie aber nie gezwungen, der Beschaffungsprostitution nachzugehen. Darüber hinaus verfügt sie über zweieinhalb Jahre Therapieerfahrung. In ihrer Freizeit spielt sie Theater und zeichnet.

7.2.1 Paradoxe Beziehungen überfordern, enttäuschen und verwirren

Arsen beginnt ihre Erzählung von Verunsicherungs- und Ungleichgewichts-Erfahrungen auf der Ebene der Mutter-Tochter-Beziehung: Während sie zum Zeitpunkt des Erstinterviews ihre Bedeutung für die Mutter rekonstruiert, entsteht der Eindruck eines Rollentauschs zwischen beiden, indem sie sich damals für ihre mit Drogenproblemen belastete Mutter "verantwortlich" gefühlt hat. Diesem Verpflichtungsgefühl stellt sie ihre aktuelle Wahrnehmung gegenüber, ein "Spielzeug" für die Mutter gewesen zu sein: *A: "Ja, sie wollte halt ein Kind alleine großziehen und wollte es alleine schaffen und, ja, war der Überzeugung, sie braucht keinen*

Mann und so und- ja, sie hat es halt eher so spieltechnisch gesehen, so ein Kind als Spielzeug so ungefähr. Und auch so 'n bißchen, daß ich dann für sie verantwortlich bin. Es war dann auch teilweise so, daß ich dann mich um sie gekümmert hab', so was weiß ich, wenn sie dann halb im Koma war und irgendwie, nach ihren Exzessen dann irgendwie, ja ich ihr Tee gekocht hab' und so und Wärmflasche und was weiß ich." Zu dieser Zeit des Versorgens der Mutter ist Arsen sechs Jahre alt und hat keine rationale Erklärung für deren leblosen Zustand. Erst später weiß sie, daß die Mutter Tabletten und Kokain konsumiert hat. Demzufolge bezieht sie als Kind das unberechenbare Verhalten der Mutter auf sich und schildert während des Erstinterviews die erlebte Aggressivität noch im Präsens (vgl. *"ziemlich aggressiv reagiert dann"*), was auf ihre nachhaltige Betroffenheit durch die plötzlich ausgelöste Angst angesichts einer sowohl hilfsbedürftigen als auch jegliche Form von Fürsorge gereizt abwehrenden Mutter schließen läßt: *A: "Ja also, es war teilweise dann so, daß sie dann kaum noch in der Lage war, irgendwie einen vernünftigen Satz zu sagen und, ähm, ich frag' mich das eh', wie sie das alles auf die Reihe gekriegt hat mit Arbeiten und bla und den Leuten und, ja und, ja teilweise war's dann auch so, daß sie ziemlich aggressiv reagiert dann, wenn ich mich kümmern wollte und so, dann hatte ich Panik oder so, wenn sie, was weiß ich was, dalag und völlig fertig und Nervenzusammenbruch und solche Sachen halt dann und ich dann vor der Tür stand und irgendwie- ja, dann hab' ich mich selber zurückgezogen und von ihr auch distanziert und- also es war schon schräg, also bei uns. Wenn ich sie gebraucht hab', war sie nicht da. Wenn sie mich gebraucht hat, war ich schon da, und dann wollte sie's wieder nicht. Also sie ist da selber im Zwiespalt gewesen."*

> "**schräg** Adj. 'schief, seitlich geneigt', [...] 'geneigt oder kreuzweise eingefügte Pfähle, kreuzweise stehende Holzfüße als Untergestellt eines Tisches', [...] 'kreuzweise verbinden'" (Etym. Wörterbuch d. Deutschen 1995:1239).

Dieses "schräge" Verhältnis zueinander aufgrund der Doppelbotschaften der Mutter kreieren letztendlich eine paradox verbindliche Beziehungsdynamik: Indem die Mutter Arsen über mehr oder weniger bewußt mitgeteilte Ansprüche an sich bindet (Spielzeug, Versorgungsmöglichkeit) und gleichzeitig ihre Annäherung in Form einer Erfüllung dieser Aufträge mit Zurückweisung beantwortet, bringt sie die Tochter einerseits zu einem angstvollen Rückzug und andererseits zur Suche nach einer (endlich) haltgebenden Zuflucht. Diese Verunsicherung, aufgrund eines ambivalent strukturierten Nähe-Distanz-Verhältnisses zwischen Mutter und Tochter, manifestiert sich in Arsen mit der Zeit als ein umfassendes konflikthaftes Sich-In-Beziehung-Setzen: *A: "Mit Nähe hatte ich auch ein totales Problem." I: "Woher glaubst du, kam das oder kommt das, daß du mit Nähe Probleme hattest?" A: "Ja, von meiner Mutter auch irgendwo so. Ich weiß auch nicht. Weil sie irgendwie, ja ich nicht wußte, wie ich's zulassen kann bei ihr und wie sie's bei mir zuläßt, und das war mal ein total, ja, verworrenes Verhältnis so. Wir sind da nie irgendwie richtig klargekommen."* Diese ungleiche Verhältnisbestimmung, basierend auf einer widersprüchlichen und letztendlich in die Irre führenden Beziehungsdynamik, kann von beiden nicht innerhalb der Beziehung geklärt oder aufgelöst werden. Statt dessen findet die Beziehung ein abruptes Ende, als die Mutter einige Monate unangekündigt und ohne Mitteilungen fernbleibt. Dieses traumatische Erlebnis des unerklärten und für sie unerklärlichen Verlassen-Werdens mit dreizehn Jahren bewältigt Arsen über eine rationalisierende Strategie. Denn im Gedächtnis behält sie nur jene Aspekte der Trennung, die sie selbst als eine Person beleuchten, die sich aus gutem Grund selbst von der Mutter getrennt hat: *A: "Ich weiß auch nicht, es hat mir dann auch gar nichts ausgemacht, mich von ihr zu trennen. Ich war ganz froh eigentlich, weil sie hat oft getrunken und so."* Währen dieser Zeit bildet sie das positiv besetzte Selbstkonzept des "Straßenkind[es]" aus, das zum einen die frühe Erfahrung des Betreut-Werdens von mehreren Bezugspersonen und zum anderen ihren persönlichen "Freiheitsdrang" (eine Kraft, die sie ganz nach außen bringt und deshalb einer Einordnung in vorgegebene Strukturen entgegenwirkt) enthält: *A: "Und, ja, irgendwie war ich schon so 'n bißchen Straßenkind immer so, viel draußen gewesen, viel bei Leuten und so. Und- ja, ich hab' einfach den totalen Freiheitsdrang gehabt, so mich total auszuleben und- die Realität in dem- ja, ich wollte keine Realität spüren, ja. ... Mh [Pause] ja, viel mit Verantwortung [hat Realität zu tun] halt, daß ich die Dinge, die ich früher so nicht nehmen wollte, nicht sein wollte, wie zum Beispiel, ja, regelmäßig etwas machen, zur Schule gehen, arbeiten gehen, Selbständigkeit, diese ganzen Sachen, selbst für mich verantwortlich zu sein."* An dieser Stelle beginnt sich ein weiteres Ungleichgewicht in Arsens Selbst-Austausch-Konzept auszubilden, das sie zum Zeitpunkt des Zweitgesprächs direkt mit ihrem "Absturz" in das Drogenleben verknüpft: Indem sie reale Phänomene der sie umgebenden Welt aufgrund ihrer Unbezogenheit nicht motivieren können, mit ihnen etwas *anzufangen*, vermeidet Arsen eine Anpassung an konkret verpflichtende Lebensbedingungen und begibt sich statt dessen in irreale "Fluchtwelten". Als Folge davon etabliert sich lange vor dem Einstieg in den Drogenkonsum ein inneres Programm, nach dem zukünftige Handlungs- und Bewegungsabläufe abgespult werden: *A: "Das war- hat schon echt früh angefangen. Also es war schon immer so, daß ich irgendwie so, ja so Fluchtwelten hatte irgendwie so. Und das war eigentlich, das war so vorprogrammiert mit dem ganzen Absturz und so. Das war echt irgendwie schon- voll klar. ... Ja, so daß ich irgendwie, ja so überhaupt alles, was um mich rum ist und so, mit dem Ganzen irgendwie gar nix anfangen konnte und so, nur in so 'ner irrealen Welt gelebt hab'. ... na ja, so einfach meine Vorstellungen, was wie sein sollte und so. Und, na ja, keine Ahnung, so halt wie's für mich gepaßt hat, das hab' ich angenommen, und was nicht gepaßt hat, das hab' ich irgendwie in meinem Kopf so umgewandelt, so daß es irgendwann irgendwie gepaßt hat für mich." ... I: "Was wolltest du nicht spüren?" A: "Ja, Verletzlichkeit, auch*

Nähe, mit Nähe hatte ich auch ein totales Problem, ja, das Akzeptieren so wie andere Leute sind, so wie man selber ist, 'ne ganze Menge, Aggression, Trauer, Schmerzen, die ganzen Sachen."

"f l ü c h t e n Vb. 'sich oder etw. retten, in Sicherheit bringen, Schutz suchen, fliehen'" (Etym. Wörterbuch d. Deutschen 1995:359).

Arsen metaphorisiert ihr Selbstkonzept als Behälter (vgl. "*aus*zuleben", "*aus*drükken") und strukturiert darüber hinaus ihr Selbst- und Fremdempfinden in Dichotomien, die eine extreme Wahrnehmungs- und Handlungsdynamik in Gang setzen (können): entweder innen *oder* außen, passend *oder* unpassend, angleichen *oder* abspalten. Darüber hinaus verdinglicht sie Wünsche, Bedürfnisse und Gefühle (z.B. Aggression als Bauwerk oder Behälter-Inhalt), die damit – als scheinbar beliebig vorhandene, beziehungsunabhängige Stoffmengen – verschiedene Aggregatzustände annehmen und dadurch unterschiedliche (Austausch-)Effekte in ihrem Selbst-Behälter erzeugen können: *A: "Ja, also jetzt, im Moment [zum Zeitpunkt des Erstinterviews, in Therapie] bin ich eigentlich gar nicht mehr so aggressiv ... meine Aggressionen vielleicht auch abbaue oder die gar nicht so entstehen. ... Ja, nicht mehr so, daß nicht mehr so viel raus muß einfach, ... daß es jetzt so, ähm, offener ist, also im Geben und Nehmen vielleicht auch."* Ausgehend von Arsens persönlich bewerteten biographischen und sozialen (Verunsicherungs-)Erfahrungen haben sich im Laufe der Zeit zwei unterschiedliche Funktionen ihres Selbst-Behälters herausgebildet: einmal der Isolations-Behälter, der ohne annehmbare Seins- und Handlungsmöglichkeiten Belastungsgefühle erzeugt, und zum anderen der Austausch-Behälter, der ohne ergiebige Kontakte ein leeres Selbstempfinden bewirken kann. Eine dieser Behälter-Qualitäten manifestiert sich dabei in Korrespondenz zum jeweiligen Kontext und bestimmt daraufhin die Form ihres Selbst-Austausch-Konzepts bzw. ihres Geben-Nehmen-Verhältnisses: Sobald das Verhältnis zwischen Innen und Außen widersprüchlich, die Differenz zwischen Wunsch und Realität unerträglich und die soziale Beziehung daraufhin einseitig wird, beginnt sie sich in einen Isolations-Behälter zurückzuziehen: *A: "Also es war schon so, daß ich für mich auch keinen Platz gefunden hab', so: Wo gehör' ich hin? Was bin ich? ... Da hab' ich mich total eingeengt in mir selber drin gefühlt, so. Ja, es war schon strange."* Als Isolations-Behälter kann sie sich – in Abhängigkeit zu ihrem momentanen Fassungsvolumen von nicht-manipulierbaren sozialen Einflüssen – zu einem Druck-Behälter verdichten, dessen Regulierung Arsens zentrale Thematik, die der Realitätsakzeptanz, erkennen läßt. Welche Form der Realitätsverarbeitung jedoch letztendlich zugänglich ist, interagiert wiederum mit den jeweiligen Kontextbedingungen: *A: "Wenn jemand gestorben ist, dann bin ich immer völlig ausgeklinkt und hab' völlig die Realität verloren auch."* I: *"Was heißt denn das 'die Realität verlieren'?"* A: *"Ja so, man weiß in dem Moment- also so Blackout-technisch,* man weiß in dem Moment nicht was man tut, man ist in so 'nem Wahn drin irgendwie, in so 'nem Zerstörungsding und- also zwischen Selbstzerstörung und Zerstörung von anderen und- ja, man checkt halt in dem Moment nicht was man tut, ob man jetzt Freunde verletzt oder sich selbst verletzt." In diesem Zitat benennt Arsen ihr Gefühls- und Handlungszentrum, das vom Bewußtsein dominiert wird, um die Kontrolle über Dichotomien überschaubar und handhabbar zu halten. Verliert sie hingegen das Gefühl für Grenzen und Strukturen, wie im Falle von dauerhaft nicht zu manipulierenden Realitäten, dann wird sie selbst zum Opfer ihrer blind wütenden Emotionen.

Zum Zeitpunkt des Erstinterviews, als sie sich in der Nachsorge der therapeutischen Einrichtung befindet, gibt sie an, extreme Gefühle besser handhaben zu können, indem sie deren blockierendes und damit einengendes Potential über ein *direktes* und *klares* Bearbeiten der sie betreffenden Realitäten überschaubar hält: A: *"Ja, also jetzt, im Moment bin ich eigentlich gar nicht mehr so aggressiv. Das kommt auch dadurch, daß ich viel, ja, also das hat auch was für mich mit meinem Rhythmus zu tun irgendwie, daß ich da einen Teil davon gefunden hab' so, und auch am Wochenende immer ziemlich viel weggehe und so, tanzen und so. Ja. Und dadurch, da meine Aggressionen vielleicht auch abbaue oder die gar nicht so entstehen, dadurch, daß ich gleich alles also klarmache so für mich, so wie's jetzt ist."* I: *"Wie fühlt sich das Innen an?"* A: *"Ja, nicht mehr so, daß nicht mehr so viel raus muß einfach, daß ich nicht mehr das Gefühl hab', ich muß jetzt irgend jemand oder irgendeinen Gegenstand beschädigen oder mich selber[13], ähm, daß es frei wird einfach, daß es so, ähm, offener ist, also im Geben und Nehmen vielleicht auch."* Erst ein ausbalanciertes Geben/Nehmen- und Innen/Außen-Verhältnis ermöglicht Arsen ein selbstbestimmtes Handhaben ihrer Gefühle und Impulse, worüber sie leichter (Handlungs-)Spielräume und Ausdrucksmöglichkeiten wahrnehmen kann. Überwindet sie also die Angst vor der mit einem direkten sozialen Austausch unwillkürlich verknüpften Präsenz und Verletzbarkeit und hält dabei die spannungsreiche Ambivalenz zwischen Selbst- und Fremdwahrnehmug aus, so kann sie sich nach außen öffnen und mitteilen. Auf der Basis dieser Erfahrung, die sie hauptsächlich im Zusammenhang mit ihrem Therapieaufenthalt in einem geschlossenen Rahmen benennt, beginnt sie sich "anders" wahrzunehmen und zu definieren: A: *"Weil ich bin ein totaler Gruppenmensch geworden, seitdem ich in der [therapeutischen Einrichtung] bin, total [lachend] ja, was ich früher eigentlich gar nicht so war, also anders als jetzt irgendwie. ... weil ich damit früher auch total die Pro-*

---

[13] A: "Ich hatte mal so 'ne Phase irgendwie, wo ich dann irgendwie so, ja, wo ich irgendwie, ähm, so eher nicht den anderen die Schuld gegeben hab', wie ich's früher gemacht hab', sondern mir selbst die Schuld gegeben hab'. Hab' mich, so was weiß ich, in meine Arme geschnitten und so." Während dieser Gesprächssequenz zum Zeitpunkt des Erstinterviews schiebt Arsen ihr schwarzes Armband hoch und zeigt mir die Narben ihrer Selbstverletzungen. Als ich diese betroffen wahrnehme, relativiert sie sofort deren Sichtbarkeit: "Aber nicht so kraß jetzt."

bleme hatte, ich war total verschlossen, um irgend jemand was zu erzählen, und jetzt ist das auch nicht schlecht, daß ich damit offener umgehen kann." In der therapeutischen Einrichtung findet Arsen einen Zugang zu differenzierteren sozialen Austausch- und Bewegungsoptionen, indem sie aufgrund der vorgegebenen Grenzen und überschaubaren Beziehungen innerhalb der Gruppe ihre Wahrnehmungs- und Handlungsstrukturen neu entwerfen kann – woraufhin sie an Freiheitsgraden gewinnt: *A: "Ja, es haben sich irgendwie total neue Wege ergeben halt so, wie ich klarkommen kann mit anderen, so wie ich auch frei mich ausdrücken kann, auch ohne Drogen und, ja, wie ich mich, wie ich mich auch sehen kann, ja. Also ich seh' mich jetzt anders als früher, und wo ich mir auch Schwächen zugestehen kann und nicht gleich auskreise, wenn irgendwas schiefläuft. Dann denk' ich mir, ja mei, es ist schiefgelaufen, und, ähm, jetzt geht's weiter." I: "Wie würdest du den Weg beschreiben, auf dem du jetzt bist?" A: "Nicht mehr so kraß up and down, sondern eher so irgendwie [malt eine schlängelnde Linie in die Luft], also, ja, auf jeden Fall, noch nicht ganz am Boden, aber auch nicht mehr ganz so weit oben, sondern so auf 'ner Ebene, die mal nach links, mal nach rechts und mal nach unten, mal nach oben geht. Also auf jeden Fall nicht mehr so kraß konfus wie früher."*
Innerhalb von als monoton empfundenen sozialen Zusammenhängen und außerhalb von kontinuierlichen Kontakten kann sich dieses offene und bewegliche Selbsterleben allerdings zu einem leeren Selbstempfinden wandeln: Entsprechend Arsens Selbstetikettierung als "abhängig" von ihrer "Umgebung" *braucht* sie kontinuierlich soziale Versorgung während ihres Balanceaktes zwischen Offenheit und Abgrenzung, um den (Selbst-)Kontakt halten zu können: *A: "Also wo ich noch sagen muß, also wovon ich jetzt noch abhängig bin, das ist ganz einfach von Leuten, also von der Umgebung, ja, also auf jeden Fall."* Ändert sich nun aufgrund einer neuen Wohn- oder Lebenssituation die zuvor als zuverlässig erlebte soziale "Umgebung", so überläßt sich Arsen der scheinbar unbeeinflußbaren Eigendynamik von Beziehungen, die sich damit *verlaufen*: *A: "Aber irgendwo würd' ich schon wieder gern in die [Wohngemeinschaft] ziehen, weil es fehlt mir schon. Mir gehen die Leute auch total ab, wir sehen uns zwar dann, aber ich tu' mich halt nicht melden bei den Leuten und so, und unser Telefon ist abgestellt und so. ... Und dann irgendwie, keine Ahnung, dann verläuft sich das halt alles so und, und das ist voll schade." I: "Fehlt dir so der Rahmen?" A: "Ja schon. Total. Und da hatte ich irgendwie mehr so die Lebensenergie und so."* Diesen zum Zeitpunkt des Zweitinterviews geäußerten Mangel an "Lebensenergie", resultierend aus selbst nicht herstellbaren sozialen Tauschkontakten, versucht Arsen über ein Herbeischaffen oder Einverleiben von lebloser Konsummaterie zu kompensieren: *A: "[lachend] Ja, das ist schlimm [mein aktuelles Konsumverhalten]. ... und dann ist noch voll schlimm mit Dosenkaffee, diesen Mr. Browny, das ist totales- das ist jetzt schon voll die Suchtverlagerung irgendwie ... das sind irgendwie so voll die komischen Sachen, wo ich echt ir-*

gendwie so- und dann noch, was weiß ich, abends zum Hauptbahnhof fahr', also wenn ich von der Arbeit komm' und mir irgendwas noch holen tu' und so. Echt. Also sie [meine Pflegeschwester] meinte, ich hab' so 'ne Besorgungssucht und so, immer irgendwas besorgen müssen und so. Das ist echt schlimm."

7.2.2 Extreme Handlungen als orientierender Selbstkontakt

Zum Zeitpunkt des Zweitgesprächs hat Arsen gerade eine Eß-Brech-Phase und ein als "schlimm" bewertetes Konsumverhalten. Beide Phänomene versteht sie insofern als eine "Suchtverlagerung", als sie ihre momentane Unzufriedenheit, resultierend aus ihrer wahrgenommenen Hilflosigkeit gegenüber der Diskrepanz von erwünschten und tatsächlichen Lebensbedingungen, auf eine routinierte und selbstbestimmt kontrollierbare Sucht-Handlung *schiebt*: *A: "Ja, so daß ich irgendwie am-Phasen hab', wo ich nichts esse und dann wieder, wo ich was esse oder kotz' oder wo ich nur trinke und kotz' und so. Das ist immer unterschiedlich. Also meistens so 'ne Woche nichts essen und irgendwann kotzen. Also es hat sich schon irgendwie ein bißchen verschlimmert in der letzten Zeit, daß ich viel darauf schiebe irgendwie. ... Das sind Zimmer [in der aktuellen Wohngemeinschaft mit drei Mitbewohnern], die sind superklein alle und irgendwie, na ja, keine Ahnung. Das ist halt echt, also so gesehen ist es schwierig, da klarzukommen, echt. Weil man sich da irgendwie nicht richtig so verwirklichen kann so in Sachen Einrichten und so."* Während dieser *unbehausten* Zeitabschnitte, in denen Arsen im Außen keine entsprechenden Möglichkeiten zur (Selbst-)Verwirklichung erkennen und deshalb dort nicht präsent sein kann, braucht sie Gewohnheiten, um sich Halt und Struktur zu verschaffen: *A: "Ja, für mich ist es halt so, ich weiß, ich brauch' das und dann, und das ist halt schon irgendwie sowas, ja so Ritualtechnisches auch irgendwie."*

> "Aus dem Prozess der *Gewöhnung* geht jene Vertrautheit mit einer Umgebung hervor, die man im engeren, unmittelbaren und im weiteren, übertragenen Sinne *Wohnung* nennen kann. Das Leben kann sich einrichten, wenn Gewohnheiten die Fremdheit durchbrechen und für Vertrautheit sorgen. Die innige Verflochtenheit von Gewohnheit und Wohnung charakterisiert den Raum, der bewohnt wird, denn das Wesentliche an ihm sind nicht 'vier Wände' und das Mobiliar, sondern die Gewohnheiten, die sich in diesem Umfeld entfalten und auf differenzierte Weise das Innen und Aussen strukturieren und erfahrbar machen." (Schmid 1998:326f., Hervorh. i.O.)

Auf ihrem Weg zu einem cleanen Dasein hat Arsen drei "Rückfälle" in das Drogenleben, bis sie sich ganz "klar" für ein drogenfreies Leben entscheiden kann. Dennoch besitzt sie weiterhin bestimmte "Punkte", an denen sich die Eigendynamik von Such(t)-Handlungen in Gang setzten kann. Denn angekommen an orientierungslosen und belastenden Momenten des Selbstempfindens verkörpert der Drogenkonsum nach wie vor eine (gewohnte) Möglichkeit, sich von außen etwas in den leeren Selbst-Behälter "ein[zu]fahren": *A: "Weil ich merk' halt, wenn irgend-*

wie, ha, ja wenn irgendwas los ist und so und ich nicht klarkomme, dann geht's schnell so ab von wegen: Jetzt könnt' ich mir was einfahren, und sowas. Also es ist schon immer noch so. Also es gibt Phasen, da ist es irgendwie ein bißchen leichter, da denkt man sich dann, ja mei, und das pack' ich schon, und so, und dann hat man noch so seine Punkte."
Im Laufe der nachfolgenden Zitate schildert Arsen den Entstehungsprozeß ihres Isolations-Behälters, der im Rahmen ihrer Körper- und Drogen-Handlungen eine richtungsweisende Rolle spielt: Entbehrt sie für ihre vergegenständlichten, eigendynamischen Emotionen annehmbare Ausdrucks- und Austauschmöglichkeiten, so beginnen sich die *abgewehrten* Empfindungen in einen *Angriff* zu wandeln, der sich in Form einer Abwertung gegen sie selbst richtet. Um sich nun gegen die "ätzend[e]" Wahrnehmungsverzerrung wehren zu können, veräußerlicht sie ihren Behälter-Inhalt: die nach außen abgebremste Aggression geht zunächst nach innen und *ätzt* das Selbst(wert)-Empfinden an, um in einem anschließenden Selbsterhaltungsversuch als Zerstörungswucht nach außen abgegeben zu werden: *A: "Ja, das ist halt irgendwie so, wenn man die Aggressionen 'ne Weile lang nicht auslebt, dann tun sie voll nach innen gehen, also dann tun sie sich auf sich selbst und so: Alles so Scheiße, und so, dann kommt man voll auf den Film, daß eh' alles voll ätzend ist und so, und dann muß man halt einen Weg finden, daß man das Ganze wieder rauskriegt aus sich. ... Aber wenn das dann irgendwie so alles am Zusammen- oder wenn man selber irgendwie am Zerstören ist alles, so seine Kontakte und so, dann wird's schon kritisch irgendwie. ... Und das ist dann irgendwie wenn ich- ja genau, so, das ist dieser Selbsthaßfilm irgendwie."* Aufgrund der anschließend zerstörten Kontaktleitungen nimmt sich Arsen zum einen die Möglichkeit, ihre Gefühle innerhalb der unmittelbaren sozialen Entstehungszusammenhänge mitzuteilen, und zum anderen die Erfahrung, Affekte in Bewegung zu halten und damit relativierbar zu gestalten. Diese sich darüber manifestierenden einengenden Wahrnehmungs- und Handlungsmuster versucht sie zunächst über Fluchtversuche in irreale Welten sowie über Selbst- und Fremdverletzungen und später über Drogen-Handlungen auszugleichen. Zum Zeitpunkt des Zweitinterviews erzählt sie dann von einer weiteren Ausgleichsstrategie, die in einem ambivalent bewerteten Verschiebungsmechanismus ihrer inneren Haltlosigkeit auf äußere Objekte besteht: *A: "Ja, also bei mir muß echt alles irgendwie stimmen, ich bin da voll, keine Ahnung, geschädigt [lachend]. Das ist total schlimm, Style-geschädigt halt. ... das ist dann wieder so 'n Film irgendwie, und das ist dann irgendwo schon wieder so übertrieben. Aber mei, das ist halt, das brauch' ich halt, und das ist okay, mei. Also zum Beispiel, wie dieses Ding, daß ich früher gesagt hätte: Hey Leute, die Calvin Klein Unterhosen tragen, mei bitteschön, mit was müssen sie sich denn beweisen? Und jetzt [lachend] lauf' ich halt rum mit Clavin Klein und so. Mir wurscht. Ist halt auch irgendwo so 'n Ding, was dann irgendwie so- also bei mir ist es so, das hält*

mich irgendwo auch z'samm irgendwie so, daß ich mir- hey, das ist okay, und ich brauch' das halt jetzt und so." Durch ein Sich-Anfüllen mit persönlich ausgewählten, sozial als bedeutsam bewerteten Konsumgütern (Drogen, Essen, Markenkleidung) kann Arsen ihren Selbst-Behälter mit einer zusätzlichen Schicht ("Film") abdichten, der sich in einem leeren und belastenden Gefühlszustand ansonsten durchsichtig und wenig geschützt anfühlt. Zu Beginn ihres Einzugs in die therapeutische Wohngemeinschaft steckt sie in einer solch transparenten Hülle: *A: "Ich hatte am Anfang echt- also ich hab' da letztens mit meinem Einzel [Therapiegespräch] drüber geredet, wie ich am Anfang war, ich hatte totale Angst vor Abwertung und den totalen Film auf die Leute, daß sie in mich reinsehen und so und, ähm, ja, was hatte ich noch? Ich war total paranoid einfach, ja, und hab' auch gedacht, ich hab' auch nie gedacht, daß sich das mal ändert, ja. Und wenn ich mir das jetzt anschaue, dann denk' ich mir, oh Mann, hey, ich kann froh sein, daß ich da raus bin irgendwo, ja."* Den Entstehungsprozeß dieser "paranoiden" Einengung, ausgedrückt über eine allumfassende "Angst vor Abwertung", führt Arsen auf ihre Mutter-Tochter-Beziehung zurück. Später "verstärkt" ihr bipolarer Drogenkonsum die extremen Selbst- und Fremdwahrnehmungen: *I: "Wo glaubst du, wo das herkommt, das Thema mit der Abwertung?"* *A: "Na, viel von meiner Mutter auch und auch viel, das wurde auch viel durch die Drogen noch verstärkt so, man wird eh' durch Kokain ziemlich so größenwahnsinnig, und wenn das dann wegfällt, dann ist man in so 'nem Loch drin, daß man denkt, man ist Scheiße, man ist das Letzte und so. Also da kommt erst mal wahnsinnig viel zusammen, wenn man dann die ganze Realität auf einmal, dann ist man nur noch, was weiß ich, und ich hatte auch Ding damit, daß ich mich nicht akzeptieren konnte als Frau so, daß ich dann Magersucht hatte und solche Sachen. ... und, na ja, das einfach nicht akzeptieren konnte, daß ich so bin und so."* An dieser Stelle bezieht sich Arsen erneut auf ihre zentrale Thematik der Realitätsakzeptanz, an der sich ein enger Zusammenhang zwischen ihrem Selbstbezug und ihren Such(t)-Bewegungen zum Zeitpunkt des Zweitinterviews beobachten läßt: Aufgrund eines sensiblen Abhängigkeitsverhältnisses zwischen ihrem Selbstverständnis und ihrer sozialen Umgebung drückt sie psychosoziale Verunsicherungen von innen nach außen aus, wobei äußere Einflüsse – je nach der aktuellen Beschaffenheit ihres Selbst-Behälters – mehr oder weniger kontrolliert einströmen können. Sobald jedoch zu viel von außen in ihren augenblicklich als schutzlos wahrgenommenen Selbst-Behälter (als transparente Hülle) auf einmal einströmt, geht ihr Selbstbezug im *fremden* Element verloren. Damit steigt die "Angst vor Abwertung", woraufhin sie einen Mangel an "Lebensenergie" wahrnimmt und diesen über "Selbstmordgedanken" und autoaggressive Handlungen zu kompensieren versucht: *A: "Das ist so dieses: Alles ist so dermaßen für 'n Filter und irgendwie ich hab' keinen Bock mehr, und so, und so 'n bißchen auch, so bißchen Selbstmordgedanken, aber nur halt so die Gedanken so, nicht so daß ich's*

jetzt wirklich tun könnte. ... Also meistens [esse und übergebe mich], aber ich trink' ziemlich viel und manchmal tu' ich auch, so einmal die Woche oder so, tu' ich halt kotzen oder so. Manchmal öfter, manchmal seltener, aber meistens einmal die Woche. Und das merk' ich auch, daß ich irgendwie voll so, wie soll ich sagen, st- daß ich da voll die Aggros [Aggressionen] krieg' irgendwie und daß es voll der falsche Weg ist so, weil das ist auch voll so Selbstzerstörung und so. Dann denk' ich mir, wieso nicht gleich ganz, was soll das Rumgetue hier?" Um am Leben bleiben zu können, bringt Arsen – wie bereits erwähnt – die in ihrem Inneren wütenden Aggressionen nach außen. Anschließend trifft sie durch die Brille einer Fremdabwertung eine Auslese von Kontakten, die nichts Bedrohlich-Fremdes in ihren episodisch transparenten Selbst-Behälter über Blicke hineintragen und so weiterhin als passend bewertet werden können: *A: "Aber jetzt ist irgendwie so, ja, keine Ahnung, irgendwie bin ich grad' voll so am Schauen, also Kontakte aussortieren irgendwie, bei wem sich's echt paßt und bei wem nicht. Weil, so irgendwie so Leute, die nur irgendwas in einen reinsehen, da hab' ich keinen Bock drauf. Das ist für mich keine Freundschaft dann. Was soll ich mit denen anfangen?"* Hier wird deutlich, daß Arsen "Kontakte" wie Konsumgüter braucht und handhabt, um sich selbst angesichts äußerer Resonanzen erkennen und spüren zu können, woraufhin ein Gleichgewicht zwischen ihren hergezeigten und versteckten (Selbst-)Anteilen gelingt: *A: "Voll viele Leute vergessen so das Sensible oder, keine Ahnung, ja so Leute, oft so: Die Powerfrau, und so, aber die sehen gar nicht irgendwie das Sensible irgendwie und daß es voll wichtig ist, daß es ein ganz wichtiger Teil ist, für mich auch. Ja, wahrscheinlich tu' ich den selber zu wenig herzeigen. ... Man braucht halt irgendwelche Sachen, wodurch man sich halt mitkriegt, spürt und so, und dadurch hat sich das auch so verschlimmert mit den Eßstörungen irgendwie."*
Vor dem Hintergrund ihrer wenig zuverlässig spiegelnden primären Beziehungserfahrungen entwickelt Arsen ein loses Beziehungsverhältnis zu sich, zu ihren Gefühlen und zu ihrer sozialen Welt. Indem sie also nicht oft die Erfahrung einer verläßlichen, haltgebenden Außenstruktur macht, verschließt sie sich vor einem Austausch und zieht sich in ihre "Fluchtwelten" zurück. Dieser Mechanismus der Realitätsverarbeitung setzt eine kontrollierte Trennung zwischen Innen und Außen, bzw. zwischen passenden und unpassenden Einflüssen und Anforderungen, voraus, die daraufhin *entweder* angenommen *oder* abgespalten werden können. Anhand dieser Dichotomisierung entsteht eine radikale Wahrnehmungs- und Handlungsdynamik zwischen Extremen. Davon ausgehend kreiert sie sich ein eher rigides und überhöhtes Selbstideal, das zur Vorlage ihres Denkens, Fühlens und Handelns wird: *I: "Und wie wolltest du immer sein?" A: "Ja, auf jeden Fall anders. Total stark, daß einem die ganzen Sachen, die man mitkriegt, nichts ausmachen, daß man drübersteht über den Dingen, daß man den totalen Plan, totalen Plan, den totalen Überblick hat. [Räuspern] Ja, so 'n totaler Übermensch halt irgendwie. Also keine*

Gefühle haben am besten." Über den (imaginären) Besitz eines undurchlässigen Panzers, der unberührbar und unbeeinflußbar macht, erhebt sich Arsen im Kontakt mit anderen Menschen (die zu potentiellen Entdeckern ihrer versteckten sensiblen Selbstanteile werden können) über diese, um sich auf diesem Wege von vornherein vor einer Verletzung zu schützen. Diese Oben-Unten-Strukturierung ihres Selbst-Austausch-Konzepts soll letztendlich die extreme Positionierung als "Übermensch" aufrechterhalten. Zu Beginn ihres Drogenlebens gelingt ihr diese Transformation ihrer Real-Präsenz in Richtung einer überhöhten Imaginär-Präsenz sehr gut: *A: "Ähm, ja beim Koka war's so, ähm, so 'n Ego-Trip so, ähm, irgendwie, ja, was Besonderes sein und fit sein und, ja, ich bin die Größte, und so, solche Sachen dann halt so, völlig, neben der Realität halt. Und bei LSD war's einfach nur dann Runterkommen, ja."* Erst im Laufe eines regelmäßigen und ausgedehnten Mischkonsums behalten die zugeführten psychotropen Substanzen ihr erweiterndes und erhöhendes Wirkpotential ein und teilen statt dessen beengende Empfindungen aus: auf "Horrortrips" gelangt Arsen in jene engen Gefühlswelten, die sie vorher über selbstvergrößernde "Ego-Trips" überwinden konnte. Aussichtslos festsitzend an jenem Tiefpunkt, begibt sie sich schließlich erneut auf die mehr oder weniger bewußte Suche nach einer rettenden Kraft, die sie herausholen soll aus der Enge einer bedrohlich-verzerrenden Selbst- und Fremdwahrnehmung: *A: "Also, das war dann, da hatte ich dann auch Horrortrips irgendwie und bin nicht mehr klargekommen, auch Depris durch Koka halt, und da bin ich dann ziemlich schnell aufs H gekommen, weil das war dann das Einzige, was mich da noch rausgeholt hat aus den ganzen Paranoias und den ganzen schrägen Filmen, daß ich Leute gar nicht mehr anschauen konnte teilweise und so und auch gar nicht mehr normal mit denen reden konnte, ja."* Am "Schluß" ihres Drogenweges nimmt Arsen nur noch Heroin und Kokain, da sie das Wirkspektrum von Kokain zwischen Grandiosität und Depression über das relativierende und fürsorgliche Potential von Heroin wieder einzupendeln versucht: *A: "Und, ja, wenn man auf H ist, dann ist alles so relativ, man ist einfach mit sich warm, irgendwie so ein Geborgenheitsgefühl und so, und der Rest ist einem scheißegal irgendwie."* Hier beschreibt Arsen ihre Erinnerung an einen idealen Gefühlsverlauf "auf" Heroin, der das selbstentfremdende Mißverhältnis zwischen Innen und Außen, bzw. zwischen integrierten und ausgeschlossenen Selbstanteilen, egalisiert, worüber sich schließlich ein geschütztes und wohliges Selbstempfinden einstellt.

Insgesamt betrachtet betont Arsen während des Erstinterviews vor allem die befreiende, ermächtigende und rational entlastende Wirkung von Drogen: *A: "Irgendwie dieses Frei-Sein und dieses Auf-alles-Scheißen und sich um nichts einen Kopf zu machen."* Von sich aus erzählt sie allerdings nicht ausführlich von ihren positiv bewerteten drogenbezogenen Erfahrungen und Empfindungen, da sie bereits vieles "vergessen" habe. Vor diesem Hintergrund fällt es schwer, ein klar erkennbares, im cleanen Lebens bestehengebliebenes Drogenideal auszumachen. Statt dessen beläßt sie die für sie positiven Aspekte von Drogen in der Vergangenheit: *A: "Es war eigentlich auch 'ne schöne Zeit, ja, aber jetzt könnte ich's nicht mehr, das weiß ich."* Diese klare Trennung von Vergangenheit und Zukunft ist wichtig und handlungsleitend für sie, weil sie erst aufgrund einer eindeutigen Entscheidung mit einem klaren Motiv vor Augen in ein cleanes Leben gehen und darin bleiben kann. Während dieses Abwägens setzt Arsen ihren letzten "Rückfall" ins Drogenleben als eine Entscheidungshilfe ein, die ihr letztendlich Klarheit und Orientierung beim prozeßhaften Verlassen der "Einbahnstraße" in Form von Drogen-Handlungen gegeben hat: *A: "Also vorher [vor der Entscheidung, clean zu leben, war's immer so:] Ja, und ich weiß nicht, mit einem Bein im Cleanen, mit dem anderen noch im alten Ding drin, so Drogen und das Ganze drumrum." I: "Und was war für dich dann so der entscheidende Punkt, wo du gesagt hast, jetzt ist klar, daß du clean leben möchtest?" A: "Der Punkt war ziemlich viel mein Rückfall. So, weil ich bei meinem Rückfall irgendwie gar nicht richtig wußte- also es war wieder so 'ne Entscheidungsfrage: Will ich drauf sein oder will ich clean sein? Und [Pause], ja ich hab' mir die Frage nicht bewußt gestellt, sondern es war eher so unterbewußt abgelaufen. Ja, und da war es halt so, am Schluß war es klar, was hatte ich jetzt davon, was war das jetzt bitteschön? Also das ist immer noch dieselbe Einbahnstraße."*

7.2.3 Zusammenhalt als Motiv und Ersatz für Such(t)-Handlungen

Arsens Drogen-Handlungen sind anfänglich vor allem von dem Wunsch geleitet, sich abzugrenzen und gleichzeitig einen eigenen Kosmos einzugrenzen, in dem sie eine verbindliche Weltanschauung mit ihren ebenfalls drogenkonsumierenden Freund/innen teilen kann. Während des Erstgesprächs rekonstruiert sie entsprechend dazu ein je nach Substanz unterschiedlich ausgerichtetes Wollen vom Drogenleben: *A: "Ähm, das war, also so beim, beim Kiffen war's so Abschweifen, so chillen [relaxen] und, ja einfach [Unterbrechung], ja beim Kiffen war's eher so chillen und auch so 'n bißchen anders zu sein als die anderen so, mich abzuheben und, was Eigenes zu haben. So, dann bei, bei den Es [Ecstasy] und Trips [LSD] war's eher so das Abdrehen und das Abgehen und so, so in andere Welten tauchen so. Ja und einfach das, vielleicht auch irgendwie die Suche nach dem Sinn ja. Ja, ähm, viel Philosophieren und so hat dazugehört. ... Ja, also die Suche war eigentlich, so Suche nach dem Sinn und nach mir selber irgendwo, nach dem Ganzen: Wieso bin ich ich und wieso ist es so alles, wie es ist und hat es einen Sinn oder hat es keinen Sinn? Und, ähm, haja [lachend], die letzte Frage, das hört sich jetzt total schräg an, die letzte Frage, die, ähm, ich mir irgendwann gestellt hab' oder wir uns gestellt haben, war, irgendwie, ist es [das Leben] ein Kreislauf, der sich schließt oder ist es ein Kreislauf, der, ähm, wie 'ne Spirale nach oben geht, endlos ist also,* oder ist es 'ne Spirale, die sich im Kreis dreht sozusagen. So 'n völlig abgedrehtes Zeug irgendwie [lachend]." Während ihres Drogenlebens mit exklusiven psychosozialen Abgrenzungen nach innen und außen beginnt Arsen sowohl eine Enge als auch eine Ferne in ihrem Selbst-Austausch-Konzept zu kreieren, die sie erst beim "Clean-Werden" in ihrer neuen therapeutischen Umgebung zu spüren bekommt. Zum Zeitpunkt des Erstinterviews zeichnet sie den therapiegestützten Weg zu ihrem aktuellen drogenfreien Leben nach, indem sie ihren damaligen Umgang mit einer nüchternen Realität darstellt, der sich als eine Realitäts- und Kontaktflucht, resultierend aus der "Angst vor Nähe" und "Angst vor Abwertung", charakterisieren läßt: A: *"Auf der Entgiftung hab' ich dann den totalen Entzug gemacht und so, und da hab' ich die Reali- also da hab' ich echt irgendwie gar nichts mehr gecheckt, also zu der Zeit war ich völlig neben mir und, auch ziemlich aggressiv drauf, ... und dann bin ich bei [der therapeutischen Wohngemeinschaft] gelandet, das war auch ganz gut so, also weil, ja da ist halt nicht so 'n geregelter Ablauf, sondern, schon geregelt, aber, also mit weniger Struktur und viel Freizeit auch, wo man irgendwie schauen muß, was man mit seiner Zeit anfängt und so. Das war dann erst mal 'ne fette Umstellung für mich. Da hab' ich völlig- also völlig Aussetzer gehabt, daß mich das ganze Haus aggressiv gemacht hat, weil's einfach nicht diese Struktur hatte. ... Da hatte ich ziemliche Anfangsschwierigkeiten, weil ich- da sind Leute zu mir gekommen und so, und ich bin dann irgendwie aus 'm Zimmer raus, aufs Klo gegangen, hab' mich da eingeschlossen, bis die dann irgendwie aus meinem Zimmer draußen waren, und wenn ich dann bei jemand gesessen bin, dann war ich da nur fünf Minuten und bin gleich wieder weg irgendwie. Da hab' ich mich total eingeengt in mir selber drin gefühlt, so. Ja, es war schon strange."* Dieses beengende Ungleichgewicht zwischen Innen und Außen manifestiert sich als ein befremdliches Kontaktverhalten und -erleben: Indem sie sich in die therapeutische Gruppe einordnen will, aber keinen Zugang mehr zu drogenbezogenen Flucht- und Schutzwelten hat, sperrt sie sich real aus sozialen Begegnungen aus und *sucht das Weite.* Diese aktiv vorgenommene soziale Ausgrenzung enthält jedoch erneut ein ambivalentes Motiv, resultierend aus Arsens widersprüchlicher Handlungsdynamik zwischen Sich-Entfernen und Sich-Einschließen, worüber sie sich entweder selbst aus den Augen verliert oder "eingeengt" fühlt – beide Male mit dem Ziel, einer Wahrnehmung von *sowohl* guten *als auch* schlechten Empfindungen entkommen zu können. Deshalb spaltet sie vorsorglich alle negativ bewerteten Gefühle vor dem Hintergrund ihres Übermensch-Ideals ab und zeigt sich somit anders, als sie sich fühlt. Auf diese Weise betont sie *eine* "Seite" von sich, um deren Kehrseite nicht *merken* zu müssen. Den passenden Ersatz für diesen *vergessenen* Selbstanteil besorgt sie sich anschließend über eine Annäherung an die jeweils im Außen wahrgenommenen Erwartungen und Werte, um sich darüber Selbstgewißheit zu verschaffen: A: *"Ja, also früher war es so, daß ich mein Selbstbewußtsein ziemlich viel da-*

durch geholt hab', daß ich mich so zeige wie ich nicht bin und mir selbst was vorgemacht hab' und anderen und dadurch auch immer anerkannt wurde, dadurch daß ich stark bin." Daraufhin bekommt sie eine auf ihre Selbstdarstellungen bezogene soziale Resonanz zu spüren, die sie jedoch aufgrund der Diskrepanz zwischen Innen und Außen *unberührt* läßt. Diesen Preis muß sie jedoch wegen ihres Unabhängigkeits-Ideals in Kauf nehmen, das sie als Präventivstrategie gegen ihre großflächige Angst – gefühlt als Enge – einsetzt(e): *A: "Es ist oft total, mh, ja, am Anfang ist es oft so, daß ich so als, was weiß ich was, starke Frau gesehen werde, die ich im Endeffekt gar nicht bin, ja. Es ist, ja, meistens so, daß die Leute dann irgendwie was in mich reinsehen oder so, und was ich vielleicht auch vorgebe zu sein, also so war's früher meistens, also so Therapiezeit noch halt noch, und früher sowieso. Ja, da war's mir eh' scheißegal irgendwie. Ja, und jetzt ist es so, daß ich ziemlich viel Wert draufflege, daß sie auch diese sensible Seite von mir akzeptieren und daß ich- ja, ähm, daß Leute nicht mit mir zusammen sind, weil ich, was weiß ich was, die, ähm, starke Frau bin oder was weiß ich. Da hab' ich keinen Bock mehr drauf, also auch was vorspielen zu müssen." I: "Hast du das früher oft gemacht?" A: "Ja, da war ich dann irgendwie so, was weiß ich was [Räuspern], so voll unabhängig und so: Ja, eigentlich brauch' ich dich nicht, aber weil du gerade mit mir zusammen bist, paßt schon, so ungefähr, ja. Daß der andere halt dann auch oft das Gefühl hatte, daß ich ihn nicht richtig, ähm, akzeptiere oder liebe, ja, wie auch immer. Da sind auch oft Konflikte entstanden. Ja, und jetzt ist es halt so, daß ich mir erwarte, daß das akzeptiert wird so, diese sensible Seite, und ich laß' die oft total raushängen [lachend], ich find's auch total schön, das so machen zu können."*

Mit "sensible Seite" meint Arsen ihre selbst ausgesprochene Erlaubnis, sich in Übereinstimmung zu ihrem unmittelbaren Empfinden ausdrücken bzw. den Inhalt ihres Selbst-Behälters *raushängen* lassen zu können, um auf diese Weise *sichtbarer* und *greifbarer* für ihr Gegenüber zu werden: *A: "Was weiß ich was oder wenn's um mich geht oder ihn geht ja, daß ich dann auch Klartext reden kann und nicht irgendwas irgendwie verstecken muß, ja mei, daß mir irgendwas wehtut oder mich etwas verletzt."*

Bei der Schilderung eines Widerspruchs zwischen Innenwahrnehmung (Empfinden, "sensible Seite") und Außendarstellung (Ausdruck, Sich-Zeigen) bezieht sich Arsen hauptsächlich auf ihre Beziehungserfahrungen mit Männern, da sich diese grundsätzlich von ihren Freundschaften mit Frauen unterscheiden. Denn für sie ist es bedeutsam, mit einer Freundin etwas Besonderes und Gemeinsames zu definieren und zu besitzen: *A: "Meine Freundin, das ist immer was Spezielles, also das ist das Spezielle vielleicht."* Und von ihrer "besten Freundin", die ein paar Monate vor dem Erstinterview Selbstmord begangen hat, erzählt sie: *"Das war meine beste Freundin. Mit der, ja die, wir kennen uns schon total lange- kannten uns, ja und irgendwie, sie war irgendwie so 'n total besonderer Mensch [stockend], sie war ein-*

fach so einzelartig. ... Und sie hatte auch das mit den Eßstörungen, sie hat auch Bulimie gehabt und so. Ja, und wir hatten einfach total viel gemeinsam." Heterosexuelle Arrangements stehen nach ihren Erfahrungswerten hingegen für einen sowohl befremdlichen als sich auch von Fall zu Fall gleichenden Beziehungsverlauf: Mit ihren männlichen Freunden oder Beziehungspartnern, die insgesamt wenig differenziert beschrieben und nie namentlich genannt werden, verbindet sie das Thema der Sexualität und des Geschlechtskörpers[14], was für sie eine Auseinandersetzung mit eigenen Grenzen bedeutet und damit einen Balanceakt zwischen Selbst- und Fremdbestimmung beschreibt: *A: "Ja, es ist immer wieder seltsam. Weil es ist total oft dasselbe immer wieder, daß aus guten Freundschaften oder so kumpelhaften Beziehungen dann auf einmal mehr wird und ich das eigentlich irgendwie nicht will, ja, aber es dann doch passiert und dann irgendwie am Schluß ich's wieder bereue oder auch nicht oder irgendwie, ähm, ja, meistens dann die Freundschaft im Arsch ist und irgendwie, ja, es alles ganz anders hätte laufen sollen, ja. Also, ja, das ist schon- irgendwie hab' ich da- ich weiß auch nicht, ja muß ich vielleicht auch mehr Grenzen- also mehr selber klarsehen, was ich will von demjenigen und mich da nicht in irgendwas reinziehen lassen oder, oder mich verlieren dabei. Ja, manchmal merk' ich auch, daß da ganz schöne Machtkämpfe entstehen."*
In diesem Zitat beschreibt Arsen ihr heterosexuelles Beziehungsmuster sowie ihre innerhalb einer Beziehung wahrgenommenen Möglichkeiten, den Interaktionsverlauf nach ihren Wünschen und Bedürfnissen steuern zu können, was sie – je nach Erkenntnisgrad ihrer Gefühle für den anderen – mehr oder weniger erfolgreich verwirklichen kann. Auf diese Weise charaktersisiert sie anhand der metaphorischen Wendung des "Klarsehens", verknüpft mit der Handlungsform einer Grenzziehung, ihr Selbst-Austausch-Konzept innerhalb eines heterosexuellen Beziehungsarrangements: Ausgehend von einem überwiegend schwachen Selbstbezug, den sie über eine verstärkte Kontrolle von Emotionen zu sichern versucht, werden Empfindungen vom Denken getrennt, um diese rational bestimmbar zu halten. Auf diese Weise verliert sie *doppelt* den Boden unter den Füßen, sobald sie *wissen* will, was sie *fühlt*, um sich entweder öffnen oder abgrenzen zu können. Denn hinsichtlich einer rational begründeten Grenzziehung geht ihr ein unmittelbares Selbsterleben in der Nähe zum anderen verloren. Darüber hinaus entbehrt sie während ihrer emotionalen Annäherung einen verläßlichen Orientierungssinn, da ihre Fähigkeit zur Grenzziehung kognitiv verankert ist. Durch diese überkreuzte Gefühls- und Handlungsorganisation ergibt sich konsequenterweise eine unflexible Bewegungsmöglichkeit zwischen Nähe und Distanz, die letztendlich ein Entweder-Oder für heterosexuell strukturierte Kontakte bedeutet:

---

[14] Auf meine Frage, wie sie von einem Freund gesehen wird, antwortet Arsen, daß er sie als "sexy" bezeichnen würde.

- Entweder kann sie "nah" sein durch eine Abspaltung der Selbstbestimmung und deren Übertragung auf das Gegenüber
- oder sich "stark" geben, indem sie das augenblicklich als Schwäche abgewertete Nähegefühl dem Beziehungspartner anlastet. An dieser Stelle ist sie dann in der Lage, ihn abzuwerten und wieder um ihre Gefühlskontrolle zu kämpfen.

Die letztgenannte Interaktionsstrategie bedeutet für Arsen einen Bewältigungsversuch der sich parallel zur Annäherung an den anderen entwickelnden Angst vor Selbstverlust, da sie kein Gefühl wie Nähe *haben*, sondern nur selbst nah *sein* kann: *A: "Ja manchmal ist es dann auch ganz schön schwer, weil es dann öfter passiert, daß die [Männer] halt mehr wollen, ja, weil ich dann auch schon ziemlich nah werde, so im Arm und bla und was weiß ich halt und so Jokes reiße dann halt auch und dann- entweder kommt ein Machtkampf oder, ähm, ja, oder, ja, derjenige will dann was von einem."* Von einem Mann als Frau wahrgenommen und begehrt zu werden, wird von Arsen insofern ambivalent empfunden, als sie dadurch den normativen Zwang zur Eindeutigkeit stark zu spüren bekommt. Denn Frau-Sein ist für sie gleichbedeutend mit einer heteronomen Richtungsweisung in einen Norm-Behälter, der sie entweder folgen oder sich ihr widersetzen kann – wobei letzteres nie wirklich gelingt und zu Ambivalenzen und Mißverständnissen führt: Indem sie ihre mittlerweile erarbeitete geschlechtsbezogene Selbstakzeptanz sehr stark über "weiblich[e]" Kleidung zum Ausdruck bringt, sich aber gleichzeitig als nicht involviert in sexuelle Kontakte wahrnimmt[15], stiftet sie Verwirrung – bei sich und anderen. Diese ergibt sich nicht nur zwangsläufig aus ihrer ambivalenten Haltung Männern gegenüber, sondern auch aus bestimmten strukturellen Bedingungen. Denn zur geschlechtlichen Darstellung stehen Arsen wie allen anderen Frauen bestimmte sexuierte Ressourcen zur Verfügung, die sie automatisch – kraft ihrer kulturell codierten Bedeutungen – an die omnipräsenten Spielregeln des Symbolsystems der Zweigeschlechtlichkeit zurükbinden. Auf diese Weise setzt sie sich mehr oder weniger freiwillig über ein bestimmtes Verhalten und Aussehen in Verhältnis zur heterosexuellen Norm: *A: "Da war letztens irgendwie so 'n Konflikt beim Theater irgendwie, so daß mich einer angemacht hat und, ähm, ich dann total aggressiv reagiert hab' und derjenige sich dann total gewundert hat und halt wir in der Gruppe drüber geredet haben und ich dann nur noch abgegangen bin und die anderen sich gewundert haben teilweise, ja, wieso ich jetzt da so abgehe, wenn ich mich so anziehe und mich so gebe, ja. Oder auch, wenn man weggeht oder so, daß dann Leute einen anmachen und dann gar nicht verstehen können, wie man das jetzt irgendwie falsch verstehen kann und, ja, wie man da so reagieren kann, wenn man so aussieht, so ungefähr, ja, also wenn man sich so anzieht, sich so gibt, ja. Das ist echt*

---

[15] Arsen ist beispielsweise überzeugt davon, trotz sexueller Kontakte nicht schwanger werden zu können, woraufhin sie "nie groß" verhütet (hat). Als sie in ihrer letzten Beziehung schwanger wird, ist sie wütend auf ihren Freund, treibt ab und trennt sich von ihm, wobei sie nie gedacht hätte, daß ihr "sowas passieren" könnte.

ätzend." Ausgehend von ihrer Ambivalenz gegenüber ihrem Geschlechtskörper und der strukturell allgegenwärtigen Aufforderung, sich in heterosexuellen Szenarien eindeutig als Frau *in Beziehung* zum Mann zu verhalten, wird Arsens Beziehungsmuster und die ab einem bestimmten Punkt des Interaktionsverlaufs als heteronom empfundene Beziehungsdynamik verstehbar: teilweise akzeptiert sie sich selbst und drückt dies über weibliche Kleidung und ein Stehen zu ihren "weiblichen Formen" aus, den anderen Teil – den der aktiven physischen Machtausübung anhand bestimmter Inszenierungen – blendet sie aus und stiftet dadurch Mißverständnisse. Sie gibt sich offensichtlich anders, als sie eigentlich will und kommt so unvermittelt, und scheinbar ohne eigenes Zutun, an einem nicht erwünschten Ziel an – wie im Zitat weiter oben deutlich geworden ist: aus "kumpelhaften Beziehungen" wird "auf einmal mehr", "es passiert" und sollte eigentlich "anders laufen", und im nachhinein stellt sie dann fest, daß sie ihre Wünsche und Bedürfnisse als empfindens- und handlungsleitende Orientierungshilfen aus den Augen verloren hat. Zur Beschreibung ihrer Beziehungserfahrungen verwendet Arsen überwiegend Raum- und Bewegungsmetaphern (vgl. "laufen", "am Schluß", "*ran*lassen"), die sie mit visuellen Sprachbildern kombiniert, sobald sie sich als fremdbestimmt wahrnimmt (vgl. "reinziehen lassen", sich "verlieren") und daraufhin mit Angst reagiert, die sie wiederum über Aggression oder Rückzug verhandelt. Anhand der folgenden Formulierungen – "klarsehen", "Klartext sprechen", "klarkommen" – verdeutlicht sie ihr Bestreben, sich über rationale Kontrollstrategien vor einem Selbst- und Strukturverlust bewahren zu wollen. Auf diese Weise erhofft sie sich einen klaren Bezug zu ihrem Selbstempfinden und einen unmittelbaren Ausdruck ihrer Gefühle, worüber sie letztendlich zu einer angemessenen sozialen Resonanz kommen will. Diese hilft ihr nämlich, die gespaltenen "Seiten" und "Teile" in ihrem Selbst-Austausch-Konzept zu versöhnen, was wiederum die Voraussetzung für ein ausgeglichenes Geben-Nehmen-Verhältnis darstellt – und damit eine Gewähr bietet für ein sicheres Erreichen ihrer anvisierten Ziele: *A: "Aber so jetzt im Moment ist halt wieder so 'n, tja, jetzt ist es im Moment wieder so, daß irgendwie so- ja keine Ahnung, daß ich voll am Überlegen bin, was ich jetzt machen kann und so, ist auch irgendwie voll die komische Zeit grad'. Das Einzige was mir taugt ist halt, wenn's endlich warm wird und so. Das ist halt end geil. ... Und jetzt tut sich's halt wieder alles so, keine Ahnung, neue Klamotten kaufen und so, so halt verschieben schon wieder. ... Ich weiß nicht, das dauert bestimmt auch noch ein bißchen, bis ich das irgendwie so hinkriegen kann, daß es irgendwie so eins ist, was ich bin und was halt dann auch ankommt bei den Leuten."*

In Arsens Zukunftsvorstellungen steht weniger das Projekt einer Familiengründung im Zentrum, als vielmehr das Erreichen von psychosozialer Sicherheit, verknüpft mit einem Erlangen einer synchron zwischen Innen- und Außenwelt vermittelnden Ausdrucksmöglichkeit: Während des Zweitinterviews verhandelt sie mit ihrem in die Zukunft projizierten Familienwunsch in Form einer "Kommune" ihre aktuell gespürte Unzufriedenheit aufgrund ihrer aktuellen Wohn-, Arbeits- und Beziehungssituation, worüber sie ihr Bedürfnis nach einer ihren "reellen" Selbst- und Gefühlsbezug sichernden sozialen Zugehörigkeit mitteilt. Denn erst wenn sie die Akzeptanz einer sie zuverlässig umgebenden "Gemeinschaft" besitzt, kann sie sich zwischen Nähe und Distanz bewegen und darüber sowohl mit sich als auch mit anderen in Beziehung bleiben: *A: "Wie ich mal leben will? In 'ner Kommune. ... Also ich muß halt echt irgendwie Leute um mich rum haben, die ich irgendwie akzeptieren kann und die mich- wo man sich versteht, wo man sich halt versteht und so. Und halt, ja ich weiß nicht, ich bin nicht so 'n Mensch, der irgendwie mit seinem Freund zusammenzieht oder sowas, ja, oder, keine Ahnung. Und wenn irgendwie Kinder großziehen, dann nur in so 'ner Gemeinschaft, nicht so- ich will sie schon großziehen, aber nicht so irgendwie, keine Ahnung, ja, wie's halt hier ist mit Kindern, die dann immer so rumgeschoben werden und so, keine Ahnung, und die Eltern hören den Kindern nicht mal richtig zu und das ist halt, ich weiß nicht, das ist kein Wunder, daß es so Konsummonster werden. Das ist echt kein Wunder. Und dann fällt's denen wahrscheinlich auch später schwer, da so richtig was ins Leben auch zu investieren, was nicht irgendwie mit dem ganzen Scheiß zu tun hat, also wirklich irgendwie Feelings und so zu haben. Und Bezug, der Bezug überhaupt, also der Bezug, was ich mitkriege an Kindern, der dreht sich echt so um Klamotten, Computerspiele und das ganze, ey, das ist doch echt, das ist kein Bezug, also kein reeller Bezug, so vom Gefühl her irgendwie."* Wie sehr für Arsen ein Innen- und Außenbezug zusammenhängt und doch getrennt ist, wird im nachfolgenden Zitat verdeutlicht: als sie gerade dabei ist zu erzählen, was ihr zum Zeitpunkt des Zweitinterviews "fehlt", begibt sie sich nach außen und sucht dort nach Mängeln: *A: "Daß es irgendwie lebendiger sein müßte alles so. So 'n bißchen, ja, nicht daß alles so paßt und man kommt mit allem klar und es ist alles so und so, aber dabei ist alles gar nicht so. Weißt du, was ich mein'? Das ist halt mein Paradox und irgendwie, ich weiß nicht, aber wenn ich mir vorstelle die Leute, wie sie rumlaufen, so fühlen sie sich, dann denk' ich mir, Servus. Also die haben keine- also viele haben gar keine Ausstrahlung und so. Sie sind einfach nur auf ihren Scheiß fixiert, und der Rest interessiert sie nicht irgendwie. Und ich find', die sollten mal offener werden irgendwie."* Das Bedürfnis nach haltgebender Materie zur Stabilisierung ihrer psychosozialen Ausdrucksmöglichkeiten kann Arsen durch kreative Betätigungen stillen, worüber ihr eine Versöhnung ihrer Innen-Außen-Diskrepanz und damit ein Heraustreten aus dem Such(t)-Kreislauf erfolgreich gelingt: Sobald sie ihr künstlerisches Potential, das sie als eine bedeutsame Ressource bewertet, umsetzen kann, fühlt sie sich *ausgefüllt*, subjektiv stabilisiert und darüber sozial integriert: *A: "Das Wichtigste eigentlich, das Zeichnen oder so, wenn ich mit Leuten wirklich auf einer Ebene bin irgendwie so, und das ist auch total, ja, das ist total, das ist was end*

Wichtiges. Und dabei würd's mir auch nicht ums Geld gehen, weil das ist dann was, womit ich mich irgendwie selber so, ja so, das füllt einen aus irgendwie, und dann braucht man das ganze Kommerz- Konsumzeugs dann nicht mehr so, also wenn man echt was hat, was einen so ausfüllt. Das wär's echt. Und dann will ich, also wenn ich älter bin und selber mal ein bißchen fitter mich geregelt gekriegt hab', dann will ich mal Kunsttherapeutin machen irgendwie und ja."

Für die Zukunft wünscht sich Arsen sowohl "offene" als auch zuverlässige Wohn- und Lebensbedingungen sowie eine Umsetzung ihres künstlerischen Potentials in Form von Gemeinschaftsprojekten mit dem Ziel, sich selbst und anderen "Süchtigen" einen "eigenen Raum" als Rückhalt im cleanen Leben zu schaffen. Indem sie ihre subjektive Stabilität vor allem von außen über positive soziale Resonanz bezieht, betont sie einen differenzierten, ehrlichen und gefühlsbezogenen sozialen Austausch, worüber sie letztendlich zu einer flexibleren Beziehungsgestaltung finden will.

"Daß die [normalen] Leute irgendwie von dem Oberflächlichen zu sich finden sollen oder - ja, sollen, keine Ahnung. Also daß sie halt das Leben als was anderes betrachten, nicht nur als dieses ganze Drumrum und Auto und Wohnung und Arbeit und so, sondern die Inhalte, die sie selber, also daß sie kreativ werden sollen irgendwie, so mit sich was anfangen können und ausflippen tun und [lachend], und daß sie irgendwie, auch wenn's nicht jeden Tag ist, aber ab und zu ihre Maske total fallenlassen und auch total viel ausprobieren, was alles überhaupt, wie alles rüberkommt und was sie überhaupt - wie sie sich selber sehen und Feedbacks und daß sie dem anderen - daß sie ehrlich sind und daß sie, daß sie den anderen gegenüber ehrlich ihre Meinung sagen, ja, daß sie sich auch mit dem Chaos irgendwie, daß sie da auch - weil wir leben nun mal im Chaos irgendwie, daß sie da klarkommen irgendwie. Das ist 'ne Message an mich selber [lachend]! Weil im Moment tu' ich viel zu wenig ausflippen und viel zu wenig aus mir rausgehen und so."

8. Partydrogenkonsum als (temporäre) Verwandlung

8.1 Chris: Die Suche nach haltgebender Zugehörigkeit

Drogen-Handlungen repräsentieren für Chris Abwechslung vom Alltagsleben sowie von ihren dort wahrgenommenen Seins- und Handlungsoptionen: Seitdem sie sich in der Techno-Szene bewegt, fühlt sie sich ohne Leistungsdruck akzeptiert – was im Gegensatz zu ihren sonstigen Erfahrungen im Schul- und Lebensalltag steht, da diese eher ausschließender Art sind. Ihr *Selbstkonzept* metaphorisiert sie als Behälter, der von vornherein erst einmal "offen" ist, was eine belastende Dynamik kreieren kann: In der Hoffnung gut anzukommen, nimmt sie Bewertungen und Ansprüche von außen auf, die innerlich zu einem aggressiven Anpassungsdogma mutieren können, das wiederum nach einer "Streßentladung" verlangt.

Chris ist zum Zeitpunkt des Erstinterviews im Mai 1999 16 Jahre alt, geht in die 10. Klasse eines humanistischen Klostergymnasiums und lebt zusammen mit ihren Eltern sowie ihrem zwei Jahre jüngeren Bruder auf einem Bauernhof in einem Dorf. Den Erziehungsstil ihrer Eltern bezeichnet sie als "antiautoritär", wobei sich sowohl die Suche nach zuverlässigen Grenzen als auch die Erfahrung von – schmerzhaften – Grenzüberschreitungen durch ihre gesamte Geschichte hindurchziehen.

Der Drogenweg von Chris beginnt mit 12/13 Jahren mit dem exzessiven Konsum von Alkohol und Cannabis innerhalb einer traditionellen, männlich dominierten Clique in ihrem Heimatdorf. Dort fühlt sich von dem Druck belastet, einer bestimmten Gruppennorm entsprechen zu müssen, um anerkannt zu werden. Mit dem Versuch, sich "zwanghaft" zu verändern, entwickelt sie das Symptom der Bulimie. Darüber hinaus macht sie die Erfahrung sexueller Übergriffe in ihrer Clique, sobald sie ihre Grenzen nicht ganz klar kennzeichnet. Mit 14 Jahren wird sie von einem ihr unbekannten Mann in einem Park vergewaltigt, woraufhin sie beginnt, sich selbst zu verletzten. Nach zwei Jahren entfernt sie sich aus dem ersten Freundeskreis und nähert sich der Techno-Szene an, als sie auf der Love-Parade 1998 ihr Initialerlebnis hat und seitdem "weiß", wonach sie "gesucht" hat: Menschen, die kein bestimmtes Verhalten als Norm setzen und dadurch Druck ausüben, Männer, die Grenzen einhalten und eine Droge, "um mal 'ne andere Art Spaß zu haben". Seitdem "feiert" sie regelmäßig am Wochenende mit ihren neuen Freund/innen aus der Techno-Szene in einem House-Club und konsumiert Haschisch, LSD, (Liquid-)Ecstasy, Amphetamine und Kokain.

Zum Zeitpunkt des Zweitinterviews im Mai 2000 äußert Chris das Bedürfnis nach niedrigschwelligen "Anlaufstellen" für Konsument/innen, die kompetent beraten, mit den betroffenen Personen kooperieren und nicht moralisch bewerten sollen. Während dieser Zeit lebt sie mit ihrem Freund, mit dem sie eine "komplizierte" Beziehung hat, in einer eigenen Wohnung. Beide sind "nur als gute Freunde zusammengezogen" und erst mit der Zeit hat sich ein Wechselspiel zwischen Freundschaft und Beziehung "ergeben", das nun schon seit einem Jahr "so hin- und hergeht". Die Entscheidung für ihren Auszug von zu Hause ist sowohl von Chris als auch von ihrer Mutter ausgegangen, weil das Familienklima durch ihren Drogenkonsum und den Konsequenzen daraus (justitielle Auflagen, Schulprobleme, Stimmungsschwankungen) für alle Beteiligten immer belastender geworden ist. Seitdem hat sie ihren Konsum reduziert, schafft das Schuljahr und hat sich mit Hilfe eines Heilpraktikers von den negativen Auswirkungen eines exzessiv betriebenen Techno-Drogenlebens regeneriert. Chris möchte ihr Abitur machen und danach einen abwechslungsreichen Beruf erlernen – "so was wie Journalistin schwebt" ihr "im Moment vor".

Allgemein betrachtet bekam Chris zweimal polizeiliche und justitielle Konsequenzen aufgrund ihres illegalen Drogenkonsums zu spüren: im Februar 1999 wurde sie zu "Sozialstunden" und im November 1999 zu "Jugendarrest" verurteilt, wobei beides keine Vorstrafen darstellen. Bis auf fünf Probegespräche bei einer Beratungsstelle hat sie keine Therapieerfahrung, lehnt eine Inanspruchnahme von professioneller Hilfe aber nicht kategorisch ab. In ihrer Freizeit liest sie, außerdem geht sie weiterhin gerne Tanzen und auf "Raves".

8.1.1 Zuviel Offenheit erschwert sichere Selbstabgrenzungen

Eine erste verunsichernde Erfahrung ist für Chris mit dem Erziehungsstil der Eltern verknüpft, indem diese ihr von Anfang an keine verläßlichen Grenzen setzen, keine "Verbote" geben und ihr damit das Erleben einer "klaren" Verneinung nehmen. Dieses Ungleichgewicht zwischen Geben und Nehmen von eindeutigen Bereichsbestimmungen manifestiert sich als Unsicherheit auf der Ebene ihres Selbst-Austausch-Konzepts: *Ch: "Aber es ist halt einfach so, daß ich von meinen Eltern nie irgendwelche klaren Grenzen bekommen hab' eigentlich, was sein darf und was nicht. Und dadurch hab' ich erst ganz spät gemerkt, daß ich auch anderen Leuten Grenzen setzen kann und anderen Leuten was verbieten kann, was mich betrifft, daß ich auch 'Nein' sagen kann und so, dadurch ist es halt zu einigen schlechten Erfahrungen gekommen. Und, ich hab' auch erst mal selber merken müssen, daß ich auch Grenzen hab', daß ich eben auch sagen kann: Nee, jetzt ist einfach Schluß, jetzt will ich nicht mehr, jetzt kann ich nicht mehr, oder so. Und daß ich das auch richtig konsequent dann durchsetzen muß eben, das fällt mir auch heute noch zum Teil schwer."* Aufgrund der Erfahrung fehlender normativer Richtlinien durch die "antiautoritär" erziehenden Eltern vermißt sie eine adäquate Resonanz, um darüber ihre eigenen Begrenzungen zu spüren zu bekommen und diese – entsprechend ihres unmittelbaren Selbsterlebens – nach außen vermitteln zu können. Davon ausgehend begreift sie sich selbst zunächst als ein unendlicher, zum Teil fremdbestimmter Möglichkeitsraum, der erst über "schlechte Erfahrungen" als ein eigener Besitz wahrgenommen wird. Auf der Basis dieser Erfahrungen konstituiert sich ihr bipolarer Selbst-Behälter, der entweder *offen* oder *verschlossen* ist und erst über Lernprozesse in seiner extremen Form ausbalanciert werden kann. Darüber wird ihre zentrale Thematik, die der unsicheren Grenzziehung, in ihrer Erzählung virulent. Die Entstehungsgeschichte einer schwierigen bis schmerzvoll-belastenden Suche nach sicheren Abgrenzungen kann an dieser Stelle chronologisch rekonstruiert werden: Innerhalb der Mutter-Tochter-Beziehung beginnt sich das Austauschverhältnis in Chris' Wahrnehmung zu verdrehen, indem die Mutter sie als Ersatz für ihre eigenen fehlenden Sozialkontakte auf die Ebene von gleichberechtigten Partnern holt und sie mit Inhalten anfüllt, die sie als Tochter eigentlich nichts angehen. Gleichzeitig wendet sie sich immer seltener mit ihren Gefühlsbelangen an die Mutter, weil deren Anteilnahme inzwischen fraglich geworden ist: *Ch: "Und meine Mutter ist halt eher so die Ansprechpartnerin für seelische Dinge und- oder was heißt Ansprechpartnerin? Inzwischen ist es halt soweit, daß sie, weil sie halt irgendwie 'ne total fertige Frau ist, daß sie halt zu mir kommt mit ihren Eheproblemen und was weiß ich, obwohl's mich eigentlich nicht besonders interessiert, weil das die Beziehung von ihr und meinem Vater ist und nicht meine und weil's mir inzwischen relativ egal ist, was da passiert. ... Je älter ich werd', desto mehr jammert meine Mutter mich immer voll. ... Und sie hat halt sowas [Freundschaften] gar nicht mehr und, ja, und jetzt kommt sie halt immer zu mir, und: Jetzt sagt der Papa schon wieder das und jetzt sagt er schon wieder das. Und ich komm' mir halt sehr seltsam vor, daß ich- daß sie mich mit meinen sechzehn Jahren fragt, wo ich- und daß ich auch ganz offensichtlich da schon mehr- ja reifer will ich jetzt nicht sagen, aber irgendwie wohl mehr Erfahrung hab' auf dem Gebiet, daß sie wirklich so wenig Beziehungsstärke hat oder so. Das verwundert mich halt immer wieder und warum sie dann ausgerechnet zu mir kommt damit oder- na gut, vielleicht hat sie einfach niemand anders mehr, ihre Mutter wird auch langsam zu alt."* Parallel zu dieser befremdlichen Annäherung der Mutter an die Tochter, die mit zunehmendem Alter offensichtlich immer mehr zu einer Verbündeten der Mutter gegen den Ehemann

gemacht werden soll, verliert der Vater im Laufe der "sozialen Entwicklung" seiner Tochter immer mehr den Bezug zu ihr: *Ch: "Und der hat aber auch so in meiner, in meiner sozialen Entwicklung oder so hat der irgendwann mit zwölf, dreizehn einfach den Faden verloren, und das Einzige, wo ich mich jetzt mit ihm drüber unterhalten kann, ist halt Politik und so, da- gut, da nützt er mir schon viel."* Indem der Vater den Austausch mit seiner Tochter über ihre sich entfaltenden Beziehungen aufgegeben hat und sich lediglich im Gespräch über allgemeine Themen als ergiebig erweist, entwickelt sich eine unausgeglichene Familienkommunikation aufgrund homogener Bündnisse: *Ch: "Zwischen meinen Eltern, na ja, ist es nach wie vor so, daß irgendwie, den Großteil von dem, was mein Vater über mich sagt, erfahr' ich eigentlich über meine Mutter. Und es beginnt gerade, da bin ich auch recht froh drüber, umgekehrt zu laufen mit meinem Bruder, daß also mein Vater immer meinen Bruder verteidigt, weil er das halt besser versteht, weil ich einfach in der Entwicklung meiner Mutter ziemlich ähnlich bin, und umgekehrt ist es mit meinem Bruder und meinem Vater."* Dieses *direkte* empathische Austauschverhältnis innerhalb der Mutter-Tochter- bzw. Vater-Sohn-Beziehung läßt eine *indirekte* Kommunikationsstruktur zwischen Vater und Tochter bzw. Mutter und Sohn, und darüber eine permanente *Spannung* innerhalb des indirekt-direkt kommunizierenden Familiennetzes, entstehen. Entsprechend des sogenannten Teil-Ganzes-Schemas[16] muß sich dort jede/r einzelne bei einer Auseinandersetzung als Bündnispartner/in positionieren, woraufhin alle permanent in Konflikte "reingezogen" werden: *Ch: "Und das Anstrengende war nicht mehr der Streit mit meinen Eltern, sondern daß sich immer irgendwer gestritten hat. Irgendwas ist immer los. Und man hat zwar sein Zimmer, wo man sich zurückziehen kann, aber man kriegt das immer mit, und dann wird man auch ganz unbewußt immer irgendwie mit reingezogen, weil man immer irgendwie schon 'ne Stellung dazu nehmen muß, weil man einfach ein Teil von der Wohngemeinschaft oder von der Familie ist."*
In Chris' Selbst-Austausch-Konzept manifestiert sich auf der Grundlage einer "freien" und "liberalen" Erziehung, in der "Konflikte offen ausgelebt" werden und nichts "im versteckten Rahmen" bleibt, eine "Offenheit" ihres Selbst-Behälters, die wesentlich ihr Geben/Nehmen- und Nähe/Distanz-Verhältnis innerhalb ihrer sozialen Kontakte bestimmt: Aufgrund ihrer sich selbst zugeschriebenen Bereitschaft,

---

[16] Das Teil-Ganzes-Schema basiert auf der Erfahrung einer körperlichen Einheit mit jeweils einzeln und unabhängig voneinander beweglichen Gliedern: Wir sind ein Ganzes, das "mehr ist als eine Summe von Händen, Füßen, Kopf etc." (Schmitt 1995:103) Die elementare Struktur dieses Körperbildes wird also von einem Ganzen, von Teilen und einer Konfiguration gebildet, wobei folgende Logik gilt: "Asymmetrie: Ein Teil ist Teil eines Ganzen, aber das Ganze nicht Teil des Teiles; Nicht-Reflexivität: Das Ganze ist nicht Teil seiner selbst; ferner: Teile können ohne ein Ganzes existieren, ein Ganzes kann aber nicht ohne seine Teile existieren. Nur wenn die Teile in der bestimmten Konfiguration existieren, gibt es ein Ganzes; Isomorphie: Zwei Ganzheiten haben dieselbe Konfiguration." (Ebd.:103f.) Die Bezeichnung für einen (autoritären) Vater als Familien*oberhaupt* stellt beispielsweise eine metaphorische Ableitung dieses Schemas dar.

von außen aufzunehmen und zuzulassen, beginnt sich ihr offener Selbst-Behälter zu einem Druck-Behälter zu verdichten, was Chris letztendlich als Belastung wahrnimmt. Diese Erfahrung macht sie beispielsweise in ihrem ersten Freundeskreis auf dem Dorf, als sie dort "Akzeptanz" sucht und sich daraufhin die konkreten oder phantasierten sozialen Erwartungen einverleibt und mit hohem Selbsteinsatz verkörpern will: *Ch: "Weil ich damals auch den falschen Freundeskreis hatte einfach, die, die alle immer irgendwelche Sachen von mir erwartet haben, ja, war ich jetzt so unter Druck gesetzt, so daß ich eben angefangen hab', mich selber zu verletzen usw. und mir den Finger in den Hals zu stecken und so Sachen, und daß das viel eher ein Problem geworden ist und daß ich bei vielem halt- zu vielen Leuten mein Vertrauen geschenkt hab', was dann mißbraucht worden ist und so, eben diese Grenzüberschreitung, daß ich viel zu viel zugelassen hab', das war eher das Problem. ... Ja, das war eben damals so zwanghaft, daß es dann halt so geendet hat, daß ich mich so krankhaft verändern wollte einfach, ... weil ich halt einfach dann, zum Teil, weil ich halt einfach anders aussehen wollte. Ich wollte immer groß und dünn sein, das geht halt einfach nicht, das weiß ich jetzt auch."*

> "Mit-sich-selbst-Abhandeln ihrer Gefühle und Bedürfnisse, Wendung von Aggression nach innen, *Selbstbeschränkung* und Selbstzwang nach vorgegebenen Normen oder den Bedürfnissen anderer statt expansiver Realitätsveränderung nach eigenen Wünschen und Bedürfnissen war übrigens schon immer die *bevorzugte Richtung weiblicher Bewältigungsstrategien* unter den Bedingungen relativer Ohnmacht in der patriarchalischen Gesellschaft. [...] *weibliche Abwehren* [richten] *sich eher nach innen* (ob als Depression oder Eßstörung), während sich männliche eher nach außen richten (von exzessiver Arbeit über Sport bis zu Gewalttätigkeit)." (Bilden 1994:168, Hervorh. i.O.)

Chris nimmt den geschlossenen Personenkreis als eine Entität mit einer konstanten normativen Ausrichtung wahr, die sie entweder annehmen kann und daraufhin integriert wird, oder über eine Umpolung ablehnen kann und damit ausgeschlossen bleibt. Letztere Handlung erfolgt im Zuge der Erkenntnis, daß sie ihre eigene Realität nicht überwinden und damit nie das Ideal einer absoluten Akzeptanz in diesem Freundeskreis erzielen kann. In der Retrospektive repräsentiert der damalige Anschluß an den Freundeskreis im ländlichen Kontext einen Aufenthalt am *falschen* Ort, indem sie sich dort nie *richtig* wahrgenommen bzw. zugehörig gefühlt hat: *Ch: "Die haben mich irgendwo doch nicht so akzeptiert wie ich bin. Äußerlich schon nicht und innerlich erst recht nicht, weil ich innerlich halt doch irgendwie immer ähnlich war wie äußerlich, halt anders als die anderen, daß ich irgendwie rausgefallen bin."*

Die Erfahrung des Aus-dem-Rahmen-Fallens, die Chris vor allem innerhalb ländlicher und schulischer Zusammenhänge macht, behält sie bei und bezieht mit der Zeit eine souveräne Außenseiterposition. Diese nimmt sie beständig ein bzw. bekommt sie beständig zugewiesen, was sie letztendlich auf ihre sie von den anderen unterscheidende "Offenheit" zurückführt: *Ch: "Ich war schon immer irgendwie of-*

fener einfach. Irgendwas war schon immer anders. Irgendwas hat die anderen auch immer dazu veranlaßt irgendwie, ihre Komplexe oder was auch immer auf mich zu projizieren, so daß ich halt immer die Außenseiterin war und immer das Fett abgekriegt hab' im Prinzip. Und wenn ich Freunde hatte, dann waren das ein oder zwei, die aber in so Situationen dann nicht zu mir gehalten hätten, wo dann die ganze Klasse gegen mich war oder so. Und ich hatte auch relativ bald- hat auch niemand mehr dieselben Interessen gehabt wie ich. Die haben- ja, ich weiß nicht woher es kommt, ich denk' einfach, an der Erziehung liegt's zum Teil, weil meine Eltern schon anders sind als all die Leute, die in dem Dorf da wohnen, daß ich einfach nicht- ich wollte halt in die Stadt, und die anderen durften mit zwölf Jahren noch nicht allein in die Stadt rein, weil ihrer Mutter das zu gefährlich war. Und seit ich neun bin, fahr' ich allein in die Stadt rein und lauf einfach in der Stadt rum, weil mir das besser gefallen hat. Da sind Menschen, und das ist viel interessanter und viel aufregender."

Sowohl im Erst- als auch im Zweitinterview erwähnt Chris immer wieder die Suche nach Möglichkeiten eines Anders-Werdens. Ausgangspunkt hierfür stellt ihr Bedürfnis und Empfinden dar, sich von anderen Menschen aus dem unmittelbaren sozialen Raum zu unterscheiden, was von anderen mehr oder weniger "kraß" bestätigt wird. Davon ausgehend beginnt sie sich, in Resonanz mit den wahrgenommenen Erwartungen von Freund/innen und Mitschüler/innen, ein "Bild" zu konstruieren, dem sie entsprechen will, um sich daraufhin ganz bewußt von anderen abheben zu können: *Ch: "Ja, das- also anders gefühlt hab' ich mich, glaub' ich, schon immer. Das bekommt man ja auch zu spüren irgendwie von den anderen, zum Teil ziemlich kraß eben auch, daß man einfach anders ist. Und ich wollte halt auf 'ne andere Art anders sein als ich's eigentlich bin. Schon anders sein, aber halt irgendwie auf 'ne andere Art und Weise wie jetzt. Also ich hab' mir da ein bestimmtes Bild gebastelt, das ich dann versucht hab' zu erfüllen und mich da irgendwie langsam drauf hinzuarbeiten, mir zu überlegen, inwiefern das Bild eigentlich mir gerecht wird. Und das ist mittlerweile anders. Also ich kann jetzt schon auf so drei, vier Jahre aktive geistige Entwicklung zurückblicken, sag' ich mal, wo mir so wirklich bewußt geworden ist so mit dreizehn, vierzehn, daß ich irgendwie das schon beeinflussen muß und daß ich jetzt halt erwachsen werd'. Das kann ich schon sagen, daß ich auf jeden Fall viel reifer geworden bin durch die ganzen Sachen, das ist schon so. Also ich bin noch lange nicht erwachsen, aber auf jeden Fall ein Stück reifer." I: "Also durch die Erfahrungen mit Drogen?" Ch: "Ja, auf jeden Fall. Ja, nicht nur mit Drogen, allgemein was ich erlebt hab' in der Zeit einfach, weil ich soviel unterwegs war, mit so viel verschiedenen Arten von Menschen zu tun hatte. Ja, und auch, wenn mir irgend jemand jetzt sagt: Du siehst ja aus wie alle, was weiß ich, ich für mich weiß, daß ich anders bin, und das reicht mir auch.*

Und das ist für mich persönlich nicht arrogant, sondern das ist einfach Selbstbewußtsein oder wie auch immer."

> "**reif** Adj. 'im Wachstum voll entwickelt und daher geeignet zur Ernte, erwachsen, erfahren, seelisch ausgeglichen, genügend vorbereitet'" (Etym. Wörterbuch d. Deutschen 1995:1106).

Im Zweitinterview beschreibt Chris ihre Entwicklung als eine Gerade, entlang derer verschiedene Etappen durchlaufen werden müssen, um das Ziel – das Erwachsen-Sein – erreichen zu können. Auf ihrem Weg dorthin sammelt sie über Abwege seelisch ausgleichende Erfahrungen, mit deren Hilfe sie sich (künftig) auf einer normorientierten Weg-Ziel-Geraden fortbewegen will: *Ch: "Aber ich hab' einfach den geistigen Freiraum und irgendwie wahnsinnig viel Freizeit, und da hat man halt Zeit, sich über so was [wie Drogen] Gedanken zu machen und dann halt, um auf die richtige Bahn zu kommen, erst mal einen falschen Weg gehen muß vielleicht."* Ziel ist es letztendlich, an einem Punkt anzukommen, an dem die eigene Individualität nicht mehr über ein äußerlich sichtbares Sich-Abheben demonstriert werden muß, da diese bereits als Selbstbewußtsein verinnerlicht ist.

8.1.2 Bewußtseinsoptimierung im wertfreien, aber verbindlichen Kontext

Während des Erstinterviews repräsentiert die Techno-Szene für Chris insofern ein ersehntes "Umfeld", als sie dort nicht – wie bisher gewohnt – nach leistungsbezogenen und optischen Kriterien bewertet, sondern einfach als "Mensch" wahrgenommen wird: *Ch: "Ich meine, es ist eher das, eher die Art Umfeld, die ich gesucht hab', weil es denen völlig egal war, was ich für Hosen und Hemden anhatte und auf was für 'ne Schule ich geh' oder wieviel ich weiß, wieviel ich nicht weiß oder so, sondern halt wirklich nur drauf geschaut haben, was ist das für ein Mensch."*
Als ihre grundsätzlichen empfindens- und handlungsleitenden Motive, sich "Cliquen" anzuschließen, nennt sie Folgendes: zum einen die Suche nach "Abwechslung", und damit eine Aufwertung ihrer Real-Präsenz, und zum anderen die Sehnsucht nach "Akzeptanz", "Freunde" und "Liebe". Die Möglichkeit, sich überhaupt in Konsum- und Freizeitwelten bewegen zu wollen und zu können, verortet sie auf der ökonomischen und soziokulturellen Ebene, auf der sie sich aufgrund ihrer Herkunft als privilegiert wahrnimmt. Denn über materielle, soziale und kulturelle Ressourcen hat sie Zugriff auf einen weiten Freizeitraum, den sie mit hedonistischen Gütern zur Bekämpfung einer Langeweile anfüllen will. Konsequent dazu bezeichnet sie sich als "spaßsüchtig": *Ch: "Ich hab' alles schon gehabt halt dann, mein einziger Lebens- oder Freizeitzweck ist halt, weil ich Freizeit hab', ist halt Spaß zu haben. Und das [hustet] – und ich bin ja auch, ich komm' ja eigentlich jetzt nicht in die Situation, daß ich jetzt sag', ich muß den ganzen Tag arbeiten oder so, daß ich leben kann oder ich muß schauen, daß ich was zum Anziehen hab', ich muß fünf*

Kinder aufziehen, wie auch immer, sondern ich hab' nichts, nichts zu tun oder will vielleicht nichts zu tun haben und deswegen spaßsüchtig einfach. Wenn man's einmal probiert hat [das Techno-Drogenleben], dann will man halt- ja nicht mehr, aber man will's halt wieder, sagen wir's so, weil's halt Spaß macht, weil ich auch keinen Grund sehe, warum ich jetzt nach Nicaragua ziehen sollte und mir 'ne Hütte auf Sand bauen soll, daß ich den ganzen Tag was zu tun hab' oder so. Da sehe ich keinen Grund. Das ist halt so. Das ist vielleicht das, was ich suche. Oder nicht mehr suche, aber immer wieder haben will." Bis Chris jedoch diesen Erfüllungsort in Form der Techno-Szene erreicht, versucht sie zuvor alle bisher genannten Wünsche in ihrem ersten, ländlichen Freundeskreis zu verwirklichen: Dort steht als Integrations- bzw. Ausschlußkriterium eine sowohl auf den Alkohol- und Cannabiskonsum als auch eine auf das Verhalten und Aussehen der jungen Frauen bezogene Norm im Zentrum, die somit den Zusammenhalt der Gruppe (metaphorisiert als geschlossener Kreis) organisiert. Entsprechend dieser kontinuierlich vermittelten und in das soziale Austauschverhältnis installierten Gruppennorm empfindet sie ihren Einstieg in den Drogenkonsum als fremdbestimmt (vgl. "hat's halt angefangen"). Darüber hinaus versucht sie längere Zeit, sich an die wenig geschätzte – betäubende – Drogenwirkung zu gewöhnen: *Ch: "Ja und so mit zwölf, dreizehn hat's halt angefangen, so auf dem Dorf mit den Jugendlichen halt Alkohol trinken, Haschisch rauchen usw., das hab' ich aber relativ schnell festgestellt, das ist eigentlich nicht das was ich will, so in der Ecke liegen und irgendwie umnebelt sein oder so, und das waren auch Leute, die einfach einem- oder eine Gruppe, die einem immer das Gefühl gegeben hat, wenn man ein bestimmtes Pensum nicht schafft, wenn man nicht in einem bestimmten Maß irgendwie jetzt soundsoviel Alkohol trinken kann oder was, dann gehört man da nicht dazu, dann ist man nix Gescheites oder wie auch immer."* Für eine Dauer von zwei Jahren paßt sich Chris an diesen Maßstab an und begibt sich damit in einen ersten Such(t)-Kreislauf, um eine *ideale Form* zu erreichen, die ihr anschließend ein optimales Ankommen bei anderen sichern soll. In dieser Zeit übernimmt ihr offener Selbst-Behälter die Funktion eines Druck-Behälters, dessen Regulation sie ausschließlich auf die körperlich-sichtbare Ebene transponiert, um über körperbezogene Handlungen (Essen-Brechen, Selbstverletzungen[17]) die Effekte ihres Erfüllungszwangs von im Außen wahrgenommenen Erwartungen kontrollieren zu können. Aus dieser Strategie zur Selbstbemächtigung resultiert eine hierarchische Polarisierung von Kopf und Körper, die – in Form einer am eigenen Leib ausagierten Opfer-Täter-Spannung – ihre Fremdbestimmung (vgl. in dieser Zeit "passieren" ungewollte "Erfahrungen") abmildern soll: *Ch: "Und es ist auch von Anfang an, also das war mir relativ schnell klar, daß es weniger das Problem war, daß ich irgendwann mal vergewaltigt worden bin oder so*

---

[17] Chris ritzt sich mit einer Rasierklinge die Innenseite der Unterarme. Während des Zweitinterviews zeigt sie mir die Narben.

und daß ich das damals einfach alles verdrängt hab', sondern daß ich dadurch eben angefangen hab', weil ich damals auch den falschen Freundeskreis hatte einfach, die, die alle immer irgendwelche Sachen von mir erwartet haben, ja, war ich jetzt so unter Druck gesetzt, so daß ich eben angefangen hab', mich selber zu verletzen usw. und mir den Finger in den Hals zu stecken und so Sachen. ... es [die Vergewaltigung] ist halt eins von vielen schlimmen Erlebnissen, was ich dann einfach- irgendwann ist es halt dann zuviel geworden. ... Man liest nur in Zeitungen so, man liest halt so viel, und dann hab' ich mir gedacht, ja, eigentlich ist es [Essen und Brechen] keine schlechte Lösung, weil zum Essen aufhören will ich eigentlich nicht, um dünner zu werden und Diäten machen bin ich auch viel zu faul dazu und so, ja, und dann ist es halt irgendwann 'ne Form von Streßentladung geworden oder, sagen wir mal so, man ist wahnsinnig gestreßt und dann frißt man halt wahnsinnig viel, und dann sitzt man hinterher da: Um Gottes willen, jetzt hab' ich schon wieder so viel gefressen. Ja, das war halt eher so der Grund dafür oder so [lachend], weiß ich nicht." Während des Erstinterviews erzählt Chris, daß sie die Selbstverletzung, die eine weitere Variante einer mehr oder weniger kontrolliert ausgeführten "Streßentladung" darstellt, zum Zeitpunkt ihres Eintritts in die Techno-Szene noch braucht, die Eß-Brechsucht jedoch aufgeben kann. Im nachfolgenden Zitat kann sehr gut ihre Körper/Geist- bzw. Opfer/Täter-Dichotomie verdeutlicht werden, aus der ein objektivierender bis fremder Körperbezug entsteht: Ch: *"Gut, ab und zu hab' ich halt noch, äh, das kommt ziemlich, also kommt immer seltener noch vor, daß man einfach das Bedürfnis hat, ihm weh zu tun, dem Körper. Ich weiß selber nicht genau warum, einfach, daß es halt, daß es halt blutet oder daß es mich dann friert oder so, also daß ich mich in einem dünnen Ding auf den Balkon rausstell' bei Minus fünf Grad oder so, einfach, nicht zu lange, aber so 'n bißchen halt, also, ja, kommt selten vor, ist mir in diesem Jahr einmal passiert."* Beide Formen der (Wieder-)Belebung der eigenen Selbstgrenzen verknüpft Chris mit ihrem damaligen "zwanghaften und krankhaften Bedürfnis, anders bzw. besonders" sein zu wollen, was ihr im sozialen Kontakt Bedeutung verschaffen soll: Nach Verlassen des ersten Freundeskreises verschiebt sie ihre konkret ausagierte "Eßstörung" auf den Partydrogenkonsum, indem dieser sich aufgrund seiner appetithemmenden Wirkung zur Gewichtskontrolle eignet. Zusammen mit Selbstverletzungen oder auffälligen modischen Inszenierungen sollen ihr diese offensichtlichen Zeichen eine positive soziale Resonanz zugänglich machen – vor allem im Zusammenhang mit Verunsicherungen des Selbstwertes: Ch: *"Es ist in dem Moment einfach das Bedürfnis danach [sich selbst zu verletzen]. Eben vielleicht auch, weil man sich in dem- weil ich mich in dem Moment halt dann so: Keiner mag mich, um Gottes willen, und wenn man sich dann verletzt, dann kriegt man natürlich Aufmerksamkeit geschenkt. ... Da war ja auch ständig auch so dieser Gedanke, ja: Wenn ich jetzt Drogen nehme, dann eß' ich nichts und so, da hab' ich dann in zwei*

Wochen, glaub' ich, zwölf Kilo abgenommen, und das hat mich irgendwie unheimlich gefreut, auch immer dieses: Ja, ich bin jetzt irgendwie ein bißchen krank und ich eß' nichts, und so, weil das dann auch irgendwie- vielleicht sucht man Mitleid oder so, ich weiß nicht genau oder auf jeden Fall Respekt von den anderen, so: Boah, die ißt nichts, oder was weiß ich. Also irgendwie zumindest so 'n bißchen: Hu, was ist denn das für Eine? ... Ja, und entweder bewundern sie mich oder sie machen sich Sorgen ... ja es ist irgendwas richtig Eindrucksvolles, was man sich merkt, auch wenn man sich von der Person sonst gar nichts merkt. So: Das ist die Chris, das ist ja die, die, was weiß ich, nichts ißt oder pinke Haare hat, irgendsowas." Das Konkretisieren einer Sehnsucht (*Bewunderung*) durch das Produzieren sichtbarer Effekte auf andere Personen (*beeindrucken*), um sich darüber selbst zu spüren zu bekommen angesichts einer definierenden Außenwahrnehmung, wird von Chris besonders mit dem "Runterkommen" vom drogeninduzierten Hochgefühl verknüpft. Während dieser Zeit relativiert sich ihre Bewußtseinsoptimierung, woraufhin sie sehr unsanft auf dem Boden der Tatsachen landet, was mit bedrückenden Selbstzweifeln einhergeht. Darüber hinaus kennt sie aber diese Pendelbewegung zwischen den Polen von Sich-Abheben und Depressiv-Sein bereits vor Betreten ihres Drogenweges, da diese Empfindens- und Handlungsdynamik mit ihrem Wunsch nach Akzeptanz sowie mit ihrem Selbsteinsatz dafür korrespondiert: *Ch: "Ja, Depressionen hatte ich schon eben. Weil ich eben immer nirgendwo so ganz akzeptiert worden bin und auch immer an der falschen Stelle dann vielleicht versucht hab', doch noch Freunde zu finden, obwohl's eigentlich sinnlos war."*
Nach Verlassen des "falschen" Freundeskreises nimmt Chris fast ein Jahr lang keine Drogen mehr, da sie "genug" hat von den damit einhergehenden "schlechten" Erfahrungen. In dieser Zeit konstruiert sie sich eine Vorstellung von einem *richtigen* Freundeskreis sowie von Drogen mit *guten* Auswirkungen. Davon ausgehend setzt sie ihre Suche nach sozialer Integration fort und kann ihr Ziel sofort erkennen, als sie es vor Augen hat: *Ch: "Dann bin ich letztes Jahr mit auf die Love-Parade gefahren, weil ich das schon immer mal tun wollte und überhaupt, und es war halt gleich so- ich bin reingekommen, das war gleich, daß dieses, das was eigentlich das ausmacht, du kommst rein, und alle empfangen dich dann schon mit offenen Armen, und es ist nicht der Druck da, du mußt nicht irgendwas Bestimmtes tun um akzeptiert zu werden, sondern du kommst dahin, und entweder gefällst du halt den Leuten oder nicht. Aber daran kannst du dann auch nichts ändern durch bestimmtes Verhalten oder dadurch, daß man halt dann eine bestimmte Menge an Drogen nimmt oder was weiß ich, sondern, ja, entweder gefallen sie dir oder nicht. Und da war dann eben gleich dieses- ... und das war halt, also es war einfach abnormal das Erlebnis, ja, also das war einfach- kann man nicht so beschreiben, das ist halt anders als alles was ich bis jetzt erlebt hab', und dann hab' ich irgendwie genau gewußt, das ist, ja, eher das was ich gesucht hab', eine Droge, mit der ich gut drauf*

sein kann, mit der ich feiern kann, mit der ich die ganze Nacht lang tanzen kann, oder eben beim LSD, wo ich einfach mal in eine völlig andere Dimension abtauchen kann. Was ich bis dahin nicht gekannt hab' und- ja, es war halt, ich hab' nicht, ich hab' gar nicht Drogen genommen oder so, schon damals nicht, um glücklicher zu sein als ich eh' schon bin oder so, sondern einfach, um mal 'ne andere Art Spaß zu haben." In diesem Zitat sind alle Elemente enthalten, die für Chris' Drogenweg in der Techno-Szene empfindens- und handlungsleitend sind und mit Facetten ihres Selbstkonzepts in Zusammenhang gebracht werden können: Auf der Basis ihres Selbstkonzepts der Offenheit trifft sie auf einen sozialen Behälter, in dem es keinen offensichtlichen Zwang zu Beweishandlungen gibt, um akzeptiert und integriert zu werden, sondern lediglich zwei Pole von Sympathie oder Antipathie. Indem sie sich bereits vor ihrem Einstieg in das Techno-Drogenleben mit bindendem Potential (Suche und Affinität) aufgrund einer Beschäftigung (Interesse und Informationen) mit dieser "Jugendbewegung" und deren Drogen aufgeladen hat, fühlt sie sich dort sofort mit ihren Wünschen und Sehnsüchten aufgenommen: Hinsichtlich einer (beliebigen) Offenheit der Techno-Gemeinde ist genug Platz für die individuell variierenden Bedürfnisse, die sich innerhalb der Szene zu einer "große[n] Gemeinsamkeit" zusammenschließen lassen – die von Chris letztendlich als erwünschte Abwechslung zum monotonen Alltag bewertet wird: *Ch: "Ja, und dann hab' ich dann angefangen Kontakte zu knüpfen, weil es halt irgendwie wie so 'n Familie oder so, Clique nennt man das vielleicht, war wo- einfach jeder hat jeden so 'n bißchen gekannt oder so, und man kümmert sich einfach umeinander, und alle sind einfach füreinander da und so, wobei die große Gemeinsamkeit die in der Mitte steht, ist natürlich schon das Weggehen und das Drogen-Nehmen, aber es- ja, und seitdem hab' ich das dann so, ja, eigentlich jedes Wochenende gemacht. ... Und, es ist, ja, das Wichtigste ist eigentlich schon das Weggehen, das Leute-Treffen und Tanzen zu der Musik und so, weil es einfach Spaß macht und weil es halt was anderes ist einfach als- ja, als unter der Woche einfach immer Schule und Freunde."* Damit wird der Kreis geschlossen und zum besonderen Ort, an dem *andere* Seins- und Handlungsoptionen zugänglich sind als im *normalen* Alltagsleben. Durch diese temporäre Möglichkeit, ihr Anders-Sein in einem *exklusiven* Umfeld unter Gleichgesinnten *positiv* zu erleben, gelangt sie auf eine *souveräne* anstatt auf eine *deprimierende* Außenseiterposition. Denn innerhalb der Techno-Szene kann sie sich – trotz ihres Anders-Seins – als offen und integriert wahrnehmen und außerhalb dieses verbindlichen Kosmos' – aufgrund ihrer neuen sozialen Zugehörigkeit – mit gutem Grund ausgeschlossen fühlen. Davon ausgehend bildet sie die Vorstellung einer Alltags- und Freizeitwelt als entgegengesetzte, sich gegenseitig aufwertende Pole aus: *Ch: "Und jetzt bin ich natürlich noch anders als alle anderen, aber, äh, wär' ja auch furchtbar, wenn alle gleich wären, aber es wird halt akzeptiert, daß ich anders bin [innerhalb des Techno-Freundeskreises], es gefällt den*

Leuten sogar zum Teil, und wenn's ihnen nicht gefällt, dann sag' ich, okay, es ist halt so, ich muß mich auch nicht mit jedem Menschen auf der Welt gut verstehen, und genauso [hustet] ja genau, das sind halt die Leute, mit denen ich eher zusammen sein will und nicht Leute, für die ich bestimmte Sachen anziehen muß und mich bestimmt verhalten muß."

Ein wesentlicher Aspekt von Chris' Drogenideal korrespondiert nun genau mit dem Wunsch, akzeptiert zu werden, *ohne* dafür ein bestimmtes Maß erfüllen oder einem definierten Bild bzw. definierenden Blick entsprechen zu müssen. Indem für sie die Phänomene 'soziale Akzeptanz' und 'positives Selbst- und Körperempfinden' unmittelbar miteinander verknüpft sind, ist für sie das Wirkpotential von Partydrogen in genau dieser Hinsicht attraktiv. Denn belastende Gedanken werden von potenten Drogen an den Rand gedrängt und damit relativiert, worüber die (Illusion einer) Übereinstimmung mit Gleichgesinnten Raum bekommt: *Ch: "Und in dem Moment hat man dann auch keine Probleme, so: Ist mir jetzt die Hose zu eng, oder irgendsowas, das ist dann alles relativ nebensächlich einfach. Und dann kommt jemand her und man versteht sich gut mit dem und so, und das ist, das sind vielleicht Sachen, die so vielleicht jetzt nicht unbedingt so sind, daß das einfach alles völlig nebensächlich wird."* Die Zweifel an der Authentizität von Gefühlen, Wahrnehmungen und Verhaltensweisen spielen jedoch für den sozialen Austausch keine Rolle, weil sie sich aufgrund einer gegenwärtig intensiv gespürten sozialen Verbindlichkeit und der Gewißheit, in der Szene leicht eine Vielzahl austauschbarer "Kontakte knüpfen" zu können, relativieren lassen: *Ch: "Oft ist es auch so, Leute, mit denen man sich eine Nacht lang gut versteht, die entpuppen sich halt am nächsten Morgen, sobald sie runterkommen von ihrer Droge oder was, als die größten Arschlöcher. Aber das ist dann egal. Weil halt in dem Moment versteht man sich halt gut mit denen, ob das früher oder später mal so war oder wieder so sein wird, ist dann eigentlich egal. Also man fängt dann an, so einzelne Bekanntschaften nicht mehr so stark zu gewichten, weil man auch so viele Leute kennenlernt einfach."* Die Erfahrung einer flexibleren psychosozialen Beweglichkeit im sozialen (Techno-)Raum gestaltet sich konträr zu Chris' bisheriger Außenseiterposition, woraufhin sie zu einem wichtigen Konstitutionselement für ein erweitertes oder verändertes Selbst-Austausch-Konzept wird: *Ch: "Also ich hab' auch gemerkt bei mir, so meine sozialen Fähigkeiten haben sich ziemlich verbessert eigentlich, seit ich angefangen hab', die Droge zu nehmen, und zwar nicht nur, wenn ich drauf bin, sondern halt auch so im normalen Leben, daß ich, wenn ich mich mit jemand unterhalte, war das halt früher so, daß ich angefangen hab' zu reden oder er hat angefangen zu reden, und irgendwann hab' ich die Leute dann totgelabert und denen gar nicht richtig zugehört, sondern war nur dran interessiert, meinen Dreck abzuladen. Und das hat sich halt ziemlich verbessert."*

Während sie "drauf" ist, gestalten sich ihre Empfindens- und Austauschoptionen in Abhängigkeit zu der jeweils eingenommenen Substanz. Dabei differenziert sie zwischen den psychosozialen Effekten durch Kokain- und Speedkonsum einerseits und "Pillen"-Konsum (Ecstasy) andererseits, wobei das Grundgefühl beider unter "Spaß-Haben" zusammengefaßt wird: *Ch: "Auf der einen Seite ist es halt so, so speziell bei Speed zum Beispiel und auch, ein-, zweimal im Jahr liegt dann auch mal Kokain auf dem Tisch, einfach so 'n göttliches Gefühl, man weiß genau, daß das eigentlich- das ist ganz gefährlich, das Gefühl, man sitzt dann da und denkt, man kann alles, und man kann auch alles in dem Moment, man ist schon zwei Tage am Stück wach und wird einfach nicht müde und ist immer noch so fit, daß man einen Marathonlauf veranstalten könnte und, und sitzt einfach da, und wenn man dann noch Geld in der Tasche hat, ist es ganz aus, weil dann geht man auch noch raus und so. Und, ja, es ist halt so 'n göttliches, so 'n göttliches Gefühl, man sitzt einfach da: Ich kann alles, ich bin der King. Ihr armen Schweine sitzt alle da und könnt das nicht! Dann sitzt man einfach da und unterhält sich über Gott und die Welt und kann soviel reden wie noch nie in seinem Leben, vier Stunden am Stück meinetwegen. Und der andere hört einfach zu und es paßt einfach."* Hier scheint Chris anzukommen an einer vollkommenen sozialen Übereinstimmung und einem endlosen Austausch: Indem sie während der Zeit der Drogenwirkung ein Selbstwert-Doping erfährt, kann sie sich von einer kontinuierlichen Kontrolle der Resonanz des Gegenübers durch eine (imaginäre) Erfüllung seiner (vermeintlichen oder konkreten) Erwartungen entlasten. Auf diese Weise wird sie immun gegen ihr unstillbares Verlangen nach einer vervollkommnenden Anerkennung durch Kontaktpersonen, was sie letztendlich als eine mühelos erreichte soziale Passung empfindet: aufgrund des extrem erhöhenden Gefühls ("göttlich") wird jeglicher Mangel *egal*, woraufhin der Austausch einfach *paßt*.

Beim "Pillen"-Konsum ist ebenfalls die vervollkommnende Wirkung zentral, die nun besonders auf der Geben/Nehmen- und Nähe/Distanz-Ebene einsetzt oder dort für Chris an Bedeutung gewinnt: *Ch: "Und, und ja, bei einer Pille ist es halt eher so, entweder ich hab' für mich allein einfach mein, einfach so meine glückliche Zeit und geh' so durch und schau' nur nach links und rechts und es freut mich alles nur noch [hustet] ja, oder ich kann dann- da seh' ich jemand in der Ecke sitzen und dann spring' ich so lang um den rum, bis es ihm wieder gut geht und ich kann einfach Leute glücklich machen damit, und wenn's nur, wenn ich ihnen nur ein Kaugummi geb' oder ein Kaugummipapier, ist ja völlig egal, oder ich hab' halt mit jemand zusammen einfach 'ne geile Abfahrt, wenn ich mit meinem Freund oder meiner Freundin- aber es kann auch ganz zufällig kommen, wenn man zusammen 'ne Pille nimmt, daß man dann- da sitzt man dann da und merkt einfach nur- es ist wie so 'n, wie so 'n, ja wie zwei so Puzzleteile, die passen einfach zusammen in dem Moment, und es ist einfach was Gemeinsames dann."* Insgesamt betrachtet hat der

Drogenkonsum im Rahmen der Techno-Szene während des Erstinterviews vor allem im Hinblick auf ihr Selbst-Austausch-Konzept eine zentrale Bedeutung, indem sie sowohl über das chemische Wirkpotential der Substanzen als auch über das soziale Arrangement der Szene eine Veränderung ihres "Blickwinkels" erfahren kann – woraufhin *andere*, sie beruhigende psychosoziale Optionen zugänglich werden: *Ch: "Man bekommt ein bißchen 'ne andere Sichtweise der Dinge in dem Moment. Man- wie sagt man das? Ja, man kriegt einfach ein bißchen anderen Blickwinkel, man sieht das alles mehr aus der- man hat halt wirklich, ist sieben, acht Stunden am Stück gut drauf und sieht alles viel gelassener, und wenn man in so einem Zustand Leute kennenlernt, ist es auch ganz anders, dann geht man ganz anders auf Leute zu oder so und- ja, es ist ein anderer Blickwinkel."*

8.1.3 Grenzgänge als eine Form der Grenzsicherung

Der drogeninduzierte *andere* Blick ermöglicht Chris eine mäßigende Distanz zu ihrem idealen Selbstkonstrukt ("Bild"), auf das sie versucht hat "hinzuarbeiten", um konkreten oder phantasierten Erwartungen im Außen in einer perfekten Weise entsprechen zu können. Darüber hinaus bieten ihr psychotrope Substanzen anfänglich eine Möglichkeit, um das eigene Empfinden temporär konstant zu halten, was sie als eine beruhigende (Selbst-)Sicherheit wahrnimmt: *Ch: "Also man regt sich jetzt nicht so leicht auf. Und wenn ich halt dann mal nicht reinkomme in irgendeine Disco, dann komm' ich halt nicht rein, um Gottes willen, warum sollte ich mich jetzt da so aufregen, bringt doch alles nur einen Heidenstreß, das braucht's alles gar nicht. Das ist halt gut."* Aufgrund dieser Gefühlskontrolle bekommt sie ihre Austauschmöglichkeiten in den Griff, woraufhin ihr eine – im "nüchternen Zustand" nicht so leicht zugängliche – *unaufgeregte* Handhabung von Nähe und Distanz gelingt.

Allgemein betrachtet empfindet Chris im Laufe ihres regelmäßigen Drogenkonsums die Partydrogen als ein eigenes Wesen, mit dem sie in Kontakt treten, sich mit ihm verbünden und das sie zur Erfüllung ihrer Wünsche einsetzen kann: *Ch: "Also am Anfang war's halt so, da hab' ich gedacht, man wird halt, man kann halt einfach nichts machen, daß die Pille, das Ecstasy macht dann einfach irgendwas mit einem, was man nicht so beeinflussen kann, mit der Zeit hab' ich halt gemerkt, man kann's furchtbar beeinflussen, wenn man sich hinsetzt jetzt und in sich reingeht und sagt: Ich will heute das und das Gefühl haben, ich will jetzt das, und ich will – weiß ich nicht – mit dem zusammen 'ne geile Abfahrt [Drogenerfahrung] haben, oder, einfach direkt mit der Pille reden quasi im Inneren, und dann kriegt man auch schon so das was man will.* Vor dem Einverleiben dieser mächtigen, aber dirigierbaren Substanz zieht sie sich in ihren Selbst-Behälter zurück und formuliert ihre konkreten Wünsche. Mit dieser Idealkonstruktion im "Inneren" bewegt sie sich anschließend auf andere Personen zu und kann dabei "gelassener" sein, indem sie sich aufgrund der chemisch und sozial erzeugten Hochgefühle bereits *vollständig* fühlt und von daher keine ablehnenden Resonanzen von außen mehr erwartet. In diesem Moment eines gegenwärtig als vollkommen wahrgenommenen Erfüllt-Seins kann sie aus ihrem Selbst- bzw. Druck-Behälter ausbrechen: *Ch: "Und man versteht sich halt saugut mit allen Leuten, und das ist dieses schöne Gefühl, man grinst und jemand grinst zurück, und man weiß genau, der weiß warum man jetzt so grinst, also der versteht einen jetzt komplett in den Gefühlen, die man in dem Moment hat, und das ist, ja, ist halt einfach, einfach so- wie beschreibt man das Gefühl? Ja, man flippt dann halt völlig aus, weil man total glücklich ist in dem Moment."* Ihren illegalen Drogenkonsum, der eine Art Beziehungspartner für sie repräsentiert, beschreibt Chris als etwas "Persönliches" – und tatsächlich führt diese Zuschreibung erneut zu ihrem zentralen Thema, das der unsicheren Grenzziehung: Im Gegensatz zu ihren außerhalb des Techno-Drogenlebens gesammelten sozialen Erfahrungen fühlt sie sich innerhalb der Szene und unter Drogeneinfluß ausgestattet mit der Möglichkeit, ein ausgeglichenes und damit nicht belastendes Austauschverhältnis herzustellen: *Ch: "Und, ja, es ist halt, es ist eigentlich, also mir gefällt's halt einfach, es ist was Persönliches, die Droge zu nehmen. Was ich aber dann, wenn ich will, auch jederzeit mit anderen teilen kann, und wenn ich's wieder nicht will, kann ich auch sagen: Nein, will ich nicht. Ist halt einfach- schön irgendwo."*

Unter Einbezug der heterosexuellen Matrix in die Analyse von Chris' Selbst-Austausch-Konzept erlangt das Thema der unsicheren Grenzziehung eine weitere persönliche Dynamik: Aufgrund erfahrener Integritätsverletzungen durch Männer entwickelt sie ein negatives Männerbild und beginnt sich relational dazu als Frau zu definieren: *Ch: "Also das Bedürfnis ist da einfach, 'ne Frau zu sein, und ich mach's aber auch nicht von irgendwelchen äußerlichen Merkmalen abhängig oder so, sondern einfach, ich bin halt 'ne Frau, und ich bin auch sehr froh drum, weil ich von Männern echt 'ne relativ schlechte Meinung hab' so [lachend]." I: "Woher kommt das?" Ch: "Ja, weil eben, ich gemerkt hab', daß viele Männer einfach, äh, also ich meine, jeder denkt irgendwo so- wie sagt man da? triebgesteuert oder schwanzgesteuert oder wie auch immer, aber die meisten Frauen und halt ganz wenige, können das irgendwie unterdrücken oder verstecken halt oder zumindest nicht so gewaltsam ausleben, ja, und das können halt nur ganz, ganz wenig Männer. Also die, die ich kenn', kann ich halt an einer Hand abzählen und bei denen, bei denen das so ist, das sind halt unzählige oder fast die meisten, und, es ist halt einfach ein paarmal mir in der Beziehung halt schlecht ergangen, daß ich einfach, erfahren hab', daß manche Männer dann, wenn sie mal, wenn sie mal, wenn das Herz in die Hose gerutscht ist oder der Kopf in die Hose gerutscht ist, dann ist das denen völlig egal, was du denkst, was du fühlst oder was, sondern du bist bloß noch ein Körper und deswegen [holt tief Luft], deswegen hab' ich halt so von solchen Männern nicht so die Meinung."* Hinsichtlich der Entwicklung eines Geschlechtskörpers mit emotionaler Anbindung an das Selbstkonzept steht für Chris vor allem das Erleben einer "Grenzüberschreitung" durch Männer im Vordergrund, das in ihrer Erzählung eine Historie besitzt. Immer wieder rückt dabei ihr offener Selbst-Behälter und ihre Suche nach akzeptierender Resonanz ins Zentrum: Im Außen wahrgenommene Effekte werden zu Leitfäden der eigenen (körperlichen) Inszenierungen, die sie von ihrem eigenen Wollen wegführen und in ein ungleiches Kräfteverhältnis einbinden. Riskant wird es für sie an der Stelle, sobald sie sich aufgrund ihres (übermäßigen) Bedürfnisses nach wohlwollender Resonanz *für andere* in Szene setzt und dabei die Gefahr übersieht, infolge der Anwendung bzw. Interpretation von (sexuierten) Zeichen zum Objekt gemacht werden zu können: Die sozial konstruierten, aber real spürbaren Dominanzverhältnisse zwischen den Geschlechtern sowie die damit korrespondierenden soziokulturellen Deutungsmuster von körperbezogenen Ausdrucksmitteln (wie Mode, Gestik, Mimik, Make-up) eröffnen ein Spannungsfeld von normativen Zusammenhängen, in denen sie ihr Frau-Sein spürt und zu spüren bekommt. Dieses Empfinden wird letztendlich richtungsweisend für ihre geschlechtsbezogenen Konstruktionen: *Ch: "Mh, die Entwicklung zur Frau ist jetzt, weniger vielleicht so- also ich hab' halt schon relativ früh gemerkt also, oder irgendwann mit zwölf, dreizehn, es sind nicht mehr nur die kleinen Jungs, die einem hinterherschauen, sondern eher speziell die älteren Männer halt, die auf so kleine, junge, blonde Dinger abfahren oder so ähnlich, und, hab' halt auch schon relativ schnell verstanden, das dann auszunutzen, daß, wenn man mal lächelt, daß man dann gleich viel netter behandelt wird, und wenn man mal ein weiter ausgeschnittenes T-Shirt anzieht, laufen einem generell einfach mehr Leute hinterher, also ein weiter ausgeschnittenes T-Shirt [hustet], und das ist mir halt dann eben schnell zum Verhängnis geworden. Und da, hab' ich dann eine Zeitlang auch immer versucht, so 'n bißchen wie so 'n Junge rumzulaufen oder, oder mich halt häßlich zu machen, mich absichtlich nicht zu schminken und so."* Das Sich-häßlich-Machen bildet das Extrem zu einem sich um jeden Preis Attraktiv-Machen, gemessen an den (selbst)wertsteigernden Resonanzen im (männlichen) Betrachter, was Chris in ihrem ersten Freundeskreis am eigenen Leib in Form ihrer Eßstörung praktiziert hat. Erst in ihrem neuen Techno-Freundeskreis ohne "Macho-Getue" und "Potenzgehabe" erfährt sie ein Geben von Anerkennung als Wertschätzung ihrer Person – ohne dabei die (subtile) Aufforderung zu spüren, spezifisch definierte (Schönheits-)Normen erfüllen oder Gegenleistungen dafür erbringen zu müssen: *Ch: "Bis dann halt wieder Leute gekommen sind, einfach ein anderer Freundeskreis, die mir das Gefühl gegeben haben, es ist okay so wie du aussiehst, du mußt nicht größer sein und nicht dünner sein oder was weiß ich, sondern jemand, der sagt, ich mag dich nicht, weil dein Arsch zu dick ist, den kannst du doch sowieso vergessen! Und das hab' ich dann langsam auch begriffen."* Weil es für Chris in der Techno-Szene keine "direkten Geschlechter" mehr gibt und die "Geschlechterrollen anders verteilt sind", kann sich ein von ihren bisherigen (heterosexuellen) Beziehungserfahrungen abweichender Normkodex bezüglich des Nähe-Distanz-Verhältnisses zwischen den Geschlechtern etablieren, der sie von einer ausschließlich sexualisierten Interpretation von interaktiv ausgetauschten Zeichen entlastet: *Ch: "Und das ist auch das, was mir in der Szene so gefällt, da würd' dir nie einer an den Arsch langen oder so oder dir in den Ausschnitt- in den Ausschnitt gucken vielleicht schon, aber dich nicht belästigen in der Richtung auf jeden Fall. Man macht's einfach nicht."* Deshalb wird für sie die Techno-Szene zu einem definierten Ort ohne grenzüberschreitende Handlungen und – zusammen mit dem Drogenkonsum – zu einer Lösung ihrer (vormals) strengen Bindung an eine soziale Position, von der aus lediglich über einen normorientierten Körpereinsatz emotionale und prestigesteigernde soziale Anerkennung erwartet werden konnte: *Ch: "Und weil halt einfach Leute da waren, die nicht nur, die nicht nur gesagt haben, was weiß ich, 'Ich will jetzt mit dir ins Bett', oder das dann auch gemacht haben, sondern Leute da waren, die wirklich Komplimente gemacht haben."*

Innerhalb ihrer letzten Beziehung mit einem zwölf Jahre älteren Mann wiederholt sich nochmals das Thema der unsicheren Grenzziehung hinsichtlich einer Berechtigung zur Durchsetzung sexueller Wünsche und Bedürfnisse auf beiden Seiten: Als Chris ihr Wollen klar zum Ausdruck bringt und zu dem Zeitpunkt keine sexuelle Beziehung will, belastet der Freund sie mit einer Problemzuschreibung und legt ihr nahe, sich "beraten" zu lassen. Diese erneute Erfahrung einer abwertenden Reduktion, sobald sie der Vorstellung des anderen nicht entspricht, empfindet sie als Macht-Ungleichgewicht und gleichzeitig als Schuldzuweisung, die sie annimmt, sich darüber heteronom bestimmt fühlt und so den Belastungsdruck in ihrem Selbst-Behälter erhöht: *Ch: "Vor einem halben Jahr ungefähr, ist mir halt wieder mal was passiert, daß ich so versehentlich zu weit gegangen bin, nicht so, daß es mir zu weit gegangen wär' oder so, aber, jemand anders hat sich halt da wohl mehr erhofft davon, also mein damaliger Freund. Und der war halt jemand, der den Standpunkt hatte, Sex sind ungefähr siebzig Prozent von der Beziehung ... und der hat halt dann angefangen damit so: Hör mal zu, du hast da ein Problem, du mußt dich mal beraten lassen."* Chris nimmt daraufhin fünf Therapiestunden bei einer "Sexualpädagogin" in Anspruch, woraufhin sie ihre häufigen Erfahrungen von Grenzverletzungen als Motive für eine Verhaltensänderung zu deuten lernt. Denn nicht die erfahrenen Integritätsverletzungen durch Männer sind "das Problem", sondern ihre Offenheit und Freigebigkeit anderen gegenüber:
Ch: "Daß ich bei vielem halt, zu vielen Leuten mein Vertrauen geschenkt hab', was dann mißbraucht worden ist und so, eben diese Grenzüberschreitung, daß ich viel zu viel zugelassen hab', das war eher das Problem [hustet]. Und das weiß ich halt

seitdem [seit den Therapiegesprächen], und deswegen weiß ich da seitdem auch eher, auf was ich vielleicht achten sollte, was man vielleicht ein bißchen ändern muß einfach." Zunächst zieht sie in Erwägung, die Therapie fortzusetzen, entscheidet sich dann aber doch dagegen, weil sie ihr zum Zeitpunkt des Erstinterviews zentral plaziertes Techno-Drogenleben nicht zugunsten einer aufwühlenden Therapiearbeit zurückstellen möchte. Und beides zusammen schließt sich für sie angesichts der kontraproduktiven Dynamik von therapeutischem Aufdecken und drogenbezogenem Verdecken aus: Ch: *"Aber dann müßte ich halt, was für mich schon ein schwerwiegender Gesichtspunkt ist, für die ersten zwei, drei Monate eigentlich erst mal völlig auf die Drogen verzichten, weil das einfach kein- dann braucht man eigentlich nicht erst anfangen, wenn man dann am Wochenende sich auch nicht Gedanken drüber macht und so, und das wär' mir einfach zu stressig momentan, noch einmal die Woche oder auch einmal im Monat dahinzufahren und so in mir rumwühlen zu lassen momentan, weil ich gerade dabei bin, es wieder alles so 'n bißchen ins Kästchen zu packen und in die Ecke zu stellen."*

"K A N A L I S A T I O N f. 'System unterirdischer Rohre zur Ableitung von Abwässern'" (Etym. Wörterbuch d. Deutschen 1995:614).

Während des Zweitinterviews beleuchtet Chris ihren bis dahin stetig gesteigerten illegalen Drogenkonsum nicht mehr unter dem Aspekt, eine "andere Art Spaß zu haben", sondern erzählt von ihrem Gebrauch der Substanzen als eine Form der Verdrängung und Problemkanalisation, was schließlich einen Teufelskreis in Gang gesetzt hat. Denn bis zu diesem Zeitpunkt hat sie neben den entlastenden Eigenschaften von Drogen auch deren belastendes Wirkpotential zu spüren bekommen, das sie wiederum mit Drogen zu kontrollieren versucht hat – solange, bis es irgendwann "zu viel geworden ist". Daraufhin hat sie, aus eigener Initiative und mit Unterstützung ihrer Mutter, ihrem bis "ins Extreme gesteigerten" Techno-Drogenleben eine Grenze gesetzt. Das Erreichen eines Höhepunktes auf ihrem Drogenweg, an dem eine Neuorientierung durch Kontrollverlust möglich wird, kann nun vor dem Hintergrund ihres Selbst-Austausch-Konzepts nachgezeichnet werden:
Sowohl aufgrund ihrer Selbstzuschreibung der Offenheit als auch ihrer hohen Bindungsbereitschaft an soziale Resonanz zur Stärkung ihres Selbstbezugs nimmt Chris viel an sozialen Austauschgütern (Gefühle, Zuschreibungen, Positionszuweisungen) in sich auf mit der Hoffnung, dadurch *richtig* und *ganz* akzeptiert zu werden. An dieser Stelle beginnt sich ihr offener Selbst-Behälter auszubilden, der "zuviel" zuläßt auf der Suche nach einem allumfassenden Angenommen-Werden im Außen. Darüber entsteht ein Ungleichgewicht in Form eines inneren Spannungszustandes ("Streß"), der ohne adäquate "Streßentladung" einen hohen Belastungsdruck erzeugt. Angekommen an dieser Gefühlslage versucht sie, ihre Selbst- und Austauschdynamik über verschiedene Kontrollstrategien (Eßstörung, Selbst-

verletzung) zu regulieren, um empfindens- und handlungsfähig bleiben zu können. Im Laufe ihrer gesteigerten Drogen-Handlungen hört jedoch diese Art der Selbsthilfe auf zuverlässig zu funktionieren. Denn die souveräne Handlung kippt um in einen angstvoll besetzten Kontrollverlust, der vor allem dann spürbar wird, sobald die Drogen ihre unerwünschten Begleiterscheinungen entfalten: Das problemverflüssigende Wirkpotential der Droge läßt mit der Zeit nach bzw. kehrt sich um, woraufhin sich (verdrängte) Probleme nicht mehr "kanalisieren" lassen. Auf diese Weise wird das Belastungsvolumen des Selbst-Behälters überdehnt, was eine extreme Gefühlsbelastung ("Depressionen") zur Folge hat. Angekommen an diesem Tiefpunkt mit einer zunehmend blockierten Ausdrucks- und Handlungsmöglichkeit beginnt Chris ihr Techno-Drogenleben zu verändern: *Ch: "Irgendwann hab' ich die Depressionen, also wenn man Drogen nimmt, dann kriegt man einfach, wenn man runterkommt, hat man nur Depressionen. Das hab' ich schon irgendwann in den Griff bekommen, was ich dann halt nicht im Griff hatte, waren die Depressionen, wenn ich keine Drogen genommen hab', als das dann alles zu viel geworden ist. ... irgendwann, das war so ungefähr im November [1999], sind die Depressionen wirklich kraß geworden, daß ich irgendwann- also ich bin schon fast nicht mehr in die Schule gegangen, und an einem Morgen hat das halt angefangen, daß ich aufgewacht bin und wirklich mich zwingen mußte, unter meiner Bettdecke rauszukommen, weil ich so Angst hatte vor der Welt und einfach keine Lust mehr auf gar nichts, weil ich auch körperlich am Ende war natürlich. Und dann ist meine Mutter gekommen und hat gemeint: Jetzt hör mal zu, wenn sich jetzt nicht hier und jetzt sofort was ändert, dann schlag' ich dich eigenhändig in die Klinik, weil das kann ich mir nicht länger mit anschauen! Und in dem Moment ist es mir halt echt bewußt geworden, daß ich's einfach zu weit getrieben hab' mit all den Sachen und, und daß ich da mal was ändern muß."* Entsprechend ihrer zentralen Thematik einer unsicheren Grenzziehung beginnt der illegale Drogenkonsum für Chris dann zum Problem zu werden, sobald er außer Kontrolle gerät, und – parallel zu dieser eskalierten Handlungsform – ihre psychosozialen Freiheitsgrade so weit einschränkt, daß ihr keine drogeninduzierte positive Veränderung des Selbst- und Beziehungserlebens mehr gelingt. Angekommen an diesem Zustand der Niedergeschlagenheit orientiert sie sich neu und verliert – aufgrund der vorgenommenen Umstrukturierung ihrer Lebens- und Wohnbedingungen, die mehr Verantwortung und Zeit beanspruchen – die "Lust" an ihrem zuvor exzessiv und letztendlich eskapistisch betriebenen Techno-Drogenleben: *Ch: "Und wenn ich jetzt am Wochenende weggehen würde, dann, im Prinzip, das hat sich so ins Extreme gesteigert, ich hab' irgendwie nur noch Anziehsachen gekauft, also nur noch Sachen gekauft, die ich beim Weggehen tragen kann und hab' überhaupt nicht mehr drauf geachtet, wie ich unter der Woche ausschaue, was ich unter der Woche mache, ob ich da irgendwie Freunde treffe oder, keine Ahnung, sondern nur immer- es war halt ein großer Hauptbe-*

standteil, und alles andere kam irgendwann ganz hinten mal. Und ich würd' dann das Schuljahr nicht schaffen zum Beispiel, und das würd' mich sicher auch psychisch wieder in 'ne Krise stürzen, die wahrscheinlich noch mal zu bewältigen, das war jetzt schon auch schwer, aber was sicher noch mal schwerer wird einfach. Deswegen, ich möchte das auch gar nicht mehr so. So ist das nie gedacht gewesen, denk' ich, oder ist überhaupt nicht gedacht, wenn man schon Drogen nimmt, daß man das dann so im Übermaß betreibt. Deswegen hab' ich auch gar keine Lust mehr drauf."

Für die Zukunft wünscht sich Chris einen abwechslungsreichen Beruf sowie "außergewöhnliche Hobbies und Interessen". Darüber hinaus möchte sie – trotz ihrer "Einbußen" und "schlechten Erfahrungen" – später "zurückblicken" können mit der Gewißheit, "alles so gemacht" zu haben, wie sie sich das "vorgestellt" hat oder "wie's dann hinterher doch am besten war." Hinsichtlich ihrer eigenen Erfahrungen wünscht sie sich einen neutralen und kooperativen Umgang mit Drogen(-Konsument/innen).

> *"Es hätte mir auf jeden Fall geholfen, wenn man mich durch so abschreckende Artikel oder Berichte, die abschreckend wirken sollen- schon als ich zum ersten Mal so 'nen Artikel gelesen hab', hab' ich genau gewußt, das mußt du ausprobieren. Also daß man auf 'ne falsche Art und Weise darauf aufmerksam gemacht wird, anstatt das ganz normal einzuführen und das als normal- was heißt normal? aber als einfach einen Bestandteil unserer Gesellschaft zu behandeln, der nicht ständig in der Ecke stehen muß, wo man dann eben erst recht, glaub' ich speziell als Jugendlicher, einfach einen Reiz dahinter sieht, weil's erst mal verboten ist und dann hat man auch immer so 'n Image unter den anderen: Hu, die tut was Verbotenes, ja, und das ist irgendwie wild und freakig. Ich weiß nicht genau, ob es mich wirklich davon abgehalten hätte, vielleicht hätte ich dann einfach auch nur irgendwas anderes genommen, das mit den Eßstörungen wäre weitergegangen oder so. Aber auf jeden Fall, es gibt auch, find' ich, kaum irgendwie wirklich vernünftige, richtig sinnvolle so Art Therapieeinrichtungen und Beratungsstellen. Da wo ich war jetzt, also vom Gericht her mußt' ich da einmal hin, das ist alles immer, auch beim Gericht, immer mit dem Vorsatz: Du sollst dahin, aber mit dem Ziel, nie wieder irgendwas zu machen, weil das böse und schlecht ist!"*

8.2. Bunny: Die Suche nach definierter und definierender Resonanz

Drogen-Handlungen repräsentieren für Bunny einen "Fun-Faktor" und ein bedeutsames kommunikatives Element innerhalb ihres "Drogen-Freundschaftskreises", der einen dem strukturierten Alltagsleben entgegengesetzten Raum eröffnet. Denn dort kann sie sich von dem angestauten "Streß" entlasten, sich "auslassen" und dabei das Gefühl "haben", etwas "Besonderes" zu erleben. Ihr *Selbstkonzept* metaphorisiert sie als Behälter, der in einem leistungs- und normbezogenen Kontext in seiner spontanen Austauschfreudigkeit verstärkt kontrolliert wird, was das Bedürfnis nach einem temporären "Rausch" – im Sinne eines Sich-grenzenlos-ausleben-Könnens – kreiert.

> Bunny, die sich das Pseudonym selbst gegeben hat, ist zum Zeitpunkt des Erstinterviews im Juni 1999 gerade 17 Jahre alt geworden und lebt bei ihren Eltern in einer Vorstadt als "verwöhntes Einzelkind". Sie wird in der ehemaligen DDR geboren, wächst dort bis zu ihrem siebten Lebensjahr auf

und reist danach mit ihren Eltern in den Westen. Im Moment befindet sie sich in Ausbildung zur Bürokauffrau, nachdem sie die Realschule mit der mittleren Reife abgeschlossen hat.

Der Drogenweg von Bunny beginnt mit ungefähr 13 Jahren: Mit ihrer damals "besten Freundin" trinkt sie "auf Volksfesten" Alkohol. Beide lernen dort "Typen" kennen, die Haschisch konsumieren, und mit ihnen zusammen beginnen sie zu "kiffen". Nach Verlassen dieser Gruppe wechseln die Freundinnen zu einer anderen Clique über, in der sie das erste Mal Speed und LSD probieren. Ihren "richtigen Einstieg" in den Drogenkonsum – der vor allem aus Ecstasy-, Speed-, Kokain- und LSD-Konsum besteht – verlegt sie allerdings auf den Zeitpunkt, als sie beginnt, regelmäßig mit neuen Freund/innen am Wochenende in Clubs zu gehen. Allgemein ist für sie ihr Drogenleben unmittelbar mit gerade aktuellen Sozialkontakten verbunden. Darüber hinaus legt sie großen Wert auf die strikt vom Arbeitsleben getrennt gehaltene (Drogen-)Freizeitwelt – was ihr auch gelingt: außerhalb der Szene bleibt ihr Konsum unentdeckt, da sie keine "krassen Auswirkungen" auf ihre bisher erfolgreichen schulischen, beruflichen und sozialen Leistungen zu erkennen gibt.

Zum Zeitpunkt des Zweitinterviews im März 2000 hat Bunny ihren Drogenkonsum und ihr Weggehverhalten reduziert, bei einer gleichzeitigen Steigerung des Alkoholkonsums. Ferner erzählt sie, daß sie nach Beendigung ihrer Lehre das Abitur nachholen will, um anschließend Psychologie zu studieren. Denn mit ihrer aktuellen Ausbildung sieht sie keine "Aufstiegschancen" für sich, woraufhin sie lieber eine "richtige Psychologin" werden will, die die "Leute berät" – auch astrologisch[18].

Allgemein betrachtet hatte Bunny zweimal polizeilichen und justitiellen Kontakt: einmal wurde sie vor drei Jahren und dann vor einem Jahr bei einer Razzia an öffentlichen Orten mit ihren Freund/innen während ihres gemeinsamen Drogenkonsums erwischt, wobei in beiden Fällen die Anklage aufgrund mangelnder Beweise fallengelassen wurde. Sie verfügt über keinerlei Erfahrung mit Einrichtungen der Drogenberatung, was sie auch kategorisch ablehnt: B: "[Da] gehen ja auch nur die Problemfälle hin und, ich glaub', wenn ich da dorten wär', ich hab' kein großartiges Problem damit, ich glaub', ich würd' denen eher einen Text pressen als wie die mir." In ihrer Freizeit mixt sie Musik am eigenen Mischpult, liest japanische Comics, trifft sich mit ihren Freundinnen und geht nach wie vor gerne in Clubs und auf Techno-Veranstaltungen.

8.2.1 Maßlose Wünsche werden durch äußere Ordnungen rationalisiert

Zum Zeitpunkt des Erstinterviews beginnt Bunny mit Nachdruck *keine* Erzählung von verunsichernden Erfahrungen. Statt dessen erzählt sie von kompetent ausbalancierten Ungleichgewichten, in deren Zusammenhang sie vor allem ihre Fähigkeit hervorhebt, Leistung (Anpassung) und Spaß (Ausgelassen-Sein) auseinanderhalten zu können. Während des Zweitinterviews vermeidet sie dann nicht mehr so rigide die erlebten Schattenseiten eines regelmäßigen Drogenkonsums (wie in Form einer zunehmenden Angst vor Kontrollverlust) und äußert sich dementsprechend eher ambivalent zu ihrem zuvor ausschließlich idealisierten Drogenleben: *B: "Wir [der Freundeskreis] haben zwar schon noch was [Drogen] genommen, aber einfach nicht mehr soviel und nicht mehr so mit der Einstellung wie früher, das hat*

---

[18] Zum Zeitpunkt des Zweitinterviews erzählt Bunny von ihrem neuen Hobby: der Astrologie. Als wir telefonisch den Termin für das Zweitinterview vereinbaren, schlägt sie vor, mir bis dahin mein Horoskop zu erstellen. Wie versprochen bringt sie es zum Treffen mit und bespricht es mit mir vor Interviewbeginn.

sich einfach irgendwie geändert, es ist zwar so vom Humor her noch genauso witzig, ist noch genau dieselbe Rasselbande so ungefähr [lachend], aber es ist einfach nicht mehr so heftig wie früher. Weil früher war das Wichtigste schon die Drogen, ja, doch schon. Ich denk' mir, ich weiß einfach, wie ich zu der Sache steh', ich weiß, daß die einfach nur Spaß für mich sind, das ist einfach nur Spaß und mehr nicht. ... Keiner braucht mir erzählen, daß Drogen das Beste auf der Welt sind, die haben sehr viel Nachteile, haben sie, und mit denen muß man einfach umgehen können."
Das Erstinterview eröffnet Bunny mit der Darstellung ihres gut ausbalancierten Techno-Drogenlebens, indem sie ihren bisherigen reibungslos verlaufenen Schul- und Ausbildungsweg schildert und sich konsequent dazu als ein "Mensch" beschreibt, "der schnell lernen kann". Damit scheint sie belegen zu wollen, daß ein gut funktionierender "Geist" keine leistungseinschränkenden Effekte zeigen kann, weil sie dafür keine Angriffsfläche bietet. Hier wird ihre empfindens- und handlungsleitende Logik deutlich, mit der sie sowohl ihre Unsicherheit gegenüber psychotropen Substanzen auszugleichen als auch – grundsätzlicher – alle gegensätzlich strukturierten Bereiche zu organisieren versucht: Aufgrund einer Entzweiung ihres Selbstkonzepts in *Geist* und *Körper* sowie der Annahme, Drogen seien Instanzen, die vorhandene Tatsachen "ans Licht" bringen, spricht sie dem Drogenkonsum einen Einfluß auf ihre Leistungszentrale ab, indem sie – als "Geist-Mensch" – allein die Kontrolle über ihre intellektuellen Fähigkeiten besitzt: *B: "Also von daher, da hat sich eigentlich auch nichts ausgewirkt auf mein Arbeitsleben oder sowas, also das lief bei mir eigentlich immer ganz glatt. Und so jetzt vom Geistigen her oder sowas [lachend], merk' ich nicht, daß ich jetzt irgendwie irgendwelchen totalen- Fehler jetzt hab' im Hirn oder so. Also so ist das nicht. Ja und von der Schule her, ich ging damals schon noch in die Schule, ich ging damals in die zehnte Klasse, das war so, ja, das war sogar Abschlußjahr, ein halbes Jahr davor, und ich muß sagen, in der neunten Klasse, als ich noch keine Drogen genommen hab', als ich nur gekifft hab', hatte ich schlechtere Noten [lachend]. Also von dem her, also ich hab' irgendwie keine krassen Aus- Auswirkungen irgendwie, die da ans Licht kamen, sondern das lief eigentlich schon immer ganz gut, und ich bin eh' ein Mensch, der ziemlich schnell lernen kann, was jetzt Schule angeht. Und so hab' ich da meinen Abschluß ohne Probleme gemacht, obwohl ich am Wochenende weggegangen bin und sogar mal zwei Nächte oder so durchgemacht hab'."* Erst auf der körperlichen Ebene nimmt Bunny negative "Auswirkungen" wahr, die sie jedoch anhand rationaler sowie rationeller Konstruktionen wieder relativiert: *B: "Und ich denk', ich hab' halt auch die Einstellung zu den Drogen, das ist jetzt noch so 'n Geistesblitz, für den Körper ist das Ganze ja ziemlich schädlich, ist ja klar, klar ist das Ganze ja ziemlich schädlich, aber ich hab' mir das so gedacht, daß ich jetzt einfach 'ne geile Jugend hab', so eine wie nicht jeder hat und einfach viel erleb' und viel Spaß hab' und lieber fünf Jahre früher sterb', als wie daß ich dann mit Siebzig im*

Rollstuhl hocke und klapper, klapper, so ungefähr, und das tut mir weh, und das tut mir weh, da scheiß' ich auf die fünf Jahre, die ich im Alter hab', ganz ehrlich, weil die Jugend, die geht von, die geht so höchstens, ja, höchstens zehn Jahre so ungefähr, und dann wird man, hopp, immer erwachsener, und erwachsener und irgendwann wird man alt, und Alt-Sein kann ich noch lange genug. Und deswegen denk' ich mir einfach, daß ich mein Leben einfach so außergewöhnlich wie es geht gestalte." Parallel zu ihrem Zwei-Seiten-Konzept entwickelt sie mit Beginn ihres regelmäßigen Drogenkonsums, der einen wichtigen Baustein ihres Alltags- und Berufslebens darstellt, zwei verschiedene Dimensionen ihres Selbst-Austausch-Konzepts, die – je nach Kontext – eine eigene Logik und Funktion umfassen: In der beruflich-gesellschaftlichen Sphäre, die in beiden Gesprächen Priorität hat, konstruiert sie sich als heteronom bestimmt und nimmt konsequent dazu einen "festen" gesellschaftlichen "Rahmen" an, in den sie sich "einpaßt", um darüber erfolgreich ihren Leistungspfad verfolgen zu können. Der Erfolg wirkt sich dabei wieder positiv auf ihr Verhältnis zu den Eltern aus, da diese ihr daraufhin viel "Freiraum" und "Vertrauen" geben – was Bunny als Bestätigung ihrer Drogenkompetenz wertet: *B: "Ich hab' meine Freiheit, also ich kann Samstagabend weggehen oder auch Freitagabend, und Sonntagabend wiederkommen, auch obwohl ich gerade mal Siebzehn geworden bin. Meine Eltern- das gibt mir eben auch den Beweis, daß ich damit zurechtkomme, weil meine Eltern ja nichts sagen. Also sie, sie finden ja nicht irgendwas, wo sie jetzt sagen müßten: He, Bunny, so geht das hier nicht weiter, das müssen wir unbedingt ändern, das kann jetzt nicht mehr sein, daß du so viel Freiheiten hast. Also ich komm' ja damit klar und mach' was draus."* Diese sozial bestätigte Drogenkompetenz – im Sinne einer effektiven Trennung und Kontrolle beider Bereiche – bedeutet für Bunny sowohl die Ermöglichung ihres Techno-Drogenlebens als auch das wiederholte Bedürfnis danach: Aufgrund ihrer Dichotomisierung erfahren beide Bereiche je nach Standpunkt eine entsprechende Wertung von entweder positiv oder negativ: Befindet sie sich am leistungsbezogenen Pol, so steht das "schlechte" Wirkpotential ihres Techno-Drogenlebens im Vordergrund. Hält sie sich dagegen in ihrem "Drogen-Freundschaftskreis" auf, so betont sie die "lustigen" Effekte davon. Dabei leistet sie an beiden Polen kontinuierlich Passungsarbeit, um dem jeweiligen "Rahmen" entsprechen zu können. Diese bipolare Anpassungsleistung wird von ihr letztendlich über unterschiedliche handlungsleitende Motive und Balancegrößen gehandhabt: Am leistungsbezogenen Pol strukturiert Bunny ihr Selbst-Austausch-Konzept weitgehend über räumliche, visuelle und tote Metaphern (wie *machen*) sowie über die Metaphorik von Geben und Nehmen. Den Schwerpunkt legt sie dabei auf das in ihrer Selbstdefinition als "Geist-Mensch" enthaltene *Klarkommen* und verdeutlicht hiermit ihre empfindens- und handlungsleitenden Beweggründe in diesem Bereich. Diese bilden eine durch äußere Bedingungen kontrollierte sowie kontrollierende Bewegung in gegebenen

Rahmenbedingungen ab, welche sie akzeptiert und dadurch Erfolg hat. Die während ihres Anpassungsprozesses anfallenden Abfallprodukte behält sie für sich – und benimmt sich damit gesellschaftsfähig: *B: "In der Gesellschaft unter der Woche muß ich mich benehmen, da muß ich im Büro sein, muß offen sein für Gespräche und so, muß zuverlässig sein und darf auch nicht mal im Büro irgendwelche ironischen Texte oder sowas ablassen, das kannst du da alles nicht machen, du bist ja dann- du mußt dich benehmen, weil du da deinen Arbeitsplatz hast und daß du dich auf deine Arbeit konzentrieren kannst und da nicht irgendwelche, äh, Konflikte hervorrufst."* Innerhalb dieses als rigide eingegrenzt wahrgenommenen Alltags- und Berufslebens paßt sie sich an die jeweiligen Bedingungen an, um die ordentliche Zweiteilung bzw. ihre Leistungsfähigkeit nicht zu gefährden.

"Konflikt m. 'Zusammenstoß, Auseinandersetzung, innerer Zwiespalt, Widerstreit'" (Etym. Wörterbuch d. Deutschen 1995:704).

Als Ausgleich zu diesem leistungsbezogenen Kontrollverhalten eröffnet sich ihr über das Techno-Drogenleben ein Entlastungsraum, den sie außerhalb der "Gesellschaft" verortet. Angekommen an diesem spaßbezogenen Pol, in Form des "Drogen-Freundschaftskreises" innerhalb der Techno-Szene, strukturiert sie ihr Selbst-Austausch-Konzept vor dem Hintergrund ihrer leistungsbezogenen Zusammenhänge. Damit macht sie ihre empfindens- und handlungsleitenden Motive für diese Art der Freizeitgestaltung transparent: *B: "Aber das ist eigentlich das, was für mich der Fun ist. Sozusagen sich mal einfach an nichts zu halten, an keine Vorschriften, die die dumme Gesellschaft, tut mir leid, sozusagen erstellt. Kein- da muß man sich einfach mal nicht benehmen, ist doch scheißegal."*

Die bisher genannten konstitutiven Elemente von Bunnys Selbst-Austausch-Konzept ergeben unterschiedliche Balanceverhältnisse, die sich in ihren verschiedenen Entstehungskontexten folgendermaßen rekonstruieren lassen: am leistungsbezogenen Pol manifestiert sich ihr Druck-Behälter, sobald sie sich übermäßig an die dort geltenden Rahmenbedingungen anpaßt und dabei wenig soziale Anerkennung und Austauschmöglichkeiten am spaßbezogenen Pol zur Verfügung hat. Daraufhin versucht sie einen Ausgleich über radikale Handlungen herzustellen, die sie als selbstbezogene und indirekte Aggressionsäußerungen beschreibt: Als sie sich von ihrer damaligen besten Freundin dominiert und in den Schatten gestellt fühlt, hat sie "Selbstmordgedanken" und "schnappt" sich später heimlich deren Freund. Nachdem dieser Vertrauensbruch im Freundeskreis bekannt wird und ihre Freundin kurze Zeit darauf mit ihrem damaligen Freund eine Beziehung eingeht, fühlt sie sich schließlich von allen verraten und abgewertet, woraufhin sie sich "zuknallt", um auf diese Weise ihre "Probleme" zu verstecken: *B: "Aber die in meinem Freundeskreis, die wissen, was ich erlebt hab', und trotzdem hat sich keiner mit mir ausgiebig darüber unterhalten und ich mußte es auch wieder wegstecken, und dann hab' ich mir irgendwann auch gedacht, kraß, das sind meine Freunde, und ich muß mich hier so zusammenreißen wie in der Arbeit. Und dann irgendwann kam's natürlich raus [die verdrängten Gefühle], das ist ja klar. Das kam halt dann immer später, meistens, wenn ich dann mit der Lissy [eine andere Freundin] alleine war."* Weil Bunny trotz des belasteten "Klimas" in ihrem Freundeskreis bleiben will, akzeptiert sie das für sie unvorteilhafte Austauschverhältnis, "steckt" die sie belastenden Erlebnisse "weg" und zeigt deren Auswirkungen erst später unter vier Augen mit ihrer zu dieser Zeit neu gewonnenen Freundin her. Während dieser unausbalancierten Dynamik am spaßbezogenen Pol kann sie sich allerdings Halt und Ausgleich am leistungsbezogenen Pol verschaffen. Außerdem stabilisiert sie sich über ihr persönliches Kapital in Form eines starken Selbstvertrauens: *B: "Ich hab's damals alleine geschafft, also fast alleine, so viel hat mir die Lissy auch nicht geholfen, und ich hab' auch nicht mit meinen Eltern darüber geredet und so, also ich hab's damals schon auch alleine geschafft, das weiß ich, ich vertrau' mir da einfach selber, ich glaub' nicht, daß ich der Mensch bin, der wo dann total absinken wird, sondern allein meine Arbeit hätte mich am Leben sozusagen gehalten, also ich hätte- ich wär' nicht abgesunken, und irgendwann hätte ich's verdaut gehabt und hätte, selbst wenn ich von da weggekommen wär', dann hätte ich neue Leute kennengelernt oder so."* Herrscht hingegen ein "Klima" des Gleichgewichts und damit der Offen- und Ausgelassenheit im Freundeskreis, dann funktioniert ihre Gefühls- und Austauschregulation ohne längerfristige Blockaden, worüber das Entstehen eines Druck-Behälters verhindert wird.

In Bunnys Wahrnehmung stellen ihre Ausgleichsstrategien das entscheidende Element einer ausgeglichenen Pendelbewegung zwischen zwei entgegengesetzten Extremen dar, orientiert an ihrem empfindens- und handlungsleitenden Motiv in Form einer Suche nach Zufriedenheit anstatt nach "purem Glück". Mit dieser Akzeptanz eines Mittelmaßes gelingt ihr ein bewußt maßvoller Umgang mit extremen Emotionen: Entsprechend ihrer Ausgleichslogik gibt es für sie *totale* Glücksgefühle nur auf Kosten *absoluter* Depression, die sie allerdings nicht in Kauf nehmen will für ein unbeständiges Hochgefühl: *B: "Ich bin der Meinung, daß ich nicht nach purem Glück streben muß sozusagen, weil das ist einfach, ich glaub' einfach, ich glaub' irgendwie, daß unsere Welt nicht dazu da ist, daß wir nur glücklich sind. Wenn wir irgendwann mal glücklich sind, das ist zwar das Höchste der Gefühle irgendwie, aber es kommt dann wieder ein absolutes Tief und das mag ich nicht. Da bin ich lieber irgendwie ausgeglichen und so, also einfach was meinen Lebensweg anbelangt, ich möchte- mir reicht das eigentlich, wenn ich zufrieden bin, wenn ich in Bereichen glücklich bin, wo ich mir das wünsch', aber allgemein, in jedem Bereich glücklich zu werden, das brauch' ich eigentlich gar nicht. Ich will einfach nur zufrieden sein, ich will, daß mit meiner Familie alles paßt und ich möchte, daß mit meinem Beruf alles klappt."* In diesem Zitat nennt Bunny zum Zeitpunkt des Zweitinterviews jene Bereiche, die auch schon während des Erstgesprächs für sie Priorität hatten und von daher besonders sorgfältig ausbalanciert werden müssen. In diesem Sinne versucht sie negative "Auswirkungen" und "Konflikte", resultierend aus ihrem zum Zeitpunkt des Erstinterviews noch regelmäßig betriebenen Drogenkonsum, "auszugleichen", um ihre leistungebezogenen und ideellen Ziele weiterhin erreichen zu können.

8.2.2 Verlassen und Bewahren von Normalität als "Fun-Faktor"

Bunny gibt an, in den (illegalen) "Drogen-Freundschaftskreis" lediglich aus Neugierde, "Spaß" und sozialem Interesse "eingestiegen" zu sein und nicht, wie sie betont, aus einer persönlichen Verunsicherung oder Notlage heraus. Allgemein schätzt sie das Techno-Drogenleben als temporären "Ausbruch" aus ihrer Real-Präsenz, aus der sie jedoch auch wieder ihren Halt bezieht. Davon ausgehend entwickelt sie eine Logik des entschädigenden Ausgleichs, die ihr eine kompetente, gewinnbringende und möglichst risikoarme Koordination der beiden Teilbereiche ermöglicht. An dieser Stelle benennt sie ihre positiv bewertete drogeninduzierte Veränderung, die deshalb eingetreten ist, *weil* sie die schlechten Nebenwirkungen von Drogen durch ein weiterhin gutes Leistungs- und Sozialverhalten auszugleichen vermag: *B: "Also ich find' auch, daß die Drogen mich verändert haben. Also ich persönlich muß für mich sagen, zum Guten, ganz ehrlich. Ich bin offener, toleranter, gespräch- also nicht gesprächiger, ich hab' schon immer viel gequatscht [lachend], das war immer schon so. Aber, die haben mich einfach verändert auch, ich hab' meinen eigenen Kopf gekriegt und so, ich weiß, was ich will, weil ich hab' ja was, was eigentlich was, was Schlechtes ist- ich tu' was, was eigentlich nicht gut ist, also muß ich auch irgendwas tun, um das wieder auszugleichen, und das tu' ich ja, also fühle ich mich dennoch gut. Und deswegen hab' ich mich irgendwie verändert. Und es gibt mir ein gutes Gefühl, daß ich ein Mensch bin, der das irgendwie zusammen laufen lassen kann. Ja, ich tu's- es wäre ja was wirklich Schlechtes, wenn ich jetzt meine Arbeit verlieren würde, meine Eltern mir Streß machen würden, meine Freunde nicht mehr richtige Freunde wären, sondern nur noch irgendwelche Drogengefährten sozusagen, dann wäre es was Schlechtes oder wenn ich mich so zuknallen würde, daß ich jedes Wochenende im Krankenhaus lieg' so ungefähr, dann wär' es was Schlechtes, aber wenn ich das, es ist zwar- das Einzige, was es für mich schädigt, ist mein Körper und sonst tu' ich das wieder bereinen, daß es mir sonst nicht schädigt, also ich muß sagen, an Intelligenz hab' ich seitdem nichts verloren oder so oder daß ich total verblödet bin oder sowas."*

"**Rein** Adj. 'ohne fremdartige Bestandteile, unvermischt, unverfälscht, frei von Schmutz, sauber, frisch, gewaschen, unberührt, keusch, vollkommen, fehlerlos', [...] b e r e i n i g e n Vb. 'ins reine, in Ordnung bringen, beilegen, klären'." (Etym. Wörterbuch d. Deutschen 1995:1108, Hervorh. i.O.)

Hinsichtlich der positiven Bedeutungszuschreibungen sowohl an ihre bereits vorhandenen Ressourcen ("Intelligenz", "Arbeit") als auch an ihren emotionalen Besitz (keine stressigen Eltern und "richtige Freunde" haben) gebraucht Bunny die psychotropen Substanzen nicht zur positiven Veränderung ihrer psychosozialen Position, sondern lediglich zur Optimierung ihres *Lifestyles*: Der Substanzkonsum als personifizierte Größe *macht* zwar etwas mit ihr, aber nur im Rahmen ihrer Ausgleichslogik – worüber sie ihre *innere* Unabhängigkeit von der Wirkmacht der Drogen und somit ihre soziale Unauffälligkeit betont: *B: "Ja, bereinen tu' ich's eben damit, daß ich trotzdem noch- weil manche Leute, die verlieren ja auch einfach an Gefühl, die sind nicht mehr so [Räuspern], nicht mehr so offenherzig und so, daß wenn jemand ein Problem hat, daß man einfach drüber redet oder so oder daß man auch im ganz normalen Leben, in der ganz normalen Gesellschaftsleben, in der Familie oder so, wenn irgendwas ist, daß es einem nicht zehn Meter am Arsch vorbeigeht, sondern daß man auch irgendwas dafür tut oder so, daß man dem anderen irgendwie zeigt, daß es einen interessiert und daß man sozusagen da ist oder so, und das finde ich halt auch wichtig, und manche verlieren einfach daran. Und das hab' ich ja trotzdem noch. Im Prinzip, wenn ich jetzt keine Drogen nehmen würde, dann wär' es genau dasselbe eigentlich, so wie ich mein Leben im Moment führe, zwar nicht ganz so diese Feinheiten, die ich jetzt auslebe oder so, der Style hat sich bestimmt auch dadurch entwickelt."*

"Intensität und Beherrschbarkeit konstituieren die spezifisch moderne Ambivalenz gegenüber dem Rausch, in dem temporäre Erlösung von Alltagszwängen ebenso gesucht wird wie ein permanentes Versagen vor diesen Alltagszwängen vermieden werden soll. Manche Jugendliche leben dieses Muster heute modellhaft vor: Ein Ecstasy-Wochenende in der Disco ergänzt eine konform-fleißige Arbeitswoche und macht sie psychisch erst möglich." (Legnaro 2000:19)

Das Leben am spaßbezogenen Pol beschreibt Bunny überwiegend anhand von vergegenständlichenden, visuellen und räumlichen Metaphern sowie anhand von Zuschreibungen, die es ihr erlauben, physische und psychische Erfahrungen zu begreifen, zu bewerten, Erlebensformen und sich selbst zu definieren und zu verorten. Gleichzeitig begründet sie damit ihre persönlichen Beweggründe für Drogen-Handlungen, die als selbsterweiternde Ausdrucksformen, im Vergleich zum eingeschränkten "Alltagsleben", ihren Sinn bekommen: *B: "Das Alltagsleben ist schon ernst genug und so am Wochenende da brauch' ich einfach mal- es ist zwar schon so, wenn ich in der Arbeit bin, daß ich Witze reißen kann und daß alle drüber lachen, aber es ist 'ne Grenze. Und ich bin einfach so, ich liebe absolut derben Humor, da könnt' ich, da zerreißt's mich, hey, wenn des so richtig abgeht [lachend], ich liebe das einfach! Und um so derber desto besser, hey [lachend], das ist halt echt so. Das ist halt einfach 'ne Gelegenheit am Wochenende, sich so richtig auszulassen, auch einfach keine Grenzen mehr zu sehen, weil das ist so 'n richtig schönes Gefühl von Freiheit für mich, also find' ich schon. Und die [normalen]*

Leute vergessen irgendwie die Leute, die Drogen nehmen und es trotzdem schaffen. Das mein' ich, den Wert sehen die überhaupt nicht, die wissen manchmal gar nicht, daß man Negatives und Positives beides unter einen Hut bringen kann." Darüber hinaus spielt für Bunny im Zusammenhang mit ihrem Techno-Drogenleben die Behälter- und Bindungsmetaphorik eine wichtige Rolle (vgl. "Freundeskreis", "Einstieg", "bindet"), worüber sie verdeutlicht, daß der Freizeitbereich seine identitätsstiftende Bedeutung aus Ein- und Ausgrenzungen bezieht: *B: "Wir machen da halt Afterhour [gemütliches Zusammensitzen und Kommunizieren], und warum sollten wir da nicht- wir machen das ja in einem Kreis, wo keiner reinkommt von außen, warum sollten wir da nicht unsere Drogen rumliegen lassen sozusagen?"*
Welche Normen, Werte und Handlungen innerhalb des "Freundeskreises" für Bunny an Bedeutung gewinnen, korrespondiert mit ihrer *normalen* Position: Indem für sie Kontrolle und Leistung "in der Arbeit" wichtige Voraussetzungen für ein strebsames Verfolgen ihrer beruflichen Ziele darstellen, wird das Sich-nicht-benehmen-Müssen in ihrer Freizeit zum entscheidenden Bindungsfaktor an ihren "Drogen-Freundschaftskreis".
Mit zwei wesentlichen Kommunikationsstilen, auf der Basis einer Doppelbewegung zwischen *Stärkung des Zusammenhalts nach innen* und *Abgrenzung nach außen*, reguliert sowohl der Freundeskreis als Ganzes als auch jede/r einzelne seine oder ihre Gefühls- und Austauschorganisation: Über "Abkacken" und "Comedy-Machen" verschafft sich Bunny am Wochenende Entlastung vom Alltag, in dem ein normativ kontrolliertes Austauschverhältnis herrscht: *B: "Also 'Abkacken' ist bei uns halt 'Comedy-Machen' sozusagen, einfach lustig sein, Quatsch reden, so wie im Fernsehen manchmal, so voll der Humor halt. Das ist halt typischer Afterhour-Humor, der wird manchmal richtig schwarz, der Humor, also richtig böse [lachend]. Das ist dann einfach- man verarscht sich zwar nicht untereinander, aber dann lästert man halt mal über den, der im Club ist und macht halt irgendwelche Figuren nach, die er mal gemacht hat beim Tanzen, so Pfuh [macht Grimassen], irgendwelche Gesichter oder so, also- wie soll ich das am besten erklären? eigentlich ist es total bescheuert, aber ich find', das entlastet so wahnsinnig. Das ist einfach so, man braucht, man braucht sich nicht benehmen sozusagen. Man muß nicht überlegen, was man jetzt sagt, sondern einfach raus mit den Gefühlen und einfach raus mit dem Scheiß, den man grad' im Kopf hat. ... Und an der Afterhour sind dir einfach keine Grenzen gesetzt, da kannst du dich auslassen und irgendwann- ich mein', ich stell' mir das immer so vor, irgendwann produziert das Gehirn nur noch so Comedy-Gehirnzellen oder so, da ist es dann einfach wurschtegal wer was ist oder was er gerade hat oder so, das ist dann, da ist dann jeder einfach nur noch lustig, und da wird einfach nur noch gelacht und abgekackt und Comedy gemacht, egal wie weit das jetzt hinausführt [lachend]. Das ist halt das, was mir gefällt daran. ... Aber so an der Afterhour, da weiß ich, ich weiß ja wie je-*

der einzelne ist, was der für Ansichten hat, zu was sein Charakter neigt und zu was nicht, also ich kenn' die Leute ja, und die Leute kennen mich, und wir wissen, wie wir sind, und warum sollten wir nicht so tolerant sein und mal irgendein- was von der Gesellschaft- wer sagt eigentlich, daß man nicht rülpsen darf, was soll denn das? Klar ist es unhöflich in der Öffentlichkeit und eklig, aber, wir kennen uns und wir sind keine Gesellschaft, kein großer Raum, sondern wir sind ein Freundeskreis, und deswegen muß ich mich da nicht irgendwie zusammenreißen. Wenn die mich wirklich mögen, dann können die mich auch in meiner schlimmsten Abkackphase ertragen, und das können sie ja auch. Und das ist auch das, was irgendwie wieder bindet." Bindung bedeutet für Bunny ein mit dem Aufenthalt im Freundeskreis verknüpftes Empfinden, das sich aus dem Austausch auf einer Wellenlänge speist: Die Form des geschlossenen Kreises ergibt sich aus dem Einschluß von Personen mit denselben Werten und Bewertungen ('intelligent sein', "eine Arbeit haben", das Techno-Drogenleben als "Fun-Faktor sehen"), nach denen wiederum gemeinsame Rituale und Kommunikationsformen ausgebildet werden ("Spaß-Haben", "Abkakken", "Comedy-Machen"). Diese geschlossene Bindung illustriert sie anhand eines Vergleichs aus dem Familienleben: *B: "Weil das ist einfach, das ist praktisch wie so 'n, das könnte man fast beschreiben wie ein Fam- Familienessen, was jeden Sonntag stattfindet, so alle sind am Tisch und so, wie üblich, der Vater trinkt seinen Wein, und was weiß ich, also so richtig, so ist es bei uns an der Afterhour auch. So ist das einfach, also einfach nur Zusammensitzen praktisch, was halt ab und zu mal lustiger ist und was anderes ist als von anderen Leuten, deswegen find' ich das auch einfach was Lustiges, weil ich immer das Gefühl hab' was zu erleben, was nicht jeder Depp da draußen erlebt. Es ist halt einfach, das ist auch das, was das Lustige daran ist, zu wissen, daß das nicht alle machen und zu wissen, daß manche Drogen nehmen und dann nicht damit klarkommen oder das nicht richtig handhaben können, währenddem andere Alkohol trinken und ihren Spaß haben und so und bei denen das alles noch im Freundeskreis ist und nicht die Drogensüchtigen, die nur Drogenfreundschaften haben, und das gibt mir einfach was Besonderes, daß wir ein Drogen-Freundschaftskreis sind, also daß wir Drogen nehmen und dennoch Freunde sind und genau denselben Spaß haben wie andere normale Leute auch, nur auf 'ne andere Art eben, mit dem gewissen anderen Etwas. Das ist das, was mir eigentlich den Kick dabei gibt. Ja manche Leute, wenn man die fragt 'Warum nimmst du eigentlich Drogen?' 'Ja, weiß nicht', so ungefähr, die wissen gar nicht, ja, die wissen gar nicht, was sie da eigentlich machen."* Mit Blick auf Bunnys Interesse an einem geschlossenen Personenkreis (abgeleitet von ihrem Bedürfnis, sich in akzeptierender Atmosphäre "auslassen" und aufwerten zu können) wird ihr im Freizeitbereich elitäres Sozialverhalten verständlich: Durch die Ausgrenzung von abgewerteten Aspekten aus ihrem idealisierten Freizeitbereich bewahrt sie die bedeutsame Möglichkeit, sich von ihren Anpassungskosten an das *normale* Leben am Spaß-Pol "entlasten" zu können: *B: "Manchmal wenn auch irgend jemand Fremdes aus dem Club mitkam, den hat irgendein Idiot mit angeschleppt zu unserer schönen Afterhour und wir haben den halt echt überhaupt nicht abhaben können, wenn der- das ist halt einfach so, das darf man nicht zu ernstnehmen, und solange es bei den Freunden nicht so ist, ist es auch nicht so schlimm, aber man würde uns direkt als zickige Arschlöcher bezeichnen so wie wir uns manchmal gegenüber solchen verhalten [lachend]. ... Wir machen da halt Afterhour, und warum sollten wir da nicht- wir machen das ja in einem Kreis, wo keiner reinkommt von außen. Oder auch so, um bei uns mit Afterhour machen zu können, da muß man halt praktisch sozusagen Standarden entsprechen. Ich bin zwar, wenn ich nüchtern bin, dann müssen mir die Leute nicht irgendwelchen Standarden entsprechen, aber die Drogen, die sollen mir am Wochenende Spaß machen, deswegen will ich nicht irgendwelche Fuzzln von außen dabeihaben. Wir wollen halt schon Leute dabeihaben, die auch lustig sind, mit denen man sich dennoch irgendwie unterhalten kann, mit denen man zusammen aufs Klo gehen kann und zwei Stunden Laberflash kriegen kann, oder die wo auch Ahnung von der Szene haben, nicht irgendwelche Deppen. Das mag ich nicht, weil dann würde ja das Wochenende, was mir soviel Spaß macht, irgendwann zu dem werden, was mir gar nicht mehr Spaß macht ... Ja, was Besonderes einfach. Das ist einfach was anderes [als das Vergnügen, das andere Leute draußen haben] und deswegen, deswegen fühl' ich mich auch nicht so, so, deswegen kann mir auch keiner sagen, daß ich irgendwie total blöd bin, weil ich Drogen nehme oder, oder daß ich asozial oder so bin, sondern ich weiß, wo ich meinen Spaß dran hab' [lachend]."*

"**Standard** m. 'Richtschnur, Maßstab (als Vorbild), Norm'" (Etym. Wörterbuch d. Deutschen 1995:1342).

Für Bunny sind Drogen-Handlungen in erster Linie aufgrund der sozialen und weniger aufgrund der psychischen Effekte bedeutsam. Dies zeigt sich zunächst daran, daß sie das drogenbezogene Wirkpotential nie über eine Innenschau auf die darüber ausgelösten Empfindungen, sondern immer nur über die Darstellung der damit verknüpften sozialen Ereignisse schildert. Weiterhin läßt sie kein eindeutig persönliches Drogenideal erkennen. Statt dessen konstruiert sie sich ein kollektives Drogenideal in Form eines sich sowohl vom Alltags- und Berufsleben als auch von der "normalen Gesellschaft" abhebenden Drogen-Freundschaftskreises. Dort werden aufgrund einer strikten Trennung (vgl. innen/außen, gleich/fremd, besonders/normal) verbindliche Normen und Werte geschaffen, die letztendlich die Gruppenidentität ausmachen. Indem nun Bunny die Gruppennormen für sich in Abgrenzung zu "Deppen", Asozialen und Drogensüchtigen – und damit als Aufforderung zu Handlung, Kreativität, Kommunikation und Kontrolle – interpretiert, kommt sie nach einer Zeit des exzessiven Drogenkonsums zu Beginn des Techno-

Drogenlebens (vgl. "zuknallen") zu folgendem Bedingungsgefüge: Solange sie sowohl in der Alltags- als auch Freizeitwelt nach den jeweils dort geltenden Maßstäben integriert und handlungsfähig bleibt, so lange muß sie ihren Drogenkonsum nicht als Selbstzweck betreiben, sondern kann ihn als Accessoire – als *Schliff* für eine besondere Lebensstilbildung – nutzen: *B: "Ich denk' mir, ich weiß einfach, wie ich zu der Sache steh', ich weiß, daß die einfach nur ein Spaß für mich sind, das ist einfach nur ein Spaß und mehr nicht. Weil manche Leute, wenn man die fragt 'Warum nimmst du eigentlich Drogen?' 'Ja, Drogen sind voll geil!' Dann denk' ich mir, nein, es geht doch eigentlich gar nicht um den Rausch nur, sondern einfach um die ganze Atmosphäre, ich geh' da mit meinen Freunden hin [in den Club oder zu einer Techno-Veranstaltung] und ich hab' Spaß dabei und, mein Gott, so wie die anderen saufen, tun wir halt schmeißen [Pillen konsumieren]. ... Im Prinzip haben die Drogen sozusagen mich nicht so großartig beeinflußt, das war einfach nur 'ne andere Umgebung. ... Es gibt einfach die Leute, die lassen sich mit dem Strom mitziehen, und es gibt Leute, die auch mit ihrem, ähm, Geist sozusagen was dazu beitragen [in der Szene]. Also zum Beispiel, ich leg' zum Beispiel auch auf, also ich hab' jetzt angefangen damit, die Musik aufzulegen und so. ... Ich hab' kein Problem damit Pause zu machen [vom Drogenkonsum] mal einen Monat, damit hab' ich- es fällt mir nicht schwer, und das ist eben auch das, ich hab' im Leben und so schon noch andere Sachen, die mich auch erfreuen, das sind nicht nur die Drogen. Manche leben nur fürs Wochenende, und denken sich: Eh ja, Wochenende, Wochenende, Zuknallen, Zuknallen, Comedy [hastig gesprochen] und so, aber- nee, ich hab' auch noch andere Sachen, die mich erfreuen, also sehr viele sogar. Also ich kann auch durchaus ein Wochenende locker nichts nehmen, weil ich kann mich auch anders beschäftigen."*

8.2.3 Kontrollierte Berauschung als soziale Strategie

Während des Zweitgesprächs erzählt Bunny mehr von den – mittlerweile wohl auch stärker wahrnehmbaren – negativen Auswirkungen ihres bisher regelmäßig betriebenen Techno-Drogenlebens, worüber sie anschließend ihre aktuell vorgenommene Einschränkung ihres Konsum- und Wegeverhaltens begründet. Gleichzeitig erlebt sie dadurch eine Ambivalenz, die sich aus ihrem nach wie vor wirksamen Wunsch nach einem temporären Ausbruch aus Alltagszwängen und ihrer Anpassungsbereitschaft an diese ergibt: Auf der einen Seite reduziert sie ihren Drogenkonsum, da sie Konsequenzen auf ihr "Arbeitsleben" wahrnimmt, womit Ängste vor Kontrollverlust bzw. vor psychisch-physischem und sozialem Abstieg verbunden sind: *B: "Und jetzt, in letzter Zeit ist es schon viel besser geworden, weil ich hab' einfach nicht mehr so Lust, am Montag verplant in die Arbeit zu kommen, das hat zwar noch niemand gemerkt, noch nie, aber einfach vom Gefühl selber her, ich denk' mir dann immer, so: Komisch hier [lachend]! Nee, also so schlimm- was heißt schlimm? Ich hab's immer irgendwie geschafft, also ich weiß ja, daß ich nicht total abgesackt bin, das würd' ich mir niemals einreden, weil ich weiß ja, daß es nicht stimmt. Und ich denk' mir, der mit Drogen anfängt und das auf längere Zeit macht, hat irgendwann mal 'ne Phase, wo er einfach labil ist, wo er sich einfach mitreißen läßt, wo er einfach ein bißchen die Kontrolle verliert."* Und auf der anderen Seite verhandelt sie genau auf der Grundlage des Vertrauens in ihre eigene Kontrollüberzeugung ihren fortgesetzten Drogenkonsum, womit sie sich eine selbstaufwertende Kompetenz aufgrund ihrer reflektierten, sozial integrierten Handhabung der Drogen-Handlungen bescheinigt – die auf diese Weise wieder legitimiert werden: B: *"Ich denk', es gibt die Leute, die halt Schwierigkeiten haben, sich wieder hochzuholen und es gibt Leute, die das schaffen. Und ich denk' mir, ich gehör' zu denen- ich hör' zwar nicht auf, aber ich weiß ganz genau, was ich für 'ne Einstellung zu der Sache hab', ich weiß es absolut ganz genau. Und das- ich weiß, was ich da tu' und deswegen hab' ich auch nicht aufgehört damit, weil das für mich ist, wie wenn zehn Leute, die sind einfach 'ne Clique und ob die jetzt auf irgendwelche Hallenfeste gehen oder sich zusaufen ist eigentlich scheißegal. Wir gehen halt in den Club oder irgendwo auf Techno-Parties und mein Gott, fressen halt was [lachend] sozusagen in dem Sinn. Weil wir mögen auch die Musik, das ist ja nicht so, daß wir nur Drogen nehmen, sondern wir mögen einfach auch die Musik, wir mögen die Leute und irgendeinen Rausch denk' ich mir- also, ich glaub', ich brauch' schon immer irgendeinen Rausch, weil einfach das Alltagsleben ist schon ernst genug und so und am Wochenende da brauch' ich einfach mal- es ist zwar schon so, wenn ich in der Arbeit bin, daß ich Witze reißen kann und daß alle drüber lachen, aber es ist 'ne Grenze."*

Hier erwähnt Bunny zum ersten Mal in ihrer Erzählung ihr persönliches Bedürfnis nach dem drogenbezogenen "Rausch" als Ausgleich für eine ernste und handlungsbeschränkende Arbeitswoche. Im Gegensatz zum Erstinterview, in dem sie vor allem die individuell genußbringende, da entlastende Wirkung von Drogen-Handlungen als "Fun-Faktor" beschrieben hat, hebt sie im Zweitinterview auch ihr Bedürfnis nach den berauschenden Effekten von psychotropen Substanzen hervor. Dieser Aspekt eines kontinuierlichen Bedarfs an einer temporären Realitätsflucht erscheint irritierend angesichts der aktuell mitgeteilten Einschränkung ihres Konsum- und Weggehverhaltens sowie ihrer damit verknüpften Haltung gegenüber illegalen Substanzen (vgl. Drogen sind nur "Spaß"). Setzt man nun diesen Widerspruch mit ihren zum Zeitpunkt des Erstinterviews geäußerten hypothetischen Beweggründen für eine Beendigung des Konsums in Verbindung, so eröffnet sich eine Erklärungsmöglichkeit dafür: Indem Bunny Gefühle und Beziehungen als Entitäten metaphorisiert, begreift sie diese als eigendynamische, im Außen beliebig vorhandene und konsumierbare Stoffmengen. Dies bedeutet, daß sich ihr – sobald

sie über Drogen oder eine Liebesbeziehung in den Besitz bestimmter Gefühle kommt – spezifische Empfindens- und Handlungsoptionen eröffnen, die anschließend entweder im Normalbereich oder im Entlastungsbereich "ausgelebt" werden können. Entsprechend ihrer Ausgleichslogik positioniert sie sich grundsätzlich erst einmal als ambivalent, um sich daraufhin über eine Ersatzmaterie einzupendeln, die in der Folge sowohl eine Entidealisierung als auch eine Beendigung der Drogen-Handlungen ermöglichen soll: *B: "Klar, ich hab' nicht vor, bis ich dreißig bin Drogen zu nehmen, Ich will ja auch einen anderen Abschnitt noch in meinem Leben erleben als wie nur Drogen, Drogen, Drogen bis ich sterb' so ungefähr, das will ich nicht. Ich will auch ein normales Leben irgendwann führen, also ein normales Leben werd' ich nie führen, ich glaub', dafür bin ich viel zu ausgeflippt [lachend]." I: "Aber wie soll das ausschauen? Also was kannst du dir da vorstellen, wenn du aufhörst, Drogen zu nehmen oder wie du zu dem 'normalen Leben' kommst?" B: "Ja, wenn ich, ich würd' sagen, wenn ich meine Liebe gefunden hab'. Und ich denk' mir, wenn ich meine Liebe finden würde, und wir würden uns wirklich beide gegenseitig lieben, dann wär' das für uns auch kein Problem, das irgendwann runterzusetzen oder auch irgendwie kein Bock mehr auf dauernd Abkacken, Freunde und so zu haben, sondern auch ein privates eigenes Leben zu zweit führen wollen. Und ich denk' mal, dann kommt der Punkt, wo ich dann auch sage, jetzt ist Schluß."*
Hinsichtlich ihres Selbst-Austausch-Konzepts (Behälter-Schema, vergegenständlichende Metaphorik bei einer Polarisierung von Leistung und Spaß), ihrer Ausgleichslogik sowie ihrer Weg-Ziel-Orientierung (vgl. "Schluß") scheint es nur konsequent, wenn sie die "Drogen" (kollektives Gut) durch ihre "Liebe" (persönlicher Besitz) ersetzen möchte, um darüber zu einem "normalen Leben" (als eindeutiges Ziel) kommen zu können. Denn erst über einen adäquaten Ersatz für das öffentliche Freundeskreis-Leben mit einer gemeinsam hergestellten drogenbezogenen Gruppenidentität und einem kollektiven Drogenideal wird eine Grenze denkbar. An dieser Stelle macht Bunny deutlich, wie sehr für sie Drogen-Handlungen sozial motiviert sind: einerseits wird das Aufgeben des Substanzkonsums als von einer gegenseitigen emotionalen Bindung abhängig konstruiert und andererseits bedingt das gemeinsame Herstellen einer Freundeskreis-Identität miteinander geteilte Rituale wie in Form des illegalen Drogenkonsums (vgl. "Familienessen"). Darüber hinaus wird auch ihre Entwicklung von einem kollektiven zu einem individuellen Drogenideal erkennbar, die auf eine Veränderung der empfindens- und handlungsleitenden Motive für ihren Substanzkonsum schließen läßt:

- Zum Zeitpunkt des Erstinterviews baut sie ihre Erzählung fast ausschließlich um ihren Freundeskreis und um eine bestimmte Person, ihre "erste Liebe", auf und füllt damit den spaßbezogenen Pol, der hinsichtlich ihrer "Fixierung" auf ihren damaligen Freund und der Funktionalisierung des Techno-Drogenlebens als Streßkanalisation (vgl. "Abkacken") nicht immer nur als eine individuell gewählte Form der Freizeitgestaltung empfunden wird (vgl. "privates eigenes Leben zu zweit" führen wollen).

- Zum Zeitpunkt des Zweitinterviews schildert sie dann konkret eine Ungleichgewichts-Erfahrung, die sie schwächt und an ihre Grenzen bringt. Ihr gelingt es jedoch sich wieder auszugleichen, woraufhin sie den illegalen Drogenkonsum als eine Art Grenz- bzw. Selbsterfahrung empfindet: indem sie durch die Drogen einen psychischen Tiefpunkt erlebt hat, sich aber aus diesem "Loch" aus eigener Kraft wieder "hochholen" konnte, interpretiert sie diese Leistung als einen Beweis ihrer "Stärke", Selbstkontrolle und ihres Besonders-Seins.

Davon ausgehend formuliert Bunny nun einen persönlichen Inhalt ihres Drogenideals: *B: "Es gibt einfach gewisse Erfahrungen, die machen Leute, die keine Drogen nehmen, einfach nicht, weil du bist einfach- sicher jeder hängt mal in irgendeinem Loch drin oder so oder jeder ist mal deprimiert, aber wenn du Drogen nimmst, dann bist du noch, dann ist das Loch noch viel tiefer, weil du einfach noch viel labiler bist dadurch. Wenn du echt ein Problem hast und du nimmst es dann aus Frust, dann kann das echt übel aussehen, das ist echt so und das kann auch keiner abstreiten. Keiner braucht mir erzählen, daß Drogen das Beste auf der Welt sind, die haben sehr viele Nachteile, haben sie und mit denen muß man einfach umgehen können und ich denk' mir, daß ich irgendwie, dadurch, daß ich eben- ich hab' schon diese Erfahrung gemacht, einfach sozusagen am Ende zu sein, ich hab' zwar trotzdem- ich bin zwar noch in die Arbeit gegangen, es hat schon noch gepaßt von meiner gesellschaftlichen Situation her, aber einfach innerlich für mich, mein Auftreten, mein ganzes Ich einfach, ich war einfach am Ende, ich war fertig einfach mit der Welt, es hat einfach nicht mehr funktioniert. Und ich denk' mir, es ist einfach, ich spür' irgendwie meine Stärke, wenn ich zurückdenk', oh Gott, wie war ich damals und wie bin ich jetzt, dann spür' ich eigentlich, was ich wirklich geschafft hab' und das gibt mir ein gutes Gefühl, daß ich aus dem noch viel tieferen Loch wie jemand anders wieder rausgekommen bin. Jeder Jugendliche macht das mal durch, daß ihn der Freund verläßt und daß alles aufeinander kommt, das macht jeder irgendwie mal durch, aber wenn du zusätzlich noch Drogen nimmst, dann ist es schon noch irgendwie etwas mehr irgendwie. Ich denk' mir, das ist einfach 'ne intensivere Erfahrung, find' ich, gewesen und einfach auch was anderes, ich weiß auch nicht, das mag ich [lachend]."* Hinsichtlich ihrer Entzweiung von Innen und Außen, von Freizeit- und Arbeitsleben sowie von Geist und Körper läßt sich das aktuell geäußerte Bedürfnis nach einem "Rausch" letztendlich als psychosoziale Balancestrategie interpretieren: Bunny reguliert ihr Selbst-Austausch-Konzept über ihre Ausgleichslogik, das heißt sie benötigt immer ein bestimmtes Element oder eine Ersatzmaterie, um ein Ungleichgewicht oder einen Verlust auf der jeweils anderen Seite ausbalancieren zu können.

Diese Strategie findet sich ebenfalls auf der Ebene ihrer geschlechtsbezogenen Konstruktionsakte und heterosexuellen Beziehungsgestaltungen: Gegen Ende des Erstinterviews erzählt Bunny von ihrer Eifersucht und ihren "Minderwertigkeitskomplexen", ausgelöst durch ihre damalige "beste Freundin", mit der sie um die Gunst der Jungen rivalisiert und sich dabei lange unterlegen gefühlt hat. Auf diese

Weise eröffnet sie, anhand der Schilderung von Verunsicherungen und defizitären Selbstzuschreibungen, eine Ungleichgewichts-Erzählung auf der Ebene ihrer sexuellen Entwicklung: *B: "Die war viel früher dran als ich, hat immer alle abgekriegt, und ich war immer das Brett mit Warze, so haben sie mich genannt, mich verarscht und so, hm, das war ziemlich heftig damals für mich, ich hatte damals Minderwertigkeitskomplexe. ... Ja, ich war einfach halt, sozusagen die Raupe neben dem Schmetterling ... Die waren alle- die Kerstin war halt hübsch und so und, ich sag' ja, die Kerstin war schon immer ein Mensch, der schnell auf Menschen zugehen konnte, der sie schnell einfach um den Finger gewickelt hatte. Und, ich war, ich war nicht schüchtern, ich war noch nie schüchtern, ich hab' natürlich nicht so- bin nicht auf jemanden zugegangen und hab' dem irgendwie gezeigt, daß ich was von dem will, aber ich hab' immer mitgeredet und so, hab' meine Meinung gesagt und so. Aber sie war halt immer die, von der die Leute was wollten oder sie hat sich halt bei Parties zugesoffen und so und dann rumgeschoben, mit mir wollte immer keiner rumschieben, hat mal einer mit mir rumgeschoben, da hatte ich ganz wenig Busen nur, also ganz, ganz wenig, und dann danach so: Boah, für was hat denn die überhaupt einen BH an, und so, so richtig heftige Sachen."* Bunny fühlt sich zwar von Kerstin verraten und verlassen, weil sie nicht zu ihr, sondern zu denjenigen hält, von denen sie "Ansehen" bekommt, definiert sie aber dennoch weiterhin als ihr "Ein und Alles" und verarbeitet das Enttäuscht-Werden durch die idealisierte Freundin über "Selbstmordgedanken". Der Konflikt wird im Laufe ihrer Freundschaft nie direkt angesprochen und bearbeitet, sondern indirekt weitergetragen und von Bunny schließlich mit einem Vertrauensbruch ausgeglichen: Als sie sich ausreichend mit weiblichen Merkmalen ("Busen") ausgestattet fühlt, entdeckt sie ihre "Sexsucht" – im Sinne eines Hungers nach männlicher Anerkennung als Bestätigung ihrer nun vorhandenen sexuellen Attraktivität. Anschließend kennt sie keine Grenzen mehr, um sich das zu holen, was ihr die Freundin scheinbar jahrelang "weggeschnappt" hat: *B: "Und dann war ich irgendwann so weit und hatte meinen Busen beieinander und so, und dann auf einmal hab' ich dann auch entdeckt wie das [Sex] so ist und so, und ich hab' halt gleich Geschmack dafür gehabt irgendwie, es hat mir gleich getaugt und so. ... Ja, und dann waren da auch noch andere Sachen, sie hatte damals einen Freund und- ich hab' mir den einfach geschnappt [lachend], ja das war schon blöd und ich hab's ihr auch nicht gesagt und- ja, dann hatte ich einen Freund und mit dem wohnt sie halt jetzt zusammen, und das ist halt- also das war auch die Zeit, wo ich mir dann dachte, ich bin jetzt schon ein bißchen- also zur Zeit komme ich irgendwie nicht so klar. Weil da kam der psychische Streß noch mit rein."* In dieser Zeit versucht sie das Ungleichgewicht über einen exzessiven Drogenkonsum auszugleichen (vgl. "zuknallen"), ohne sich dabei aber jemals mit Kerstin direkt zu "streiten". Statt dessen bleiben beide in dem Freundeskreis und attackieren sich indirekt über Intrigen und "Spiele". Letztgenannte Handlung repräsentiert eine weitere Kommunikationsform des Freundeskreises, derer sich vor allem die weiblichen Mitglieder bedienen, um sich anhand von modischen Darstellungsressourcen körperbezogen zu inszenieren. Auf diese Weise wird die eigene (erotische) Attraktivität an den gegengeschlechtlichen Resonanzen gemessen, woraufhin sich eventuell Vorteile ergeben, die anschließend zur Ausfechtung gleichgeschlechtlicher Rivalitäten benutzt werden können. Indem nun diese gruppendynamischen (Geschlechter-)Spannungen in erster Linie im Kontext des Techno-Drogenlebens entstehen, anschließend in Form von körperbezogenen Inszenierungen auf die heterosexuelle Ebene gebracht und dort im Freundeskreis verhandelt werden, verknüpft Bunny sowohl ihr Selbst-Austausch-Konzept als auch ihre geschlechtsbezogenen Konstruktionsakte unmittelbar mit Drogen-Handlungen – denn mit Konsumbeginn bekommt sie ihren "eigenen Kopf": *B: "Und irgendwie seitdem, also seitdem bei uns, also speziell bei der Freundschaft [zwischen mir und Kerstin], die Drogen reinkamen, könnte ich mir manchmal vorstellen, daß es nicht mehr so gut lief irgendwie, weil ich dann meinen eigenen Kopf gekriegt hab' und so."* Ein weiterer Grund für die Blockade der Beziehungsdynamik dürfte ihr seitdem stetig unternommener Versuch gewesen sein, ihre "erste Liebe" – ihren Ex-Freund Markus, der nach Bunny mit Kerstin zusammen ist – zurück zu bekommen: *B: "Und das war dann auch ein schönes Spiel für mich, für mich und die Kitty, also wir haben dann so untereinander geredet, so: Am Wochenende gehen wir an den See, dann ziehe ich meinen schönsten Bikini an, und so, ein bißchen scharfmachen halt und so, weil, ich weiß schon, daß ich das kann, ich weiß ja, er [Markus] hat auch ganz dumm geguckt [lachend]. Also er hat's nicht unbedingt gemerkt, aber immer so unauffällig- deswegen lieb' ich die Kitty so, mit der kann ich das am besten machen, so unauffällig irgendwelche Spielchen machen [lachend], ich liebe das! Und ich war halt dann irgendwie- ich hab' das gar nicht gemerkt, ich war nur noch auf Markus, Markus, Markus fixiert, und ich hab' mir immer nur gedacht: Haha, ich krieg' dich schon wieder, ich krieg' dich schon wieder!"* Um sich von dieser Fixierung zu lösen, geht Bunny eine Beziehung zu einem anderen Jungen aus ihrem Freundeskreis ein: in ihn ist sie zwar "nicht verliebt", aber dennoch "braucht" sie ihn, weil er sie "aufbaut". Über seine sie festigende und aufwertende Zuwendung versucht sie dann, ihren Liebeskummer zu kompensieren. Als sie sich aber mit der Zeit wieder mit Markus versteht, "kommen die alten Gefühle wieder hoch", woraufhin sie ihre aktuelle Beziehung abrupt beendet und darauf hofft, daß Markus zu ihr "zurückkommt". Um dies nicht dem Zufall zu überlassen, konzentriert sie sich während des gemeinsamen Weggehens besonders auf ihre Selbstdarstellungen, um ihn dazu zu bewegen. Ins Zentrum dieser Manipulation stellt sie ihre "Sexsucht", die ein Synonym für das "Stylen" ihrer äußeren Hülle bedeutet: *B: "Also ich muß sagen, ich habe schon 'ne ziemlich ausgeprägte Sexualität sozusagen [lachend] oder- also mir macht das schon Spaß und vor allem beim Weggehen, für* mich und die Kitty ist das das Größte, Samstagabend vorm Spiegel, lauter Oberteile, Röcke raus und dann stylen und dann- also nicht so heftig, also nicht so wie 'ne Tunte oder so, sondern schon halt so schön, mehr so, halt mehr so 'ne Schönheit sozusagen, also nicht zu kraß. ... Und ich weiß, daß ich geil bin [lachend]." I: [lacht] B: "Nee, tut mir leid, ich kann ja nix dafür. Wenn ich jetzt so auf der Straße weggeh', tut mir leid, das ist mein Style, also mit dem Oberteil [ein enges Top], okay, aber- ich merk' das auch, auch wenn ich einen ganz normalen Pulli und 'ne Hose anhab', die gaffen einfach, die Typen. Die gucken mich einfach an, ich weiß nicht, ob ich irgendwas im Gesicht hab', aber die schauen so, schon so normal hin. Also muß ich auch irgendwas an mir haben. Und ich merk' es auch im Club, ich werd' oft angeredet, und so: Hey, Chica, so ungefähr, also muß ich ja irgendwas an mir haben. Ich weiß auch, der Markus, der hat nämlich auch im nachhinein gesagt 'Ja, schlafen würd' ich mit der Bunny schon ganz gerne mal wieder', und so. Also von daher."

Für Bunny repräsentieren das Techno-Drogenleben, das gemeinsame Sich-Schön-Machen mit ihrer Freundin vor dem Weggehen und die gegengeschlechtlichen Reaktionen auf ihren "Style"[19] einen Dreh- und Angelpunkt ihrer geschlechtsbezogenen Konstruktionsakte, indem sie die Techno-Szene weitgehend als Ort nutzt, um ihrem Frau-Sein eine Bedeutung zu geben: B: "Ich würd' sagen, die Techno-Szene, die sind schon, also nicht alle, aber ich würd' schon sagen, beim Weggehen spielen ja Frauen immer 'ne Rolle oder irgendwelche Typen kennenlernen oder, oder einfach irgend jemandem hinterherschauen und- also in der Szene findet man schon ziemlich viel, die daran interessiert sind oder sich einfach nach geilen Frauen sich umschauen oder sich denken, na ja, die taugt mir, das ist halt einfach so. Und ich merk' halt schon, daß mich da schon ziemlich viele angucken. ... Ja, das [Frau-Sein] bedeutet mir schon viel. Ich glaub' schon, daß es damit was zu tun hat, jetzt, weil ich brauch' das einfach, ich hab' keine Lust irgendwie wie ein Kartoffelsack da jetzt hinzugehen, weil ich geh' weg und weggehen tut man, um Spaß zu haben und jeder geht auch weg, um sich zu präsentieren, einfach unter Leuten zu sein und um zu schauen, wie man einfach ankommt sozusagen, das gehört einfach dazu, sonst braucht man ja nicht weggehen, sicher auch um Spaß zu haben und Freunde zu treffen, wenn ich dann irgendwie weggehen würde, so kaum gestylt irgendwie, dann würde mir einfach- die Vorfreude wär' dann auch einfach weg irgendwie, ich brauch' das einfach. Das macht mir einfach Spaß, mich einfach herzurichten, mich schön zu machen und und in Spiegel zu schauen und mir zu denken, ja heute Abend wird der Abend einfach geil irgendwie [Räuspern]. Das macht dann schon, also

---

[19] B: "Style ist für mich persönlich was wahnsinnig Wichtiges und was wahnsinnig Interessantes, das macht einfach Spaß. ... Ja, einfach, daß ich was aus mir mach' und, ähm, das ist einfach, ja, wie soll ich sagen, daß es einfach zum Beispiel anders ist als sich andere Leute anziehen, also nicht so wie diese typischen Kommerz-Weiber mit so stark geschminkten Lippen."

schon Spaß." Insgesamt betrachtet verkörpert das Techno-Drogenleben für Bunny sowohl einen Gegensatz zu ihrem "Arbeitsleben" als auch ein Regulativ für die dort entstehenden Konflikte: Beide "Abschnitte" von Freizeit und Arbeit sind zeitlich und räumlich strikt voneinander getrennt, aber dennoch – aufgrund ihrer Ausgleichslogik – unweigerlich auf der Empfindens- und Austauschebene miteinander verknüpft. Darüber setzt sich eine Pendelbewegung in ihrem Selbst-Austausch-Konzept in Gang, die sich wiederum auf ihre Bedeutungszuschreibungen an beide Pole sowie auf ihr Selbstverständnis auswirkt: Indem für sie eine Passungsarbeit an beiden Polen wichtig ist, um sich über eine Anpassung an die jeweils geltenden Normen soziale Anerkennung zu sichern, bringt sie – als "Geist-Mensch" – sozial negativ bewertete Handlungen wieder "in Ordnung" (vgl. "bereinen"). Gleichzeitig überwindet sie – als *Lust-Mensch* – diese normative Begrenzung über Such(t)-Bewegungen auf der Freizeitebene, um sich darüber ein Gefühl von Selbstwert jenseits des "normalen" Erfahrungsbereichs zu organisieren: *B: "Ich bin wie jedes normale Mädchen auch, das bin ich einfach. Sicher, ich bin extra auch- ich bin schon ein bißchen verrückt, aber das möchte ich sein, weil ich dadurch einfach meine Individualität zu spüren krieg', wenn ich einfach irgendwas mach', was die Gesellschaft nicht tut, das lieb' ich, das macht mir so Spaß! Das eine hat doch mit dem anderen nichts zu tun- nur weil ich mich in der Arbeit und zu Hause anständig aufführ', heißt das noch lange nicht, daß ich das [in der Freizeit] machen muß. Das möchte ich auch, daß das so akzeptiert- das hab' ich auch immer geschafft, daß das so akzeptiert wird wie ich bin und daß das in Ordnung ist, wie ich bin."*

Für die Zukunft wünscht sich Bunny, daß sie ihren "eigenen Weg" gehen, noch "viel Spaß haben" und "sehr jung" bleiben kann. Sie will auf beruflicher und familiärer Ebene "zufrieden" sein und in den "nächsten Jahren" keinesfalls selbst eine Familie gründen, denn das würde sie zu sehr "einengen". Darüber hinaus fordert sie von der "Gesellschaft" mehr Toleranz und Unterscheidungsvermögen im Hinblick auf nicht-normkonforme Seins- und Handlungsweisen und möchte, daß eine Gratwanderung zwischen einer Anpassung an und einem "Ausbruch" aus gesellschaftlichen Rahmenbedingungen mehr soziale Wertschätzung und weniger Abwertung einbringt.

"Und wenn du irgendwas machst, was, was einfach ein anderer nicht in der Öffentlichkeit macht, das macht mir einfach Spaß und ich denk' mir, warum sollte man nicht einfach ein bißchen verrückt sein und warum sollte das nicht akzeptiert werden? Das heißt doch noch lange nicht- man wird hier in diese Welt einfach reingeboren und da ist praktisch so, so ein vorgegebenes Muster, womit man sich abfinden muß, wo man sich anpassen muß. Und ich denk' mal, wenn man irgendwie mal was macht, was nicht in diesen Rahmen hineinpaßt, wenn man diese Tabuschwelle einfach überschreitet, dann, dann gilt man irgendwie als abgesunken oder als durchgeknallt oder- irgendwie, auf jeden Fall hat man dann die Leute wieder gegen einen. ... Das würd' ich mir manchmal wünschen, daß sie das einfach mal ein bißchen mehr tolerieren, da denk' ich mir schon manchmal: Laß mich doch einfach frei sein, wie ich das so will, deswegen bin ich doch trotzdem- deswegen hab' ich trotzdem mein Leben und meine Identität, oder? Das würd' ich der Gesellschaft gerne mitteilen.

8.3 Kitty: Die Suche nach ergiebigen Beziehungen

Drogen-Handlungen repräsentieren für Kitty ein bedeutsames kommunikatives Element im Rahmen ihrer Selbstdarstellungen als 'reiches Model' oder 'begehrte Diva', die "ab und zu eine Nase nimmt". In ihren Rollengestaltungen läßt sie sich von medialen Vorlagen wie japanischen Comics inspirieren. Ihr *Selbstkonzept* metaphorisiert sie als Behälter, der vor allem auf der (heterosexuellen) Beziehungsebene "immer" gefüllt werden will mit Zuwendung und Wertschätzung, um darüber in Besitz von Selbstsicherheit zu gelangen.

Kitty, die sich das Pseudonym selbst gegeben hat, ist zum Zeitpunkt des Erstinterviews im Juni 1999 18 Jahre alt und wohnt als "verwöhntes Einzelkind" zusammen mit ihren Eltern in derselben Vorstadt wie Bunny. Kitty besucht die 10. Klasse einer privaten Waldorfschule, nachdem sie mehrere Schulwechsel und "Ehrenrunden" hinter sich hat. Sie will die Schule mit der mittleren Reife abschließen und im Herbst 1999 eine Lehre als Einzelhandelskauffrau beginnen.
Der Drogenweg von Kitty beginnt, als sie ungefähr 13 Jahre alt ist und mit einer Freundin raucht und Alkohol trinkt. Mit 15 Jahren probiert sie Haschisch und LSD, und im Alter von 16 Jahren beginnt sie zusammen mit einer anderen Freundin, die eine "ziemliche Drogenvergangenheit hat", in Clubs zu gehen. Dort lernt sie ein Jahr später ihren damaligen, ebenfalls drogenerfahrenen 19jährigen Freund kennen, mit dem sie das erste Mal Speed konsumiert. Ab "da ging' s dann steil bergauf" mit ihrem seitdem ausschließlich beschleunigenden Drogengebrauch (Speed, Ecstasy und Kokain), den sie außerhalb ihrer Szene geheimhalten kann. Nur ein einziges Mal probiert sie mit ihrer damaligen Freundin Heroin (gesnieft), kann aber der Droge für "Verzweifelte" nichts abgewinnen, weil man sich damit nur "wegträumt" und nichts mehr "erlebt". Zum Zeitpunkt des Erstinterviews verbindet sie mit ihrem Freund Steve eine sadomasochistische Beziehungsdynamik, in der Kitty die Rolle der wartenden und leidenden Frau einnimmt, die immer Verständnis hat und verzeiht – sogar dann noch, als Steve sie unter Drogeneinfluß umbringen will. Sie selbst unternimmt drei Selbstmordversuche, wobei sie bei dem letzten "ernsthafteren" Suizidversuch kurz vor ihrem 18. Geburtstag die Angst vor einem erneuten Verlassen-Werden durch ihren Freund als Motiv nimmt. Erst als sie das Muster der permanenten Selbst- und Fremdaggressionen durchschaut, kann sie die Beziehung nach zwei Jahren beenden. Kurz darauf lernt sie an ihrem Arbeitsplatz ihren jetzigen Freund kennen.
Zum Zeitpunkt des Zweitinterviews im April 2000 kommt Kitty mit ihrem neuen Freund zum Gesprächstermin und betont ihre seit dem Erstgespräch abgenommene Begeisterung für das Drogenleben, was sie mit der Trennung von Steve begründet. Momentan befindet sie sich in Ausbildung zur Einzelhandelskauffrau und plant, den Realschulabschluß nachzuholen, nachdem sie die Prüfungen aufgrund des "Trennungsstresses" mit Steve nicht bestanden hat.
Allgemein betrachtet wurde Kitty nur einmal bei einer Razzia in einem Club polizeilich durchsucht, was aber keine Konsequenzen für sie hatte, da sie nicht im Besitz von Drogen war. Darüber hinaus hat sie keinerlei Therapieerfahrungen. In ihrer Freizeit malt sie gerne, liest japanische Comics und bevorzugt zum Zeitpunkt des Zweitinterviews die Zweisamkeit mit ihrem neuen Freund.

8.3.1 Behütende Beziehungserfahrungen halten und beengen

Zum Zeitpunkt des Erstinterviews gestaltet Kitty ihre Erzählung durchgängig in einem ambivalenten Muster und vermeidet darüber, sich auf eine Position festzulegen. Statt dessen nimmt sie vielfältige Perspektiven auf ihr bisheriges Lebensprojekt ein, betont aber als Grundtenor ihre Zufriedenheit mit ihrer augenblicklichen Lage. Als zentrale Themen nennt sie während des ersten Gesprächs ihre Beziehung zu ihrem Freund Steve und die von Drogen beeinflußte Dynamik ihres Selbst-Austausch-Konzepts. Zum Zeitpunkt des Zweitinterviews dominiert hingegen die Schilderung ihrer zukünftigen Lebensvorstellungen die Erzählung: *K: "Das Einzige was ich mir wünschen würde, daß ich mit meiner dummen Beziehung endlich mal absolut glücklich werden kann [lacht ein bißchen]. ... Ich will einfach- das Wichtigste für ihn sein. ... Wir können auf Drogen besser miteinander reden oder anders. Das ist eigentlich das Einzige, er redet über seine Gefühle, wenn er drauf ist. Mir fällt's schwer, aber ich kann's auch. Aber er kann's nur wenn er drauf ist. Dann öffnet er sich halt total. Das sind immer so die wichtigsten Momente eigentlich. Irgendwann hat er mal gemeint, wir verstehen uns doch eh' nur wenn wir dicht sind. ... Man traut sich mehr, ich hatte früher überhaupt kein Selbstbewußtsein und jetzt, seit ich Drogen nehm', hat sich das schon gewaltig gebessert. ... Und, ja, [ich wünsch' mir] auch 'ne bessere Ausbildung, besserer Abschluß, mehr Geld. Das wär' gut. Und dann Familie."* Neben ihrer allgemein zum Ausdruck gebrachten "Zufriedenheit" schildert Kitty während des Erstinterviews ein ambivalent bewertetes Ungleichgewicht in der Beziehung zu ihren Eltern, da diese sehr "besorgt" und "streng" sind und ihr wenig "Freiheiten" lassen. Erst im Laufe der Zeit kann sie über Verhandlungen mit den Eltern deren Strenge auflockern. Eindeutig positiv empfindet sie hingegen den begrenzend-schützenden Erziehungsstil im Hinblick auf ihre Schullaufbahn: *K: "Mit meinen Eltern versteh' ich mich eigentlich ganz gut. Also es ist- eine gute Basis da. Würd' ich jetzt mal sagen. Es war so, meine Eltern- also ich bin schon sehr behütet aufgewachsen, aber gebracht hat's nix [lachend]. ... Und ja, es war, also ich hab' halt versucht, dann irgendwann meinen Eltern klarzumachen, ich bin jetzt achtzehn- ja, noch nicht so lange, aber es war schon kurz vor achtzehn, so daß man halt sich echt ein bißchen mehr lösen möchte und auch seine Freiheiten haben will und halt echt mal so lang wegbleiben will wie man möchte und sich nicht immer was sagen lassen muß und so, aber ich bin meinen Eltern eigentlich sehr dankbar dafür, daß sie immer so streng waren, weil sonst wär' ich mit der Schule total den Bach runtergegangen. Das hat mir eigentlich schon was gebracht."* Im ersten Teil ihrer Aussage nimmt Kitty die Perspektive der Eltern ein, denen gegenüber sie im folgenden Zitat ein "schlechtes Gewissen" hat, weil sie vermutet, ihre Erwartungen nicht erfüllen und damit ihre Investitionen in sie mit keinen entsprechenden Erfolgen entgelten zu können. Schließlich wechselt sie über zu einem eigenen Blickwinkel, mit dem sie die elterliche Strenge als Halt wertschätzt, der ihr letztendlich einen Zugewinn an bedeutsamen Ressourcen ermöglicht (hat): *K: "Na ja, ich bin Einzelkind [lachend] und ich- also, meine Eltern haben sich immer so um mich gekümmert, ich kann eigentlich froh sein, meine Eltern lieben mich total, sie tun alles für mich, die zahlen diese blöde Privat-*

schule für mich, die geben so viel Geld für mich aus, die tun echt was sie können, und eigentlich hab' ich ein bißchen schlechtes Gewissen, ich will sie auf keinen Fall enttäuschen, aber ich weiß, daß ich's tu', aber ich weiß auch daß, meine Eltern mich trotzdem akzeptieren und trotzdem noch genauso lieben. Paßt schon."
Am bisher Gesagten verdeutlicht Kitty ihre Balancestrategien im Rahmen ihres Selbst-Austausch-Konzepts, mit deren Hilfe sie einen Ausgleich zu temporär eingenommenen Extrempositionen schafft: Sie weiß, daß sie sich viel leisten kann, ohne dafür emotionale Einbußen im elterlichen Austauschverhältnis in Kauf nehmen zu müssen. Dabei verortet sie ihre Passungsarbeit in ihre Ratio, auf die sie sich als Regulativ ihrer schwankenden Emotionen verlassen kann. Erst in der Mutter-Tochter-Beziehung hört die Passung an manchen Stellen auf zu funktionieren: Einerseits erzählt Kitty ihrer Mutter "alles, bis auf die Drogen" und andererseits kann sie diese Offenheit nicht aushalten – vor allem dann nicht, wenn sie sich abgrenzen will und ihre Mutter diese Grenze nicht respektieren kann. Als Folge davon entsteht eine Belastungssituation: *K: "Und meine Mutter kommt dann immer her und redet und labert und: Schule und warum gehst du nicht auf die FOS, und dein Leben, und hier und da, und räum dein Zimmer auf [lachend], was weiß ich, es ist einfach, es ist einfach zu viel, und dann schrei' ich sie halt an, sie soll ihr Maul halten, sie soll ihre Fresse halten, sie ist 'ne blöde Kuh und 'ne dumme Schlampe, und sie soll jetzt einfach Ruhe geben, und ich kann's nicht mehr hören, sie soll sich nicht in meine Beziehung einmischen. Sie mischt sich immer in die Beziehung ein, sie meint's ja nur gut [schnell gesprochen]. ... Aber ich mach' sie so oft fertig, und sie ist so unglücklich dann deswegen. Und ich würd' das zu gern- ich würd's zu gern irgendwie gutmachen können, aber ich kann auch nicht. Ich versuch' mich da zusammenzunehmen und ich will mich irgendwie zusammenreißen und dann, dann kommt sie aber wieder, und sie gibt auch nie Ruhe, sie checkt's aber nicht, daß sie jetzt mal besser nicht kommen sollte. Das tut mir einfach leid."* Zunächst gelingt Kitty kein Ausgleich ihres schlechten Gewissens aufgrund ihres Kontrollverlusts bei Grenzüberschreitungen von seiten der Mutter, was sie über eine Umkehrung des Oben-Unten-Verhältnisses innerhalb der Mutter-Tochter-Beziehung zu ändern versucht: indem sie die Mutter als "hysterisch", "schwach" und "fertig" definiert, kann sie diese *kleinmachen* und daraufhin – von ihrem nun distanzierten Überlegenheitsstatus aus – bemitleiden. Gleichzeitig bindet sie sich aber insofern an die Mutter, als sie sich verantwortlich für deren Glück wahrnimmt, erneut Schuldgefühle entwickelt, deren aufdringliches Verhalten rechtfertigt und sich vornimmt, sich in ihren Reaktionen zu mäßigen – bis zum nächsten als Übergriff empfundenen Vorfall. Schließlich unternimmt Kitty einen weiteren Schritt einer "Umschuldung" (Rommelspacher 1989b:101), um sich von Schuldgefühlen zu entlasten, indem sie die Ursache für die konflikthafte Nähe-Distanz-Dynamik zwischen Mutter und Tochter (in ambivalenter Weise zwar) dem vor den Eltern verheimlichten Dro-

genkonsum zuschreibt: *K: "Und dann- sicher, im Prinzip sind schon die Drogen dran schuld mit, natürlich, aber ich geb' den Drogen wegen gar nichts schuld."* Die Zuweisung einer sowohl positiven als auch negativen Bedeutung an ein Objekt oder an eine Person, bei einer gleichzeitigen Aufhebung der zuvor genannten Belastungsursachen, repräsentiert einen wesentlichen Teil von Kittys ambivalenter Gestaltung ihres Selbst-Austausch-Konzepts, worüber sie ihr Bedürfnis nach (distanzierender) *Kontrolle* und *Reflexion* befriedigt. Dieser Aspekt führt letztendlich zu ihrer zentralen Thematik während des Erstinterviews: der Suche nach maximalen Effekten. Den zunächst auffallenden Widerspruch zwischen dem Wunsch einerseits nach Kontrolle und andererseits nach Extremen erklärt sie selbst anhand ihres Selbstverständnisses: *K: "Weil ich weiß nicht, ich wollte immer so 'n bißchen, ich war immer so 'n Extrem-Typ, ich wollte immer was Extremes erleben, irgendwelche Extremsituationen, extreme Gefühle haben. Ich bin entweder total glücklich zufr- halt normal zufrieden oder ich bin total fertig. Also ich mag- mir taugt das auch irgendwie, wenn ich total fertig bin und wenn ich einfach keinen Bock mehr hatte zu leben oder so, das hat mir irgendwo sogar gefallen, und das ist schon ein bißchen krank, ist auch ein bißchen selbstzerstörerisch dabei, absolut."* An dieser Stelle benennt sie den Ausgangspunkt ihrer Ambivalenz, die innerhalb ihrer bipolar strukturierten Gefühls- und Austauschorganisation Grund und Bestimmung erfährt: Vor dem Hintergrund einer im Selbstkonzept angelegten Pendelbewegung zwischen zwei maximal voneinander entfernten Polen (Wunsch nach Kontrolle *und* nach Extremen) gerät Kitty leicht aus dem Gleichgewicht, wobei sie sich aber wiederum genau von den Elementen angezogen fühlt, die das bewirken. Dabei begibt sie sich jedoch nie radikal und dauerhaft auf die Suche nach einem "Kick", sondern beansprucht immer wieder ein ausgleichendes Gegengewicht. Während des Erstinterviews zeigt sich dieser Anspruch in einer kontinuierlichen Unterlegung ihrer (Sehnsucht nach) Extreme(n) mit haltgebenden und vernunftorientierten Konstruktionen, die sie als Voraussetzungen für eine sozial integrierte Position definiert und anschließend zur Bewahrung ihrer Handlungsfähigkeit zu befolgen versucht: *K: "Jetzt schau' ich, daß ich noch irgendwie in den Ferien irgendwo arbeite. Weil ich seh' es echt an meinen Freunden wie wichtig es ist, daß man arbeitet. Weil sie, die nicht arbeiten, die stürzen einfach ab, da geht nichts mehr. Das ist schon heftig." I: "Woran glaubst du, daß das liegen könnte?" K: "Man hat einen geregelten Tagesablauf, wenn man arbeitet. Man muß jeden Morgen aufstehen, man hat irgendwie 'ne Aufgabe, man muß halt irgendwas machen."*

Die Angst vor einem Kontrollverlust versucht Kitty zu organisieren, indem sie sich in der schulfreien Zeit eine den Tagesablauf strukturierende Verpflichtung sucht. Damit will sie sich vor ihrer im Rahmen des Drogenkonsums kennengelernten Anfälligkeit für radikale Handlungen schützen, die sie bis zur schwer kontrollierbaren Selbstzerstörung mitreißen können: *K: "Daß man auch weiß, man macht jetzt was, wenn man- das ist das was mich mit der Livia [eine Freundin] verbindet, wenn wir die Aktion jetzt machen, dann machen wir's dadurch nur noch schlimmer und noch schlimmer, aber es zieht einen in so 'n Bann, es ist so 'n Spiel, wo es einem zwar besser geht, aber man eigentlich immer mehr kaputtmacht dadurch. Bißchen verrückt."* Diese paradoxe Strategie setzt Kitty in ihrer Gefühls- und Austauschorganisation dazu ein, sich extrem in Szene zu setzen und mit hohem Selbsteinsatz ein Gleichgewicht in ihrem Selbst-Behälter herzustellen. Bevor darauf näher eingegangen wird, soll noch erwähnt werden, daß Kitty ihre Gefühle über vergegenständlichende Metaphern strukturiert (vgl. "den Kummer ertränken") und sie damit als eigendynamische Wesen begreift, die – bei fehlenden Ausdrucksmöglichkeiten ihres Selbst-Behälters – eine innere Belastungssituation mit anschließendem Handlungsdruck kreieren können. Am Beispiel ihres Selbstmordversuchs, als Konsequenz auf eine extreme Gefühlsbelastung, werden nun die Effekte und empfindens- und handlungsleitenden Motive bezüglich selbstzerstörerischer Aktionen nachvollziehbar: *K: "Und dann war ich einfach zu fertig. Von meinen Freundinnen hat das niemand wirklich ernstgenommen, die haben sich alle nicht so richtig um mich gekümmert, ich hab' mich auch immer mehr verschlossen. Dann hab' ich gemerkt, Scheiße, ich weiß, jetzt bau' ich bald Scheiße, ich hab's genau gewußt. Das ist immer so. Das kommt auch von den Drogen wieder. Das war früher auch nicht so. Wenn irgendwas Schlimmes passiert ist, dann ist man total- man kann gar nicht- man braucht irgendwo ein Ventil. ... Das sind einfach- aber bei mir kam's erst durch die Drogen, daß man einfach merkt, jetzt muß man irgendwie gewaltigen Scheiß bauen. Dann hab' ich Tabletten gefressen. ... Dann dacht' ich, jetzt muß es ja wohl hinhauen. Und ich dachte mir auch, es ist echt egal, weil wenn ich sterb', weiß ich eh' nichts mehr, dann paßt ja alles, und wenn ich nicht sterb', dann hat sich wenigstens- dann wird sich was ändern, da war ich mir sicher. Also entweder mein Leben- für mich ist es egal wie's kommt, wenn ich's überleb' dann, wird's danach wieder besser werden, hundertprozentig sicher, weil ich einfach mein Ventil hatte, und wenn ich sterb', weiß ich's ja eh' nicht, paßt schon [lachend]."*

> "Ventil n. 'Absperrvorrichtung, den Durchlaß flüssiger oder gasförmiger Stoffe regelnder Mechanismus', [...] 'Schleuse'" (Etym. Wörterbuch d. Deutschen 1995:1497).

Für Kitty repräsentiert ihr Selbstmordversuch ein "Ventil" zur Entlastung ihres Selbst-Behälters, der sich während eines ungleichen Austauschverhältnisses zu einem Druck-Behälter wandeln kann: Vor dem Hintergrund der als eigendynamisch strukturierten Gefühle empfindet sie sich als ohnmächtig angesichts ihres sich selbst zugeschriebenen Mangels an ausgleichsstiftenden Strategien, den sie vor allem unter den Bedingungen minimaler äußerer Beachtung (als Gefühlszufuhr) und maximaler Verlustangst von emotionaler Zuwendung zu spüren bekommt. Angekommen an diesem Gefühlszustand ohne adäquate Handlungsmöglichkeiten steigt das Bedürfnis nach einer Zäsur, durch die sich der Status quo radikal verändert. Aufgrund der Abspaltung der im Kopf verorteten extremen Gefühls- und Handlungskonstruktionen, die anschließend am Körper realisiert werden, nimmt sie einen gleichgültigen Blick auf ihr Lebensprojekt ein und distanziert sich darüber von dem zuvor wahrgenommenen Dilemma zwischen idealen Erwartungen und realen Enttäuschungen, worüber ein Tabula-rasa-Effekt ausgelöst wird. Letzterer ermöglicht ihr, nach der überlebten radikalen Handlung, eine Neubewertung ihrer aktuellen Seins- und Handlungsoptionen: *K: "Nach meinem Selbstmordversuch- ich hab' eigentlich schon ein neues Leben jetzt. Was sich geändert hat, ist außenrum nicht viel, außer daß ich natürlich dadurch wieder mit meinem Freund zusammengekommen bin, ich wußte doch, daß es zu was gut ist [lachend]. Aber [Räuspern] es hat sich innerlich viel geändert. Ich hab' jetzt irgendwie wieder so die Einstellung, es wird alles wieder, es wird alles wieder gut, wenn irgendwas schlecht läuft."*

Kitty schätzt ihre persönliche Kontroll- und Wirkmacht bezüglich einer unmittelbar korrigierenden Intervention in Beziehungen als nicht sehr effektiv ein und agiert deshalb über indirekte manipulative Techniken. Und genau an der Stelle einer auf ihrem Selbst-Austausch-Konzept beruhenden sozialen Unflexibilität setzt ihre Motivation für ihre Such(t)-Dynamik an: Indem sich ihr Wollen hauptsächlich am Besitz von Gefühls- und Beziehungsgütern mit extremen Bewegungspotentialen orientiert, investiert sie ihre Energien und kreativen Leistungen in erster Linie in eine Ansammlung von maximal gewinnbringender Materie, die sie anschließend als Regulativ ihrer extremen Gefühls- und Beziehungsdynamiken nutzt. Das nachfolgende Zitat, in dem sie ihre Wünsche zum Zeitpunkt des Erstinterviews formuliert, gibt Aufschluß über ihre von idealen Vorstellungen geleitete Suche, ihre gleichzeitig dazu geleistete Passungsarbeit sowie ihre Aussöhnung mit einem realen Mangel – den sie zum Zeitpunkt des Zweitinterviews als nicht mehr schmerzhaft empfindet: *K: "Ich möchte- ich würd' mir so wünschen, daß die Beziehung besser läuft. Im Moment läuft sie eigentlich ganz gut, aber ich hätt's halt gern perfekt. Ich will alles immer perfekt haben. Haut natürlich nicht hin. Ich fänd's schön, wenn die Drogen wieder besser fahren [wirken] würden. Das tun sie ja leider nicht. Ich hätt' gern mehr Geld. Aber was an der ganzen Sache am Wichtigsten ist, man braucht so seine eigene- glaub' ich, das braucht irgendwie jeder, so seine eigene Welt, in die man sich reinträumen kann oder so, wo niemand rein kann, wo man eben seine perfekte Welt hat." I: "Und wo ist diese eigene Welt?" K: "In Gedanken. Das sind einfach so die Träume, die man hat, aber man merkt, das ist doch der Scheiß, es geht immer wieder in die Realität über. Das ist- vielleicht hab' ich mich schon wieder zu sehr reingesteigert, weil man das einfach braucht, so 'n bißchen was- ich weiß nicht. Ich würd' nicht sagen, ich stürz' ab und ich brauch' Halt, aber es gibt Halt."* Während des Zweitinterviews behält sie – außer dem Wunsch nach "mehr Geld" – keine der oben formulierten Sehnsüchte bei. Im Gegenteil: zu diesem Zeitpunkt betont sie ihre aktuelle Zufriedenheit mit sich und ihren Lebensbedingungen, die einen Besitz einer "perfekten" eigenen Traumwelt überflüssig werden lassen: *K: "Also ich reich' mir [lachend]. Nee, es war früher irgendwie sowas, wo man sich drauf stützen konnte, so 'n kleines Fleckchen heile Welt. Aber das ist nicht mehr nötig. Wozu auch? Mir gefällt's hier so wie es ist grad' im Moment. Ich find's hier optimal. ... Ja, daß ich einfach, daß ich mich einfach- ich mein', früher war es so im Prinzip, ich hatte meine Freunde, ich hatte einen Freund, und es hätte eigentlich alles toll sein müssen, wir sind weggegangen, hatten Spaß, aber ich lag nächtelang im Bett und hab' die ganze Nacht geheult. Ja, nee, da hat doch wohl was nicht gestimmt. Daß man einfach deprimiert rumläuft und denkt, man muß jetzt irgendwie sich verändern, man muß wer anders sein, man braucht was, auf das man sich stützen kann, das ist es ja wohl nicht. Und jetzt ist es halt einfach cool. Jetzt bin ich zufrieden."*

8.3.2 Gesteigerte Suche nach maximal aufwertenden Effekten

Kitty beschreibt ihre Suchbewegung nach einem "Kick" anhand eines Stufenplanes, an dessen Endpunkt der illegale Drogenkonsum angeordnet ist. Seine Effektivität nimmt jedoch – zu ihrem Bedauern – im Laufe der Zeit kontinuierlich ab. Vor diesem Hintergrund verortet sie sich während des Erstinterviews bereits ambivalent im Techno-Drogenleben, distanziert sich aber erst nach der Trennung von Steve auch räumlich davon: *K: "Also wenn man halt klein ist fängt man an mit Flashen [Luftanhalten bis zur Ohnmacht] oder sowas, und dann trinkt man halt, und dann kommt halt Kiffen und- das sagen auch viele, Kiffen ist keine Einstiegsdroge, und ich hab's früher auch gesagt, aber es ist eine [lachend]. Absolut. ... Also lauter Dinge, die die Gehirnzellen zerstören [lachend] haben uns immer wahnsinnig angezogen. Also wir haben irgendwas, was so 'n bißchen anormal ist, dann probiert, um unseren Kick zu kriegen. Mit den Drogen hat's halt hingehauen. Und am Anfang waren die Drogen auch noch, wow, ganz was anderes. Das war so toll und- ich weiß nicht, es ist einfach so die Gefühle die dabei aufkommen, man liebt wirklich jeden und die ganze Welt und man vertraut jedem. Alles ist so schön und toll, so lalalalala, huhu [singend, lachend], alles ist super. Und so ist es also schon lang nicht mehr. Man bekommt am Anfang immer die Laberflashs, daß man stundenlang reden kann. Gar nicht mehr."* Während des Erstinterviews verknüpft Kitty ihr Interesse für Drogen-Handlungen unmittelbar mit ihren sozialen Beziehungen, was sich an ihrer Erzählperspektive in der Wir-Form nachvollziehen läßt. Gleichzeitig betont sie aber auch ihre genetisch und kosmisch festgelegte Neigung zum psychotropen Substanzkonsum, womit sie einerseits ihre Unabhängigkeit von äußeren Umständen (vgl. "freie Entscheidung") und andererseits ihre Abhängigkeit von einem Schicksal verdeutlicht: *K: "Eigentlich glaub' ich, merkt man das schon*

ziemlich früh, wenn man dafür so 'ne Veranlagung hat. Ja. Absolut. Das Erste ist, da lachen zwar viele drüber, ich bin Fisch und Fische neigen dazu, ihren Kummer irgendwie in irgendwas zu ertränken, ja. Und ich hab', ich weiß nicht, als ich vierzehn war, dreizehn war, wahnsinnig viel getrunken, und das war immer, hauptsächlich auch mit Bunny und Kerstin, immer so 'ne Suche nach irgendeinem Kick."
Grundsätzlich repräsentieren Drogen für Kitty eigene Entitäten, von denen sie etwas "kriegen" möchte. Darüber hinaus fungieren sie als Instanzen, die ihr etwas "erlauben", wobei die Wirkpotentiale im "Kopf" und "Körper" unterschiedliche Effekte hervorrufen, deren Kontrolle jedoch eine "reine Kopfsache" darstellt. Sie selbst bezeichnet sich einerseits als "nicht süchtig" oder "nicht abhängig" und gibt an, "jederzeit aufhören zu können". Andererseits kontrastiert sie diese "vernünftige" Seite durch die Mitteilung, sich "jedesmal eine Überdosis" zu "verabreichen", auf die sie anschließend mit "Zusammenbrüchen" und "Blackouts" reagiert. Allerdings stellen genau die extremen Auswirkungen der (zum Zeitpunkt des Erstinterviews) radikal betriebenen Drogen-Handlungen ihr zentrales Motiv für ein am Wochenende und in den Ferien stattfindendes Techno-Drogenleben dar: *K: "Ja, ich hab' oft drüber nachgedacht, warum ich sie überhaupt nehm', und was man halt immer so hört, was irgendwelche Leute schreiben ist, es versetzt einen in 'ne andere Welt. Ich weiß aber nicht, ob's das unbedingt ist, ich will eigentlich einfach nur meinen Spaß haben und, halt das, was ich schon als kleines Mädchen haben wollte, meinen Kick halt."* Auf der Basis dieser Wunscherfüllung über Drogen-Handlungen bildet Kitty ihr Drogenideal aus, das an ihrem defizitär konstruierten Selbstverständnis ansetzt und anschließend für den Zugewinn an souveränen Ausdrucksmöglichkeiten – auch über das Techno-Drogenleben hinaus – steht: *K: "Früher hab' ich mich total unterbuttern lassen, absolut. Ich hab' mich nie getraut, was zu sagen. Ich hab' schon wahnsinnig immer auf meine Kleidung geachtet und auf, wie ich halt rumlauf' und so, aber ich hatte überhaupt kein Selbstbewußtsein, und ich hab' mir von anderen vorschreiben lassen, was ich zu sa- also was ich zu tun hab', ich hab' mich anderen angepaßt, hab' anderen nachgeeifert, wollte immer so sein wie die anderen, hab' die halt bewundert und so aufgeschaut und das ist jetzt absolut nicht mehr."*

Allgemein betrachtet beschreibt Kitty das positive Wirkpotential ihres Drogenlebens weniger anhand einer Innenschau, das heißt sie beschreibt keine inneren Reaktionen und Empfindungen während des Rauscherlebens. Vielmehr zeichnet sie einen für sie bedeutsamen drogeninduzierten Perspektivenwechsel nach, weil sich mit diesem auch eine erwünschte Veränderung ihrer Real-Präsenz verwirklicht hat: Über die Einverleibung von potenter Materie (Energie) gelingt ihr eine Kompensation ihrer als Unterlegenheit empfundenen psychosozialen Defizite, woraufhin sie einen besseren Überblick – im Sinne einer aufschlußreicheren Selbst- und Fremdwahrnehmung – hat: *K: "Man bekommt 'ne andere Stellung zu sich selbst, würd' ich sagen. Nee, man überschaut alles ein bißchen besser. ... Ich denk' schon. So Zusammenhänge und so verschiedene Sachen sieht man aus 'ner anderen Perspektive oder man hat die Möglichkeit, das aus 'ner anderen Perspektive zu betrachten."* Ausgehend von dieser verbesserten, da perspektivenreicheren Position gelingt ihr ein mutigeres Aus-sich-Herausgehen in sozialen Zusammenhängen, was zu ergiebigen psychosozialen Reaktionen führt. Letztere optimieren ihr Selbst(wert)-Empfinden, indem sie als "andere Persönlichkeit" neue Möglichkeiten zur sozialen Bereicherung wahrnehmen kann: *K: "Das ist einfach, daß man- ich glaub', man ist eine andere Persönlichkeit. Und das ist so das, was mir und meinen Freunden am meisten dran gefällt, daß man nicht mehr man selbst ist. Man traut sich mehr, ich hatte früher überhaupt kein Selbstbewußtsein und jetzt, seit ich Drogen nehm', hat sich das schon gewaltig gebessert, insofern hat's mir echt was gebracht, hat mir echt was gegeben. Ich trau' mich mehr, ich kann auch mal meinen Mund aufmachen und ich verhalt' mich auch anders. Und das- [Räuspern] ich weiß nicht, wir haben irgendwie so 'n Tick, wir haben, glaub' ich, zu viele Filme wie 'Show-Girls' gesehen oder so, keine Ahnung [lachend], aber ich und die Bunny vor allem, wir achten halt wahnsinnig drauf was wir anziehen, wenn wir weggehen ... und dann spielen wir im Prinzip so 'n Spiel. Also wir schaun' halt, daß uns, möglichst viele Jungs auf uns schauen, daß uns möglichst viele Leute toll finden und benehmen uns halt oft dementsprechend, also dadadadaaa [singend], keine Ahnung [lachend], es ist halt einfach, ganz anders. Wir ziehen halt immer 'ne wahnsinnige Show ab. Das ist jetzt auch, also ich weiß nicht, früher hätten wir uns das in der Öffentlichkeit nicht getraut, jetzt ist uns scheißegal, jetzt machen wir das überall, weil es einfach Spaß macht, wenn die Leute einen anschauen. Und wenn die sich irgendwo denken: Was sind das für welche? Oder auch irgendwie, will man auch bewundert werden, glaub' ich, auf jeden Fall. Aber daß die Leute auf einen schauen und man sich halt irgendwie- tja, das ist wahnsinnig wichtig. ... Genau, ich war die Erste, die mit sowas [Pony-Frisur, japanischen Accessoires] in den Club gekommen ist und dann mein ganzer Freundeskreis hat's nachgemacht und jetzt seh' ich so viele Leute mit diesen Taschen rumlaufen oder lauter so Zeug, das freut mich halt schon irgendwo. ... Das ist ein wahnsinnig gutes Gefühl, wie die Leute einen auf einmal nachmachen, was es früher absolut nicht gab. Und das gibt mir natürlich auch wieder mehr Selbstbewußtsein und dann halt mit den Drogen und dann- ich weiß nicht, hast du 'Show-Girls' gesehen, den Film? [wartet keine Antwort ab] Das ist einfach genau die Szene. Oder ich und die Bunny, ja, Koks und Glamour [lachend]. Klar wir hätten gern mehr Geld, das ist klar. Und wenn wir weggehen, dann sehen wir halt meistens so aus, als hätten wir's auch."* Kittys persönliches Drogenideal, das ein Beheben eines sich selbst zugeschriebenen Mangels an "Selbstbewußtsein" beinhaltet, wird ergänzt von einem kollektiven Drogenideal, in dem die innerhalb des gemeinsamen Freundeskreises kreierte Kommunikationsform des *Spiele spie-*

lens eingelassen ist: Über ihre körperbezogenen Selbstdarstellungen können sich Kitty und Bunny nach medialen Vorlagen im sozialen Raum in Szene setzen (vgl. eine "Show abziehen") und anschließend narzißtische Nahrung, in Form von sozialer Aufmerksamkeit (Bewunderung), zu sich nehmen. Anhand des oben genannten Zitats lassen sich an dieser Stelle bedeutsame empfindens- und handlungsleitende Beweggründe für Kittys Techno-Drogenleben rekonstruieren: Zum Zeitpunkt des ersten Treffens gibt sie an, "anders" – im Sinne von bedeutsamer – sein zu wollen, was im Zweitgespräch keine Rolle mehr spielt. Denn zu dieser Zeit "braucht" sie keine "Spiele" und kein "kleines Fleckchen heile Welt" mehr, da sie sich selbst genug ist (vgl. "ich reich' mir"). Auf der sprachlichen Ebene zeigt sich die Betonung ihres im Erstinterview zentralen Wunsches, über einen größeren Besitz an Materie zu mehr Bedeutung und Wert kommen zu wollen, an dem auffallend häufigen Gebrauch der Mengenangabe "mehr" im Kontext ihres Selbst-Austausch-Konzepts: *K: "Ich will einfach- das Wichtigste für ihn [Steve] sein. Und ich finde, das sollte man aber eigentlich auch sein in 'ner Beziehung, aber das bin ich halt nicht. Oder vielleicht schon, aber er weiß es selbst nicht so genau. Ich fordere jedenfalls immer mehr. Wenn er mir was gibt, dann will ich noch mehr haben. Und wenn er dann- keine Ahnung, wenn er sich noch mehr anstrengt, wenn er sich noch mehr um mich kümmert, dann will ich noch mehr. Und wenn er sich noch mehr bemüht, dann will ich immer noch mehr. Es- ich seh's immer erst nachträglich, was er eigentlich getan hat. Das ist echt ein Problem [lacht ein bißchen]."* Diese Bereicherungs- und Wertsteigerungsgier könnte dabei folgende Logik enthalten: das sich selbst zugeschriebene Defizit an subjektiv und sozial anerkannten Attributen (offen, mutig, sicher) braucht ein potentes Gegenmittel, das den Mangel behebt und darüber positive Veränderungen im Selbst-Austausch-Konzept stiftet. Indem sie sich also psychotrope Substanzen "einbaut" und anschließend über deren Bewegungspotential (vgl. die Drogen "fahren") passiv mitgenommen wird, gelingt ihr aus dem Drogen-Fahrzeug heraus ein Perspektivenwechsel – und damit eine Neubewertung ihrer Ressourcen, die daraufhin effektiv und weniger defensiv an der Körperhülle zur Erhöhung des Eigenkapitals zur Schau gestellt werden können: Einverleibte Blicke, als Bewunderung interpretiert, "geben" ein Gefühl von Macht und Kontrolle, was schließlich zu einem weiteren sozialen Handlungs- und Bewegungsspielraum und damit zu mehr "Selbstbewußtsein" führt: *K: "Aber ich glaube, man entwickelt sich durch die Drogen innerhalb kurzer Zeit wahnsinnig. ... Es geht schnell. Vom Kopf her. Weil man einfach mehr erlebt und intensiver alles. Ich hab' teilweise, ich glaub', ich hab' Sachen erlebt, die mir irgendwie was gebracht haben. ... Also, wenn ich jetzt noch mal am Anfang stehen würde und ich könnte entscheiden, ob ich jetzt meine erste Nase Speed ziehe, meine erste Pille schmeiß', mein erstes Ticket freß', ich würd's genauso machen, auf jeden Fall [hastig gesprochen]. Aber, ja, es hat mir soviel gebracht, ich hab' soviel dadurch gelernt, so viele Erfah-*

rungen erlebt, schon gut. Geschadet hat's mir, bißchen, klar. Aber vom Kopf her hat's mich wahnsinnig weitergebracht. Und vor allem das Selbstbewußtsein."

> "**erfahren** Vb. 'Kenntnis erhalten, erleben, durchmachen, erleiden'. Das zu *fahren* [...] gehörende Präfixverb ahd. *irfaran* [...], mhd. *ervarn* bedeutet ursprünglich [...] 'reisen, durchfahren, -ziehen, erreichen, einholen'; [...] E r f a h r u n g f. 'durch wiederholte Wahrnehmung, Übung erlangte Kenntnis, Einsicht'" (Etym. Wörterbuch d. Deutschen 1995:293, Hervorh. i.O.).

Diese überwiegend positive Haltung gegenüber dem drogenbezogenen Wirkpotential behält Kitty auch zum Zeitpunkt des zweiten Treffens bei. Im nachfolgenden Zitat schildert sie ihren persönlichen Transformationsprozeß in Richtung eines selbst(wert)erweiternden *Haben*-Status', resultierend aus dem einverleibten drogenbezogenen Wirk- und Bewegungspotential: *K: "Ich find', das ist 'ne gute Erfahrung. Find' ich wirklich, ja. Aber, ich glaub', ohne das wär' ich auch bestimmt nicht so wie ich jetzt bin. Es bringt einem schon irgendwie was. Es ist, es ist irgendwie so, daß man- man nimmt immer was davon mit, wenn man jetzt zum Beispiel, ich sag' mal, ein Jahr in USA auf der Schule war oder weite Reisen gemacht hat oder irgendwie solche Erlebnisse. Und das ist halt auch so 'n Erlebnis, was einem irgendwie was bringt für sich selbst." I: "Welche Erfahrungen hast du in der Zeit gemacht?" K: "Das kann man so nicht sagen, das kann man echt so nicht sagen. Das ist einfach das, daß man merkt, wer die wahren Freunde sind. Und wenn man drauf ist, labert man halt einfach frei alles raus, und man merkt auch, was in den Menschen steckt und wie sie wirklich sind, lernt sie besser kennen und eben auch sich selbst."* Aufgrund eines reduzierten Konsum- und Weggehverhaltens während des zweiten Interviews und der darüber ermöglichten Distanz zum Techno-Drogenleben formuliert Kitty ihren persönlichen Gewinn aus dem Drogenkonsum betont idealistisch. Denn zu diesem Zeitpunkt *braucht* sie das Techno-Drogenleben nicht mehr als Quelle einer Selbstaufwertung, weil sie in diesem Bereich genug *hat*. Gleichzeitig verlagert sie ihre Suche nach Erfüllungsmaterie ab dem Moment, an dem ihre bereits im Erstinterview einsetzende ambivalente Handhabung von Drogen-Handlungen in ein als negativ bewertetes Extrem (Kontrollverlust) kippen würde, auf ihren Leistungsbereich – was mit der Ausbildung eines gemäßigten (erwachseneren) Konsummusters einhergeht: *K: "Also es [das Konsum- und Weggehverhalten] hat sich drastisch reduziert. Ich war jetzt gestern das erste Mal seit langem wieder weg. Also wenn ich jetzt weggeh', trink' ich meistens nur was, aber auch nicht so- also es hält sich in Grenzen. ... wir haben alle gar nicht mehr so viel Bock. Es ist einfach das, daß man dann in der Arbeit oder in der Schule einfach so fertig drinhockt am Montag und- nee. Also wenn weggehen, dann wirklich nur ein bißchen Afterhour und dann auch schlafen den ganzen Sonntag und ausruhen, daß man auch fit ist am Montag, weil's wirklich wichtig ist. ... Da krieg' ich auch mein Geld her."* Während des Zweitinterviews verdeutlicht Kitty ihre aktuell gesetzten Prioritäten in Form von Ausbildung und Verdienst, die sie nicht über ein extremes Techno-Drogenleben in Gefahr bringen will. Daraufhin kann sie sich von ihren zuvor kontinuierlich betriebenen Drogen-Handlungen distanzieren und die damit verbundenen positiven Erfahrungen als eine in Kultur und Erfahrungsreichtum[20] transformierte Erinnerung aufbewahren, die sie aktuell zu der Person macht, die sie sein will: *K: "Die Auswirkung, daß ich's jetzt wirklich endlich mal geschafft hab', daß ich nicht mehr so bin wie vorher. Weil ich hatte schon immer so die Veranlagung, so 'n bißchen, schwach und sensibel und so [lachend]. ... Ich bin schon sehr sensibel auch. Ich glaub' früher auch schwach, mittlerweile ein bißchen stärker geworden."*

8.3.3 Normorientierte Wünsche verabschieden das Drogenleben

Zum Zeitpunkt des Erstinterviews gibt Kitty als mögliche Ausstiegsursache aus dem Techno-Drogenleben die Gründung einer eigenen Familie an, die als selbstverständliche Lebensaufgabe auf einem normorientierten Lebensweg angenommen wird. Diese Lebens- und Beziehungsform gestaltet sich für sie demnach als keine Option, sondern als logische Konsequenz aus ihrem sich selbst zugeschriebenen (heterosexuellen) Beziehungsbedarf: *K: Es ist halt so, also ich persönlich zum Beispiel, ich glaub' ich brauch' auch 'ne Beziehung, um glücklich zu sein. Sonst fehlt einfach was."* Die folgende Aussage greift zunächst das für Kitty mit Drogen-Handlungen verknüpfte Selbsterfahrungs-Element (vgl. sich selbst und andere durch Drogen "besser" kennenlernen) wieder auf, wobei sie anschließend einen Bogen spannt von der veränderten Qualität ihres Identitätsprozesses im Zusammenhang mit dem Substanzkonsum, über die Verwirklichung verschiedener (idealer) Selbstdefinitionen durch das einverleibte Wirkpotential, zu einer zukünftigen Verlagerung der drogenbezogenen subjektiven Stabilisierungsversuche auf die Beziehungsebene: *K: "Ja, das ist dann die Frage, wenn man nur wüßte wer man selbst ist. Ich glaub', das geht durch die Drogen verloren. Bevor ich mit den Drogen angefangen hab', war ich irgendwie so 'ne Art, so 'ne Art wo man halt versuchen will rauszufinden wer man selbst ist und wie man selbst ist, und dann als ich sie genommen hab', wußt' ich's im Prinzip noch weniger. Aber es ist jetzt ein Teil von mir, also versuch' ich so zu sein wie ich bin. Ich weiß nicht, ob ich jemals damit aufhören werde, aber ich glaub' schon." I: "Ja?" K: "In dem Moment, in dem es an Familie geht und Kinder ist damit Schluß." I: "Willst du das?" K: "Ja schon auf jeden Fall. Ich kann auch ohne, ohne Beziehung kann ich gar nicht leben, mir geht's immer so Scheiße, wenn ich keinen Freund habe oder wenn Schluß ist, ich*

---

[20] Für Kitty verbirgt sich hinter *Erfahrung*, verstanden als die Fähigkeit zwischen Authentizität und Lüge, Kenntnis und Unkenntnis unterscheiden zu können, das Modell der im Selbst-Behälter aufbewahrten *inneren Werte*, die über psychotrope Substanzen, als *Schlüssel zur Wahrheit*, erschlossen, mitgeteilt und wahrgenommen werden können.

bin so fertig. Das ist ja normal, aber es ist einfach- ich brauch' das." Im Erstinterview definiert Kitty Drogen-Handlungen als einen "Teil" von sich, worüber sie deutlich macht, daß ihre Person als Ganzes auf ihrer Suche nach einem verläßlichen Selbst-Begriff vom Substanzkonsum beeinflußt wird. Indem sie also ihren Drogenkonsum als Austauschverhältnis versteht, von dem sie sich den größtmöglichen Anteil an haltgebender und aufwertender Materie erhofft, ist es nur konsequent, den "Schluß" der als Weg metaphorisierten Drogen-Handlungen mit dem *Beginn* einer normativen Statuspassage in Form der Familiengründung zu verknüpfen: letztere soll schließlich erstere ablösen bzw. ersetzen. An dieser Stelle zeigt sich erneut ihr zentrales Thema in Form einer Suche nach maximalen Effekten mit dem gleichzeitig präsenten Wunsch nach einem Regulativ, das den dauerhaften Besitz erzielter Wertmaterie sichern soll. Die Bewegung vom anfänglich konstruierten Selbst-Austausch-Konzept, basierend auf dem Selbstverständnis eines "Extrem-Typ[s]" und der Suche nach "extremen Gefühlen", kann nun bis zur Ausbildung eines auf normative Ziele und Werte eingependelten Selbst- und Beziehungskonstrukts (das im Zweitinterview präsent ist) nachgezeichnet werden:

Im Erstinterview verknüpft Kitty ihre damalige Beziehung und deren sadomasochistisch anmutende Dynamik unmittelbar mit ihrem zu dieser Zeit radikal betriebenen Drogenkonsum, woraus weitere Erfahrungen von Ungleichgewichten resultieren, die sie über verschiedene Strategien wieder auszugleichen versucht: Als sie ihren Freund kennenlernt, der zu diesem Zeitpunkt seit sechs Jahren regelmäßig innerhalb der Techno-Szene Drogen konsumiert, gibt sie einerseits an, durch ihn "richtig" in das Techno-Drogenleben "reingerutscht" zu sein. Und andererseits betont sie ihre "freie Entscheidung" im Hinblick auf ihren Einstieg in den illegalen Drogenkonsum, worüber sie die ihm zuvor zugeschriebene Macht und Verantwortung wieder relativiert: *K: "Und dann hab' ich meinen Freund kennengelernt, meinen jetzigen, vor 'nem Jahr war das. Und das war so mit- ja da ging's dann steil bergauf [lachend], sag' ich mal. Da hab' ich dann meine erste Nase Speed gezogen mit dem und bin dann so richtig reingerutscht, würd' ich jetzt sagen. Aber ich würd' auf gar keinen Fall ihm die Schuld dran geben, was ziemlich viele machen: He, mein Freund und bla. Aber das ist Schwachsinn, weil, ich- das war meine freie Entscheidung."* Diese ambivalente Doppelbewegung zwischen machtvollen Zuschreibungen an den Partner und einer Betonung ihrer eigenen Macht, die ihr Unabhängigkeit vom mächtigen Partner verleiht, spielt eine wesentliche Rolle hinsichtlich Kittys Positionierung innerhalb eines heterosexuellen Beziehungsarrangements: Aufgrund dieser Dynamik manifestiert sich das Selbstkonzept der Schwäche, die über die Potenz des Partners ausgeglichen werden soll in Form einer Defizitbehebung durch seine Macht (wobei die eigene Schwäche bei einem Rückzug des Partners bestärkt wird). Aus ihrer Bedürftigkeit nach Bestätigung, die ihr Steve jedoch kontinuierlich vorenthält, zieht sie allerdings wieder einen Vorteil, indem sie ihr passives Hoffen auf eine Wunscherfüllung in ein aktives Erfüllen seiner Bedürfnisse ummünzt – und sich so, angesichts eines *bedürftigen* Freundes, in eine *bessere Position bringt*:

> "Der entscheidende Anreiz für die [beziehungsabhängige] Frau ist, daß der Mann einerseits Macht, Vitalität und Triebhaftigkeit signalisiert, zum anderen Bedürftigkeit. Das ist die brisante Mischung: Hier hakt die Frau ein, hier kann sie eingreifen und ihre Potenzen ausspielen. Die einzige Möglichkeit, die sie hat, in dem Spiel mitzuspielen, besteht darin, sich seiner mit ihrer ganzen Hingabe, ihrer Fürsorge und Liebe zu bemächtigen. Hier erkennt sie das Kind im Mann, dem sie Mutter sein kann, indem sie sich noch mächtiger als die Mutter phantasiert." (Rommelspacher 1989b:96)

K: "Ich bin total- ich will, ich weiß nicht, ich will beschützt werden, ich will jemanden, der sich um mich kümmert und der für mich da ist und der mich liebt und- der auf mich eingeht, ich will halt einfach, jemanden haben im Prinzip, das ist mir wahnsinnig wichtig. Irgendwie 'ne Stütze oder so- ich mein', ich hab' meine Freundinnen, aber das ist nicht dasselbe. Und er [Steve] gibt mir das halt fast nie, weil er braucht selbst wahnsinnig- das macht mich aber stärker. Weil ich immer für ihn da sein muß im Prinzip, das ist schon hart, und ich muß halt viel einstecken [schnell gesprochen]. Daß er mal wieder ein paar Tage verschwindet und ich weiß nicht wo er ist, das ist in letzter Zeit kaum passiert- ja gut, gestern war er weg und niemand wußte wo er ist, aber heute hat er zum Beispiel wieder angerufen, vor 'ner Stunde oder so. Paßt schon. Äh, ich hab'- also ich leb' mit ihm in andauernder Angst, daß er wieder Schluß macht. Wenn's gut läuft, ich hab' nur Schiß, daß er wieder Schluß macht. Ich meine, er hat jetzt auch schon irgendwann mal was von Zusammenziehen gesagt und so, klar, das macht mich schon wahnsinnig glücklich, und ich weiß, er denkt über sowas wahnsinnig lange nach bevor er sowas sagen würde. Aber es ist so schwer mit ihm." Die Bearbeitung der empfundenen Belastung, resultierend aus der ambivalenten Beziehungsdynamik, entfernt Kitty aus der unmittelbaren Begegnung mit ihrem Freund, indem sie die schweren Anteile über eine "psychische und illusionär-phantastische Bemächtigung" (Rommelspacher 1989b:100) des Partners, in Form einer Vergegenwärtigung ihrer eigenen Bedeutung für den Freund, auszugleichen versucht: Mit Blick auf ihre Beziehungswünsche erfährt sie eine kontinuierliche Enttäuschung angesichts ihrer real als unzuverlässig und unergiebig empfundenen Beziehung. Dieses Nicht-Bekommen von ersehnten emotionalen Gütern, bzw. das nicht gestillte Bedürfnis nach Halt innerhalb der exklusiven Beziehung[21], gleicht sie insofern aus, als sie sich selbst unentbehrlich für ihn macht: *K: "Und nach der Beziehung [die Steve vor mir hatte], nachdem das zu Ende war, wollte er auch eigentlich nur noch tot sein,*

---

[21] "Das ist halt irgendwie so 'n Gefühl von Geborgenheit und das man weiß, es ist nicht wie 'ne Freundin, sondern es ist jemand Spezielles, man hat zu 'ner spez- 'ne tiefere Bindung. ... sowas hab' ich bei 'ner Freundin halt nicht. Der Freund sollte noch für einen dasein, wenn man echt von allen verlassen ist. Wichtiger als alles andere."

hat sich ein halbes Jahr lang unten im Keller eingesperrt, hat mit Blut irgendwelche Bilder an die Wand gemalt, also total übel, hat sich zugerotzt [Amphetamin- und Kokainkonsum gesnieft] ohne Ende, hat dann irgendwie überlegt, ob er vielleicht nicht lieber schwul sein möchte und hat das mal probiert 'ne Zeitlang, und dann hat er mich kennengelernt. Und dann war er erst mal vier Wochen lang wahnsinnig glücklich. ... Und dann bin ich auch supernett und die beste Freundin, die man sich vorstellen kann."* Kontinuierlich folgen dieser ersten Hochphase der Verliebtheit und des Glücks Trennungen, Demütigungen und Gewalterfahrungen, die Kitty entweder über radikale Handlungen (in Form von extremen Drogen-Handlungen und Selbstmordversuchen) oder über Strategien der Schuldverlagerung auszugleichen versucht. Beide Strategien dienen der Wiedergewinnung oder Sicherung emotionaler Güter und werden gespeist von dem im Erstinterview konstruierten Wirkpotential psychotroper Substanzen. Darüber entsteht eine real-absurde Inszenierung in Form eines extremen, drogengestützten Beziehungsspiels – mit dem Risiko eines Kontrollverlusts während der Vertiefung in eine sensationsreiche Selbstdarstellung zur indirekten Organisation von Aufmerksamkeit und Fürsorge: *K: "Ja nur, das ist einfach- ich weiß zum Beispiel, wenn mit Steve Schluß war, ich will ihn jetzt wiederhaben. Also geht's mir wahnsinnig schlecht und dann spiel' ich das noch, dann bau' ich mir noch mehr ein, noch mehr, noch mehr, damit ich weiß, mir geht's echt scheißeschlecht, und jeder kümmert sich um mich und ich steh' im Mittelpunkt. Und dann steh' ich aber, wenn's mir wieder besser geht, auf und tu' so als war nichts und zieh' gleich die nächste Nase und, duppdiduppdada [singend], und alles ist toll, und dann- daß man sich einfach total extrem aufführt und total extrem benimmt. ... daß diejenigen halt denken, es wär' was furchtbar Schlimmes mit einem passiert [lachend]. ... Und ich merk', die Jungs spielen das teilweise mit, wenn sie Drogen nehmen. Die wissen das genau- das ist wie so 'n Film, wie so 'n Spiel, man steigert sich immer weiter rein, und man weiß, das ist total beschissen, man macht immer mehr damit kaputt- warum können wir nicht einfach normal sein? Aber das können wir nicht mehr. Wir wissen ja gar nicht mehr was 'normal' überhaupt ist. Weil so wie wir sind, ist es ja für uns normal. Bißchen blöd."* Ausgehend von Kittys Selbstdefinition als "Extrem-Typ" auf der Suche nach "extremen Gefühlen" ist Normalität insofern undenkbar, als sie *normale* Gefühle und Erfahrungen als gegenläufig zu den empfindens- und handlungsleitenden Motiven ihres Selbst-Austausch-Konzepts bewertet. Denn erst über unbegrenzte Wahrnehmungs- und Handlungsstrategien scheint für sie ein Erreichen einer *absoluten* Erfüllung, und damit eine Sättigung ihrer Besitzgier, als realistisch. Dabei nimmt sie hohe psychische und physische Investitionen in Kauf, um ihren "Kick" zu bekommen und überläßt sich scheinbar fatalistisch dem Sog extremer (Drogen-)Handlungen. Innerhalb ihrer Beziehungsdynamik entsteht auf diese Weise die Wahrnehmung und Bewertung der abgespulten Darbietungen als Ausführungen eines scheinbar feststehenden Drehbuchs, mit dem Effekt einer realen Unbezogenheit zwischen den Akteur/innen und den jeweiligen Konsequenzen ihres destruktiven Beziehungsspiels: *K: "Ja, und dann hab' ich auch das erste Mal zu spüren gekriegt, was Drogen eigentlich anrichten können, würd' ich mal sagen. Also die Geschichte mit dem [Steve] war dann heftig. ... also insgesamt war drei- oder viermal Schluß [lachend]. Jaja, dauernd versetzt, einmal hat er mich geschlagen, das war heftig. Da hatten wir eine Woch- also da haben wir ungefähr eine Woche lang durchgerotzt, auch Speed, und am Ende so 'n heftigen Film geschoben, da hat er gemeint, ja, ich check' nie worum's geht, es geht eigentlich nur um Sex, und das ist alles was wichtig ist und ich hab' überhaupt keinen Plan und, er will mich nie wiedersehen und so. Und da hab' ich gemeint: Ja, ohne dich will ich nicht leben, dann bring mich halt um. Und dann hat er halt gemeint, jetzt könnte er mich dann umbringen, so ungefähr [lachend]. Ja, dann hat er mich geschlagen, hat mir zwei Rippen gebrochen und wollt' mich halt ersticken- und, ich kann ihm das aber nicht übelnehmen, weil das war ein Film, das ist einfach, halt passiert. Wir haben uns reingesteigert und, das war ja nicht er, der im Moment gehandelt hat eigentlich."*

Die unausgewogene Beziehungsstrukturierung bindet Kitty so lange effektiv, bis ihr Verleugnungs- und Verschiebungsmechanismus ihr Bedürfnis nach bestätigenden und beständigen Beziehungsgütern nicht mehr verdecken kann. Ab diesem Moment nimmt sie den tatsächlichen Zustand ihrer Beziehung wahr und kann vor dem Hintergrund ihrer Wünsche und Bedürfnisse eine Neubewertung und -orientierung vornehmen. Zum Zeitpunkt des Zweitinterviews bereut sie im nachhinein die vergangenen zwei Jahre mit ihrem damaligen Freund und bringt damit zum Ausdruck, daß sie nicht nur aus einer freien Entscheidung heraus diese Beziehung *hatte*, sondern auch an ihr festhalten mußte, um darüber ihr Bedürfnis nach Halt und Sicherheit (als Glücksgaranten) doch noch irgendwann gestillt zu bekommen – was mit dem nachfolgenden Zitat zum Zeitpunkt des Erstinterviews belegt werden kann: *K: "Das Einzige, was ich mir wünschen würde, daß ich mit meiner dummen Beziehung endlich mal absolut glücklich werden kann [lachend]. Aber ich glaub', dazu müssen wir heiraten. Dann hab' ich die absolut feste vertragliche Bindung [lachend]. Dann kann nichts mehr passieren."* Den harten Weg bis zu diesem in die Zukunft projizierten Statusgewinn hat Kitty zum Zeitpunkt des Erstgesprächs noch ausgeblendet, um ihr begehrtes Ziel in Form einer dauerhaften "Bindung" nicht zu gefährden. Als Folge davon hat sie das Volumen ihres Selbst-Behälters bis an ihre Schmerzgrenzen ausgedehnt, um sich die Erfüllung ihrer Wünsche und Bedürfnisse zu *erleiden*. In der Retrospektive begründet sie ihre Leidensbereitschaft sowohl mit ihrer Selbszuschreibung einer Schwäche als auch mit der Macht des Freundes, begleitet von moralischen Beweggründen, die aus ihrer Selbstaufwertung aufgrund einer Infantilisierung von Steve resultieren: *K: "Und wenn ich jetzt zurückblick', dann waren die letzten zwei Jahre die Hölle. Also wirk-*

lich, absolut furchtbar. Aber ich hatte die Stärke auch nicht [mich von Steve zu trennen]. Wenn ich dran denke, wieviel besser alles geworden ist, nachdem er weg war, so richtig viel cooler [lachend]. Und ich denk', vielleicht hab' ich mich auch so lang nicht trennen können, weil ich eben gewußt hab', daß er jemanden braucht. Der braucht 'ne Bezugsperson, der kann ja alleine nicht- der ist total- [Seufzen], ja, schlimm ist das." Vor der Trennung befindet sich Kitty in einem Zwiespalt, der aus ihrer Verlustangst, ihrem Festhalten-Wollen an der durch viele (schmerzliche) Investitionen zusammengeschweißten Verbindung sowie aus ihrem "Verpflichtungsgefühl" gegenüber dem als schwach und bedürftig wahrgenommenen Freund resultiert. Letztendlich überwiegt jedoch ihr Überdruß angesichts der unveränderten und zunehmend als unergiebig empfundenen Beziehungsdynamik. Ab diesem Moment kann sie sich von Steve lösen und aus dem leidvollen Such(t)-Kreislauf zur Stillung ihrer Besitz- und Bedeutungsgier aussteigen: *K: "Ja, ja das ging nur irgendwann hin und her und auf und ab und dann mit der Zeit hat es mir einfach so gereicht. Also immer dieses ständige- immer, daß man weh tut, also er hat mir immer weh getan und, und dann hatte ich einfach keinen Bock mehr. Und dann kam er aber wieder an, und das war das erste Mal, wo ich gesagt hab': Nee. Und vor allem, ich hab' ihn auch einfach nicht mehr geliebt dann mit der Zeit. Ich weiß nicht, das hat sich so verlaufen. ... Daß das letztendlich auch, daß er jetzt der Punkt war, wo ich mir gedacht hab', so jetzt ist es zu weit gegangen, jetzt reicht's mir einfach, jetzt raus aus dem Ganzen."* Indem die Beziehung unmittelbar mit radikalen Drogen-Handlungen verknüpft war, wird die Trennung von einem Ausstieg aus einem exzessiv betriebenen Techno-Drogenleben begleitet. Die vorgenommene Einschränkung ihres Konsum- und Weggehverhaltens begründet sie mit einer zunehmend als unlustvoll empfundenen Diskrepanz zwischen gewinnbringenden und den immer häufiger erlebten desillusionierenden Erfahrungen im Freizeitbereich. Davon ausgehend bewertet Kitty Drogen-Handlungen mit ihren bewußtseinsverändernden Potenzen als eine wachsende Gefährdung ihrer normorientierten Projekte, die zum Zeitpunkt des Zweitinterviews Priorität besitzen: *K: "Also von- allein schon mal vom Körperlichen her, das ist nicht mehr dasselbe wie früher, es ist nicht mehr so dieses: Hoach, alles ist schön und alles ist so toll, das ist gar nicht mehr so. ... Aber irgendwann, ich merk's ja, ich hab' nicht mehr so viel Lust drauf einfach, es gibt mir nicht mehr das, was es früher war. Und da ist auch immer dieses, boah, diese Drogen, dieses Fertig-Sein, das langweilt einfach mit der Zeit, es langweilt wirklich. ... also ich kann's nicht ausstehen, wenn's mir nicht mehr gut geht, das haß' ich, das haß' ich wie die Pest, ich will auch nie die Kontrolle verlieren. Mmhh, das mag ich gar nicht [lachend]. Und wenn ich nicht mehr weiß, was ich gemacht hab', das find' ich ganz furchtbar [lachend]. So abstürzen, das gefällt mir überhaupt nicht mehr, mh mh. ... Weil ich mir einfach denk', das ist Scheiße, daß du nicht mehr weißt, was du getan hast. Was ist man dann eigentlich für ein abgestürztes*

Opfer, denk' ich mir halt so. Nee. Ich bin doch irgendwie- ich weiß nicht, [lachend] nee, ich, ich will halt, wenn ich weggeh', schon 'Ich' bleiben, nicht irgendwie ganz anders werden. Das will ich gar nicht, das will ich gar nicht mehr. Weil ich bin doch wer, warum soll ich denn irgendwer anderes sein?"
Indem Kitty eine neue Statuspassage in Form eines Ausbildungsverhältnisses betreten hat, erhält die Transformation ihrer empfindens- und handlungsleitenden Motive von einer extremen in eine normative Qualität eine Begründung und lohnende Perspektive: Aktuell will sie "fit" sein und ausgeruht nach einem Wochenende an den Arbeitsplatz zurückkehren, um das dort herrschende Austauschverhältnis nicht zu gefährden. Denn die über Leistung bezogene Materie (Verdienst) repräsentiert für sie ein ideales Medium, um zu einer sicheren sozialen Position zu gelangen, von der sie sich Wert und Erfüllung verspricht. Darüber hinaus verknüpft sie dieses Streben nach ökonomischem und kulturellem Kapital mit dem Wunsch nach sozialem Kapital in Form einer traditionellen Lebens- und Beziehungsform. Diese beiden Bereicherungsansätze auf der sowohl materiellen wie ideellen Ebene laufen letztendlich in dem Bestreben zusammen, ein "normales" und "ordentliches" Lebensprojekt zu realisieren: *K: "Daß ich jetzt meine Schulabschlüsse nachhol', daß ich mir dann irgendwann meine eigene Wohnung leisten kann, endlich meinen Führerschein mach' vielleicht, und dann Auto haben und- irgendwie einfach so für die Zukunft sich ein bißchen ein Polster auch zu machen finanziell, daß man nachher ein ordentliches Leben führen kann, daß man alles so hat, wie man's gerne hätte." I: "Und wie möchtest du mal leben?" K: "Also was ich früher mir gar nicht so gedacht hab', was aber jetzt für mich immer wichtiger wird, ich möchte einfach 'ne Familie. Ja. Heiraten und- ja vielleicht ein Kind, ein Hund [lachend]. Irgendwie so, vielleicht ein kleines Haus, 'ne Wohnung, ein Auto, reich sein [lachend]. Geld muß her! Und ja, deswegen auch 'ne bessere Ausbildung, besseren Abschluß, mehr Geld. Das wär' gut. Und dann Familie. Es wird im Endeffekt darauf hinauslaufen [lachend]. Es ist, ich weiß nicht, es ist doch eigentlich das, was man als Frau tut im Endeffekt [lachend]. Im Endeffekt ist das doch das, was eigentlich fast jeder Mensch will. Ich denk' mir das einfach schön. Man hat jetzt zwar so 'ne wilde Zeit, und das Wildeste war, glaub' ich, schon. Und jetzt ändert sich das alles ein bißchen, wird ein bißchen ruhiger, und irgendwann läuft's halt dann aus in einer Familie, so denk' ich mir das."*

Für die Zukunft wünscht sich Kitty beruflichen Erfolg als eine Quelle von psychosozial bedeutsamen Ressourcen, um eine gesicherte Position einnehmen zu können. Anschließend will sie sich in die Privatsphäre als Ehefrau und Mutter zurückziehen, um darüber ihr Bedürfnis nach Halt über eine "tiefere Bindung" zu stillen. Im Zweitinterview ist sie außerdem erleichtert, daß sie sich von selbst, aufgrund einer nachlassenden Begeisterung für das Techno-Drogenleben, von ihrem illegalen Drogenkonsum distanzieren konnte und nicht "auf der Strecke" geblieben ist.

"*Es [das Drogenleben] bringt einem schon irgendwie was. Es ist, es ist irgendwie so, daß man- man nimmt ja immer was davon mit, wenn man jetzt zum Beispiel, ich sag' mal, ein Jahr USA auf der Schule war oder weite Reisen gemacht hat oder irgendwie solche Erlebnisse. Und das ist halt auch so 'n Erlebnis, was einem irgendwie was bringt für sich selbst. Und, ich kann jetzt von uns sagen, daß es bei uns irgendwie hingehauen hat, daß wir jetzt einfach selber nicht mehr so viel Lust drauf haben, und daß das gut ist so wie es ist, aber daß halt leider so viele Menschen, die wir gekannt haben, auf der Strecke geblieben sind. Ich weiß nicht. Vielleicht sollte die Gesellschaft im allgemeinen das Bild dazu verändern und vielleicht auch, daß man- man hört immer nur so: Die Drogen, die sind so schlecht und alle abgestürzt, daß man vielleicht irgendwie versucht, das Bild zu ändern, daß man nicht immer nur über die negativen Seiten redet, sondern auch über die positiven, aber daß man auf die Gefahren auch hinweist. Das ist, glaub' ich, wichtig.*"

8.4 Cleo: Die Suche nach Materie mit Bewegungspotential

Drogen-Handlungen repräsentieren für Cleo eine Distanzierungsmöglichkeit von ihrer ländlichen Herkunft, indem sie ihr eine besondere Art der Freizeitgestaltung im Rahmen der Techno-Szene eröffnen, woraufhin sie sich von abgewerteten Kontexten abheben und unterscheiden kann. Ihr *Selbstkonzept* metaphorisiert sie als Behälter, aus dem auf nüchternem Wege nur über mühsame Kopfarbeit Inneres nach außen mitteilbar wird. Durch diese Kontrolle lockert sich der direkte Bezug zu ihrem Selbstempfinden, was Leere- und Defizitgefühle kreiert, die ein Motiv für ihre Such(t)-Bewegungen darstellen.

Cleo ist zum Zeitpunkt des Erstinterviews im Mai 1999 21 Jahre alt und wohnt bei ihrer Mutter und deren Lebensgefährten auf dem Land. Ihre Eltern trennen sich als sie elf Jahre alt ist – fünf Jahre nachdem die Familie aus der damaligen DDR nach Westdeutschland gezogen ist. Sie hat eine sieben Jahre ältere Halbschwester, die mit 14 Jahren in eine Pflegefamilie kommt. Cleo absolviert die mittlere Reife an einer Klosterschule für Mädchen und beginnt anschließend in einer einige Zugstunden entfernten Großstadt eine Ausbildung zur Bürokauffrau. Mit 16 Jahren wird sie von ihrer alkoholisierten Mutter aus der Wohnung geworfen, woraufhin sie zunächst zu ihrem Vater und dann, mit Beginn ihrer Ausbildung, in die Stadt zieht. Dort mietet sie zusammen mit ihrem damaligen Freund eine Wohnung. Als sie diese Beziehung nach zwei Jahren beendet, geht sie wieder zurück zu ihrer Mutter und pendelt seitdem bis zu ihrem Auszug im Dezember 1999 zwischen Stadt- und Landleben hin und her.

Der Drogenweg von Cleo beginnt mit 16 Jahren, als sie ihren damaligen Freund kennenlernt, der in die Techno-Szene integriert und drogenerfahren ist. Im gemeinsamen Freundeskreis beginnt sie Haschisch, LSD, Ecstasy und Speed zu konsumieren. Ecstasy und Amphetamine setzt sie mit zunehmender Drogenerfahrung auch als Diätmittel ein, wobei sich anorektische und bulimische Phasen abwechseln. Darüber hinaus verknüpft sie ihren Drogenkonsum direkt mit ihrem am Wochenende exzessiv ausgeübten Weggeh- und Tanzverhalten, das sowohl als Abwechslung zum Schul- und Arbeitsalltag als auch als ein zusätzliches Moment ihrer (körperbezogenen) Suche nach einem "guten" Selbst- und Lebensgefühl fungiert.

Zum Zeitpunkt des Zweitinterviews im April 2000 wohnt Cleo in einer betreuten Wohngemeinschaft für eßgestörte Frauen, nachdem sie im November 1999 einen "Zusammenbruch" erlitten, selbst den Notarzt informiert und anschließend, auf Anraten einer Ärztin, einer stationären Therapie in einer von ihrem Heimatort entfernten Klinik zugestimmt hat. Ab diesem Zeitpunkt gibt sie ihren nachhaltig vor den Eltern verheimlichten Drogenkonsum auf und bricht den Kontakt zu ihrer "alkoholab-

hängigen" Mutter ab. Nach ihrer Therapie möchte sie eine Gärtnerlehre beginnen, das Abitur nachholen, Biologie studieren und "keinesfalls" mehr auf dem Land leben.
Allgemein betrachtet hat Cleo noch nie polizeiliche oder justitielle Konsequenzen aufgrund ihres illegalen Drogenkonsums zu spüren bekommen. Im Rahmen ihres im Dezember 1999 begonnenen zehnwöchigen Klinikaufenthalts sowie ihrer anschließenden Integration in eine betreute Wohngemeinschaft für "eßgestörte Frauen" setzt sie sich intensiv mit sich und ihrem Körper – besonders auf emotionaler Ebene – auseinander: C: "Ich mein' vom Verstand her war ja alles klar. ... Aber vom Gefühl her war's halt immer so diese Ambivalenz." Aktuell geht sie nach wie vor gerne zum Tanzen, da sie sich selbst und ihre Bedürfnisse über körperliche Bewegung "am besten" spüren kann.

8.4.1 Unergiebige soziale Resonanzen entwerten und binden

Cleo beginnt ihre Erzählung von Verunsicherungen und Ungleichgewichten mit dem Zeitpunkt, als sie und ihre Familie aus der damaligen DDR nach Westdeutschland umziehen. Für einen Neuanfang und zur Sicherung der Familienexistenz arbeiten die Eltern "pausenlos", was die Gefühls- und Beziehungsorganisation zwischen allen Beteiligten stagnieren läßt und schließlich aus dem Gleichgewicht bringt. Um die daraus resultierende Verwirrung zu regulieren, werden Trennungen produziert: die Eltern lassen sich scheiden und Cleos Halbschwester kommt in eine Pflegefamilie: *C: "Also was sicherlich sehr, sehr wichtig für mich war, ich bin im Osten geboren, in der DDR damals drüben, wir sind rübergekommen, da war ich sechs. Ich hab' eine sieben Jahre ältere Schwester, die hat- mit meinen Eltern gab's früher auch immer sehr, sehr große Probleme, weil sie halt nicht klargekommen sind, haben gearbeitet ohne Ende, daß Geld da ist. Meine Schwester hat sehr viel Scheiße gebaut, als sie so vierzehn, fünfzehn war. Meine Eltern haben sich dann getrennt, weil sie's einfach nimma auf die Reihe gekriegt haben miteinander, nur arbeiten, daß Geld da ist für die Kinder."* In dieser Zeit des Neuanfangs wird das Austauschverhältnis zwischen Cleo und ihren Eltern hauptsächlich von den aktuell brisanten Lebensbedingungen bestimmt und daher lediglich auf einer funktionalen Ebene verhandelt. Der Vater absentiert sich anschließend aufgrund einer neuen Anstellung, woraufhin die Mutter mit allen Familien-, Alltags- und Arbeitsverpflichtungen allein zurechtkommen muß und vor diesem (Belastungs-)Hintergrund ein "Alkoholproblem" ausbildet: *C: "Ja, meine Mutter ist krank, ich meine, die hat ein Alkoholproblem, das weiß ich mittlerweile, bloß früher hab' ich's- hab' ich's zwar auch gewußt, aber da hab' ich gesagt, ja, meine Mutter ist Alki und so asozial und voll Scheiße drauf in der Beziehung. Mittlerweile weiß ich, daß meine Mutter selber Hilfe braucht, daß sie selber ein Problem hat. Ich würde ihr gerne helfen. Bloß wenn man nach drei Therapien immer noch säuft und immer noch sein Leben nicht auf die Reihe kriegt, irgendwann kann man sich nicht mehr auf- aufopfern hört sich blöd an, aber irgendwann kann man nicht mehr zuhören, immer wieder dieselben Geschichten und immer wieder hören, wie schlecht es ihr geht und- das nervt halt einfach, weil man genau weiß, sie sucht, sie sucht irgendwie Halt in, in ihrem Alkohol. Ich mein', das ist klar, wir sind rübergekommen, mußten sechs Monate lang auf dem Boden schlafen, weil wir kein Geld für Betten hatten, mein Vater war dann drei Jahre lang nur auf Montage, war unter der Woche nicht da, meine Mutter ist zweieinhalb Jahre dann nur zum Putzen gegangen, hatte keine Freizeit in dem Sinne, ich mein', da hat sie halt zum Saufen angefangen. Ich kann das schon verstehen. Früher konnte ich's halt nicht. Bloß, wie gesagt, meine Mutter ist meine Mutter, nicht mehr und nicht weniger. Wenn ich wüßte, wie ich ihr helfen kann, würde ich ihr sofort helfen, aber ich seh' halt keinen Weg."* An dieser Stelle wird ein weiteres Ungleichgewicht erkennbar, das sich auf der Ebene der Mutter-Tochter-Beziehung manifestiert und von Cleo ambivalent verhandelt wird: einerseits versteht sie das "Alkoholproblem" der Mutter und andererseits wertet sie diese genau deswegen ab und reduziert sie demzufolge auf eine nur biologisch definierte Mutterschaft. Diese Rationalisierung beruht sowohl auf der Anerkennung einer Aussichtslosigkeit ihres Versuchs, die Mutter aus dem Suchtkreislauf zu retten, als auch auf ihrer versiegten Hoffnung auf eine ausgeglichene Beziehung. In diesem Sinne *weiß* sie um ihre Ohnmacht als Helferin sowie um die emotionale Hilflosigkeit der Mutter. Als Kind jedoch besitzt sie diese Fähigkeit der rationalen Distanzierungsmöglichkeit noch nicht und ist damit den Abwertungsimpulsen ihrer Mutter direkt ausgesetzt. Als Reaktion auf diese permanent wahrgenommene Unzufriedenheit bildet sie Angstsymptome aus: *C: "Ich sollte halt immer perfekt sein. Ich meine, meine Mutter ist- ich bin von der Schule gekommen, um zwei ist dann meine Mutter gekommen, und wenn sie irgendwo ein Staubkorn gesehen hat, ist sie ausgetickt. Ich hab'- ich war auf der Couch gehockt und hab' Fernsehen geschaut, und sobald ich den Schlüssel im Schloß gehört hab', absolutes Herzrasen gekriegt, schweißige Hände. Vor lauter Angst, daß jetzt wieder irgendwas nicht stimmen konnte, daß sie wieder irgendeinen hysterischen Anfall gekriegt hat, daß sie rumgeschrien hat. [Pause] Früher war meiner Mutter ihr Lieblingsspruch: Du bist ein Stück Scheiße [lachend]. Mei, hat mir nicht wehgetan. Sicherlich hat's mir irgendwo wehgetan, aber irgendwann stumpfst du ab und denkst dir: Jaja, schau dich an."*

"**stumpf** Adj. 'ohne Spitze, nicht scharf', [...] 'verstümmelt, gestutzt, unvollkommen, übel'" (Etym. Wörterbuch d. Deutschen 1995:1387, Hervorh. i.O.).

In dem oben genannten Zitat schildert Cleo die Entwicklung einer Selbstbeschneidungs-Technik mit der Funktion, sie künftig vor der entwertenden Zuschreibung und Angst zu schützen, was direkt zu ihrem zentralen Thema, das der rationalen Gefühlskontrolle am Körper, und zu ihrem auf der Ebene des Selbstempfindens angelegten Ungleichgewicht führt: Mit einer Entzweiung von "Körper" und "Kopf" beginnt sie ihre Vernunft über ihre auf den Körper projizierten Emotionen zu stellen, womit diese am Körper souverän handhabbar werden. Aufgrund dieser hierarchischen Dichotomie zwischen Ratio und verkörpertem Gefühl drängen letztere nicht (mehr) spontan – und damit unkontrollierbar – nach außen, sondern sind rational erklärbar. Fortan bewacht sie also ihre Gefühle von einer rationalisierenden Schalt- und Kontrollzentrale aus, indem sie Gefühle wie Schmerz, Trauer oder Überforderung auf ihren Körper umleitet, der sie dann zuverlässig somatisiert (vgl. "schweißige Hände") und auf diese Weise von ihrem Bewußtsein fernhält. Daraufhin wird der Körper zum souverän überschaubaren Feld für emotionale Bearbeitungs- und Verdrängungsprozesse: *C: "Ja, ähm, ja ich bin immer vernünftig und, ähm, wenn ich ärgerlich bin, dann bin ich nicht ärgerlich, sondern ich erklär' alles und jeder hat seine Geschichte und kann meinen Frust nicht rauslassen, und dadurch bin ich halt für andere Leute, die mich nicht so gut kennen oder bzw. mich nicht mögen, nicht spürbar, und dann gibt's eben Undurchsichtigkeiten. ... Um so besser ich meinen Körper spür', um so mehr spür' ich auch meine Wünsche, was mir jetzt eigentlich guttut, weil ich auch sehr viel von meinen Gefühlen über den Körper auslebe. Also wenn ich jetzt total viel Druck und Streß hab', krieg' ich Rückenschmerzen. Ich merk' das alles gar nicht, wenn mich was belastet oder - das wird dann alles über den Körper abgehandelt oder sehr viel."*

> "Ein Kompromiß zwischen Verweigerung und Selbstdefinition durch Erschöpfungsgrenzen besteht darin, die Belastbarkeitsgrenzen möglichst niedrig anzusetzen, d.h. krank zu werden. Dann kann sich die Frau ein Stück weit verweigern, ohne dafür einstehen zu müssen. Diese Strategie hilft ihr allerdings nicht zu lernen, ihre Grenzen selbst zu ziehen, und ist insofern ebenso wie die Selbstverausgabung eine Form der Selbstentfremdung." (Rommelspacher 1989a:22f.)

Aufgrund der Strategie eines *verschobenen Fühlens* fügt Cleo eine Art doppelte Kontrollinstanz in ihre Gefühls- und Austauschorganisation ein: Auf der Basis eines einverleibten idealen Selbstkonzepts (vgl. "perfekt") und einer damit errichteten Zensurschwelle, die zukünftig Empfindens- und Verstandesmomente vor einem Nach-außen-Mitteilen überprüfen soll, will sie das Risiko eines Verfehlens ihres hohen Selbstanspruchs kontrollieren und damit minimieren. Daraufhin beginnt sich ihr Selbstbezug in ihrem Selbst-Behälter zu lockern, der auf diese Weise zu einem außenorientierten Hunger-Behälter wird: *C: "Je weiter du dich vom Alltag abgrenzst durch Drogen, durch eine Eßstörung, um so weniger spürst du dich ja selber, um so weniger kennst du dich und deine Interessen, um so leichter ist es halt einfach, das was du bist, wie du dich definieren willst oder kannst, von außen zu übernehmen. Je mehr von außen um so weniger von innen, ist klar, um so weniger muß ich schauen, was ist jetzt eigentlich bei mir los."* Um diesen orientierungslosen und leeren Zustand des Selbstempfindens ausbalancieren zu können, entwickelt Cleo mehr oder weniger bewußt Strategien zur existentiellen Gefühlsversorgung: Mit der Herausbildung von Idealen und Größenphantasien pendelt das Selbsterleben zwischen einem konstanten und unausgeglichenen Zustand hin und her. Daraus

resultiert entweder eine (narzißtische) Sättigung oder Leere im Selbst-Behälter –
wobei die empfundene Leere das ausschlaggebende Moment zur erneuten Suche
nach Füllmaterie darstellt. Dieser Antrieb setzt schließlich ihre Such(t)-Dynamik in
Gang, die vor allem zur Regulierung des Selbst(wert)-Empfindens eingesetzt wird.
Deren Entstehungsprozeß kann im Folgenden an Cleos Erfahrungen verschiedener
Qualitäten von sozialer Resonanz nachgezeichnet werden:
Als Kind hat Cleo Übergewicht und deshalb den Spitznamen "kleine, dicke Cleo"
oder "kleine Dicke", aber niemand nimmt ihren Hunger nach "Beachtung" wahr –
auch nicht, als sie mit vierzehn Jahren nachts wegbleibt und mit sechzehn Jahren
extrem an Gewicht verliert. Dieses Desinteresse an ihrer Person macht sie vor allem an der Mutter fest, die den abgewerteten Pol – im Gegensatz zum idealisierten
(abwesenden) Vater – in Cleos Familiendarstellung verkörpert: C: *"Meine Mutter
ist meine Mutter, nicht mehr und nicht weniger. Die hat mich auf die Welt gebracht. Mehr ist meine Mutter nicht für mich. Mein Papa ist mein Ein und Alles. ...
Jaja, da geht nix drüber, ehrlich nicht. Mein Vater- ich war so oft in der Scheiße
gesessen, echt, ich hab' so viel Müll gemacht, grad' früher, Polizei im Haus gewesen, also wirklich richtig heftig abgegangen bin ich [Räuspern], und mein Vater
hat immer zu mir gehalten. Meiner Mutter war's- vielleicht nicht scheißegal- doch,
ihr war's scheißegal- aber sie hat geschrien, hysterische Anfälle gekriegt, haut zu,
das war dann irgendwie meiner Mutter ihre Welt. Eigentlich hat sie sich nicht interessiert, wenn ich mit vierzehn in der Früh um fünfe heimgekommen bin, war's
scheißegal. Es war scheißegal, ich hab' eine aufs Maul gekriegt, und dann war's in
Ordnung. Hat man nicht gefragt: Was hast du gemacht, wo kommst du her? Sondern Rumschreien, Beschimpfen ohne Ende, Fotzn verteilen."* Durch die Produktion
sichtbarer Zeichen in Form von dichten Körperschichten (Übergewicht), räumlicher Abwesenheit und körperlicher Abmagerung fordert Cleo mit hohem Selbsteinsatz (adäquate) soziale Resonanz. Als diese ausbleibt, sollen radikale Handlungen –
wie im Falle ihrer Schwester – wenigstens eine Trennung von der Herkunftsfamilie
bewirken. Dieser Wunsch ist verknüpft mit der Hoffnung, fern ihres enttäuschenden Zuhauses die ersehnte Aufmerksamkeit bekommen zu können: C: *"Ich wollte
einfach irgendwo, wie ich vorhin schon gesagt hab', Beachtung haben. Beachtung
haben, wenn ich am Wochenende drei Tage lang nicht heimgekommen bin, daß
mich wenigstens jemand fragt, wo ich war. Daß mich jemand fragt: Warum nimmst
du so viel ab? Ist irgendwas? [Seufzen] Das wollt' ich damit- daß ich von daheim weg
konnte, ich wollte weg von daheim. Meine Schwester ist dann in eine Pflegefamilie
gekommen, und ich, ich konnte mir nix Geileres vorstellen, als auch in 'ner Pflegefamilie zu sein, ich hatte dann halt als Jugendliche immer das Idealbild von 'ner
Familie, und dann irgendwann hab' ich halt kapiert, daß nichts ideal ist, daß nichts
perfekt ist, daß es immer überall irgendwo irgendwelche Probleme gibt. Bei mir
daheim waren's halt schlimme Probleme und davon wollte ich halt weg."* Cleos

"Idealbild" einer Familie beinhaltet vor allem kontinuierliches "Interesse" an einer Person und nicht nur ein Wahrgenommen-Werden aufgrund eines auffälligen Verhaltens, das mit verbaler und körperlicher Gewalt beantwortet wird. Als sie die Hoffnung auf eine Erfüllung dieser Sehnsucht aufgibt und schließlich einen grundsätzlichen, allgegenwärtigen Mangel im Außen anerkennt, beginnt sie sich von ihrer unmittelbaren Umwelt abzuheben und sich selbst – auf der Vorlage der *unvollkommenen* anderen – als *besonders* zu inszenieren: Über eine "arrogante" Haltung im sozialen Raum gelingt ihr letztendlich eine Verschiebung der Abwertung *weg* von sich und *hin* zu den anderen und darüber eine Ummünzung ihres Hungers nach "Beachtung" in ein Unabhängigkeitsgefühl sowie in einen Erlebenshunger. Eine grundlegende Entwertung von anderen, gespiegelt in der "Bauern"-Metapher, rechtfertigt dabei ihre Überheblichkeit und bestärkt sie in ihrer Selbstaufwertung und ihren Distanzierungswünschen angesichts der eindimensionalen "Landbevölkerung": *C: "Die Leute, die bei mir in der Klasse waren, die waren alle solche Hoho-Bauern. Ich mein' das jetzt nicht negativ oder daß ich da jetzt irgendwie schlecht über die Leute reden will, sondern die waren irgendwie ganz anders, ich konnte mich mit den Leuten nicht identifizieren, ich wollte irgendwie anders sein als die, weil es mich gelangweilt hat, mich jedes Wochenende in irgend so 'ne Bauerndisco zu stellen und mich zuzusaufen ... und dann irgendwie prall in der Eck' zu liegen. ... Und ich hab' dann mir so eine Arroganz angeeignet, grad' meinen Klassenkameradinnen, meinen Eltern gegenüber, mir war das alles dann irgendwie die Leute gelebt haben, hab' ich nicht verstanden, daß ihnen das gereicht hat, so schön Schema-F-mäßig. Am Samstagabend meine Eltern, 'Wetten daß...' anzuschauen, hat mir nicht gereicht, war mir zu wenig."* Auf der Folie ihrer Konstruktion von der "Landbevölkerung" als Menschen, die "stehengeblieben" und sich "geradlinig entwickelt" haben, kreiert Cleo das sich davon abhebende Selbstkonzept einer *sprunghaft-neugierigen Suchenden*: *C: "Ich bin immer irgendwie so hin- und hergesprungen und hab' geschaut, was taugt mir, was taugt mir nicht. Was weiß ich, zwei Monate das Interesse, zwei Monate das Interesse, und immer wieder was Neues ausprobiert, um dann irgendwann auf den Weg zu kommen, bei dem ich denk', daß er richtig ist für mich."* Durch ihren damaligen Freund aus der "Stadt" kommt sie auf einen ersehnten und als passend bewerteten Weg *weg* von einem langweiligen und unergiebigen Land- und Familienleben, indem er ihr eine andere als bisher gekannte Art der Freizeitgestaltung in der (städtischen) Techno-Szene eröffnet. Dabei folgt sie ihrem Erlebenshunger als Leitmotiv. In diesem Sinne bewertet sie im nachhinein das Techno-Drogenleben als Anstoß für eine Abkehr von dem ansonsten alternativlos beschrittenen, monotonen Lebensweg auf dem Land: *C: "Und wenn ich die Drogen nicht genommen hätte- wenn ich die anderen Leute anschau', wie gesagt, aus meiner alten Klasse, die sind- die sind nette Leute, aber erstens es ist Landbevölkerung, was sowieso einen großen Unterschied macht zur*

Stadtbevölkerung meines Erachtens, weil sie einfach nur, was weiß ich, zwei Kilometer weit in die Arbeit müssen, am Abend dann heim, am Wochenende, wie gesagt, in dieselbe Diskothek, selbe Leute, und immer wieder Dasselbe, sehen nix Neues, erfahren nix Neues. Und so möchte ich nicht sein. So kann ich nicht sein, weil es mich langweilen würde. Und die Leute, ich kann Freunde von mir früherwenn ich die treff' auf der Straße, ich weiß nicht, was ich mit denen reden soll. Ich weiß wirklich nicht was ich mit denen reden soll. Das Einzige halt: Ja früher und war's nicht schön, tralala. Dann redet man 'ne halbe Stunde über die früheren Zeiten und dann ist's rum, dann weiß ich nicht was Sache ist, weil sie ganz andere Interessen haben als ich, gleiche Interessen, die mich wirklich absolut auf den Tod langweilen. Und wenn ich, glaub' ich, mit den Drogen nicht damals angefangen hätte, dann hätte ich auch 'ne Lehre da [im Heimatort] gemacht." I: "Ehrlich?" C: "Ja sicherlich. Dann wäre ich auch jedes Wochenende in dieselbe Diskothek."

Auf Cleos Drogenweg verknüpfen sich nun alle bisher genannten Elemente ihres Selbst-Austausch-Konzepts mit dem psychotropen Substanzkonsum und können, zusammen mit Zuschreibungsprozessen und -erfahrungen, in eine Chronologie gebracht werden: Vor dem Hintergrund einer vermißten adäquaten sozialen Resonanz – sichtbar an den abwertenden Etikettierungen sowohl durch die Mutter (vgl. "Du bist ein Stück Scheiße") als auch durch die Mitschülerinnen (vgl. "in der Schule war ich immer diejenige, die sowieso in Therapie muß") und an den lediglich ihre äußere Erscheinung betreffenden Wahrnehmungen (vgl. "kleine Dicke") – beginnt sie sich benachteiligenden Positionszuweisungen über innere und äußere Polarisierungen zu entziehen. Ab diesem Zeitpunkt empfindet sie bei Abwertungen nur noch einen diffusen Schmerz (vgl. "sicherlich hat's mir *irgendwo* wehgetan"), indem sie aufgrund ihrer abgetrennten und rational kontrollierten Gefühle über diesen steht und durch ihre "Arroganz" die Ebene verlustreicher Kontexte (Familie, Schule) verlassen kann. Zu dieser Zeit stellt sie ihre Suche nach einem ergiebigen sozialen Austausch ein und verschafft sich statt dessen Unabhängigkeit von sozialer Anerkennung über den Erwerb eines "arroganten" Schutzpanzers sowie eines idealen Ersatz-Lebensraumes in Form des Techno-Drogenlebens. Innerlich bleibt sie jedoch an ihre realen sozialen Zusammenhänge gebunden, da sie diese als Vorlage für eine gezielte Abgrenzung und damit als Orientierung für ihr Anders-Sein braucht: *C: "Und, ja, ich weiß nicht, am Anfang war das, das absolut Geilste überhaupt, dann irgendwie wegzugehen und, und du hast dich einfach toll gefühlt, grad' wenn ich dann am Montag in die Schule gekommen bin und dann die ganzen Leute gesehen hab', die irgendwie, ähm, na ja, am Wochenende wieder nichts erlebt hatten, wirklich nichts erlebt hatten. Die sind dann bis um zwei weggegangen und dann heim, und am nächsten Morgen, am Sonntag in der Früh in die Kirche oder so. Und ich hab' mir gedacht, ja, jetzt hab' ich endlich was vom Leben, jetzt fang' ich endlich an zu leben, hab' ich mir gedacht. ... ich wollte dann lieber weggehen, meine Feelings schieben, neue Leute kennenlernen, tanzen ohne Ende, und dann irgendwann mal pennen. Und das war dann irgendwie das absolut größte Highlife, was ich mir vorstellen konnte.*" Um den Effekt des Besonders-Seins, resultierend aus der Idealisierungs- und Abwertungsdynamik, halten zu können, installiert Cleo eine strikte Trennung zwischen ihrem Alltags- und Freizeitleben und pendelt fortan zwischen beiden Polen hin und her. Mit Einstieg in das Berufsleben versucht sie allerdings, sich vermehrt an die Bedingungen ihrer Alltags- und Arbeitswelt anzupassen, um auf diese Weise das leistungs- und drogenbezogene Austauschverhältnis "unter einen Hut zu bringen": *C: "In der Schule war's mir damals scheißegal was mit meinen Noten ist. Aber dann, als ich zum arbeiten angefangen hatte, hab' ich das Geld gewollt, mußte ich mich zusammenreißen, mußte ich am Montag in die Arbeit gehen, mußte ich nett sein, mußte ich Kundenkontakte pflegen, da konnte ich nicht irgendwie, wie's mir in der Schule so oft passiert ist, irgendwelche Aussetzer, Kieferaussetzter, absolute Kieferzuckungen unter der Woche, Backflashs-irgendwelche, mitten im Satz nicht mehr gewußt, was hab' ich jetzt vor zwei Sekunden gesagt?"*.

8.4.2 Ankommen an Idealformen über Materie mit Bewegungspotential

Cleo folgt zu Beginn ihres Techno-Drogenlebens ihrem Motiv des Erlebenshungers (vgl. "Highlife"), begleitet von dem Selbstempfinden der "Arroganz" gegenüber allen, die "anders sind" als sie. Auf diese Weise erfüllt sie sich ihren frühen Wunsch, "weg" aus enttäuschenden und unergiebigen Lebensbedingungen zu "kommen" (vgl. "Scheiß-Leben"). In diesem Sinne wird die Freizeitwelt zu einem idealen Ort, an dem sich eine Suche nach Inhalt manifestiert. Dieser soll sie schließlich mit Bewegungspotential ausstatten, das sie nutzen will, um sich sowohl von abgewerteten "anderen" abheben als sich auch inmitten idealisierter Gleichgesinnter als *sprunghaft-neugierige Suchende* erfahren zu können. Davon ausgehend benennt sie eine wesentliche Änderung ihres Selbstverständnisses mit Beginn ihres illegalen Drogenkonsums, den sie als "Materie" metaphorisiert:

> "Materie f. [...] entwickelt sich in zwei Bedeutungssträngen: einerseits bezeichnet es den 'Stoff, aus dem etw. gefertigt ist [...], andererseits gilt es in der Sprache der Philosophie als die 'stoffliche Seite eines Naturkörpers' [...], als 'Möglichkeit des Seins', das seine Bestimmung erst durch die Form erhält." (Etym. Wörterbuch d. Deutschen 1995:847f., Hervorh. i.O.)

Sobald Cleo effektive Materie gefunden hat, über die sie sich psychosoziales Bewegungspotential "aneignet", gelingt ihr auf der Folie aktueller sozialer Erfahrungen eine Optimierung ihres Selbst-Austausch-Konzepts und damit eine positive Veränderung ihres Selbstverständnisses: *C: "Ich mein', die Drogen haben mich schon sehr verändert." I: "Inwiefern?" C: "Inwiefern- grad' wie ich vorhin gesagt hab', die Arroganz am Anfang, das ging ein Jahr oder so, und dann hab' ich ge-*

merkt, ja, es bringt nix, es bringt nix. Und dann hab' ich mir gedacht, ja, auf Pille oder auf Ticket, das muß doch irgendwie gehen, daß ich mich da selber veränder', daß ich irgendwie klarer werd' im Umgang mit anderen Menschen, daß ich irgendwie- daß ich andere Menschen irgendwie nicht nur als, als Schatten wahrnehme, ... mich hat das nicht interessiert, was andere Leute gemacht haben, mit denen ich tagtäglich unter der Woche Umgang hatte ... Hat mich überhaupt nicht interessiert, was mit denen war. Die waren einfach- die waren anders als ich, und die haben ein Scheiß-Leben geführt in meinen Augen und- grad' wenn ich jemand Neues kennengelernt hab', mit 'ner absoluten Arroganz, irgendwie unfreundlich, nicht hilfsbereit, einfach nur noch Scheiße drauf. ... Aber wenn's dir selber dann mal schlecht geht und du siehst, ja, da hilft jemand Wildfremdes- ... und das kannte ich halt vorher nicht. Und wenn das immer wieder passiert, dann eignest du dir das auch an ... und das hat mir dann irgendwie die Augen geöffnet, ... dann immer mehr mit anderen Leuten, grad' zuerst am Wochenende, mit anderen Leuten drüber reden, über ihre Probleme, das hat mich dann verändert." Die eben geschilderte drogenbezogene Möglichkeit zur sozialen Selbsterweiterung auf der Basis rationaler Konstrukte vollzieht sich *von außen nach innen* – eine Richtung, die Cleo mit der gewählten Metaphorik zur Beschreibung dieses Lern- und Anpassungsprozesses transparent macht: über die wiederholte Erfahrung von Hilfeleistungen in der Techno-Szene "eignet" sie sich ein soziales Interesse und eine Aufmerksamkeit gegenüber anderen "an" und "gewöhnt" sich grundsätzlich "an", "ganz pauschal nett zu sein". Diese übernommenen Fähigkeiten wendet sie anschließend auch während ihrer alltäglichen Sozialkontakte an, wobei sie durch diese Normorientierung ihre illegalen Drogen-Handlungen "geheimhalten" will. Die über Anpassung erreichte Kontrolle von zwei strikt voneinander getrennten sozialen Seins- und Handlungsformen gelingt ihr aufgrund eines auf Selbstbeobachtung basierenden *Schnittes*, durch den sie sich sowohl in ein drogenbezogenes, *offenes* Körper-Selbst als auch in ein leistungsbezoges, *sich zusammenreißendes* Vernunft-Selbst aufteilt. Mit diesem "Cut" will sie sich ihre *normale* soziale Integration und ihren Eigenraum in der Techno-Szene bewahren: *C: "Ich hab' ja absichtlich diesen Cut gemacht irgendwie, ... ich war unter der Woche dann wirklich extrem freundlich, hab' mich dann wirklich richtig zusammengerissen, nett zu sein und hab' drauf geachtet, meine Sprache irgendwie- daß ich flüssig red', daß ich irgendwie, daß es irgendwie keine Hinweise gibt, daß ich was mit Drogen zu tun hab'. Wenn ich gemerkt hab', Montag, Dienstag noch voll das Zittern in den Händen, bin ich immer dorten gehockt, immer was zum Spielen. Es hat halt geheißen: Ja, die Cleo ist nervös. Warum hat zwar niemand gefragt, aber ich war immer die Hyperaktive, immer so Bein wakkeln und immer so verkrümmt dasitzen, da hat niemand irgendwie was gemerkt, aber- ich hab' mich halt zusammengerissen dann."* Ebenfalls anhand eines Aneignungsprozesses – diesmal auf der Wissensebene – gelingt es Cleo, alle Bedenken ihrer Mutter bezüglich eines möglichen Drogenkonsums ihrer jugendlichen Tochter wegzureden: C: *"Halt wenn was im Fernsehen gekommen ist oder wenn sie wieder was gesehen hat 'Schau her, die Jugendlichen. Drogen. Daß du mir ja nicht damit anfängst!', und ich 'Ach was, ich doch nicht, ich bin doch vernünftig, ich mach' doch sowas nicht.' Da ich mich halt wirklich gut ausgekannt hab', hab' ich ihr dann die Risiken und die Nebenwirkungen vorgetextet, ... dann war sie beschwichtigt."* Neben der zwanghaften Informationsbeschaffung zu den "Risiken und Nebenwirkungen" von Drogen entwickelt Cleo mit zunehmender Drogenerfahrung eine individuelle Gebrauchsstrategie von "Pillen" und verfolgt darüber ihre bereits vor dem Eintritt in das Techno-Drogenleben entwickelte "Eßstörung" weiter. Letztere verknüpft sie erneut mit ihrer Suche nach sozialer Anerkennung, die wiederum mit ihrer sichtbaren Form, den sozialen Reaktionen darauf sowie mit einem sie sichernden Selbst(wert)-Empfinden korrespondiert. Entlang dieser Verknüpfung setzt sich ihr Such(t)-Kreislauf, auf der Basis ihres Hunger-Behälters (mit dem Motiv eines Von-außen-haben-Wollens), in Bewegung:

> "b e a c h t e n Vb. 'achten auf, berücksichtigen, Aufmerksamkeit schenken'" (Etym. Wörterbuch d. Deutschen 1995:11).

C: *"Ich wollte Beachtung haben. Von meiner Mutter, von meinem Vater, von der Schule, keine Ahnung, ich weiß es nicht. Ich wollte Beachtung haben und hab' halt dann abgenommen. Nicht irgendwie bewußt oder so, sondern ich hab' mich nicht wohlgefühlt so wie ich ausgeschaut hab'- und hab' gemerkt, ja, grad' durch die Pillen, grad' durch die Drogen kannst du das Hungergefühl unterdrücken oder hast überhaupt keins mehr. Bis Mittwoch hab' ich teilweise, von Freitag bis Mittwoch nichts gegessen, weil ich einfach keinen Hunger hatte. Ja, echt, ich hab' nichts gegessen, nur getrunken ohne Ende halt dann, ... ich hab' Kaugummis gefressen ohne Ende, unterdrückt das Hungergefühl, dann hab' ich gesehen, mh, alle Leute haben gesagt 'Ja, Cleo, du schaust jetzt aber gut aus. Hast abgenommen, machst mehr Sport?', und ich 'Jaja, schon, mach' mehr Sport, hehe.' ... Hab' ich mir gedacht, ja mh, läuft ja gar nicht schlecht. Noch mehr abgenommen, immer mehr abgenommen, immer mehr Pillen geschmissen, immer mehr abgehangen, immer übler ausgeschaut. Alle Leute haben zwar gesagt, ja, nach ein, zwei Jahren 'Ja, bist aber vernünftig geworden.' Weil ich wirklich, weil ich wirklich immer so 'n Cut gemacht hab', damit das ja niemand mitkriegt, am Wochenende abgedreht ohne Ende, und am Montag in der Schule ... ist nie jemand auf die Idee gekommen, daß ich was mit Drogen zu tun hab'. Das war halt immer nur so: Ja, die Cleo, die braucht irgendwie ihren, ihren Vergnügungskick, so hat's immer geheißen, die will halt immer im Mittelpunkt stehen. ... Ja, innerhalb von vier, fünf Monaten war ich dann wirklich jedes Wochenende weg und hab' mir jeden Samstag, teilweise auch Freitag und Samstag, das ganze Wochenende durchgefeiert, teilweise sechs, sieben Pillen gelegt. Also in meiner richtig heftigen Zeit. [Pause] Erstens, wo kriegst du die Kohle her, du bist Schüler? Zweitens, wie kommt dein Körper damit klar? Innerhalb von eineinhalb Jahren hab ich über zwanzig Kilo abgenommen. Äh, ich hab' nichts anderes mehr getan, ich hab' nichts mehr gegessen. Am Wochenende, gut in der Schule, am Montag, Dienstag konnte ich sowieso nix essen, da war ich nur noch in der Schule gelegen, Mittwoch ging dann schon langsam wieder und Donnerstag hat teilweise das Wochenende schon wieder angefangen, Donnerstagabend fort, Sound gehört, Freitagabend fort, Pille geschmissen, Wochenende durchgemacht. So ging das. Zwei, drei Jahre lang."* Während des Erstinterviews empfindet Cleo ihren Drogenweg und dessen Verlauf als eigendynamisch und "schnell", was mit ihrem Aneignungsprozeß einer idealen Form über Drogen, als Weg zu einer wirksamen Füllmaterie für ihren Hunger-Behälter, zusammenhängt: Als Vernunft-Mensch muß sie die Drogenmaterie rational ganz durchblicken, um deren psychosoziales Potential – möglichst risikoarm – optimal für ihre ersehnte emotionale Erfüllung nutzen zu können. Diese Logik basiert auf ihrer Trennung von Ratio und Emotionen, wobei letztere – auf den Körper projiziert – von der Vernunft kontrolliert werden. Davon ausgehend kann gefolgert werden, daß sie das angeeignete Drogenwissen letztendlich vor unkontrollierbaren Drogenempfindungen (und der Angst davor) schützen soll. Darüber hinaus ist bemerkenswert, daß sie ihre drogenbezogenen Empfindungen in erster Linie anhand einer detaillierten Innenschau beschreibt, die konkret körperbezogene Reaktionen beleuchtet: C: *"Du spürst jeden einzelnen Knochen, du spürst deinen Magen, du spürst- du setzt dich hin und atmest, und du merkst so richtig echt im Kopf, wie der Sauerstoff durch die Luftröhre in die Lungen geht und wie sich deine Lungenflügel weiten, das spürst du alles, und das ist ja das absolut geilste Gefühl überhaupt, das Körperempfinden, das Tanzen. ... Das hat sich dann so schnell entwickelt. Man hat dann auch ganz schnell einen Durchblick in der ganzen Materie. Wenn jemand noch nie was mit Drogen zu tun hatte und du erzählst ihm das oder er fängt damit grade an, die denken, ja, und sie wissen nix davon, grad' wie das halt wirkt, innerhalb von drei, vier Wochen eignest du dir das alles selber an. Du siehst überall in sämtlichen Zeitungen, überall in Büchereien siehst du nur noch Drogenbücher oder Drogenzeitschriften oder Artikel über Drogen, und das mußt du natürlich alles lesen, weil du alles wissen mußt darüber."* Dieser Zwang zur Informationsbeschaffung korrespondiert mit Cleos zentraler Thematik der rationalen Gefühlskontrolle am Körper und darüber mit ihrem persönlichen Anspruch an psychotrope Substanzen und deren Wirkmacht: Nachdem sie sich hierarchisch polarisiert hat in "Kopf" und "Körper" und auf diese Weise ihre Gefühls- und Austauschorganisation handhabt, produziert sie als Folge der damit verknüpften doppelten Kontrollinstanz (ideales Selbstkonzept, Zensur, Selbstbeobachtung und -kontrolle) viel innere Anspannung (vgl. "reinstressen"). Diese repräsentiert eine beengende Nebenwirkung der allgegenwärtigen Denk- und Handlungsbereitschaft nach äußeren Maßstäben, die wiederum als eine Form der Abwehr von verunsichernden bis abwertenden sozialen Einflüssen fungiert. Aufgrund dieser Unterbrechung des Informationsflusses zwischen Denken und Empfinden entsteht im unmittelbaren sozialen Kontakt zwangsläufig eine spontane Ausdrucksblockade, indem Cleo persönliche Empfindungen und soziale Ereignisse zunächst nur sehen und bewerten, anschließend handhaben und dann erst fühlen kann. Dieses emotionale Hinken versucht sie über ein auf Materie projiziertes Bewegungspotential aufzuholen, wobei sie dieser Beschaffungsweg aufgrund ihres Hunger-Behälters nach außen treibt. Auf ihrer Suche nach einer tauglichen Substanz bezieht sie anschließend aus ihrer sehr präsenten Sehnsucht nach "Beachtung" Orientierung, die – angesichts ihrer bisherigen sozialen Erfahrungen – mittlerweile nicht mehr von außen erwartet und erhofft wird. Konsequent dazu organisiert sie sich ein selbstbestimmt handhabbares, potentes Füllmaterial (Drogen) zur Steigerung ihres Selbstempfindens sowie zur Sicherung ihres Selbstwertes. Indem sie nun ihren Drogenweg parallel zum jeweiligen Ausmaß ihrer Wünsche geht, empfindet sie dessen Verlauf als "schnell", da sie in kürzester Zeit alles bisher Vermißte "haben" will. Um im Laufe eines regelmäßigen Konsums das potentiell machtvolle Verhältnis zwischen ihrem bedürftigen Selbst und dem psychotropen Wirkpotential im Gleichgewicht halten zu können, übernimmt Cleo den Zuständigkeitsbereich der rationalen Gefühlskontrolle und setzt die Drogen im Rahmen der am Körper festgemachten Gefühlsorganisation ein. Anhand dieser Arbeitsteilung versucht sie dann, die drogenbezogene Wirkmacht auf die Erfüllung ihrer Idealkonstruktionen hinzulenken. Oder anders ausgedrückt: sie versucht, vom "Kopf" aus den Körper als emotionale Projektionsfläche zu manipulieren: C: *"Ich weiß nicht, da gibt's so 'n schönen Spruch: Erst wenn die Pforten der Wahrnehmung geöffnet sind, erscheinen dir die Dinge, wie sie wirklich sind. Das hat Jim Morrison gesagt und irgendwie, das ist genau das, was, was irgendwie, mein, mein Spruch ist, der irgendwie genau das ist, was Drogen für mich ausdrücken. Erst wenn du wirklich alles abläßt und ganz locker bist und dich nicht selber unter Druck setzt und nicht selber dich irgendwie reinstreßt oder andere Leute dich reinstressen, dann hast du die Garantie oder dann hast du die besten Voraussetzungen, daß es irgendwie so wird, wie du's gerne hättest. Ich meine, daß ich irgendwie, wenn ich mir was leg' [Drogen konsumiere], daß ich weiß, wie's am Idealsten ist, ich mein', das ist klar, jeder hat da seine Idealvorstellung. Aber man kann sich ja selber, man kann seinen Körper ja auch selber irgendwie darauf hintrimmen, daß es dann genauso wird wie man sich das vorstellt. Ich meine, da gibt's schon Tricks. Wenn's nicht fährt [wenn die Drogenwirkung nicht einsetzt], gehst du zum Tanzen oder wenn's anders fährt, du kannst dich selber irgendwie- ja, selber beeinflussen, daß es dann so fährt, wie du das willst. Ich mein', es passiert viel im Kopf, und wenn du im Kopf da irgendwie die Sache- richtig angehst, dann, dann haut das hin."* Als empfindens- und handlungsleitende Motive trägt Cleo ihre Wünsche von einem Anders-Sein, einer Ablösung sowie Neuorientierung und einem Erreichen eines sie erfüllenden Lebensgefühls im "Kopf", entlang derer sie dann das Wirkpotential der Drogen steuert. Beim anschließenden Erreichen eines idealen Gefühlszustandes fühlt sie sich selbst insofern nicht mehr "unter Druck" gesetzt, als sie über das drogeninduzierte *andere* Handlungs- und Bewegungspotential ihre Real-Präsenz hinter sich lassen und entspannen kann. Davon ausgehend bildet sie ein Drogenideal aus, in dem genau ihre oben genannten Sehnsüchte eingelassen sind: *C: "Ich wollte anders sein. Bloß ich weiß, oder ich wußte und ich weiß, ähm, ich mein', man entwickelt sich das ganze Leben lang, das ist klar, man verändert sich das ganze Leben lang, aber die Basis waren die Drogen, glaub' ich, der Startpunkt zu dem Weg, den ich gehen wollte oder will. ... Ich wollte am Wochenende die Musik fühlen, ich wollte Spaß haben, ich wollte abgehen, ich wollte abgehen ohne Ende." I: "Wie hast du dich gefühlt, wenn du was genommen hast?" C: "Jaja, locker und offen und relaxed vor allem, relaxed. So 'ne gewisse Leck-mich-am-Arsch-Einstellung, mein' ich jetzt aber nicht negativ, sondern einfach irgendwie mich nicht selber unter Druck zu setzen. Wenn ich jemand Neuen kennengelernt hab' und ich war nicht auf Drogen, hab' ich mir gedacht: Wenn ich jetzt irgendwie Müll erzähl', was mögen die Leute wohl von mir denken? Wenn du auf Drogen bist, da hab' ich halt gelabert, einfach so, ohne irgendwie Hintergedanken zu haben, ja, wie wirke ich jetzt auf andere Leute? Das war mir egal. Was heißt, war mir egal, ich hab' einfach nicht drangedacht."* Sobald das drogenbezogene Wirkpotential also auf die *richtige* Bahn gebracht ist, kann Cleo ihre strenge Selbstbeobachtung und -kontrolle lockern, wobei sie sich anschließend entspannt und gelassen fühlt. Dieses emotionale Einholen, aufgrund der einverleibten Geschwindigkeit und Potenz der Droge, ermöglicht ihr einen direkten Zugang zu ihren rationalisierten Selbst- und Gefühlsanteilen. Als Folge davon können die zuvor unterdrückt gehaltenen, spontanen Ausdrucks- und Handlungsoptionen zum Leben erwachen: Durch eine Entrationalisierung, die sie als Öffnung ihres Selbst-Behälters wahrnimmt, strömen unvermittelt alle im nüchternen Zustand dem Bewußtsein ferngehaltenen Anteile eigenmächtig heraus: *C: "Es ist aus mir rausgesprudelt alles, ich mußte nicht irgendwie nachdenken und tun und machen, sondern es ist einfach von innen rausgekommen. Und wenn ich, wenn ich nüchtern war, dann bin ich in mich gegangen und hab' überhaupt ewig lang überlegt: Wie fühl' ich mich jetzt und wie red' ich mit anderen Leuten? ... Grad' wenn du mit Drogen anfängst und gehst dann weg und weißt, wie du auf Drogen bist, dann merkst du erst mal oder du meinst zu merken, wie Scheiße du eigentlich bist, auch wenn's gar nicht so ist. Aber du denkst, ja auf Drogen bin ich viel lockerer, bin ich viel netter, bin ich viel offener anderen Leuten gegenüber, fällt mir alles viel leichter. Das ist halt dann das Problem, daß du dich, daß du mit deinem Selbstbewußtsein nicht mehr klarkommst, daß du meinst, du bist total Scheiße, und andere Leute finden, daß du blöd bist und es taugt dir halt mehr wie du drauf bist, wenn du Drogen genommen hast."* Demzufolge eröffnet der mit einer passenden "Materie" (Droge) gefüllte Hunger-Behälter Cleo einen Zugang zu ihrem Behälter-Inhalt, den sie im nüchternen Zustand verschlossen und damit nicht unmittelbar spürbar hält – aus Angst, im sozialen Kontakt ihre defizitäre Selbstwahrnehmung bestätigt zu bekommen.

> "**Pille** f. 'Arzneimittel in Kügelchenform', [...] 'Ball, Kugel'" (Etym. Wörterbuch d. Deutschen 1995:1010, Hervorh. i.O.).

Das Handlungs- und Bewegungspotential der "Pille" ermöglicht Cleo ein Abgeben ihrer sie in ihrer spontanen Ausdrucks- und Handlungsfähigkeit einschränkenden permanenten Selbstbeobachtung, worüber sie ihr Selbst- und Körperbewußtsein am Maßstab ihrer Idealvorstellungen ausrichten und in der Folge davon (als) optimal wahrnehmen bzw. spüren kann. Hiervon ausgehend kann sich der verschlossene, negativ etikettierte und unsichere Hunger-Behälter (Orientierung und Suchbewegung: von außen nach innen) während der Wirkungsdauer der Drogen in einen belebten Gefühls-Behälter (Orientierung und Bewegung: von innen nach außen) transformieren. Dieses vitalisierende Selbsterleben macht aufgrund der erlangten Vollständigkeit (vgl. "Pille") eine permanente Kontrolle aller von vornherein erdachten Gefahren im sozialen Kontakt überflüssig. Auf diese Weise wird die Trennung zwischen Kopf und Körper wie ein Staudamm im Selbst-Behälter aufgebrochen, was Cleo als Sprudeln empfindet: Durch ein belebendes und spontanes Aufgeben rigider Kontrollmechanismen kommt ihre Lebensenergie in Fluß, mit dem Effekt einer direkt und uneingeschränkt spürbaren Vertrautheit: *C: "Wenn du neue Leute kennengelernt hast, ... da war das, sofort innig [lachend]. Aber wenn du, ich jetzt mit Spezln oder so fortgegangen bin, wenn's gute Freunde waren, wenn's wirklich gute Freunde waren, da war das Gaudi, da hatten wir nur noch Blödsinn geredet, da war das Gefühl, das Zugehörigkeitsgefühl grad' zu Freunden, wo man auch weiß, das sind Freunde, wenn man nüchtern ist, da war das unglaublich das Gefühl zu den Leuten, da war das wirklich tiefe, innige Liebe. Das kann man nicht beschreiben, solche Gefühlsausbrüche, die man da gehabt hat."*

8.4.3 Nicht mehr erträgliche Ideale als Chance zur Neuorientierung

Erst beim "Runterkommen" von drogenbezogenen Gefühlshöhen oder beim Rauskommen aus sozialen (Selbst-)Erfahrungstiefen trifft Cleo erneut auf den (belastenden) Widerspruch von Ideal- und Real-Präsenz: Entsprechend ihres empfindens- und handlungsleitenden Wunsches nach "Beachtung", die für sie gleichbedeutend ist mit dem Spüren eines sicheren Selbstbezugs (der wiederum unentbehrlich ist für ein dynamisches Austauschverhältnis), verknüpft sie die Suche nach einer Erfüllungsmöglichkeit ihrer Sehnsucht mit ihren Drogen-Handlungen. Oder aber die innere Sehnsucht verbindet sich mit dem wahrgenommenen äußeren Maßstab und verdichtet sich zu folgendem Leitmotiv: um das *haben* zu können, was sie sich wünscht, muß sie dort ankommen, wo andere sie *haben* wollen – "Beachtung" also zum Preis eines Perfekt-Seins. Mit diesem Ideal vor Augen beschreibt sie die Orientierung ihres such(t)dynamisch organisierten Hunger-Behälters insofern als eine von außen nach innen, als dieser erst über den Zugang zu direkten Empfindungen in einen Austausch-Behälter transformiert werden kann. Dort angekommen gelingt ihr eine gleichwertige Verbindung von Selbst- und Körperempfinden, was letztendlich – aufgrund einer rational ungebremsten Selbstmitteilung nach außen – eine belebende Unmittelbarkeit erzeugt. Der Behälter-Inhalt darf aber nur deshalb die rationale Zensurschranke passieren, weil ihr über die drogenbezogene Vervollständigung eine erlösende Distanzierung zu ihrer Real-Präsenz gelingt. Fällt nun diese geliehene Macht mit dem Abbau der Drogenwirkung im Körper weg, nimmt sie sich erneut als wertlos wahr: Mit dem "Runterkommen", in Form einer Einebnung eines Oben-Unten-Verhältnisses zwischen Selbst- und Fremdwahrnehmung, zwischen "Körper" und "Geist" sowie zwischen Gefühl und Vernunft, beginnt Cleo sich wieder negativ zu spüren – das heißt, das sich selbst zugeschriebene "Selbstbewußtseinproblem" dringt wiederholt als psychosoziale Beengung in ihr Bewußtsein vor. An diesem Punkt angekommen "baut" sie sich erneut eine Drogendosis in ihren Selbst-Behälter "ein" und/oder versucht ihr (Körper-)Empfinden über Essen-Aufnehmen und -Auskotzen auszugleichen. Aufgrund dieser Körper- und Gewichtskontrolle, funktional eingesetzt als emotionales Regulativ, schränkt sie sich im Laufe der Zeit jedoch immer mehr in einer vollen Entfaltung und Ausdifferenzierung ihrer ganzen Vielfalt von Wahrnehmungs- und Handlungsmöglichkeiten ein. Gleichzeitig erzielt sie darüber einen erwünschten Effekt im Rahmen ihres Selbst-Austausch-Konzepts – diesmal auf der Ebene des Geschlechtskörpers und der heterosexuellen Beziehungsstrukturierung:

Zum Zeitpunkt des Erstinterviews schreibt Cleo ihrem Frau-Sein keinerlei Bedeutung zu. Statt dessen hebt sie ihr Mensch-Sein und die immateriellen Phänomene "Seele" und "Psyche" im Zusammenhang mit ihrem geschlechtsbezogenen Selbstverständnis hervor – das auf diese Weise neutralisiert wird. Auffallend ist nun, daß sie eine weibliche Identifikation sofort mit "Geschlechterkampf" und "Geschlechterdifferenzierung" verbindet. Hinsichtlich des folgenden Zitats kann daraus gefolgert werden, daß sie zum Zeitpunkt des Erstinterviews nicht für eine *Unterscheidung* zwischen den Geschlechtern, sondern gegen einen *Geschlechtskörper* und damit gegen eine sexuell-emotionale Beziehung zwischen den Geschlechtern kämpft: *I: "Was heißt für dich Frau-Sein, einen weiblichen Körper zu haben?" C: "[Pause] Frau-Sein, für mich bedeutet Frau-Sein nichts, muß ich ehrlich zugeben. Mir bedeudet's was, Mensch zu sein, und nicht Frau zu sein. Ich mach' da nicht irgendwie jetzt da so Geschlechterkampf oder Geschlechterdifferenzierungen oder sonst irgendwas, mach' ich überhaupt nicht. Ich weiß was ich bin, ich weiß was ich an mir hab'. Es ist halt alles vergänglich. Und das ist das. Ich mein', für mich gibt's die Seele, und die Seele hat kein Geschlecht. Und mein Körper ist vergänglich. Wenn ich Fünfzig bin, dann hab' ich Cellulitis, dann bin ich alt."* I: *[lacht]* C: *"Nein, nein, es ist ja so, dann hab' ich Falten, dann interessiert das möglicherweise meinen Mann zwar schon noch, daß ich Frau bin, aber für mich ist es halt nicht wichtig. Überhaupt nicht, gar nicht. Für mich ist meine Seele und meine Psyche wichtig."* Hier nimmt Cleo zunächst eine dem heterosexuellen Arrangement entsprechende Position ein (vgl. "mein Mann"), entzieht diesem aber sogleich wieder jegliches Spannungspotential, da sie ausschließlich ihr Mensch-Sein ins Spiel bringt. Demzufolge nimmt sie den Beziehungspartner zwar als interessiert an ihrem Äußeren wahr, läßt ihn jedoch auf erotischer Ebene alleine zurück, indem sie sich aufgrund ihrer ausschließlichen Identifikation mit der körperlosen "Seele" und "Psyche" nicht involviert in eine (auch) körperlich-sexuelle Beziehung. Diese Neutralisierung von sich selbst wird ebenfalls in ihrem Freundeskreis wahrgenommen, aufgegriffen und als Kriterium zur Verhältnisbestimmung zwischen Cleo und ihren überwiegend männlichen Freunden herangezogen. Daraus ergibt sich für sie eine privilegiertere soziale Position im Vergleich zu "Mädels" oder "Raver-Häschen": C: *"Und dann rufen Kumpels- ich hab' wirklich sehr, sehr viele Spezln, auch viele Freundinnen, aber mehr Spezln, rufen sie an und sagen 'Hey, Cleo, heute abend ist Party am Weiher.', und ich 'Wer kommt denn alles?' 'Ja der und der und der.' 'Was ist mit euren Mädels, mit euren Freundinnen?' 'Ja, heut' ist Männerabend.', sag' ich 'Ja toll, und was bin ich?' 'Ja, mh, ja- Mädels werden halt daheimgelassen.' So in der Art läuft das [lachend]. Ich weiß nicht, ich kann mit Männern irgendwie, besser, grad' wenn's ums Fortgehen geht, wenn's um Musik geht. Ich unterhalte mich halt auch sehr gerne über Musik, wie die Töne ineinander gehen und wie ich Musik empfinde. Und das machen halt Männer mehr als Frauen. Frauen sind dann mehr so [macht piepsende Geräusche], Feelings schieben und- ich mein', das ist schon ganz nett [lachend], aber es langweilt halt dann auch. Und Mädels werden halt sehr gerne von Männern oder von den Leuten, die ich kenne, daheimgelassen, gerade wenn's ums Fortgehen geht und wenn's um Drogen geht. Haben wenig gerne. Gut, zum Poppen dann [lachend]."* In Cleos Augen besitzen "Mädels" keine Kontrolle mehr, wenn sie Drogen konsumiert haben, was sie als Grund für ihre Abwertung von weiblichen Szene-Besucherinnen nennt: C: *"Viele Mädels kommen einfach nicht klar damit, wie sie draufkommen. Sie steigen dann total aus, peilen's nicht mehr ab. Und das ist halt wirklich 'ne Sache, ich- wenn ich Drogen nehm', dann, möchte ich in meinem Kopf ansprechbar sein und möchte wenigstens ein bißchen Klarheit haben und nicht halt irgendwie, wie's bei vielen Mädels ist, prellen sie sich zu und raffen nix mehr ab. Und das find' ich das Allerblödeste was es gibt."* Während des Erstinterviews zählt sich Cleo weder zur Kategorie 'Frau' noch zu der eines "Mädels", da sie eine relationale Bestimmung in einem heterosexuell strukturierten Beziehungsverhältnis über ihr neutral definiertes Selbst- und Körperkonzept abwehrt. Sie geht zwar Beziehungen und Freundschaften zu Männern ein, besetzt dabei aber die Position eines *Kumpels*: Durch abwertende Bemerkungen in Form von Klischeebildungen und einer sexistischen Haltung grenzt sie sich von der Subjektposition 'Frau' ab, indem sie diese gleichsetzt mit einer ausschließlichen, und von daher schwer kontrollierbaren, Gefühlsbestimmung und Unterlegenheit (vgl. "Mädel" versus "Mann"). Anschließend nähert sie sich über solidarische Männerbündnisse und geschlechtstypische Zuschreibungsprozesse an die mit Dominanz, Vernunft und Sicherheit assoziierte Subjektposition 'Mann' an: Bei Mädchen "passieren hysterische Anfälle", wohingegen Männer "körperliche Probleme haben", die für Cleo keine Gefahr bedeuten. Denn aufgrund ihrer inneren Spaltungstechnik ist sie in der Lage, ihren Körper "hintrimmen" und somit in einen gewünschten Zustand bringen zu können. Gefühle sind dagegen bedrohlich für sie, da sie mit Kontrollverlust und Orientierungsunsicherheiten verknüpft sind. Dementsprechend haben nach Cleo häufiger "Mädels" hysterische Anfälle: I: "*Was glaubst du, was da der Grund dafür ist?*" C: "*Ja, weil sie's nicht abpeilen mit sich selber, was sie eigentlich wollen. Weil sie nicht irgendwie mit sich selber im reinen sind. ... Und das [ein hysterischer Anfall] passiert halt, wenn du mit dir selber nicht im reinen bist. Und das ist halt bei Mädels häufig der Fall.*" I: "*Bei dir auch?*" C: "*Nee.*" I: "*Stufst du dich überhaupt unter die Kategorie 'Mädel' ein?*" C: "*Nee, was heißt- doch, irgendwo schon, klar, sicher, irgendwo, aber, vom Ausschauen her, und sicherlich- vom Gefühl eigentlich auch weniger. Ich steh' auch nicht drauf, wenn mir jemand Blumen schenkt oder dich da zutextet oder irgendwelche Gedichte schreibt oder sowas. Find' ich absolut ätzend, find' ich schrecklich! Oder heulen wegen jeder Kleinigkeit. So typisch mädchenhaft einfach, find' ich- ich weiß nicht, find' ich abartig, kann ich überhaupt nichts mit anfangen. Da komm' ich mit Männern besser klar. Ich meine, ich bin nicht so hart wie manche Typen, ich bin auch in manchen Sachen sehr sensibel, wenn man mich drauf anspricht, geht's mir dann auch nicht besonders gut, hab' auch meine Gefühle, ich meine, das ist klar, aber gerade bei Mädchen, die Drogen nehmen, ist das so schrecklich meistens.*" Zum Zeitpunkt des Zweitinterviews erzählt Cleo von ihrem "psychischen Zusammenbruch", der von nahezu allen genannten abgewehrten, gefürchteten und als geschlechtstypisch dargestellten Symptomen begleitet worden ist: C: "*Also ich hatte- Anfang November [1999] hatte ich einen Zusammenbruch, einen psychischen Zusammenbruch, ... ich hab' dann Blut gespien und war total hysterisch, nicht mehr ansprechbar und bin daraufhin ins Krankenhaus gekommen.*" Ab diesem Zeitpunkt beginnt für sie ein "Umbruch", ein Ausstieg aus dem Drogen- und Eß-Brechkreislauf, dessen Sogwirkung sie im Erstgespräch selbst noch nicht wahrhaben wollte bzw. konnte. Erst als ihr Körper ein deutliches Signal setzt und aus dem mechanischen Prozeß zur Erlangung eines idealen Selbst- und Körperempfindens aussteigt, fallen die Ebenen ihrer im Laufe der Such(t)-Bewegungen konstruierten und verfestigten Real- und Idealbilder zusammen. Diese Ohnmacht, angesichts einer plötzlich nicht mehr reibungslos funktionierenden Kontrolle von körperlich-sichtbaren Zeichen, läßt Cleo handeln und sich Hilfe organisieren: *C: "Ich hab' halt gemerkt bzw. ich hab' Blut gespien und zwar richtig schlimm und Krämpfe gekriegt und- ich hab' eigentlich nicht wegen dem Psychischen [beim Notarzt] angerufen, sondern wegen diesem Körperlichen, weil mich das so erschreckt hat. Das Psychische hab' ich gar nicht richtig mitgeschnitten. Also natürlich hab' ich gemerkt, mir geht's dreckig, aber das Blut hat mich einfach erschreckt. Das hat mich erschreckt ohne Ende. ... Ja, und im Dezember [1999] bin ich in die Klinik gekommen für zehn Wochen. War natürlich auch total heftig. Ich mein', das war ein absoluter Umbruch, absolute Struktur auf einmal, absolut ein Rahmen um mich rum, feste Essenszeiten dreimal am Tag, vier-, fünfmal am Tag essen, Therapie, Gespräche, ähm, Eingliederung in die Gruppe, Rücksichtnahme, egal worum's geht, zu viert in einem Zimmer, Struktur einfach in das Chaos was vorher war, ein absoluten Umbruch. Und das irgendwo auszuhalten und da durch zu gehen und zu sagen: He, ich pack' das jetzt, egal wie's mir geht. Ich mein', vom Verstand her war ja alles klar. Ich mein', es war immer alles klar [lachend]. Aber vom Gefühl her war's halt immer so diese Ambivalenz innerlich. ... Ja, und mein Kopf hat mir halt irgendwo geholfen, da zu sagen: Na ja, pack das an, du willst ja irgendwie mal weiterkommen, und das war dann okay."*

"**Chaos** n. 'ungeordneter Urzustand der Welt, völliges Durcheinander'; [...] 'leerer Raum, Luftraum, Kluft'." (Etym. Wörterbuch d. Deutschen 1995:190, Hervorh. i.O.)

Nachdem Cleos Raum zur idealen Selbstbildung in Richtung einer perfekten Form und Figur regelmäßig mit potenter Materie (Techno-Drogenleben) gefüllt worden und daraufhin aus den Fugen geraten und zusammengebrochen ist, macht sich die zuvor mit Körper- und Drogen-Handlungen immer wieder "verdrängte" Leere im Inneren breit. Indem sie sich nun während dieser als existentiell bedrohlich wahrgenommenen Erfahrung innerhalb eines ihr Sicherheit gebenden therapeutischen Rahmens befindet, fühlt sie sich von ihrem Anspruch entlastet, "immer allen die Schokoladenseite" von sich "zeigen zu müssen". Daraufhin kann sie das erste Mal mit ihrem "inneren Chaos" nach außen gehen und ihre bisher durch eine strenge Selbstkontrolle verheimlichte Panik vor Kontrollverlust mitteilen, mit der sie sich aktuell in Form einer Handlungsunfähigkeit auseinandersetzt: *C: "Und, ja, hier [in der therapeutischen Wohngemeinschaft] hab' ich halt irgendwo einen Ansporn bzw. einen Beistand, 'ne Hilfe, daß ich das auf die Reihe krieg', und das ist alles am Laufen mit Schuldnerberatung, die ganzen Behördengänge. Ob das jetzt 'ne neue Lohnsteuerkarte ist oder sonst irgendwelche Sachen. Ich mein', bei mir ist es so, ich steh' vorm Telefon und weiß, ich muß bei der Bank anrufen. Und dann krieg' ich wie so Angstzustände. Das hört sich echt total verdreht an, ist es auch, aber es ist- ob das bei der Bank ist, bei den Ämtern oder sonst irgendwas, um meine Existenz zu sichern, und ich muß mich darum kümmern, dann hab' ich da so 'nen inneren Druck, und dann fängt alles zu zittern an, aber meine Gedanken kreisen dann um ganz andere Dinge, und ich fang' dann auf einmal zu putzen an. Also die innere Struktur löst sich total auf, und ich versuch's halt dann, von außen irgendwo herzukriegen."* Nach dem Einsturz ihrer Idealkonstruktionen sucht sich Cleo neue Ziele, die sie in Bewegung bringen sollen, um das "Chaos" und die "Unruhe" hinter sich lassen und "was ganz Neues anfangen" zu können. Ausgehend von dieser aktuell empfundenen Verunsicherung und den neuen Sicherungsversuchen im Rahmen ihres Selbst- und Körperkonzepts ist sie aktuell motiviert, viele ihrer eingefleischten Konstruktionen zu reflektieren und gegebenenfalls umzudefinieren – was sich auch in ihrem Verhältnis zum Frau-Sein bemerkbar macht. Im nachfolgenden Zitat, in dem sie Anhaltspunkte für einen sich schärfenden Blick auf die geschlechtsbezogene Dimension ihres Selbstverständnisses nennt, wird noch einmal ihre Logik einer auf den Körper projizierten Gefühlswahrnehmung erkennbar, entlang derer ihre rational-distanzierende Selbstdefinition *über* körperliche "Bewegung" *zu* einem emotionalen Sich-Begreifen kommt. Auf diese Weise kann sie sich ein zunächst unpersönliches, von außen kommendes Geschlechtsgefühl im Zuge eines sie belebenden Körpereinsatzes aneignen: C: *"Es hat sich verändert, ja. Zum Beispiel, es sind so kleine Dinge, woran ich das festmachen kann, nach drei Jahren hab' ich das erste Mal meine- äh, meine Regel wieder gekriegt. Das war irgendwo auch so 'n Umbruch, nach drei Jahren wieder das erste Mal: Hach, gibt's ja auch noch, weißt du, so in der Art."* I: *"Ist die so lange ausgeblieben?"* C: *"Jaja, drei Jahre lang gar nichts mehr, keine Hormonproduktion, klar. Dementsprechend war halt auch das Empfinden. Ähm, oder auch so jetzt, seitdem ich aus der Eßstörung raus bin einigermaßen und mit den Drogen aufgehört hab', ist der Blick klarer, ist die Selbstdefinition klarer. Vorher war ich neutral [lachend], also es gab bei mir kein, hab' ich ja schon erzählt, kein Geschlecht, also jetzt wirklich. Ja, und seitdem sich das langsam eingependelt hat und die eigene Wahrnehmung, die eigene Definition eingesetzt hat: Was bin ich, wie spür' ich mich, wie geh' ich mit meinem Körper um, was tut gut, was ist nicht schön, wie bewege ich mich? Bei mir läuft sehr viel vom Frau-Sein über Bewegung ab. Also meine Körperwahrnehmung ist am besten, wenn ich mich beweg'. Und, ja, es hat eingesetzt, schleichend, ganz langsam, aber es ist gekommen, und es wird auch immer besser, irgendwo so- sich als Frau zu sehen. Immer schwierig, klar, man will halt irgendwo, ob das Drogen sind oder das Essen, Kind sein, Verantwortung abgeben, so wenig wie's geht irgendwo selber machen, und da hat's Frau-Sein auch was damit zu tun. Ja, es verändert sich halt."* I: *"Also hast du das selber gemacht, mit diesem Neutralisieren?"* C: *"Was heißt selber- ich weiß nicht, ich glaub', das war ein Zusammenspiel von mir und Außen. Weil's leichter war auszuhalten alles."*

Für die Zukunft wünscht sich Cleo eine Neuorientierung, um nicht weiterhin in einer ambivalenten Haltung zwischen Extremen zu verharren – zumal ihr aktuelles empfindens- und handlungsleitendes Ideal das eines unabhängigen "Weiterkommens" ist: Während ihres Ausstiegs aus dem Suchtkreislauf im Zweitinterview steht für sie ihre aktuelle Entwicklung im Vordergrund, die hauptsächlich ein Erreichen von Selbständigkeit und Unabhängigkeit bedeutet, worüber sie letztendlich zu einer eigenen "Existenz" gelangen will. Letztere metaphorisiert sie als Besitz, was ihr Bedürfnis nach Sicherheit beim Einstieg in ein cleanes Leben zum Ausdruck bringt.

"Ich möcht' auf eigene Füße kommen, ich möcht 'ne Existenz haben, die nicht irgendwo von außen ist, also daß ich nicht irgendwo abhängig- mich in eine Abhängigkeit begeb', wie ich's mit meinem Ex-Freund oder meiner Mutter- sondern einfach ein selbständiges Leben führen, hundertprozentig selbständig. Früher hab' ich mir was vorgemacht, aber abhängig war ich trotzdem von anderen Leuten, und das möchte ich eben nicht mehr. Ich möchte irgendwo mein Ding durchziehen und auch wissen, wo möcht' ich hin, was sind meine Wünsche und wie komm' ich da am besten hin, wie mach' ich's mir am leichtesten? Also ohne irgendwelche Verdrängungsmechanismen wieder einschalten zu müssen, einfach 'ne gewisse Ausgeglichenheit haben und, ähm- eigene Wohnung, ja, mit sämtlichen, Bankdingen, Amtsgängen, ohne Druck das erledigen können, ohne zu sagen, ja, jetzt aufschieben, aufschieben, Angstzustände oder wie auch immer, sondern einfach alles in 'nem Rahmen machen ohne dieses Entweder-oder-Denken. Ja, das ist mir wichtig. ... Ja, ich möchte mich bilden. Weiterkommen."

III. Praxis: Triangulation von strukturellen und individuellen Dynamiken

> "Es gibt einen wesentlichen Zusammenhang zwischen unserer mitmenschlichen Erfahrung und der persönlichen Welt der Bedeutungen. Die Dinge der Welt und zwischenmenschliche Ereignisse tragen weder Namen noch Bedeutungen auf ihrer Stirn geschrieben. Bedeutung wird im Kontakt mit anderen Menschen vermittelt, und im Umgang mit anderen Menschen entwickeln wir unsere 'theory of mind'. Sie ist eine *Weise*, die Welt und uns selbst zu sehen." (Buchholz et al. 1997:16, Hervorh. i.O.)

Das folgende praxisrelevante Kapitel der Arbeit, das gleichzeitig ein höheres Abstraktionsniveau repräsentiert, soll mit einer Darstellung der Varianz von Motiven für eine mehr oder weniger bewußt getroffene Entscheidung *für* oder *gegen* einen (fortgesetzten) illegalen Drogenkonsum eingeleitet werden. Diese verallgemeinernde Übersicht basiert auf den von den Interviewpartnerinnen mitgeteilten empfindens- und handlungsleitenden Beweggründen im Zusammenhang mit ihren Drogen-Handlungen. Bedeutsam ist hier, daß sich Drogen-Handlungen und die damit verknüpften Effekte mit der Zeit verändern, und mit ihnen die empfindens- und handlungsleitenden Motive.

Auf der Ebene einer sekundären Suchtprävention erweisen sich nun genau jene Punkte als interessant, an denen sich die Drogeneffekte, das Konsummuster und die psychosozialen Motive wandeln, indem sie – mit entsprechenden professionellen Angeboten – zu Wendepunkten für bisherige Such(t)-Bewegungen werden können: "Um ein sinnvolles und hilfreiches Versorgungsangebot gerade für die riskant gebrauchenden Jungen und Mädchen installieren zu können, ist es notwendig, diese gefährdeten Jugendlichen am Umschlagpunkt zwischen risikoarmem und risikoreichem Substanzgebrauch zu identifizieren, um sie für speziell auf ihre Erfordernisse zugeschnittene Programme zu gewinnen. Denn der Einsatz sekundärpräventiver Maßnahmen muß gezielt diesen Wendepunkt zwischen experimentierendem und mißbräuchlichem Verhalten treffen. Für eine zuverlässige Identifizierung und ein funktionierendes Versorgungskonzept sind zunächst Kenntnisse über den Verlauf jugendlichen Drogenkonsums erforderlich, über den Umschlagpunkt von experimentellem zu mißbräuchlichem Verhalten sowie über Kennzeichen, die diesen Umschlag markieren." (Schmidt 1998:95)

Allgemeine Varianz von Motiven im Rahmen von Ein- und Ausstiegshandlungen:

	Einstieg/Drogenweg	Zeitliche/emotionale Varianz	Ausstieg/cleaner Weg
Subjekt/ Kapital	Beweggründe: Positionierte Erfahrung zwischen Biographie und ihrer subjektiven Bewertung, sowie zwischen Individualität und sozialer Resonanz. Daraus resultieren ein persönliches Kapital (Selbstverständnis), eine psychosoziale Position und Erfahrungen damit.	Mögliche Drogenphasen: 1. Hochphase (Initiation) 2. Verunsicherung (Kontinuität/Extreme) 3. Neutralisierung (Gewöhnung) 4. Positionierung (Abhängigkeit/Sucht) 5. Neuverhandlung (welchen Sinn bzw. Halt bietet ein cleanes Leben?)	Bewegende Frage: Welche *nicht*-drogenbezogenen Optionen und Perspektiven werden als bedeutsam und erreichbar wahrgenommen?
Ereignis/ Kapitalnutzung	Drogenkonsum als Ausdruck einer Verhandlung von bedeutsamen subjektiven und/oder kollektiven Lebensereignissen (z.B. die eindeutige Positionierung als Mann oder Frau).	Die Manifestation von Drogenphasen als Wendepunkte korrespondiert mit den subjektiven Bewertungen der emotionalen Wirkung von Drogen (z.B.: geben Drogen Selbstbewußtsein?)	Drogenkonsum als Übergangsphänomen: Ausstieg bei Statuswechsel, alternativen psychosozialen Möglichkeiten und bewußtem Umgang mit Ressourcen.
Wendepunkte	Entscheidung *für* einen Drogenkonsum bei: sozialen Integrationsangeboten bzw. -wünschen, psychosozialen Verunsicherungen, sozialer Isolation bzw. Aufgeschlossenheit sowie bei traumatisierenden Erfahrungen.	Abwägen von Chancen und Gefahren der Real- und Imaginär-Präsenz bei: Verlusterfahrungen, Enttäuschungen, negativ bewerteten Diskrepanzen zwischen Real- und Imaginär-Präsenz, sowie zwischen positiven und negativen Drogeneffekten; Entscheidung je nach Gewichtung für einen Ausstieg, für cleane Phasen oder für eine (erneute) Aufnahme des Drogenkonsums.	Entscheidendes Medium bei einem Einstieg ins *cleane* Leben: Positiv bewertete, verfügbare normalisierende Ressourcen[1] (z.B. Schule, Ausbildungs- und Arbeitsplatz, drogenfreie Sozialkontakte, ansprechende professionelle Informations- und Hilfsangebote).

Die vorhergegangenen Darstellungen der jeweiligen subjektiven Logik von Drogen-Handlungen in Beziehung zu realen Lebensumständen stehen insofern als Ausgangspunkt für die nachfolgende Typologisierung von Drogen-Handlungen, als auf der Basis der Varianz sich wechselseitig bedingender subjektiv biographischer

---

[1] *Normalisierende* Ressourcen werden als ein Zugang zu zukunftsschaffenden (sozial anerkannten) Projekten verstanden. Denn erst wenn spezifische normative Codes erfüllt werden (z.B. der Nachweis eines Bildungsabschlusses), kann ein (relativ) sozial anerkannter Beruf gewählt werden, über den wiederum – je nach seiner gesellschaftlichen Bedeutung – materielle Güter, und damit eine selbständige Lebensgestaltung, zugänglich werden.

und soziokultureller Determinanten spezifische Phasen des individuellen Drogenkonsums ausgemacht werden sollen. Dabei wird mit einer Erklärung von unterschiedlichen Phasen der Notwendigkeit einer differenzierten professionellen Kommunikationskultur Rechnung getragen, wodurch ein adäquater Zugang zu der jeweiligen Situation einer drogenkonsumierenden jungen Frau erleichtert werden soll. Als entscheidender Schlüssel zum Verständnis der jeweiligen *typischen* Konsum- und Suchtdynamik (aus der letztendlich *ansprechende* Interventionsmöglichkeiten abgeleitet werden sollen) fungiert die Metapher – verstanden als Scharnier von Subjekt und Kultur. An dieser Stelle geht es also um die kommunikative Beziehung zwischen Individuum und Kulturraum – und was liegt da näher, als die jeweiligen Kommunikationswerkzeuge der in bestimmten soziokulturellen Sphären handelnden und erfahrenden Menschen als Brücke zu ihren Sinn- und Lebenswelten einzusetzen?

> "Our ordinary conceptual system, in terms of which we both think and act, is fundamentally metaphorical in nature. The concepts that govern our thought are not just matters of the intellect. They also govern our everyday functioning, down to the most mundane details. Our concepts structure what we perceive, how we get around in the world, and how we relate to other people. Our conceptual system thus plays a central role in defining our everyday realities. If we are right in suggesting that our conceptual system is largely metaphorical, then the way we think, what we experience, and what we do every day is very much a matter of metaphor." (Lakoff et al 1980:3)

Auf meinem Weg von der Einzel- zur typologisierenden Analyse orientierte ich mich an Aspekten der Metaphernanalyse, wobei ich zuvor die beliebtesten Sprachbilder (Metaphernfelder) der befragten Frauen eruiert habe. Dafür bietet die Metaphernanalyse eine systematische methodische Vorgehensweise, um die "deutungs- und handlungsgenerierende[n] Tiefenstrukturen" (Schmitt, 1995:131) von Sprache zu rekonstruieren. Dies geschieht durch Sammeln von mehr als nur wörtlich gemeinten Bestandteilen der Erzählung, "in denen Erfahrungen, Wahrnehmungen, Wissen und Handlungsdispositionen aus einem Bereich erlebter Wirklichkeit auf einen anderen übertragen werden." (Ebd.:117) Bilden nun einzelne Metaphern eine "gleichsinnige Übertragung", so spricht man von einem 'Metaphernfeld', einem 'metaphorischen Modell' oder 'metaphorischen Konzept'. Alle Bezeichnungen stehen für ein spezifisches System subjektiver Wahrnehmungs- und Handlungsstrukturen und repräsentieren demzufolge einen Zugang zu persönlich wahrgenommenen, interaktiv konstruierten Selbstkonzepten und Handlungsoptionen.

Exkurs II zur Metapher

Was macht eine Metapher?
Aufgrund ihrer bedeutungsgenerierenden Eigenschaften (vgl. Exkurs I) legen Metaphern unbewußte Entwürfe der Selbst- und Welterfahrung an den Tag und bilden nach Lakoff und Johnson (1980) sogenannte "concepts", was soviel bedeutet wie 'Konzept' oder 'kognitives Modell'. Letztere dienen uns, in Form eines subjektiven Konzepts, als Vorlage zur Bedeutungsgenerierung innerhalb unserer Lebenswelten und können – je nach unseren individuellen psychisch-physischen und kulturellen Erfahrungen – konzeptuelle (strukturierende), orientierende sowie ontologisierende (vergegenständlichende) Metaphern enthalten.

- Zur konzeptuellen Metapher:

Sie trifft das Wesen der Metapher am exaktesten, indem sie einen neuen und abstrakten Begriff mit Worten aus einem anderen Erfahrungsbereich faßt und damit einen schlüssigeren, da die Vorstellung animierenden Begriff entstehen läßt. Beispielsweise projizieren wir den abstrakten Begriff der "Glühfadenlampe" auf einen anderen Erfahrungsbereich – hier auf "Obst" – und erreichen damit den aussagekräftigen Begriff der "Glühbirne" (Schmitt 1995:95). Diejenigen Metaphern, die wir am häufigsten gebrauchen, um uns und unsere Welt zu erklären, haben auch rückwirkend am meisten Niederschlag auf unsere Handlungen und Beziehungen zur Welt (vgl. Lakoff et al. 1980:3). Viele der konzeptuellen Metaphern klingen für uns alltäglich und damit weniger bewegend, dennoch besitzen sie als sogenannte 'tote Metaphern' ein hohes strukturierendes Potential für unser Denken. Diese konventionalisierten Sprachbilder verkörpern ein System und ordnen so einen bestimmten Erfahrungsbereich – ohne daß sich die sprechende Person einer Systematik bewußt wäre. Am Beispiel: Wir hören und verwenden im alltäglichen Sprachgebrauch, ohne weiter darüber nachzudenken, Worte wie Wahl*kampf* oder Parteien*krieg*, wodurch der Bereich der *Politik* von der Metaphorik des *Krieges* strukturiert wird (Baldauf 1997:15) – was für unsere Vorstellung von Politik nicht ohne Folgen bleiben dürfte. Denn die "metaphorischen Konzepten entsprechenden Alltagsmetaphern [...] sind [...] alles andere als tot. Auch wenn sie in der Regel nicht mehr bewußt als Metaphern empfunden werden, so prägen sie doch aktiv unser Realitätsverständnis und spiegeln ein zugrunde liegendes metaphorisches Konzept, das für die Bildung entsprechender metaphorischer Ausdrücke durchaus weiterhin produktiv sein kann" (ebd.:86).

- Zur orientierenden Metapher:

Sie steht für alle sprachlichen Bilder mit einer räumlichen Darstellungskraft: *oben-unten, innen-außen, vorne-hinten, tief-seicht* und *zentral-marginal*. Über Präpositionen können wir uns also beispielsweise sprachlich *in* ein Gefühl *hinein*begeben, als wäre es ein begehbarer Raum. Auch abstrakte Größen wie Zeit werden häufig durch plastische sprachliche Wendungen gefaßt: "Die Orientierung am Gesichtsfeld verursacht, daß Zeit als Strecke, die 'vor' oder 'hinter' jemandem liegt, verräumlicht wird. Diese Ordnung der Erfahrung orientiert sich am Körper und zieht metaphorische Sprechweisen im engeren Sinne nach sich: auf sich zukommen lassen, auf ein Leben zurückblicken, das habe ich hinter mir." (Schmitt 1995:97) Eine räumlich-körperliche Erfahrung ist auch für das Entstehen einer Oben-Unten-Dichotomie verantwortlich, die sich im sozialen Kontakt als ein Machtgefälle manifestieren kann: jemand ist mir z.B. *über-* oder *unter*legen, ich fühle mich *über*gangen, *über*fahren oder *unter*gebuttert. Dabei kann ich mich aber genauso *über* mein Gegenüber stellen und von *oben* auf ihn *herab*blicken. Wenn wir ferner von gefühlsbezogenen, schwer faßbaren Erfahrungen – beispielsweise im Bereich der Liebe – sprechen, neigen wir dazu, diese als eigene

Wesen zu behandeln. Dabei projizieren wir basale Empfindungen mit einem konkreten körperlichen Bezug ('Körperbilder') auf die mitzuteilenden Themen, um sie kommunikabel zu gestalten: "When things are not clearly discrete or bounded, we still categorize them as such, e.g., mountains, street corners, hedges, etc. Such ways of viewing physical phenomena are needed to satisfy certain purposes that we have: locating mountains, meeting at street corners, trimming hedges. Human purposes typically require us to impose artificial boundaries that make physical phenomena descrete just as we are: entities bounded by a surface." (Lakoff et al. 1980:25)

- Zur ontologisierenden Metapher:

Diese vergegenständlichenden Sprachbilder verwenden wir, um Innen-/Außen-Bereiche sowie Nähe-/Distanz-Verhältnisse zu verdeutlichen, was vor allem mit der sogenannten Behälter- oder Container-Metaphorik gelingt. Ein Mensch kann beispielsweise *verschlossen* oder *aufgeschlossen* sein, er kann sich bei einer Kränkung *in* sich *zurück*ziehen und so lange den Kummer *in* sich *hinein*fressen, bis er schließlich vor Wut *platzt*. Darüber hinaus projizieren wir abstrakte Gefühle und Erfahrungen auf Gegenstände und Substanzen und übertragen damit materiell schwer faßbare Zusammenhänge auf Bereiche, die eine Mengenbestimmung zulassen: "Vergegenständlichende Metaphern erlauben uns, physische und psychische Erfahrungen zu benennen, zu quantifizieren, bestimmte Aspekte aus dem diffusen Bereich menschlicher Interaktion und Selbstwahrnehmung zu isolieren und hervorzuheben, sie als Ursachen und Gründe zu behandeln oder sie zu personifizieren. Wer *eine Menge* Geduld hat, scheint eine quantifizierbare Masse dieser Eigenschaft zu haben, die doch qualitativ sehr unterschiedlich sein kann." (Schmitt 1995:98, Hervorh. i.O.) Eine weitere Verdinglichung, zur Sprache gebracht über eine konzeptuelle Metapher, findet sich in der Beziehungsmetaphorik von Geben und Nehmen. Meine Interviewpartnerinnen erzählen beispielsweise alle von einer ergiebigen, aber auch belastenden Beziehung zu den illegalen Substanzen. Denn Drogen *geben* einerseits Selbstbewußtsein, Reife oder Abwechslung, andererseits *nehmen* sie mit der Zeit viele Freiheiten (z.B. kann man mit "Suchtdruck" seinen Tagesablauf nicht mehr selbst bestimmen).

Alle drei genannten Typen von Metaphern kreieren Szenarien, die durch die jeweils angewandten Sprachbilder hervortreten: Die soziokulturell etablierte konzeptuelle Metapher NORMEN SIND EINE KRAFT (vgl. Buchholz et al. 1997:101) verdeutlicht beispielsweise den sozialen Zugzwang, dem wir uns als sprechende und handelnde Subjekte in soziokulturellen Zusammenhängen aussetzen bzw. diesem ausgesetzt sind. Die räumlich-orientierende Metapher läßt die abstrakte Größe 'Zeit' als *Weg* erscheinen, der *zurück*gelegt werden muß, um *wo anzukommen*. Schließlich entwirft die ontologisierende Metapher den Menschen und seine Lebenswelten als *Behälter*, *in* den etwas *hinein-* und *heraus*kommen bzw. *in* die man *ein-* oder *ausgeschlossen* sein kann.

Metaphern vermögen damit komplexe Erlebens- und Handlungsstränge zu reduzieren, indem sie Erfahrungen auf anschauliche Kontexte projizieren, neue Zusammenhänge schaffen und die Imagination herausfordern, die letztendlich wie eine Bildergänzung zum Nicht-Gesagten wirkt – sozusagen als prägnanter Untertitel, der sowohl den Selbst- und Weltbezug als auch das Selbst- und Fremdkonzept nachvollziehbar macht. Indem die Metapher aufgrund ihrer vermittelnden Struktur zwischen individuellen und soziokulturellen Bedeutungen sowohl an Kognition als auch an sinnliche Erfahrungen gebunden ist, können wir uns auf ihr wie auf einer Brücke zwischen unserem Körper und unserem Denken hin- und herbewegen: "Die Metapher wird an körperbasierte, sinnliche Anschauungsformen und an Kognition doppelt gebunden und von einem textlichen Verständnis emanzipiert. Dabei wird ihre triadische Struktur erkennbar." (Buchholz et al. 1997:106)

Meine metaphernanalytischen Forschungsschritte:

Nachdem ich die individuellen Sinn-Dynamiken, die in Kapitel II dargestellt worden sind, aufgespürt hatte, wendete ich Aspekte der Metaphernanalyse am Datenmaterial an, um zunächst die häufigsten Sprachbilder der befragten Frauen herauszufinden. Denn anhand einer Sammlung der jeweils gebrauchten Metaphern sowie ihrer anschließenden Zuordnung zu entsprechenden Bildbereichen (Metaphernfeldern) wird ein Zugang zu subjektiven körper- und bewußtseinsbezogenen Erfahrungen und Handlungsoptionen (inklusive deren Wandlungspotentialen) innerhalb des jeweiligen sozialen Kulturraumes eröffnet: "Lakoff und Johnson gehen davon aus, daß metaphorische Übertragungen aus einfachen und sinnlich wahrnehmbaren Erfahrungseinheiten ('experiential gestalts') auf komplexe und abstraktere Begriffe ein Grundzug unseres Denken und Handelns ist; Metaphern bilden 'concepts', nach denen wir unser Leben strukturieren. Es ist nicht notwendig, eine inhärente Ähnlichkeit zwischen diesen einfachen Erfahrungsgestalten und den metaphorisierten Gegenständen zu postulieren, um dann eine Metapher zu bilden: Sie betonen, daß wir selbst eine systematische Ähnlichkeit sprechend und verstehend herstellen." (Schmitt 1995:95)

> "Es geht nicht um den medizinischen Körper [...], sondern um den Körper als Bedeutungsgenerator, um den lebendigen Körper eines Subjekts, das Erfahrungen macht und diese ordnet, weil ohne Ordnung die Erfahrung sowohl chaotisch als auch nicht kommunikabel wäre. Solche Ordnung [...] ist bereits präkonzeptuell von Schemata strukturiert. Schemata sind dynamische, aber abstrakte Muster der Erfahrungsorganisation. Sie sind eine kontinuierliche Leistung einer organisierenden Aktivität. Sie dürfen nicht mit den reichhaltigen Bildern oder Metaphern selbst verwechselt werden. Sie liefern ihnen vielmehr die Form der Organisation. Als Schemata können sie identisch an verschiedenen konkreten Metaphern aufgewiesen werden." (Buchholz et al. 1997:97)

Daraufhin ordnete ich die von den Interviewpartnerinnen gewählten Metaphernfelder (z.B. *Geben/Nehmen, Machen, Haben*) den zuvor eruierten drei Hauptkategorien[2] zu und ermittelte damit, welche Sprachbilder in welchen psychosozialen Zusammenhängen welche Rolle spielen. Beispielsweise achtete ich darauf, auf welche Weise die befragten Frauen ihre (drogenbezogenen) Gefühle, Beziehungen und Ausdrucksmöglichkeiten versprachlichen und mitteilen: stellen sie ihre Gefühle als eigene Wesen dar (vgl. ontologisierende Metaphern)? Und wenn ja, wann entfalten diese welche Dynamik und wie gehen die Frauen damit um? Davon ausgehend konnte ich aufgrund der sogenannten "Körperbilder" oder "Kinaesthetic image schemas" (Schmitt 1995:103), die den jeweiligen Sprachbildern zugrunde liegen, einflußreiche Erfahrungs-, Wahrnehmungs- und Handlungsstrukturen der *so* sprechenden Frauen ausmachen.

In einem weiteren generalisierenden Analyseschritt verglich ich die an markanten Zusammenhängen vertretenen Schemata und überschrieb sie mit den daraus generierten soziokulturell etablierten konzeptuellen Metaphern. Beispielsweise erzeugt das Kraft-Schema die konzeptuelle Metapher NORMEN SIND EINE KRAFT: "Johnson (1987) zeigt in einer genauen sprechakttheoretischen Analyse, daß wir die Modalverben *können, dürfen, müssen* so verwenden, daß sich an ihnen das Schema der Kraft dokumentiert (Beispiel: 'ich *muß* jetzt gehen' heißt: 'es gibt eine Kraft, die mich zum Gehen zwingt'.) Die Sprache formuliert diesen Zusammenhang wiederum in einer manifesten Metapher, etwa wenn wir jemandem etwas verbal 'an den Kopf werfen'. Wenn wir sagen: 'Ich kann meine Aufgaben nicht erledigen' dann heißt das, daß es eine Kraft gibt, die uns daran hindert."

---

[2] Die drei Hauptkategorien sind: 'Geschichte und Dynamik des Selbstverständnisses', 'Drogen-Handlungen und ihre psychosozialen Funktionen' sowie 'Clean-Werden, persönliche Wünsche, soziale Resonanz und heterosexuelle Matrix'.

(Buchholz et al. 1997:101, Hervorh. i.O.) Von den schemataspezifischen konzeptuellen Metaphern leitete ich subjektspezifische konzeptuelle Metaphern ab, die sich – je nach Erfahrungs- und Handlungsdimension – verändern können: Nach dem Erarbeiten bestimmter Veränderungsprozesse von und durch Drogen ergaben sich über die bereits genannten Analyseschritte drei *typische* Subjekt- und Konsumprofile, die ich in ihre jeweils als typenspezifisch ausgemachte Handlungs- und Transformationsdynamik versetzte. Dabei durchliefen die drei Subjekt- und Konsumprofile verschiedene *Phasen*, denen ich anhand der typenspezifisch präferierten Körperbilder jeweils allgemeine konzeptuelle Metaphern als Leitmotive im Rahmen der jeweiligen Phase auf dem typenspezifischen Drogenweg zugeordnet habe.

Anschließend entwickelte ich für jeden Typ und für jede Phase der jeweils unterschiedlich motivierten und gehandhabten Drogen-Handlung bezeichnende konzeptuelle Metaphern, die das jeweils *psychoaktiv bewegte* Subjekt- und Konsumprofil prägnant erkennen lassen. Am Beispiel: Der sogenannte 'Funktionslust-Typ' zeigt eine typenspezifisch hohe Betroffenheit von *Macht- und Ohnmachtserfahrungen*, die über eine spezifische Selbst- und Handlungsdynamik Ausdruck und Bearbeitung finden. Bei der Beschreibung drogenbezogener Erfahrungen, die vor dem Hintergrund einer typenspezifisch wahrgenommenen Realitätstransformation stattfindet, dominieren beim Funktionslust-Typ mit einer *passiv* ausgerichteten Funktionslust sowohl die tote Metaphorik von *Machen* als auch räumlich-orientierende Sprachbilder (z.B. weg sein). Davon ausgehend wird geschlußfolgert, daß Drogen-Handlungen zu einem bestimmten Zeitpunkt des Drogenlebens als *Fortbewegungsmittel zu* einem begehrten und idealisierten Gefühlszustand in Form der *Abwesenheit* fungieren. Die vom Ursprung-Pfad-Ziel-Schema generierte konzeptuelle Metapher ZUSTÄNDE SIND ORTE[3] führt nun, zusammen mit dem typenspezifisch häufigen Gebrauch der Metaphorik von *Machen*, zu einer den *passiven* Funktionslust-Typ während der *Hochphase* seines Drogenlebens (die das drogenbezogene Ideal-Empfinden wiederspiegelt) charakterisierenden konzeptuellen Metapher: DROGENKONSUM IST ERFÜLLENDE MANIPULATION.

Dieses Vorgehen wiederholte ich schließlich für jede vorgefundene typenspezifische Dimension von Drogen-Handlungen und erhielt darüber folgende (phasen)typischen Szenarien von drogenbezogenen Seins- und Handlungsformen:

---

[3] "[...] in unzähligen anderen Wendungen ('in der Mitte des Lebens erreicht man die Höhe seiner Leistungskraft') lassen wir erkennen, daß wir eine weitere, vom Pfad-Schema generierte, konzeptuelle Metapher ZUSTÄNDE SIND ORTE umstandslos gebrauchen. Die Verräumlichung so vieler Sprachformen [...] hat in diesem Schema ihren Bedeutungsgenerator." (Buchholz et al. 1997:103)

Überblick zu typenspezifisch orientierten Konsumprozessen:

Der aktive/passive Funktionslust-Typ: Drogen-Handlungen als Hilfsmittel	• Die Hochphase als Erfahrung brauchbar-einsamer Innenräume • Die Verunsicherungsphase als Abwägung von Bedeutungsbildungen • Die Neutralisierungsphase mit dem Wirkpotential paradoxer Kräfte • Die Positionierungsphase und die Bedeutung haltgebender Hilfsmittel
Der positive/negative Angstlust-Typ: Drogen-Handlungen als Tauschkontakt	• Die Hochphase als ein ideal psychosozial bewegender Tauschkontakt • Die Verunsicherungsphase mit sich radikalisierenden Affekten • Die Neutralisierungsphase fordert Affektunterschiede und -unterscheidungen • Die Positionierungsphase und die Bedeutung wertgebender Kontaktanschlüsse
Der progressive/regressive Sensationslust-Typ: Drogen-Handlungen als Aktion	• Die Hochphase als Eröffnung exklusiver Spielräume • Die Verunsicherungsphase folgt wegweisenden Wünschen • Die Neutralisierungsphase und die Bedeutung normgebundener Orientierungen • Die Positionierungsphase als ein sichtbares Nach-außen-Gehen

9. Typologisierung von Drogen-Handlungen im Prozeß

> "Affective quality is the bottom line of an accounting of the many features in a place, and is, we believe, a guide for much of your subsequent relationship to that place – what to do there, how well it is done, how soon to leave, whether or not to return. Afterward, you often remember little more about a place than its affective quality." (Russell et al. 1987:245f.)

An dieser Stelle ist es bedeutsam darauf hinzuweisen, daß die folgende typenspezifische Generalisierung von Drogen-Handlungen die einzelnen Subjekte keinesfalls auf eine Phase ihres Drogenweges festschreiben will. Vielmehr wird hier versucht, für eine – je nach Typ und Phase – unterschiedlich angesiedelte Bandbreite von Chancen und Gefahren bezüglich einer Fortsetzung des bisherigen Drogenweges, eines Ausstiegs aus dem Drogenleben oder eines Umstiegs auf eine andere Art von Drogen-Handlungen (-szenen) zu sensibilisieren. Auf diese Weise wird deutlich, daß die vorliegende Analyse

- sowohl eine Art subjektiver Momentaufnahme, welche die aus den Subjekterzählungen abgeleiteten Typ- und Phasenprofile umfaßt,
- als auch eine Bandbreite überindividueller Phasen von Drogen-Handlungen zur Längsschnittbetrachtung ermöglicht.

Letztere bildet alle benennbaren Subjekt- und Konsumprofile auf dem Drogenweg ab und repräsentiert damit die Basis, auf der die oben genannten subjektiven Typen in einer Momentaufnahme sichtbar werden – mit ihrer grundsätzlich wandelbaren Gestalt. Aufgrund der empirischen Momentaufnahme konnten unterschiedliche Typen formuliert werden, deren jeweilige logische Konzepte (z.B. DROGENKONSUM IST EINE KRAFT) für Ein- und Ausstiegshandlungen Relevanz besitzen, dabei aber das Subjekt auf keine endgültige Richtung fixieren.

Auf welche Weise einzelne Subjekte also qua Drogen zu einem neuen Kapital kommen, muß demzufolge nicht heißen, daß sie während ihres gesamten Drogenlebens auf *einen* Konsumtyp festgelegt sind. Sie können sich beispielsweise ganz von Drogen(szenen) wegbewegen, andere Handlungsmöglichkeiten sowie Lebensstile finden oder sich auf neue Drogen und Szenen zubewegen. Auf diese Weise werden die an einem bestimmten *Typ* skizzierten *Phasen* von Drogen-Handlungen zu *Räumen*, die von Menschen aufgesucht, eingerichtet, verlassen oder neu eingerichtet werden können – je nach individueller Kapitallage und -nutzung auf einer bestimmten psychosozialen Position.

9.1 Der Funktionslust-Typ und die Hilfsmittel

"Ich hab' ja auch zum Schluß nur noch Heroin genommen. Alles andere hat mich nicht mehr interessiert. ... das war's ja eigentlich, dieses Nicht-mehr-soviel-Mitkriegen, die Gefühle, daß die einfach weg sind, und du hockst nur da und bist total relaxt und fühlst dich gut. ... es ist halt irgendwie so total konstant dann. Du kannst dich da zurücklehnen, kein Streß mehr, du weißt, he, es juckt dich sowieso nichts mehr. ... Ich meine, wieso hab' ich Drogen genommen? Die hab' ich halt auch deswegen genommen, um, sag' ich mal, alles ein bißchen relaxter angehen zu können. Ich bin halt auch ein Mensch, ich kann mir stark selbst so, mir selbst viel innerlichen Druck geben, ja. Und, ähm, ja, das ist halt 'ne Pause, sag' ich mal. Und das ist jetzt noch so, daß ich da manchmal das Gefühl habe, zu explodieren, und ich möchte meine Ruhe haben ... Sie haben mich beruhigt. Sie haben mich wieder, ähm, gelassener gemacht, ich konnt's dann wieder hinnehmen, ja. Ich meine, es hat mich ja nicht richtig glücklich gemacht. Aber es war so, mei, ich wußte nicht, wie ich's anders machen sollte, glaub' ich." [Jasmin] "Mir ging's halt einfach gut und total abwesend und so. Ja, es hat mir halt irgendwie schon getaugt, das Gefühl, und drum hab' ich's dann immer wieder gemacht. ... ich konnte halt alles vergessen, was um mich rum war und so. ... Das war halt einfach- das kam mir halt grad' recht so. Weil ich eben auch da Probleme hatte mit Mutter und überhaupt so. Und da war's halt gut, weil ich einfach abschalten konnte und einfach weg war." [Dina]

Der Gebrauch von Hilfsmitteln bezeichnet einen zweck- oder bedürfnisorientierten Einsatz von Gegenständen, die für eine Realisation bestimmter Vorstellungen geeignet scheinen. Sobald das Bedürfnis nach einem leblosen Hilfsmittel laut wird, kann davon ausgegangen werden, daß in diesem Moment entweder kein nicht-lebloser Beistand verfügbar ist oder – sofern er greifbar ist – als nicht hilfreich empfunden wird.

Im Rahmen dieser Funktionalisierungsform von Drogen-Handlungen findet überwiegend eine Auseinandersetzung mit Macht- und Ohnmachtserfahrungen statt, wobei die jeweils ausgewählten psychotropen Substanzen als Kontrollwerkzeuge zur Bearbeitung von Hilflosigkeit oder Fremdbestimmung benutzt werden. Als Motiv bei der Aufnahme des Drogenkonsums steht ein mehr oder weniger bewußtes Bedürfnis nach Erleichterung oder Entlastung im Zentrum, dem eine typische handlungsleitende Qualität des Selbstempfindens zugrunde liegt: die Empfindung von *Belastungsdruck*. Ausgehend von diesem schwer erträglichen Zustand wählt das Subjekt eine kompensatorische Strategie, die das Bedürfnis nach *Ruhe* – einmal im Sinne von Sich-absentieren-Können und zum anderen im Sinne von Sich-erholen-Können – befriedigen soll:

- Bei einer erwünschten *Abwesenheit* wird die Substanz als selbstbestimmt einsetzbares Mittel zur Bewußtseinsauslöschung funktionalisiert: das konsumierende Subjekt überläßt sich scheinbar passiv der Droge und genießt sein Fortgetragen-Werden durch deren Wirkmächtigkeit.
- Im Falle eines Wunsches nach *Erholung* erlebt und bewertet das Subjekt das bewußtseinsverändernde Potential der Drogen als angenehm und erstrebenswert – aber nur so lange, bis die Balance im Rahmen der Gefühls- und Austauschorganisation wieder hergestellt und damit das eigene Leistungsvermögen wieder einsatzfähig ist für allgemein anerkannte Projekte.

In beiden Fällen ergibt sich aus der Drogen-Handlung das Produkt der *Funktionslust* mit jeweils verschiedenen Vorzeichen – entweder *passiv* oder *aktiv*. Dabei beinhaltet vor allem die passive Funktionslust die Gefahr einer Abhängigkeitsentwicklung, indem darüber kaum *passende* Ressourcen zur Bindung an normorientierte Projekte wahrgenommen werden (können). Die Chance für einen Ausstieg liegt dagegen bei der aktiven Funktionslust insofern höher, als sie im Zusammenhang mit einer starken Bindung an normative Zielperspektiven steht.

Die aktive/passive Funktionslust:

	Aktive Funktionslust	*Passive Funktionslust*
Bedürfnis	Entspannung/Erholung	Erleichterung/Abwesenheit
Ziel	Selbständige Leistungsfähigkeit erhalten	Kontinuierlich unterstützt werden
Mittel	Beruhigende Drogen	Beruhigende Drogen
Effekt	Ruhe	Ruhe

Nähert man sich über eine Betrachtung der äußeren Erzählform an den Funktionslust-Typ mit seinem instrumentellen Gebrauch psychotroper Substanzen an, so springt Folgendes ins Auge: Bei der *passiven* Variante dominiert eine Projektion des Verbindungsschemas auf die Satzanordnungen in Form von 'und'- oder 'wenn-dann'-Konstruktionen, die den Eindruck einer (verbindlichen) Geradlinigkeit und Relationalität erwecken. Beim *aktiven* Funktionslust-Typ wird ebenfalls eine sprachlich abgebildete Anordnung funktionaler Einheiten erzeugt, jedoch auf der Basis des sogenannten 'Ursprung-Pfad-Ziel-Schemas'[4], über das vergangene und zukünftige Ereignisse als räumliche Punkte in einem abstrakten Zeitraum konzeptualisiert werden. Der *passive* Funktionslust-Typ handelt und bewegt sich kontinuierlich aufgrund einer äußeren Impulsversorgung, die ihm hinsichtlich seiner überwiegend externalen Kontrollüberzeugung[5] mittels Kontakt und Beziehungsanschlüssen *passiert*. Das grundlegende Differenzierungsmerkmal zum *aktiven* Funktionslust-Typ besteht nun darin, daß dieser sich zwar ebenfalls überwiegend von äußeren Zeichen als heteronom bestimmt empfindet, demgegenüber aber leistungsbezogene Zielperspektiven wahrnimmt und verfolgt.

Beide Erzählungen weisen eine zentrale Auseinandersetzung mit Macht- und Ohnmachtserfahrungen auf, die sich beim *passiven* Funktionslust-Typ metaphorisch in Form eines häufigen Gebrauchs der Modalverben *können* und *müssen* niederschlägt, die auf das 'Kraft-Schema'[6] verweisen. Darüber hinaus wird das Selbstkonzept mit den im Außen lokalisierten Wirkmächten objektiviert und die subjektive Handlungsfähigkeit als passiv konstruiert: Erst wenn die Ränder des als Behälter metaphorisierten Selbstkonzepts bis an die Schmerzgrenzen ausgedehnt sind und das Fassungsvolumen von als belastend erlebten Erfahrungen ausgeschöpft ist, kommt der *passive* Funktionslust-Typ in Bewegung, reißt sich los und sucht alsbald einen neuen Anschluß, um darüber Erleichterung zu bekommen. Die Idealform dieses funktional über Anbindung erreichten Gefühlszustandes stellt ein hierarchisches Beziehungsarrangement dar, das seine Stabilität aus biographischen Erfahrungen und aktuell rekonstruierten Abbildungen davon bezieht. Innerhalb dieses (idealisierten) Verhältnisses herrscht eine symbiotisch anmutende Gleichförmigkeit von erfahrener oder vermißter Zuwendung in Form einer sozialen Unterstützung, die über räumliche Metaphern veranschaulicht wird. Sprachbilder der Fortbewe-

---

[4] Das Ursprung-Pfad-Ziel-Schema rekurriert auf die körperliche Erfahrung der räumlichen Bewegung. Dabei bilden die Elemente 'Ursprung als Ausgangspunkt', 'Ziel als Endpunkt', 'ein Pfad zwischen Ursprung und Ziel' sowie eine 'Richtung zum Ziel hin' die Struktur dieses Schemas.

[5] Der Begriff der externalen Kontrollüberzeugung meint die persönlich als gering bewertete Fähigkeit, aktiv in bestehende psychosoziale Zusammenhänge eingreifen und diese nach eigenen Wünschen und Bedürfnissen beeinflussen zu können. Eine internale Kontrollüberzeugung bezeichnet hingegen die subjektive Überzeugung, in psychosoziale Prozesse – entsprechend eigener Wünsche und Bedürfnisse – eingreifen zu können, was sie zu einem gesundheitsrelevanten Schutzfaktor macht (vgl. Kolip 1997).

[6] "Kraft hat in diesem Schema die Qualität eines *Vektors*: Sie wird immer als *Wirkung* oder als *Möglichkeit* dazu erfahren; sie zeigt sich beim Bewirkten. Sie folgt einem *Pfad* der Bewegung, der von einem *Ursprung* ausgeht, mit unterschiedlichen Graden der *Intensität* auf *Ziele* gerichtet ist und so bereits präkonzeptuell die Logik der *Kausalität* impliziert." (Buchholz et al. 1997:101, Hervorh. i.O.)

gung und der Raumerfahrung werden – ausgehend von der als ideal wahrgenommenen primären Beziehungserfahrung eines passiven Mitgenommen-Werdens – heteronom gebraucht. Dabei wird die jeweilige Beziehung selbst anhand einer vergegenständlichenden Metaphorik personifiziert, worüber sie zu einem eigendynamischen Wesen wird: Beziehungen *laufen* oder werden *blockiert*, erweisen sich beim Versuch, *zu* einem bestimmten Gefühls*zustand* zu *kommen*, als hilfreich oder werden nutzlos bis kontraproduktiv hinsichtlich einer Bedürfniserfüllung und *kommen* damit an ein *Ende* oder *bringen* an einen Erschöpfungs*zustand*, an dem eine Neu*orientierung* er*folgen* kann.

Beim *aktiven* Funktionslust-Typ überwiegt bei der Wahl hilfreicher Bewältigungsstrategien von Macht- und Ohnmachtserfahrungen weniger eine impulsgesteuerte, als vielmehr eine abwägende Haltung mit Blick auf vorher klar in Augenschein genommene Ziele. Diese bewußtere Suche nach brauchbaren Mitteln zur Realitätsverarbeitung und die gezieltere Entscheidung für erleichternde Strategien im Rahmen eines als anstrengend empfundenen Lebensweges lassen ein Verpflichtungsgefühl gegenüber zukunftsschaffenden Projekten entstehen. Letztere repräsentieren die Kraft von Normen (vgl. Fußnote 6), die bei einem ausgewogenen Verhältnis von Selbst- und Fremdbestimmung Halt geben, bei zuviel subjektiver Anpassungsleistung an äußere Ansprüche jedoch zur Belastungserfahrung mit einem wachsenden Bedürfnis nach einer "Pause" werden können. Die Idealform dieses über einen Gegenwartsausschluß erzeugten Gefühlszustandes beinhaltet einen absoluten Rückzug auf sich selbst, der möglichst sozial unauffällig die eigene normorientierte Funktionsfähigkeit wieder herstellen soll. Ähnlich der externalen Kontrollüberzeugung des *passiven* Funktionslust-Typs schätzt der *aktive* Funktionslust-Typ seine psychosozialen Handlungs- und Einflußoptionen als nicht besonders hoch ein – was jedoch themenbezogen variiert: Bei Konflikten auf der Beziehungsebene überwiegt beim *aktiven* Funktionslust-Typ ein fatalistisches Prinzip mit nachfolgendem Rückzug aus dem als *Gefahrenzone* metaphorisierten sozialen Austausch. Bei Schwierigkeiten auf der Leistungsebene hingegen ermöglicht die zielgerichtete Handlungs- und Bewegungsorientierung, aufgrund persönlicher leistungsbezogener Erfolgserfahrungen, eine innere Kontrollüberzeugung. Parallel zur Logik des innerhalb der Erzählung dominierenden Ursprung-Pfad-Ziel-Schemas wird ein *Mehr* an Leistungsaufwand auf dem Bildungsweg mit der Vorstellung eines (normorientierten) Weiterkommens verknüpft, was seine Entsprechung in primären Beziehungserfahrungen sowie in bestimmten soziokulturellen Zusammenhängen hat: Ein emotionaler und narzißtischer Austausch findet weitgehend aufgrund von sichtbar nachvollziehbaren und gesetzte Erwartungen erfüllenden Leistungen statt. Indem außerhalb dieses leistungsbezogenen Austauschverhältnisses wenig an akzeptierender sozialer Resonanz verfügbar ist, besteht nur eine geringe Anzahl an nicht-zielorientierten Handlungs- und Bewegungsoptionen. Die Orientierung nach normativ anerkannten Wegen und Zielen wird somit als eine ideale Möglichkeit kennengelernt, an einer sozial und kulturell hochgeschätzten, zukunftssichernden Position anzukommen. Dieses Leistungsstreben enthält allerdings – wie jedes Extrem – das Moment der Eigendynamik und damit die Gefahr eines *Irrweges*: Ein unkontrollierbarer Gehorsam, verknüpft mit dem Versprechen, an mehr (Eigen-)Wert zu kommen, bringt ab von mit eigenen Wünschen und Bedürfnissen übereinstimmenden Zielsetzungen und fordert als Balancestrategie haltgebende Grenzkontakte, durch die wiederum – je nach den Bewertungen der daraus resultierenden Konsequenzen – Neuorientierungen initiiert werden können.

Einen gemeinsamen Schnittpunkt besitzen die beiden Typ-Profile auf der Ebene der subjektiv biographischen Geschichte sowie psychosozialen Dispositionen in Form einer häufigen Erfahrung von narzißtischen Funktionalisierungen. Diese werden vom *aktiven* Funktionslust-Typ mit einer relativ flexiblen Anpassung an normative Wert- und Leistungsziele und vom *passiven* Funktionslust-Typ mit einer relativ hohen Abhängigkeit von passiven Fortbewegungsmitteln (zur Überwindung übermäßiger Belastungen durch normative Wert- und Leistungsziele) eingesetzt und kreativ bearbeitet. Im Bereich der relativen Anpassung und der relativen Abhängigkeit liegt der Spielraum, in dem die Funktionslust-Typen mehr oder weniger bewußt Drogen als Hilfsmittel ergreifen mit dem Anspruch, die jeweiligen Aktivitäts- und Flexibilitätsgrade zu regulieren oder zu erweitern. Dabei bevorzugen beide Typ-Profile psychotrope Substanzen mit einem beruhigend-dämpfenden Wirkpotential. Die verwendeten Drogen werden allgemein personifiziert und darüber mit einer Eigendynamik ausgestattet, die während der Hochphase des Drogenweges – im Sinne einer idealen Passung zu gegenwärtigen Bedürfnissen – als brauchbar und hilfreich gewertet wird.

Hinsichtlich des typenspezifischen Anspruchs an die Drogen, die vor allem *beruhigen*, *abdichten*, *prall* füllen und *erlösend* wirken sollen, kann eine Situation der Überforderung und Belastung als empfindens- und handlungsleitendes Motiv rekonstruiert werden: Der *passive* Funktionslust-Typ fühlt sich in erster Linie in seinem Aktivitäts- und Flexibilitätsvermögen eingeschränkt, sobald eine Abtrennung von hilfreicher Unterstützung erfahren wird. Dadurch strebt er – weniger mit einem bestimmten Ziel vor Augen, als vielmehr mit einem losen Kontaktfaden in der Hand – eine neue Anbindung an eine Versorgungsquelle an, um über diese funktionalisierte Bindung Stabilität zu beziehen. Beim *aktiven* Funktionslust-Typ wird das Handlungs- und Bewegungsvermögen dann als unzureichend empfunden, sobald in Beziehungskonstellationen wenig unausgesprochen gültige und respektierte Abgrenzungschancen wahrgenommen werden können, worüber sich für ihn eine permanente Leistungssituation ergibt. Mit dem bestimmten Ziel vor Augen, sich so schnell und – hinsichtlich normorientierter Interessen – so konsequenzenarm wie möglich aus dieser angespannten Atmosphäre heraus zu katapultieren, wird der normative Weg zeitweise über einen mittels psychotroper Substanzen hergestellten (beziehungsfreien) Ruheraum verlassen, um dort wieder Kraft zum Weiterkommen auftanken zu können. Während der *aktive* Funktionslust-Typ das über Drogen erhaltene Produkt der Ruhe in zukunftsschaffende und außerhalb des Substanzkonsums lokalisierte Projekte investiert, handelt der *passive* Funktionslust-Typ vor allem gegenwarts- und nur insofern leistungsbezogen, als er eine kontinuierliche Verfügbarkeit von sein Lebensprojekt erleichternden Hilfsmitteln anstrebt. Ausgestattet mit wenig selbständig gemeisterten Leistungserfahrungen lohnt sich für den *passiven* Funktionslust-Typ (der eher an eine Anbindung an äußere Wirkmächte interessiert ist) eine Investition in normative Wert- und Leistungsmöglichkeiten weniger im Vergleich zum *aktiven* Funktionslust-Typ, der von diesen narzißtisch profitieren kann. Mit dieser ungleichen Wahrnehmung von normalisierenden Ressourcen wie Schulabschluß und Ausbildung kann sowohl die beständige Bindung des *passiven* Funktionslust-Typs an die nicht (mehr) idealisierten Drogen-Handlungen als auch die nachhaltig idealisierte, aber gelöste Bindung des *aktiven* Funktionslust-Typs an Drogen-Handlungen erklärt werden.

Die Hochphase als Erfahrung brauchbar-einsamer Innenräume:

Drogen-Handlungen werden vom *passiven* Funktionslust-Typ anfänglich als eine brauchbare Möglichkeit angesehen, zu einem eigenmächtig herstellbaren Gefühlszustand zu gelangen, an dem die mehr oder weniger freiwillig eingenommene Opfer- und Ohnmachtsposition zeitweise verlassen und wirkungslos gemacht werden kann. Dort angekommen bekommt der *passive* Funktionslust-Typ die Möglichkeit, "vergessen", bewußt wahrgenommene Belastungen loswerden und sich harten Realitäten entziehen zu können. Dementsprechend dominieren die toten Metaphern *Machen* oder *Tun* sowie Raum- und Bewegungsmetaphern die Beschreibung der als bedeutsam erlebten Drogen-Handlungen, die als Fortbewegungsmittel zu einem begehrten Gefühlszustand in Form der *Abwesenheit* fungieren. Hier trifft sich die vom Ursprung-Pfad-Ziel-Schema generierte konzeptuelle Metapher ZUSTÄNDE SIND ORTE (vgl. Buchholz et al. 1997:103) mit der toten Metaphorik des *Machens*, die aber weniger leblos als vielmehr aktiv den persönlichen Zugewinn an Handlungs- und Bewegungsoptionen während der Wirkungsdauer psychotroper Substanzen repräsentiert. In diesem Sinne läßt sich folgende typenspezifische konzeptuelle Metapher für den *passiven* Funktionslust-Typ im Rahmen seiner Drogen-Handlungen während der Hochphase formulieren: DROGENKONSUM IST ERFÜLLENDE MANIPULATION. An dieser Stelle kann der *passive* Funktionslust-Typ also sein Vorzeichen wechseln, worüber er verdeutlicht, daß er über die während der Real-Präsenz wahrgenommenen und verfügbaren Ressourcen nur schwer einen Zugang zu effektiven Gefühls- und Handlungsräumen erreichen kann – woraufhin eine Bindung an brauchbare Hilfsmittel für ihn an Bedeutung gewinnt.

> "MAKING is an instance of a directly emergent concept, namely, DIRECT MANIPULATION, which is further elaborated by the metaphor THE OBJECT COMES OUT OF THE SUBSTANCE." (Lakoff et al. 1980:73) "Im Behälter Mensch finden identitätsstiftende immaterielle Trennungen durch persönliches 'machen' im Kontext Sozialisationsbedingungen statt, die sich wieder auf die Veränderungs- und Entwicklungsmöglichkeiten im Behälter Gesellschaft auswirken" (Schachl 1996:215).

Der *aktive* Funktionslust-Typ metaphorisiert seine Drogen-Handlungen ebenfalls über die tote Metaphorik des *Machens*. Dabei bleibt er aber nicht – wie vielleicht zunächst angenommen – auf einer aktiven Position, sondern gibt all seine während der Zeit der Real-Präsenz hochgeschätzte leistungsbezogene Aktivität an die personifizierte Droge ab und läßt sie *machen* – so lange, bis der erwünschte *dichte* Gefühlszustand erreicht ist. Dort angekommen eröffnet sich für ihn ein eigener Raum, in dem Passivität und Regression ohne narzißtische Einbußen *ausgelebt* werden können. Denn anhand einer strikten Trennung des drogenbezogenen Ruheraumes vom normativen Leistungsbereich, in dem die aus dem Kraft-Schema generierte konzeptuelle Metapher NORMEN SIND EINE KRAFT wirkt, kann sich der *aktive* Funktionslust-Typ über den nach außen abdichtenden psychotropen Substanzgebrauch von seinem stark ausgeprägten Gehorsam gegenüber mit narzißtischem Gewinn verknüpften Leistungsansprüchen distanzieren. Dadurch gelingt ihm eine Entlastung und Relativierung von übermächtigen Bewertungsmaßstäben gegenüber seinem Selbstkonzept, worüber ein emotionales Gehalten-Werden und ein entspannender Ausgleich zum Leistungsgehorsam erlebt wird. Davon ausgehend kann für den *aktiven* Funktionslust-Typ im Rahmen seiner Drogen-Handlungen während der Hochphase folgende konzeptuelle Metapher formuliert werden: DROGENKONSUM IST ENTSPANNENDES VERSORGT-WERDEN. Demnach hat also auch der *aktive* Funktionslust-Typ das Bedürfnis, sein Vorzeichen zu wechseln, worüber er eine Überforderung aufgrund des einseitig leistungsbetonten Gebrauchs von wahrgenommenen und verfügbaren Ressourcen während der Real-Präsenz zum Ausdruck bringt. Davon ausgehend bindet er sich konsequenterweise an jene Hilfsmittel, die zeitweilig einen entlastenden Ausgleich dazu ermöglichen.

Die Verunsicherungsphase als Abwägung von Bedeutungsbildungen:

Während der Verunsicherungsphase werden beide Funktionslust-Typen mit ersten Grenzerfahrungen durch die jeweiligen Transformationsprozesse ihrer Drogen-Handlungen konfrontiert. Aufgrund der Idealisierung eines dichten, prallen und abwesenden Gefühlszustandes mittels psychotroper Substanzen erhärtet sich der Wunsch nach einem sofortigen *Abschalten* von verunsichernden Gefühlen, Problemen oder Konflikten auf der Beziehungsebene, was sich weiterhin als Einschränkung der Fähigkeit zur spontanen Selbstmitteilung und damit als zunehmende soziale Austausch- und Bewegungsblockade manifestieren kann. Davon ausgehend wird der nach innen endlos erweiterte und nach außen endlich abgrenzende drogenbezogene Gefühlszustand immer mehr zum kontinuierlich erwünschten sozialen Hilfsmittel: Parallel zu einer Erhöhung der Substanzdosis oder Intensivierung von Drogen-Handlungen steigt die Belastungswahrnehmung auf der Beziehungs- und Austauschebene und damit die Sehnsucht nach dem drogenbezogenen *Kokon*, in dem Konstanz und Verläßlichkeit *Wärme* und *Schutz* produzieren. Auf dieser Erfahrungsebene kann sich der Wunsch in Form eines ausgedehnteren Drogenkonsums, begleitet von einem sozialen Rückzug, zu formieren beginnen, sobald ein ausschließlich gleichförmiges und verläßliches Selbstempfinden angestrebt wird. Gleichzeitig können aber auch konflikthafte Konfrontationen auf der (normorientierten) Beziehungs- und Leistungsebene Neubewertungen gegenüber *dichten* versus *nüchternen* Gefühls- und Handlungsoptionen bewirken, die abstinente Phasen oder eine Aufgabe des Drogenkonsums initiieren können. Angesichts der auf dieser Transformationsebene noch weitgehend offenen Bewegungs- und Balancemöglichkeiten kann demzufolge für beide Typ-Profile folgende konzeptuelle Metapher genannt werden: DROGENKONSUM IST EINE KONFRONTATION MIT KONSEQUENZEN UND DAMIT EIN PRODUKT VON ENTSCHEIDUNGEN. Dieses Konzept betont die bei Entscheidungsprozessen relevante typenspezifische Eigenart, eigene Belastungsgrenzen nach außen zu verlagern. Denn erst wenn dort Blockaden spürbar werden, die den inneren Belastungsdruck erhöhen, reagiert der *aktive/passive* Funktionslust-Typ mit einer Entscheidung bzw. mit einer Handlung, die zu einer Entscheidung führt.

Die Neutralisierungsphase mit dem Wirkpotential paradoxer Kräfte:

Während der Neutralisierungsphase der vormals als positiv empfundenen Drogeneffekte werden die anfänglich genannten typenspezifischen konzeptuellen Metaphern, die empfindens- und handlungsleitend wirken, wieder relevant: Unter den Bedingungen einer routinierten Herstellung von Drogenempfindungen, bei einer gleichzeitigen Abnahme ihrer positiv bewerteten Produktivität, wird dem *passiven* Funktionslust-Typ mehr und mehr die selbstbestimmte Möglichkeit zur Realitätsflucht und Bewußtseinsauslöschung entzogen. Ebenso ergeht es dem *aktiven* Funktionslust-Typ, da ihm aufgrund der nachlassenden Drogeneffekte immer seltener ein erholsamer Rückzug aus realen (Leistungs-)Zusammenhängen gelingt. Demzufolge wird der *passive* Funktionslust-Typ auf die Real-Präsenz seiner Ohnmachtskonstruktionen und der *aktive* Funktionslust-Typ auf die Real-Präsenz seiner Wert- und Leistungskonstruktionen zurückgeworfen. Davon ausgehend fühlen sich beide Typ-Profile aus folgenden Gründen mit Hilflosigkeitsgefühlen belastet:

- zum einen aufgrund der erlebten Diskrepanz zwischen den erinnerten idealen Drogeneffekten während der Hochphase und den aktuellen kontraproduktiven Effekten

- und zum anderen aufgrund der Diskrepanz zwischen der erinnerten selbstbestimmten Bewegung auf dem Drogenweg während der Hochphase und der aktuell als eigendynamisch empfundenen Richtungsbestimmung durch die kontraproduktiven Drogeneffekte.

Daraus ergeben sich typenspezifische (paradoxe) Strategien, um dem befürchteten oder bereits gefühlten Kontrollverlust zu entkommen: Der *passive* Funktionslust-Typ unterwirft sich – entsprechend seiner empfindens- und handlungsleitenden Selbstetikettierung als ein hilfloses Opfer – der überwiegend am Körper wahrgenommenen Kraft und Eigendynamik seines Drogenkonsums. Auf diese Weise richtet er sich (erneut) auf einer hilflosen und ohnmächtigen Position ein und bildet eine fatalistisch orientierte Konsumidentität aus. Damit dient der Drogenkonsum weniger einer Herstellung von *guten* Gefühlen, als vielmehr einer Entfernung seiner zunehmend belastenden Begleiterscheinungen. Angesichts einer überwiegend losen Bindung an zukunftsschaffende Projekte, zusammen mit einem nur geringen Erfahrungsschatz an subjektiv erfolgreich genutzten Handlungs- und Leistungsoptionen, liegt dem *passiven* Funktionslust-Typ eine Ablösung von normorientierten Positionen und eine Orientierung an der Kraft der Drogen näher, als ein Sich-Distanzieren davon (vgl. die konzeptuelle Metapher NORMEN SIND EINE KRAFT). Auf dieser Transformationsebene soll für ihn deshalb die konzeptuelle Metapher DROGENKONSUM IST EINE KRAFT formuliert werden, da Drogen für ihn zunehmend zu richtungsweisenden Größen im Fühlen, Denken und Handeln werden.

Für den *aktiven* Funktionslust-Typ verlieren Drogen-Handlungen als Möglichkeit eines passiven Bewegt-Werdens mit einer zunehmenden Eigendynamik der Drogenwirkung an Verbindlichkeit, da ein nicht (mehr) kontrollierbarer Konsum eine erfolgreiche Bindung an zukunftsschaffende Projekte lockert und gefährdet. Hinsichtlich einer bewußten und abwägenden Haltung gegenüber Drogen-Handlungen und aufgrund eines hohen Konsequenzenbewußtseins wird das Vertrauen in die eigene normerfüllende Leistungsbereitschaft mobilisiert. Letztere ermöglicht ihm – anhand der typenspezifisch wirksamen konzeptuellen Metapher NORMEN SIND EINE KRAFT – eine Distanz zu nicht-zielorientierten Handlungen und eine Bindung an neue – eventuell institutionell vermittelte – Werte. Damit kann für den *aktiven* Funktionslust-Typ an dieser Stelle die konzeptuelle Metapher DROGENKONSUM IST ANGST VOR OHNMACHT formuliert werden.

Die Positionierungsphase und die Bedeutung haltgebender Hilfsmittel:

Während der Positionierungsphase wird das bisher veranschaulichte Kräfteverhältnis von transformierten und transformativ wirkenden Drogen-Handlungen, zusammen mit den ebenfalls veränderten Beziehungs- und Austauschformen bzw. -möglichkeiten, zunehmend auch von einer strukturellen Dynamik beeinflußt: Aufgrund eines dominanten Normalisierungsdikurses und einer Fülle von sozial präsenten Kontrollstrategien gegenüber sozial abweichenden Verhaltensweisen existiert für beide Typ-Profile hier *entweder* die Möglichkeit, trotz habitualisierter Drogen-Handlungen sozial unauffällig zu bleiben, *oder* ein drogenfreies (bzw. sozial unauffälliges) Leben anzustreben.

Hinsichtlich der hohen Bindungsaffinität des *passiven* Funktionslust-Typs an äußere Kräfte, bei einer gleichzeitig hohen Ablösungsbereitschaft von normalisierenden Ressourcen, ist für ihn die Gefahr einer Abhängigkeitsentwicklung höher als beim *aktiven* Funktionslust-Typ: Angesichts der wenig gefürchteten (da im Selbstkonzept integrierten) externalen Kontrollüberzeugung gibt sich der *passive* Funktionslust-Typ dem mittlerweile gewohnten, jedoch nicht mehr idealisierten Handlungsablauf hin. Gleichzeitig bleibt er allerdings auch offen und bindungsbereit im Zusammenhang mit nicht-drogenbezogenen Sozialkontakten – sofern sie hilfreich und leicht, also ohne belastende Beziehungsarbeit, greifbar sind. Sobald jedoch Initiative und Engagement bezüglich leistungsbezogener Handlungen und normorientierter Sozialkontakte gefordert werden, zieht sich der *passive* Funktionslust-Typ zurück und begibt sich erneut auf die Suche nach den während der Hochphase erlebten und nachhaltig im Gedächtnis gespeicherten *idealen* Drogeneffekten. Auf diese Weise festigt sich seine Überzeugung, an die mittlerweile als belastend bewertete Abhängigkeitsposition mit all den daraus resultierenden Konsequenzen gebunden bleiben zu *müssen*. Demzufolge werden alle Konsumformen ausgespielt mit der Hoffnung, die beängstigenden Gefühle von Hilflosigkeit und Entwertung auslöschen zu können. Hier angekommen beginnen psychosoziale, soziokulturelle und gesellschaftliche Kräfte zu wirken und den *passiven* Funktionslust-Typ bei seiner (Selbst-)Positionierung als "drogenabhängig" zu bestärken: Im Zuge der Erfahrung von negativen Zuschreibungen angesichts seiner Verkörperung eines sozial stigmatisierten Subjekt- und Konsumprofils, das *sichtbar* normativen Wert- und Leistungsansprüchen widerspricht und damit *legitimerweise* soziale Chancen entbehrt, hinterläßt eine einseitige und die Lebensqualitäten mindernde soziale Position die Spuren ihrer Wirkmacht. Ausgehend von der (un)freiwillig besetzten Abhängigkeitsposition des *passiven* Funktionslust-Typs wirkt die konzeptuelle Metapher DROGENKONSUM IST EINE KRAFT, die das konsumierende Subjekt in jene Tiefen zieht, die sich vor dem Hintergrund negativer Selbst- und Fremdzuschreibungen auftun. Erfährt der *passive* Funktionslust-Typ häufig negative Etikettierungen als *Junkie*, *Asozialer* oder *Krimineller* so wird er sich mit zunehmendem Konsum und abnehmenden positiven sozialen Resonanzen immer mehr in der *normalen* Gesellschaft *fremd* fühlen, woraufhin er Zuflucht bei *anderen* (normabweichenden) sozialen Milieus sucht. Indem durch diese interaktiven abgrenzenden Be- und Abwertungsprozesse immer weniger normalisierende Ressourcen zur Verfügung stehen und damit die sozial unauffällige Handlungsfreiheit zunehmend eingeschränkt wird, verfestigt sich die Abhängigkeitsposition des *passiven* Funktionslust-Typs. In diesem Sinne wirkt auf dieser Transformationsebene die konzeptuelle Metapher DROGENABHÄNGIGKEIT IST OHNMACHT. Mit diesem Konzept wird die Bereitschaft des *passiven* Funktionslust-Typs betont, seine eigene Handlungsmacht kontinuierlich nach außen zu projizieren – womit er sich letztendlich in eine ausweglose Kausalkette verstrickt: weil er sich beständig *ohnmächtig* und andere Objekte *mächtig* macht, muß er sich an sie binden bzw. an sie gebunden bleiben, um die eigene Hilflosigkeit nicht bewußt wahrnehmen zu müssen.

Der *aktive* Funktionslust-Typ profitiert auf der Positionierungsebene von seiner leistungs- und normbezogenen Bindungsbereitschaft, die den Ablösungsprozeß von einem regelmäßigen Drogenkonsum erleichtern und lenken kann. Mit Blick auf das typenspezifisch wirksame Ursprung-Pfad-Ziel-Schema (über das der *aktive* Funktionslust-Typ sowohl sein Bedürfnis nach Drogen als auch die Beendigung seines Konsums, zusammen mit der konzeptuellen Metapher NORMEN SIND EINE KRAFT, strukturiert) fordert ein kontraproduktives Wirkverhältnis zwischen Substanzgebrauch und Leistung eine klare Entscheidung. Unter den Bedingungen

- einer typenspezifisch geringen Identifikation mit drogen- und szenebezogenen Normen,
- einer vorsichtig-abwägenden und konsequenzenbewußten Haltung gegenüber Drogen sowie
- einer Furcht vor Kontrollverlust, resultierend aus einem eigendynamischen Drogengebrauch,

kann der wenig szenegebundene Konsum aufgegeben werden. Halt bezieht der *aktive* Funktionslust-Typ anschließend aus einem Engagement für neue zukunftsschaffende Projekte (z.B. Clean-Werden), die (zunächst) innerhalb eines therapeutisch strukturierten Rahmens eingeordnet sein können. Auf dieser Transformationsebene, auf welcher der *aktive* Funktionslust-Typ vorrangig nach geeigneten Hilfsmitteln zur Bewahrung seiner zielorientierten Leistungsbereitschaft sucht (um damit einem zirkulären Zuweisungsprozeß auf die abgewertete Position der Abhängigkeit zu entkommen), kann folgende konzeptuelle Metapher formuliert werden: DROGENABHÄNGIGKEIT IST UNPRODUKTIV. Indem der *aktive* Funktionslust-Typ um den Wert seiner Leistungsfähigkeit aufgrund der Erfahrung von Erfolg weiß, weiß er damit auch, was er infolge eines dauerhaften sozialen Rückzugs bzw. Ausschlusses verlieren würde.

Drogen-Handlungen, die überwiegend nach der passiven oder aktiven Funktionslust strukturiert und ausgerichtet sind, werden als selbstbestimmtes Manipulationswerkzeug des Selbst- und Beziehungsempfindens genutzt, um sich abdichten, mit Gleichförmigkeit anfüllen und von schwer bewältigbaren realen Zusammenhängen zurückziehen zu können. In Abhängigkeit zur individuellen Verfügbarkeit von persönlich als brauchbar bewerteten normalisierenden Ressourcen kann sich der Drogenweg als eine Pause von normorientierten Belastungen (wie im Falle von Jasmin) oder als ein Abhängigkeitspfad (den Dina geht) gestalten, der letztendlich als Kreisbewegung empfunden wird.

9.2 Der Angstlust-Typ und die Tauschkontakte

> "Bei Trips ist es- sind ganz komische Reaktionen, irgendwie daß man so Gänsehaut oder so, so ganz komische Körperfeelings kriegt als wenn man fliegt oder als wenn man abhebt und wieder landet. ... Dann hatte ich voll die- so bißchen wie auf Trip, so Körperfeelings und so. Und da bin ich dann voll drauf abgefahren und so. ... Also das ist ja schon wieder dann irgendwie einen Kick sich holen und so. ... ich hab' so 'ne Besorgungssucht, immer irgendwas besorgen müssen und so. ... Weil ich merk' halt, wenn irgendwie, ha, ja wenn irgendwas los ist und so und ich nicht klarkomme, dann geht's schnell so ab von wegen: Jetzt könnt' ich mir was einfahren. ... Und wenn dann jemand dabei ist, der merkt dann auch gleich, wie ich anders drauf komm' und so, irgendwie wie ich dann so voll ein bißchen nervös und so rumschau' und so." [Arsen] "Ja, da kann ich mich schon erinnern, weil ich mir gleich 'ne Überdosis gegeben hab beim ersten Mal und den ganzen Tag über der Toilette hing, gleich umgekippt bin und nur noch gekotzt hab'. Aber irgendwie war's auch ein total leichtes Gefühl ... es war was anderes als normal. ... Und, na ja, dann hab' ich halt ab und zu 'ne Nase genommen am Hauptbahnhof dann, und irgendwie ist es dann natürlich immer einfacher geworden. Plötzlich hab' ich total viele Leute gekannt und hab' gleich einen Freund gefunden, und dann hat auf einmal alles gepaßt. ... Wo ich das erste Mal Crack genommen hab', hab' ich so 'n Kick gehabt, daß ich gesagt hab': Boah, das ist der schönste Moment im meinem Leben!" [Maja]

In der Wortkreation von Tauschkontakt ist sowohl Austausch als auch Kontakt enthalten. Ein Tausch basiert dabei auf dem Prinzip von *do ut des* und meint somit ein kalkuliertes, interessengeleitetes Geben, damit genommen werden kann. Mit Beziehung hat dieser Austausch nur wenig zu tun, da es in erster Linie um die Gabenannahme – und nicht um das Spiel von Nähe und Distanz – geht. Der Kontakt auf einer personenbezogenen Beziehungsebene bleibt demzufolge uninteressant; erst die Verbindung von effektivem Gabentausch und unweigerlich damit verknüpften Sozialkontakten schließen Gleichgesinnte zu einem Personenkreis zusammen, was die Konstruktion einer eigenen Welt, in der Idealvorstellungen reizvoll-gefährlich erreichbar scheinen, erlaubt. Außerhalb dieses magnetischen und impulsversorgenden Anziehungspunktes, in Form einer Tausch- und Kontaktbeziehung, bleibt die Selbst- und Fremdwahrnehmung von Widerstand und Leere dominiert.

Bei dieser Funktionalisierungsform von Drogen-Handlungen findet hauptsächlich eine Auseinandersetzung mit Spaltungserfahrungen und Einheitswünschen statt. Dabei fungieren Drogen als impulsgebende Kontaktanschlüsse, an die sich das konsumierende Subjekt bindet, um gegenwärtig sowohl vorhandene (negativ bewertete) extreme Emotionen *wegkicken* als auch vermißte (positiv eingeschätzte) extreme Empfindungen *herbeischaffen* zu können. Dieser drogenbezogenen Suche liegt eine bereits vor dem Einstieg in das Drogenleben ausgebildete empfindens- und handlungsleitende radikale Pendelbewegung zwischen extremen Polen zugrunde, die – in jeweils entgegengesetzten Wertqualitäten (*nüchtern/drauf*) – durch minimale oder maximale Impulse erreicht werden können: Beim Ankommen am depressiven oder leeren Zustand braucht das Subjekt einen Anstoß von außen, um empfindens- und handlungsfähig bleiben zu können. Aufgrund des totalen Verlangens nach einem belebenden Anschluß an eine effektiv impulsversorgende Quelle (Drogen) werden hohe Kosten in Kauf genommen, um paradoxerweise darüber einen existentiellen Schutz aufrechtzuerhalten, der aus der drogenbezogenen Option auf eine imaginäre, aber real wahrnehmbare Selbstvergrößerung bzw. Realitätsflucht resultiert:

- Hinsichtlich eines Wunsches nach einem virtuellen *Wachstum des Selbst(wert)-Empfindens* wird der Drogenkonsum zur selbstbestimmt gewählten Bindung, über die Güter zur Realisation von Idealvorstellungen (z.B. eine schlagartige soziale Integration) erwartet werden. Außerhalb dieser berechenbaren Beziehung können nur lose soziale Kontaktnetze geknüpft werden, die daraufhin als unergiebig bewertet werden.
- Im Falle einer *Suche nach idealen Zufluchtsorten* sollen die Drogenwirkungen *weg von* bedrohlichen Lebensbedingungen (die in Opposition zur idealen Selbst- und Fremdwahrnehmung stehen) und *hin zu* (einem idealen Selbstbild) passenden Kontakten führen. Letztere können auch außerhalb des Drogenlebens angesiedelt sein, so lange sie mit adäquaten sozialen Resonanzen und darüber mit erfüllender (Lebens-)Energie versorgen.

In beiden Fällen ergibt sich aus den Drogen-Handlungen der Effekt der *Angstlust*, deren Inhalt wieder auf die radikale Pendelbewegung zwischen Extremen rekurriert und in eine *positive* und *negative* Ausrichtung unterteilt werden kann. Dabei repräsentiert vor allem die positive Angstlust ein Gefahrenpotential für eine Suchtentwicklung, indem sie im Zusammenhang mit einer niedrigen Verfügbarkeit von Ressourcen zur Verhandlung von weniger extremen Zusammenhängen steht. Die Chance für einen Ausstieg liegt bei der negativen Angstlust hingegen insofern höher, als sie mit einer negativen Bewertung radikaler Grenzüberschreitungen verknüpft ist.

Die positive/negative Angstlust:

	Positive Angstlust	Negative Angstlust
Bedürfnis	Existenzverändernde Impulsversorgung	Distanzierende Impulsversorgung
Ziel	Selbstvergrößerung/Akzeptanz	Zuflucht/Geborgenheit
Mittel	Beschleunigende und beruhigende Drogen; letztere regulieren einen drogeninduzierten "Absturz"	Beschleunigende und beruhigende Drogen; letztere regulieren einen drogeninduzierten "Horrortrip"
Effekt	Antrieb/Grenze	Antrieb/Grenze

Mit Blick auf die äußere Erzählform des *positiven* und *negativen* Angstlust-Typs werden diejenigen Merkmale deutlich, nach denen beide zu differenzieren sind: Bei einer *positiven* Angstlust wird die Metaphorik von Geben und Nehmen – für die kein eigenes Körperbild existiert – auffallend häufig mit dem Behälter-Schema und das Kraft-Schema mit dem Ursprung-Pfad-Ziel-Schema kombiniert. Dabei entsteht eine Pendelbewegung zwischen Mangel und Überfluß sowie zwischen Innen und Außen: Das Schwanken zwischen Innen und Außen bezieht seinen "Kick" aus sozialen oder drogenbezogenen Impulsen, die von (sinn)entleerten Behältern (z.B. in Form einer emotional armen Familie) *weg*- und zum absoluten Gegenteil vom zuvor gefühlten, bedrückenden Mangel *hinbringen* sollen.

Die *negative* Angstlust bewegt sich metaphorisch ebenfalls überwiegend in der Kombination des Konzepts von Geben und Nehmen mit dem Behälter-Schema sowie in der Verbindung des Kraft-Schemas mit dem Ursprung-Pfad-Ziel-Schema – jedoch mit einer unterschiedlichen Orientierung: Die Pendelbewegung zwischen Extremen wird zwar auch von sozialen oder drogenbezogenen Impulsen in Gang gesetzt, distanziert dann aber – aus Angst vor nicht (mehr) kontrollierbaren Affekten – von radikal entgrenzenden bis existentiell bedrohlichen Seins- und Handlungsformen (z.B. "Blackouts", Selbst- und Fremdverletzungen). In einem zuverlässigen Rahmen, in dem ein kontinuierlich annehmbarer Kontaktanschluß möglich ist, können die extremen Schwankungen schließlich ausbalanciert werden. In diesem Sinne kann die extreme bis destruktive Dynamik in einem sicheren Rahmen mit einem zuverlässigen sozialen Anhaltspunkt gebremst werden, woraufhin die zuvor unterdrückt gehaltene Lebensenergie zugänglich wird. In beiden Fällen werden Gefühle, Beziehungen, Drogen und Eigenschaften verdinglicht, wobei die jeweilige Materie entweder in das als Behälter metaphorisierte Selbstkonzept *hinein* oder aus diesem *heraus* soll, um ein gutes und erfülltes Lebensgefühl *haben* zu können.

> "Eine Metaphorik, für die [...] kein eigenes 'kinaesthetic image schema' zu finden ist, die stattdessen den metaphorischen Mechanismus der Vergegenständlichung extensiv nutzt, ist die des 'Gebens und Nehmens'. [...] Die erwähnte Substantialisierung besteht darin, daß komplexe Teile unserer Erfahrung als einfache Objekte und Wesen identifiziert werden, daß wir z.B. 'Zuwendung', 'Liebe' als diskrete Entitäten behandeln [...]. Ontologisierende Metaphern des Gebens und Nehmens erlauben uns, physische und psychische Erfahrungen des intersubjektiven Austauschs zu benennen und bestimmte Aspekte aus diffusem Erleben zu isolieren. Wir finden Quantifizierung der Zuwendung (eine Menge, viel, wenig), substantivierte Beschreibung derselben (sie wollte 'die Liebe' ihrer Mutter) und deren Abkürzung durch Pronomina als Statthalter ('das', was geboten wird)." Auf diese Weise entsteht das Bild vom "Versorgungs- und Tauschgeschäft" (Schmitt 1995:203f.).

Der *positive* Angstlust-Typ handelt und bewegt sich auf der Basis einer impulsorientierten Pendelbewegung zwischen Extremen, mit einem maximalen Bereicherungseffekt an positiver Selbstwahrnehmung bei einer negativen Abgrenzung zur Real-Präsenz (z.B. ein gutes Gefühl durch eine Überdosis Drogen haben, weil man sich "anders als normal" fühlen kann). Der *negative* Angstlust-Typ schwingt ebenfalls in einer extremen Dynamik – jedoch mit einem maximalen Bereicherungseffekt an positiver Selbstwahrnehmung innerhalb einer verständnisvollen und zuverlässigen "Umgebung", da ihn das Wissen um sein Zerstörungspotential mehr ängstigt als belebt (z.B. sich durch die Integration in einen sicheren Therapierahmen vor sich selbst schützen wollen).

Beide Erzählungen weisen eine zentrale Auseinandersetzung mit der Thematik von Polarität und Einheit auf. Dabei repräsentiert die typenspezifische Vorliebe für Entzweiungen eine Bearbeitungsform von unergiebigen und verunsichernden Beziehungserfahrungen sowie von Ängsten, resultierend aus unerfüllt gebliebenen Wünschen nach einer passenden sozialen Resonanz. Metaphorisch spiegelt sich diese grundlegende typenspezifische Beschäftigung folgendermaßen wieder: Der *positive* Angstlust-Typ geht aus von ihn schneidenden und ausgrenzenden Beziehungserfahrungen, die über einen Anschluß an destruktiv-faszinierende Tauschkontakte einen Lösungsversuch erfahren: Das Selbstkonzept wird aufgrund eines Ausschlusses aus zentralen Gruppierungen als abhängig von sozial dominanten Definitionsmächten erlebt und – im Gegenzug dazu – als absolut unabhängig konstruiert, um lebens- und handlungsfähig bleiben zu können. Erst wenn die verinnerlichten negativen Bewertungen sich im als Behälter metaphorisierten Selbstkonzept zur Bedrückung (Depression) ausweiten und dabei die Aktivitäts- und Flexibilitätsspannweite bis auf das Maß der Unerträglichkeit einschränken, sucht der *positive* Angstlust-Typ nach aufwertenden sozialen Kontaktmöglichkeiten. Die Idealform dieses über einen kontinuierlichen Anschluß erzielten Gefühlszustandes stellt ein geschlossenes Beziehungsarrangement dar, das seine gegenseitige Anziehungskraft aus gemeinsam geteilten Interessen bezieht. Innerhalb dieses exklusiven Kreises zirkuliert eine wertfreie Akzeptanz sowie ein unbegrenzter Austausch auf der Basis wirksamer Anziehungskräfte. Die Beziehungsmetaphorik von Geben und Nehmen veranschaulicht (zusammen mit dem Verbindungsschema) die als ideal konstruierte Beziehungsform. Letztere wird von einem kontinuierlich verbindlichen Kontakt, aufgrund gemeinsamer Interessen und homogener Raumerfahrungen (vgl. mit anderen "auf einer Ebene" sein), repräsentiert, woraus sich schließlich eine das Selbstempfinden sichernde Verortung (metaphorisiert als Besitz) ergibt. In diesem Sinne konzeptualisiert der *positive* Angstlust-Typ Kontakt- und Austauschbeziehungen als Regelkreisläufe, die sowohl auf spezifischen Bindungscodes basieren als auch mit positiven oder negativen Impulsen stimulieren: Bei einer als *positiv* wahrgenommenen Stimulanz findet eine zuverlässige Ausbalancierung der typenspezifischen radikalen Pendelbewegung und darüber eine den Selbstwert schützende Umhüllung statt. *Negativ* bewertete Impulse werden hingegen als unberechenbar und ungenügend in ihrer Resonanzfähigkeit erlebt, was die Pendelbewegung anstößt und den *positiven* Angstlust-Typ zur Suche nach lohnenderen Tauschkontakten antreibt.

Beim *negativen* Angstlust-Typ wird die Suche nach impulsgebenden Kontakten hauptsächlich von dem Bedürfnis geleitet, die als konflikthaft bis einengend erlebte Widersprüchlichkeit von inneren und äußeren Realitäten so zu gestalten, daß sie auszuhalten ist. Das als Behälter metaphorisierte Selbstkonzept verfügt dabei über unsichere Grenzen, die sensibel auf äußere Einflüsse reagieren. Im Falle von als unpassend empfundenen realen Zusammenhängen (vgl. "nichts damit anfangen können") wird das innere Gleichgewicht durch mangelnde haltgebende Impulse gestört, was schließlich zu einer Verengung der Aktivitäts- und Flexibilitätsspann-

weite bis zu einem inneren Vakuum führen kann. Angekommen an diesem mit (destruktiver) Ausdruckslosigkeit verknüpften Gefühlszustand sucht der *negative* Angstlust-Typ nach einem äußeren Bezugspunkt, über den ein grenzgebender Tauschkontakt, und darüber eine Aufladung mit Bewegungs- und Kommunikationsimpulsen, gelingt. Dabei ist dieser durch einen schützenden Anschluß hergestellte ideale Gefühlszustand unmittelbar mit einem homogenen Beziehungsarrangement verknüpft. Letzteres basiert auf dem Wunsch nach absoluter Übereinstimmung und Geborgenheit, wobei die Stabilität dieses sozialen Arrangements sowohl auf einer strikten Trennung von Innen- und Außenwelt als auch auf einer gemeinsamen Abgrenzungs- und Definitionsarbeit hinsichtlich eigener und fremder Anteile beruht.
An dieser Stelle zeigt sich der wohl markanteste Unterschied zwischen den beiden Typ-Profilen: Während der *positive* Angstlust-Typ seine sozialen Kontroll- und Suchstrategien auf eine kontinuierlich *erhebende* Impulsversorgung innerhalb eines exklusiven Tauschkontakts ausrichtet, lenkt der *negative* Angstlust-Typ seine sozialen Kontroll- und Suchstrategien auf grenzgebende Kontaktanschlüsse. Im Zusammenhang mit konstanten, aber nicht bedrängenden normorientierten Beziehungsformen kann die hohe Spaltungs- und Projektionsbereitschaft beider Typ-Profile, die sich letztendlich als Aktivitäts- und Flexibilitätseinschränkung auswirkt, zugunsten eines den Selbstbezug stärkenden sozialen Tauschkontakts verändert werden. Dieser nicht-drogenbezogene Kontaktanschluß bindet jedoch nur so lange effektiv, wie dieser vom *negativen* Angstlust-Typ als haltgebend bzw. belebend und vom *positiven* Angstlust-Typ als ergiebig bezüglich seines Strebens nach einem absolut guten (idealen) Selbstempfinden bewertet wird. Demzufolge kann eine ungenügende (therapeutische) Berücksichtigung der typenspezifisch unsicheren Selbstgrenzen sowie des starken Bedürfnisses nach positiver Spiegelung einen Therapie- bzw. Kontaktabbruch initiieren.
Einen gemeinsamen Schnittpunkt besitzen die beiden Typ-Profile auf der Ebene der subjektiv biographischen Geschichte sowie psychosozialen Dispositionen in Form hoher narzißtischer Einbußen und Entbehrungen bezüglich ihrer sozialen Bindungen. Diese finden im Falle des *positiven* Angstlust-Typs als eine relativ radikale Transformationsdynamik in Richtung eines idealen Selbstempfindens und im Falle des *negativen* Angstlust-Typs als eine relativ extreme Suche nach einem idealen Ort sowohl Ausdruck als auch eine kreative Bearbeitungsfläche. Die Attribute *relativ* und *extrem* veranschaulichen dabei die Spannweite der typenspezifischen Zielbereiche für Drogen-Handlungen und damit die Gestaltungswünsche von inneren und äußeren Realitäten, die wiederum – je nach Motiven und Bedingungen – variieren können. Darüber hinaus kann für beide Typ-Profile, die sich von unterschiedlichen Idealformen als Gegengewicht zu erlebten und wahrgenommenen Defizitzuschreibungen (an sich selbst und an andere) anziehen lassen, eine hohe Affinität für (auto)aggressive Körper-Handlungen (wie Eßstörungen, Selbst- und

Fremdverletzungen) formuliert werden. Mit dieser am Körper ausagierten Handlungsbereitschaft korrespondiert häufig eine Isolierung der Wahrnehmungsfähigkeit von eigenen und fremden Bedürfnissen sowie schmerzhaften Empfindungen, woraus ein erhöhtes gesundheitliches und soziales Belastungspotential (z.B. als Angriffs-, Unfall- oder Ansteckungsrisiko) resultiert.
Die bevorzugten psychotropen Substanzen stellen alle Arten von beschleunigend oder halluzinogen wirkenden Drogen (wie Kokain, Crack, Amphetamine, LSD) dar, die häufig in einem extremen Ausmaß konsumiert werden. Die unerwünschten Nebenwirkungen eines wenig kontrollierten Konsums (z.B. in Form von Aggressivität, Depression und paranoiden Phasen) fängt der *positive* und *negative* Angstlust-Typ mit beruhigenden Drogen (wie Heroin, Cannabis, Psychopharmaka) auf. Im Laufe eines ausgeweiteten Drogenweges, auf dem immer häufiger uneffektive und einschränkende Drogenempfindungen auftreten, kann er sich auch ganz auf Opiate verlegen. Allgemein betrachtet konzeptualisieren beide Typ-Profile Drogen als eigene Wesen mit einer Eigendynamik, worüber die zwischen Angst und Faszination typenspezifisch unterschiedlich schwankende Gefühlsbindung zum Tragen kommt: Einerseits idealisiert der *positive* Angstlust-Typ die attraktiv-gefährliche Transformationsdynamik der von ihm favorisierten beschleunigenden Drogen und andererseits entwertet er sie über die Bezeichnung als "Gift" oder "Zeug", womit er sein Streben nach einer "absoluten" Unabhängigkeit verdeutlicht. Der *negative* Angstlust-Typ wahrt hingegen entweder Abstand zur attraktiv-gefährlichen Transformationsdynamik der begehrten Drogen – die hauptsächlich im Kontext von "einengenden" Realitäten Fluchtoptionen eröffnen –, oder aber er bindet sich *total* in den psychoaktiv erzeugten Kosmos ein und lebt darin die von ihm ersehnte Unberührbarkeit gegenüber unannehmbaren Wirklichkeiten aus.
Dabei wirken folgende Motive als empfindens- und handlungsleitend im Rahmen der jeweiligen Drogen-Handlungen: Der *positive* Angstlust-Typ erwartet sich vom oft lange vorher schon als attraktiv konstruierten psychotropen (illegalen) Substanzkonsum eine Optimierung seines Selbst(wert)-Empfindens, bei einer gleichzeitigen Erfüllung von außerhalb der Drogenszene nur schwer realisierbaren sozialen Kontaktwünschen. Beim *negativen* Angstlust-Typ dominiert der Wunsch nach einer optimalen Umgebung, in der von vornherein eine Übereinstimmung von inneren und äußeren Realitäten gegeben ist, wodurch seine sozialen Ausdruckschancen erhöht und seine destruktiven Impulse umgepolt werden.
Hinsichtlich einer überwiegend ambivalenten Haltung gegenüber wert- und leistungsbezogenen Realitäten, aufgrund einer dort erlebten Enttäuschung der jeweiligen sozialen Integrationsbedürfnisse, können beide Typ-Profile leicht aus normorientierten Zusammenhängen herausfallen und daraufhin Drogen-Handlungen in nahezu all ihren möglichen Formen ausspielen. Vor allem der *positive* Angstlust-Typ betreibt sein Drogenleben mit hohen psychisch-physischen Investitionen und vielen

negativen sozialen Konsequenzen. Eine Versorgung mit normalisierenden Ressourcen (z.B. Therapie, Ausbildung, drogenfreie Sozialkontakte) wird in diesem Falle erst dann interessant, wenn individuelle Grenzen oder einschränkende Drogenempfindungen nicht mehr verleugnet werden können bzw. wenn ein entsprechender Drogenersatz verfügbar ist. Der *negative* Angstlust-Typ profitiert aus einer normorientierten Perspektive von seiner Bindungsoffenheit gegenüber ihm vorauseilenden, positiv spiegelnden sozialen Integrationsbemühungen, die – falls sie als grenzgebend empfunden werden – als Zufluchtsort attraktiv werden und damit eine Alternative zu drogenbezogenen Tauschkontakten bieten können.

Die Hochphase als ein ideal bewegender Tauschkontakt:

Anfänglich beurteilt der *positive* Angstlust-Typ den ungewöhnlich rasanten, da ohne schrittweise Annäherung erfolgenden Anschluß an Drogen-Handlungen und die damit verknüpfte Szene als eine Möglichkeit, eine als leer und (sozial) isoliert empfundene Real-Präsenz zu verändern. In diesem Sinne gelten Drogen als effektive Impulse zur Optimierung des als blockiert erlebten Selbst-Austausch-Konzepts in Richtung einer Idealform, um darüber lang ersehnte soziale Erfolge erzielen zu können. Gesucht wird also ein Angestoßen-Werden (vgl. "Kick") im Rahmen eines ergiebigen Tauschkontakts, über das zunächst die im Inneren des Selbstkonzepts wahrgenommenen Widerstände und Isolationspunkte überwunden, und anschließend in eine resonanzreiche und selbstwertsichernde Beziehungs- und Kommunikationsenergie umgewandelt werden können. Zur Darstellung dieser Etappe auf dem Drogenweg verwendet der *positive* Angstlust-Typ überwiegend räumliche Sprachbilder, die Metaphorik des Bindens sowie das Konzept von Geben und Nehmen. In diesem Sinne werden Drogen-Handlungen, die in dieser Phase viel *bringen*, als Anti-Defizite konzeptualisiert, indem sie seine nüchtern wahrgenommenen Spannungszustände reduzieren und seinen engen Aktivitäts- und Flexibilitätsradius weiten. Auf diese Weise ermöglicht der psychotrope Substanzkonsum eine Passung zwischen seinen Idealen und realen Bedingungen, was dem *positiven* Angstlust-Typ letztendlich Selbstsicherheit durch Überlegenheit verleiht. An dieser Stelle wird das Kraft-Schema (zusammen mit dem Verbindungsschema und dem Konzept von Geben und Nehmen) virulent, worüber – ausgehend von der konzeptuellen Metapher STATUS UND KONTROLLE SIND OBEN (vgl. Lakoff et al. 1980:15f.) – das psychosozial wirksame Bewegungspotential aufwertender (*erhebender*) Kontaktanschlüsse verdeutlicht wird. Denn über letztere wird der ersehnte Vorzeichenwechsel aller zuvor als negativ bewerteten Momente erzielt. Davon ausgehend läßt sich für den *positiven* Angstlust-Typ während der Hochphase seiner Drogen-Handlungen folgende konzeptuelle Metapher formulieren: DROGENKONSUM IST AUFWERTUNG. Denn ausgehend von einer rigide bewerteten Real-Präsenz sowie von einer unzureichend über alternative Beziehungen kompensierten Außenseiterposition empfindet der *positive* Angstlust-Typ vor allem die über potente Drogen erreichte Idealform als attraktiv, da diese ihm sowohl (imaginäre) Überlegenheit gegenüber normorientierten Gruppen als auch reale Anschlußmöglichkeiten an elitäre (diskriminierte) Personenkreise ermöglicht.

Für den *negativen* Angstlust-Typ repräsentiert der psychotrope Substanzkonsum zunächst eine Befreiung von belastenden Verantwortungs- und Pflichtgefühlen im Rahmen eines normorientierten Lebensprojekts, indem die innerhalb exklusiver sozialer Kreise erzeugten Drogenempfindungen eine virtuelle Bewegung in idealisierte (Flucht-)Welten erlauben. In diesem Sinne können die als beängstigend und bedrohlich erlebten sozialen Einschränkungen der Real-Präsenz zugunsten eines drogeninduzierten offeneren Selbst-Behälters zeitweise aufgegeben werden. Den Drogengebrauch metaphorisiert der *negative* Angstlust-Typ vorwiegend anhand räumlicher Sprachbilder, der Behälter-Metaphorik sowie des Konzepts von Geben und Nehmen. Darüber hinaus werden die von ihm personifizierten Drogen als mit einem Bewegungspotential ausgestattet gedacht (vgl. sich "einfahren"). Insofern wirken sie anziehend und laden ein, sich das wertvolle Potential abzuholen. Letzteres besteht nun darin, daß über die psychotropen Wirkimpulse eine ideale Selbst- und Fremdwahrnehmung erreicht werden kann, die als positive Auflagung der eignen narzißtischen Hülle empfunden wird – worüber der Selbstbezug gestärkt und ein Austausch nach außen erleichtert wird. Das Verbindungsschema und Kraft-Schema wirken also zusammen mit dem Konzept von Geben und Nehmen und ermöglichen aufgrund der potenten Materie (Drogen) im Selbst-Behälter eine flexiblere und weniger angstbesetzte Selbstveräußerlichung. Die konzeptuelle Metapher AKTIVITÄT IST SUBSTANZ UND EIN CONTAINER (vgl. Lakoff et al. 1980:31) macht den Zusammenhang zwischen der Qualität von Selbst- und Fremdbewertungen und der persönlichen psychosozialen Sicherheit deutlich: Erst ein *Haben* einer konkret räumlichen oder imaginären Schutzhülle (erreicht über das Einverleiben von Substanzen oder das Integriert-Sein in einen sicheren Rahmen) erhöht die Aktivitäts- und Flexibilitätsoptionen zwischen Innen und Außen. Dadurch entsteht ein Gefühl des In-sich-behaust-Seins, das in Interaktion mit der sozialen Umgebung treten läßt. Demnach kann für den *negativen* Angstlust-Typ während der Hochphase seiner Drogen-Handlungen folgende konzeptuelle Metapher formuliert werden: DROGENKONSUM IST EINE SOZIALE RESSOURCE. Damit ausgestattet kann er sein Selbstempfinden positiv bewerten und leichter auf andere zugehen.

Die Verunsicherungsphase mit sich radikalisierenden Affekten:

Hier werden beide Typ-Profile mit ersten Grenzerfahrungen angesichts der nun gegenläufig wirksamen drogenbezogenen Transformationsprozesse konfrontiert. Ausgehend von einer Idealisierung des Überlegenheitsstatus' (vgl. "drauf sein"), zusammen mit dem Gefühlszustand des Abgehoben-Seins bzw. der Unverletzbarkeit, beginnt sich die Toleranzspannweite beider Typ-Profile gegenüber den wahrgenommenen Möglichkeiten ihrer Real-Präsenz parallel zur zunehmenden psychosozialen Bedeutung des Drogenkonsums zu verengen: Aufgrund einer typenspezifisch hohen Anwendungsbereitschaft von rigiden Bewertungen, bei einer gleichzeitig starken Angst vor sozialen Abwertungen während der Real-Präsenz, wächst der Widerstand, sich mit normorientierten Sozialkontakten zu identifizieren. Dies kann schließlich eine soziale Abkapselung oder eine ausschließliche Integration in exklusive Drogenszenen begünstigen. Hinsichtlich der nach innen kontaktschließenden und gleichzeitig nach außen abgrenzenden Drogeneffekte beginnt sich ein Kosmos von extremen Pendelbewegungen zu kreieren, die sich letztendlich in einer typenspezifischen absurden Such(t)-Dynamik manifestieren können: Indem der *positive* Angstlust-Typ über psychotrope Substanzen zu einem idealen Selbsterleben mit als ergiebig empfundenen sozialen Kontaktmöglichkeiten gelangt, dadurch aber alle außerhalb dieses Wirkpotentials verorteten Gefühle und Beziehungsoptionen als wertlos (vgl. "nüchtern") und den Selbstwert zersetzend (vgl. "ätzend") wahrnimmt, kann der Wunsch nach optimalen Effekten zu einem empfindens- und handlungsleitenden Anstoß für wiederholte Drogen-Handlungen werden. Für den *negativen* Angstlust-Typ beinhalten psychotrope Substanzen insofern das Risiko einer Suchtentwicklung, als sie zu einer idealen Wahrnehmung von äußeren Lebensbedingungen sowie einer weniger angstbesetzten Selbstmitteilung führen und als sie dadurch zunehmend die außerhalb der Drogenempfindungen erlebten Realitäten (aufgrund der Diskrepanz von drogeninduzierter und nüchterner Erfahrung) als bedrohlich und fremd erscheinen lassen. Dies kann schließlich zu dem Wunsch nach einem erneuten Aufsuchen der behaglicheren eigenen Welt führen. Allgemein betrachtet verkürzen sich im Laufe eines regelmäßigen beschleunigenden oder halluzinogen wirkenden Drogenkonsums immer mehr die Abstände zwischen den Höhen des Drogenempfindens und den Tiefen eines nüchternen, leeren Daseins, was als eine Intensivierung von inneren Spannungszuständen empfunden wird. Angekommen an diesen das Selbstempfinden verengenden und die Lebensqualität einschränkenden Wahrnehmungen kann ein Mischkonsum mit beruhigenden Drogen aufgenommen werden (z.B. Kokain und Heroin), der zu einer Ausweitung des Drogenweges führt. Gleichzeitig können aber auch positiv spiegelnde und grenzgebende, aber nicht kontrollierende, Kontakte auf der normorientierten Beziehungs- und Leistungsebene Neubewertungen im Rahmen des Selbst-Austausch-Konzepts fördern, die – vorausgesetzt es findet eine *klare* Entscheidung für eine Konsumänderung statt – abstinente Phasen oder einen Ausstieg aus dem Drogenleben bewirken können. In diesem Sinne kann hier sowohl für den *positiven* als auch für den *negativen* Angstlust-Typ folgende konzeptuelle Metapher formuliert werden: DROGENKONSUM IST EIN EFFEKT VON KLAREN ENTSCHEIDUNGEN.

Die Neutralisierungsphase fordert Affektunterschiede und -unterscheidungen:

Im Laufe eines weiter fortgesetzten und – parallel zur Stärke der typenspezifischen Wünsche nach Idealformen – intensivierten psychotropen Substanzkonsums beginnen sich die während der Hochphase erzielten Drogenempfindungen zu neutralisieren bzw. sich in ihrer Wirkung zu verkehren, was sie zunehmend zu unergiebigen bis verlustreichen Impulsen macht: Auf der Basis der typenspezifisch wirksamen konzeptuellen Metapher DROGENKONSUM IST AUFWERTUNG erlebt der *positive* Angstlust-Typ ein kränkendes Ausgeschlossen-Sein aufgrund seiner *abgehobenen* idealisierten Drogen(szene)-Kontakte. Diese wiederholte Erfahrung einer sozialen Isolation aktualisiert früh wahrgenommene und erlebte narzißtische Einbußen. Letztere können nun in ihrer *Schärfe* entweder über eine Radikalisierung des Drogenlebens – als "Ausweg" aus der psychosozial erniedrigenden Position – neutralisiert werden. Oder aber über Neuanbindungen und einen Perspektivenwechsel veränderte Bearbeitungsstrategien zugänglich machen. Im Falle eines daraufhin offensiv betriebenen Drogenkonsums bewegt sich der zwischen Euphorie und (Selbst-)Zerstörung schwankende *positive* Angstlust-Typ letztendlich auf eine psychosoziale Verengung zu. Diese markiert einen (existentiellen) Grenz- und Entscheidungspunkt, der zunächst noch verleugnet werden kann. Erst über eine Radikalisierung seiner Drogen-Handlungen – mit dem Ziel, negative und destruktive Drogenempfindungen zu regulieren – wird das Tabu zugänglich: Mit Einsetzen uneffektiver Drogenwirkungen kann das Bedürfnis des *positiven* Angstlust-Typs nach widerspruchsfreien Gefühlen und exklusiven Kontakten, das bei Enttäuschung über (Ab-)Spaltung verdeckt wird, nicht mehr befriedigt werden – was Angst vor Kontrollverlust und damit Ohnmachtsgefühle auslöst. Indem diese Gefühle seinem Ideal von Selbstbestimmung und Unabhängigkeit widersprechen, erzeugen sie Handlungsdruck. An dieser Stelle sind Neuorientierungen möglich, die normorientierte und leistungsbezogene Kontaktanschlüsse attraktiv machen können – jedenfalls so lange, wie sie für seine destruktiven Impulse ein adäquates Gegengewicht darstellen. Werden sie hingegen als zu *schwach* bewertet, strebt der *positive* Angstlust-Typ wieder in die entgegengesetzte Richtung. Denn nach wie vor wirkt in ihm das Bedürfnis nach kontinuierlich erhebenden (*guten*) Impulsen sowie die Kraft der Idealisierung von Drogenempfindungen und Anbindungen an gleichförmige Personenkreise.

Beim *negativen* Angstlust-Typ drängt – mit Blick auf die typenspezifisch wirksame konzeptuelle Metapher DROGENKONSUM IST EINE SOZIALE RESSOURCE – die über einen fortgesetzten und intensivierten psychotropen Substanzkonsum erzielte Verengung im Selbsterleben zu einer Entscheidung: Aufgrund von sich neutralisierenden und ins Gegenteil verkehrenden Drogenempfindungen nehmen die idealen Wahrnehmungsveränderungen von äußeren Realitäten ab und katapultieren den *negativen* Angstlust-Typ in die abgewertete, angstvoll besetzte Real-Präsenz zurück. Dort angekommen nimmt seine hohe Breitschaft für Spaltungs- und Projektionshandlungen den Kampf gegen Strukturverlust-Ängste und globale Abwertungsimpulse auf. Um eine Reduzierung seines Innenraumes bis zur Auflösung zu vermeiden, wird die absorbierende Energie, in Form einer schneidenden Aggression, nach außen abgegeben – was den *negativen* Angstlust-Typ schließlich sozial isoliert und seine Seins- und Handlungsoptionen minimiert. Dieser beengende Zustand wird als psychosoziale Bedrohung bzw. als Grenzerfahrung erlebt, die mehr oder weniger bewußt zu Interventions- und Kontrollhandlungen auffordert. An dieser Stelle dient möglicherweise eine ausschließliche Bindung an beruhigende psychotrope Substanzen (entsprechend der aktiven/passiven Funktionslust) als Lösung der destruktiven, und von daher in einem nüchternen Zustand unerträglichen, Spannungszustände und wäre damit als Selbstmedikation zu interpretieren. Gleichzeitig kann aber diese existentielle Grenzerfahrung auch das soziale Umfeld motivieren, entsprechende Interventions- und Kontrollschritte einzuleiten, die der *negative* Angstlust-Typ aufgrund seiner hohen Bedürftigkeit nach resonanzreichen und grenzgebenden Impulsen als Entscheidungshilfe für normorientierte Hilfsangebote nutzen kann.

Auf dieser Transformationsebene kann die konzeptuelle Metapher DROGENKONSUM IST EMOTIONALES ERKENNEN formuliert werden, die sowohl dem *positiven* als auch dem *negativen* Angstlust-Typ bei Orientierungs- und Entscheidungsprozessen wirksam bewegt. Dabei stellt dieses Konzept vor allem die typenspezifisch hohe Ambivalenz ins Zentrum, indem diese kontinuierlich nach emotional nachvollziehbaren Perspektiven verlangt, die letztendlich den Anstoß für eine bestimmte (Handlungs-)Richtung geben. Denn welche psychosozialen Höhen und Tiefen der jeweilige Drogenweg letztendlich kreiert, und auf welche Weise die Impulse eines nicht mehr potenten Drogenkonsums genutzt werden, interagiert in erster Linie mit den typenspezifisch strengen Bewertungsmaßstäben von emotionalen Qualitäten. Letztere können dann – sofern Realisierungschancen von Idealformen auf normativer Ebene bestehen – zu richtungsweisenden Größen für weitere Anbindungs- bzw. Ablösungsschritte auf dem jeweiligen Drogen-/Lebensweg werden.

Die Positionierungsphase und die Bedeutung wertgebender Kontaktanschlüsse:

Beim *positiven* Angstlust-Typ besteht, im Vergleich zum *negativen* Angstlust-Typ, aufgrund der hohen (Drogen-)Ideale und niedrigen Toleranz gegenüber davon abweichenden Wahrnehmungen eine größere Gefahr sowohl für eine Aufrechterhaltung von radikalen Drogen-Handlungen als auch für eine fortgesetzte Distanzierung von normorientierten Projekten. Dieses Risiko besteht jedenfalls so lange, wie seine rigiden Bewertungsmechanismen keine Versöhnung erfahren und somit die Wahrnehmungs- und Handlungsstrategien weiterhin polarisieren (vgl. nüchtern/drauf). Ausgehend von den während normorientierter Tauschkontakte nicht kontinuierlich erreichbaren *erhebenden* Impulsen, welche die Bindungsbereitschaft des *positiven* Angstlust-Typs aktivieren können, zieht ihn immer wieder die exklusive und idealisierte Drogenszene an. Auf dieser Ebene beginnt der *positive* Angstlust-Typ mit zunehmender Erkenntnis seines verengten Empfindens- und Handlungsradius', eine pragmatisch-berechnende Haltung gegenüber den weiterhin idealisierten Drogen einzunehmen, die deshalb *gut* bleiben, weil sich eine Perspektive auf alternative selbstwertsichernde Tauschkontakte immer wieder verwischt. Diese Dynamik schließt sich dann zu einem Teufelskreis, sobald aufwertende Güter an drogenbezogene Kraftfelder effektiv binden aufgrund einer fehlenden normorientierten Gegenkraft (z.B. in Form einer attraktiven sozialen Integration). Hinsichtlich seines ausgeprägten Strebens nach aufwertender Materie zur Erlangung optimaler Effekte, bei einer möglichst geringen Gefährdung bedeutsamer Ideale, beginnt eine stetige Suche nach effektiven Impulsen den Lebensrhythmus des *positiven* Angstlust-Typs zu dominieren. Diese Suchbewegungen können zu einer Einnahme der Suchtposition führen, auf der sowohl substanzspezifische (z.B. Drogenkonsum) als auch substanzunspezifische (z.B. Selbstverletzungen) Zwänge in den Suchtkreislauf einbinden können. Auf der Basis eines Ungleichgewichts zwischen sozialen Resonanzen, Bewertungen und Zuschreibungen einmal gegenüber radikalen Handlungen mit normverletzenden Effekten (z.B. bei *Junkies*) und zum anderen gegenüber radikalen Handlungen mit sozial unauffälligen Konsequenzen (z.B. bei verdeckten Selbstverletzungen, Bulimie) entfaltet die *sichtbar* eingenommene Suchtposition eine Eigendynamik. Letztere wird von zirkulären Zuschreibungs- und Separierungsprozessen in Gang gesetzt, die der *positive* Angstlust-Typ als eine Abwertungs- und Ausschlußerfahrung, und damit als Kontrollverlust und Ohnmacht, wahrnimmt. In diesem Sinne fordert diese Gefühlslage eine Kompensationshandlung, um einen (narzißtisch) existentiellen Absturz aufzufangen: Auf der Basis seiner typenspezifisch wirksamen konzeptuellen Metapher DROGENKONSUM IST AUFWERTUNG findet an dieser Stelle ein mehr oder weniger bewußtes Abwägen aller als verfügbar und effizient erachteten Ressourcen statt. Letztere werden schließlich nur noch im Drogenkosmos vermutet, sobald im *normalen* Kontext, aufgrund der Konsequenzen aus einem extremen Drogenleben (z.B. Delinquenz, Beschaffungsprostitution), ausschließlich sozial ausgrenzende Erfahrungen gemacht werden. Auf diese Weise erlangt die Drogenszene erneut an Attraktivität und Wert, was letztendlich den absurden Tauschkontakt mit Drogen begünstigt. Im Hinblick auf das daraus resultierende Paradoxon, das in Form einer gesellschaftlichen Abwertung der sichtbaren Suchtposition (vgl. *Junkies* gelten allgemein als *abgestürzt*) bei einer gleichzeitigen typenspezifischen Idealisierung des Drogenlebens besteht, erschweren sich Neupositionierungen: von beiden Seiten werden nämlich weder gemeinsame Berührungspunkte noch lohnende Tauschkontakte (an-)erkannt. Dennoch besteht im Falle einer Desillusionierung des Drogenlebens die Möglichkeit, positiv spiegelnde, aber nicht kontrollierende Interventionen in Anspruch zu nehmen. Inwieweit (professionelle) Unterstützung allerdings als Gegenkraft zum Drogenleben akzeptiert werden kann, hängt letztendlich von der Bereitschaft der jeweiligen Kontaktpersonen ab, mit den zuweilen extremen bis destruktiven Beziehungsgestaltungen des *positiven* Angstlust-Typs etwas Konstruktives anfangen zu können. Auf dieser Transformationsebene kann für ihn deshalb die konzeptuelle Metapher DROGENSUCHT IST EIN EXTREMER (AUS-)TAUSCH formuliert werden.

Der *negative* Angstlust-Typ profitiert auf der Positionierungsebene von seiner als negativ bewerteten frei flottierenden Angst, die vor allem auf der Neutralisierungs- und Positionierungsebene virulent wird und (hinsichtlich der sich immer mehr verengenden Drogenempfindungen, die Panik vor Chaos und Absorption auslösen können) handlungsleitend wirkt. Mit Blick auf seine hohe (angstvolle) Gebundenheit an äußere Realitäten löst der Wegfall von drogeninduzierten sozialen Ressourcen aufgrund uneffektiver Drogenempfindungen Angst vor Kontrollverlust und somit Ohnmachtsgefühle aus. Dieser Zustand der "Schwäche" wird zunächst über einen Spaltungs- und Projektionsmechanismus zu kompensieren versucht und in Form einer (aggressiven) Isolation von abgewerteten äußeren Realitäten organisiert. Anschließend kann die als Einschränkung empfundene Gefühlslage über eine Änderung des Konsumverhaltens (z.B. Aufnahme eines Mischkonsums oder eine Verlagerung auf Opiate) einen Umdeutungsversuch erfahren. Scheitert auch dieser mit der Zeit, so reduziert sich parallel zur abnehmenden Drogeneffiktivität seine Lebensenergie. Dabei nimmt der *negative* Angstlust-Typ eine existentielle Gefährdung durch den Drogenkonsum erst dann wahr, sobald sich seine Aktivitäts- und Flexibilitätsspannweite auf einen hochexplosiven Punkt reduziert, an dem eine Vermischung von Innen- und Außenwelt befürchtet wird. Hier angekommen kann sich der *negative* Angstlust-Typ auf verläßliche Interventions- und Kontrollangebote einlassen, sofern sie als positiv spiegelnd (und nicht als kontrollierend-bedrängend) wahrgenommen werden. Bezüglich seiner empfindens- und handlungsleitenden Defizitkonstruktionen aufgrund diffuser sozialer Ängste, die sich als Omnipotenz- oder Unabhängigkeitsinszenierungen tarnen können, ist das Bedürfnis nach wertneutralen, aber dennoch klar strukturierten Kontaktangeboten vorhanden, innerhalb derer der eher eskapistisch orientierte *negative* Angstlust-Typ wünscht, einen Anhalts- oder Bezugspunkt zur Stärkung seines schwachen Selbstkontakts zu finden. Im Falle einer ausschließlichen und somit destruktiven Bindung an Drogen-Handlungen kann sich der *negative* Angstlust-Typ (z.B. als Reaktion auf unerreichbare, sozial hochgeschätzte Lebensentwürfe oder auf negative soziale Zuschreibungen) im Drogenleben verfangen: Existiert keine Wahrnehmung (mehr) von erwünschten Austausch- und Kontaktmöglichkeiten auf einer normorientierten Ebene, so bewegt sich der *negative* Angstlust-Typ in Richtung einer Abhängigkeitsposition wie im Falle des passiven Funktionslust-Typs, auf der die konzeptionelle Metapher DROGENABHÄNGIGKEIT IST OHNMACHT wirkt. Auf dieser Position wird der Konsum von überwiegend beruhigenden Drogen nicht mehr idealisiert und als frei wählbar erlebt, sondern – zusammen mit der negativen sozialen Zuschreibungsdynamik – als Bewältigung der als perspektivenlos wahrgenommenen psychosozialen Ausgangslage konstruiert.

Drogen-Handlungen, die nach der positiven oder negativen Angstlust strukturiert und ausgerichtet sind, werden als selbstbestimmt gewählte Anschlüsse an attraktive Kontaktquellen verstanden, die eine typenspezifisch extreme Selbst-Austausch-Dynamik radikal verändern, ausgleichen und der persönlichen Idealform näherbringen sollen, um damit entweder als wertsteigernde *Selbstvergrößerung* einen Lebenssinn oder als schützende *Fluchtwelt* einen existentiellen Anhaltspunkt zu bieten. In Abhängigkeit zur Verfügbarkeit von als lohnend bewerteten normalisierenden Ressourcen kann der Drogenweg zwar nachhaltig idealisiert bleiben, aber dennoch zusammen mit einem alternativen Ausgleich-Kick weniger destruktiv gestaltet werden (wie im Falle von Maja). Oder aber er wird in eine Körper-Handlung (Eßstörung) umgeleitet, die während eines mangelnden Aufgehoben-Seins in inneren und äußeren Realitäten als Sicherung des Selbstbezugs fungiert (wie im Falle von Arsen).

9.3 Der Sensationslust-Typ und die Aktionen

"Weil es halt irgendwie wie so 'n Familie oder so, Clique nennt man das vielleicht, war wo- einfach jeder hat jeden so 'n bißchen gekannt oder so, und man kümmert sich einfach umeinander, und alle sind einfach füreinander da und so, wobei die große Gemeinsamkeit die in der Mitte steht, ist natürlich schon das Weggehen und das Drogen-Nehmen." [Chris] "Ich weiß, was ich da tu' und deswegen hab' ich auch nicht aufgehört damit, weil das für mich ist, wie wenn zehn Leute, die sind einfach 'ne Clique und ob die jetzt auf irgendwelche Hallenfeste gehen oder sich zusaufen ist eigentlich scheißegal. Wir gehen halt in den Club oder irgendwo auf Techno-Parties und mein Gott, fressen halt was [lachend] sozusagen in dem Sinn. Weil wir mögen auch die Musik, das ist ja nicht so, daß wir nur Drogen nehmen, sondern wir mögen einfach auch die Musik, wir mögen die Leute und irgendeinen Rausch denk' ich mir- also, ich glaub', ich brauch' schon immer irgendeinen Rausch, weil einfach das Alltagsleben ist schon ernst genug und so und am Wochenende da brauch' ich einfach mal- es ist zwar schon so, wenn ich in der Arbeit bin, daß ich Witze reißen kann und daß alle drüber lachen, aber es ist 'ne Grenze." [Bunny] "Ja, die Drogen erlauben einem auch sich anders zu benehmen als man's normal tut. Man kann einfach rumhüpfen wie ein kleines Kind und niemand denkt sich was dabei, weil es ist lustig und cool, gehört dazu. Man kann einfach tun und lassen was man will." [Kitty] "Am Samstagabend meine Eltern, 'Wetten daß...' anschzuschauen, hat mir nicht gereicht, war mir zu wenig, ich wollte dann lieber weggehen, meine Feelings schieben, neue Leute kennenlernen, tanzen ohne Ende, und dann irgendwie am nächsten Tag mittags heimkommen und abends am Sonntag dann irgendwann mal pennen. Und das war dann irgendwie das absolut größte Highlife, was ich mir vorstellen konnt'." [Cleo]

Die etymologischen Wurzeln von "Aktion" verweisen bereits markant auf den Aspekt der zielgerichteten Bewegung: Das lateinische Wort *actio* kann mit *Bewegung* und *klagbarem Anspruch* (Etym. Wörterbuch d. Deutschen 1995:23) übersetzt werden, was wiederum auf das lateinische Verb *agere*, übersetzt als "in Bewegung setzen, treiben, handeln, tätig sein" (ebd.:23), verweist.

Bei dieser Funktionalisierungsform von Drogen-Handlungen wird hauptsächlich das Thema von Konformität und Originalität verhandelt, wobei die Drogen, zusammen mit sozialen Aktivitäten, als Möglichkeiten der Selbsterweiterung oder Gefühlskontrolle angesehen werden. Für eine Aufnahme des Drogengebrauchs, der nur im Rahmen eines geschlossenen Personenkreises und im Zusammenhang mit ausgewählten trendbezogenen Ereignissen und Inszenierungen praktiziert und als bedeutsam konstruiert wird, können folgende Beweggründe ausgemacht werden:

- In dem einen Fall motiviert ein betontes Verlangen nach *Abwechslung* aufgrund einer zeitweiligen Erweiterung der Empfindens- und Handlungsoptionen zur Freizeitgestaltung mit Drogen.
- Im anderen Fall bewegt ein individuelles Bedürfnis nach einem entlastenden Ausdruck von aktuellen oder verschleppten psychosozialen Belastungen in einem normativen Werten und Gesetzmäßigkeiten entgegenstehenden Raum zum Konsum. Dieser Beweggrund zeichnet sich durch eine Nutzung des als geschützt erlebten Gemeinschaftsraumes als Darstellungsfläche für (bereits bekannte) Symptome aus, die mit Drogen persönlich erfahrbar und kontrollierbar gemacht werden (sollen).

Beide Motive entsprechen dem typenspezifischen Interesse, schnell an einem sensationsreichen Zustand anzukommen, und folgen somit dem Wunsch nach einer raschen Transformation von als sozial hemmend bewerteten bzw. von sich einverleibten negativen Eigenschaften und Verhaltensweisen in ihr absolutes Gegenteil: Vervielfältigt setzt sich das Subjekt in Szene und nutzt die gegenwärtig *erweiterten* (erster Fall) bzw. *vertieften* (zweiter Fall) Empfindens- und Handlungsoptionen als Optimierungschance im Rahmen des Selbst-Austausch-Konzepts, um auf der *normalen* leistungsbezogenen Ebene entweder wieder ausgeglichen und leistungsfähig (erster Fall) oder erfolgreicher sein zu können bei der eigenen Abgrenzungs- und Passungsarbeit in sozialen Beziehungen (zweiter Fall). Das bewußtseinsverändernde Potential der Droge wird jedoch lediglich im Zusammenspiel mit exklusiven sozialen Räumen (vgl. "Freundeskreis", "Clique") attraktiv. Denn erst aufgrund der dort verfügbaren sozialen Resonanzen und Sensationen, die im Zusammenhang mit eigenen Inszenierungen individuell genutzt und interpretiert werden können, findet das unbedingt eingeforderte Recht auf intensive Erlebensmöglichkeiten – jenseits der ansonsten respektierten normativen Werte – seine Erfüllung. Die beschleunigende Wirkung der Partydrogen wird vom konsumierenden Subjekt als befreiend oder entgrenzend empfunden, was eine virtuelle Annäherung an die eigene Wunschidentität ermöglicht. Auf diese Weise wird das Bedürfnis nach unbegrenzten Möglichkeiten (zeitweilig) Realität.

Das Differenzierungsmerkmal zum Typ-Profil des Tauschkontakts besteht auf der (psychosozialen) Ausdrucks- und Positionierungsebene: Im Gegensatz zur frei flottierenden Angstlust bei Drogen-Handlungen als Tauschkontakt, im Rahmen derer das Subjekt mit radikalen (psychodynamischen) Pendelbewegungen angetrieben wird, sowohl nach haltgebenden Grenzen zu suchen als sich auch von diesen beständig abzuheben oder abzuwenden, zielt der aktionistisch orientierte Konsum darauf, nur *temporär* extreme Sensationen innerhalb jugendkultureller Szenen zu erwirken. Auf diese Weise wird dem typenspezifisch hohen Verlangen nach sichtbarer Zeichensetzung im Rahmen eines Sich-abgrenzen-Wollens vom *normalen* Alltag nachgegangen. Vor diesem Hintergrund ergibt sich aus dem Drogenkonsum als Aktion der Beweggrund der *Sensationslust*. Diese ist – je nach Geschichte und Kontext – unterschiedlich ausgerichtet: entweder *progressiv* oder *regressiv*. Dabei beinhaltet die progressive Sensationslust die Gefahr einer Sucht- oder Abhängigkeitsentwicklung, sobald keine adäquaten Ressourcen zur Lockerung der typenspezifisch hohen Anbindung an äußere Erwartungen verfügbar sind, woraus eine Belastungssituation resultiert. Die Chancen für einen Ausstieg aus dem temporären Drogenleben liegen bei der regressiven Sensationslust dann hoch, sobald positiv bewertete Perspektiven und Ressourcen zur Realisierung von erwünschten, normorientierten Projekten (vor allem an Statusübergängen) zugänglich sind.

Die progressive/regressive Sensationslust:

	Progressive Sensationslust	*Regressive Sensationslust*
Bedürfnis	Distanz zur Real-Geschichte	Distanz zur Real-Präsenz
Ziel	Emotionale Selbstvertiefung/Symptom-Auflösung	Selbsterweiterung/Rollenspiele
Mittel	Beschleunigende Drogen ('Heartopener') und beruhigende Substanzen (Cannabis) zur Kontrolle der Nachwirkungen	Beschleunigende Drogen ('Lifestyle-Drogen')
Effekt	Bereicherung/Veränderung	Bereicherung/Abwechslung

Mit Blick auf die äußere Erzählform des Sensationslust-Typs sticht folgendes Phänomen ins Auge: Sowohl innerhalb einer *progressiven* als auch *regressiven* Orientierung der Sensationslust dominiert das Ursprung-Pfad-Ziel-Schema, das Konzept von Geben und Nehmen, visuelle Sprachbilder und die tote Metaphorik von *Machen* und *Tun* die Erzählung. Charakteristische Unterschiede zwischen beiden Ausrichtungen können somit erst inhaltlich ausgemacht werden: Der *progressive* Sensationslust-Typ beginnt seine Geschichte mit einer Schilderung von überwiegend als problematisch wahrgenommenen Ereignissen und Erfahrungen, die Vergangenheitsbezug aufweisen und in einer Art Innenschau reflektiert werden. Der *regressive* Sensationslust-Typ erzählt dagegen betont gegenwartsorientiert und problemvermeidend. Darüber hinaus rückt er seine auf positive äußere Resonanzen ausgerichteten körperbezogenen Selbstinszenierungen ins Zentrum seines sozialen Austauschs. Beim *progressiven* Sensationslust-Typ fällt hingegen eine starke Bezogenheit auf das Körperinnere in Form eines häufigen Gebrauchs von Sprachbildern aus dem konkret körperlichen Bereich auf, womit er seinen Interpretationen von Drogenwirkungen Ausdruck verleiht und verdeutlicht, daß er deren Bedeutung im nicht-sichtbaren Bereich verortet (z.B. "sich bis in die Nervenenden spüren"). Ferner ist zu beobachten, daß dieses Typ-Profil weniger eine außenorientierte *modische*, als vielmehr eine innenorientierte *problematisierte* Beziehung zu seinem Körper aufnimmt (z.B. in Form von Eßstörungen und Selbstverletzungen), die sich lange vor dem Einstieg ins Techno-Drogenleben formieren kann. Bezüglich der Darstellung seiner körperbetonten Inszenierungen im Rahmen seines Drogenkonsums setzt der *regressive* Sensationslust-Typ in erster Linie visuelle und tote Metaphern ein, die auf eine Distanz zu nicht-sichtbaren Körpervorgängen, bei einer gleichzeitigen Hervorhebung der sichtbaren Körperhülle, verweisen: Eine zielgenaue Bearbeitung des Aussehens (vgl. "sich schön machen") soll möglichst hohe narzißtische Gewinne angesichts eines auffallenden "Styles" einbringen. Im Vergleich dazu nimmt die ebenfalls zielgerichtete Körperbearbeitung des *progressiven* Sensationslust-Typs eine andere Richtung ein: Ausgehend von den subjektiv biographischen Besonderheiten der Geschichte des *progressiven* Sensationslust-Typs, die unter anderem durch Grenzüberschreitungen, Leeregefühle aufgrund mangelnder adäquater sozialer Resonanz sowie durch einen losen Selbstbezug ihr spezifisches Profil erhält, manifestiert sich eine basale narzißtische Verunsicherung. Letztere wird mehr oder weniger bewußt als diffus bedrückendes Spannungsempfinden auf den Körper projiziert, worüber jenes einen Ausdruck und eine konkrete Bearbeitungsfläche bekommt. Diese schmerzhafte Aneignung eines mit unsicheren Grenzen assoziierten Körper(-Inneren) löst beim *progressiven* Sensationslust-Typ anhand einer drogeninduzierten selbstbestimmten Kontrollerfahrung positive Gefühle aus, die wiederum den Selbstbezug stärken.

Bisher dürfte deutlich geworden sein, auf welchem Wege die beiden Typ-Profile zu ihren empfindens- und handlungsleitenden Beweggründen kommen: Vor dem Hintergrund der dominierenden Metaphernfelder mit den darin jeweils enthaltenen kinästhetischen Schemata braucht der Sensationslust-Typ allgemein einen Ausgangspunkt und ein wertorientiertes Ziel vor Augen, das motivierend wirkt. An dieser Stelle bricht sich das Kraft-Schema Bahn, das – angezeigt über die Modalverben *können, dürfen, müssen* – gehäuft in beiden Erzählungen vorkommt und durch die Wirkung der konzeptuellen Metapher NORMEN SIND EINE KRAFT die jeweilige zielorientierte Bewegungs- und Handlungsweise unterstreicht. Hinsichtlich der typenspezifisch zentralen Thematik einer Anpassung an leistungsbezogene Werte und Normen, sowie einer parallel dazu installierten temporären Abgrenzung durch das Aufgreifen von genau entgegengesetzten (szenebezogenen) Werten und Normen, wirkt die konzeptuelle Metapher je nach Standpunkt mit verschiedenen Vorzeichen: Im normorientierten, leistungsbezogenen Kontext zeigt der sowohl *progressive* als auch *regressive* Sensationslust-Typ allgemein eine hohe Bereitschaft zur Konformität, die jedoch nochmals zunimmt, sobald die Statuspassage der beruflichen Orientierung erreicht ist. Dabei wird ein erfolgreiches Weiterkommen mit einem *Mehr* an Qualifikationen (vgl. "viel machen") verknüpft, womit sich das Recht auf "Spaß-Haben" verdient wird. Bezüglich des Selbst-Austausch-Konzepts überwiegt beim *regressiven* Sensationslust-Typ auf der Leistungsebene eine externale Kontrollüberzeugung und ein hohes Konsequenzenbewußtsein (z.B. Müdigkeit beeinträchtigt die Leistungsfähigkeit). Auf der Beziehungsebene hingegen besteht auch eine internale Kontrollüberzeugung und ein ebenfalls hohes Konsequenzenbewußtsein, das eine konstruktive Ablösungsarbeit von (primären) Bindungspartnern, bei einem gleichzeitig hohen Interesse an einem zukünftig unbelasteten Verhältnis, ermöglichen soll. Das Selbst-Austausch-Konzept des *progressiven* Sensationslust-Typs enthält auf der Leistungsebene vorwiegend eine externale Kontrollüberzeugung mit einem auf die subjektiv biographische Geschichte sowie auf die aktuellen Bedürfnisse und Kontextbedingungen abgestimmten Konsequenzenbewußtsein. Auf der Beziehungsebene zeigt sich ebenfalls eine externale Kontrollüberzeugung mit einem bedürfnisorientierten Konsequenzenbewußtsein: Die generell eher als unadäquat, unzureichend oder verletzend erlebten (primären) Beziehungserfahrungen und sozialen Resonanzen werden zunächst aus Mangel an entlastenden Ausdrucksmöglichkeiten einverleibt, woraufhin die daraus resultierenden psychosozialen Belastungen mit wenig Rücksicht auf psychisch-physische Einbußen selbstbestimmt unter Kontrolle gebracht werden (z.B. über Körper- und Drogen-Handlungen). Auf diese Weise soll das Selbst- und Beziehungsempfinden im Gleichgewicht bleiben.

Befindet sich der *regressive* Sensationslust-Typ in monotonen und einschränkenden Kontexten (z.B. in Form eines wenig erfolgreichen Schulalltags), so verlagert er ideale Seins- und Handlungsformen *außerhalb* normorientierter Bezüge *in* einen positiv resonanzreichen und von "Streß" befreienden Freizeitkosmos. Angesichts einer typenspezifisch hohen Anpassungsleistung an einen als hermetisch konstruierten gesellschaftlichen Rahmen sammelt der *regressive* Sensationslust-Typ nicht unmittelbar mitteilbare Empfindungen in sein ebenfalls als Behälter metaphorisiertes Selbstkonzept, worüber parallel zur Intensität und Gewichtung des Engagements auf der Leistungsebene ein Spannungszustand entsteht, der nach einem Ausgleich verlangt. Beim *progressiven* Sensationslust-Typ verläuft die Entstehung von ausgleichfordernden Anpassungskosten ähnlich – jedoch setzt sie bei ihm auf der primären Beziehungs- und Austauschebene an und manifestiert sich dort – je nach Ausmaß der Traumatisierungen – als emotionale und soziale Blockade.

Einen gemeinsamen Schnittpunkt besitzen die beiden Typ-Profile auf der Ebene der subjektiv biographischen Geschichte sowie psychosozialen Dispositionen in Form einer häufigen Erfahrung von bedingungsgebundenen, auf jeweils unterschiedliche Werte rekurrierenden Beziehungen. Diese werden vom *progressiven* und *regressiven* Sensationslust-Typ mit einer relativ hohen Anpassungsleistung gegenüber äußeren Ansprüchen beantwortet, die wiederum den Wunsch nach einer mehr oder weniger konsequenzenreichen Distanz dazu kreiert. In diesem Zusammenhang strukturiert der *regressive* Sensationslust-Typ seine Suche nach einem Freiraum als eine möglichst konsequenzenarme Unterbrechung seines als bedeutsam bewerteten normorientierten Engagements, zu dem er anschließend erholt zurückkehren will (vgl. die aktive Funktionslust). Der *progressive* Sensationslust-Typ sucht hingegen weniger einen Freiraum, als vielmehr einen Ort zur Erfüllung seiner lange aufgeschobenen Wünsche und Bedürfnisse. Aufgrund seines Verlangens nach weitreichenden Veränderungen nimmt er dabei hohe Gefährdungen seiner Real-Präsenz in Kauf.

Vor dem Hintergrund des Anspruchs an Drogen, die vor allem innerlich und äußerlich bewegen, mit unbegrenzten Energien versorgen und einen spürbaren und sichtbaren Unterschied zur Real-Präsenz (*regressiv*) bzw. zur Real-Geschichte (*progressiv*) ermöglichen sollen, kann beim *regressiven* Sensationslust-Typ der Wunsch nach einer temporären Verkörperung von als idealtypisch konstruierten Elementen (z.B. hohe Aktivitäts- und Flexibilitätsgrade) als empfindens- und handlungsleitendes Motiv für den in einen "Freundeskreis" fest integrierten Substanzkonsum ausgemacht werden. Diese Plazierung einer "wilden" Zone (Party und Drogen) im Graubereich doppelter Anpassung an die einerseits im Freizeit- und andererseits im Alltagsbereich geltenden Normen und Werte stattet aus mit einer kompetent gewahrten sozialen Unauffälligkeit, die Bewegungs- und Handlungsoptionen nach beiden Seiten hin offenhält – jedenfalls so lange, wie die Schwelle zur Maßlosigkeit nicht überschritten wird. Ähnlich zum aktiven Funktionslust-Typ hat der *regressive* Sensationslust-Typ das Bedürfnis nach einem Freiraum und einer Pause, in der auf der Folie der Alltagserfahrungen eine kontrollierte Entgrenzung erreicht werden kann. Der *progressive* Sensationslust-Typ schätzt vor allem die seine Selbstgrenzen erweiternden Drogeneffekte in Form einer emotionalen Selbstvertiefung, weil er dadurch persönliche Defizitkonstruktionen auffüllen und genau jene Breiche narzißtisch versorgen kann, die im Alltagsleben aufgrund sozialer Blockaden nur schwer zugänglich sind.

Ferner kann als typenspezifische Norm die Verknüpfung der Drogen-Handlungen mit einer kontinuierlichen sozialen Integration in einen aktionistisch orientierten Freundeskreis ausgemacht werden: Durch die Hervorhebung eines sozial kommunikativ-aktiven und kompetenten Konsumprofils soll ein Kontrast zu allgemein bestehenden Klischees von einsamen und lediglich in funktionalisierten Gemeinschaften stattfindenden Drogen-Handlungen gebildet und damit das Besondere des "Drogen-Freundschaftskreises" betont werden. Die Motivation für einen Eintritt in den als Behälter metaphorisierten Techno- und Drogenkosmos wird typenspezifisch häufig mit einem Veränderungsverlangen angegeben: Hinsichtlich der Erfahrungen auf der Alltags- und Leistungsebene wird das Bedürfnis nach "Abwechslung" und somit nach einem Verlassen von "langweiligen" Leistungsstrukturen geäußert (*regressive* Sensationslust). Und ausgehend von sowohl als eingeschränkt erfahrenen Möglichkeiten während der Real-Präsenz als auch von eher belastenden *normalen* Beziehungskonstellationen wird ein "Anders-Sein" gewünscht (*progressive* Sensationslust). Dabei handelt der *regressive* Sensationslust-Typ mit Blick auf hochgeschätzte zukunftsschaffende Projekte vorsichtiger im Vergleich zum *progressiven* Sensationslust-Typ, der zwar auch leistungsbezogen orientiert ist, aber hinsichtlich seiner psychosozialen Bedingungen weniger konsequenzenbewußt gegenüber normorientierten Werten agiert. Ein Grund dafür mag sein, daß ihm infolge lang angestauter Problemmassen und eines Mangels an entlastenden Ausdrucksoptionen wenig Wahlfreiheit bleibt. Denn um handlungsfähig bleiben zu können, *muß* der "Müll" raus. Ausgehend von seinen überwiegend am Körper wahrgenommenen Spannungs- und Leeregefühlen wünscht der *progressive* Sensationslust-Typ – ähnlich dem negativen Angstlust-Typ – ein Wiederbeleben der unklar wahrgenommenen (verletzten) Selbstgrenzen. Über den belebenden und selbstvertiefenden Drogenkonsum in einem festen sozialen Rahmen wird nun idealiter ein unmittelbares Selbstempfinden und Sich-Mitteilen zugänglich – eine Erlebnisform, die aufgrund der drogeninduzierten "Lockerheit" mit dem Effekt einer Über-Ich-Entlastung, weniger angstvoll besetzt ist. Auf der Basis dieser positiven Erfahrung kann ein emotional-soziales Anti-Defizit formuliert werden, das je nach Kontext und Bedürfnis einen Bindungsfaktor an das Techno-Drogenleben darstellt und zu einer Ausweitung des Drogenweges führen kann.

Die Hochphase als Eröffnung exklusiver Spielräume:

Allgemein betrachtet nähert sich dieses Typ-Profil an psychotrope Substanzen schrittweise an (also von legal *zu* illegal, von weich *zu* hart) und wird dabei wesentlich von als interessant bewerteten Sozialkontakten beeinflußt. Im Falle einer psychosozialen Passung wird der anfängliche Probierkonsum schließlich als fester Bestandteil der üblichen freizeitlichen Aktivitäten mit sozialer Anbindung habitualisiert. Der *regressive* Sensationslust-Typ schließt sich häufig an soziale Kreise an, im Rahmen derer er an kollektiven Identitätsprozessen über elitäre Kommunikations- und Inszenierungsformen partizipieren kann. Dabei bewertet er in erster Linie die außergewöhnliche Atmosphäre seines Freundschaftskreises als einen attraktiven Bindungsfaktor an Drogen-Handlungen: Drogen repräsentieren für ihn eigendynamische Instanzen, deren Macht während der nüchternen Real-Präsenz auf äußere Kontextbedingungen übertragen wird, was diese zu schwer beeinflußbaren Bedingungen gerinnen läßt. In diesem Sinne erlauben psychotrope Substanzen einen kalkulierten Ausstieg aus dem Gesellschafts-Behälter, indem sie einen Aufenthalt in einem Freizeitraum mit *anderen* Normen und Werten eröffnen. Dadurch ergeben sich neue Seins- und Handlungsformen, was als entlastende Befreiung erlebt wird. Diese Erfahrung wird überwiegend anhand von Bewegungsmetaphern, dem Konzept von Geben und Nehmen und visuellen Sprachbildern strukturiert, wobei der emotionale Zustand des als Behälter metaphorisierten Selbstkonzepts als "dicht" oder "drauf" angegeben wird. An dieser Stelle trifft sich die vom Ursprung-Pfad-Ziel-Schema generierte konzeptuelle Metapher ZUSTÄNDE SIND ORTE mit der Logik der vergegenständlichenden oder ontologisierenden Metaphorik.

> "We use ontological metaphors to comprehend events, actions, activities, and states. Events and actions are conceptualized metaphorically as objects, activities as substances, states as containers. A race, for example, is an event, which is viewed as a discrete entity. The race exists in space and time, and it has well-defined boundaries. Hence we view it as a CONTAINER OBJECT, having in it participants (which are objects), events like the start and finish (which are metaphorical objects), and the activity of running (which is a metahorical substance)." (Lakoff et al. 1980:30f.)

Vor diesem Hintergrund werden die Gründe für die effektive Verknüpfung von spezifischen Drogen-Handlungen mit bestimmten sozialen Verräumlichungen (vgl. "Events") transparent: Psychotrope Substanzen, personifiziert als Bewegung (z.B. die Droge "Speed"), bringen in andere Erlebensräume, die erst aufgrund entsprechender Ausdrucksmöglichkeiten verbindliche Erfahrungswerte kreieren und darüber *kosmosbildend* wirken. Man teilt sich also einen spezifisch definierten Raum (vgl. "tolerant", "offen", "jeder kümmert sich um jeden"), der einen gemeinsamen Mittelpunkt (in Form jeweiliger Gruppennormen) bekommt, den die Akteur/innen mit individuellen Wünschen und Bedürfnissen *einkreisen* und gestalten können, was gleichzeitig auch zu einem passiven Erleben wird. Davon ausgehend kann für den *regressiven* Sensationslust-Typ auf dieser Etappe seines Drogenweges die konzeptuelle Metapher DROGENKONSUM IST EIN AUSFLUG formuliert werden, da er vor allem an einer temporären Ortsveränderung interessiert ist, bei der er sein alltägliches *normales* Selbstverständnis hinter sich lassen kann und "ausgelassen" sein darf.

Der *progressive* Sensationslust-Typ metaphorisiert seine sozial bezogenen Drogen-Handlungen ähnlich zum *regressiven* Sensationslust-Typ – bis auf den Unterschied, daß die vorwiegend mit Bewegungsmetaphern, dem Konzept von Geben und Nehmen und visuellen Sprachbildern strukturierten Drogen-Handlungen einen zentralen Bezug zu den detaillierten Beschreibungen der im Inneren des Selbst-Behälters *losgehenden* Drogenempfindungen aufweisen. Demnach ist der *progressive* Sensationslust-Typ – entsprechend der Reise-Metaphorik – weniger an einer *Aussicht*, als vielmehr an einer *Innenschau* interessiert. Aufgrund der öffnenden Drogenwirkung kann er seine im nüchternen Zustand distanzierte Haltung zu den ansonsten von ihm streng unter Verschluß gehaltenen Emotionen aufgeben, wobei eine begeisterte Nähe zu sich selbst und ein weniger ängstlicher Zugang nach außen frei wird. Idealiter findet ein Ausbalancieren der lange Zeit verschleppten oder über andere Bearbeitungsformen (z.B. über Eßstörungen) gehandhabten (Selbstwert-)Verunsicherungen statt. Die sich daraus ergebende Selbstsicherheit sorgt, zusammen mit einer während der Wirkdauer von Drogen wahrgenommen Übereinstimmung von Innen- und Außenwelt, für eine Aufhebung aller zuvor getroffenen präventiven Schutzmaßnahmen, indem die nun nicht mehr bewußt wahrgenommene Angst vor Grenzüberschreitungen eine übermäßige Kontrolle der Selbst- und Fremdwahrnehmungen überflüssig macht. Daraufhin gelangt der *progressive* Sensationslust-Typ zu einer idealisierten Form der Selbsterfahrung, die von einem unzensierten *Strömen*, *Agieren* und *Kommunizieren* bestimmt wird. Mit Blick auf die vom Container-Schema generierte konzeptuelle Metapher EMOTIONEN SIND MATERIE (Schmitt 1995:98) liegt der Bindungsfaktor an Drogenaktionen beim *progressiven* Sensationslust-Typ sowohl auf einer emotionalen Vertiefung der psychisch-physischen Erfahrensebene als auch auf der Möglichkeit des Erlangens eines Anti-Defizits im als Behälter metaphorisierten Selbstkonzept. Damit kann für den *progressiven* Sensationslust-Typ während der Hochphase seiner Drogen-Handlungen folgende konzeptuelle Metapher formuliert werden: DROGENKONSUM IST GEFÜHLSUMWANDLUNG. Dieses Konzept verweist auf die typenspezifische Eigenart, sich psychosoziale Konflikte ausschließlich selbst anzulasten und sie als einen sein Selbst(wert)-Empfinden bedrückenden Inhalt zu konservieren. Erst die *öffnende* Wirkung der Partydrogen löst angestaute Probleme und läßt die gesamte – angestaute – emotionale Wucht als Gefühlsstrom "heraussprudeln", was als "Glücksgefühl" wahrgenommen wird.

Die Verunsicherungsphase folgt wegweisenden Wünschen:

Hier erfahren beide Typ-Profile erste Grenzerlebnisse und Enttäuschungen (metaphorisiert als "Langeweile") aufgrund der Transformationsprozesse ihrer Drogen-Handlungen im Rahmen der Techno-Szene: Ausgehend von

- einer Idealisierung des erlebten Unterschieds zwischen der Real-Präsenz und der drogenbezogenen Imaginär-Präsenz während der Hochphase,
- den bisher genannten wirksamen konzeptuellen Metaphern (Emotionen und Aktivitäten sind jeweils Materie und Raum)
- und dem empfindens- und handlungsleitenden Verlangen nach Selbsterweiterung beim *regressiven* und Selbstvertiefung beim *progressiven* Sensationslust-Typ

wird das Konsumverhalten mehr oder weniger extrem gesteigert und die dazugehörenden sozialen Aktionen ausgedehnt. In diesem Zusammenhang gilt folgendes empfindens- und handlungsleitendes Motto, das von der konzeptuellen Metapher MEHR IST OBEN (Lakoff et al. 1980:23) repräsentiert wird: viel Substanz im Selbst-Behälter soll jeweils schnell, einfach und "total" an den gewünschten Idealzustand bringen. Dabei verläuft diese *extreme* Gestaltungsphase des Drogenweges

– je nach der Tragfähigkeit des jeweiligen sozialen Netzes außerhalb des drogenbezogenen Kosmos' und je nach der aktuell eingenommenen Statuspassage – entweder *kursverändernd* für das Techno-Drogenleben (z.B. in Form einer "Pause" oder eines Ausstiegs), um damit bedeutsame normorientierte Projekte (z.B. Ausbildung) nicht zu gefährden. Oder aber die weiterhin als gewinnbringend definierten Drogen-Handlungen werden in diesem Ausmaß weiter"getrieben": Beim *regressiven* Sensationslust-Typ repräsentiert der Anspruch auf ein sich über leistungsbezogenes Funktionieren verdientes *Ausspannen* aus dem gesellschaftlichen Rahmen einen Beschleunigungsfaktor für eine sich habitualisierende Such(t)-Bewegung nach selbsterweiternden Drogenempfindungen und Aktionen. Gleichzeitig ist er jedoch darauf bedacht, erste Anzeichen eines drogenbezogenen Kontrollverlusts mit einem mehr oder weniger bewußten Abwägen der Gefahren und Chancen seiner Drogen-Handlungen im Hinblick auf seine zukunftsschaffenden Projekte aufzufangen. Dabei kann er sein Erholungsstreben im Falle eines als zu riskant empfundenen Sich-Entfernens von bedeutsamen Werten und Zielen auf sozial anerkannte und damit unauffälligere Freizeit- und Konsummöglichkeiten verlagern, abstinente Phasen einlegen oder – mit entsprechenden Veränderungen auf der sozialen und leistungsbezogenen Ebene – ganz aus dem Techno-Drogenleben aussteigen.

Im Vergleich dazu nimmt der *progressive* Sensationslust-Typ eine Ausweitung seines Drogenweges eher aufgrund der (erlebten) emotionalen und sozialen Verunsicherungen und daraus resultierenden Defizitkonstruktionen vor. Dementsprechend bindet er sich an Drogenaktionen häufig aufgrund seiner zuvor schon vorhandenen Symptome (z.B. Eßstörungen, soziale Blockaden), die darüber als kontrollierbar und als (temporär) auflösbar wahrgenommen werden. Nimmt jedoch diese Maßnahme zur Selbstregulierung an Wirksamkeit ab und damit das psychosoziale Belastungspotential zu, so kann sich an dieser Stelle eine Suchtdynamik in Gang setzen: Versucht der *progressive* Sensationslust-Typ die Quantität der ehemals *passenden* Gefühlsmaterie über eine Ausdehnung des Drogenkonsums wieder zu erlangen, so kann dies zu einem regelmäßig betriebenen Mischkonsum führen. Konflikthafte Konfrontationen und Erfahrungen auf der Beziehungs- und Leistungsebene, resultierend aus einem intensivierten Drogenleben, können aber auch Neubewertungen des eigenen Wahrnehmungs- und Handlungsmusters initiieren: Eine als bedrohlich wahrgenommene Ausweitung psychisch-physischer Symptome (z.B. Angst wird zu Panik) motiviert möglicherweise zu abstinenten Phasen oder – bei einer Entidealisierung von Drogen-Handlungen – zur Inanspruchnahme von (professioneller) sozialer Unterstützung.

Vor diesem Hintergrund kann für beide Typ-Profile – angesichts der auf dieser Transformationsebene noch weitgehend offenen Bewegungs- und Balancemöglichkeiten – die konzeptuelle Metapher DROGENKONSUM IST EIN PROZESS VON ENTSCHEIDUNGEN formuliert werden.

Die Neutralisierungsphase und die Bedeutung normgebundener Orientierungen:
Während der Neutralisierungsphase der anfänglich als positiv und abwechslungsreich bewerteten Drogenempfindungen, die wiederum eingebettet sind in eine geschlossene soziale Form, werden die typenspezifischen konzeptuellen Metaphern im Rahmen eines intensiv fortgesetzten oder gesteigerten Aufenthalts in der Techno-Drogenszene wieder relevant: Unter den Bedingungen eines routinierten psychotropen Substanzkonsums, zusammen mit inzwischen etablierten sozialen Kommunikationsformen, beginnt sich der Wert dieser freizeitlichen Aktionen für den *regressiven* Sensationslust-Typ dann zu schmälern, sobald aufgrund seiner typenspezifischen Tendenz zu einem sozial verträglichen Konsummuster keine neuen Erfahrungen mehr zu "holen" sind. Angekommen an diesem Punkt der "Langeweile" kann bei einer ausreichend starken sozialen Vernetzung des Drogen-Freundschaftskreises eine gemeinsame abstinente Phase als Kontroll- und Interventionsstrategie der sozialen und drogenbezogenen "Überdosis" stattfinden. Im Falle einer allumfassenden Desillusionierung kann, mit entsprechender Ersatzperspektive auf der Beziehungs- und Leistungsebene, auch ein endgültiger Ausstieg aus dem Techno-Drogenleben erfolgen. Dieser ist prozeßhaft strukturiert und vollzieht sich ziemlich rasch, wenn die Aussicht auf eine bedeutsame normorientierte Statusänderung (z.B. Einstieg ins Berufsleben) besteht. Hier wird die Wirksamkeit der konzeptuellen Metapher NORMEN SIND EINE KRAFT erkennbar, die, zusammen mit einem Anspruch des *Weiterkommens* sowie einer Befürchtung eines *Hängenbleibens*, die Chance auf eine Beendigung von kursgefährdenden Drogen-Handlungen erhöht. Möglicherweise findet an dieser Stelle eine Transformation des illegalen Konsummusters in eine sozialverträgliche (*erwachsenere*) Form statt – beispielsweise indem dieser durch Alkoholkonsum ersetzt wird. Beide Richtungsänderungen gestalten sich dabei immer in Beziehung zu vorher bewerteten und als attraktiv wahrgenommenen Perspektiven. In diesem Sinne kann für den *regressiven* Sensationslust-Typ die konzeptuelle Metapher ILLEGALER DROGENKONSUM IST EINE PHASE formuliert werden, die seine typenspezifisch hohe Bereitschaft repräsentiert, normabweichende Aktionen bewußt als Regulativ von normativen Anpassungskosten einzusetzen. Letztere wirken aber auch wieder kontrollierend auf normabweichende Ausflüge *zurück*, was zusammen mit attraktiven normorientierten Perspektiven eine Ausstiegsschlaufe aus dem illegalen Drogenleben kreieren kann. Entbehrt hingegen die typenspezifisch hohe normative Anpassungsbereitschaft einen identifikatorischen und interessanten Bezug, der letztendlich die Gratwanderung *zwischen* Freizeit- und Alltagswelt gelingen läßt, so können Drogen-Handlungen zum Selbstzweck werden.
Hinsichtlich der im Rahmen der *progressiven* Sensationslust wirksamen konzeptuellen Metapher EMOTIONEN SIND MATERIE, sowie hinsichtlich der stark normativen Orientierung des *progressiven* Sensationslust-Typs, kann sein Einsatz für

zukunftsschaffende Projekte auf der Leistungsebene mit den persönlich wahrgenommenen Defizitkonstruktionen auf der emotional-bedürfnisorientierten Ebene in Konflikt geraten: Unter den Bedingungen

- von nachlassenden bis gegenläufig orientierten Drogenempfindungen (z.B. in Form von depressiven und paranoiden Phasen, quälenden Abwertungsdynamiken, Suizidgedanken, Selbstverletzungen)
- und einer schwachen bis erfolglosen Bindung an drogenfreie Kontexte und Sozialkontakte

kann eine Intensivierung, Ausdehnung oder Umgestaltung der Drogen-Handlungen erfolgen mit dem Ziel, Problemlasten in Anti-Defizite im Rahmen des Selbst-Austausch-Konzepts umzuwandeln. Läuft der Drogenkonsum auf der Schiene kompensatorischer Bewegungen von zuvor schon vorhandenen Symptomen, so wird konsequenterweise bei einer unzuverlässigen Wirksamkeit der anfänglich effektiven psychotropen Substanzen die Dosis sowohl der Drogen als auch des sozialen Programms erhöht – möglicherweise so lange, bis psychisch-physische Grenzen erreicht sind und die soziale Unauffälligkeit als hybride Gestalt zerbricht. An dieser Stelle wird eine Entidealisierung der Drogen-Handlungen und darüber eine Neuorientierung oder Inanspruchnahme von professioneller oder sozialer Unterstützung denkbar. Fehlt jedoch die Perspektive auf einen ergiebigen normorientierten Weg mit haltgebenden und emotional wertvollen Sozialkontakten, so kann der Drogenkosmos als idealisierte, und nun konkurrenzlose, Lebensform mit allen Konsequenzen und Notwendigkeiten bewohnt werden. An diesem Punkt ist sowohl ein Umstieg auf beruhigende Substanzen als auch ein Ausspielen aller Konsumformen möglich, was meist mit sozialen Neuanbindungen verknüpft ist. Die weiteren drogenbezogenen Prozesse können entweder – im Falle einer Verlagerung der Präferenz auf beruhigende Drogen – das Handlungsmuster des aktiven/passiven Funktionslust-Typs generieren. Oder aber – im Falle einer zunehmenden Gewöhnung an einen bipolaren Konsum – der Dynamik des positiven/negativen Angstlust-Typs folgen. In diesem Sinne kann für den *progressiven* Sensationslust-Typ während dieser Etappe seines Drogenweges folgende konzeptuelle Metapher: DROGENKONSUM IST WANDELBAR.

Die Positionierungsphase als ein sichtbares Nach-außen-Gehen:

Vor dem Hintergrund eines Konsums von überwiegend *jungen* psychotropen Substanzen, die darüber hinaus meist als *saubere* Pillen eingeworfen werden, bei einer gleichzeitigen Integration in ein mehr oder weniger tragfähiges soziales Netz und einer oft kompetenten Trennung zwischen Freizeit- und Alltagswelt, kann folgendes *neues* Phänomen beschrieben werden: Sowohl alltägliche als auch wissenschaftliche Konstruktionen und Definitionen von gesundheitsriskanten und sozial auffälligen Drogen-Handlungen mit sozial benachteiligenden Konsequenzen prallen an der guten Tarnung des Sensationslust-Typs ab, die sich vor allem bei einer *regressiven* Ausrichtung der Sensationslust zeigt: Definitionsmächtige Elemente des breiten und medial allgegenwärtigen Drogendiskurses werden vom Sensationslust-Typ aufgegriffen, in ihr Gegenteil verkehrt und damit unwirksam gemacht. Beispielsweise gilt allgemein bei der Bestimmung einer Abhängigkeits- oder Suchterkrankung der soziale und leistungsbezogene Rückzug der Konsument/innen als ein entscheidendes Charakteristikum (vgl. DSM-IV). Dieses Suchtkriterium wird nun durch die typenspezifische Leistungsbereitschaft einerseits und die Integration in Drogen-Freundschaftskreise andererseits aufgehoben, wodurch letztendlich die Kreation eines Freiraumes von allgemeinen Werten erst möglich wird: Durch die Herausbildung von szenebezogenen Normen entstehen abgrenzende und identitätsstiftende Kommunikations- und Inszenierungsstile, die einen eigenen Kosmos sowohl in Abgrenzung als auch in Beziehung zur Gesellschaft erzeugen. Anschließend folgen die typenspezifischen temporären Drogen-Handlungen interaktiven Zuschreibungsprozessen von Bedeutungen und werden damit von sowohl szeneinternen als auch gesellschaftlichen Bewertungen gesteuert und beeinflußt. Auf diese Weise erfahren die in eine überwiegend anerkannte Freizeit- und Jugendszene integrierten Drogen-Handlungen kontinuierlich eine Gegenüberstellung mit allgemeingültigen Normen und Werten.

Auf der Basis des typenspezifisch starken Wunsches, nicht "hängen" und "nicht auf der Strecke zu bleiben", sowie hinsichtlich der normativen Orientierung und des Interesses an Kapitalanhäufung auf allen Ebenen, ergeben sich für den *regressiven* Sensationslust-Typ gute Ausstiegschancen aus dem Techno-Drogenleben – sofern er eine attraktive Perspektive auf der Beziehungs- und Leistungsebene ins Auge fassen kann. An dieser Stelle kann für ihn – angesichts der Logik ontologisierender und räumlicher Metaphern, die seine Erzählung dominieren – die konzeptuelle Metapher DROGENAKTIONEN SIND ÜBERGANGSOBJEKTE formuliert werden: Dieses Konzept bringt die Bedeutung des Techno-Drogenkosmos', dessen Besuch zum Jugendalter dazugehörig definiert wird, als temporäre Erscheinung während des Statuswechsels vom Jugend- zum Erwachsenenalter zum Ausdruck.

Die Zahl derer, die tatsächlich auf sozial auffällige und konsequenzenreiche Drogen-Handlungen umsteigen, scheint relativ gering zu sein (vgl. Schroers et al. 1998). Mehr ins Auge springen könnten dagegen psychische und körperbezogene Symptome, die vom *progressiven* Sensationslust-Typ während der Neutralisierungsphase veränderte Bearbeitungsmaßnahmen fordern und die während der Positionierungsphase mit seiner bisherigen sozialen Unauffälligkeit konfligieren können. Mit Blick auf die jeweiligen psychosozialen Dispositionen, Kontextbedingungen und verfügbaren Ressourcen zur Investition in selbstbestimmt gewählte zukunftsschaffende Projekte beginnt sich der Drogenweg mit der typenspezifisch wirksamen konzeptuellen Metapher DROGENKONSUM IST GEFÜHLSUMWANDLUNG weiter zu transformieren. Dabei werden die Drogen-Handlungen proportional zur Intensität des Wunsches nach einer Distanz zur Real-Geschichte (bzw. proportional zur Intensität des Strebens nach den positiv bewerteten psychosozialen Drogeneffekten während der Hochphase) als bedeutsam konstruiert: Die in dieser Phase wahrgenommenen Leere- und Spannungsgefühle lockern den Selbstbezug und verhindern damit einen belebenden Selbstkontakt. Gleichzeitig beschränken die mittlerweile eingefleischten (somatisierten) Defizitkonstruktionen des Selbst-Austausch-Konzepts eine zwischen Abgrenzung und Austausch ausgeglichene psychosoziale Aktivitäts- und Flexibilitätsspannweite. Dieser zunehmend als psychosoziale Verengung wahrgenommene Zustand kann, vor dem Hintergrund der subjektiv biographischen Geschichte, zu einem eigendynamischen Drogengebrauch führen. Letzterer soll dabei vor allem die – aufgrund mangelnder psychosozialer Ausgleichsressourcen nicht effektiv kompensierten und seitdem beständig wiederholten – Beziehungserfahrungen positiv umwandeln: Indem diese überwiegend von bedingungsgebundenen sozialen Austauschverhältnissen mit rigiden Bewertungs- und Zuschreibunghandlungen geprägt sind, neigt der *progressive* Sensationslust-Typ dazu, übermäßig viel an Anpassungsarbeit an *äußere* Normen zu leisten – um letztendlich über eine möglichst perfekte Annäherung an soziale Wertmaßstäbe *innere* Sicherheit zu erlangen. Mit Eintritt in das Techno-Drogenleben findet erneut eine hohe Anpassung sowie eine kompensatorische – wahllose – emotionale Offenheit (z.B. in Form einer pauschalen Nettigkeit) statt, um den persönlichen Erfüllungsraum nicht zu gefährden, indem dort (narzißtische) Einbußen des Alltagslebens ausgeglichen werden (sollen). Erst wenn die während der Hochphase kennengelernten und als positiv bewerteten Drogenempfindungen überschattet sind von negativen Begleiterscheinungen eines regelmäßigen Konsums (z.B. depressive Verstimmungen, Angstgefühle, Selbstentwertungen, soziale Konflikte, Leistungseinbußen), kommt der *progressive* Sensationslust-Typ in Zugzwang, diese in Schach zu halten. Eine Möglichkeit der mehr oder weniger bewußten Kontrolle stellt die Ausbildung oder Ausweitung von meist körperbezogenen Symptomen (z.B. Eßstörungen und Selbstverletzungen) dar. Letztere repräsentieren nun sichtbare Zeichen, die am ehesten eine drogenbezogene Problematik sozial erkennbar und nachvollziehbar machen, da ansonsten alle konventionellen Konsequenzen[7] aus einem exzessiv betriebenen und zum Selbstzweck gewordenen psychotropen Substanzkonsum kaum bis gar nicht vorkommen. Eine entsprechende Fläche für gesellschaftliche (negative) Zuschreibungs- und Sanktionshandlungen aufgrund eines illegalen Drogenkonsums bietet demzufolge der *progressive* Sensa-

---

[7] Traditionell werden bei einer Sucht oder Abhängigkeit von illegalen Drogen folgende Begleitphänomene erwartet bzw. beschrieben: psychisch-physische Entzugserscheinungen, ein Aufenthalt an öffentlichen Szene-Treffpunkten, ein Ausspielen aller Konsumformen (also bis zum intravenösen Drogengebrauch), ein hohes Ansteckungs- und Krankheitsrisiko, Beschaffungskriminalität und -prostitution, ein sozialer Aus- oder Abstieg, justitielle Auflagen und (stationäre) Entziehungsaufenthalte bzw. Drogentherapien.

tionslust-Typ erst, sobald ein unvorsichtiges Mißachten normativer Richtlinien Teil seiner Suche nach haltgebenden und positiven sozialen Resonanzen wird. So gesehen läuft eher der *progressive* Sensationslust-Typ Gefahr, polizeiliche oder justitielle Interventions- und Kontrollmaßnahmen aufgrund seines illegalen Drogenkonsums zu spüren bekommen.
Selbstetikettierungen als 'drogensüchtig' oder 'drogenabhängig' werden hingegen von beiden Typ-Profilen vermieden – dafür schreiben sie sich im Rahmen westlicher Gesellschaftsstrukturen eher als *normal* angesehene Suchtformen zu: beziehungs-, spaß- oder sexsüchtig. Die darin zum Ausdruck gebrachte typenspezifische Nicht-Identifikation mit *traditionellen* Sucht- oder Abhängigkeitsbildern verunmöglicht allerdings eine Identifikation mit dieser sozialen Kategorie, woraufhin automatisch die damit verknüpften (professionellen) substanzspezifischen Hilfsangebote irrelevant werden. Denn der *progressive* Sensationslust-Typ nimmt die überwiegend auf Opiatkonsument/innen ausgerichteten Beratungsstellen als nichtpassend zum eigenen Subjekt- und Konsumprofil wahr und lehnt sie daraufhin ab. Alternativen in Form von wertfreien Informationsstellen ohne professionelle Zuschreibungen, ohne abstinenzorientierte Interventionen und ohne Gleichstellungen mit *Junkies*[8] werden von ihm auf der Ebene der Drogenhilfe vermißt und eingefordert. Aufgrund dieses Mißstandes an adäquaten "Anlaufstellen" setzt der *progressive* Sensationslust-Typ körperbezogene und/oder psychische Symptome als Indizien einer Kursgefährdung auf der sozialen wie leistungsbezogenen Ebene ein, die seinen Bedarf an (professioneller) Unterstützung anzeigen. Vor diesem Hintergrund kann auf der Positionierungsebene für den *progressiven* Sensationslust-Typ die konzeptuelle Metapher DROGENAKTIONEN SIND SELBSTHILFE formuliert werden, die damit auf die Funktion des szenegebundenen Konsums als Selbstmedikation von überwiegend geschlechts- und entwicklungstypischen Symptomen verweist. Darüber hinaus macht das typenspezifische Konzept auf ein Defizit an typgerechten professionellen Angeboten aufmerksam, die zum einen neutrale Informationen zur Risikominimierung des Techno-Drogenlebens und zum anderen eine annehmbare Unterstützung bei zusätzlich belastenden Symptomen (z.B. Eßstörungen, Selbstverletzungen) während dieser Phase des Drogenweges anbieten.

Drogen-Handlungen, die überwiegend nach der regressiven oder progressiven Sensationslust strukturiert und ausgerichtet sind, werden als selbstbestimmt initiierte (temporäre) Aktionen ausgelebt, die im Rahmen einer jugend- und trendbezogenen Szene als Betonung des dort verkörperten Lebensstils sowie als individueller Zugang zu neuen Seins- und Handlungsformen im Vergleich zum *normalen* Dasein gefeiert werden. Mit einer Verfügbarkeit von kursverbessernden normalisierenden

---

[8] "Partydrogenkonsumenten unterscheiden sich in spezifischen Merkmalen von Opiatkonsumenten. Neben den drogenspezifischen Besonderheiten und Folgeproblemen, ist der unterschiedliche Lebensstil und lebensweltliche Hintergrund der Konsumenten von Relevanz. Kenntnisse von und Verständnis für diesen Lebensstil sind bedeutsam für die therapeutische Arbeit mit dieser Klientel." (Gantner 1999:171)

Ressourcen bleibt der Drogenweg ein jugendtypischer Ausflug, der mit Eintritt in eine neue (erwachsenere) Statuspassage seinen Reiz verliert (wie im Falle von Bunny und Kitty). Oder aber er eröffnet einen unbeschwerten Zugang zu einer im nüchternen Dasein eher blockierten spontanen Selbstmitteilung – was letztendlich in eine Sucht-Bewegung münden kann. Diese kann allerdings mit entsprechenden psychosozialen Ressourcen entidealisiert, reflektiert und auf eine weniger destruktive Ebene verlagert werden (wie bei Chris und Cleo).

10. Die typenspezifischen Kontaktbedürfnisse

Auf der Basis der vorangegangenen Erkenntnisse soll eine Zusammenschau der wesentlichen typenspezifischen Charakteristika vorgenommen werden mit dem Ziel, die auf die unterschiedlichen phasenspezifischen Qualitäten von Drogen-Handlungen bezogenen Kommunikationszugänge zu differenzieren. Die Betonung von Flexibilität, Zielgruppenorientierung und Differenzierung weist dabei auf die Varianz des Phänomens hin: Sucht ist niemals ein fixes Erscheinungsbild und auch keine willkürliche Ansammlung von Einflußgrößen – womit der Bedarf an einer vielseitigen und differenzierten Behandlungspraxis formuliert wäre. Davon ausgehend dient das hier entwickelte typenspezifische Spektrum bedeutsamer Phasen von *Drogen-Handlungen im Prozeß* als mögliche Orientierung für eine präventive und therapeutische Kommunikationskultur. Denn unterstützungsuchende Individuen sollten dort abgeholt werden, wo sie sich gerade befinden – und um sie dort finden zu können, braucht die professionelle Seite einen Zugang zu den sprachlichen und handlungsrelevanten Codes. Diese sollen nun im Folgenden als mögliche Richtung einer differenzierteren Behandlungspraxis skizziert werden.
Zusammenfassend betrachtet ergibt sich eine aktuell empfindens- und handlungsleitende Phase auf einem individuellen Drogenweg aufgrund der zeitlichen und emotionalen Dimensionalität von Drogen-Handlungen. Da letztere immer als *im Prozeß* verstanden werden, wandeln sich die jeweiligen zeitlichen und emotionalen Drogenphasen kontinuierlich – entsprechend der subjektiven Bewertungen der Qualitäten von primären und sekundären Realitäten. Das heißt, je nach dem wie die jeweilig konsumierende Person ihre augenblickliche Real-Präsenz im Vergleich zur drogeninduzierten Imaginär-Präsenz empfindet, wird sie den Drogenweg entsprechend gestalten. Oder bezüglich eines Einstiegs in das Drogenleben: je nach dem wie die momentane Real-Präsenz empfunden wird und welche alternativ erreichbaren Handlungsmöglichkeiten als effektiv wahrgenommen werden, wird die Drogen-Handlung und die darüber kennengelernte Imaginär-Präsenz als reale Option einer Positionsveränderung wahrgenommen. In diesem Sinne repräsentieren Drogen-Handlungen einen interaktiv bewegten Prozeß, der typenspezifisch sensible Punkte enthält, an denen aufgrund bestimmter emotionaler Qualitäten Entschei-

dungen getroffen werden. Ob die Entscheidung zugunsten eines Drogenweges oder zugunsten eines normorientierten Lebensweges ausfällt, korrespondiert mit

- dem jeweiligen Selbstverständnis und subjektiven Kapital,
- den individuellen und kollektiven Lebensereignissen und
- den sich sowohl auf dem Drogen- als auch (cleanen) Lebensweg entwickelnden und verändernden Chancen und Gefahren.

Formen von phasen- und typenspezifischen Chancen und Gefahren können weiterhin als Ressourcen zur (Selbst-)Positionierung genutzt werden – je nach subjektiv verfügbarem Kapital und dessen Nutzungsweise.

Ein weiteres zentrales Ergebnis der Untersuchung ist, daß das Phänomen des illegalen Drogenkonsums während der weiblichen Adoleszenz ein psychosoziales Geschehen wiederspiegelt, das von den Ereignissen, die sich zwischen Individuum und Lebenswelt abspielen, in Bewegung gesetzt wird und damit nur im Kontext von individuellen und soziokulturellen Realitäten seine Bedeutung erhält. Weiterhin repräsentieren die empirischen Erkenntnisse, einmal in Form eines subjektiven Selbstkonzepts als *Behälter* und zum anderen in Form einer Eröffnung der Schilderung des individuellen Drogenweges in sechs von acht Fällen mit *belastenden* Lebensereignissen, einen ebenfalls entscheidenden Pfad zur Benennung wichtiger Codes für eine *annehmbare* professionelle Kontaktaufnahme. Darüber hinaus fungiert die Metaphorisierung des illegalen Drogenkonsums als Phase bzw. als Drogenweg als unentbehrliche Brücke zur konstruktiven Annäherung an ein soziokulturell zutiefst polarisiertes Geschehen: Indem im Rahmen dieser Untersuchung weder der illegale Drogenkonsum von vornherein abgewertet wird noch die konsumierenden Frauen als 'kranke', 'gestörte' oder 'defizitäre' Persönlichkeiten auf nur eine Facette ihrer Persönlichkeit reduziert werden, entsteht eine weitgehend neutrale Basis zur konstruktiven Annäherung an die jeweils vielschichtigen und – je nach psychosozialer Position – wandelbaren Funktionalisierungsformen des illegalen Drogenkonsums. Letzterer beschreibt aufgrund der Verortung seiner Sinnhaftigkeit im Schnittpunkt von Individuum und sozialem Kulturraum sowie hinsichtlich seiner zeitlich-emotionalen Dimensionalität eine Phase, die je nach Kapital(-Nutzung) spezifische Chancen und Gefahren auf dem weiteren Drogen- bzw. (cleanen) Lebensweg für das Subjekt kreieren kann.

Davon ausgehend werden im Folgenden typen- und phasenspezifische Kontakt- und Interventionsoptionen idealtypisch nachgezeichnet, die entlang der jeweils wirksamen konzeptuellen Metaphern entwickelt worden sind und nun mit entsprechenden Zitaten der Interviewpartnerinnen illustriert werden.

10.1 Der Funktionslust-Typ und das Sich-Anbinden:

> "In alltagssprachlichen Redewendungen wie z.B. 'lockeren Kontakt halten' oder 'Kontakte knüpfen' wird mit der konzeptuellen Metapher KONTAKT IST EIN FADEN eine solche Vorstellung formuliert. Wir verwenden dabei meist den Plural. Kontakte können 'abreißen', 'abgeschnitten werden', jemand kann im Kontakt 'angebunden' sein oder umgekehrt 'geschnitten' werden, Kontaktfäden können in der einen oder anderen Weise 'strapaziert' werden. Die Fäden des Kontakts verbinden sich untereinander zu einem 'Netz' oder einem 'Gewebe', das auf seine 'Tragfähigkeit' oder Belastbarkeit' hin geprüft werden, in dem man sich aber auch verfangen oder 'verstricken' kann. [...] Wir sehen, daß das Kontaktnetz imaginativ auch dreidimensional aufgefaßt wird; es bildet [...] ein nichtleeres Kontaktgefäß, in das man sich entweder 'fallen' lassen oder aus dem man dann wieder etwas 'ziehen' kann.[...] Der negative Ausgang des Szenarios ist deshalb auch doppelt metaphorisiert: nicht nur durch die Gefahr, daß Kontaktfäden 'reißen' und der Kontakt abbrechen könnte, was mit einem Verlust an Stabilität einhergeht, sondern auch dadurch, daß es zu 'Verfilzungen' oder 'Verstrickungen' kommt; deren Stabilität aber ist um den Preis des Verlusts von Flexibilität erkauft." (Buchholz et al. 1997:200ff.)

Beide Typ-Profile metaphorisieren ihr Selbstkonzept als *Behälter*, wobei der *passive* Funktionslust-Typ eine reißfeste Bindung an hilfreiche Bezugspersonen und der *aktive* Funktionslust-Typ ein "Ventil" zur Verringerung seines angestauten Leistungsdrucks wünscht, um so eine ihn sichernde Bindung an normorientierte Ansprüche nicht lockern zu müssen. In beiden Fällen wird das Selbst-Austausch-Konzept überwiegend von Behälter-, Bindungs- und Wegmetaphern strukturiert, was auf die typenspezifisch zentrale Thematik, und damit auf den Zielbereich für Drogen-Handlungen, hinweist: Die Bindungsoffenheit und -bedürftigkeit der Typ-Profile birgt vor allen Dingen dort ein Belastungspotential, wo ein *Einbeziehen* oder *Hereinziehen* in ein Kontaktnetz eine ambivalent besetzte Kontakt*vertiefung* erzeugt. Letztere wird sowohl ersehnt als auch aufgrund der damit verknüpften *Überforderung* (vgl. die typenspezifische Belastungs*druck*-Erfahrung) gefürchtet, auf die mit einem schützenden *Dicht-Machen* oder *Prall-Sein* reagiert wird.

"Ja, die Sehnsucht, mal wieder dicht zu sein. Ich meine, da steckt natürlich was dahinter. Das ist halt- manchmal wünsch' ich es mir halt wieder, ja. Halt nicht so in dem Maß wie vorher, ja, aber das geht halt auch nicht, das ist ja das Schwierige dran. Ja, dieses Abschalten einfach. Ich tu' ja auch- ich hab' ein großes Problem damit, mich zu entspannen, ja, wirklich so mal zu sagen: Luft raus, jetzt nehm' ich mir mal 'ne Zeit nur für mich. Ich kann das sehr schwer, ja. Und für mich sind Drogen halt, haben halt was Entspannendes, also was, wie gesagt, Beruhigendes, eine Aussetzung so von dem ganzen Alltagsgezeter und bla. ... Also, weil wenn mir Dinge zuviel werden oder Menschen zuviel werden, dann isolier' ich mich teilweise. ... Ich brauch' das, um mit mir zur Ruhe zu kommen. [Jasmin]

Als ein wesentlicher Beweggrund zur Anbindung an den illegalen Drogenkonsum mit einer entsprechenden Szene-Integration fungiert in beiden Fällen das Erleben eines traumatischen Abgeschnitten-Werdens von bedeutsamen Bezugspersonen, das der *aktive* Funktionslust-Typ mit einer mehr oder weniger bewußt vorgenommenen Einbindung in drogenbezogene "Kreise" und der *passive* Funktionslust-Typ mit einer intuitiven Ersatzanbindung an (drogenkonsumierende) Personen auszugleichen versucht. Dabei idealisiert der *aktive* Funktionslust-Typ den Drogenkonsum aufgrund eines darüber erreichten Versorgt-Werdens mit entspannender Ruhe, deren Erholungseffekt ihn anschließend wieder Realitäten "hinnehmen" läßt.

"Sie haben mich wieder, ähm, gelassener gemacht, ich konnt's dann wieder hinnehmen. ... also um das loszuwerden, das ist so, mir fehlt dann auch das Ventil. Ich will es loswerden, dieses Gefühl, und kann's nicht. Entweder ich mach' irgendwas kaputt oder ich beruhige mich halt, indem ich mir absolute Ruhe verschaffe. Und das geht halt durch die Drogen sehr gut. ... Und das war halt das Ding, um mich dann wieder- keine Ahnung, ja, wieder runterzubringen von dem Ganzen." [Jasmin]

Der *passive* Funktionslust-Typ hingegen bildet ein Drogenideal aus, das als zentrales empfindens- und handlungsleitendes Motiv die drogeninduzierte Fähigkeit zur Flucht vor belastenden Beziehungsproblemen, und damit zur Bewußtseinsauslöschung, enthält.

"Und einfach, ich konnte halt alles vergessen was um mich rum war und so. Also da war ich halt einfach irgendwo anders. ... Ja, am Anfang war es halt für mich irgendwie- ja nicht Genuß, halt Erleichterung oder ein schönes Gefühl eben, einfach weg zu sein und nicht mehr wissen- nichts mehr von meinen Problemen zu wissen. Das ist irgendwie schon ein schönes Gefühl gewesen. ... Ja, ich war halt einfach prall, ich weiß nicht, wie man das beschreiben kann. Mir ging's halt einfach gut und total abwesend und so." [Dina]

Hinsichtlich einer starken Bindung an normorientierte Projekte und der typenspezifisch wirksamen konzeptuellen Metapher NORMEN SIND EINE KRAFT (repräsentiert das als bedeutsam bewertete *normale* Leben) liegt für den *aktiven* Funktionslust-Typ die *Chance* für einen Ausstieg aus dem Drogenkonsum an dem Wendepunkt, an dem die psychotropen Substanzen ihre Eigendynamik entfalten und damit die Angst vor einem Leistungs- und Kontrollverlust erzeugen. An dieser Stelle benötigt er alternative Beziehungsangebote, die ihn – ohne zu bedrängen – beruhigen und wieder Vertrauen in seine eigene Leistungsfähigkeit fassen lassen. Sobald alternative Bedeutungszusammenhänge zugänglich sind, kann er seine Ressourcen für zukunftsschaffende Projekte mobilisieren, wobei für ihn ein kontinuierlicher akzeptierender Austausch und die Erfahrung einer von (Selbst-)Zweifeln entlastenden Kommunikation zentral sind. Denn die *Gefahr* für einen (Wieder-)Einstieg in das Drogenleben repräsentiert beim *aktiven* Funktionslust-Typ vor allem die Angst vor Ohnmacht (vgl. DROGENKONSUM IST ANGST VOR OHNMACHT), die durch seine typenspezifisch hohe Leistungsbereitschaft sowie seine niedrige unmittelbare Konfliktfähigkeit in sozialen Zusammenhängen hervorgerufen wird. Hier kann sich seine ihm eigene Abhängigkeitsdynamik in Gang setzen: Über seine betonte Erfüllungsbereitschaft von *äußeren* Ansprüchen entstehen *innere* Spannungsgefühle, die – falls sie keinen adäquaten Ausdruck finden – ein Vakuum entstehen lassen, das nach einem "Ventil" verlangt. Angekommen an dieser akuten Belastungsdruck-Erfahrung findet eine mehr oder weniger bewußte Entscheidung für erleichternde und beruhigende Interventionen statt – womit der Bedarf an entlastender und subjektiv stabilisierender (professioneller) Unterstützung formuliert wäre.

"Also früher, oder es ist momentan auch noch immer so, daß ich mich dann halt einfach- ich funktioniere da halt dann einfach, geh' halt hin [brummelt], und das ist es halt einfach nicht. Also ich find', man sollte sich nicht in irgendwas quälen oder irgendwas zwingen, was einen nicht glücklich macht, das bringt's halt einfach nicht. Nur um, was weiß ich, einen angesehenen Beruf, in Anführungsstrichen, oder aus welchen Gründen auch immer, das ist es halt einfach nicht. Und das ist das, was ich früher halt immer gemacht habe. Das was andere Leute von mir erwartet haben, hab' ich versucht zu machen, und das hat mich halt nicht glücklich gemacht. ... also ich kann bei meiner Mutter nicht so sein wie ich bin, und das engt mich total ein, und das ist dann der Grund, warum ich den Suchtdruck bekomme, weil ich diese Einengung nicht packe. Und ich kann dann auch nicht einfach aufstehen und gehen. Das hätte ich zwar am liebsten getan, und das wär' wahrscheinlich auch leichter gewesen, aber das kann ich nicht bringen, also meinem Bruder zuliebe allein schon nicht." [Jasmin]

Bezüglich der typenspezifisch wirksamen konzeptuellen Metapher ZUSTÄNDE SIND ORTE (repräsentiert den Wunsch, über äußere Wirkmächte von belastenden Realitäten weg- und am Zustand der Abwesenheit anzukommen) sucht der *passive* Funktionslust-Typ bei nicht (mehr) hilfreichen Anbindungen erneut Anschluß, wodurch er sich ein Vergessen der lange mitgeschleppten Problemlasten, und damit ein Verweilen in der lockeren Imaginär-Präsenz, erhofft. Indem er weniger ein konkretes (Leistungs-)Ziel besitzt, sondern ganz nach seinem momentanen Empfinden im sozialen Raum umherwandert, bindet er sich in seinen Augen mit einer schicksalhaften "Vorbestimmung" an Personen und Objekte, die ihm als hilfreich und tragfähig begegnen. Wird dieses Versorgt-Werden mit erfüllenden und entlastenden Emotionen durchtrennt, begibt er sich erneut auf die Suche nach einem Anschluß, der ihn "weiterbringen" soll. Genau an dieser Stelle liegt nun seine *Chance* für einen Ausstieg aus dem Drogenleben, sofern ihm an diesem sensiblen Punkt der Neuanbindung ein unterstützendes Kontaktangebot außerhalb der Drogenszene gemacht wird. Problematisch hingegen erweist sich sein abruptes Trennungspotential, sobald Eigeninitiative und Engagement für (Leistungs-)Ziele gefordert werden. Genau diese typenspezifische hohe Bedürftigkeit nach passivem Mitgenommen-Werden repräsentiert die *Gefahr* einer Abhängigkeitsentwicklung. Denn entzieht sich ihm die Zufuhr einer *äußeren* entlastenden Wirkmacht, so braucht der *passive* Funktionslust-Typ sofort Ersatz, weil er sein eigenes Handlungs- und Ausdruckspotential kontinuierlich auf *äußere* Objekte (potentielle Bindungspartner) projiziert und deshalb nicht für sich nutzen kann. Davon ausgehend macht er sich nicht nur sozial abhängig, sondern auch wehrlos – was seine bewußt wahrgenommene Ohnmacht und Hilflosigkeit bestärkt. Der illegale Drogenkonsum stellt für ihn schließlich eine Möglichkeit dar, selbstbestimmt seinen emotionalen

Zustand zu verändern, wodurch dieser zu einem weiteren starken Bindungspartner wird (vgl. DROGENKONSUM IST EINE KRAFT). Mit der Zeit eines dauerhaften Drogenkonsums verengt sich jedoch die Wirkmacht der psychotropen Substanzen zum absurden Kreislauf, der deshalb bindet, weil er mächtig ist (vgl. DROGENABHÄNGIGKEIT IST OHNMACHT). An dieser Stelle der resignativen Ohnmachtserfahrung kann lediglich ein temporär *ganz* unterstützendes (professionelles) Gegengewicht eine Neuanbindung forcieren, in der zunächst alle psychosozialen (regressiven) Bedürfnisse und Sehnsüchte Raum bekommen sollten. Denn wird statt dessen sofort Eigeninitiative und Verantwortlichkeit gefordert, kann dies einen (Wieder-)Einstieg ins Drogenleben begünstigen, indem dort das Ideal eines schnell erreichbaren "Vergessens" von belastenden Anforderungen nachhaltig verortet ist.

"Ja, ich würd's [die Heroinabhängigkeit] schon gerne loshaben. Aber ich kann's nicht. Ich mein', wenn ich jetzt von der Entgiftung komm', dann hab' ich zwar keinen Affen mehr und so, aber ich weiß halt genau, wo es Heroin gibt und wie das ist, das Gefühl, und am Anfang von der Entgiftung, wenn man rauskommt und vielleicht, wenn ich Glück hab', die ersten Male hab' ich noch so 'n, ja so 'n Gefühl wie ich vorhin gesagt hab', so daß ich halt noch was merk' von den Drogen, und dann geht's halt genauso weiter, daß ich's nur brauch', daß es mir wieder gut geht. Also ich denk' irgendwie, daß ich da gar nicht mehr rauskomm'." [Dina]

Als frühzeitige Basis zur Neuverhandlung des Drogenweges braucht der *passive* Funktionslust-Typ alternative, entlastende Bindungsangebote, die (zunächst) möglichst nicht mit Leistungsanforderungen verknüpft sein sollten. Darüber hinaus benötigt er neutrale Informationen zum psychotropen Substanzkonsum, die sowohl die Gefahren als auch das *verbindliche* Potential von Drogen für den *passiven* Funktionslust-Typ (z.B. Bewältigung von Ohnmacht) bewußt machen.

"Aber, ja, weil ich eben nicht gewußt hab', was es also für- wie heißt das jetzt? ja, was es halt nach sich bringt. Ich hab' nicht gewußt, daß es so schlimm ist und daß man so schwer wieder davon wegkommt. Weil am Anfang wo ich's genommen hab', man wird ja nicht gleich abhängig, am Anfang hab' ich's halt nicht jeden Tag gebraucht, da hab' ich's dann einfach nur genommen, weil's mir Spaß gemacht hat. Und dann, wo ich gemerkt hab', daß ich's brauch', da war's halt schon Scheiße, aber da mußte ich's halt nehmen, weil ich's eben gebraucht hab'." [Dina]

Der *aktive* Funktionslust-Typ benötigt ebenfalls drogenfreie Beziehungsangebote, die entlasten, indem sie seine inneren und zugunsten äußerer Ansprüche "zurückgestellten" Bedürfnisse ansprechen und somit einen Raum für einen mehr angstfreien Selbstausdruck bieten. Dort wünscht er sich vor allem die Vermittlung eines stabilisierenden Werkzeugs, um einen leichteren und ausgewogeneren Austausch zwischen Innen und Außen erarbeiten und halten zu können.

"Das war auch das, wo ich dann letztendlich auf Therapie gekommen bin, ja, was mir am meisten geholfen hat eigentlich, weil da Leute waren, die wirklich, sag' ich jetzt mal in der Sprache, die auf meine Bedürfnisse eingegangen sind, ja, meine Mutter hat nur Ihres gesehen, sie hat nicht Meins gesehen. ...Und, ja, und daß ich immer noch finde, ich meine, das hört sich jetzt ein bißchen blöd an, aber wirklich aufs Innere hören und dem nachgehen und das tun, was einen glücklich macht. Das ist das Wichtigste. Dann kommt man auch gar nicht erst in die Situation, daß man irgendwie sich anders behelfen muß, wenn man wirklich das tut, was einen glücklich macht." [Jasmin]

Diese Phase auf dem illegalen Drogenweg scheint vor allem für junge Frauen mit einer zentralen Macht- und Ohnmachtsthematik im Zusammenhang mit (schulischen, beruflichen, sozialen etc.) Leistungsanforderungen verbindlich zu wirken: Mit einem Interesse an einer Aufrechterhaltung der eigenen Leistungsfähigkeit werden die beiden Pole über eine Bindung an den illegalen Substanzkonsum sowie an entlastende Sozialkontakte ausbalanciert (vgl. aktive Funktionslust). Mit einer konstanten Selbstwahrnehmung als hilflos gegenüber einer stets übermächtig empfundenen Umwelt wird die eigene Leistungsfähigkeit nach außen projiziert, wobei die eigene Ohnmacht als Belastungserfahrung über eine Anbindung an bedeutsame Objekte wieder *weggemacht* werden soll (vgl. passive Funktionslust). In beiden Fällen sollte in einer professionellen Auseinandersetzung mit der jeweiligen Seins- und Handlungsweise das Ungleichgewicht zwischen inneren und äußeren Wirkmächten im Zentrum stehen, da im Zweifelsfalle sich sowohl der aktive als auch der passive Funktionslust-Typ mehr nach äußeren Bedingungen, als nach inneren Bedürfnissen richtet.

10.2 Der Angstlust-Typ und das Kontakt-Schließen

"Der bildgebende Ursprungsbereich ist häufig der Physik elektromagnetischer Kraftfelder entnommen; wir kennen dieses Szenario umgangssprachlich aus konventionalisierten Redewendungen wie 'einen Draht zueinander haben', 'auf einer Wellenlänge liegen'. Es ist dieses Szenario, welches das Verb in Wendungen wie 'einen Kontakt schließen' verständlich macht. 'Schließen' ist hier ja nicht im Sinne von 'beendigen' gemeint, sondern im Sinne von 'Schließen eines Stromkreises', so daß der Strom des Kontakts fließen kann. Das Szenario macht uns verständlich, weshalb wir den Kontakt nicht eröffnen können, ohne ihn zu schließen." (Buchholz et al. 1997:184)

Beide Typ-Profile metaphorisieren ihr Selbstkonzept als *Behälter*. Dabei wünscht der *positive* Angstlust-Typ einen sozialen Kontaktanschluß, der ihn kontinuierlich mit nur guten und erhebenden Impulsen versorgt, über die schließlich das Ideal in Form eines (sozial) erfolgreichen Überfliegers erreicht werden kann. Der *negative* Angstlust-Typ wünscht sich ebenfalls einen ergiebigen sozialen Kontaktanschluß, der jedoch mit begrenzenden anstatt mit entgrenzenden Impulsen versorgen soll, um auf diese Weise Halt, Lebensenergie und (Selbst-)Akzeptanz zur Verfügung zu *haben*. Hier wird in beiden Fällen deutlich, daß soziale Kontakte als vergegenständlichte Kräfte unbegrenzt im Außen vorhanden sein sollen, um bei Bedarf schnell auf sie zurückgreifen zu können – ohne zuvor aufwendige Beziehungsarbeit leisten zu müssen.

"Ja, am besten von heut' auf morgen einen netten Freundeskreis, die sich ständig um mich kümmern, wenn's mir schlecht geht, die mir hinterherlaufen und- aber sowas kriegt man halt nicht von heute auf morgen. Man kann nicht zu irgendwelchen Leuten sagen: Ich hab' jetzt mit Drogen aufgehört, bitte kümmert Euch ab sofort um mich. Ihr habt mich zwar noch nie gesehen, aber- sowas entwickelt sich ja normal langsam. Und wenn das drei, vier Wochen dauert, bis man genügend Leute kennengelernt hat, in den drei, vier Wochen bin ich schon wieder drauf meistens, weil mich der erste Tag alleine schon so ankotzt, daß ich zu meinen alten Freunden wieder hinlauf." [Maja]

Die typenspezifische Ungeduld oder Unflexibilität hinsichtlich einer schrittweisen Kontaktaufnahme findet in der Affinität des Angstlust-Typs für die Metaphorik aus dem elektromagnetischen Bereich seine Entsprechung und Logik: Das Szenario der elektromagnetischen Kontaktkräfte sieht die "Personen nicht in Bewegung. Sie werden vielmehr von den 'vibrations' des Kontakts erfaßt, und entscheidend ist dabei, daß dem Kontakt eine eigenständige Mächtigkeit zugesprochen wird. Die Veränderung der Person erfolgt entweder gar nicht – oder schlagartig. Das Szenario der elektromagnetischen Kontaktkräfte operiert mit einem Alles-oder-Nichts-Prinzip." (Buchholz et al. 1997:184) Letzteres repräsentiert das typenspezifisch wirksame empfindens- und handlungsleitende Prinzip schlechthin, was sich auch in den jeweiligen Motiven zur Aufnahme der illegalen Drogen-Handlungen zeigt: Der *positive* Angstlust-Typ steigt extrem schnell in das Drogenleben ein, weil er aus einer ausweglosen psychosozialen Verengung (Depression) aussteigen will und dabei nichts (mehr) zu verlieren hat.

"Ich war total viel alleine, so mit vierzehn oder so mit dreizehn. Und war mit zwölf magersüchtig und bin halt die meiste Zeit in meinem Zimmer echt gesessen und hatte überhaupt keinen Kontakt zu anderen Leuten, war irgendwo auch total depressiv, Suizidgedanken und- ja, dann war's das [der Drogenkonsum], bevor ich mich umgebracht hab', hab' ich halt das probiert so ungefähr, das hab' ich mir gedacht. ... Ja, da kann ich mich schon erinnern, weil ich mir gleich 'ne Überdosis gegeben hab' beim ersten Mal und den ganzen Tag über der Toilette hing, gleich umgekippt bin und nur noch gekotzt hab'. Aber irgendwie war's auch ein total leichtes Gefühl, und so hab' ich's gleich noch mal probiert mit weniger. ... [Es war gut], auch wenn ich gedacht hab', ich sterb' dran, aber es war was anderes als normal. ... Ja, ich weiß auch nicht, mich hat das Ganze mit der Szene und Drogen alles so fasziniert, daß ich mir unheimlich toll vorgekommen bin, da dachte ich, ich hab' jetzt allen anderen was voraus, weil ich das probiert hab'." [Maja]

Der *negative* Angstlust-Typ handelt weniger bewußt; vielmehr projiziert er seine innere Verwirrung und sein Unbehaust-Sein auf äußere Realitäten (z.B. Schulalltag), von denen er *weg* und *in* eine nur gute Welt fliehen will.

"Ja, so daß ich irgendwie, ja so überhaupt alles, was um mich rum ist und so, mit dem Ganzen irgendwie gar nix anfangen konnte und so, nur in so 'ner irrealen Welt gelebt hab'. Ja, nicht Traum-, ja, teilweise Traumwelt auch so, na ja, so einfach meine Vorstellungen, was wie sein sollte und so. Und, na ja, keine Ahnung, so halt wie's für mich gepaßt hat, das hab' ich angenommen, und was nicht gepaßt hat, das hab' ich irgendwie in meinem Kopf so umgewandelt, so daß es irgendwann irgendwie gepaßt hat für mich." [Arsen]

In beiden Fällen können dem Drogenkonsum Suizidwünsche, Eßstörungen, soziale Ängste oder existentiell verunsichernde Lebensumbrüche (z.B. Trennung von einem Elternteil, Liebesentzug) vorausgehen bzw. von diesen begleitet oder abgelöst werden. Drogen-Handlungen fungieren hier also hauptsächlich als Treibstoff, um Idealformen oder -orte erreichen zu können. Dabei geht es weniger um das Ankommen, als vielmehr um das Eins-Sein mit dem Ideal, was wiederum sowohl mit der typenspezifischen zentralen Thematik von Spaltung und Einheit(ssehnsüchten) als auch mit den extremen psychosozialen Tauschkontakten korrespondiert: Hinsichtlich der typenspezifisch wirksamen konzeptuellen Metapher STATUS UND KONTROLLE SIND OBEN (repräsentiert den Wunsch, absolut frei und unabhängig zu werden, um die reale Verunsicherung nicht spüren zu müssen) zeigt sich für den *positiven* Angstlust-Typ eine *Gefahr* für eine Suchtentwicklung vor allem dann, wenn er sich in unergiebigen Kontaktkreisen befindet, die keine Impulse zur Selbstwerterhöhung und damit zur psychosozialen Souveränität liefern. Diese Defiziterfahrung kann ihm den auslösenden "Kick" für einen "Ausbruch" aus dem "nüchternen" und "ätzenden" Dasein ohne die existentiell benötigten erhöhenden Lebensimpulse geben, woraufhin er vorzugsweise ein genau entgegengesetztes – extremes – Szenario im Vergleich zu seinem bisherigen *normalen* Leben wählt (vgl. DROGENKONSUM IST AUFWERTUNG). An dieser Stelle benötigt er alternative Kontakte, die seine tendenziell (selbst)zerstörerischen Impulse umleiten und ihm eine nicht-kontrollierende, aber dennoch grenzgebende Möglichkeit zur weniger destruktiven Selbstwerterhöhung bieten. Damit dieses Angebot überhaupt angenommen werden kann, ist von professioneller Seite wichtig, daß die typenspezifische extreme, und von daher wenig flexible, Austauschmöglichkeit bedacht und mit sensiblen Gegenstrategien ausgeglichen wird. Denn nur so kann der für eine gelingende Intervention nötige Vertrauensvorsprung gewährleistet werden, der als positive Spiegelung ('Du bist richtig') subjektive Sicherheit gibt – womit der Kontakt geschlossen und gehalten werden kann. Hier angekommen können *Chancen* für einen Ausstieg aus einem destruktiven Suchtkreislauf entstehen und wachsen, die aber hinsichtlich der typenspezifisch hohen Polarisierungstendenz (z.B. anders/normal) und aufgrund des Entweder-oder-Prinzips mit viel Fingerspitzengefühl und Geduld gehegt werden müssen.

"[Auf Kokain] fühlt man sich als das Allergrößte, was es überhaupt gibt. Das ist so 'n geniales Gefühl." ... I: "Was machst du mit deiner Wut?" M: "Ich? Ähm, ja, wenn ich drauf bin, wegdrücken. Wenn ich nüchtern bin, Stühle umschmeißen, Leuten eine reinhauen, Kaffeetassen schmeißen. Also ich hab' da schon meine total aggressiven Momente. ... Und sonst von den anderen kriegt keiner was mit, weil wenn ich jemand von meinen anderen Freunden treff', dann bin ich immer prall, und da hab' ich natürlich keine Wut mehr. ... Nein, aber ansonsten ist es total schwierig, mit jemandem zu reden, weil normale Leute halt dann sagen: Boah, da mußt du jetzt aufpassen, trink keinen Alkohol, nimm keine Drogen, mach 'ne Behandlung und dies und das. Und das wird mir halt einfach zu viel, wenn ich das schon hör'!"[Maja]

Bezüglich der typenspezifisch wirksamen konzeptuellen Metapher AKTIVITÄT IST EINE SUBSTANZ UND DAMIT EIN CONTAINER (repräsentiert den Wunsch, in einem geschützten Rahmen aus sich herausgehen und sozial profitieren zu können) eröffnet sich für den *negativen* Angstlust-Typ die *Gefahr* für eine Sucht- oder Abhängigkeitsentwicklung, sobald die eigenen Freiheitsgrade zur Selbstmitteilung und zur sinnstiftenden Auseinandersetzung mit äußeren Realitäten aufgrund unergiebiger Impulse auf einen existentiell bedrohlichen Minimalradius eingeschränkt werden (vgl. DROGENKONSUM IST EINE SOZIALE RESSOURCE). Hier angekommen eröffnet sich aber gleichzeitig eine *Chance* für einen Ausstieg aus destruktiven Suchtkreisläufen: Aufgrund der typenspezifisch negativen Wertung von extremen Gefühlszuständen kann der *negative* Angstlust-Typ nicht-drogenbezogene Kontaktangebote wahrnehmen, sofern sie – ohne Kontrolle, aber mit haltgebenden Grenzen – subjektive Sicherheit über positive Spiegelung geben. Auf diese Weise können (therapeutische) Austauschgüter zur belebenden Materie werden, die in einem geschützten Rahmen erweiternde Impulse bieten können. Auf diese Weise gelingt eine Ausdehnung seiner Ausdrucks- und Kontaktmöglichkeiten, was letztendlich die Gefahr für einen (Wieder-)Einstieg in destruktive Suchtkreisläufe minimiert. Erst mit Verlassen eines geschützten Rahmens und der dort stattfindenden Energieversorgung erhöht sich die Gefahr für einen Rückfall in einen destruktiven Suchtkreislauf, was eine (professionelle) *klärende* Unterstützung bei Entscheidungen und neuen Statuspassagen erforderlich macht.

"Ich hatte auch drei Rückfälle, die waren auch ziemlich heftig teilweise, und jetzt ist aber so auch die Entscheidung ziemlich klar, daß ich drogenfrei leben will und so. .... Also vorher [vor der Entscheidung, clean zu leben, war's immer so:] Ja, und ich weiß nicht, mit einem Bein im Cleanen, mit dem anderen noch im alten Ding drin, so Drogen und das Ganze drumrum. ... Ich hatte am Anfang echt- also ich hab' da letztens mit meinem Einzel [Therapiegespräch] drüber geredet, wie ich am Anfang war, ich hatte totale Angst vor Abwertung und den totalen Film auf die Leute, daß sie in mich reinsehen und so und, ähm, ja, was hatte ich noch? Ich war total paranoid einfach, ja, und hab' auch gedacht, ich hab' auch nie gedacht, daß sich das mal ändert, ja. Und wenn ich mir das jetzt anschaue, dann denk' ich mir, oh Mann, hey, ich kann froh sein, daß ich da raus bin irgendwo, ja. ... ja, irgendwie was von mir zu erzählen, weil ich damit früher auch total die Probleme hatte, ich war total verschlossen, um irgend jemand was zu erzählen, und jetzt ist das auch nicht schlecht, daß ich damit offener umgehen kann, und deswegen hab' ich mir gedacht, daß es da vielleicht ganz gut ist, weil ich jetzt raus bin aus der Therapie und so und in Gruppen nicht mehr so oft über mich geredet wird halt, na ja, das irgendwie- ja, macht mir auch Spaß. ... Aber irgendwo würd' ich schon wieder gern in die [Wohngemeinschaft] ziehen, weil es fehlt mir schon. Mir gehen die Leute auch total ab, wir sehen uns zwar dann, aber ich tu' mich halt nicht melden bei den Leuten und so, und unser Telefon ist abgestellt und so. ... Und da hatte ich irgendwie mehr so die Lebensenergie und so." [Arsen]

Als frühzeitige Basis zur Neuverhandlung des Drogenweges braucht der *positive* Angstlust-Typ alternative Kontaktanschlüsse zur verläßlichen und guten Impulsversorgung, die (zunächst) lediglich eine Fläche zur subjektiven Stabilisierung seines verunsicherten Selbstwertempfindens bieten und positiv spiegeln soll. Aufgrund seiner extremen (Austauschmöglichkeiten ist es bedeutsam, auch mit seinen zuweilen radikalen Äußerungen sowie Abwertungen etwas anfangen zu können – denn nur so kann seine subjektive Sicherheit als Voraussetzung eines Kontakthaltens stabilisiert werden.

"Hab' ich mir gedacht, dann gehst du mal auf Therapie und probierst es mal, und das war halt so heftig und so sektenartig, daß ich gleich nach drei oder zwei Tagen sogar abgehauen bin. ... Und dann bin ich halt zu meinen Eltern und hab' erst mal g'schaut, ob ich 'ne Therapie machen kann, die haben mich auch genommen. Aber nach 'ner Woche hab' ich gemerkt, daß ich da einfach nicht hinpaß', daß ich zu kraß schon drauf bin und zu heftige Erfahrungen hab' und daß da halt wirklich nur Kinder sind, die mal einen Joint geraucht haben. Es hat einfach nichts gestimmt." [Maja]

Der *negative* Angstlust-Typ benötigt ebenfalls alternative Kontaktanschlüsse zur flexibleren Gestaltung seines Drogenweges. Diese sollten ihn in erster Linie zuverlässig mit haltgebender Energie versorgen und von vornherein positiv spiegeln, um sein typenspezifisches soziales Mißtrauen (bei ihm ist das Böse außen) zu besänftigen und seinen Selbstkontakt zu beleben. Erst dadurch kann der Austausch angenommen und gehalten werden.

"Aber wenn es da irgendwie so alles am Zusammen- oder wenn man selber irgendwie am Zerstören ist alles, so seine Kontakte und so, dann wird's schon kritisch irgendwie. Irgendwie bin ich grad' voll so am Schauen, also Kontakte aussortieren irgendwie, bei wem sich's echt paßt und bei wem nicht. Weil, so irgendwie so Leute, die nur irgendwas in einen reinsehen, da hab' ich keinen Bock drauf. Das ist für mich keine Freundschaft dann. ... Man braucht halt irgendwelche Sachen, wodurch man sich halt mitkriegt, spürt und so." [Arsen]

Diese Phase auf dem Drogenweg scheint vor allem für junge Frauen mit einer zentralen Polarisierungs- und Hierarchisierungsthematik im Zusammenhang mit narzißtischen Einbußen attraktiv zu sein, die in beiden Fällen entlang eines Alles-oder-Nichts-Prinzips radikal ausagiert werden: Mit einer Verlagerung des Selbst(wert)-Empfindens auf den guten (überlegenen) Pol werden hohe Kosten in Kauf genommen, um kontinuierlich schlechte (mit Schwäche assoziierte) Gefühle *wegkicken* zu können (vgl. positive Angstlust). Kommt hier eine ausgleichende Größe in Form einer bewußt wahr- und angenommenen Bedürftigkeit nach äußeren existentiell schützenden Grenzkontakten dazu, so kann die extreme bis destruktive psychosoziale Dynamik an einem idealisierten und mit aktivierender Energie versorgenden Zufluchtsort harmonisiert werden. Für den professionellen Kontakt wird eine weniger konfrontative, als vielmehr positiv spiegelnde Auseinandersetzung mit der extremen Seins- und Handlungsdynamik angeraten, die letztendlich die subjektive Sicherheit und das Selbstvertrauen erhöht, um darüber mehr und mehr den weitgehend tabuisierten Normalbereich zwischen den Extremen zugänglich machen und erträglich gestalten zu können.

10.3 Der Sensationslust-Typ und das Sich-Einlassen

> "Die konzeptuelle Metapher KONTAKT IST EIN GEFÄß hat weitere Implikationen, die sie als zugehörig zu einem eigenständigen Szenario ausweisen. Das Gefäß ist, anders als ein Territorium, dreidimensional; es hat nicht nur Fläche, sondern Tiefe. Es muß in irgendeinem Sinne als 'umfassend' imaginiert werden, sozusagen 'größer' als das, was eingelassen wird." (Buchholz et al. 1997:232)

Beide Typ-Profile metaphorisieren ihr Selbstkonzept als *Behälter*. Dabei wünscht der *regressive* Sensationslust-Typ eine temporäre Selbsterweiterung innerhalb eines sensationsreichen Aktionsraumes – außerhalb des alltäglichen Gesellschafts-Behälters. Der *progressive* Sensationslust-Typ hingegen verlangt nach einer temporär durchgeführten Öffnung seines (sozial) blockierten Selbst-Behälters innerhalb eines toleranten Aktionsraumes – außerhalb seiner alltäglichen Seins- und Handlungsbedingungen, wodurch ein beständiges Anders-Werden angestrebt wird. An dieser Stelle zeigt sich bereits das typenspezifisch hauptsächlich von der Container- und Bewegungsmetaphorik beeinflußte Selbst-Austausch-Konzept mit seinen Chancen und Gefahren auf dem Drogen- und Lebensweg: Nicht asozial zu sein und sich total auf Kontakte einlassen zu können, bedeutet für dieses Typ-Profil eine kompetente Bewältigung der Gratwanderung zwischen Freizeit und Alltag mit ihren je unterschiedlichen Optionen bezüglich Selbstmitteilung und Beziehungsgestaltung. Damit sind bereits die wesentlichen Dimensionen dieses Kontakt-Szenarios in Form eines Wanderns zwischen Polen, zeitlichen Begrenzungen und unterschiedlichen Kontrollbedürfnissen benannt. "Die äußere Dimension [des Kontakts] übernimmt die Rolle des Rahmens, die zeitliche Limitierung begrenzt das 'Kontaktgefäß'. Dessen innere Dimension spielt sich zwischen den Polen 'fest' und 'flüssig' ab. Funktional äquivalente Metaphern sind die Oppositionsstellung von 'Konturverlust' und 'Grenze' oder 'Loslassen' und 'Kontrolle'. Die innere Dimension ist die 'Füllung' des 'Kontaktgefäßes'. [...] Hier wird Kontakt zunächst [...] hinsichtlich der äußeren Dimension als 'Termin' spezifiziert. [...] 'Festigkeit' und 'Flüssigwerden' [sind] die beiden Pole [...], die im Wechselspiel mit verschiedenen Beschreibungen von 'Kontrolle' dieses Szenario des Kontakts bestimmen." (Ebd.:234f.)

"Das Alltagsleben ist schon ernst genug und so am Wochenende da brauch' ich einfach mal- es ist zwar schon so, wenn ich in der Arbeit bin, daß ich Witze reißen kann und daß alle drüber lachen, aber es ist 'ne Grenze. ... Das ist halt einfach 'ne Gelegenheit am Wochenende, sich so richtig auszulassen, auch einfach keine Grenzen mehr zu sehen, weil das ist so 'n richtig schönes Gefühl von Freiheit für mich, also find' ich schon. ... wir sind keine Gesellschaft, kein großer Raum, sondern wir sind ein Freundeskreis, und deswegen muß ich mich da nicht irgendwie zusammenreißen. Wenn die mich wirklich mögen, dann können die mich auch in meiner schlimmsten Abkackphase ertragen, und das können sie ja auch." [Bunny]

Als ein Beweggrund für ein Sich-Einlassen auf illegale Drogenaktionen im Zusammenhang mit jugendtypischen "Events" (z.B. Techno-Parties) fungiert vor allem das Bedürfnis nach einem konsequenzenarmen Sich-Auslassen – das jedoch variiert: Der *regressive* Sensationslust-Typ fühlt sich aufgrund seiner normorientierten Selbst- und Fremderwartungen schnell "gestreßt" und in die Enge getrieben, da er sich im Alltag "zusammenreißen" und "einpassen" muß (vgl. NORMEN SIND EINE KRAFT). Die daraus resultierenden Anpassungskosten in Form von nicht unmittelbar ausgetauschten, und dadurch nicht relativierbaren, psychosozialen Spannungen verdichten sich in seinem Selbst-Behälter zu Abfallprodukten. Letzere will er schließlich an einem sicheren Ort – fern der Normalität – möglichst ohne negative Konsequenzen "ablassen" (vgl. DROGENKONSUM IST EIN AUSFLUG). Auf einem anderen Niveau besitzt der *progressive* Sensationslust-Typ dasselbe Verlangen – nur hofft er auf die Möglichkeit, mit Hilfe von Drogenaktionen *beständig* "anders" werden zu können. Diese auch im nüchternen Zustand wahrnehmbare Selbsttransformation repräsentiert sein Bedürfnis, lange verschleppte Altlasten (z.B. soziale Isolation, psychisch-physische Grenzverletzungen) in optimale (Selbst-)Empfindungen umzuwandeln, um dadurch unbeschwerter "aus sich heraus-" und "auf andere Leute zugehen" zu können (DROGENKONSUM IST GEFÜHLSUMWANDLUNG). Dementsprechend ist in das Drogenideal des *progressiven* Sensationslust-Typs das Moment einer erleichterten und erfüllenden Selbstmitteilung eingelassen, indem das Rauscherleben seine verdichteten Emotionslasten aufweicht und als "Glücksgefühle" herausströmen läßt. Dieser Prozeß wird im sozialen Kontakt als "sofort innige Liebe" und darüber als grenzaufweichende Akzeptanz gespürt, die sich letztendlich als Selbstsicherheit manifestiert. In diesem Sinne fungieren Partydrogen hier hauptsächlich als 'Heartopener'.

"Auf Pillen, das war- das gute Gefühl kam schon von Innen, aber ich bin nicht in mich gegangen. Beim Runterkommen dann ja, wenn ich was geraucht hab', wenn ich was geraucht hab' auf die Pille, bin ich halt wirklich ganz anders draufgekommen, ich war relaxed und im Kopf viel benebelter. ... wenn ich auf Pille war, kam das gute Gefühl halt von innen. Aber daß ich bewußt dann irgendwie- ich weiß nicht, wie ich das erklären soll. Es ist aus mir rausgesprudelt alles, ich mußte nicht irgendwie nachdenken und tun und machen, sondern es ist einfach von innen rausgekommen. Und wenn ich, wenn ich nüchtern war, dann bin ich in mich gegangen und hab' überhaupt ewig lang überlegt: Wie fühl' ich mich jetzt und wie red' ich mit anderen Leuten? ... Wenn du [auf Pille] neue Leute kennengelernt hast, da war das- sofort innig." [Cleo]

Der *regressive* Sensationslust-Typ idealisiert Partydrogen in erster Linie aufgrund ihrer Funktionalisierungsmöglichkeit als 'Lifestyle-Drogen', die ihm eine Selbsterweiterung in Form von Rollenspielen und einem Sich-Ausprobieren auf der Basis seiner Wunschidentitäten erlauben. Darüber organisiert er sich soziale Aufmerksamkeit, die als Selbstwert-Doping eingesetzt wird.

"Das ist einfach, daß man- ich glaub', man ist eine andere Persönlichkeit. Und das ist so das, was mir und meinen Freunden am meisten dran gefällt, daß man nicht mehr man selbst ist. Man traut sich mehr, ich hatte früher überhaupt kein Selbstbewußtsein und jetzt, seit ich Drogen nehm', hat sich das schon gewaltig gebessert, insofern hat's mir echt was gebracht, hat mir echt was gegeben. Ich trau' mich mehr, ich kann auch mal meinen Mund aufmachen und ich verhalt' mich auch anders. Und das- [Räuspern], ich weiß nicht, wir haben irgendwie so 'n Tick, wir haben, glaub' ich, zu viele Filme wie 'Show-Girls' gesehen oder so, keine Ahnung [lachend], aber ich und die Bunny vor allem, wir achten halt wahnsinnig drauf was wir anziehen, wenn wir weggehen ... und dann spielen wir im Prinzip so 'n Spiel. Also wir schaun' halt, daß uns, möglichst viele Jungs auf uns schauen, daß uns möglichst viele Leute toll finden und benehmen uns halt oft dementsprechend, also dadadadaaa [singend], keine Ahnung [lachend], es ist halt einfach- ganz anders. Wir ziehen halt immer 'ne wahnsinnige Show ab. Das ist jetzt auch, also ich weiß nicht, früher hätten wir uns das in der Öffentlichkeit nicht getraut, jetzt ist uns scheißegal, jetzt machen wir das überall, weil es einfach Spaß macht, wenn die Leute einen anschauen." [Kitty]

Hinsichtlich der typenspezifisch wirksamen konzeptuellen Metapher ZUSTÄNDE SIND ORTE (repräsentiert das Techno-Drogenleben) und NORMEN SIND EINE KRAFT (repräsentiert das Alltagsleben) besteht für den *regressiven* Sensationslust-Typ eine *Chance* für einen Ausstieg aus dem Drogenleben vor allem an Statusübergängen (z.B. Ausbildungsbeginn, Auszug von Zuhause, die Aufnahme einer "festen Beziehung"). Gleichzeitig liegt hier auch eine typenspezifisch hohe *Gefahr* für einen Eintritt in das auf die Freizeit beschränkte Techno-Drogenleben. Denn aufgrund seiner hohen Normorientierung und Leistungsbereitschaft im Rahmen zukunftsschaffender Projekte "braucht" der *regressive* Sensationslust-Typ einen temporären "Ausstieg" aus dem "festen" gesellschaftlichen "Rahmen". An dieser Stelle benötigt er ein neutral formuliertes Informationsangebot zu den Gefahren des Techno-Drogenlebens sowie unaufdringlich formulierte Maßnahmen zur Risikominimierung – bei einer gleichzeitigen Akzeptanz seines Bedürfnisses, darüber "ausspannen" zu wollen. Damit sich der *regressive* Sensationslust-Typ überhaupt auf professionelle, suchtpräventive Angebote einlassen kann, ist es wichtig, daß er in seiner für ihn bedeutsamen Selbstwahrnehmung als "gestylt" und kompetent – und nicht als "asozial" und "süchtig" – angesprochen und gespiegelt wird. Von professioneller Seite sollten dementsprechend keine einseitig bewertenden Zuschreibungen erfolgen, da sie beim *regressiven* Sensationslust-Typ den Eindruck erwecken, er werde wie ein "Krimineller" oder "Junkie" behandelt.

"Also die [Beratungsstellen] brauch' ich nicht, also nee, ich weiß nicht, ob ich da jetzt falsch lieg' mit meiner Meinung, aber ich denke, daß das was die mir vermitteln würde, das wär', ich glaub', das würd' mich wahnsinnig stressen, weil ich mir denken würde: Du hast überhaupt keine Ahnung! Ganz ehrlich. Ich glaub', wenn ich den- ich weiß nicht, ich hab' nicht jeden Tag mit solchen Leuten zu tun, aber ich denk', da gehen ja auch nur die Problemfälle hin und , ich glaub', wenn ich da dorten wär', ich hab' ja kein großartiges Problem damit, ich glaub', ich würd' denen eher einen Text pressen als wie die mir, ganz ehrlich, also so denk' ich das, ich brauch' das nicht, das brauch' ich wirklich nicht, ich kann mir da genug selber helfen!" [Bunny]

Bezüglich der typenspezifisch wirksamen Metapher EMOTIONEN SIND MATERIE (repräsentiert den Umgang mit Emotionen als Besitz), bei einer gleichzeitig hohen Anpassung an Leistungsanforderungen im (alltäglichen) sozialen Bereich, fungiert für den *progressiven* Sensationslust-Typ vor allem die befreiende und unbeschwerte Gefühlsversorgung innerhalb des als ungezwungen erlebten Techno-Drogenlebens als *Gefahr* für eine Sucht- oder Abhängigkeitsentwicklung: Indem dieses Typ-Profil eine hohe Tendenz zur Verdinglichung, Einverleibung und Konservierung von sozialen Konflikten zeigt, "kommen" ihm Seins- und Handlungsformen "gerade recht", die er zur "Kanalisierung" seiner Altlasten funktionalisieren kann. An dieser Stelle formuliert sich der Bedarf an sowohl sachlicher Information zu den positiv und negativ beeinflussenden Seiten des (illegalen) Drogenkonsums als auch an professionellen Angeboten, die seine Bedürfnisse nach positiver Spiegelung, Akzeptanz und Halt ernstnehmen. Kann er dagegen seinen typenspezifisch lockeren Selbstbezug, zusammen mit einer (temporär) unterbrochenen direkten Verbindung zu seinen "inneren" Bedürfnissen, über passende soziale Resonanzen stärken, so wächst die *Chance* für einen Ausstieg aus einem ebenso "zwanghaften" wie destruktiven Suchtkreislauf im Dienste der Selbstveränderung.

Im Vergleich zum *regressiven* Sensationslust-Typ ist vor allem der *progressive* Sensationslust-Typ gefährdet, das Gleichgewicht seiner ansonsten ausbalancierten Grenzgänge zwischen Normalität und Illegalität (z.B. Dealen mit illegalen Drogen) zu verlieren und sozial bzw. polizeilich auffällig zu werden. Hier wäre von professioneller Seite wichtig, ein auf diese Phase abgestimmtes nicht-kriminalisierendes Angebot[9] bereitzuhalten, um auf mögliche Gesetzesübertritte von seiten des *progressiven* Sensationslust-Typs unterstützend und zielgruppenorientiert reagieren zu können.

Entsprechend der vorliegenden Forschungsergebnisse repräsentiert der *progressive* Sensationslust-Typ eine unterstützungsbedürftige Phase des Techno-Drogenlebens, für die aber weitgehend adäquate Angebote fehlen, da die Beratungs- und Therapielandschaft überwiegend auf Opiatkonsument/innen und damit – in den Augen des Sensationslust-Typs – auf "Problemfälle" ausgerichtet ist. Bei einer Erarbeitung adäquater Angebote für dieses Typ-Profil wäre es bedeutsam, seine typenspezifisch hohe Tendenz für körperbezogene Handlungen wie Eßstörungen und Selbstverletzungen (die vor dem ersten Drogenkonsum auftreten können) zu berücksichtigen.

"Ich find', daß es da zu wenig vernünftige Ansätze gibt, einfach so Anlaufstellen. Denn mir sind im Laufe des letzten Jahres immer wieder so viele Fragen durch den Kopf gegangen, die ich einfach gern mal, zum Teil zu medizinischen Ursachen, wo ich gern mal einen Arzt gefragt hätte, ohne daß man das irgendwie damit verbinden muß, daß man direkt jetzt gleich an die Öffentlichkeit geht. Unserem Hausarzt oder sonst einem Arzt hätt' ich das nie erzählt, weil entweder zeigen sie dich an oder reagieren halt ganz komisch drauf. Einfach jemand der- so 'ne Art Anlaufstelle, wo man ganz normale Fragen stellen kann, einfach so 'ne Art Sorgentelefon oder so, aber die sich darauf spezialisiert haben und auch bereit sind, mit Jugendlichen zusammenzuarbeiten. Jetzt nicht nur Ehemalige, die

---

[9] Als Schritt zu einer weniger stigmatisierenden Sanktionspraxis kann das Modellprojekt "FreD – Frühintervention bei erstauffälligen Drogenkonsumenten" genannt werden, das für zwei Jahre in München in Zusammenarbeit mit der Jugendhilfsorganisation "Prop" durchgeführt, vom Bundesgesundheitsministerium finanziert und von der Universität Dortmund wissenschaftlich begleitet wird: "'Schon wenn die Polizei zugreift, bricht für die jungen Menschen oft regelrecht die Zukunft weg.' An dieser Stelle will 'FreD' den Erwischten ein Angebot machen. So genannten Schnupper-Konsumenten wird die Polizei künftig ein Faltblatt in die Hand drücken und damit die freiwillige Teilnahme an einem kurzen Informations- und Beratungskurs anbieten. [...] Natürlich werden im jeden Fall auch die Eltern und die Staatsanwaltschaft von der Polizei benachrichtigt. Die Teilnahme an dem 'FreD'-Projekt ist also kein Freibrief vor Gericht, kann aber zur Einstellung des Ermittlungsverfahrens führen, sich zumindest strafmildernd auswirken. [...] 'Der Jugendliche wird auf diese Weise zum Handelnden in seinem Verfahren, das er durch ernsthafte Auseinandersetzung mit seiner Situation nun positiv beeinflussen kann.'" (*Süddeutsche Zeitung* 03.08.2001:58; Informationen zum Projekt unter: www.prop-ev.de)

wirklich schon in Therapie sind und die wirklich ernsthafte Probleme haben, sondern die, wo man eben- ja, also die Beratungstelefone, die es jetzt gibt, die sind ja anonym, aber die kennen sich so wenig damit aus, die schicken dich dann nur irgendwo anders hin, und da wird's dann gleich, da ist dann gleich eben immer schon wieder die Beratungsstelle mit dem Ziel 'Aufhören' und nicht mit dem Ziel, erst mal Informationen geben, daß man sich selber ein Bild drüber schaffen kann. Man wird also einfach nicht für fähig gehalten, da für sich selber zu entscheiden in dem Moment, wo man eben 'ne Information sucht. ... Ja ohne dieses: Aaha, du bist zu uns gekommen, weil du Probleme hast. So ist es ja doch. Deswegen trauen sich auch zum Beispiel viele Eltern nicht, so anzurufen. Oder das ist so der Schritt: Hach, Beratungsstelle, das ist ja nur für Leute, die wirklich Probleme haben, und so weit ist es ja bei uns noch nicht. Und daß man da die Hemmschwelle ein bißchen herabsetzt und vielleicht endlich mal ein Gesetz, das dem Geist der Zeit angepaßt ist dann natürlich, und nicht immer noch mehr verschärfen, daß sich jeder Kiffer mit dem Gericht rumschlagen muß."
[Chris]

Als frühzeitige Basis zur Neuverhandlung des Drogenweges braucht der *progressive* Sensationslust-Typ entlastende (professionelle) Angebote, die einmal Raum schaffen zur Veräußerlichung seiner verdrängten Emotionen und Bedürfnisse und zum anderen eine unmittelbarere Kommunikation zwischen Innen und Außen fördern. Weiterhin formuliert er den dringenden Bedarf nach einem akzeptierenden, neutralen und kompetenten Beratungsangebot, das Informationen gibt – und zwar in Kooperation mit der Zielgruppe, und nicht mit den jeweiligen abstinenzorientierten Trägern oder Behörden. Der *regressive* Sensationslust-Typ möchte ebenfalls Informationen, die auf seine aktiven und souveränen Selbstdarstellungen abgestimmt sind und sowohl auf die Gefahren als auch auf die positiven Aspekte (wie "Spaß" und "Freiheit") des Techno-Drogenlebens aufmerksam machen – ohne dabei jedoch zu bewerten, zu belehren oder zu entmündigen.

"Vielleicht sollte die Gesellschaft im allgemeinen das Bild dazu verändern und vielleicht auch, daß man- man hört immer nur so: Die Drogen, die sind so schlecht und alle abgestürzt, daß man vielleicht irgendwie versucht, das Bild zu ändern, daß man nicht immer nur über die negativen Seiten redet, sondern auch über die positiven, aber daß man auf die Gefahren auch anders hinweist. Das ist, glaub' ich, wichtig." [Kitty]

Diese Phase auf dem illegalen Drogenweg scheint vor allem für junge Frauen mit einer zentralen Thematisierung oder Problematisierung des Spannungsverhältnisses von Originalität und Konformität einflußreich zu sein: Diese individuell einverleibte (An-)Spannung findet entweder als Suche nach einem geeigneten Raum zum Ablassen von angestauten Alltagslasten ihren Ausdruck (vgl. regressive Sensationslust). Oder aber sie manifestiert sich als Bedürfnis, den lange verschlossen gehaltenen Inhalt des Selbst-Behälters an einem sicheren Ort loswerden und auf diese Weise eine *andere* psychosoziale Position beziehen zu können (vgl. progressive Sensationslust). In beiden Fällen sollten professionelle Angebote geschaffen bzw. erweitert werden, die neutral informieren und gegebenenfalls adäquate therapeutische Räume eröffnen, um dort mit diesem Typ-Profil zusammen eine weniger rigide Trennung zwischen Freizeit und Alltag bzw. zwischen Loslassen und Kontrolle zu erarbeiten.

Ausblick

> "So sehr wird die jeweils eigene Weltsicht zur Welt selbst, dass die Perspektive als Perspektive allenfalls erfahrbar wird bei der Begegnung mit Anderen, die die Welt 'anders sehen', auch beim Aufenthalt an einem unvertrauten Ort, an dem das Selbst die Erfahrung von Fremdheit macht und nun 'mit anderen Augen blickt' [...]. Die zufällige oder vorsätzlich herbeigeführte Erfahrung anderer Perspektiven lässt unvermittelt die zur Selbstverständlichkeit gewordene eigene Welt als eine andere erscheinen und legt Zeugnis ab von den Myriaden möglicher Perspektiven, von denen jede einzelne eine eigene Wahrnehmungs-, Denk- und Lebenswelt in sich birgt." (Schmid 1999:293)

Das allen genannten Typ-Profilen gemeinsame Selbstkonzept als *Container* repräsentiert einen bedeutsamen Pfad für die (weitere) Erarbeitung einer annehmbaren Behandlungspraxis von drogenkonsumierenden jungen Frauen: Das aus dem Behälter-Konzept und der damit verknüpften Abgrenzungs-Thematik resultierende Gefahrenpotential einer übermäßigen Einverleibung von äußeren Einflüssen, bei einer gleichzeitigen Unterdrückung von inneren Sehnsüchten, kann sich als individuelle Belastungserfahrung manifestieren, sobald ohne unmittelbaren Selbstbezug *Mehr* aufgenommen und *Weniger* ausgedrückt wird. Dieses Ungleichgewicht zwischen Innen und Außen repräsentiert dabei ein psychosoziales Charakteristikum von drogenkonsumierenden jungen Frauen und wird als ein wesentlicher Beweggrund für ein Interesse an (temporären) selbstbestimmt initiierten Wandlungen des Innen-Außen-Verhältnisses angesehen. Davon ausgehend soll die (zukünftige) Behandlungspraxis vor allem auf eine typgerechte Annäherung an die Zielgruppe und eine Versorgung mit jeweils angemessenen – und nicht belastenden – äußeren Maßnahmen achten. In diesem Sinne ist es für eine annehmbare Behandlungspraxis unumgänglich, sich mit dem sensiblen Bereich der Innen-Außen-Beziehung und der leicht zu verunsichernden Geben-Nehmen-Balance von drogenkonsumierenden bzw. -süchtigen jungen Frauen zu beschäftigen, um ein flexibles und differenziertes Nähe-Distanz-Verhältnis zu ihrer Zielgruppe erarbeiten zu können. Denn nur dadurch können Drogenkonsumentinnen, die ihre jeweilige Unterstützungsbedürftigkeit typenspezifisch unterschiedlich zum Ausdruck bringen, dort erreicht werden, wo sie sich gerade befinden.

Indem ich während meiner dreijährigen Beschäftigung mit dem Thema und aufgrund einiger Erfahrung im Bereich der Drogenhilfe zu spüren bekommen habe, wie sehr sich die strukturelle Abwertung von illegalen Drogen belastend und handlungseinschränkend auf die Basis auswirkt, liegt mir die Benennung folgender fataler Kausalkette am Herzen: Weil illegale Drogen nicht als neutrales Medium behandelt werden (können), über das zeitweise durchaus sinnhafte psychosoziale Effekte erzielt werden können, sind professionelle Beratungs- und Interventionseinrichtungen immer wieder in der Situation, gesellschaftliche Tabus und Verbote zu zitieren und damit zu legitimieren. Da ihr Handeln unweigerlich immer auch zur Projektionsfläche von strukturellen drogenpolitischen Gegebenheiten wird, wird selbst bei einer akzeptierenden Drogenhilfe immer wieder der wichtigste und direkteste Pfad zum Verständnis der Zielgruppe – der im Nachspüren der subjektiven Logik der Drogen-Handlung liegt – blockiert. Dabei geht es meiner Meinung nach nicht darum, *daß* Menschen illegale Drogen konsumieren, sondern *warum, auf welche Weise* und *auf welcher momentanen psychosozialen Position* sie diese Handlungs- und Erfahrungsform wählen. Insofern plädiere ich weder für eine radikale Freigabe der Drogen noch für deren Idealisierung, sondern lediglich für eine *dialektische* Behandlung der Thematik, die der *wechselseitigen* Bedeutungsproduktion von Drogen-Handlungen als ein individuelles, soziokulturelles und gesellschaftliches Phänomen *zwischen* Subjekt und Lebenswelt gerecht wird.

Da bereits ein reicher gesellschaftlicher Diskurs auf der Ebene einer objektivierenden Bezeichnungspraxis der (Aus-)Wirkungen illegaler Drogen-Handlungen *am* Subjekt existiert, müßte in Zukunft der wissenschaftliche und praxisbezogene Fokus vermehrt auf die Diskurse der unmittelbar betroffenen Frauen gelegt werden. Denn die *direkt* handelnden und erfahrenden Frauen besitzen oft eine ganz *andere* Wahrheit – und sich für diese zu interessieren heißt, auf dem Weg zu einer zielgruppenorientierten und damit *annehmbaren* Behandlungspraxis zu sein.

Zusammengenommen lassen sich daraus folgende konkrete Veränderungsvorschläge sowohl auf struktureller als auch auf sozialer Ebene formulieren:

- *Strukturelle Ebene:* Hier sollte eine kohärente Drogenpolitik etabliert werden, die mehr in hilfreiche Beratungs- und Therapieangebote und weniger in stigmatisierende Straf- und Kontrollmaßnahmen investiert. Außerdem sollte eine bessere Vernetzung zwischen einzelnen sozialen Institutionen (Jugendhilfe, Drogenhilfe, Ausländerberatungsstellen) und der Jugend- und Suchtforschung angestrebt werden, um Erfahrungen und Erkenntnisse direkt zur Qualitätssicherung der jeweiligen Praxisansätze nutzen zu können.
- *Soziale Ebene:* Hier sollte die Erarbeitung und Etablierung einer Kommunikationskultur im Rahmen der Drogenhilfe verbessert werden, um dadurch ansprechendere Hilfsangebote anbieten zu können. Ferner ist wichtig, die soziale Ordnung als Ungleichheit zu berücksichtigen, da jene die Zugangsmöglichkeiten zu Hilfsangeboten strukturiert. Dies zeigt sich beispielsweise darin, daß vor allem die Jugendlichen von professioneller Unterstützung abgeschnitten sind, die diese aufgrund sozialer Benachteiligungen und höherer Belastungsrisiken verstärkt bräuchten. Entsprechende Interventionsleistungen müßten nun versuchen, diese Diskrepanz mit Angeboten zu entschärfen, die spezifisch auf die psychosozialen und kulturellen Bedingungen der benachteiligten Zielgruppen (z.B. Migrant/innen) zugeschnitten sind.

Literatur

Ahbe, Thomas (1997): Ressourcen – Transformation – Identität. In: Keupp, Heiner/Höfer, Renate (Hg.): Identitätsarbeit heute. Klassische und aktuelle Perspektive der Identitätsforschung. Frankfurt am Main: Suhrkamp Verlag, S. 207-226.

Ahbe, Thomas/Glücksmann, Carola/Mitzscherlich, Beate (1995): Identitätsentwicklung junger Erwachsener in Ostdeutschland. Eine Studie aus der Region Leipzig. In: Lutz, Burkart/Schröder, Harry (Hg.): Entwicklungsperspektiven von Arbeit im Transformationsprozeß. München: Rainer Hampp Verlag.

Allen, Amy (1999): The Power of Feminist Theory: Domination, Resistance, Solidarity. Colorado: Westview Press.

Anzieu, Didier (1996): Das Haut-Ich. Frankfurt am Main: Suhrkamp Verlag (1991).

Baldauf, Christa (1997): Metapher und Kognition. Grundlagen einer neuen Theorie der Alltagsmetapher. Frankfurt am Main: Peter Lang GmbH.

Bandura, Albert (1979): Sozial-kognitive Lerntheorie. Stuttgart: Klett-Cotta.

Baumgart, Marc Christoph (1994): Illegale Drogen – Strafjustiz – Therapie. Eine empirische Untersuchung zu den strafjustitiellen Anwendungsstrukturen der §§ 35, 36 BtMG. Freiburg im Breisgau: Eigenverlag Max-Planck-Institut.

Beck, Ulrich (1986): Risikogesellschaft. Auf dem Weg in eine andere Moderne. Frankfurt am Main: Suhrkamp Verlag.

Becker, Howard S. (1973): Außenseiter. Zur Soziologie abweichenden Verhaltens. Frankfurt am Main: Fischer Verlag.

Becker-Schmidt, Regina (1998): Trennung, Verknüpfung, Vermittlung: zum feministischen Umgang mit Dichotomien. In: Knapp, Gudrun-Axeli (Hg.): Kurskorrekturen: Feminismus zwischen Kritischer Theorie und Postmoderne. Frankfurt am Main/New York: Campus Verlag, S. 84-125.

Becker-Schmidt, Regina/Knapp, Gudrun-Axeli (1995): Das Geschlechterverhältnis als Gegenstand der Sozialwissenschaften. Frankfurt/New York: Campus Verlag.

Berg, Sibylle (2000): Sex II. Roman. Leipzig: Reclam.

Bilden, Helga (1994): Feministische Perspektiven in der Sozialpsychologie am Beispiel der Bulimie. In: Keupp, Heiner (Hg.): Zugänge zum Subjekt. Perspektiven einer reflexiven Sozialpsychologie. Frankfurt am Main: Suhrkamp Verlag, S. 147-185.

Bilden, Helga (1997): Das Individuum – ein dynamisches System vielfältiger Teil-Selbste. Zur Pluralität in Individuum und Gesellschaft. In: Keupp, Heiner/Höfer, Renate (Hg.): Identitätsarbeit heute. Klassische und aktuelle Perspektiven der Identitätsforschung. Frankfurt am Main: Suhrkamp Verlag, S. 227-249.

Bilke, Oliver (1999): Psychiatrische Notfälle und Langzeiteffekte nach Ecstasy-Gebrauch. In: Thomasius, Rainer (1999): Ecstasy – Wirkungen, Risiken, Interventionen. Ein Leitfaden für die Praxis. Stuttgart: Ferdinand Enke Verlag, S. 115-126.

Boltanski, Luc (1976): Die soziale Verwendung des Körpers. In: Kamper, D./Ritter, V. (Hg.): Zur Geschichte des Körpers. München/Wien: Hanser Verlag, S. 138-177.

Bourdieu, Pierre (1990): Was heißt sprechen? Zur Ökonomie des sprachlichen Tausches. Wien: Wilhelm Braumüller Universitäts-Verlagsbuchhandlung Ges.m.b.H. (1982).

Bourdieu, Pierre (1998): Praktische Vernunft. Zur Theorie des Handelns. Frankfurt am Main: Suhrkamp Verlag (1985).

Bourdieu, Pierre (1999): Sozialer Sinn. Kritik der theoretischen Vernunft. Frankfurt am Main: Suhrkamp Verlag (1987).

Braun, Christina von (1994a): Ceci n'est pas une femme. Betrachten, Begehren, Berühren – von der Macht des Blicks. In: Lettre International Juli 1994, S. 80-84.

Braun, Christina von (1994b): Der Mythos der "Unversehrtheit" in der Moderne: Zur Geschichte des Begriffs "Die Intellektuellen". In: Amstutz, Nathalie/Kuoni, Martina (Hg.): Theorie – Geschlecht – Fiktion. Basel/Frankfurt am Main: Stroemfeld Verlag, S. 25-45.

Braun, Christina von (1994c): Nicht Ich: Logik, Lüge, Libido. Frankfurt am Main: Verlag Neue Kritik (1985).

Bronfen, Elisabeth (1998): Die Versuchung des Körpers. In: Die Zeitschrift der Kultur du: Hautnah. Bilder und Geschichten vom Körper. Heft Nr. 4, April 1998, S. 18-21.

Brown, Andrea (1999): Träum weiter, Baby! Roman. Leipzig: Reclam Verlag.

Bublitz, Hannelore et al. (1999): Diskursanalyse – (k)eine Methode? In: Dies./Bührmann, Andrea/Hanke, Christine/Seier, Andrea (Hg.): Das Wuchern der Diskurse. Perspektiven der Diskursanalyse Foucaults. Frankfurt/New York: Campus Verlag, S. 10-21.

Buchholz, Michael B./Kleist, Cornelia von (1997): Szenarien des Kontakts. Eine metaphernanalytische Untersuchung stationärer Psychotherapie. Gießen: Psychosozial-Verlag.

Burian, Wilhelm (1994): Die Rituale der Enttäuschung. Die Psychodynamik der Droge und die psychoanalytische Behandlung der Drogenabhängigkeit. Wien: Picus Verlag Ges.m.b.H.

Butler, Judith (1990): Gender trouble: feminism and the subversion of identity. New York/London: Routledge, Chapman & Hall, Inc.

Butler, Judith (1997): Körper von Gewicht. Die diskursive Grenze des Geschlechts. Frankfurt am Main: Suhrkamp Verlag (1993).

Christiane F. (1999): Wir Kinder vom Bahnhof Zoo. Nach Tonbandprotokollen aufgeschrieben von Kai Hermann und Horst Rieck. München: Wilhelm Heyne Verlag (1978).

Cirillo, Stefano/Berrini, Roberto/Cambiaso, Gianni/Mazza, Roberto (1998): Die Familie des Drogensüchtigen. Eine mehrgenerationale Perspektive. Stuttgart: Klett-Cotta Verlag.

Cloward, Richard A. et al. (1966): Deinguency and Opportunity. Glencoe: Free Press.

Cohen, A. K (1955): Delinquent Boys. New York: Macmillan.

Davison, Gerald C./Neale, John M. (1988): Substanzinduzierte Störungen. In: Dies. (Hg.): Klinische Psychologie. Ein Lehrbuch. München/Weinheim: Psychologie Verlags Union, S. 325-370.

DeFrancisco, Victoria/Allison-Faber, Angela (1998): A Feminist Guide to Studying Self-Esteem in Communication. In: Longmire, Linda/Merrill, Lisa (Hg.): Untying the tongue: gender, power, and the word. USA: Greenwood Press, S. 239-250.

DHS Deutsche Hauptstelle gegen die Suchtgefahren (Hg.): Jahrbuch Sucht (1998, 1999, 2000) Geesthacht: Neuland-Verlagsgesellschaft mbH.

Duden Oxford (1990): Großwörterbuch Englisch. Mannheim/Wien/Zürich: Dudenverlag.

Düring, Sonja (1993): Wilde und andere Mädchen. Die Pubertät. Freiburg im Breisgau: Kore Verlag GmbH.

Eckhardt, Annegret (1994): Im Krieg mit dem Körper. Autoaggression als Krankheit. Reinbek bei Hamburg: Rowohlt Taschenbuch Verlag GmbH

Engel, Uwe/Hurrelmann, Klaus (1998): Was Jugendliche wagen. Eine Längsschnittstudie über Drogenkonsum, Streßreaktionen und Delinquenz im Jugendalter. Weinheim/München: Juventa Verlag.(1993).

Etymologisches Wörterbuch des Deutschen (1995). München: Deutscher Taschenbuch Verlag GmbH & Co. KG (1989).

Evers, Marco (2000): Viel Spaß mit Heroin. In: Der Spiegel Nr. 26, 26.06.2000, S. 184-186.

Favazza, Armando R. (1987): Bodies under siege. Self-mutilation in culture and psychiatry. Baltimore/London: The Johns Hopkins University Press.

Fend, Helmut (1988): Sozialgeschichte des Aufwachsens. Bedingungen des Aufwachsens und Jugendgestalten im zwanzigsten Jahrhundert. Frankfurt am Main: Suhrkamp.

Flüsmeier, Udo/Rakete, Gerd (1999): Konsummuster und psychosoziale Effekte des Konsums. In: Thomasius, Rainer (Hg.): Ecstasy – Wirkungen, Risiken, Interventionen. Stuttgart: Ferdinand Enke Verlag, S. 83-95.

Foucault, Michel (1992): Was ist Kritik? Berlin: Merve Verlag.

Foucault, Michel (1993): Wahrheit, Macht und Selbst. Ein Gespräch zwischen Rux Martin und Michel Foucault. In: Ders. et al. (Hg.): Technologien des Selbst. Frankfurt am Main: Suhrkamp Verlag, S. 15-23.

Foucault, Michel (1998): Der Wille zum Wissen. Sexualität und Wahrheit 1. Frankfurt am Main: Suhrkamp Verlag (1976).

Franke, Alexa (1997/98): Frauenspezifische Aspekte der Abhängigkeit. In: Sammelband der Vorträge des Studiums Generale der Ruprecht-Karls-Universität Heidelberg: Sucht. Heidelberg: Universitätsverlag C. Winter, S. 91-104.

Franke, Alexa (1998): Eßstörungen – Nosologie, Epidemiologie und Krankheitsbild. In: DHS (Hg.): Jahrbuch Sucht. Geesthacht: Neuland-Verlagsgesellschaft mbH, S. 83-88.

Franzkowiak, Peter/Helfferich, Cornelia (1997): Geschlechtsbezug in der Suchtprävention. Theorien, Definitionen und Methoden für eine neue Praxis. In: Abhängigkeiten. Forschung und Praxis der Prävention und Behandlung, 1997, 5. Jg., S. 37-46.

Franzkowiak, Peter/Helfferich, Cornelia/Weise, Eva (1998): Geschlechtsbezogene Suchtprävention. Praxisansätze, Theorieentwicklung, Definitionen. Köln: Bundeszentrale für gesundheitliche Aufklärung.

Freitag, Marcus/Hurrelmann, Klaus (1999, Hg.): Illegale Alltagsdrogen. Cannabis, Ecstasy, Speed und LSD im Jugendalter. Weinheim/München: Juventa Verlag.

Fromm, Anne (1998): "Nahe an den Bedürfnissen und Lebenswelten von Jugendlichen sein'". Ein Gespräch mit Anne Fromm, Leiterin des Präventions-Projekts Inside. In: Newsletter. Präventions-Projekt MIND ZONE, 1. Quartal 1998, S. 6-7.

Gantner, Andreas (1999): Psychotherapeutische Behandlung von Ecstasy- und Partydrogenkonsumenten. In: Thomasius, Rainer (1999): Ecstasy – Wirkungen, Risiken, Interventionen. Ein Leitfaden für die Praxis. Stuttgart: Ferdinand Enke Verlag, S. 167-180.

Garfinkel, Harold (1967): Studies in Ethnomethodology. Englewood Cliffs: N. J. Prentice Hall.

Gast, Lilli (1994): Die Einsamkeit der Magersüchtigen. In: Psychosozial, 17. Jg., Nr. 55, S. 65-82.

Grogan, Sarah (1999): Body Image. Understanding body dissatisfaction in men, women, and children. London: Routledge.

Hagemann-White, Carol (1993): Die Konstrukteure des Geschlechts auf frischer Tat ertappen? Methodische Konsequenzen einer theoretischen Einsicht. In: Feministische Studien: Kritik der Kategorie 'Geschlecht', 11. Jg., November 1993, Nr. 2, S. 68-78.

Helfferich, Cornelia (1989): Geschlechterverhältnisse und die "soziale Verwendung des Körpers" in der Jugend. Eine sozialepidemiologische Reanalyse. Darmstadt: Dissertationsverlag.

Helfferich, Cornelia (1990): Neue Mythen oder alte Beliebigkeiten oder...? In: Der feministische Blick auf die Sucht. Edition der Frankfurter Frauenschule. Frankfurt am Main: Selbstverlag, S. 89-106.

Helfferich, Cornelia (1994): Jugend, Körper und Geschlecht. Die Suche nach sexueller Identität. Opladen: Leske + Budrich.

Helfferich, Cornelia (1996): Perspektiven geschlechtsdifferenzierender Suchtprävention – Aufgaben und Ziele. In: Hamburgische Landesstelle gegen die Suchtgefahren e.V. (Hg.): Das Gleiche ist nicht dasselbe: Geschlechtsspezifische Suchtprävention mit Mädchen! Und mit Jungen? Hamburg, S. 160-171.

Helfferich, Cornelia (1999a): Spannendes und Spannungsreiches im Jugendalter. Ansatzpunkte für geschlechtsspezifische Suchtprävention. In: Jugend & Gesellschaft. Zeitschrift für Erziehung, Jugendschutz und Suchtprävention. Nr. 3, S. 4-7.

Helfferich, Cornelia (1999b): Geschlechtsspezifische Aspekte von Problemverhalten: Überlegungen zu einer angemessenen theoretischen Konzeption. In: Kolip, Petra (Hg.): Programme gegen Sucht. Internationale Ansätze zur Suchtprävention im Jugendalter. Weinheim/München: Juventa, S. 27-40.

Hennig von Lange, Alexa (1999): Relax. Roman. Hamburg: Rogner & Bernhard.

Hirschauer, Stefan (1989): Die interaktive Konstruktion von Geschlechtszugehörigkeit. In: Zeitschrift für Soziologie, Jg. 18, Nr. 2, S. 100-118.

Hirschauer, Stefan (1993): Die soziale Konstruktion der Transsexualität. Frankfurt am Main: Suhrkamp Verlag.

Hirschauer, Stefan (1994): Die soziale Fortpflanzung der Zweigeschlechtlichkeit. In: Kölner Zeitschrift für Soziologie und Sozialpsychologie 4, S. 668-692.

Höfer, Renate (2000): Jugend, Gesundheit und Identität. Studien zum Kohärenzgefühl. Opladen: Leske + Budrich.

Hoffmann, Sven O./Hochapfel, Gerd (1995): Neurosenlehre, Psychotherapeutische und Psychosomatische Medizin. Stuttgart: Schattauer Verlagsgesellschaft mbH.

Holzinger, Michael (1998): Sucht und ihre Kontrolle durch das geltende Recht. Frankfurt am Main: Peter Lang GmbH Europäischer Verlag der Wissenschaften.

Hurrelmann, Klaus (1986): Einführung in die Sozialisationstheorie. Über den Zusammenhang von Sozialstruktur und Persönlichkeit. Weinheim/Basel: Beltz Verlag.

IFT Institut für Therapieforschung (1997): Repräsentative Befragung von Mitgliedern aus der Techno-Szene in Bayern. Köln: Bundeszentrale für gesundheitliche Aufklärung.

Indlekofer, Wolfgang (2000): PREDI – Ein Psychosoziales Ressourcenorientiertes Diagnostiksystem in der Suchtkrankenhilfe. In: Beutel, Martin (Hg.): Diagnose: Sucht. Gesthaacht: Neuland-Verlagsgesellschaft mbH, S. 71-74.

Irle, Hanno (2000): Stellenwert der Diagnostik in der medizinischen Rehabilitation von Abhängigkeitskranken. In: Beutel, Martin (Hg.): Diagnose: Sucht. Gesthaacht: Neuland-Verlagsgesellschaft mbH, S. 29-37.

Jaeggi, Eva/Faas, Angelika (1993): Denkverbote gibt es nicht! In: Psychologie und Gesellschaftskritik P & G 67/68, 17. Jg., 3/4, S. 140-162.

Kähnert, Heike (1999): Wie wirken illegale psychoaktive Substanzen? In: Freitag, Markus/Hurrelmann, Klaus (Hg.): Illegale Alltagsdrogen. Cannabis, Ecstasy, Speed und LSD im Jugendalter. Weinheim/München: Juventa Verlag, S. 23-44.

Kernberg Otto F. (1992): Objektbeziehung und Praxis der Psychoanalyse. Stuttgart: Klett-Cotta Verlag.

Keupp, Heiner (1994): Grundzüge einer reflexiven Sozialpsychologie. Postmoderne Perspektiven. In: Ders. (Hg.): Zugänge zum Subjekt. Perspektiven einer reflexiven Sozialpsychologie. Frankfurt am Main: Suhrkamp Verlag, S. 226-274.

Keupp, Heiner (1997a): Diskursarena Identität: Lernprozesse in der Identitätsforschung. In: Ders./Höfer, Renate (Hg.): Identitätsarbeit heute. Kritische und aktuelle Perspektiven der Identitätsforschung. Frankfurt am Main: Suhrkamp Verlag, S. 11-39.

Keupp, Heiner (1997b): Ermutigung zum aufrechten Gang. Tübingen: Dgvt-Verlag.

Klein, Gabriele (1999): Electronic Vibration. Pop – Kultur – Theorie. Hamburg: Rogner & Bernhard GmbH & Co. Verlags. KG

Klein, Gabriele (2000): Das Leibeigene. Der menschliche Körper löst sich auf – und wird doch kultisch gepflegt. In: *Die Zeit*, Nr. 44, 26. Oktober 2000, S. 40-41.

Knapp, Gudrun-Axeli (1992): Macht und Geschlecht. Neuere Entwicklungen in der feministischen Macht- und Herrschaftsdiskussion. In: Knapp, Grudrun-Axeli/Wetterer, Angelika (Hg.): Traditionen Brüche. Freiburg i. Br.: Kore Verlag, S. 287-325.

Knapp, Gudrun-Axeli (1995): Unterschiede machen: Zur Sozialpsychologie der Hierarchisierung im Geschlechterverhältnis. In: Dies./Becker-Schmidt, Regina (Hg.): Das Geschlechterverhältnis als Gegenstand der Sozialwissenschaften. Frankfurt/New York: Campus Verlag, S. 163-194.

Kolip, Petra (1997): Geschlecht und Gesundheit im Jugendalter. Die Konstruktion von Geschlechtlichkeit über somatische Kulturen. Opladen: Leske + Budrich.

Kolip, Petra (2000): Frauenleben in Ärztehand. Die Medikalisierung weiblicher Umbruchsphasen. In: Dies. (Hg.): Weiblichkeit ist keine Krankheit. Die Medikalisierung körperlicher Umbruchsphasen im Leben von Frauen. Weinheim/München: Juventa Verlag, S. 9-30.

Kraus, Daniel (1999): Psychodynamische Aspekte des Ecstasy-Konsums. In: Thomasius, Rainer (Hg.): Ecstasy – Wirkungen, Risiken, Interventionen. Stuttgart: Ferdinand Enke Verlag, S. 96-114.

Krebs, Barbara (1994): Eßstörungen oder die Sehnsucht nach Frau: Skizzen zum weiblichen Binnenraum. In: Vogt, Barbara/Bormann, Monika (Hg.): Frauen-Körper: Lust und Last. Tübingen: Dgvt-Verlag, S. 155-191.

Kreckel, Reinhard (1997): Politische Soziologie der sozialen Ungleichheit. Frankfurt/New York: Campus Verlag.

Kupfer, Alexander (2000): Brauchen Dichter Drogen? Anmerkungen zur künstlerischen Rauscherfahrung. In: Bernulf Kanitscheider (Hg.): Drogenkonsum – bekämpfen oder freigeben? Stuttgart/Leipzig: S. Hirzel Verlag, S. 49-73.

Lakoff, George/Johnson, Mark (1980): Metaphors We Live By. Chicago: The University of Chicago Press.

Legnaro, Aldo (2000): Rausch und Sucht in der Sozial- und Kulturgeschichte Europas. In: Uchtenhagen, Ambros/Zieglgänsberger, Walter (Hg.): Suchtmedizin. Konzepte, Strategien und therapeutisches Management. München/Jena: Urban & Fischer, S. 8-21.

Lemert Edwin M. (1951): Social Pathology. New York: McGraw-Hill.

Liebsch, Katharina (1997): Wie werden Geschlechterverhältnisse konstruiert? Überlegungen zum Verschwinden der Psychoanalyse aus der Geschlechterforschung. In: Zeitschrift für Frauenforschung Nr. 15 (1+2), S. 6-16.

Lindemann, Gesa (1993a): Wider die Verdrängung des Leibes aus der Geschlechtskonstruktion. In: Feministische Studien: Kritik der Kategorie 'Geschlecht', 11. Jg., Nr. 2, S. 44-54.

Lindemann, Gesa (1993b): Das paradoxe Geschlecht. Transsexualität im Spannungsfeld von Körper, Leib und Gefühl. Frankfurt am Main: Fischer Verlag.

Lindemann, Gesa (1994): Die Konstruktion der Wirklichkeit und die Wirklichkeit der Konstruktion. In: Dies./Wobbe, Theresa (Hg.): Denkachsen. Zur theoretischen und institutionellen Rede vom Geschlecht. Frankfurt am Main: Suhrkamp Verlag, S. 115-146.

Lorey, Isabell (1993): Der Körper als Text und das aktuelle Selbst: Butler und Foucault. In: Feministische Studien: Kritik der Kategorie 'Geschlecht', 11. Jg., Nr. 2, S. 10-23.

Mentzos, Stavros (1996): Neurotische Konfliktverarbeitung. Einführung in die psychoanalytische Neurosenlehre unter Berücksichtigung neuer Perspektiven. Frankfurt am Main: Fischer Verlag (1984).

Merton, Robert K. (1968): Social Theory and Social Structure. New York: Free Press, S. 121-159.

Meuser, Michael (1998): Geschlecht und Männlichkeit. Soziologische Theorie und kulturelle Deutungsmuster. Opladen: Leske + Budrich.

Müller, Ursula (1983): Gibt es eine 'spezielle' Methode in der Frauenforschung? In: Zentraleinrichtung zur Förderung von Frauenstudien und Frauenforschung an der Freien Universität Berlin (Hg.): Methoden in der Frauenforschung. Symposium. Frankfurt am Main: Fischer Verlag, S. 29-50.

Nilson, Margareta (1998): Neue Trends in synthetischen Drogen in Europa. In: Bundeszentrale für gesundheitliche Aufklärung (Hg.): Prävention des Ecstasykonsums. Empirische Forschungsergebnisse und Leitlinien. Köln: BzgA, S. 127-133.

Ostendorf, Heribert (1998): Das Jugendstrafverfahren. Eine Einführung in die Praxis. Köln u.a.: Carl Heymann Verlag KG.

Pfingsten, Kathrin (1997): Frauen zwischen Autonomie und Abhängigkeit. Zum Verhältnis feministischer und akzeptanzorientierter Konzepte in der Drogenhilfe. Berlin: VWB Verlag für Wissenschaft und Bildung.

Pleßner, Helmuth (1965): Die Stufen des Organischen und der Mensch. Einleitung in die philosophische Anthropologie. Berlin: Walter de Gruyter & Co.

Pörnbacher, Ulrike (1999): Ambivalenzen der Moderne – Chancen und Risiken der Identitätsarbeit von Jugendlichen. Opladen: Leske + Budrich.

Raab, Heike (1998): Foucault und der feministische Poststrukturalismus. Dortmund: Edition Ebersbach.

Rakete, Gerd/Flüsmeier, Udo (1998): Der Konsum von Ecstasy – eine empirische Studie zu Mustern und psychosozialen Effekten des Ecstasykonsums. In: Bundeszentrale für gesundheitliche Aufklärung (Hg.): Prävention des Ecstasykonsums. Empirische Forschungsergebnisse und Leitlinien. Köln: BzgA, S. 46-66.

Remschmidt, Helmut (1992): Drogenmißbrauch und Sucht. In: Ders.: Psychiatrie der Adoleszenz. Stuttgart/New York: Georg Thieme Verlag, S. 394-417.

Rommelspacher, Birgit (1989a): Der weibliche Masochismus – ein Mythos? In: Dies./Burgard, Roswitha: Leideunlust. Der Mythos vom weiblichen Masochismus. Berlin: Orlanda Frauenverlag GmbH, S. 11-40.

Rommelspacher, Birgit (1989b): Die Sucht, zu sehr zu lieben. Die neue Krankheit der Frau? In: Dies./Burgard, Roswitha: Leideunlust. Der Mythos vom weiblichen Masochismus. Berlin: Orlanda Frauenverlag GmbH, S. 92-110.

Rommelspacher, Birgit (1997): Identität und Macht. Zur Internalisierung von Diskriminierung und Dominanz. In: Keupp, Heiner/Höfer, Renate (Hg.): Identitätsarbeit heute. Klassische und aktuelle Perspektiven der Identitätsforschung. Frankfurt am Main: Suhrkamp Verlag, S. 251-269.

Russell, J. A./Snodgrass, J. (1987): Emotion and environment. In: Stokols, D./Altman, I. (Hg.): Handbook of environmental psychology. Vol. 1, New York: Wiley.

Schachl, Tonia (1996): Transsexuell. Transsozial. Transnormal. Ganz normal. Eine sichtbare Bewegung ins Unsichtbare. Unveröffentlichte Dissertation, LMU München.

Schmid, Wilhelm (1999): Philosophie der Lebenskunst. Eine Grundlegung. Frankfurt am Main: Suhrkamp Verlag.

Schmidbauer, Wolfgang/vom Scheidt, Jürgen (1997): Handbuch der Rauschdrogen. München: Herbig Verlagsbuchhandlung GmbH (1971).

Schmidt, Bettina (1998): Suchtprävention bei konsumierenden Jugendlichen. Sekundärpräventive Ansätze in der geschlechtsbezogenen Drogenarbeit. Weinheim/München: Juventa Verlag.

Schmidt, Bettina (1999): Wie kommt es zum Konsum und Mißbrauch von illegalen Substanzen? In: Freitag, Markus/Hurrelmann, Klaus (Hg.): Illegale Alltagsdrogen. Cannabis, Ecstasy, Speed und LSD im Jugendalter. Weinheim/München: Juventa Verlag, S. 65-80.

Schmidt, Bettina/Alte-Teigeler, Antje/Hurrelmann, Klaus (1999): Soziale Bedingungsfaktoren von Drogenkonsum und Drogenmißbrauch. In: Gastpar, Markus et al. (Hg.): Lehrbuch der Suchterkrankungen. Stuttgart/New York: Georg Thieme Verlag, S. 50-69.

Schmidt, Renate-Berenike (1997): Sexualkonzepte weiblicher und männlicher Jugendlicher. In: Zeitschrift für Frauenforschung 15, (1+2), S. 129-146.

Schmitt, Rudolf (1995): Metaphern des Helfens. Weinheim: Beltz, Psychologie Verlags Union.

Schmitt, Rudolf (1996): Kollektive Metaphern des Psychosozialen Helfens. In: Report Psychologie, 21, 5-6/1996, S. 389-408.

Schmoldt, Achim (1999): Pharmakologische und toxikologische Aspekte. In: Thomasius, Rainer (Hg.): Ecstasy – Wirkungen, Risiken, Interventionen. Stuttgart: Ferdinand Enke Verlag, S. 23-38.

Schroers, Artur/Schneider, Wolfgang (1998): Drogengebrauch und Prävention im Party-Setting. Eine sozial-ökologisch orientierte Evaluationsstudie. Berlin: VWB-Verlag.

Sevecke, Kathrin (1999): Drogenkonsum psychiatrisch erkrankter Jugendlicher. Dissertation der medizinischen Fakultät Bonn.

Soltau, Roswitha (1984): Die frauenspezifische Abhängigkeit von Suchtmitteln. In: Dies./Merfert-Diete, Christa (Hg.): Frauen und Sucht. Reinbek bei Hamburg: Rowohlt Verlag, S. 12-23.

Stahr, Ingeborg (1999): Eßstörungen in der Adoleszenz: Neuere epidemiologische Daten und theoretische Entwicklungen. In: Kolip, Petra (Hg.): Programme gegen Sucht. Internationale Ansätze zur Suchtprävention im Jugendalter. Weinheim/München: Juventa Verlag.

Steiner-Adair, Catherine (1995): Körperstrategien. Weibliche Adoleszenz und Entwicklung von Eßstörungen. In: Flaake, Karin/King, Vera (Hg.): Weibliche Adoleszenz. Zur Sozialisation junger Frauen. Frankfurt/New York: Campus Verlag, S. 240-253.

Stern Nr. 27 (2000): Todestanz im Gehirn, 03.07.2000, S. 30-38.

Stierlin, Helm (1988): Zur Beziehung zwischen Einzelpersonen und System. In: Reiter, Ludwig (Hg.): Von der Familientherapie zur systemischen Perspektive. Berlin: Springer Verlag, S. 3-19.

Stimmer, Franz (2000, Hg.): Suchtlexikon. München: Oldenbourg Wissenschaftsverlag GmbH.

Strauss, Anselm/Corbin, Juliet (1996): Grounded Theory: Grundlagen Qualitativer Sozialforschung. Weinheim: Beltz, Psychologie Verlags Union.

Sutherland, E. H. (1968): White collar criminality. In: Lindenfeld, F. (Hg.): Radical Perspectives on social Problems. New York: Macmillan, S. 149-160.

Teuber, Kristin (1999): "Ich blute, also bin ich." Selbstverletzung der Haut von Mädchen und jungen Frauen. Herbolzheim: Centaurus-Verlags-GmbH & Co. KG.

Thomasius, Reiner (1999, Hg.): Ecstasy – Wirkungen, Risiken, Interventionen. Stuttgart: Ferdinand Enke Verlag.

Tossmann, Peter H./Heckmann, W. (1997): Drogenkonsum Jugendlicher in der Techno-Party-Szene. Eine empirisch-explorative Untersuchung zur Notwendigkeit und den Möglichkeiten einer zielgruppenbezogenen Drogenprävention. Köln: Bundeszentrale für gesundheitliche Aufklärung.

Villa, Paula-Irene (2000): Sexy Bodies. Eine soziologische Reise durch den Geschlechtskörper. Opladen: Leske + Budrich.

Voigtel, Roland (1996): Die Überlassung an das unbelebte Objekt. Zur begrifflich-diagnostischen Abgrenzung der Sucht. In: Psyche. Zeitschrift für Psychoanalyse und ihre Anwendungen, 50. Jg., Nr. 8, S. 715-741.

Weinrich, Harald (1997): Lethe – Kunst und Kritik des Vergessens. München: C.H. Beck Verlag.

Wilhelm, Jens (1998): Medien-Resonanz-Analyse: Berichterstattung zu Ecstasy in der Jugendpresse und überregionalen Tagespresse unter qualitativen und quantitativen Aspekten. In: Bundeszentrale für gesundheitliche Aufklärung (Hg.): Prävention des Ecstasykonsums. Empirische Forschungsergebnisse und Leitlinien. Köln: BzgA, S. 136-141.

Wittchen, Hans-Ulrich/Lieb, Roselind/Schuster, Peter et al. (2000): Epidemiologie des Konsums, Mißbrauchs und der Abhängigkeit von legalen und illegalen Drogen bei Jugendlichen und jungen Erwachsenen: Die prospektiv-longitudinale Verlaufsstudie EDSP. In: DHS (Hg.): Sucht. Zeitschrift für Wissenschaft und Praxis, 46. Jg., Heft 1, Februar 2000, S. 18-31.

Woidera, Regina/Brosig, Burkhard (1993): Bulimie und Anorexie – Töchter einer vaterlosen Gesellschaft. In: Ethnopsychoanalyse 3 "Körper, Krankheit und Kultur". Frankfurt am Main: Brandes und Apsel, S. 172-197.

Wurmser, Léon (1997): Die verborgene Dimension. Psychodynamik des Drogenzwangs. Göttingen: Vandenhoeck & Ruprecht.

Zurhold, Heike (1993): Drogenkarrieren von Frauen im Spiegel ihrer Lebensgeschichten: eine qualitative Vergleichsstudie differenter Entwicklungsverläufe opiatgebrauchender Frauen. Berlin: VWB Verlag für Wissenschaft und Bildung.

Zurhold, Heike (1998): Kriminalität und Kriminalisierung drogengebrauchender Frauen. Kritische Analyse der justitiellen Sanktionspraxis und Möglichkeiten der Depönalisierung. Berlin: VWB.

Münchner Studien zur Kultur- und Sozialpsychologie

⇨ *Tretzel, Annette*
Wege zum „rechten" Leben. Selbst- und Weltdeutungen
in Lebenshilferatgebern. Bd. 1, 1993, 209 S., ISBN 978-3-89085-662-9, EUR 19,43

Bücher zur Lebenshilfe, -freude und -gestaltung u.ä. mehr füllen die Regale der Buchhandlungen, aus wissenschaftlicher Sicht wurde diesen Orientierungshilfen wenig Interesse gewidmet. Die Autorin hat sich dieser Lücke angenommen. Sie beleuchtet kritisch die Angebote auf dem Markt auf vorhandene Defizite im Lebensalltag. Sie stellt u.a. eine Reihe von "Bausteinen" zusammen, die konstruktive Elemente für einen "emanzipatorischen" Ratgeber bilden könnten.

⇨ *Kahlenberg, Eva*
Die Zeit allein heilt keine Wunden. Der Einfluß sozialer Unterstützung
auf den Prozeß der Trennungsbewältigung bei Frauen. Bd. 2, 1993, 246 S.,
ISBN 978-3-89085-679-7, EUR 19,43

Das Buch wendet sich an Frauen in einer Trennungskrise und an Menschen, die anderen bei der Überwindung dieser Krise helfen wollen. Die Studie untersucht, auf welche Weise eine Trennung verarbeitet wird und stellt den Einfluß helfender und belastender Beziehungen auf den Trennungsprozeß dar. Die Autorin beschreibt, wie Frauen entweder das Zerbrechen ihrer Beziehung allmählich bewältigen oder auch mit dem Verlust des Partners kaum zurechtkommen.

⇨ *Seitz, Rita*
Mein Bauch gehört mir? Schwangerschaftsabbruch als Möglichkeit
weiblicher Autonomie. Bd. 3, 1993, 174 S., ISBN 978-3-89085-484-7, EUR 19,43

Neben den Ambivalenzen mit der Entscheidung für die Abtreibung und den seelischen und körperlichen Schmerzen, so schildert das Buch, gibt es auch eine andere Seiten eines Schwangerschaftsabbruchs: Auch die Erfahrung, eine wichtige Entscheidung zu treffen und durchzusetzen, prägt das Selbstbild von Frauen. Die Studie zeigt, daß die verantwortete Entscheidung für eine Abtreibung durchaus auch ein Impuls für eine Veränderung des weiblichen Autonomiekonzeptes darstellen kann.

⇨ *Atabay, Ilhami*
Ist das mein Land? Die Identitätsentwicklung türkischer Migrantenkinder
und -jugendlicher in der Bundesrepublik. Bd. 4, 2. Aufl. 2001, 108 S.,
ISBN 978-3-89085-816-6, EUR 14,80

Die Studie beschreibt, wie türkische Jugendliche trotz ihrer schwierigen Lebensverhältnisse eingenständig und kreativ ihr Leben gestalten. Anhand von Interviews mit Jugendlichen wird gezeigt, wie sie mit den familiären und gesellschaftlichen Widersprüchen fertig werden und sich aus beiden Kulturen das herauspicken, was zu ihrer Realität paßt.

⇨ *Büchner, Britta R.*
Rechte Frauen, Frauenrechte und Klischees der Normalität. Gespräche
mit „Republikanerinnen". Bd. 5, 1995, 194 S., ISBN 978-3-89085-886-9, EUR 24,45

Acht politisch aktive "Republikanerinnen" nehmen in Gesprächen Stellung zu umfangreichen Themenbereichen, wie z.B. Gleichberechtigung, Partnerschaft und Beruf, Geschlechterstereotypen, Frauen in der Partei, Ausländer, Asyl, nationale Gegenwart und Vergangenheit.

Centaurus Verlag

Münchner Studien zur Kultur- und Sozialpsychologie

⇨ *Weber, Klaus*
„Was ein rechter Mann ist ...". Subjektive Konstruktionen rechter Männer
Bd. 6, 1997, 160 S., ISBN 3-8255-0083-7, EUR 20,35 (vergriffen)

⇨ *Treiber, Diana*
„Lech Lecha". Jüdische Identität der zweiten und dritten Generation im heutigen Deutschland. Bd. 7, 1998, 152 + IV S., ISBN 978-3-8255-0096-2, EUR 20,35

„Lech Lecha" (1, Buch Moses 12/1), was „Sei ein Gehender" bedeutet, ist ein Symbol für den prozeßhaften Charakter jüdischer Identitätssuche. Die Autorin folgt den Spuren dieser Identitätssuche exemplarisch, indem sie anhand von Interviews Fragen der Erziehung, des Zugehörigkeitsgefühls zum jüdischen Volk und der „psychologischen Demarkationslinie" ihrer Gesprächspartner zu klären versucht.

⇨ *Kraus, Wolfgang*
Das erzählte Selbst. Die narrative Konstruktion von Identität in der Spätmoderne. Bd. 8, 2. Aufl. 2000, 264 + XIII S., ISBN 978-3-8255-0121-1, EUR 24,54

Identität wird narrativ konstruiert. Dieser Prozeß verläuft kontinuierlich in einem beständigen Um- und Neuerzählen. Die einzelnen arbeiten sich dazu ab an dem Repertoire an Selbst-Geschichten, das in einer Gesellschaft möglich ist. An den Selbst-Narrationen lassen sich individuelle Identitätsstrategien und gesellschaftliche Veränderungsprozesse in einer ‚krisenhaften Spätmoderne' ablesen.

⇨ *Mitzscherlich, Beate*
„Heimat ist etwas, was ich mache". Eine psychologische Untersuchung zum individuellen Prozeß von Beheimatung. Bd. 9, 2. Aufl. 2000, 252 S., ISBN 978-3-8255-0127-3, EUR 25,46

Es gibt keine eine Heimat mehr – aber es gibt viele mögliche Heimaten. Das Buch diskutiert die psychologische Dimension von Heimat und beschreibt die Beheimatungsstrategien von jungen Erwachsenen.

⇨ *Teuber, Kristin*
„Ich blute, also bin ich". Eine sozialpsychologische Analyse des Hautritzens bei Mädchen und jungen Frauen. Bd. 10, 3. Aufl. 2000, 176 S., ISBN 978-3-8255-0090-0, EUR 20,35

Die sozialpsychologische Untersuchung basiert auf Interviews mit Expertinnen, die in der beruflichen Praxis mit Betroffenen Kontakt haben. Das Buch eröffnet den Zugang zur psychischen Not, in der sich ritzende Mädchen befinden, vermittelt Verständnis für deren Verhalten.

⇨ *Kiss, Kathrin*
Abschied und Neubeginn. Die Funktion christlicher Schwellenrituale aus psychologischer Sicht. Bd. 11, 1998, 270 S., ISBN 978-3-8255-0223-2, EUR 24,95

Rituale, auch christliche, geraten zunehmend ins Blickfeld von Laien, Wissenschaftlern und seelsorgerisch oder therapeutisch Tätigen. Im Zentrum steht hier die psychosoziale Wirkung christlicher Rituale zu den Lebenswenden, sog. "Schwellenrituale" und die damit verbundenen Risiken und Chancen in der Moderne.

Centaurus Verlag

MIX
Papier aus verantwortungsvollen Quellen
Paper from responsible sources
FSC® C105338

If you have any concerns about our products,
you can contact us on
ProductSafety@springernature.com

In case Publisher is established outside the EU,
the EU authorized representative is:
**Springer Nature Customer Service Center GmbH
Europaplatz 3, 69115 Heidelberg, Germany**

Printed by Libri Plureos GmbH
in Hamburg, Germany